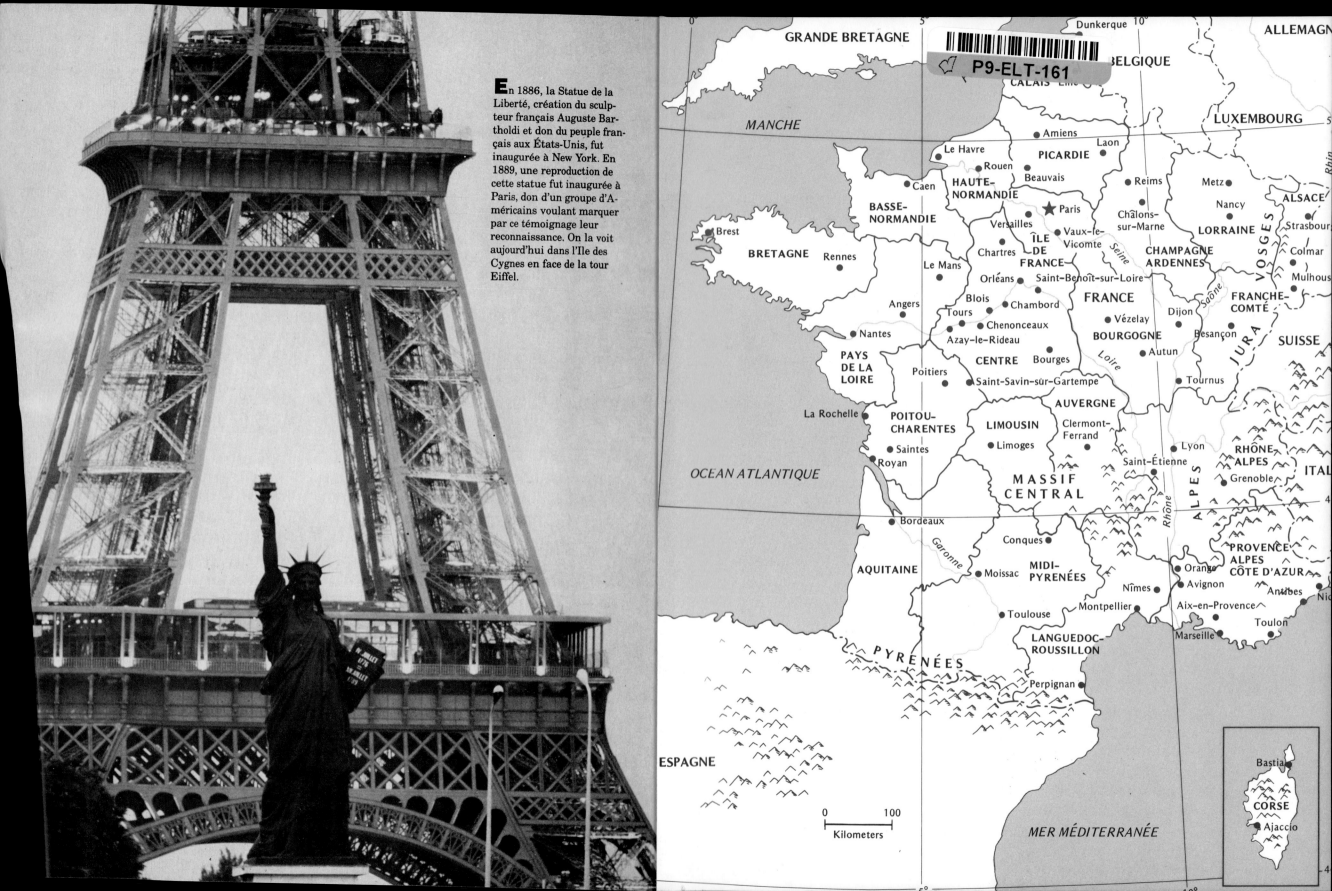

En 1886, la Statue de la Liberté, création du sculpteur français Auguste Bartholdi et don du peuple français aux États-Unis, fut inaugurée à New York. En 1889, une reproduction de cette statue fut inaugurée à Paris, don d'un groupe d'Américains voulant marquer par ce témoignage leur reconnaissance. On la voit aujourd'hui dans l'Ile des Cygnes en face de la tour Eiffel.

Map of France

GRANDE BRETAGNE
ALLEMAGNE
BELGIQUE
LUXEMBOURG
Dunkerque
CALAIS
MANCHE
Amiens — Laon
Le Havre — PICARDIE
Rouen — Beauvais — Reims — Metz
Caen — HAUTE-NORMANDIE
Nancy — ALSACE
Paris — Châlons-sur-Marne — LORRAINE — Strasbourg
BASSE-NORMANDIE
Versailles — Vaux-le-Vicomte — VOSGES — Colmar
Brest — ÎLE DE FRANCE — CHAMPAGNE ARDENNES — Mulhous
BRETAGNE — Rennes — Chartres
Le Mans — Orléans — Saint-Benoît-sur-Loire — FRANCE — FRANCHE-COMTÉ
Angers — Blois — Chambord — Vézelay — Dijon
Tours — Chenonceaux — Besançon — SUISSE
Nantes — Azay-le-Rideau — BOURGOGNE
PAYS DE LA LOIRE — Autun — JURA
Poitiers — CENTRE — Bourges — Loire — Tournus
Saint-Savin-sur-Gartempe
La Rochelle — POITOU-CHARENTES — AUVERGNE
LIMOUSIN — Clermont-Ferrand
Saintes — Limoges — Lyon — RHÔNE ALPES
Royan — Saint-Étienne — ITAL
OCEAN ATLANTIQUE — MASSIF CENTRAL — Grenoble — ALPES
Bordeaux — Rhône
Garonne — Conques — Orange — PROVENCE ALPES CÔTE D'AZUR
AQUITAINE — Moissac — MIDI-PYRÉNÉES — Avignon — Antibes
Nîmes — Aix-en-Provence — Ni
Toulouse — Montpellier — Toulon
LANGUEDOC-ROUSSILLON — Marseille
PYRÉNÉES
ESPAGNE
Perpignan
0 — 100
Kilometers
BASTIA
CORSE
Ajaccio
MER MÉDITERRANÉE

LANGUE
et
LANGAGE

le français
par
le français

LANGUE

et

LANGAGE

le français
par
le français

ORESTE F. PUCCIANI
JACQUELINE HAMEL
UNIVERSITY OF CALIFORNIA, LOS ANGELES

5

HOLT, RINEHART AND WINSTON
New York   Chicago   San Francisco   Philadelphia
Montreal   Toronto   London   Sydney
Tokyo   Mexico City   Rio de Janeiro   Madrid

PUBLISHER *Nedah Abbot*
EXECUTIVE EDITOR *Vincent Duggan*
PROJECT EDITOR *Julia Price*
DEVELOPMENTAL EDITOR *Generosa Gina Protano*
PRODUCTION MANAGER *Lula Als*
DESIGNER *Jacques Faure*
ASSOCIATE DESIGNER *Layne Nielson*
PHOTO RESEARCHER *Rona Tuccillo*
COMPOSITOR *Graphic Typesetting Service*
PRODUCTION COORDINATOR *Jeff King*

Photo and Literary Credits appear on page xxviii.

Library of Congress Cataloging-in-Publication Data

Pucciani, Oreste F.
   Langue et langage.

   1. French language—Text-books for foreign
speakers—English. 2. French language—Grammar—
1950–   . I. Hamel, Jacqueline. II. Title.
PC2129.E5P8   1986   448.2′421   86-29439

ISBN 0-03-004037-X

Address correspondence to:
383 Madison Avenue
New York, N.Y. 10017
All rights reserved
Printed in the United States of America
Published simultaneously in Canada

 8 9 0 1   039   9 8 7 6 5 4 3

CBS COLLEGE PUBLISHING
Holt, Rinehart and Winston
The Dryden Press
Saunders College Publishing

A la mémoire
de mon ami et maître
Émile B. de Sauzé
qui n'a pu participer
comme il le désirait
à cet ouvrage
destiné à poursuive son œuvre
de penseur et de pédagogue.
                              O.F.P.

TABLE DES MATIÈRES

Preface to the fifth edition ———————————— xvii
Preface to the first edition ———————————— xviii
Introduction ———————————————————— xx

PREMIER ÉCHELON

Initiation: 3/6

Bonjour (bonsoir), monsieur, madame, mademoiselle. L'appel.
Je m'appelle . . . Comment vous appelez-vous? Comment
allez-vous? Quel est votre numéro de téléphone? Quelle est la
date aujourd'hui? Prononciation. Expressions nouvelles.

3

Leçon Un: 7/17

Points de repère. Développement grammatical: 1. Qui est-ce?
2. Qu'est-ce que c'est? Article indéfini *un, une.* 3. Article
défini *le, la, l'*. 4. Pronoms *il* et *elle.* 5. Verbe *être* singulier et
pluriel. *Qui êtes-vous? Où êtes-vous?* 6. *Est-ce que?* Pratique
orale. Exercices oraux ou écrits.

7

Leçon Un bis: 18/25

Situations: *Dans la classe de français.* Lecture: *Sur le campus
de l'université.* Pratique de communication orale. Exercices
oraux ou écrits. Prononciation. Expressions nouvelles.

18

Leçon Deux: 26/39

Points de repère. Développement grammatical: 1. Article
défini contracté *du.* 2. Féminin de l'adjectif. 3. Verbe *avoir.*
4. Forme interrogative avec *est-ce que* et avec *l'inversion.*
5. Adjectif possessif singulier. 6. *C'est, il est, elle est.* 7. *à* et
en devant un nom géographique. Pratique orale. Exercices
oraux ou écrits.

26

Leçon Deux bis: 40/49

Situations: *Dans la chambre de Bob.* Lecture: *Portraits d'étudiants.* Pratique de communication orale. Exercices oraux ou
écrits. Prononciation. Expressions nouvelles.

40

Exercices de révision de grammaire: 48/49

Leçon Trois: 50/61

Points de repère. Développement grammatical. 1. *Un, une . . . des*. 2. Article défini pluriel *les*. 3. Adjectifs possessifs singuliers et pluriels. 4. Verbes réguliers en *-er;* présent de l'indicatif. 5. Expression *il y a (y a-t-il?)* 6. L'expression *beaucoup de*. Pratique orale. Exercices oraux ou écrits.

50

Leçon Trois bis: 62/71

Situations: *Quelle est la capitale?* Lecture: *Ma rue et mon quartier*. Pratique de communication orale. Exercices oraux ou écrits. Prononciation. Expressions nouvelles. Quelle heure est-il? Quelle heure avez-vous?

62

Leçon Quatre: 72/85

Points de repère. Développement grammatical: 1. Forme négative *ne . . . pas*. 2. Le verbe irrégulier *faire*. 3. Négation *ne . . . pas de*. 4. Féminin irrégulier de *long, vieux, nouveau, beau*. Formes *vieil, nouvel, bel* devant une voyelle ou un *h muet*. Féminin des adjectifs en *-f* et en *-eux; jaloux, jalouse*. 5. Place de l'adjectif. 6. Négation *ne . . . jamais*. 7. Expression *avoir besoin de*. Pratique orale. Exercices oraux ou écrits.

72

Leçon Quatre bis: 86/98

Situations: *Parlez-vous français?* Lecture: *Vie d'étudiant. En France*. Pratique de communication orale. Exercices oraux ou écrits. Prononciation. Expressions nouvelles.

86

Exercices de révision de grammaire: 95/97

Grammaire Générale I: 97/98

Poème: *Chanson d'automne*. Paul Verlaine.

100

DEUXIÈME ÉCHELON

Leçon Cinq: 104/115

Points de repère. Développement grammatical: 1. Verbe irrégulier *aller*. 2. Articles définis contractés *au* et *aux*. 3. Pronom indéfini *on*. 4. Deuxième groupe des verbes réguliers: *finir*. 5. Article défini contracté *des*. 6. Préposition *chez*. 7. Pluriel des noms et des adjectifs en *-al* et en *-eau*. Pratique orale. Exercices oraux ou écrits.

104

Leçon Cinq bis: 116/124

Situations: *Tu ou Vous?* Lecture: *Plaisirs des saisons. En France.* Pratique de communication orale. Exercices oraux ou écrits. Prononciation. Expressions nouvelles.

116

Leçon Six: 125/135

Points de repère. Développement grammatical: 1. Pronoms personnels *moi, vous, toi, nous, lui, elle, eux, elles.* 2. Comparatif de l'adjectif qualificatif. 3. Verbe irrégulier *savoir.* 4. Pronom relatif *qui.* 5. Deux verbes employés successivement. 6. Futur proche. 7. Noms de professions après le verbe *être.* Pratique orale. Exercices oraux ou écrits.

125

Leçon Six bis: 137/147

Situations: *Ma famille, ta famille.* Lecture: *Lettre de Michèle à sa correspondante américaine.* Pratique de communication orale. Exercices oraux ou écrits. Prononciation. Expressions nouvelles.

Exercices de révision de grammaire: 144/147

137

Leçon Sept: 148/163

Points de repère. Développement grammatical: 1. Verbes irréguliers *prendre, apprendre, comprendre.* Expressions de quantité. 3. Article défini employé dans un sens général. Article partitif. 4. Négation *ne . . . pas de.* 5. Adjectif démonstratif. 6. Superlatif de l'adjectif. 7. *Avant* et *avant de.* Pratique orale. Excercices oraux ou écrits.

148

Leçon Sept bis: 164/172

Situations: *Allons faire du ski!* Lecture: *Dîner d'anniversaire. En France.* Pratique de communication orale. Exercices oraux ou écrits. Prononciation. Expressions nouvelles.

164

Leçon Huit: 173/187

Points de repère. Développement grammatical: 1. Verbes irréguliers *connaître* et *voir.* Différence entre *savoir* et *connaître.* 2. Adjectifs interrogatifs *quel, quelle, quels, quelles.* Adverbes interrogatifs *quand, pourquoi, comment, combien de, où.* Pronoms interrogatifs *Qui* et *qu'est-ce que.* 3. Expressions suivies par un infinitif, par un nom ou un pronom. 4. Adjectif indéfini *tout, toute, tous, toutes.* 5. Verbes irréguliers *mettre, dire* et *lire.* 6. Impératif. Pratique orale. Exercices oraux ou écrits.

173

Leçon Huit bis: 188/198

Situations: *Projet de soirée*. Lecture: *Vive la liberté. En France*. Pratique de communication orale. Exercices oraux ou écrits. Prononciation. Notes de prononciation. Expressions nouvelles.

188

Exercices de révision de grammaire: 197/198

Grammaire Générale II: 199/201

Poème: Premier jour. Jacques Prévert.

202

TROISIÈME ÉCHELON

Leçon Neuf: 207/221

Points de repère. Développement grammatical: 1. Pronoms personnels objets directs: *me, vous, te, nous, le, la, les*. 2. Verbes *pouvoir* et *vouloir*. 3. Pronoms relatifs *qui* et *que*. 4. Verbes *répondre, attendre, entendre, vendre, descendre, rendre, perdre* au présent de l'indicatif. 5. Futur. 6. Futur des verbes *être, avoir, aller, envoyer, faire, pleuvoir, pouvoir, savoir, voir, vouloir*. 7. Futur après *quand*. Présent après *si*. Pratique orale. Exercices oraux ou écrits.

207

Leçon Neuf bis: 222/229

Situations: *Dans une agence de voyages*. Lecture: *Magasins et boutiques. En France*. Pratique de communication orale. Exercices oraux ou écrits. Prononciation. Expressions nouvelles.

222

Leçon Dix: 230/245

Points de repère. Développement grammatical: 1. Pronoms personnels objets indirects: *me, vous, te, nous, lui, leur*. Verbes employés avec *à*. 2. Pronom *y*. Liste des pronoms personnels. 3. *encore, ne . . . plus, déjà, ne . . . pas encore*. 4. Le verbe irrégulier *venir* et *revenir, devenir, tenir, obtenir*. 5. Expression *il faut*. 6. Verbes irréguliers *partir, dormir, sortir*. 7. Expression *il est + adjectif + de + infinitif*. Pratique orale. Exercices oraux ou écrits.

230

Leçon Dix bis: 246/257

Situations: *A trente mille pieds d'altitude*. Lecture: *Une journée à la campagne. En France*. Pratique de communication

246

orale. Exercices oraux ou écrits. Prononciation. Expressions nouvelles.

Exercices de révision de grammaire: 254/256

Leçon Onze: 258/273

Points de repère. Développement grammatical: 1. Passé composé et imparfait; passé composé conjugué avec *avoir*. 2. Imparfait. 3. Passé composé conjugué avec *être*. 4. Différences entre le passé composé et l'imparfait. 5. Passé récent: *venir de*. Pratique orale. Exercices oraux ou écrits.

258

Leçon Onze bis: 274/281

Situations: *L'atterrissage*. Lecture: *Lettre de Bretagne. En France*. Pratique de communication orale. Exercices oraux ou écrits. Prononciation. Expressions nouvelles.

274

Leçon Douze: 282/297

Points de repère. Développement grammatical: 1. Pronom adverbial *en*. 2. Accord du participe passé avec *avoir* et *être*. 3. Pronoms personnels devant un infinitif. 4. Plus-que-parfait. 5. Verbes suivis par *à* devant un infinitif. 6. Verbes irréguliers *écrire* et *suivre*. Pratique orale. Exercices oraux ou écrits.

282

Leçon Douze bis: 298/309

Situations: *Arrivée à l'hôtel*. Lecture: *Problèmes de notre époque. En France*. Pratique de communication orale. Exercices oraux ou écrits. Prononciation. Notes de prononciation. Expressions nouvelles.

298

Exercices de révision de grammaire: 307/309

Grammaire Générale III: 310/311

Poème: Demain, dès l'aube   Victor Hugo.

312

QUATRIÈME ÉCHELON

Leçon Treize 316/331

Points de repère. Développement grammatical: 1. Verbes pronominaux réciproques. 2. Verbes pronominaux réfléchis.

316

x

3. Adjectifs indéfinis *tous, toutes*. Pronom indéfini neutre
tout. 4. Pronoms indéfinis neutres *quelqu'un, tout le monde,
quelque chose, tout, ne . . . personne, personne . . . ne, ne . . .
rien, rien . . . ne*. 5. Verbes pronominaux aux temps composés.
Accord du participe passé. 6. Verbes irréguliers *boire* et
croire. 7. *an, jour, matin, soir, année, journée, matinée, soirée*.
Pratique orale. Exercices oraux ou écrits.

Leçon Treize bis: 332/341

Situations: *Première soirée à Paris*. Lecture: *Préparatifs de
voyage*. *En France*. Pratique de communication orale. Exercices oraux ou écrits. Prononciation. Expressions nouvelles.

332

Leçon Quatorze: 342/355

Points de repère. Développement grammatical: 1. Pronoms
relatifs *qui, que*. 2. Pronom relatif *dont*. 3. Pronom relatif
adverbial *où*. 4. *Bien, mieux, mal. Bon, meilleur, mauvais*.
Position de *trop, assez, beaucoup, bien, mieux, mal, déjà,
encore, plus, jamais, toujours, quelquefois*. 5. Verbes irréguliers *recevoir, apercevoir*. 6. Conjonctions et adverbes de coordination. Pratique orale. Exercices oraux ou écrits.

342

Leçon Quatorze bis: 356/367

Situations: *Le long de la Seine*. Lecture: *Los Angeles – Paris*.
En France. Pratique de communication orale. Exercices oraux
ou écrits. Prononciation. Expressions nouvelles.

Exercices de révision de grammaire: 365/367

356

Leçon Quinze: 368/381

Points de repère. Développement grammatical: 1. Discours
direct et indirect. 2. Gérondif. 3. Infinitif passé.
4. Adverbes *ne . . . ni . . . ni, ni . . . ni . . . ne, ne . . . que*.
5. Verbes irréguliers *ouvrir, couvrir, découvrir, offrir, souffrir*.
6. *De* à la place de l'article indéfini pluriel *des*. Pratique
orale. Exercices oraux ou écrits.

368

Leçon Quinze bis: 382/391

Situations: *Le théâtre du soleil*. Lecture: *Paris: "Ville
Lumière"*. *En France*. Pratique de communication orale. Exercices oraux ou écrits. Prononciation. Expressions nouvelles.

382

Leçon Seize: 392/407

Points de repère. Développement grammatical: 1. Ordre des
pronoms personnels compléments avant le verbe dans la

392

phrase affirmative, négative, interrogative. 2. Impératif des verbes pronominaux. 3. Place des pronoms objets directs et indirects; place des pronoms *en* et *y* employés avec des verbes à l'impératif. 4. Pronoms possessifs. 5. Verbes irréguliers *conduire, construire, détruire, produire, réduire, traduire.* 6. Sens et emplois de *âge, fois, heure, moment, temps.* Pratique orale. Exercices oraux ou écrits.

Leçon Seize bis: 408/420

Situations: *Le Sang d'un poète.* Lecture: *L'Hexagone. En France.* Pratique de communication orale. Exercices oraux ou écrits. Prononciation. Expressions nouvelles.

408

Exercices de révision de grammaire: 418/421

Grammaire Générale IV: 421/423

424

Poème: Rondeau. Charles d'Orléans.

CINQUIÈME ÉCHELON

Leçon Dix-Sept 428/455

Points de repère. Développement grammatical: 1. Indicatif et Subjonctif. Présent du subjonctif des verbes *arriver, finir, rendre.* 2. Présent du subjonctif des verbes *prendre, voir* et des verbes *recevoir, boire, venir, obtenir.* Présent du subjonctif des verbes *faire, pouvoir, savoir, aller, vouloir* et des verbes *être* et *avoir.* 3. Subjonctif après une expression de volonté, de nécessité, de possibilité, de doute, de sentiment, d'émotion. 4. Distinction entre les expressions de certitude et les expressions de doute. 5. Indicatif et subjonctif opposés à l'infinitif. 6. Subjonctif présent pour indiquer le futur. Pratique orale. Exercices oraux ou écrits.

428

Leçon Dix-Sept bis: 446/455

Situations: *Autres temps, autres mœurs.* Lecture: *Les Français et leur langue. En France.* Pratique de communication orale. Exercices oraux ou écrits. Expressions nouvelles.

446

Leçon Dix-Huit: 456/471

Points de repère. Développement grammatical: 1. Verbes pronominaux idiomatiques. Conjugaison de *s'en aller* et *se souvenir.* 2. Conjugaison de *devoir.* 3. Pronoms relatifs composés. 4. *Ceci, cela, ça, ce.* Distinction entre *c'est, ce sont,* et *il (elle) est, ils (elles) sont.* 5. Verbes en *-aindre, -eindre, -oindre.*

456

Conjugaison de *peindre* et de *craindre*. Pratique orale. Exercices oraux ou écrits.

Leçon Dix-Huit bis: 472/485

Situations: *Autres temps, autres mœurs* (suite). Lecture: *La Francophonie dans le monde. En France.* Pratique de communication orale. Exercices oraux ou écrits. Expressions nouvelles.

472

Exercices de révision de grammaire: 483/485

Leçon Dix-Neuf: 486/501

Points de repère. Développement grammatical: 1. Imparfait, Passé composé, Plus-que-parfait. 2. *Il y a, dans, en, depuis, pendant* plus expression de temps. 3. *Pendant, depuis, pendant que, depuis que.* 4. Pronoms démonstratifs. 5. *Celui (celle, ceux, celles) de . . . ; celui (celle, ceux, celles) qui . . . que . . . dont.* Pratique orale. Exercices oraux ou écrits.

486

Leçon Dix-Neuf bis: 502/511

Situations: *"On n'arrête pas Voltaire!"* Lecture: *La Nouvelle culture. En France.* Pratique de communication orale. Exercices oraux ou écrits. Expressions nouvelles.

502

Leçon Vingt: 512/527

Points de repère. Développement grammatical: 1. Conditionnel présent. Conditionnel des verbes *faire* et *avoir.* Formes du conditionnel présent des verbes réguliers et irréguliers. 2. Conditionnel passé. Conditionnel passé des verbes *faire* et *aller.* 3. Conditionnel présent et passé du verbe *devoir.* 4. Conditionnel pour indiquer un *désir,* un *souhait* ou comme forme de *politesse.* 5. Conditionnel pour indiquer le *futur dans le passé.* Pratique orale. Exercices oraux ou écrits.

512

Leçon Vingt bis: 528/545

Situations: *Une invitation.* Lecture: *Question de lecture. En France.* Pratique de communication orale. Exercices oraux ou écrits. Expressions nouvelles.

528

Exercices de révision de grammaire: 538/541

Grammaire Générale V: le mode   541/543

544

Poème: D'un Vanneur de blé au vent   Joachim du Bellay

SIXIÈME ÉCHELON

Leçon Vingt et Un: 548/561

Points de repère. Développement grammatical: 1. Subjonctif passé. Subjonctif passé des verbes *faire* et *aller*. 2. Subjonctif après les conjonctions *avant que, pour que, afin que, sans que, bien que, quoique, à moins que, pourvu que.* 3. Pronoms relatifs indéfinis *ce qui, ce que, ce dont.* 4. Adjectifs indéfinis *chaque, chacun(e), aucun(e); tous, toutes.* 5. *quelques, quelques-uns, quelques-unes.* Pratique orale. Exercices oraux ou écrits.

548

Leçon Vingt et Un bis: 562/570

Situations: *Les Châteaux de la Loire.* Lecture: *Le Moyen Âge. La Tentation d'Ève.* Exercices oraux ou écrits. Expressions nouvelles.

562

Leçon Vingt-Deux: 571/581

Points de repère. Développement grammatical: 1. Futur antérieur. Futur antérieur des verbes *lire* et *revenir*. Futur antérieur après *quand, lorsque, dès que, aussitôt que, après que. Que* avec un second verbe subordonné. 2. Conjonctions de subordination *quand, lorsque, pendant que, depuis que, dès que, aussitôt que, apreès que, chaque fois que.* 3. Pronoms interrogatifs *qui, qu'est-ce qui, qu'est-ce que, quoi.* 4. Pronoms interrogatifs *lequel, laquelle, lesquels, lesquelles.* Pratique orale. Exercices oraux ou écrits.

571

Leçon Vingt-Deux bis: 582/593

Situations: *Lyon.* Lecture: *La Période classique (16ᵉ, 17ᵉ, 18ᵉ siècles).* Molière: *Le Bourgeois Gentilhomme.* Exercices oraux ou écrits. Expressions nouvelles.

582

Exercices de révision de grammaire: 593/595

Leçon Vingt-Trois: 596/608

Points de repère. Développement grammatical: 1. Concordance des temps. 2. Forme passive. Verbe *mettre* à la forme passive. 3. Forme pronominale à sens passif. 4. Passé simple. Verbes *parler, finir, rendre, recevoir, venir, tenir* au passé simple. Pratique orale. Exercices oraux ou écrits.

596

Leçon Vingt-Trois bis: 610/622

Situations: *En Arles ou à Arles.* Lecture: *Le Monde romantique.* Honoré de Balzac: *La Grande Bretèche.* Exercices oraux ou écrits. Expressions nouvelles.

610

Leçon Vingt-Quatre 623/635

Points de repère. Développement grammatical: 1. Discours indirect. 2. *Faire* causatif. 3. Pronoms personnels accentués. 4. Prépositions avec noms de pays et d'états. Pratique orale. Exercices oraux ou écrits.

623

Leçon Vingt-Quatre bis: 636/645

Situations: *Au pays de Descartes*. Lecture: *Les Temps modernes*. Jean-Paul Sartre: *Huis Clos. L'Existence précède l'essence*. Exercices oraux ou écrits. Expressions nouvelles.

636

Exercices de révision de grammaire: 646/647

Grammaire Générale VI: Les temps relatifs.   648/649

650

Poème. Le Dormeur du val. Arthur Rimbaud

Poèmes d'outre-mer   **652–653**

Le Corps humain   **654–655**

Appendices:
      Les verbes français   II
      Liste des verbes irréguliers   XIV
      Lexique   XIX
      Tableau des poids et mesures   XLI
      Index grammatical   XLIII

Preface to the Fifth Edition

The present edition of *Langue et Langage* is a continuation of our fourth edition which appeared in 1983. Once more the changes we have made are the result not only of our own experience, but of the efforts of our publishers who have been diligent in their market research. We have consequently benefited by the experience of many colleagues, chosen on a national basis, who have used *Langue et Langage* over the years and who share our philosophy of foreign language teaching. While the rules of confidentiality prevalent in the profession have not permitted us to know their names, may these colleagues find here the expression of our sincere gratitude.

It will be apparent even to a casual reader of *Langue et Langage* that we have forsaken neither our philosophy of foreign language teaching nor our methodology. We remain convinced that the Direct Method approach, as laid down by Professor Emile de Sauzé so many years ago, is the most economical and effective approach available today. We have been confirmed in this view by the many first-year books which directly or indirectly owe their existence to our work which began in 1960. To those authors, many of them former colleagues and students, who have thanked us publicly we take this opportunity to express our pleasure which their testimonials have given us. The transmittal of knowledge is one of the great satisfactions of the educator's profession.

In the area of culture we remain convinced that some exposure to "high culture" is essential at the first year level. To this end *Langue et Langage* retains its upward direction, pointing to levels of culture beyond those of immediate concern. For us, however, the immediate and the concrete remain our point of departure as does the language itself. Without the latter the uniqueness of foreign language study is lost. In the light of this concern we have in our present edition radicalized a trend which we began in our previous edition: *diversification* of our subject matter. A new rubric has been introduced: "En France . . ." which presents informational topics taken from French daily life. These readings begin at the end of Échelon I and continue through Échelon V. To the same purpose and in response to many requests, we have introduced a new series of exercises, "Pratique Orale", in our grammar lessons in order to expand oral practise. We must remind our colleagues, however, that in a Direct Method class properly conducted, each class is necessarily a class in oral practise. Further, we have expanded the scope of our all-French *Lexique* which now begins with the third *échelon* rather than with the fourth. It is hoped that these innovations, as well as others which will be discussed below, will help to meet the demands of pluralism which are being increasingly felt in the profession.

We wish at this point to acquit ourselves of a debt of gratitude to our publishers at Holt, Rinehart & Winston for their continuing support of our work over so many years. Likewise we wish to express our appreciation to the colleagues throughout the country who have made this support possible.

In another vein it is our sad duty to express our appreciation, admiration and friendship for our Designer, the late Jacques Faure, formerly of French *Vogue* and *Adam*, who has been with us since our third edition. We were fortunate that he was able to complete the essentials of our present book design before his recent death. His imagination, inventiveness, his great knowledge of French culture and especially of French art will be missed. We thank also his friend and associate, Layne Nielson, whose difficult task it was to bring Jacques Faure's designs into existence and to add to them from the resources of his own great talent.

We wish also to thank our friend and colleague, Dr. Jean Adloff, for his generous contribution of a professionally prepared grammatical index. It will add substantially to the value and usefulness of *Langue et Langage*.

Editors can do many things for authors; their role, however, for better or for worse, remains central to the author's task; their skill or lack of it can make a tremendous difference. It was our good fortune to have had as Developmental and Copy Editor a person of extraordinary talent, sophistication, perception and of impeccable professional competence: Generosa Gina Protano. Her contribution to this edition of *Langue et Langage* has been outstanding. It was a grief to us to learn that circumstances were to prevent her from finishing copyediting the last four chapters of the book. However, her example remained so firm that it served as a model for the remaining chapters.

It is our hope that this edition of *Langue et Langage* will not prove disappointing. We shall be rewarded, indeed, if it is found to be superior to our previous editions.

O.F.P.
J.H.

Preface to the first edition, 1967

THE UCLA EXPERIMENT

Langue et Langage was originally conceived as the result of an experiment in first-year French instruction conducted at the University of California, Los Angeles, in 1960–61. In preparation for an NDEA Institute our Department embarked on a study of the work of the late Professor Émile B. de Sauzé of Western Reserve University in the hope that it would prove relevant to our own situation. There were many reasons for this choice. Chief among them was our knowledge of the excellent results which Professor de Sauzé had achieved at the secondary level; it seemed probable that his method might prove equally effective at the college level. With the encouragement of Professor de Sauzé himself, under whom I had received my own early training and whom I had served as assistant in 1940 and 1941, his elementary text, *Nouveau Cours Pratique de Français pour Commençants,* was adopted for use in a pilot section of our French 1 course. This class, taught by an assistant and myself, was observed regularly by all interested members of our teaching staff. As we had expected, its progress was far superior to that of our conventional sections. By the end of the semester there was unanimous agreement that we should convert to the de Sauzé methodology.

A second phase of our experimentation began in the fall of 1961. During this period, we made use of Professor de Sauzé's materials, retrained our teaching assistants and staff, created demonstration and observation classes. It soon became clear, however, that new materials would be needed for college level work. Professor de Sauzé agreed with this view and kindly offered assistance with any materials we should develop. In 1962, a contract was signed with Professor de Sauzé's publishers, Holt, Rinehart and Winston, for an elementary text which would embody his pedagogical principles as well as our own findings. Preliminary materials were produced and tried out in our classes in 1962 and 1963. It was not until early 1964, however, that the future outlines of *Langue et Langage* began to be clear. What was required was an elementary text containing the following: 1) a thorough presentation of the basic language; 2) an elementary though sophisticated presentation of French culture at the level of college freshmen and sophomores.

Our experimentation entered a third phase at this point. It also received additional impetus from the association of Miss Jacqueline Hamel, who brought to our work the fruits of her long experience in teaching French to foreigners at the Alliance Française in Paris. She undertook, in a new pilot section of French 1, a reassessment of our needs, developing new and superior materials of her own which now form the basis of the linguistic structure of *Langue et Langage*. Meanwhile, in a pilot section of French 2, I devoted my own efforts to the cultural aspects of the work. Our joint efforts have resulted in the present text, which has had four subsequent revisions since 1964 and wide trial use at UCLA, Pomona College and San Fernando Valley State College. *Langue et Langage* has consequently had the benefit of the criticism of many colleagues to whom our indebtedness is too great to be discharged.

ÉMILE B. DE SAUZÉ

We have said that from a methodological point of view *Langue et Langage* is based on the work of the late Professor Émile de Sauzé. A word of explanation is required.

The work of Professor de Sauzé was that of a great innovator and pioneer. He perceived, early in the century, many of the fundamental facts of language learning that were later to emerge in the work of professional linguists. His insistence on the use of the language as the medium of instruction, inductive grammar, the primacy of understanding and speaking over writing and reading, multiple approach and single emphasis, spontaneous and automatic response, his repeated assertion that ". . . language *is* culture . . ." are all reminiscent, when they do not go even farther, of what another generation was to call the "New Key" methodologies. But even more in practice than in theory, Professor de Sauzé had achieved results which had never before been equalled. By the simple device of adopting the language itself as the sole medium of instruction, he appealed to the spontaneity and interest of his students. Language learning became the creation of mental structures which carried with them something of the original nominal nature of speech. His success was due in large measure to his enthusiasm and idealism. It was due also to the implicit humanism of his approach, which remains relevant in today's mechanical world and to teachers who are concerned about the preservation of the humanistic value of their discipline.

HUMANISM

While *Langue et Langage* adds nothing to the methodology of Professor de Sauzé, it nonetheless has a point of view of its own. It attempts to respond to the intellectual and cultural needs of the American undergraduate. It is essential in our view to establish the study of elementary language, as early as possible, as an approach to the humanities and to relate the field of French to the broader aspects of Western European civilization. More and more there is agreement today that "culture" is neither a privilege nor a luxury, but a need and process of the human mind. At the same time, however, the language itself cannot be sacrificed as the basic goal of all elementary study. These are difficult objectives to reconcile. Our approach has been to consider that the chief cultural gain of the elementary student is an early participation in the foreign culture through the medium of the language. Such participation, it seems to us, is the unique contribution of the foreign language field. We have consequently tried to supply material interesting and useful in itself, of the sort that is referred to in French as *culture générale*. This procedure both solves the problem of substance for the elementary course and avoids the precipitous introduction of literary texts which the student is not ready to handle.

PHILOSOPHY, A PHENOMENOLOGICAL VIEW

Too often elementary language is thought of as the mere acquisition of a mechanical skill. Such a view cannot satisfy the humanist. Language is never purely utilitarian, and the most uncultivated language contains resources of poetry that are apparent to us all. This brings us to the heart of the question of the nature of language. Behind all language methodology lies a philosophy of language, implicit or explicit. The "pattern-drill" pre-supposes the conditioned reflex; the "grammar method" assumes that language is a conceptual system; the "reading method" assumes that language is the literary word; "Berlitz" assumes that it is utilitarian, as does the "Army method", though for different reasons. What is language? Or perhaps the question is better put if we ask what language is to the student and teacher of language. It is a subjective as well as an objective phenomenon; its existence is ideal as well as real; it is a mode of being. Husserl puts it very well when he speaks of *l'idéalité du langage: "... le langage a l'objectivité des objectités du monde qu'on appelle spirituel ou monde de la culture et non pas l'objectivité de la simple nature physique ..."*. In other words and more simply, language is first of all a phenomenon of the human mind and not of physical nature. Further, this subjectivity itself has an objective component in "culture", which is the proper domain of humanistic study. The methodology of Professor Sauzé finds here its natural justification. Behind it lies the humanist's conviction that language is an ideal symbolic structure of human reality. These ideas, developed in the course on French culture in our NDEA Institute in 1961, formed the basis for the project that was to result in *Langue et Langage*. For its authors, language means two things: *langue,* the objective, historical language existing in the world; and *langage,* the subjective experience of language as we know it and speak it, existing potentially within the historical, normative language, yet having norms of its own and both an ideal and a real existence. It was in this sense that Valéry defined poetry as *un langage dans un langage.* This is language at least in the humanistic experience, its educative and enlightening force. By means of it we penetrate into other realities than our own, where we come to know what we can of total human universality.

O.F.P.

INTRODUCTION

PLAN

The present revised edition of *Langue et Langage,* like the first edition, is a complete first-year course in French, which presents some 145 basic structures of the language (135 in the first edition) within a vocabulary range of something more than 3000 words. It is divided into 6 *échelons,* each containing 4 lessons[1] which correspond to a given level of expression. A grammar section alternates with a reading section, the latter illustrating the grammatical principles which have been set forth in the former. An all-French lexicon at the end is coordinated with the reading sections after lesson 9. New words are marked both in the reading sections and in the vocabularies with a symbol indicating that they may be found in the lexicon which now begins with échelon 3. The appendix contains an extensive list of irregular verb forms for reference, a table of weights and measures, a table of articles, personal and relative pronouns and special negations. There are also lists of verbs and verbal expressions followed by *de* or *à* before an infinitive. Each grammar section is composed of a list of *points de repère* given at the beginning, the two or three most important items occurring first. There follows a sequence entitled *Développement grammatical,* which takes up the *points de repère* in order and develops them inductively. Each grammar section is followed by a series of exercises. In the present edition, the *points de repère* have been numbered for reference and coordinated with the exercises for facility in assignment. Similarly, each reading section is followed by exercises and also by a vocabulary without English

[1] Attention is here called to the fact that we have numbered the chapters of the present edition as follows: there are now 24 chapters instead of the previous 48. Each chapter, however, contains two parts, the second being indicated as "bis". Thus lessons 1 and 2 old style now become lesson 1 and 1 bis new style; lessons 47 and 48 old style are now lessons 24 and 24 bis new style.

equivalents for the sake of reference. Through lesson 16 each reading section is followed by a sequence dealing with some particular aspect of pronunciation. At two-lesson intervals there is a series of grammar review exercises entitled *Exercices de révision de grammaire*. Each *Échelon* closes with a poem. A double-spread of francophone poems from the French community-at-large is given at the end of the body of the book as well as a double-spread presenting parts of the body.

The course is intended to cover one year's work at the college level without additional outside reading. Normally, the first three *échelons* would constitute the first semester's work; the remaining three would constitute the work of the second semester. Under a quarter system two *échelons* would constitute the work of a single quarter.

It is intended that one lesson of grammar and of reading will constitute one week's work if classes meet 5 hours per week. In the case of three-hour courses, more work will of a necessity have to be assigned for individual study and some of the benefit of the inductive approach will be lost. This is, of course, an administrative rather than a pedagogical problem and teachers should, when possible, attempt to secure recognition for the five-hour beginning course. Increasingly, the latter seems to be the pattern.

METHODOLOGY: MULTIPLE APPROACH

Langue et Langage is committed to the use of French as the medium of classroom instruction and to "multiple approach" with respect to the four skills of understanding, speaking, writing and reading.

The choice of teaching in the foreign language or in English is a basic one and will entail, as a natural result, all other phases of methodology. In our view the advantage of teaching in the foreign language is that it obliges the student to conceptualize and to feel in French; it cuts off the easy recourse to the native language. If this radical decision is not made, English will remain in the foreground and the number of French contact hours will be greatly reduced. This is a compelling argument and weighs more heavily than the arguments of speed, ease and economy which are advanced in defense of teaching in English. Further, there is no need to teach in English. There is no point of French grammar or vocabulary which cannot be taught in French by an imaginative teacher, provided the work has been carefully programmed. Student resistance to the new language quickly disappears once this essential point has been established.

Multiple approach will follow as a necessary consequence of the decision to teach in French. Inevitably there will have to be an order of priorities. If understanding and speaking are given first place, second place will fall to reading and writing. The question which will remain, however, is not the interval of time which should separate the two but of logical sequence. Writing and reading should follow immediately upon speaking and understanding. There is no advantage, except in the case of very young children, in delaying the step to literacy. Literacy, once acquired, cannot be set aside at will. It is moreover a great aid to learning. It should be used, not withheld. With adult students there is no interference from reading and writing unless the oral language has been allowed to slip into second place. They will on the contrary reinforce each other.

GRAMMAR

Grammar was vastly discredited for a number of years by efforts to modernize foreign language teaching. It was pointed out that we do not learn our mother tongue by means of grammar, that grammar is not indispensable and may even be inimical to fluent speech. This was to misstate the question and to confuse the issue. We do not learn our native language by means of grammar because it is impossible to do so. The child learning his native tongue is not learning a language as we use the term in our schools. He is learning to speak. This is quite a different process. Moreover, like reading, once achieved, it cannot be undone. Grammar has remained as a result the mainstay of the foreign language course. This reasoning, however, should not be turned into an apology for the misuse of grammar. Grammar is not language; it is an explanation of language. When it is substituted for language, the result is an abstraction that exists *in vacuo*. It has no reference. It is true that languages can be learned at great cost without grammar, but it is equally true that they cannot be learned without it in the school situation. The question is rather to what extent the learning of a new language is a cognitive process?[2] Certainly only partially. The basic process is rather a *prise de conscience* which permits us to grasp the language in a creative act of intuition. We reason subsequently. It is important, however, that we should reason by means of the language and upon the language. This is what the inductive approach will allow. The authors of *Langue et Langage* have consequently adhered rigorously to an inductive presentation of grammar. To assist the teachers in their own preparation and the students in their review, we have given numerous examples of each grammatical rule. To be effective, of course, they must first be presented by the teacher in the classroom and assigned only subsequently to the student for personal study. Grammar assignments like reading assignments must follow, never precede, classroom presentation.

The sections entitled *Grammaire générale,* now to be found at the end of each échelon, are intended to supplement the chapters on specific points of French grammar and to clarify general syntactical relationships with which students may not be familiar in their own language. They may be assigned or omitted as the teacher sees fit. Their intent is to furnish the student, as necessary, with schematic information on such general questions as subject-object relationship, adjectives and pronouns, clauses, direct and indirect objects, time, tenses and modes. In our experience, undergraduates often meet such questions for the first time in the French class. From reports that have come to us, these sections seem to have proved to be extremely useful.

We have made the following changes in our grammatical programmation in this edition:

There have been no major changes in the first *échelon* though adjustments have been made. The expression *est-ce que* has been advanced to lesson 1; the *inversion interrogative* has been advanced to lesson 2; *-er* verbs are now in lesson 3; *ne . . . jamais* and *faire* will be found in lesson 4.

A major change has occurred in the second *échelon: -ir* verbs have been advanced from lesson 19 (old style) to lesson 5 in the interests of early communication. Similarly the superlative of adjectives has been advanced from lesson 25 (old style) to lesson 7. Relative *qui* is now in lesson 6 as is *savoir;* demonstrative adjectives are in lesson 7; the imperative is in lesson 8 with the verbs *connaître* and *voir.*

Changes in the third *échelon* have been minimal though there have been adjustments. The major change has been the introduction of the pluperfect tense in lesson 12, advanced from lesson 35 (old style). *Attendre* and related verbs have been moved up from lesson 15 (old style); *venir* and *tenir* are now in lesson 10; object pronouns + infinitive are in lesson 12 as are verbs + à + infinitive.

In the fourth échelon lesson 13 now contains reflexive and reciprocal pronominal verbs, advanced from lesson 29 (old style) and similarly pronominal verbs in the *passé composé* as well as *an, année – jour, journée,* etc; lesson 14 remains unchanged from lesson 27 (old style) except for position of adverbs,

---

[2]Here Sartre's theory of spontaneous vs. reflexive consciousness clarifies a vexed question. All mental processes are not "cognitive", and the term is misused when applied to the fundamental act of language learning. It is spontaneous consciousness that grasps the fundamental language reality which reflexive consciousness subsequently explains. Here lies the difference between language and grammar. The scholastic terms of intuitive and discursive reason express the same idea; we learn first by direct experience (intuitive reason) and subsequently by conceptualization (discursive reason). The teacher who has reflected on these distinctions will discover in them a powerful pedagogical tool. (Cf. our *Manuel du professeur* for a fuller discussion).

set back from lesson 23 (old style). Lesson 15 now contains indirect discourse (27 old style), past infinitive (25 old style), the gerundive (25 old style), ne ... ni ... ni ... (31 old style) and *de* before a plural adjective (15 old style). Lesson 16 remains unchanged except for the addition of possessive pronouns from lesson 37 old style.

In the fifth *échelon* lesson 17 (33 old style), which introduces the subjunctive, remains unchanged. We could find no better place for this important point. In lesson 18 (35 old style) idiomatic pronominals remain unchanged. *Devoir* is introduced here from lesson 37 (old style) as is *lequel*, etc. *Ce/ça* as opposed to *il, elle est*, etc. are introduced here from 39 old style. *Peindre, craindre*, etc. are new items. Lesson 19 (37 old style) introduces a review of past tenses, *il y a, dans, en, depuis, pendant, pendant que* and *depuis que* all from 35 old style plus *celui-ci, celle-ci, celui de, qui, que, dont*, etc. all from lesson 39 old style. Lesson 20 introduces the conditional as treated in lesson 41 (old style).

The sixth *échelon* introduces elements which in the view of many no longer properly belong to first year French: they may consequently be omitted according to particular needs. Lesson 21 deals with the past subjunctive (from 37 old style), similarly subjunctive after conjunctions; *ce qui, ce que, ce dont* from 39 old style; *chaque, chacun(e), aucun(e)* from 47 old style; *quelques-uns, quelques-unes* are new elements. Lesson 22 duplicates 43 and 45 old style: future anterior, conjunctions of time, interrogative pronouns, interrogative *lequel*, etc. Lesson 23 also largely duplicates 43 and 45 old style: *concordance des temps, passé simple,* passive voice and the reflexive as passive. Lesson 24 deals with indirect discourse (47 old style), *faire causatif* (43 old style), *pronoms accentués + soi,* review of prepositions before geographical names (47 old style).

It will be apparent from the changes described above that our effort has continued to be the improvement of the pace of grammar learning and to provide as early as possible the structures necessary for an active command of the language. We add that our changes continue to be the result of extensive consultation with colleagues both at UCLA and elsewhere.

A final word about our paradigms for the conjugation of verbs: we have retained our *je-vous-tu* ... paradigm for the first half of *Langue et Langage* and have adopted the traditional paradigm beginning with Lesson 13, p. 320. While recognizing the usefulness of the traditional paradigm from a mnemonic point of view, we continue to feel, nonetheless, that our pedagogical paradigm conforms better to the natural order of discourse and inhibits rote memorization which can be harmful in the early stages of learning.

READING

The great difficulty in bringing a student to read a foreign language spontaneously is a natural tendency to translate. Reading is, besides, a solitary enterprise, occurring under circumstances highly unfavorable to the elementary student. A first step in the solution to this problem lies in the adoption of a multiple approach method. Anything that will give reality and substance to the new language will assist students when they are struggling with a text on their own. Absence of English reference in the classroom will permit students to build up personal associations with the language which will support their individual efforts. But speaking and understanding alone will not enable the student to read. The reading material itself must be carefully selected and adapted. Nor must reading as a process be confused with the reading of literary texts. Students read in the classroom when they see sentences written on the blackboard; likewise they read when they study the reading selections or the grammar explanations in the textbook. Too frequently, however, this is not what is meant by reading. Reading is thought to be the deciphering of a literary text. Great harm is done the elementary student by the premature introduction of this sort of exercise. The authors have, in fact, after long experience, given up the search for a proper supplementary literary text at this level. Such texts do not exist. Meanwhile, the use of even such simple texts as *Le Petit Prince* in French will require deciphering and translation by the student. He or she will as a result not learn to read. This legitimate concern for literary quality, which we share, must be recognized for what it is: a pedagogical trap. The authors have, therefore, included their own reading material in *Langue et Langage*. It is sufficient in quantity for the first year and has been carefully controlled for pedagogical quality.

The teaching of reading is difficult since, so much of the task must lie in the students' hands. Eventually, they must learn to come to grips with a text by themselves. Much, however, can be done to assist them. We have mentioned the relation of reading to speaking as well as the selection of material. There are one or two further points. The reading material in *Langue et Langage* has been built into the grammatical structure of the book so that it uses and illustrates only those points of structure which have previously been explained in the grammar lessons. Also, at the end of the fifth *échelon* in the present revised edition, the reading problem itself is the subject of the text of lesson 20 bis. Further, through lesson 8, the scope of the reading lessons has been rigorously limited so that they may be taught thoroughly in the classroom before they are assigned. After lesson 8, as the material necessarily begins to expand, new words are indicated with a symbol, as previously mentioned so that the teacher may make a selection of items to be presented in class. He or she may thus use his or her own judgment in determining what items can reasonably be left to the students' ingenuity. Thus our *Lexique,* originally designed to cover only the second half of *Langue et Langage,* now covers *échelon* 3 as well.

In the classroom, reading should be taught by context rather than page by page analysis and, of course, never by translation. The subject of the reading lesson should form the *cadre* within which the teacher will introduce new words and constructions. It may even be useful to anticipate some of the reading context in the presentation of the grammar. At all events the teacher should, with the context of the lesson as a starting point, work out his or her own oral presentation of the material. By a question-answer approach, the students should be involved in the process. The lesson should be a dialogue between teacher and student, not a lecture. The result for the student will be the ability to "make sense" out of the text when it is assigned.

Those familiar with *Langue et Langage* will recognize a number of important changes in our reading material. While we have retained our previous divisions of *Situations, Lecture* and poetry, we have added to the present edition a new section entitled *En France*. As we have said above, these readings are meant to maintain the cultural balance of the book by providing information on the more immediate and concrete concerns of French People. Beginning with lesson 4 and continuing through lesson 20, they deal with such subjects as study in France, climate, meals, housing, transportation, social security, ecology, travel, vacationing, natural resources, entertainment, etc. While many of these subjects overlap with other readings, the point of view is different: they remain strictly French in their reference and are more concerned with French reality itself than with American reactions.

Of our 24 *Situations* 14 are new and 10 have been recast. As in previous editions, these texts are intended to introduce students to French as it is actually spoken as far as that is possible in an elementary text.

The main *Lectures* are either new or have been reworked. Lesson 16 bis, l'*Hexagone,* and lesson 21 bis, *Les Français et leur langue* are new. Similarly *Portraits d'étudiants* (2 bis) and *Lettre de Michèle* (6 bis). The others have been adjusted.

Many of our colleagues will be glad to discover that Barbara and Paul have at least disappeared from our pages. Many, however, will be disappointed to find that we have not abandoned our American school reference in the beginning lessons. This has been for pedagogical reasons of which we remain convinced. In order to internalize a foreign language, one must begin by speaking in the first person. If "Je" does not become the individual himself or herself from the outset, "Je" will remain forever "un Autre". We consequently continue to begin with the school situation, which after all is where the

INITIATION

Bonjour (bonsoir), monsieur (madame, mademoiselle)...

Comment vous appelez-vous ?
Je m'appelle monsieur (madame, mademoiselle)...

Comment allez-vous ?
Je vais très bien, merci. Et vous ?

Quel est votre numéro de téléphone ?
Mon numéro de téléphone est : 2-3-7-6-9-8-1.

Quelle est la date aujourd'hui ?
Aujourd'hui, c'est le 20 (vingt) septembre.

Le professeur : Tim Kimbell ?
Tim : Présent.
Le professeur : Linda Reed ?
Linda : Présente.
5 **Le professeur :** Paul McDonald ?
Une étudiante : Absent.
Le professeur : Gloria Simpson ?
Un étudiant : Absente.
Le professeur : Bonjour, monsieur (madame,
10 mademoiselle).
Un étudiant : Bonjour, madame.
Le professeur : Écoutez bien. Je m'appelle Madame
Richard. Et vous, comment vous appelez-vous,
mademoiselle ?
15 **Linda :** Je m'appelle Linda Reed.

Le professeur : Comment allez-vous, mademoiselle ?

Linda : Je vais très bien, merci. Et vous ?

Le professeur : Très bien aussi, merci. Écoutez la question. « Comment vous appelez-vous ? » Répétez la
5 question.

Un étudiant : « Comment vous appelez-vous ? »

Le professeur : Maintenant, écoutez la réponse : « Je m'appelle monsieur (madame, mademoiselle)... » répétez la réponse.

10 **Un étudiant :** Je m'appelle Monsieur Jones.

Le professeur : Maintenant, écoutez la question : « Comment allez-vous ? » Répétez la question, s'il vous plaît.

Une étudiante : « Comment allez-vous ? »

15 **Le professeur :** Écoutez la réponse : « Je vais très bien, merci. Et vous ? » Répétez la réponse, s'il vous plaît.

Une étudiante : « Je vais très bien, merci. Et vous ? »

20 **Le professeur :** Très bien aussi, merci. Continuons. Maintenant, comptez. Prononcez bien : zéro, un, deux, trois, quatre, cinq, six, sept, huit, neuf, dix. Mon numéro de téléphone est : 8-2-5-2-3-6-5. Quel est votre numéro de téléphone, Mademoiselle Tanaka?

25 **Mademoiselle Tanaka :** Mon numéro de téléphone est : 8-2-5-4-7-9-3.

Le professeur : Merci, mademoiselle. Maintenant, écoutez : quelle est la date aujourd'hui ? Mademoiselle Reed ?

30 **Mademoiselle Reed :** Aujourd'hui, c'est le 20 (vingt) septembre.

Le professeur : Et quelle est la date demain?

Une étudiante : Demain, c'est le 21 (vingt et un) septembre.

35 **Le professeur :** Merci, mademoiselle. C'est parfait. Maintenant, répétez l'alphabet français, tout le monde.

Tout le monde : a, b, c, d, e, f, g, h, i, j, k, l, m, n, o, p, q, r, s, t, u, v, w, x, y, z.

40 **Le professeur :** Très bien. Maintenant, épelez *téléphone.*

Tout le monde : t-e (accent aigu)-l-e (accent aigu)-p-h-o-n-e.

Le professeur : Très bien. La classe est finie. Au
45 revoir, tout le monde. A demain.

Tout le monde : Au revoir, madame. A demain.

PRONONCIATION

A. *Syllabation. Articulez correctement.*

bon-jour, mer-ci, ma-dame, made-moi-selle
nu-mé-ro, té-lé-phone, s'il-vous-plaît
ré-pé-tez, pro-non-cez, é-cou-tez

B. *Prononcez correctement.*

é, -ez [e] : *et*, numéro, téléphone, écoutez, répétez
è, -ais, -ait [ε] : très, (je) vais, s'il vous plaît, français, parfait
ou [u] : vous, écoutez, bonjour

EXPRESSIONS NOUVELLES

Noms

une consonne
une étudiante
une orthographe
la syllabation

un étudiant
un numéro (de téléphone)
un point de repère

Adjectifs

fini(e)
français(e)
mon
parfait(e)
quel, quelle
votre

Adjectifs numéraux

zéro
un
deux
trois
quatre
cinq
six
sept
huit
neuf
dix

Verbes

allez-vous ?
  je vais
comment allez-vous ?
comment vous appelez-
  vous ?
  je m'appelle
comptez
écoutez
épelez
est
  c'est
notez
vous savez

Pronoms

je
tout le monde
vous

Adverbes

en anglais
aujourd'hui
aussi
bien
comment ?
déjà
demain
en français
maintenant
très

Conjonction

et

Salutations

bonjour
bonsoir
à demain
au revoir

Vous savez déjà :[1]

Noms

une classe
une date
une différence
une expression
une initiation
une prononciation
une question
une réponse
une voyelle

un accent
un alphabet[2]
un professeur
septembre (*m.*)
un téléphone

Adjectifs

absent(e)
présent(e)

Verbes

articulez
continuons
prononcez
répétez

Adverbe

correctement

Murailles et tours de Carcassonne

[1] Notez la différence d'orthographe en français et en anglais.

[2] **L'alphabet français :** a, b, c, d, e, f, g, h, i, j, k, l, m, n, o, p, q, r, s, t, u, v, w, x, y (i grec), z (zed).
Voyelles : a, e, i (y), o, u.
Consonnes : b, c, d, f, g, h, j, k, l, m, n, p, q, r, s, t, v, w, x, z.

UN

1 **Qui** est-ce ?
C'est **un professeur**. C'est **une étudiante**.

2 **Qu'est-ce que c'est ?**
C'est **un sac**. C'est **une serviette**.

3 Montrez-moi un stylo.
Voilà un stylo. C'est **le stylo de** Bob.
Voilà un autre stylo. C'est l'autre stylo **de** Bob.

4 Où est **le manteau de Susan ? Il** est dans l'auto de Jim.
Où est **la maison de Tom ? Elle** est à côté de l'université.

5 **Nous sommes** dans la classe de français.
Jeff et Laura **sont** devant le professeur.

6 **Est-ce que** vous êtes un(e) étudiant(e) de français ?
Oui, je suis un(e) étudiant(e) de français.

DÉVELOPPEMENT GRAMMATICAL

---

1 **Qui** est-ce ?
C'est **un professeur.** C'est **une étudiante.**

Comparez :

Qui est-ce ?

C'est **un** homme.
   un jeune homme.
   un étudiant.
   un ami.
   un journaliste.
   un artiste.
   un enfant.
   M. Lebeau.
   Robert.

C'est **une** femme.
   une jeune fille.
   une étudiante.
   une amie.
   une journaliste.
   une artiste.
   une enfant.
   Mme Bardot.
   Christine.

● Un nom de personne est *masculin* ou *féminin*. **Un** indique un nom masculin.
Une indique un nom féminin. Employez **un** et **une** devant un nom commun.
Employez un nom propre sans article.

---

2 **Qu'est-ce que c'est ?**
C'est **un sac.** C'est **une serviette.**

Comparez :

Qu'est-ce que c'est?

C'est **un** livre.
   un stylo.
   un cahier.
   un bureau.
   un tableau noir.
   un jardin.
   un bâtiment.
   un appartement.
   un avion.
   un exemple.
   un arbre.

C'est **une** salle de classe.
   une clé.
   une chaise.
   une table.
   une porte.
   une fenêtre.
   une maison.
   une université.
   une auto.
   une adresse.
   une idée.

● Un nom de chose est *masculin* ou *féminin*.
Un est un *article indéfini masculin*.
Une est un *article indéfini féminin*.

NOTEZ : Un nom en **-tion** est généralement *féminin* :

Exemples :   une addition, une exception, une expression, une question

Un nom en **-ment** est généralement *masculin* :

Exemples :   un appartement, un changement, un commencement

Un nom en **-eau** est généralement *masculin* :

Exemples :   un bateau, un bureau, un drapeau, un oiseau, un manteau

---

3 Montrez-moi un stylo.
Voilà un stylo. C'est **le** stylo **de** Bob.
Voilà un autre stylo. C'est l'autre stylo **de** Bob.

Comparez :

Voilà **un** professeur.   C'est **le** professeur[1] **de** Sara.
un crayon.   **le** crayon **de** Jeff.
un jardin.   **le** jardin **de** Mme Richard.

Voilà **une** secrétaire.   C'est **la** secrétaire **de** M. Frank.
une maison.   **la** maison **de** Dennis.
une serviette.   **la** serviette **de** Jenny.

● **Le** est un *article défini masculin*.
La est un *article défini féminin*.

La préposition **de** indique la possession. Notez la différence entre un
article indéfini et un article défini.
Un, une (articles indéfinis) indiquent une personne ou une chose en
général.
Le, la, l' (articles définis) indiquent une personne ou une chose spécifique.

---

[1] **un** professeur ⎤ Le nom *professeur* est un nom masculin employé pour un homme ou pour une
le professeur ⎦ femme.

Comparez :

C'est **le** professeur de Bob.   C'est **l'**ami de Bob.
     le bateau de Marc.   **l'**appartement de Marc.
     le sac de Catherine.   **l'**exercice de Catherine.

C'est **la** secrétaire de M. Smith.   C'est **l'**étudiante de M. Smith.
     la classe de Mme Lenoir.   **l'**auto de Mme Lenoir.
     la maison de Charles.   **l'**adresse de Charles.

Voilà un livre.   C'est **le** livre de Monique.
Voilà un autre livre.   C'est **l'**autre livre de Monique.

Voilà une clé.   C'est **la** clé de Paul.
Voilà une autre clé.   C'est **l'**autre clé de Paul.

● **Le**
  La ⎤ + voyelle → **l'** (**l** apostrophe).

Généralement, employez un nom commun avec un article (indéfini ou défini).
Employez un nom propre sans article.

Exemples : Voilà **un** bureau. C'est **le** bureau de Mme Lenoir.
           Voilà Janine. C'est **l'**amie de Paul.

NOTEZ : Répétez la préposition devant chaque nom.

Exemple : Voilà un appartement. C'est l'appartement **de** Bob et **de** Catherine.

De + voyelle → **d'** (**d** apostrophe).

Exemples : Le manteau d'Édith. La maison d'André.

---

4   Où est **le manteau de Susan ? Il** est dans l'auto de Jim.
         Où est **la maison de Tom ? Elle** est à côté de l'université.

Comparez :

Où est **Phil ?**   **Il** est avec le professeur.
Où est **Jenny ?**   **Elle** est derrière Robert.

Où est **le stylo de Phil ?**	**Il** est dans la serviette.	
Où est **le cahier de Jenny ?**	**Il** est sur le bureau.	
Où est **l'exercice de Bob ?**	**Il** est sous le livre.	
Où est **la classe de Marc?**	**Elle** est dans le bâtiment C.	
Où est **la serviette de Bob ?**	**Elle** est sous le bureau.	
Où est **l'auto de Linda ?**	**Elle** est devant la maison.	

En français, le pronom **il** (*masculin*) ou **elle** (*féminin*) remplace le nom d'une personne ou d'une chose.

---

5   **Nous sommes** dans la classe de français.
Jeff et Laura **sont** devant le professeur.

Étudiez :

Je	**suis**	à la cafétéria.
Vous	**êtes**	à côté de la porte.
Tu	**es**	devant la fenêtre
Nous	**sommes**	dans le jardin.
Il	**est**	derrière moi.
Elle	**est**	devant vous.
Ils	**sont**	avec moi. (Bob et Paul)
Elles	**sont**	dans l'auto de Marc. (Denise et Marie)

● C'est le verbe **être.**

NOTEZ : Employez généralement **vous** au singulier. C'est la forme polie. Au pluriel, c'est la forme collective.
Employez **tu** dans la famille ou avec un(e) ami(e), un(e) camarade, un animal. C'est la forme familière.

NOTEZ : *masculin + féminin = masculin pluriel.*

Exemples :   Voilà **Marc et Denise. Ils** sont dans la classe de français.
Voilà **un livre et une clé. Ils** sont sur le bureau.

ATTENTION :

Qui êtes-vous ?

> Je suis le professeur de français.
> Je suis un(e) ami(e) de Marc.
> Je suis le secrétaire de M. Maury.

Où êtes-vous ?

> Je suis devant la maison de Paul.
> Je suis à côté de Janine.
> Je suis dans la classe de français.

6

Est-ce que vous êtes un(e) étudiant(e) de français ?
Oui, je suis un(e) étudiant(e) de français.

Comparez :

Vous êtes le professeur.	**Est-ce que** vous êtes le professeur ?
Tu es le secrétaire de M. Roche.	**Est-ce que** tu es le secrétaire de M. Roche ?
Nous sommes dans le bâtiment K.	**Est-ce que** nous sommes dans le bâtiment K ?
Patrick est à la maison.	**Est-ce que** Patrick est à la maison ?
Alice est à l'université.	**Est-ce qu'** Alice est à l'université ?
C'est l'ami(e) de Marc.	**Est-ce que** c'est l'ami(e) de Marc ?
Il est dans le jardin.	**Est-ce qu'**il est dans le jardin ?
Elle est à la cafétéria.	**Est-ce qu'**elle est à la cafétéria ?
Ils sont sur le campus.	**Est-ce qu'**ils sont sur le campus ?
Elles sont à Paris.	**Est-ce qu'**elles sont à Paris ?

● **Est-ce que** indique une question.
Employez **est-ce que** devant une phrase complète[2].
Que + voyelle → **qu'** (**qu** apostrophe).

---

[2] Voilà *une phrase complète* de huit *mots*.

L'	auto	de	Bob	est	devant	le	bâtiment.
↓	↓	↓	↓	↓	↓	↓	↓
un article	un nom commun	une préposition	un nom propre	un verbe	une préposition	un article	un nom commun

GRAMMAIRE

PRATIQUE ORALE

A. *Faites une phrase avec chaque question.*

Exemple : C'est un livre ? (Robert)
Oui, c'est le livre de Robert.

1. C'est un sac ? (Jeannette)
2. C'est une maison ? (Madame Simon)
3. C'est un jardin ? (M. Cartier)
4. C'est une clé ? (Suzanne)
5. C'est un bateau ? (Roger)
6. C'est une amie ? (Madame Berteau)
7. C'est un professeur ? (Janine)
8. C'est une auto ? (Denise)
9. C'est une serviette ? (André)
10. C'est un enfant ? (Alice)

B. *Répondez à chaque question.*

Exemple : Est-ce que vous êtes dans le jardin ?
Oui, je suis dans le jardin.
OU: **Non, je suis dans le bâtiment X...**

1. Est-ce que vous êtes à l'université ?
2. Est-ce que vous êtes dans la classe de français ?
3. Est-ce que vous êtes à côté de la porte ?
4. Est-ce que le professeur est devant la classe ?
5. Est-ce que nous sommes devant le professeur ?
6. Est-ce que nous sommes dans le bâtiment X... ?
7. Est-ce que vous êtes derrière un étudiant ?
8. Est-ce que je suis à côté d'une étudiante ?
9. Est-ce que je suis devant le tableau noir ?
10. Est-ce que le professeur est avec vous ?

C. *Écoutez chaque réponse. Indiquez la question.*

Exemple : Je suis devant le professeur.
Est-ce que vous êtes devant le professeur ?

1. Je suis à côté de la fenêtre.
2. Je suis un(e) étudiant(e) de français.
3. Je suis dans la classe de Madame (Monsieur) X...
4. Le professeur est Madame (Monsieur) X...
5. Le professeur est devant le bureau.
6. Nous sommes dans la salle de classe.
7. Nous sommes à l'université de X...

EXERCICES ORAUX OU ÉCRITS

1. *Employez l'article indéfini* **un** *ou* **une** *devant chaque nom.*

1. C'est _____ jeune fille.   2. C'est _____ étudiante.   3. C'est _____ jeune homme.   4. C'est _____ journaliste.   5. C'est _____ professeur.   6. C'est _____ amie.   7. C'est _____ étudiant. 8. C'est _____ femme.   9. C'est _____ ami.   10. C'est _____ enfant.

2. *Employez l'article indéfini* **un** *ou* **une** *devant chaque nom.*

1. Voilà _____ arbre.   2. Voilà _____ clé.   3. Voilà _____ salle de classe.   4. C'est _____ tableau noir.   5. C'est _____ auto. 6. C'est _____ avion.   7. Montrez-moi _____ livre et _____ cahier.   8. Voilà _____ enveloppe et _____ adresse.   9. Voilà _____ maison et _____ jardin.   10. Montrez-moi _____ sac et _____ serviette.

3. a) *Employez l'article défini* **le, la** *ou* **l'** *devant chaque nom.*

1. Voilà Linda. _____ maison de Linda est à côté de _____ université.   2. Montrez-moi _____ salle de classe de français.   3. Voilà _____ fenêtre et _____ porte de _____ salle de classe.   4. Où est _____ bureau de Mme Richard ?   5. Voilà _____ sac et _____ serviette de Sylvia.   6. Bob est _____ ami de Jeff.   7. Voilà _____ nom et _____ adresse de Bob.   8. Montrez-moi _____ bâtiment C.   9. _____ sac de Laura est dans _____ auto de Bob. 10. Où est _____ appartement de Paul ?

b) *Complétez chaque phrase.*

Exemple : _____ livre _____ Janet est sur _____ table _____ Paul.
Le livre de Janet est sur la table de Paul.

1. C'est _____ jardin et _____ maison _____ Mme Stone. 2. Voilà _____ auto _____ Jack.   3. C'est _____ question _____ Peter.   4. Répétez _____ réponse _____ Sue.   5. Voilà _____ crayon et _____ cahier _____ Rosa.   6. Regardez _____ exercice et _____ phrase _____ Tim.   7. Voilà _____ clé et _____ stylo _____ Laura.   8. C'est _____ appartement _____ Paul et _____ André.   9. Montrez-moi _____ maison _____ M. et _____ Mme Hitchcock.   10. Écoutez _____ conversation _____ Betty et _____ Rosa.

c) *Complétez chaque phrase avec* **un** *ou* **une.** *Faites une autre phrase avec* **le, la** *ou* **l'.**

Exemple : Voilà _____ clé. (1) **Voilà une clé.**
(2) **C'est la clé de Bob.**

1. Voilà _____ maison. 2. Voilà _____ cahier. 3. Voilà _____ étudiant. 4. Voilà _____ ami. 5. Voilà _____ auto. 6. Voilà _____ appartement. 7. Voilà _____ professeur. 8. Voilà _____ enfant. 9. Voilà _____ bureau. 10. Voilà _____ adresse.

4. a) *Remplacez chaque expression en italique par* **il** *ou* **elle.** *Écrivez chaque phrase.*

1. *Le bâtiment C* est à côté de la cafétéria. 2. *L'auto de Janet* est devant la maison. 3. *Le stylo de Robert* est sur la table. 4. *L'adresse de Jim* est sur l'enveloppe. 5. *Le livre de Rosa* est dans la serviette. 6. *L'amie de Charles* est avec le professeur. 7. Où est *l'appartement de Tom* ? 8. Où est *l'étudiante de Mme Lorenz* ? 9. *L'ami de Jim* est dans la salle de classe. 10. *Susan* est dans le jardin.

b) *Composez une phrase avec* **il est** *ou avec* **elle est.**

Exemple : Où est le sac de Betty ? (sur la chaise)
Il est sur la chaise.

1. Où est l'exercice de Bob ? (dans le cahier) 2. Où est la serviette de Rosa ? (sous la chaise) 3. Où est l'étudiante de M. Allen ? (devant la porte) 4. Où est le tableau noir ? (devant la classe) 5. Où est l'auto de Ben ? (devant la maison) 6. Où est l'appartement de Paul ? (dans la maison de Mme Lebrun) 7. Où est la secrétaire de Mme Henri ? (dans la classe de français) 8. Où est le stylo de Michèle ? (sur le bureau) 9. Où est le cahier de Jack ? (dans la serviette) 10. Où est le professeur ? (devant le tableau noir)

c) *Inventez une phrase. Employez une préposition (***sur, sous, devant, avec, derrière, à côté de, dans***) dans chaque phrase.*

Exemple: la serviette de Tom / la table
La serviette de Tom est sur la table.

1. le jardin de Janet / la maison 2. le bureau de M. Allen / la fenêtre 3. l'auto de Rosa / la cafétéria 4. la table de Jeff / la porte 5. la serviette de Tim / la chaise 6. l'exercice d'Édith / le cahier 7. l'enfant de Mme Bardot / la salle de classe 8. l'amie de Charles / le professeur 9. la date / le tableau noir 10. le tableau noir / la porte

5. a) *Employez la forme correcte du verbe* **être.**

(1) 1. Je _____ dans la classe de français.   2. La salle de classe _____ dans le bâtiment B.   3. Je _____ un(e) étudiant(e) de français.   4. Vous _____ aussi un(e) étudiant(e) de français. 5. Vous _____ devant la fenêtre.   6. Je _____ à côté de Bob. 7. Bob _____ à côté de la porte.   8. Où _____ le professeur ? Il _____ devant le tableau noir.   9. Où _____ Daniel ? Il _____ devant vous.   10. Où _____ Jeannette ? Elle _____ derrière Marc.

(2) 1. Nous _____ à l'université.   2. Vous _____ dans le bâtiment C.   3. Jim, Marianne et Denise _____ avec moi.   4. Nous _____ devant le professeur.   5. Voilà Jim. C' _____ l'ami de Marianne. Il _____ devant moi.   6. Le cahier et le stylo de Jim _____ sur la table.   7. Le livre et l'exercice de Marianne _____ dans la serviette.   8. Nous _____ à côté de la fenêtre. 9. Je _____ derrière Marianne.   10. Vous _____ à côté de la porte.

b) *Composez une phrase avec :*

1. je suis   2. vous êtes   3. elles sont   4. il est   5. ils sont
6. c'est   7. nous sommes   8. elle est

6. *Composez une phrase interrogative avec* **est-ce que.**

1. Le manteau de Sue est dans l'auto de Jeff.   2. Linda et Jim sont à l'université.   3. Vous êtes dans la classe de M. Rogers.   4. C'est un professeur dynamique.   5. Nous sommes devant la cafétéria.   6. Esther est à la maison.   7. Je suis dans le bâtiment Kellerman.   8. Il est derrière le bâtiment de l'administration.   9. Alice est à côté de vous. 10. Vous comprenez la leçon maintenant.   11. Laura et Jeff sont dans une classe de français.   12. Kay est avec le professseur.

Hospice de Beaune

DEUX

1
Voilà **la** maison **du** président **de** l'université.
Voilà **l'**appartement **de** l'amie de Roy.

2
Jack est **intelligent, gentil** et **sympathique.**
Linda est **intelligente, gentille** et **sympathique.**

3
J'ai une auto japonaise.
Tim et June **ont** un bateau.

4
Êtes-vous dans la classe de Mme Richard ?
Avez-vous une classe de français aujourd'hui ?

5
A **mon** avis, **ma** classe de français est intéressante.
Mon ami Phil et **mon** amie Patty sont avec moi dans la classe.

6
C'est le bâtiment de chimie.
Il est grand et moderne.

7
Le père et la mère de Bob sont à Paris.
Ils sont **en** France.

Cathédrale de Chartres

DÉVELOPPEMENT GRAMMATICAL

1

Voilà la maison **du** président **de** l'université.
Voilà l'appartement **de l'**amie de Roy.

Comparez :

C'est l'idée **de l'**étudiant.
C'est le nom **de l'**enfant.
C'est la maison **de l'**artiste.

C'est l'idée **du** jeune homme.
C'est le nom **du** président.
C'est la maison **du** journaliste.

C'est l'auto **de la** secrétaire.
C'est le sac **de la** jeune fille.
C'est la clé **de la** maison.

C'est l'auto **du** secrétaire.
C'est le manteau **du** professeur.
C'est la clé **du** garage.

● **Du** est la contraction de la préposition **de** et de l'article défini **le** :

$$(de + le) = du$$

ATTENTION : Généralement, en français, un article précède un nom commun.

MAIS : Madame Thibaut, Monsieur Watson, Paul, Janine, etc., et la maison **de** Madame Thibault, le livre **de** Janine, l'ami **de** Paul.

2

Jack est **intelligent, gentil** et **sympathique**.
Linda est **intelligente, gentille** et **sympathique**.

Comparez :

Paul est **petit.**
Il est **brun.**
Il est **américain.**
Il est **intelligent** et **dynamique.**

Marianne est petite.
Elle est brune.
Elle est américaine.
Elle est intelligente et **dynamique.**

GRAMMAIRE

Le sac de Marianne est **grand.**   La serviette de Paul est grand**e.**
Il est **pratique.**   Elle est **pratique.**
L'exercice de Paul est **bon.**   La question de Marianne est **bonne.**

L'exemple de Paul est **mauvais.**   L'idée de Marianne est mauvais**e.**
Le livre de Paul est **ouvert.**   La serviette de Marianne est ouvert**e.**

L'appartement est **fermé.**   La maison est **fermée.**

● En français, l'*adjectif qualificatif* (petit, brun, américain, intelligent, grand, etc.) est *variable*. Il est masculin ou féminin comme le nom. Généralement :

$$\left[\begin{array}{c} \text{adjectif qualificatif} \\ \text{féminin} \end{array} \right] = \left[\begin{array}{c} \text{adjectif qualificatif} \\ \text{masculin} \end{array} \right] + \mathbf{e}$$

NOTEZ : La consonne finale est muette pour l'adjectif masculin.
La consonne finale est prononcée pour l'adjectif féminin ; **e** est muet.

Exemples : grand**e**, petit**e**, blond**e**, français**e**, assis**e**, ouvert**e**, mauvais**e**

E final est muet après une voyelle. Pour la prononciation : fermé = fermé**e**, bleu = bleu**e**, réservé = réservé**e**

● L'*adjectif qualificatif* terminé par **e** au masculin est *invariable* au féminin.

Le féminin de $\left[\begin{array}{l} \textbf{sympathique} \\ \textbf{ridicule} \\ \textbf{difficile} \\ \textbf{facile} \\ \textbf{confortable} \\ \textbf{timide} \\ \textbf{jaune} \\ \textbf{rouge} \\ \textbf{célèbre} \end{array} \right]$ est $\left[\begin{array}{l} \textbf{sympathique.} \\ \textbf{ridicule.} \\ \textbf{difficile.} \\ \textbf{facile.} \\ \textbf{confortable.} \\ \textbf{timide.} \\ \textbf{jaune.} \\ \textbf{rouge.} \\ \textbf{célèbre.} \end{array} \right]$

● Le féminin de $\left[\begin{array}{l} \textbf{bon} \\ \textbf{blanc} \\ \textbf{gentil} \\ \textbf{favori} \end{array} \right]$ est $\left[\begin{array}{l} \textbf{bonne.} \\ \textbf{blanche.} \\ \textbf{gentille.} \\ \textbf{favorite.} \end{array} \right]$

Exemples : Le tricot de Paul est **blanc.**
La chemise de Paul est **blanche.**
La robe **blanche**[1] de Sylvie est très jolie.

[1] Généralement, le nom précède l'adjectif.

3

J'**ai** une auto japonaise.
Tim et June **ont** un bateau.

Étudiez le verbe suivant :

J'	**ai**	un(e) ami(e).
Vous	**avez**	un appartement.
Tu	**as**	une maison.
Nous	**avons**	un jardin.
Il (elle)	**a**	une auto.
Ils (elles)	**ont**	un bateau.

● C'est le verbe **avoir.**

ATTENTION à la forme interrogative :
Est-ce que Bob a une auto ? **Est-ce qu'**il a une auto ?
Est-ce qu'André a une classe de français ? **Est-ce qu'**il a une classe de français ?
Est-ce que M. et Mme Jones ont une maison ? **Est-ce qu'**ils ont une maison ?

NOTEZ : Employez le verbe **avoir** pour indiquer **l'âge.**

Exemples : J'**ai** vingt ans. Sue **a** dix-huit ans.
Mon père et ma mère **ont** quarante (40) ans.
Quel âge **avez**-vous ?

4

Êtes-vous dans la classe de Mme Richard ?
Avez-vous une classe de français aujourd'hui ?

Comparez :

Nous sommes dans le bâtiment C.

Est-ce que nous sommes dans le bâtiment C ?
Sommes-nous dans le bâtiment C ?

GRAMMAIRE

Vous êtes américain(e).	**Est-ce que vous êtes** américain(e) ? **Êtes-vous** américain(e) ?
Elle est française.	**Est-ce qu'elle est** française ? **Est-elle** française ?
Ils sont à Paris.	**Est-ce qu'ils sont** à Paris ? **Sont-ils** à Paris ?
Nous avons une classe.	**Est-ce que nous avons** une classe ? **Avons-nous** une classe ?
Vous avez un jardin.	**Est-ce que vous avez** un jardin ? **Avez-vous** un jardin ?
Elles ont un appartement.	**Est-ce qu'elles ont** un appartement ? **Ont-elles** un appartement ?
Ils ont une auto.	**Est-ce qu'ils ont** une auto ? **Ont-ils** une auto ?
Elle a un examen de chimie.	**Est-ce qu'elle a** un examen de chimie ? **A-t-elle** un examen de chimie ?
Il a dix-neuf ans.	**Est-ce qu'il a** dix-neuf ans ? **A-t-il** dix-neuf ans ?

● En français, deux formes interrogatives sont possibles :

> **a)** avec **est-ce que** (+ la phrase affirmative).
> **b)** avec l'**inversion.** (Le verbe est avant le sujet.)[2]

NOTEZ : A la première personne du singulier, employez seulement la forme **est-ce que.**

Exemples : **Est-ce que je suis** timide ? **Est-ce que j'ai** un stylo ?

Avec l'inversion, à la troisième personne du singulier de **avoir,** employez **t** entre **a** et **il** et entre **a** et **elle.**

> Pierre a-**t**-il une auto ?
> Janine a-**t**-elle un appartement ?

[2] Il est possible d'indiquer une question par l'intonation : « Marc a un bateau ? » ↗

Comparez :

Marc est canadien.

> **Est-ce que Marc est** canadien ?
> **Marc est-il** canadien ?

Denise est française.

> **Est-ce que Denise est** française ?
> **Denise est-elle** française ?

Bob et Lynn sont à Paris.

> **Est-ce que Bob et Lynn sont** à Paris ?
> **Bob et Lynn sont-ils** à Paris ?

Sue et Kay sont à la maison.

> **Est-ce que Sue et Kay sont** à la maison ?
> **Sue et Kay sont-elles** à la maison ?

Le père de Jack a une auto.

> **Est-ce que le père de Jack a** une auto ?
> **Le père de Jack a-t-il** une auto ?

Denise a un appartement.

> **Est-ce que Denise a** un appartement ?
> **Denise a-t-elle** un appartement ?

M. et Mme Leroy ont une maison.

> **Est-ce que M. et Mme Leroy ont** une maison ?
> **M. et Mme Leroy ont-ils** une maison ?

Sue et Kay ont un cours d'anglais.

> **Est-ce que Sue et Kay ont** un cours d'anglais ?
> **Sue et Kay ont-elles** un cours d'anglais ?

● A la troisième personne du singulier ou du pluriel, avec un *sujet-nom*, employez :

> 1. **est-ce que** (+ la phrase affirmative).
> 2. l'**inversion** : sujet-nom + verbe + sujet-pronom.

GRAMMAIRE

5

A mon avis, **ma** classe de français est intéressante.
Mon ami Phil et **mon** amie Patty sont avec moi dans la classe.

Comparez :

Montrez-moi **votre** bureau et **votre** chaise.

Voilà **mon** bureau et **ma** chaise.

Montrez-moi **votre** cahier et **votre** serviette.

Voilà **mon** cahier et **ma** serviette.

Voilà **le** sac de Catherine.
Voilà **le** stylo de Phil.

C'est **son** sac.
C'est **son** stylo.

Voilà **la** maison de Jeff.
Voilà **la** clé de Rosa.

C'est **sa** maison.
C'est **sa** clé.

Voilà **le** professeur de **la** classe.

C'est **notre** professeur. C'est **notre** classe.

Voilà **le** professeur de Jules et de Jim.
Voilà **la** classe de Jules et de Jim.

C'est **leur** professeur.

C'est **leur** classe.

● **Mon** est un adjectif possessif. Et aussi : **ma, votre / ton, ta, notre, son, sa, leur.**

● Employez

mon votre / ton notre son leur	+ un nom *masculin*	ma votre / ta notre sa leur	+ un nom *féminin*

Comparez :

C'est **la** maison de Luc.
Voilà **une** auto. C'est l'**auto** de Luc.
Anne est l'**amie** de Luc.

C'est **sa** maison.
C'est **son** auto.

C'est **son** amie.

J'ai **une** veste bleue.
J'ai **une** autre veste.
Voilà **une** adresse.

C'est **ma** veste.
C'est **mon** autre veste.
C'est **mon** adresse.

Voilà **une** clé.
Voilà **une** autre clé.
Tu es à **l'**université de Virginie.

Est-ce que c'est **ta** clé ?
C'est **ton** autre clé.
C'est **ton** université.

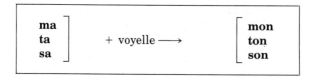

$$\left.\begin{array}{l} \textbf{ma} \\ \textbf{ta} \\ \textbf{sa} \end{array}\right\} \; + \; \text{voyelle} \longrightarrow \left\{\begin{array}{l} \textbf{mon} \\ \textbf{ton} \\ \textbf{son} \end{array}\right.$$

6 **C'est** le bâtiment de chimie.
Il est grand et moderne.

Comparez :

C'est l'appartement de Rose.
C'est le bureau de la secrétaire.
C'est l'auto de Jacques.
C'est une étudiante d'histoire.
C'est un professeur d'anglais.
C'est mon amie Laure.

Il est confortable.
Il est pratique.
Elle est grande.
Elle est timide.
Il est intéressant.
Elle est intelligente.

C'est mon père.

C'est ma mère.

C'est Mme Richard.

C'est Phil.

Il est blond.
Il est psychologue.
Elle est gentille.
Elle est avocate.
Elle est énergique.
Elle est professeur.
Il est amusant.
Il est étudiant.

C'est moi.
C'est vous.

GRAMMAIRE

Employez | **c'est** + ⎡ un nom de personne ou de chose
⎣ un pronom

C'est présente ou identifie une personne ou une chose.

Employez | **il est**
elle est + ⎡ un adjectif
⎣ un nom de profession *sans* article

Le pronom **il** ou **elle** remplace le nom d'une personne ou d'une chose. Un nom est l'antécédent spécifique du pronom **il** ou **elle**.

Exemples : **C'est** Marc. **C'est** mon ami. **Il est** canadien. **Il est** journaliste.
C'est un avion. **C'est** l'avion d'Air-France. **Il est** rapide.

7 Le père et la mère de Bob sont à Paris.
Ils sont **en** France.

Comparez :

Nous sommes **en** Amérique.

Paris est **en** France.

Moscou est **en** Russie.

en Europe, **en** Afrique, **en** Asie, **en** Chine, **en** Virginie, **en** Floride, **en** Californie, **en** Espagne, **en** Italie, **en** Grèce

La Cinquième Avenue est **à** New York.
Le palais de Buckingham est **à** Londres.
Le Vatican est **à** Rome.

à Madrid, **à** Bruxelles, **à** Jérusalem, **à** Genève, **à** Tokyo, **à** San Francisco, **à** Stockholm, **à** Vienne, **à** Miami, **à** Florence, **à** Rio de Janeiro

Employez | **en** + ⎡ un nom de continent
⎣ un nom de pays féminin
à + un nom de ville

PRATIQUE ORALE

A. *Composez une phrase avec chaque sujet.*

Exemple : Je suis dans mon auto. (vous)
Vous êtes dans votre auto.

1. Je suis dans ma classe favorite. (vous / tu / Denise / Pierre et Jean / nous)
2. Alice a son cours d'histoire dans le bâtiment B. (vous / je / nous / Jacques et Paul)

B. *Changez la phrase et employez l'expression proposée.*

Exemple : Votre cahier est ouvert. Et votre serviette ?
Ma serviette est ouverte aussi.

1. Votre pull-over est gris. Et votre veste ?
2. Ton voisin est français. Et ta voisine ?
3. Son pantalon est bleu. Et sa chemise ?
4. Votre jardin est grand. Et votre maison ?
5. Leur frère est intelligent. Et leur sœur ?
6. L'examen est important. Et la classe ?
7. L'étudiant est américain. Et la secrétaire ?
8. Le musée est ouvert. Et la cathédrale ?

C. *Répondez affirmativement à chaque question.*

1. Avez-vous une chemise (une blouse) ou un tricot ?
2. Votre voisine a-t-elle une robe ou une jupe ?
3. Avons-nous une classe aujourd'hui ?
4. Votre voisin(e) a-t-il(elle) un livre de français ?
5. Avez-vous un stylo ou un crayon ?
6. Votre maison est-elle près de l'université ou loin de l'université ?
7. La porte est-elle à votre gauche ou à votre droite ?
8. Où est votre livre de français ?

EXERCICES ORAUX OU ÉCRITS

1. *Complétez chaque phrase avec* **de, de la, de l', du** *ou avec un article défini.*

1. C'est Laura. C'est _____ amie _____ Jeff. 2. _____ chaise et _____ table _____ Laura sont à côté _____ porte _____ salle de classe. 3. _____ nom et _____ numéro de téléphone _____ étudiante sont sur _____ cahier _____ jeune homme. 4. _____ adresse _____ étudiant est dans _____ livre _____ la jeune fille. 5. Nous

sommes devant _____ bureau _____ professeur.   6. C'est _____ maison _____ président _____ université.   7. Voilà _____ appartement _____ ami _____ Bob.   8. _____ tableau noir _____ classe est à côté _____ bureau _____ professeur.   9. _____ auto _____ Lisa est sur _____ campus _____ université, devant _____ porte _____ bâtiment _____ administration.

2. a) *Composez une phrase. Employez l'adjectif ou les adjectifs entre parenthèses.*

1. Est-ce que Lisa est (américain) ou (anglais) ?   2. La mère de Jim est (petit et blond).   3. Kim est (chinois) ; elle est (brun).   4. Vous (*f.*) êtes (intelligent et dynamique).   5. L'auto de Jack est (grand et confortable) ; elle est (blanc).   6. Est-ce que l'amie (français) de Joe est (gentil) ?   7. La question de Sylvia est (bon), mais la réponse de Judy est (mauvais et ridicule).   8. La serviette du professeur est (ouvert).   9. La porte de la salle de classe est (fermé).   10. La leçon de français est (intéressant et important).

b) *Répondez à chaque question par une phrase complète. Employez les mots indiqués ci-dessous.*

Exemple :   Qui est-ce ?   Claude Monet ?   un artiste   français
Claude Monet est un artiste français.

Qui est-ce ?	Jean-Paul Sartre ?	un musicien	russe
	Debussy ?	un auteur	français
	Beethoven ?	un(e) journaliste	allemand
	Tolstoï ?	un acteur	américain
	Richard Burton ?	un philosophe	anglais
	Barbara Walters ?	un(e) artiste	espagnol
	Picasso ?	une actrice	

Qu'est-ce que c'est ?	Le Louvre ?	un musée	italien
	Florence ?	une cathédrale	russe
	Une Toyota ?	une auto	japonais
	Le Kremlin ?	un monument	français
	Chartres ?	une ville	

3. a) *Employez la forme correcte du verbe* **avoir.** *Faites les changements nécessaires.*

1. Nous _____ une classe de français.   2. M. Jones _____ une auto américaine.   3. Je _____ une maison confortable.   4. Vous _____ un appartement moderne.   5. M. et Mme Brown _____ un ami français.   6. Nous _____ un exercice pour demain.   7. Janet _____ une robe rouge.   8. Je _____ une veste blanche.   9. Vous _____ un livre de français ?   10. Ils _____ un professeur sympathique.

b) *Complétez chaque phrase avec la forme correcte du verbe **avoir** ou du verbe **être**. Faites les changements nécessaires.*

1. Est-ce que vous _____ une classe de français aujourd'hui ? Où _____ elle ?   2. Sue _____ un appartement ; il _____ confortable.   3. M. et Mme Stoner _____ une maison. Est-ce qu'ils _____ à la maison maintenant ?   4. Nous _____ dans la classe d'anglais ; nous _____ un professeur sympathique.   5. Est-ce que vous _____ dans la classe de Mme Richard ? Est-ce qu'elle _____ intéressante ?   6. Je _____ une chambre dans une maison d'étudiants; elle _____ sur le campus.   7. Nous _____ un exercice de français ; il _____ facile.   8. Le père et la mère de Bob _____ à Paris ; ils _____ un appartement.   9. Jack _____ une amie ; elle _____ japonaise.   10. Je _____ une auto ; elle _____ devant le bâtiment C.

4. *Changez la phrase en phrase interrogative; employez l'inversion.*

a) 1. Elle est américaine ou canadienne.   2. Nous sommes dans la classe de biologie.   3. Vous êtes française.   4. Ils sont à Londres.   5. Jim est à la maison.   6. Le père et la mère de Linda sont à New York.   7. Vous êtes timide.   8. June est à l'université.   9. L'appartement de Lisa est à côté du campus.   10. Jeff et Laura sont dans le jardin.

b) 1. Il a une auto italienne.   2. Ils ont un professeur compétent.   3. Elle a une amie allemande.   4. Nous avons une classe importante.   5. Tu as un livre de français.   6. Peter a une serviette beige.   7. M. et Mme Jones ont une maison à Boston.   8. Janet a un appartement pratique.   9. Tim et Jack ont un bateau.   10. Le professeur a un costume élégant.

5. a) *Complétez chaque phrase avec la forme correcte et logique de l'adjectif possessif.*

Jeannette est à l'université dans _____ classe de français. _____ cahier est sur _____ table. _____ crayon est à côté de _____ stylo. Voilà _____ serviette. Elle est sous _____ chaise avec _____ livre.

b) *Répétez l'exercice **5. a)**. Commencez par :*

1. **Je suis** à l'université...
2. **Bob et Marc** sont à l'université...

c) *Employez l'adjectif possessif correct et logique.*

1. Nous sommes dans _____ classe de français. _____ professeur est américain. Il a _____ serviette sur _____ bureau et _____ veste sur _____ chaise. _____ livre de français est fermé.   2. Dans la salle de classe, Tim et Suzie sont assis devant _____ professeur. Aujourd'hui, _____ leçon est difficile. _____ cahier de français est ouvert sur _____ table.   3. Un étudiant est debout devant le tableau

noir. _____ phrase et _____ prononciation sont correctes.   4. Voilà _____ amie Hélène; elle est élégante. _____ manteau est bleu et _____ jupe est blanche.   5. Je suis assis(e) sur _____ chaise devant _____ professeur. _____ nom et _____ adresse sont sur _____ cahier de français.

6.   *Employez* **c'est** *ou* **il est** *ou* **elle est.**

Exemple : _____ la blouse de Florence. _____ rouge.
C'est la blouse de Florence. Elle est rouge.

1. _____ mon amie Laura; _____ américaine.   2. _____ Henri; _____ étudiant à San Francisco; _____ français.   3. _____ la maison de M. et de Mme Jones; _____ grande et confortable. 4. _____ la mère de John; _____ sympathique; _____ professeur à l'université.   5. _____ ma serviette; _____ dans l'auto de Jim.   6. _____ notre professeur de français; _____ canadien. 7. _____ l'ami de Lisa; _____ japonais; _____ un étudiant de psychologie.   8. _____ un artiste célèbre; _____ anglais. 9. _____ mon frère; _____ grand et blond; _____ journaliste. 10. _____ mon livre de français; _____ dans mon sac; _____ intéressant.

7.   *Employez la préposition correcte.*

1. La statue de la Liberté est _____ New York, mais la tour Eiffel est _____ Paris.   2. Pékin est _____ Chine, et Berlin est _____ Allemagne.   3. Le centre Beaubourg est _____ Paris, _____ France; mais le Vatican est _____ Rome, _____ Italie.   4. Madrid est _____ Espagne et Buenos Aires est _____ Argentine.   5. Le Kremlin est _____ Moscou, _____ Russie, et la maison Blanche est _____ Washington.   6. Hollywood est _____ Californie, mais Miami est _____ Floride.   7. Le mont Blanc est _____ Europe et le mont Everest est _____ Asie.   8. Le musée Guggenheim est _____ New York; le musée Britannique est _____ Londres. 9. Genève est _____ Suisse.   10. La Colombie est _____ Amérique du Sud.

DEUX BIS

Dans la chambre de Bob

Lisez à haute voix la conversation suivante.

Sue : Votre chambre est très jolie !
Denise : Et quelle reproduction splendide du clown de Picasso ! Vous aimez l'art moderne, n'est-ce pas ?
Bob : Oui. J'aime beaucoup l'art moderne.
5 **Marc :** Et voilà le portrait de Dora Maar.* Il est bizarre !
Sue : Vous avez une vue magnifique sur la rue et sur le campus.
Marc : Voilà le petit restaurant français avec sa
10 terrasse.
Denise : Et voilà le bâtiment administratif de l'université.
Bob : Et là vous avez le bâtiment de chimie et la bibliothèque.
15 **Sue :** Vous êtes vraiment bien ici.
Denise : L'atmosphère est agréable.
Marc : Très agréable. Pour le travail, c'est important.
Bob : Je suis d'accord.
20 **Denise :** Combien de classes avez-vous tous les jours ?
Bob : J'ai trois classes tous les jours. Et vous, Sue ?
Sue : J'ai trois classes aussi.
Marc : Quelle est votre classe favorite ?
25 **Sue :** C'est ma classe de psychologie. Et quelle classe préférez-vous ?
Marc : Pour moi, c'est le français.
Denise : Pour moi, c'est la biologie.
Bob : Pour moi, c'est ma classe d'art.
30 **Sue :** Naturellement.

* Voir portrait à gauche.

Portraits d'étudiants

Lisez à haute voix le texte suivant.

Je m'appelle Jeff Milner. J'ai dix-neuf ans. Je suis assez grand et brun. Je suis américain. Je suis étudiant à l'université de ma ville. Je suis en première année d'université. J'ai une chambre dans une maison d'étudiants parce que la maison de ma famille est loin du campus.
5 Généralement, j'ai un blue-jean, un pull-over et une chemise bleus ou beiges. Aujourd'hui, ma chemise est blanche, mon tricot et mon pantalon sont gris parce que nous avons une soirée à la maison d'étudiants. Dans la poche de ma veste, j'ai ma carte d'étudiant avec mon nom, mon adresse et ma photo. Elle est dans mon portefeuille. Ma vie est simple et ordinaire, mais je
10 suis très occupé parce que j'ai quatre classes tous les jours. Mon professeur d'anglais est une femme; elle est intelligente et amusante. J'aime ma classe d'anglais. Mon professeur d'histoire est un homme. Son costume est toujours bizarre; par exemple, il a un pantalon vert et une chemise jaune avec une cravate rouge. Mais il est sympathique et son cours est original. Mon professeur
15 de biologie est une femme. Elle est très compétente et sa classe est intéressante. Mon professeur de français, Madame Richard, est élégante, à mon avis; aujour-d'hui elle a une blouse blanche très chic avec une jupe et une veste bleues.

Mon ami Bob, mon amie Laura et moi, nous avons notre classe de biologie dans le bâtiment Ortwell. Bob et Laura ont leur cahier ouvert sur leur table,
20 mais leur livre est fermé. Laura est ma voisine; elle est assise à ma droite et Bob est assis à ma gauche. Nous sommes à côté du bureau du professeur. Laura est américaine; elle est grande, blonde et jolie. Elle a une robe verte. Son père est allemand et sa mère est canadienne. Elle a un frère et une sœur. Leur maison est en Caroline du Nord. La famille a un chien noir et un chat gris.
25 Laura est très gentille et c'est une étudiante parfaite. Bob est américain aussi. Il est intelligent et assez réservé. Sa famille est-elle en Amérique ? Non, sa famille est à Hong-Kong, en Chine. Son père est journaliste et sa mère est ingénieur. Bob a dix-huit ans et c'est mon camarade de chambre à la maison d'étudiants. Combien de classes Bob a-t-il aujourd'hui ? Il a quatre classes. Il
30 aime sa classe de biologie, mais il déteste sa classe de chimie. Il préfère sa classe de chinois; c'est sa classe favorite.

Comptez de vingt (20) à soixante-neuf (69) : vingt (20), vingt et un (21), vingt-deux (22) vingt-trois (23), vingt-quatre (24)... trente (30), trente et un (31), trente-deux (32), trente-trois (33)... quarante (40), quarante et un (41), quarante-deux (42), quarante-trois (43)... cinquante (50), cinquante et un (51), cinquante-deux (52), cinquante-trois (53)... soixante (60), soixante et un (61), soixante-deux (62), soixante-trois (63)...

PRATIQUE DE COMMUNICATION ORALE

A. *Demandez à un(e) étudiant(e) de la classe (employez* **est-ce que** *ou l'inversion) :*

1. si le professeur est assis.
2. si le professeur est français.
3. si la leçon est facile.
4. s'il (si elle) a un appartement ou une maison.
5. s'il (si elle) a un jardin.
6. si son père et sa mère ont une auto.

B. *Demandez à votre voisin(e) :*

1. où il (elle) est dans la classe de français.
2. où est sa serviette (ou son sac).
3. où est son livre de français.
4. où est la maison de sa famille.
5. où est le professeur maintenant.

C. *Demandez à votre voisin(e) :*

1. de quelle couleur est sa robe (sa jupe, sa blouse, sa chemise).
2. de quelle couleur est son pantalon (son pull-over).
3. de quelle couleur est son manteau (sa veste).
4. de quelle couleur est le costume du professeur.
5. de quelle couleur est son sac (sa serviette).

EXERCICES ORAUX OU ÉCRITS

1. *Questions sur la « Lecture ». Répondez à chaque question par une phrase complète.*

1. Est-ce que Jeff Milner est professeur ? Est-il blond ?   2. Où est-il étudiant ? Où est la chambre de Jeff ?   3. Généralement, de quelle couleur est sa chemise ?   4. De quelle couleur est sa chemise aujourd'hui ? Pourquoi ?   5. Où est sa carte d'étudiant ?   6. Combien de classes Jeff a-t-il tous les jours ?   7. Qui est l'amie de Jeff ?   8. Quelle classe ont-ils dans le bâtiment Ortwell ?   9. Bob a-t-il une auto ? Où est la clé de son auto ?   10. Combien de classes Bob a-t-il aujourd'hui ? Quelle est sa classe favorite ?   11. Quel âge a-t-il ?

2. *Préparation à la composition. Exercices de vocabulaire.*

a) *Complétez chaque phrase avec une (ou deux, ou trois) expression(s) proposée(s). Omettez l'article indiqué dans la liste de vocabulaire.*

moi, (un) portefeuille, (un) cahier, (une) voisine, (une) blouse, (une) clé, (un) pantalon, (une) jupe, (une) chemise, (un) livre, (un) ingénieur, près de, un chien, un chat, j'aime, (une) carte d'étudiant, (un) voisin, (une) chaise, (un) pull-over, (un) stylo, (une) serviette, (une) avocate

1. Ma _____ Lucie est assise sur sa _____ à côté de _____ ; elle a une _____ bleue et un _____ blanc.   2. Dans ma poche, j'ai mon _____ , ma _____ , mon _____ et ma _____ .   3. Roger est un étudiant de français; il a son _____ et son _____ de français dans sa _____ .   4. Mon _____ Paul est à ma droite. Il a une _____ jaune et un _____ gris.   5. Mon frère est _____ et ma sœur est _____ .   6. Votre maison est-elle loin de l'université ? Non, elle est _____ l'université.   7. Ma classe d'anglais est ma classe favorite : _____ ma classe d'anglais.   8. Avez-vous un _____ ou un _____ ?

b) *Donnez l'expression opposée*

Exemple : **Sur** est le contraire de...
           Sur est le contraire de sous.

1. j'aime   2. intelligent(e)   3. difficile   4. noir(e)   5. grand(e)
6. blond(e)   7. devant   8. à ma gauche   9. près de   10. bon(ne)

c) *Composez une phrase complète avec chaque expression.*

1. debout   2. fermé(e)   3. à mon avis   4. à ma gauche (droite)
5. à la maison   6. ouvert(e)   7. j'aime   8. je préfère   9. par
terre   10. à côté de

3. *Préparation à la composition. Répondez à chaque question par une phrase complète.*

1. Comment vous appelez-vous ? Quel âge avez-vous ?   2. Êtes-vous américain(e) ?   3. Êtes-vous blond(e) ou brun(e), grand(e) ou petit(e) ? 4. Où êtes-vous dans la classe de français ?   5. Qui est à votre gauche ? à votre droite ?   6. Votre professeur est-il une femme ou un homme ? 7. Comment est-il (elle) ?   8. Où sont votre cahier et votre livre de français ?   9. Est-ce que votre livre est fermé maintenant ?   10. Avez-vous un crayon ou un stylo ? Où sont-ils ?   11. Avez-vous une chambre dans une maison d'étudiants ?   12. Où est la maison de votre famille ? 13. Votre père est-il américain ? Et votre mère ?

4. *Composition.*

a) Faites votre portrait.
b) Faites le portrait d'une personne de votre famille.

PRONONCIATION

A. *Prononcez bien. Écoutez le son de la consonne finale. Attention : [ə] final est muet.*

Robert est français   Claire est française
Il est blond.   Elle est blonde.
Il est petit.   Elle est petite.
Il est assis.   Elle est assise.
C'est un étudiant.   C'est une étudiante.
Il est américain.   Elle est américaine.
Il est grand.   Elle est grande.
Il est intelligent.   Elle est intelligente.
Il est brun.   Elle est brune.

B. *Prononcez bien. Attention : [ə] final est muet.*

Le tricot est	noir.	La robe est	noire.
Il est	bleu.	Elle est	bleue.
Il est	rouge.	Elle est	rouge.
Il est	jaune.	Elle est	jaune.
Il est	beige.	Elle est	beige.

C. *Prononcez bien chaque groupe sans interruption.*

1. un exemple   un autre exemple
une auto   une autre auto
un avion   un autre avion
une adresse   une autre adresse

un mot   un autre mot
une page   une autre page
une phrase   une autre phrase
un crayon   un autre crayon
une photo   une autre photo
une leçon   une autre leçon

2. Il est anglais.   Ils sont anglais.
Il est allemand.   Ils sont allemands.
Il est italien.   Ils sont italiens.
Il est espagnol.   Ils sont espagnols.
Il est américain.   Ils sont américains.

EXPRESSIONS NOUVELLES

Noms

une bibliothèque
une chambre
une chemise
la chimie
une cravate
une jupe
une maison d'étudiants
une mère
une poche
une robe
une sœur
une soirée
une veste
une ville
une voisine
une vue

un an
un chat
un chien
un costume
un cours
un état
un frère
un ingénieur
un pantalon
un pays
un père
un portefeuille

un travail
un tricot
un voisin

Adjectifs

allemand(e)
anglais(e)
assis(e)
blanc, blanche
bleu(e)
bon, bonne
brun(e)
espagnol(e)
facile
favori(te)
fermé(e)
gentil(le)
grand(e)
gris(e)
jaune
joli(e)
mauvais(e)
noir(e)
ouvert(e)
petit(e)
pratique
rouge
russe
vert(e)

Verbes

avoir
j'aime
aimez-vous

Expressions verbales

être bien
être d'accord

Adverbes

à mon (votre) avis
à ma droite
à ma gauche
à la maison

assez
combien de... ?
tous les jours
toujours
vraiment

Prépositions

à la place de
loin de ≠ près de

Vous savez déjà :

Noms

une actrice
une atmosphère
la biologie
une blouse
une carte d'étudiant
une cathédrale
une contraction
une couleur
l'histoire (f.)
une intonation

une musicienne
une page
une parenthèse
une photo(graphie)
une préparation
une présidente
une profession
la psychologie
une psychologue
les sciences naturelles
une terrasse

un âge
un antécédent
l'art (m.)
un auteur
un blue-jean
le chinois
un continent
un cours
un directeur
un examen
un garage

un monument
un musée
un musicien
un philosophe
un portrait
un président
un psychologue
un pull-over
un restaurant

Adjectifs

administratif
   administrative
affirmatif(ive)
agréable
américain(e)
amusant(e)
beige
blond(e)
britannique
canadien(ienne)
célèbre
chic[3]

chinois(e)
compétent(e)
confortable
difficile
dynamique
élégant(e)
exact(e)
final(e)
important(e)
intelligent(e)
intéressant(e)
interrogatif(ive)
invariable
italien(ienne)
japonais(e)
logique
magnifique
moderne
muet, muette
occupé(e)
ordinaire
original(e)
possessif(ive)

possible
rapide
réservé(e)
ridicule
simple
stupide
supplémentaire
sympathique
timide
variable

Verbes

changez !
commencez !
je déteste
détestez-vous ?
je préfère
préférez-vous ?

Adverbe

naturellement

Noms géographiques

Continents : l'Afrique (*f.*), l'Amérique (*f.*) du Nord et du Sud, l'Asie (*f.*), l'Australie (*f.*), l'Europe (*f.*)

Pays : l'Allemagne (*f.*), l'Angleterre (*f.*), l'Argentine (*f.*), le Canada, la Chine, la Colombie, l'Égypte (*f.*), l'Espagne (*f.*), la France, la Grèce, l'Italie (*f.*), la Russie, la Suisse

États : la Californie, la Caroline du Nord, la Floride, le Vatican, la Virginie

Villes : Athènes, Berlin, Bruxelles, Buenos Aires, Florence, Genève, Hollywood, Jérusalem, Londres, Madrid, Marseille, Miami, Moscou, New York, Paris, Pékin, Rio de Janeiro, Rome, San Francisco, Sydney, Stockholm, Tokyo, Venise, Vienne, Washington

Topographie : le mont Blanc, le mont Everest

---

[3] **Chic** est masculin ou féminin. EXEMPLE : un costume **chic**, une robe **chic**.

EXERCICES DE RÉVISION DE GRAMMAIRE

1. *Employez la forme correcte du verbe* **être** *ou du verbe* **avoir.** *Faites les changements nécessaires.*

1. Je _____ un ami; c'_____ Peter; il _____ canadien.   2. Nous _____ une classe de mathématiques; nous _____ dans notre classe.
3. Notre professeur _____ un homme sympathique; aujourd'hui, il _____ un costume bleu.   4. Peter _____ grand et brun. Il _____ un pantalon noir et une veste beige.   5. Norma et Joyce _____ devant Peter. Norma _____ anglaise et Joyce _____ américaine.   6. Elles _____ un appartement à côté du campus; il _____ très petit et confortable. Quel âge _____-elles ? Elles _____ vingt ans.   7. Vous _____ une auto japonaise. _____-elle pratique ?   8. Est-ce que Lisa _____ une jupe et un tricot ?

2. *Composez:*

a) *trois phrases avec le verbe* **être.**
b) *deux questions avec le verbe* **être.** Employez l'inversion.
c) *trois phrases avec le verbe* **avoir.**
d) *deux questions avec le verbe* **avoir.** Employez l'inversion.

3. *Complétez chaque phrase avec* **du, de la, de l', de** *ou avec un article défini ou indéfini. Faites les changements nécessaires.*

1. Voilà _____ adresse _____ ami _____ Paul.   2. _____ livre et _____ clé _____ Lisa sont sur _____ table _____ étudiante.
3. _____sac _____ Rosa est à côté _____ serviette _____ professeur.   4. Regardez _____ professeur _____ français; il est devant _____ tableau noir _____ classe.   5. Étudiez _____ première page _____ livre _____ français.   6. _____ question _____ professeur est bonne, mais _____ réponse _____ étudiante est mauvaise.   7. Montrez-moi _____ maison _____ Mme Rockwell.
8. _____ veste _____ Paul est dans _____ auto _____ Judy.   9. _____ bureau _____ président _____ université est fermé.
10. _____ clé _____ auto _____ Bob est sur _____ table _____ professeur.   11. J'ai _____ livre; c'est _____ livre _____ anglais _____ Jenny.   12. Voilà _____ serviette; c'est _____ serviette _____ jeune homme.

4. a) *Employez la forme correcte de l'adjectif qualificatif.*

1. Voilà une photo (original).   2. Michèle a une blouse (rouge) et une jupe (blanc).   3. J'ai une voisine (canadien) ; elle est (grand) et (blond).
4. Ma sœur est très (gentil), mais elle est (timide) et (réservé).   5. La porte de la chambre est (fermé), et la fenêtre est (ouvert).   6. C'est

une journaliste (américain) ; elle est (dynamique) et (compétent).
7. Nous avons une soirée (intéressant) et (amusant) à la maison d'étudiants.   8. J'aime l'auto (gris) de ma mère ; elle est (petit) et (rapide).
9. Notre professeur est une femme (élégant) ; elle a une robe (bleu) très (chic).   10. Je déteste la cravate (vert) et la veste (jaune) de Robert.

b) *Changez la phrase. Employez le nom proposé.*

1. Ma chambre est petite et confortable. (mon appartement)   2. Votre ami est gentil et sympathique. (votre amie)   3. Il a un portefeuille brun. (une serviette)   4. Ta chemise est blanche. (ton tricot)   5. Le médecin est dynamique et compétent. (la secrétaire)   6. Vous avez un costume bleu et blanc. (une robe)   7. C'est mon cours favori. (ma classe)   8. J'ai un voisin anglais. (une voisine)   9. C'est un jeune homme intelligent. (une jeune fille)   10. La salle de classe est ouverte. (le bâtiment C)   11. Mon père est assis. (ma mère)   12. Votre exemple est bon et intéressant. (votre idée)

5. *Faites une question avec l'inversion.*

1. Le bâtiment Robertson est fermé.   2. Votre examen est difficile.
3. Alice et Janet sont à Paris.   4. L'ami de Robert a un bateau.
5. Son auto est devant la maison.   6. Nous avons un exercice pour demain.   7. Bob et Joe ont vingt ans.   8. Vous avez un cours de français.   9. Suzy est brune et jolie.   10. Elle a un frère et une sœur.

6. *Employez l'adjectif possessif correct et logique.*

1. M. et Mme Gordon sont dans _____ jardin avec _____ amie Mme Simpson. _____ auto est à côté de _____ maison.   2. Paul est dans _____ appartement. Il est assis devant _____ bureau. _____ serviette est par terre sous _____ chaise. _____ cahier est ouvert, mais _____ livre est fermé.   3. Nous sommes avec _____ professeur dans _____ classe de français. _____ leçon est intéressante.   4. Je suis à la maison avec _____ père et _____ mère. _____ amie Linda est dans _____ auto devant _____ maison.

7. *Répondez par une phrase complète. Employez un nom de ville ou de pays (sans article) dans chaque réponse.*

Athènes, la Floride, San Francisco, l'Égypte, Paris, l'Angleterre, New York, la Californie, la France, l'Italie, l'Amérique du Nord, l'Australie

1. Où est le « Golden Gate » ?   2. Où est le mont Whitney ?   3. Où est Marseille ?   4. Où est Disney World ?   5. Où est Venise ?   6. Où est Buckingham Palace ?   7. Où est le musée du Louvre ?   8. Où est le Parthénon ?   9. Où est la Cinquième Avenue ?   10. Où est le Sphinx ?
11. Où est le Canada ?   12. Où est Sydney ?

TROIS

1
C'est **un** ami français.
Ce sont **des** amis français.

2
Le bâtiment est grand et moderne.
Les bâtiments sont grands et modernes.

3
Vos parents sont-ils américains ?
Oui, **mes** parents sont américains.

4
Nous **écoutons** le professeur.
Nous **parlons** toujours français dans la classe.

5
Y a-t-il des arbres sur le campus ?
Oui, **il y a** des arbres sur le campus.

6
Il y a **beaucoup de** photos dans notre livre.
Tim a **beaucoup d'**examens à l'université.

Mont-Saint-Michel

DÉVELOPPEMENT GRAMMATICAL

1 C'est **un** ami français.
Ce sont **des** amis français.

Comparez :

Voilà **un** enfant intelligent.
Voilà **un** bâtiment moderne.
C'est **un** musée célèbre.
C'est **un** professeur sympathique.

Voilà **des** enfants intelligen**ts**.
Voilà **des** bâtimen**ts** modernes.
Ce sont **des** musées célèbre**s**.
Ce sont **des** professeur**s** sympathique**s**.

Voilà **une** photo originale
Voilà **une** maison confortable.
C'est **une** réponse stupid**e**.
C'est **une** idée intéressante.

Voilà **des** photos originale**s**.
Voilà **des** maisons confortable**s**.
Ce sont **des** réponse**s** stupides.
Ce sont **des** idée**s** intéressantes.

● **Des** est un article indéfini. C'est le pluriel de **un** et de **une**.

SINGULIER   PLURIEL

un
une   **des**

● En français, les *noms* sont variables. Les *adjectifs qualificatifs* sont variables aussi. En général, la terminaison des noms et des adjectifs pluriels est **-s**[1].

nom et adjectif pluriel = nom et adjectif singulier + **s**

NOTEZ : Un nom singulier avec la terminaison **-s** est invariable au pluriel. Un adjectif masculin avec la terminaison **-s** est invariable au masculin pluriel.

Exemples : un autobus bleu / des autobus **bleus**
un étudiant français / des étudiant**s** français

[1] **S** final est muet excepté dans la liaison. (Voir Prononciation, page 45.)

Un nom masculin + un nom féminin + adjectif : l'adjectif est au
masculin pluriel.

Exemples : Son manteau et sa robe sont vert**s**.
Mon père et ma mère sont très gentil**s**.

● Le pluriel de **c'est** est **ce sont**.

Exemples : **C'est** une ville magnifique.
Ce sont des villes magnifiques.

2 Le bâtiment est grand et moderne.
Les bâtiments sont grands et modernes.

Comparez :

Voilà **le** frère de Robert.   Voilà **les** frères de Robert.
Voilà **le** laboratoire de physique.   Voilà **les** laboratoires de chimie.
C'est **l'**exercice de Jack.   Ce sont **les** exercices de Jack.
C'est **l'**autre ami de Janet.   Ce sont **les** autres amis de Janet.

Voilà **la** sœur de Rosa.   Voilà **les** sœurs de Rosa.
Voilà **la** classe de musique.   Voilà **les** classes d'art.
C'est **l'**amie de Sue.   Ce sont **les** amies de Sue.
C'est **l'**idée de John.   Ce sont **les** idées de John.

● **Les** est un *article défini.* C'est le pluriel de **le, la, l'.**

SINGULIER	PLURIEL
le	
la	**les**
l'	

ATTENTION : Notez l'absence de l'article après **de** pour indiquer un type de laboratoire, un type de classe, un type de livre, un type de personne,
etc.

Exemples : Le laboratoire **de** physique, le laboratoire **de** chimie, la classe
d'anglais, les classes **de** musique, le livre **de** français, un professeur **de** français.

3

Vos parents sont-ils américains ?
Oui, **mes** parents sont américains.

Comparez :

J'ai des classes.	**Mes** classes sont intéressantes.
Vous avez des amis.	**Vos** amis sont sympathiques.
Tu as des frères.	**Tes** frères sont gentils.
Il a des examens.	**Ses** examens sont difficiles.
Elle a des robes.	**Ses** robes sont élégantes.
Nous avons des professeurs.	**Nos** professeurs sont compétents.
Ils ont des livres.	**Leurs** livres sont bons.
Elles ont des photos.	**Leurs** photos sont magnifiques.

● **Mes, vos, tes, nos, ses, leurs** sont des adjectifs possessifs pluriels. Voilà la liste complète des adjectifs possessifs :

J'ai	**mon**	portefeuille	et	**mes**	clés	dans	**ma**	serviette.
Vous avez	**votre**	portefeuille	et	**vos**	clés	dans	**votre**	serviette
Tu as	**ton**	portefeuille	et	**tes**	clés	dans	**ta**	serviette.
Nous avons	**notre**	portefeuille	et	**nos**	clés	dans	**notre**	serviette.
Il a	**son**	portefeuille	et	**ses**	clés	dans	**sa**	serviette.
Elle a	**son**	portefeuille	et	**ses**	clés	dans	**sa**	serviette.
Ils ont	**leur**	portefeuille	et	**leurs**	clés	dans	**leur**	serviette.
Elles ont	**leur**	portefeuille	et	**leurs**	clés	dans	**leur**	serviette.

ATTENTION : Mes parents ont une auto. **Leur** auto est noire.
Les étudiants ont **leur** stylo à la main.
M. et Mme Gordon sont avec **leurs** amis dans **leur** jardin.

(Mes parents ont **une** seule auto. Chaque étudiant a **un** stylo.
M. et Mme Gordon ont **quelques** amis, mais ils ont **un** seul jardin.)

GRAMMAIRE

PRATIQUE ORALE

A. *Donnez chaque phrase au pluriel.*

Exemple : C'est un exercice facile.
Ce sont des exercices faciles.

1. C'est un voisin allemand.   2. C'est une chambre confortable.   3. C'est une ville importante.   4. C'est un cours intéressant.   5. C'est un avocat compétent.   6. C'est un pays magnifique.   7. C'est une actrice anglaise.   8. C'est une photo célèbre.

B. *Donnez la question. Employez l'inversion.*

Exemple : Vous avez des amis.
Avez-vous des amis ?

1. Vous avez une classe à midi.   2. Nous avons un examen aujourd'hui.
3. Vous êtes à l'université tous les jours.   4. Nous sommes en retard.
5. Alice a une sœur.   6. Elle est à New York.   7. Marie et Paul ont des voisins.   8. Ils sont sympathiques.   9. Vous avez un appartement.
10. Vous êtes à la maison le samedi.

C. *Composez une phrase avec chaque sujet.*

Exemple : Je dîne souvent à six heures. (vous)
Vous dînez souvent à six heures.

1. Vous déjeunez souvent à la cafétéria. (je / les étudiants / mon père / nous)
2. Nous pensons à notre week-end. (vous / je / mes voisins / tu / les Américains)
3. Je reste à la bibliothèque pendant deux heures (nous / Paul / mes amis / vous)
4. Tu téléphones le soir à tes amis. (vous / je / Alice / mes parents / nous)

D. *Répondez à chaque question selon le modèle.*

Exemple : Y a-t-il des autos sur le campus ?
Oui, il y a beaucoup d'autos sur le campus.

1. Y a-t-il des arbres sur le campus ?   2. Y a-t-il des étudiants dehors ?
3. Y a-t-il des gens dans les rues ?   4. Y a-t-il des écoles dans la ville ?
5. Y a-t-il des magasins près de l'université ?   6. Y a-t-il des exercices dans le livre ?   7. Y a-t-il des autobus sur le boulevard ?   8. Y a-t-il des taxis à New York ?

EXERCICES ORAUX OU ÉCRITS

1. a) *Donnez la phrase au pluriel.*

1. C'est une photo magnifique.　2. Voilà un pays intéressant.　3. C'est une secrétaire parfaite.　4. Il a un examen important.　5. Je suis avec un journaliste français.　6. C'est un cours pratique.　7. J'ai un ami sympathique et intéressant.　8. C'est un musée célèbre.　9. Elle a une robe élégante.　10. Il est avec une étudiante japonaise.　11. C'est une question simple et facile.　12. Il a un voisin italien.

b) *Employez l'article indéfini correct (**un, une** ou **des**).*

1. Voilà _____ soirée amusante.　2. Ce sont _____ portraits célèbres.　3. J'ai _____ veste bleue.　4. Nous sommes _____ amis de Pierre.　5. Vous avez _____ frère et _____ sœur ?　6. C'est _____ musicien allemand.　7. Elle a _____ idées originales. 8. Voilà _____ réponse logique.　9. Nous sommes _____ étudiants de français.　10. Nous avons _____ professeur dynamique. 11. Ma mère a _____ auto beige.　12. Ce sont _____ compagnies américaines.

2. *Complétez chaque phrase avec **de, de la, de l', du** ou avec un article défini.*

1. Pierre a _____ clés _____ appartement _____ Denise.　2. Écoutez _____ questions _____ professeur _____ et _____ réponses _____ étudiante.　3. _____ veste et _____ serviette _____ Rose sont à côté _____ bureau _____ Paul.　4. _____ auto _____ Madame Richard est devant _____ bâtiment _____ administration. 5. J'ai _____ adresse _____ ami _____ Jacques.　6. Regardez _____ premières pages _____ livre de français.　7. _____ porte-feuille _____ Jean est dans _____ poche _____ jeune homme. 8. _____ étudiants _____ classe _____ M. Laurent sont dans _____ jardin _____ université.　9. Nous sommes assis sous _____ arbres _____ jardin _____ Madame Bertin.　10. Avez-vous _____ numéro de téléphone _____ professeur ?

3. *Employez la forme correcte et logique de l'adjectif possessif.*

1. Je suis dans _____ auto avec _____ père et _____ mère ; _____ parents sont très gentils.　2. Paul a _____ cahiers sur _____ bureau ; mais _____ livres sont dans _____ serviette sous _____ chaise. 3. Les étudiants sont dans _____ classe de français avec _____ professeur ; _____ exercices sont faciles.　4. Nous avons _____ classe de français tous les jours ; _____ leçons sont assez difficiles.　5. Voilà Mme Martin ; _____ maison est grande et _____ jardin est très joli.　6. M. et Mme Leroy sont avec _____ enfants devant _____ appartement. 7. J'ai _____ stylo et _____ clés dans la poche de _____ veste ; avez-vous _____ stylo et _____ clés dans _____ sac ?　8. Linda est avec _____ ami Ken et _____ amie Susan ; _____ amis sont très sympa-

thiques.   9. Vous avez des cours importants ; _____ cours sont-ils intéressants ?   10. J'aime _____ classe de psychologie et _____ classe d'histoire ; ce sont _____ classes favorites.

4. **a)** *Employez la forme correcte du verbe. Faites les changements nécessaires.*

1. Nous (écouter) le professeur ; il (donner) des exercices tous les jours. 2. Quelques étudiants (habiter) loin ; ils (arriver) en retard.   3. Je (étudier) dans ma chambre, et je (travailler) pendant trois heures. 4. Mes parents (travailler) tous les jours ; ils (rester) à la maison le samedi.   5. Où (déjeuner)-vous ? (Dîner)-vous avec votre famille ? 6. Les enfants (jouer) dans le jardin.   7. Nous (penser) à nos examens.   8. Je (habiter) loin de l'université, et je (oublier) quelquefois mon livre à la maison.   9. Jack et Rosa (voyager) en Italie ; ils (étudier) l'art.   10. (Téléphoner)-vous à vos amis ? (Inviter)-vous vos amis à la maison ?

b) *Donner la forme interrogative de chaque phrase. Employez l'inversion.*

1. Votre classe commence à neuf heures.   2. Le professeur fume dans la classe.   3. Vous pensez à vos amis.   4. Denise oublie la clé de son auto.   5. Nous écoutons les questions du professeur.   6. Vous parlez anglais à vos parents.   7. Ils mangent dans des restaurants célèbres. 8. L'autobus passe devant votre maison.   9. Jack arrive à l'université à l'heure.   10. Les étudiants ferment leur livre pendant un examen.

5. **a)** *Composez une phrase avec* **il y a** *ou* **y a-t-il** *?*

Exemple : dans mon cahier / des phrases
         Il y a des phrases dans mon cahier.

1. sur le campus / des bâtiments modernes   2. devant vos fenêtres / des arbres ?   3. derrière ma maison / un jardin   4. dans la classe / un professeur et des étudiants   5. devant moi / une jeune fille blonde 6. sur ma carte d'étudiant(e) / une photo   7. dans ma poche / un portefeuille et des clés   8. à ma gauche / un jeune homme sympathique   9. à côté de la porte / deux étudiants ?   10. par terre / des livres et des cahiers ?

b) *Inventez quatre phrases complètes et quatre questions avec* **il y a** *et* **y a-t-il** *?*

6. *Employez* **beaucoup de (d')** *à la place de chaque article indéfini, et écrivez ou répétez la phrase correctement.*

1. Il y a des étudiants à la cafétéria.   2. A l'université il y a des laboratoires.   3. J'ai un livre dans ma chambre.   4. Je comprends des mots français.   5. Mon père fume des cigarettes.   6. Tim a une classe intéressante.   7. Nous étudions des verbes.   8. Avez-vous des amis ? 9. M. et Mme Duroc ont-ils des enfants ?   10. Les étudiants composent des phrases correctes.

TROIS BIS

Quelle est la capitale ?

Lisez à haute voix la conversation suivante.

*Mademoiselle Martin et quelques étudiants sont assis
sur la pelouse de l'université. Elle propose un jeu.*

Mlle Martin : Voici un jeu amusant. Je dis : « Quelle
est la capitale de la France ? », et vous répondez... ?
Mary.

Mary : Paris !

5 **Mlle Martin :** Bien. Mais une phrase complète, s'il
vous plaît.

Mary : Paris est la capitale de la France.

Mlle Martin : Très bien. Alors, continuez, Flora.

Flora : Quelle est la capitale de l'Angleterre ? June.

10 **June :** Londres est la capitale de l'Angleterre. Quelle
est la capitale de l'Italie ? Aristidès.

Aristidès : Rome est la capitale de l'Italie. Quelle est
la capitale de Cuba ? Marc.

Marc : La capitale de Cuba, c'est La Havane. Quelle

15 est la capitale de la Russie ? Jim.

Jim : La capitale de la Russie, c'est Moscou. Quelle
est la capitale de l'état de New York ? Hélène ?

Hélène : La capitale de l'état de New York, c'est
Albany. Et quelle est la capitale de la Californie ?

20 Judd.

Judd : La capitale de la Californie, c'est Sacramento.
Quelle est la capitale du Canada ? Djamila.

Djamila : La capitale du Canada, c'est Ottawa...

(etc.)

Ma rue et mon quartier

Lisez à haute voix le texte suivant.

Mes frères Roy, Tim, ma sœur Betty et moi, nous habitons avec nos parents dans un quartier tranquille de notre ville. Dans notre quartier, il y a des cinémas, des magasins, des stations-service, un bureau de poste. Maintenant, ils sont ouverts, mais
5 quelques magasins et le bureau de poste ferment à six heures du soir. De chaque côté de ma rue, il y a des maisons avec des jardins. Sur le boulevard, au coin de ma rue, des autobus bleus, des taxis jaunes ou verts, des voitures passent continuellement : il y a beaucoup de circulation et naturelle-ment, il y a beaucoup de bruit ; le boulevard est très animé le jour. La nuit, il
10 est très calme.

Voilà une école ; elle est au milieu de ma rue. Cinq jours par semaine, le lundi, le mardi, le mercredi, le jeudi et le vendredi, les enfants arrivent à l'école entre huit heures et huit heures et demie du matin, et ils jouent devant l'école sous les arbres. Ils quittent l'école à deux heures de l'après-midi. Dans ma rue,
15 il y a aussi une église. Le dimanche, beaucoup de gens sont à l'église. Au coin de la rue et du boulevard, il y a un café avec des tables dehors. C'est rare en Amérique ! Quand nous sommes libres pendant le week-end, mes amis et moi, nous sommes assis autour d'une table et nous parlons ; nous discutons de toutes sortes de choses : de la politique, de nos cours et de nos professeurs, de la
20 situation nationale et internationale. Quand il fait mauvais ou quand il pleut, nous restons à l'intérieur du café. Aujourd'hui, c'est samedi, et il fait beau. Je suis avec mon amie Susan devant le café, et nous bavardons.

Susan : Est-ce que votre sœur travaille ?
Ken : Bien sûr. Elle travaille à la Banque d'Amérique. Le vendredi, elle est
25 très fatiguée parce qu'elle a beaucoup de travail.
Susan : Naturellement, il y a beaucoup de gens à la banque le vendredi. A quelle heure quittez-vous votre maison, le matin ?
Ken : Je quitte ma maison à neuf heures du matin parce que ma première classe est à dix heures. Je quitte l'université après mes classes, à trois heures
30 de l'après-midi ; ma dernière classe est à deux heures.
Susan : Quelle heure est-il maintenant ?
Ken : Il est midi. C'est l'heure du déjeuner. J'ai un rendez-vous avec Lisa. Nous déjeunons ensemble le samedi. Je suis en retard, et Lisa est toujours à l'heure. Excusez-moi. Au revoir, Susan.

PRATIQUE DE COMMUNICATION ORALE

A. *Demandez à votre voisin(e) :*

1. quelle heure il est maintenant.
2. à quelle heure est sa première classe aujourd'hui.
3. à quelle heure est sa dernière classe.
4. à quelle heure il (elle) est à la maison le vendredi.
5. quel(s) jour(s) il (elle) est très occupé(e).
6. quel jour il (elle) préfère.

B. *Demandez à un(e) étudiant(e) de la classe :*

1. où il (elle) est avant la classe de français.
2. où il (elle) est après la classe de français.
3. où il (elle) est le samedi.
4. où il (elle) habite.
5. où il (elle) étudie pour ses classes à l'université.
6. où son père (sa mère) travaille.

C. *Demandez à une personne de la classe :*

1. quand il (elle) étudie.
2. quand il (elle) est libre.
3. quand il (elle) invite ses amis.
4. quand il (elle) est avec ses parents.

EXERCICES ORAUX OU ÉCRITS

1. *Questions sur la « Lecture ». Répondez à chaque question par une phrase complète.*

1. Où Roy, Tim, Ken et leur sœur Betty habitent-ils ? 2. A quelle heure le bureau de poste ferme-t-il ? 3. Qu'est-ce qu'il y a de chaque côté de la rue ? 4. Où y a-t-il beaucoup de circulation ? 5. Quels jours les enfants sont-ils à l'école ? 6. Où y a-t-il un café ? 7. Où la sœur de Ken travaille-t-elle ? 8. Quel jour est-elle très occupée ? Pourquoi ? 9. A quelle heure Ken quitte-t-il l'université ? Pourquoi ? 10. Avec qui Ken déjeune-t-il aujourd'hui ? Est-il à l'heure ?

2. *Préparation à la composition. Exercices de vocabulaire.*

a) *Dites d'une autre manière. Employez le vocabulaire de la leçon 3.*

Exemple : Je suis à la maison *pendant le week-end.* = **Je suis à la maison le samedi et le dimanche.**

1. *Ma maison est* près de l'université. = J'_____ près de l'université.

2. Nous *mangeons* à la cafétéria à midi. = Nous _____ à la cafétéria.
3. Alice a *une auto* japonaise. = Elle a _____ japonaise.
4. Il y a *des personnes* devant le cinéma. = Il y a _____ devant le cinéma.
5. Nous sommes occupés *le lundi, le mardi, le mercredi,* etc. = Nous sommes occupés _____ .
6. Je *mange* à sept heures du soir. = Je _____ à sept heures du soir.
7. *Beaucoup de voitures passent* dans la rue. = Il y a _____ dans la rue.
8. Mon quartier est *tranquille.* = Mon quartier est _____ .

b) *Complétez les phrases. Employez les expressions de la liste, et faites les changements nécessaires.*

la nuit	fumer	la bibliothèque
(une) heure	premier	l'école
écouter	le matin	l'après-midi
dernier	minuit	la semaine
en retard	(un) jour	

1. Lundi est le _____ jour de _____ . Dimanche est le _____ jour de _____ .
2. Dans un jour il y a vingt-quatre _____ .
3. Nous sommes sur le campus à midi, nous sommes à la maison à _____ .
4. Les enfants étudient à _____ .
5. Mon père _____ douze cigarettes par jour.
6. Il y a beaucoup de livres dans _____ de l'université.
7. Les magasins sont fermés _____ ; ils sont ouverts _____ et _____ .
8. Il y a sept _____ dans une semaine.
9. M. et Mme Leroy aiment la musique ; ils _____ une symphonie de Mozart.

c) *Composez une phrase complète avec chaque expression.*

(1) 1. en retard 2. à quelle heure ? 3. des gens 4. souvent
5. midi 6. à l'heure 7. ensemble 8. pendant 9. loin de
10. dernier (dernière)

(2) 1. téléphoner à 2. jouer 3. oublier 4. parler à 5. rester
6. travailler 7. penser à 8. voyager 9. écouter 10. quitter

3. *Préparation à la composition. Répondez à chaque question par une phrase complète.*

1. Où habitez-vous ? 2. Dans votre quartier, y a-t-il un bureau de poste, des magasins, une banque ? 3. Votre rue est-elle animée ou tranquille ? 4. Quand bavardez-vous avec vos amis ? 5. Déjeunez-vous ou

QUATRE

1
Nous **ne** sommes **pas** en France.
Nous **ne** parlons **pas** français à la maison.

2
Faites-vous des progrès en français ?
Oui, **nous faisons** des progrès en français.

3
Il y a un bureau de poste près de ma maison.
Il **n'**y a **pas de** cinéma près de ma maison.

J'ai une bicyclette ; je fais des promenades.
Je **n'**ai **pas de** voiture ; je **ne** fais **pas de** voyages.

4
Le château de Versailles est **vieux** et **beau.**
La cathédrale de Reims est **vieille** et **belle.**

C'est un professeur **consciencieux.**
C'est une étudiante **consciencieuse.**

5
La famille Roberts habite dans une **vieille** maison ;
mais c'est une maison **confortable.**

6
Ma sœur arrive **toujours** en retard.
Elle **n'**est **jamais** à l'heure.

7
Nous **avons besoin de** notre livre tous les jours.
Avez-vous **besoin de** votre voiture aujourd'hui ?

Cathédrale de Reims

DÉVELOPPEMENT GRAMMATICAL

> **1** Nous **ne** sommes **pas** en France.
> Nous **ne** parlons **pas** français à la maison.

Comparez :

Je suis blond(e).   Je **ne** suis **pas** brun(e).
Nous sommes à l'heure.   Nous **ne** sommes **pas** en retard.
Les étudiants sont américains.   Ils **ne** sont **pas** canadiens.
Elles parlent français en classe.   Elles **ne** parlent **pas** anglais.
Andy travaille le samedi.   Il **ne** travaille **pas** le dimanche.

Le bureau de poste est fermé.   Il **n'**est **pas** ouvert.
Patty est anglaise.   Elle **n'**est **pas** américaine.
Tu es fatigué(e).   Tu **n'**es **pas** malade.
Vous écoutez le professeur.   Vous **n'**écoutez **pas** la radio.
J'habite en Amérique.   Je **n'**habite **pas** en Europe.
Ils oublient leurs devoirs.   Ils **n'**oublient **pas** leurs clés.
C'est un laboratoire.   Ce **n'**est **pas** une bibliothèque.

● En français, le négatif est formé avec :

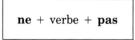

ne + verbe + **pas**

Ne est placé avant le verbe. **Pas** est placé après le verbe.

Ne + voyelle (**a, e, i [y], o, u**) OU **h** muet → **n'** (**n** apostrophe).

Voilà le verbe **être** à la forme négative.

Je	**ne**	suis	**pas**	à la bibliothèque.
Vous	**n'**	êtes	**pas**	à la maison.
Tu	**n'**	es	**pas**	à la maison.
Nous	**ne**	sommes	**pas**	dehors.
Il	**n'**	est	**pas**	français.
Elle	**n'**	est	**pas**	américaine.
Ce	**n'**	est	**pas**	un laboratoire.
Ils	**ne**	sont	**pas**	absents.
Elles	**ne**	sont	**pas**	malades.
Ce	**ne**	sont	**pas**	les bâtiments de l'université.

2   **Faites-vous** des progrès en français ?
Oui, **nous faisons** des progrès en français.

Comparez :

Faites-vous des exercices tous les jours ?
Oui, **nous faisons** des exercices tous les jours.

Faites-vous attention en classe ?
Oui, **je fais** attention en classe.

Linda **fait-elle** des sports à l'université ?
Oui, **elle fait** des sports à l'université.

Les étudiants **font-ils** quelquefois des fautes ?
Oui, **ils font** quelquefois des fautes.

Faisons-nous quelquefois un voyage ?
Oui, **nous faisons** quelquefois un voyage.

Ken **fait-il** des études de biologie ?
Oui, **il fait** des études de biologie.

● Voilà le verbe **faire.** C'est un verbe irrégulier.

Je	**fais**	un exercice oral.
Vous	**faites**	une composition.
Tu	**fais**	un devoir d'anglais.
Nous	**faisons**	un pique-nique.
Il (elle)	**fait**	attention en classe.
Ils (elles)	**font**	des sports.

La forme interrogative est :

Est-ce que vous faites des recherches à la bibliothèque ?
Est-ce que Paul fait des progrès ?
Est-ce que les étudiants font la queue à la cafétéria ?
Est-ce que votre mère fait la cuisine ?
Est-ce que tu fais des études de biologie ?

Faites-vous des recherches à la bibliothèque ?
Paul fait-il des progrès ?
Les étudiants font-ils la queue à la cafétéria ?
Votre mère fait-elle la cuisine ?
Fais-tu des études de biologie ?

3

Il y a un bureau de poste près de ma maison.
Il **n'**y a **pas de** cinéma près de ma maison.

J'ai une bicyclette ; je fais des promenades.
Je **n'**ai **pas de** voiture ; je **ne** fais **pas de** voyages.

Comparez :

Il y a **une** banque dans mon quartier.
Il y a **un** café au coin du boulevard.
Il y a **une** école près de ma maison.

Il **n'**y a pas **de** banque dans ma rue.
Il **n'**y a **pas de** café sur le campus.
Il **n'**y a **pas d'**école près de l'université.

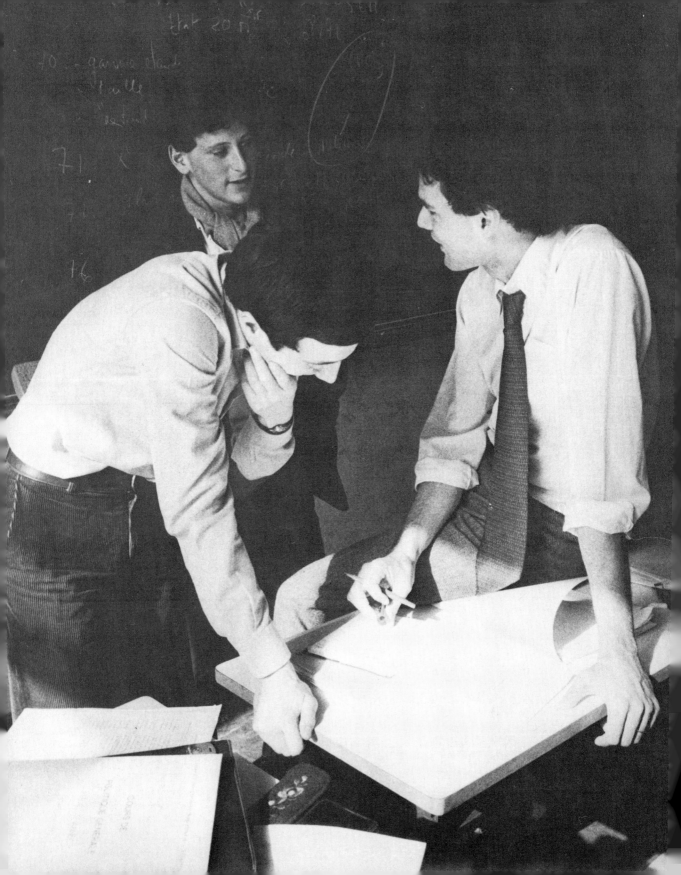

QUATRE BIS

Parlez-vous français ?

Lisez à haute voix la conversation suivante.

Fred et Joan parlent de leurs classes de français.

Fred : Est-ce que ton professeur donne beaucoup de
devoirs ?

Joan : Comme ci, comme ça. Pour demain nous avons
trois exercices, mais ce sont des exercices faciles.

5 **Fred :** Est-ce que tu aimes la méthode directe ?

Joan : Beaucoup. Le professeur montre une chaise et
demande : « Qu'est-ce que c'est ? » Puis, il donne la
réponse : « C'est une chaise » ou « c'est une fenêtre ».

Fred : Moi aussi, j'aime la méthode directe. J'oublie

10 l'anglais, et je pense en français.

Joan : Est-ce que tu aimes ton professeur ? C'est
Mme Richard, n'est-ce pas ?

Fred : Oui, elle est excellente. Elle donne beaucoup
d'exemples, puis nous trouvons la règle après.

15 **Joan :** Notre professeur dit toujours : « La langue
d'abord, la grammaire après ! »

Fred : C'est une très bonne idée : la pratique avant
la théorie.

Joan : Est-ce que tu rêves en français ?

20 **Fred :** (*Il rit.*) Non, pas encore ! Tu plaisantes. Mais
je ris en français !

Joan : Tu exagères.

Fred : Vraiment. Je n'exagère pas. Quand une chose
est drôle, je ris. J'oublie l'anglais, et je ris. Comme ça.

25 Spontanément.

Joan : Moi, je rêve en français ; toi, tu ris en
français. La méthode directe est vraiment
extraordinaire !

Vie d'étudiant

Lisez à haute voix le texte suivant.

Phil Butler n'habite pas avec ses parents. Il aime son indépendance. Il habite sur le campus dans une maison d'étudiants. Le campus de son université est beau ; la maison d'étudiants n'est pas belle; elle est assez laide. Ce n'est pas un vieux bâtiment, c'est un grand
5 bâtiment neuf et fonctionnel. Phil fait des études de biologie et de mathématiques. Au commencement du semestre, il a besoin de livres et de cahiers. Il achète[2] ses livres à la librairie de l'université. Le matin et l'après-midi, cinq fois par semaine, Phil a des cours intéressants et quelquefois compliqués. Quelques classes sont ennuyeuses, mais Phil n'est jamais absent excepté
10 quand il n'est pas en bonne santé. Il travaille beaucoup ; à son avis, ses cours sont importants, et... « je n'aime pas les mauvaises notes ! » dit-il.

Phil n'arrive pas toujours à l'heure à ses classes, mais il ne donne jamais de devoirs en retard à ses professeurs. Phil n'est pas souvent libre parce qu'il a quatorze heures de cours et de laboratoire par semaine. Après ses classes,
15 quand ses devoirs sont finis, il regarde la télévision quand il y a un bon programme. Phil ne reste pas dans sa chambre quand il prépare ses examens à la fin du semestre ; il n'écoute pas de disques, il ne regarde pas la télévision. Il étudie à la bibliothèque où il n'y a pas de bruit. Il est très ambitieux et très sérieux.

20 Phil n'a pas d'auto parce qu'il n'a pas beaucoup d'argent ; il n'est pas riche. Alors, il travaille le soir dans un magasin. Le samedi soir, il est libre. Il est souvent avec ses amis à la discothèque où il danse avec son amie Jenny. Quelquefois, ils voient un film, et ils dînent ensemble dans un petit restaurant. Phil ne fait pas de sports, il n'aime pas les sports. Il préfère la nature, la
25 musique, les livres et le cinéma. Il n'a pas de télévision dans sa chambre, mais il possède un bon stéréo, des disques et des cassettes. Il aime aussi les voyages. Phil et ses amis Jeff et Bob font souvent un voyage en auto pendant leurs vacances. Aujourd'hui, c'est dimanche ; il fait beau, il fait soleil. Jenny et Phil font une promenade à la campagne, à bicyclette.

[2] **J'achète, il achète, nous achetons, ils achètent. E** + une syllabe muette avec e muet → **è.**

Phil : Combien de classes as-tu demain, Jenny ?
Jenny : J'ai mes trois classes de psychologie, de géographie et d'italien.
Phil : Tu préfères ta classe d'italien, n'est-ce pas ?
Jenny : J'adore ma classe d'italien. Le prof est sympa, et... il est très beau !
5 **Phil :** Attention, Jenny. Je suis jaloux !
Jenny : Mais, Phil, tu es très beau aussi !

EN FRANCE...

les étudiants font leurs études universitaires après le « lycée » et le baccalauréat ; c'est le diplôme de la fin des études secondaires. Les étudiants habitent dans des résidences universitaires,
10 dans des appartements ou dans leur famille. Le premier semestre commence en novembre, et le deuxième semestre commence en mars. Naturellement, il y a des examens à la fin de chaque semestre. La note maximum est vingt et la note minimum est zéro. Les professeurs sont assez sévères et les relations entre les professeurs et les étudiants restent assez
15 formelles. Il y a des universités dans les villes importantes. Quelques universités sont très anciennes ; par exemple, la Sorbonne à Paris a sept cents ans. En général, les bâtiments des universités françaises sont en ville et il n'y a pas de campus comme en Amérique. La vie personnelle des étudiants, les sports, le théâtre, le cinéma, les cafés et les restaurants
20 sont à l'extérieur de l'université.

PRATIQUE DE COMMUNICATION ORALE

A. *Demandez à votre voisin(e) (employez* **est-ce que** *ou l'inversion) :*

1. s'il fait beau aujourd'hui.
2. s'il pleut aujourd'hui.
3. si le campus de l'université est beau à son avis.
4. si les bâtiments de l'université sont laids, à son avis.

B. *Demandez à (un)e étudiant(e) de la classe :*

1. quels cours il (elle) a aujourd'hui.
2. quelle classe il (elle) préfère.
3. dans quelle rue (ville) il (elle) habite.
4. quelles études il (elle) fait.

C. *Demandez à une personne de la classe :*

1. quand il (elle) a besoin de livres.
2. quand il (elle) a des vacances.

3. quand il (elle) a des examens.
4. s'il (si elle) travaille.
5. s'il (si elle) est riche.
6. s'il (si elle) aime les sports et les voyages.
7. s'il (si elle) reste à la maison le samedi soir.
8. s'il (si elle) a une télévision (un stéréo, une radio).
9. s'il (si elle) fait des promenades à la campagne.

EXERCICES ORAUX OU ÉCRITS

1. a) *Questions sur la « Lecture ». Répondez à chaque question par une phrase complète.*

1. Phil Butler habite-t-il avec ses parents ? 2. Comment est la maison d'étudiants ? 3. Quelles études Phil fait-il ? 4. Phil est-il quelquefois absent de ses classes ? Arrive-t-il toujours à l'heure ? 5. Où prépare-t-il ses examens ? Pourquoi ? 6. Pourquoi Phil travaille-t-il dans un magasin ? 7. Quel soir est-il libre ? Reste-t-il à la maison ? 8. Qu'est-ce que Phil fait le samedi soir ? 9. Pourquoi Phil ne fait-il pas de sports ? 10. Qu'est-ce que Phil aime ? Qu'est-ce qu'il fait pendant les vacances ?

b) *Questions sur « En France... ». Répondez à chaque question par une phrase complète.*

1. Qu'est-ce qu'*un lycée* ? 2. Quel est le diplôme de la fin des études secondaires ? 3. Quand l'année universitaire commence-t-elle ? 4. Quelle est la note maximum ? 5. Comment sont souvent les relations entre les professeurs et les étudiants ? 6. La Sorbonne est-elle une nouvelle université ? Où est-elle ? 7. Où sont les bâtiments d'une université française en général ? 8. Y a-t-il des campus comme en Amérique ? 9. Où sont les restaurants et les cafés ?

2. *Préparation à la composition. Exercices de vocabulaire.*

a) *Finissez les phrases. Employez une expression de la liste, et faites les changements nécessaires.*

la fin	à la campagne	une mauvaise note
corriger	faire la queue	la librairie
un magasin	des vacances	
poser une question	(un) disque	

1. M. et Mme Bertin n'aiment pas la ville ; ils habitent ＿＿＿ .
2. Il y a beaucoup de gens devant moi à la banque ; je ＿＿＿ .

3. Nous avons _____ après chaque trimestre (semestre).
4. Achetez-vous vos livres à _____ de l'université ?
5. Quand nous faisons beaucoup de fautes, nous avons _____ .
6. Les gens quittent le cinéma après _____ du film.
7. J'ai un stéréo, et j'ai beaucoup _____ .
8. Le professeur regarde mon devoir, et il _____ les fautes.
9. André achète une veste dans _____ .
10. Quand je ne comprends pas, je _____ .

b) *Donnez une phrase équivalente. Employez le vocabulaire de la leçon 3 et de la leçon 4.*

1. Ma mère *prépare le dîner.* = Ma mère...
2. Je *ne suis pas malade.* = Je suis...
3. Ma classe de géographie *n'est pas intéressante.* = Elle est...
4. Les mathématiques *ne sont pas simples.* = Elles sont...
5. Votre veste *n'est pas neuve.* = Elle est...
6. Notre professeur est *jeune.* = Il n'est pas...
7. Pierre fait quelquefois *des erreurs.* = Il fait...
8. En juillet, il *fait soleil.* = En juillet...
9. Les étudiants *ne sont pas tranquilles* avant un examen. = Ils sont...
10. Pendant les vacances, nous *ne pensons pas à* nos cours. = Nous... nos cours.
11. Janine est exacte ; elle *n'arrive pas en retard.* = Elle arrive...
12. J'habite avec *mon père et ma mère.* = J'habite avec...

c) *Composez une phrase complète avec chaque expression.*

1. acheter   2. faire la queue   3. ne... jamais   4. en auto   5. à la campagne   6. avoir besoin de   7. au commencement de   8. ennuyeux   9. faire la cuisine   10. laid(e)

3. *Préparation à la composition. Répondez à chaque question par une phrase complète.*

1. Quelles études faites-vous ?   2. Combien d'heures de cours avez-vous par semaine ?   3. Qu'est-ce que les étudiants achètent à la librairie de l'université ?   4. Quand achetez-vous vos livres ?   5. Faites-vous des recherches à la bibliothèque ?   6. Avez-vous une bicyclette (une auto) ? Où est-elle maintenant ?   7. Dans votre famille, qui fait la cuisine ? 8. Quelle est votre classe favorite ? Pourquoi ?   9. Faites-vous quelquefois des voyages pendant le trimestre (semestre) ? Pourquoi ?   10. Quand les étudiants ont-ils des vacances ?   11. De quoi avez-vous besoin en classe ?

4. *Composition.*

a) Votre université (les étudiants, les professeurs, les classes).
b) Votre vie d'étudiant(e) (vos cours, vos occupations, votre travail, vos problèmes, vos amis).

PRONONCIATION

A. *Prononcez correctement.*

1. samédi   mercr<u>e</u>di
   la fénêtre   une f<u>e</u>nêtre
   la sémaine   une s<u>e</u>maine
   la chémise   une ch<u>e</u>mise
   généralément   probabl<u>e</u>ment
   un commencément   un appart<u>e</u>ment

2. Nous né sommes pas libres.   Ils n<u>e</u> sont pas libres.
   Nous né sommes pas fatigués.   Ils n<u>e</u> sont pas fatigués.
   Nous né sommes pas français.   Ils n<u>e</u> sont pas français.
   Nous né sommes pas jaloux.   Ils n<u>e</u> sont pas jaloux.
   Nous né sommes pas sportifs.   Ils n<u>e</u> sont pas sportifs.

[ə] dans un mot ou un groupe de mots n'est pas prononcé quand il est précédé d'une consonne prononcée.

[ə] dans un mot ou un groupe de mots est prononcé quand il est précédé de deux consonnes prononcées.

B. *Prononcez correctement le groupe* **je ne** [ʒən].

Je né suis pas libre.   Je né suis pas grand.
Je né suis pas content.   Je né suis pas timide.
Je né suis pas stupide.   Je né suis pas parfait.
Je né suis pas ridicule.   Je né suis pas fatigué.

C. *Prononcez correctement les groupes suivants.*

Il y a des chaises.   Il n'y a pas dé tables.
Il y a des livres.   Il n'y a pas dé clés.
Il y a des autos.   Il n'y a pas dé taxis.
Il y a des jardins.   Il n'y a pas dé voitures.
Il y a des cafés.   Il n'y a pas dé maisons.
Il y a des étudiants.   Il n'y a pas dé professeurs.

NOTES DE PRONONCIATION

é, è, ê   La lettre **e** est employée avec
           un accent *aigu :* **é** ; étudiant, américain, université
           un accent *grave :* **è** ; première, complète, très
           un accent *circonflexe :* **ê** ; être, fenêtre (prononcez **è**, **ê**
           comme **ai** dans **français, chaise**)

ch Le groupe **ch** est généralement prononcé [ʃ] :
chaise, **ch**emise, **ch**aque, blan**ch**e, **ch**ose

c et ç

$$\mathbf{c} + \begin{bmatrix} \mathbf{a} \\ \mathbf{o} = [k] \\ \mathbf{u} \end{bmatrix} \quad \begin{array}{l} \text{camarade} \\ \text{école, contraction} \\ \text{culture} \end{array}$$

$$\mathbf{c} + \begin{bmatrix} \mathbf{e} \\ \mathbf{i} = [s] \\ \mathbf{y} \end{bmatrix} \quad \begin{array}{l} \text{certain} \\ \text{exercice, cinéma} \\ \text{bicyclette} \end{array}$$

$$\mathbf{ç} + \begin{bmatrix} \mathbf{a} \\ \mathbf{o} = [s] \\ \mathbf{u} \end{bmatrix} \quad \begin{array}{l} \text{français} \\ \text{leçon, garçon} \\ \text{reçu} \end{array}$$

s, ss, t

s   entre deux voyelles = [z]   une maison, une chaise, un magasin, mauvaise

ss   entre deux voyelles = [s]   la classe, le professeur, assis, aussi

t   devant **-ion**   = [s]   l'action, la préposition, l'explication, la civilisation, attention

g

$$\mathbf{g} + \begin{bmatrix} \mathbf{a} \\ \mathbf{o} = [g] \\ \mathbf{u} \end{bmatrix} \quad \begin{array}{l} \text{le garage, regardez, le magasin} \\ \text{le golf} \\ \text{Gustave, guttural} \end{array}$$

$$\mathbf{g} + \begin{bmatrix} \mathbf{e} \\ \mathbf{i(y)} \end{bmatrix} = [ʒ] \quad \begin{array}{l} \text{les gens, la géographie, Georges} \\ \text{Gigi, agile, gymnastique} \end{array}$$

$$\mathbf{gu} + \begin{bmatrix} \mathbf{e} \\ \mathbf{i(y)} \end{bmatrix} = [g] \quad \begin{array}{l} \text{fatigué, longue} \\ \text{guitare} \end{array}$$

h NOTEZ la différence de prononciation entre :

La maison est horrible.	La maison est / haute.
Les maisons ne sont pas horribles.	Les maisons ne sont pas / hautes.

Il y a deux **h** en français : **h** *muet* et **h** *aspiré*. En réalité, les deux sont muets, mais il n'y a pas de liaison quand un mot commence par un **h** *aspiré*.

EXPRESSIONS NOUVELLES

Noms

la campagne
la cuisine
une dame
des études (*f.*)
une faute
une fin
une fois
une histoire
une librairie
une note
une promenade
une queue
une règle
la santé
des vacances (*f.*)
la vie

l'amour (*m.*)
l'argent (*m.*)
le baccalauréat
un devoir
un disque
un lycée
mars (*m.*)
un monsieur
novembre (*m.*)
le soleil
les sports (*m.*)
un trimestre

Adjectifs

ancien(ne)
beau, bel, belle
ennuyeux(euse)
haut(e)
jaloux(ouse)
laid(e)
maximum (*m. & f.*)
même
minimum (*m. & f.*)
neuf, neuve
nouveau, nouvelle
sportif(ive)
universitaire
vieux, vieil, vieille

Verbes

acheter
corriger
mettez !
rêver
je ris
trouver
je vois
    il voit (ils voient)
    vous voyez

Expressions verbales

avoir besoin de
être en bonne santé

il fait beau
il fait soleil

faire attention
faire des études
faire des recherches
faire des progrès
faire la cuisine
faire la queue

Adverbes

d'abord
ne... jamais
quelquefois

Expressions adverbiales

à (en) bicyclette
à la campagne
comme ci, comme ça
par exemple
en ville

Prépositions

après ≠ avant
au commencement de
à l'extérieur de
à la fin de

Vous savez déjà :

Noms

une cassette
une discothèque
la géographie
les mathématiques (*f.*)
une méthode
la nature
une occupation
une résidence
une télévision
une théorie

un château
un dollar
un effort
un film
un pique-nique
un problème
un programme
un progrès
un semestre
un stéréo
un voyage

Adjectifs

actif(ive)
ambitieux(euse)
compliqué(e)
consciencieux(euse)
courageux(euse)
curieux(euse)
dangereux(euse)
direct(e)
extraordinaire
formé(e)

formel(le)
furieux(euse)
généreux(euse)
horrible
intense
long, longue
naïf, naïve
négatif(ive)
nerveux(euse)
placé(e)
riche
secondaire
sérieux(euse)
sévère

Verbes

adorer
inventer

Adverbe

spontanément

Préposition

excepté

<table>
<tr><td>Argot classique</td></tr>
<tr><td>le prof = le professeur</td></tr>
<tr><td>sympa = sympathique</td></tr>
</table>

EXERCICES DE RÉVISION DE GRAMMAIRE

1. *Mettez les phrases suivantes au pluriel.*[3]

a) 1. C'est une réponse très originale.   2. La chemise de Marc est élégante.   3. Je suis en retard.   4. Voilà l'ami de Joe ; il est français.   5. Je suis à l'université ; j'ai un examen.   6. Mon voisin est sympathique, mais il a un costume bizarre.   7. Il y a un cinéma et une banque dans la ville.   8. As-tu un cours de musique le lundi ?   9. J'ai un livre intéressant.   10. Il y a une photo dans mon livre.   11. Le magasin est-il ouvert le dimanche ?   12. La dernière leçon est-elle difficile ?

b) 1. Le professeur donne un exercice ; il n'est pas facile.   2. Mon ami travaille sur le campus ; il est très occupé.   3. Notre classe commence à huit heures ; je ne suis pas en retard.   4. Elle parle italien à ses amis.   5. La jeune fille fait ses études à l'université ; elle étudie la psychologie.   6. Je déjeune à la cafétéria, et je parle à mon amie.   7. Elle fait ses devoirs, et elle regarde la télévision. 8. J'écoute la question, et je fais attention.   9. Travailles-tu beaucoup ? Penses-tu à tes examens ?   10. Le professeur voyage-t-il pendant les vacances ?

---

[3] ATTENTION : Il y a des expressions invariables. Par exemple : **à la maison, en retard, le dimanche,** etc.

2. a) *Mettez les phrases à la forme interrogative.*

1. Vous invitez vos amis à la maison.   2. Il y a des restaurants sur le campus.   3. Bob écoute la radio en auto.   4. Il y a des classes le samedi.   5. Vos parents font un voyage en Europe.   6. Nous avons un examen demain.   7. Vous avez un chien et un chat.   8. Les étudiants achètent leurs livres à la librairie.   9. Fernando parle anglais à ses frères.   10. Votre sœur habite près du bureau de poste.   11. Les gens fument dans les cinémas.   12. Vous restez à l'université après vos classes.

b) *Mettez les phrases à la forme négative.*

1. J'ai une télévision dans ma chambre.   2. Nous avons des vacances en octobre.   3. Mes voisins ont un chat.   4. Mon père a beaucoup d'argent.   5. Alice trouve un appartement.   6. Ma mère fume des cigarettes françaises.   7. J'oublie souvent mes clés dans ma voiture. 8. Nous faisons un pique-nique quand il fait beau.   9. Les étudiants achètent des livres à la fin du semestre.   10. Joe fait des progrès ; il parle très bien.   11. Mes amis habitent dans mon quartier. 12. J'écoute toujours mes disques quand mon travail est fini.

3. a) *Phrases en puzzle. Composez une phrase complète avec chaque groupe de mots. Faites les changements nécessaires.*

1. mon / dans / il y a / beaucoup de / quartier / magasins
2. vos / déjeunez / parents / avec / vous / le dimanche ?
3. à la maison / restent / les étudiants / ne... pas / le samedi soir
4. des vacances / les gens / ils ont / voyagent / quand
5. parce que / mes / travaillent / beaucoup d' / amis / argent / ils / ont / ne... pas
6. il fait / une promenade / à / je fais / bicyclette / quand / beau

b) *Composez :*

(1) trois phrases affirmatives avec **faire.**
(2) trois phrases négatives avec **avoir.**
(3) deux phrases négatives avec **il y a.**
(4) deux phrases négatives avec **être.**
(5) trois phrases négatives avec trois verbes en **-er.**

4. *Employez l'adjectif possessif correct et logique.*

1. J'aime _____ université et _____ classes.   2. Le professeur est avec _____ étudiants ; il écoute _____ questions, et il corrige _____ réponses.   3. Tim déjeune avec _____ amie Laura ; elle parle de _____ cours et de _____ devoir de mathématiques ; elle parle aussi de _____ père et de _____ mère.   4. Vous êtes assis(e) devant _____ professeur ; il a _____ veste sur _____ chaise et _____ serviette sur _____ bureau.   5. As-tu _____ clés dans _____ sac ou dans

_____ auto ?   6. M. et Mme Spencer sont dans _____ jardin avec _____ amis ; _____ voitures sont dans _____ garage.   7. Nous sommes très fatigués après _____ examens.   8. Vous êtes en retard ; où sont _____ livres et _____ cahiers ?   9. Le dimanche, je dîne avec _____ parents ou avec _____ sœur.   10. Jack a besoin de _____ voiture quand il fait une promenade avec _____ amis.

5. *Placez correctement les adjectifs. Attention : les adjectifs sont variables. Employez la forme correcte de chaque adjectif.*

1. Ma voisine est une dame (dynamique / vieux).   2. J'ai un chat (joli / blanc).   3. Les Champs-Elysées sont une avenue (célèbre / beau) de Paris. 4. La note D est une note (mauvais).   5. Mon ami Charles est un homme (jeune / sympathique / grand).   6. Le Boulevard Sunset est une rue (animé / long) de Los Angeles.   7. Je trouve souvent une phrase (original / bon). 8. Ils ont une occupation (difficile / dangereux).   9. Les professeurs aiment les étudiants (sérieux / bon).   10. Je ne comprends pas les phrases (long / compliqué).   11. Jim a une auto (japonais / nouveau).   12. Les leçons (premier) du livre sont (simple).   13. Monique habite dans un appartement (beau / tranquille).   14. Mon père déjeune souvent avec son ami (vieux) Georges.

GRAMMAIRE GÉNÉRALE

Verbe — Sujet — Objet

L'étudiant regarde le tableau noir.
Christine commence l'exercice.
Je vois des autos.
Il ferme son livre.

Dans chaque phrase, il y a un *verbe :* **regarde, commence, vois** et **ferme** sont des verbes. Chaque verbe a un *sujet.* Le sujet du verbe est l'agent de l'action. **L'étudiant, Christine, je, il,** sont les sujets de **regarde, commence, vois,** et **ferme.**

Dans chaque phrase, le verbe a un objet. C'est le *complément d'objet direct.* L'objet de l'action est : **le tableau noir, l'exercice, des autos, son livre.** Dans une phrase française simple, il y a généralement un *sujet,* un *verbe* et un *objet.*

Le verbe exprime une *action* (Je ferme la fenêtre) ou un *état* (Je suis assis[e]).

Le verbe est conjugué à différentes personnes. *Il y a six personnes en français* comme en anglais.

| 1re | personne du singulier : | **je** |

1re personne du singulier : **je**
2e   personne du singulier : **tu**
3e   personne du singulier : **il, elle**

1re personne du pluriel : **nous**
2e   personne du pluriel : **vous**
3e   personne du pluriel : **ils, elles***

Les adjectifs

En français comme en anglais, il y a différentes sortes d'adjectifs. En français, les adjectifs sont généralement variables.

L'adjectif *qualificatif* indique une qualité d'une personne ou d'une chose.

Mon ami est **anglais.** Les montagnes sont **hautes.**
C'est une **vieille** dame. Le livre **rouge** est sur la **petite** table.

L'adjectif *possessif* indique la possession ou une relation d'appartenance.

J'aime beaucoup **ma** maison et **mon** jardin.
Charles et Betty sont contents ; **leurs** notes sont excellentes.

L'adjectif *interrogatif* est employé pour une question.

Quelle classe avez-vous à dix heures ?
Avec **quels** amis faites-vous ce voyage ?

Les adjectifs *démonstratifs* désignent un objet ou une personne.

Je fais l'exercice 3. **Cet** exercice est difficile.
Voilà un jeune homme. **Ce** jeune homme s'appelle Marc.

Il y a aussi des adjectifs *indéfinis*.

Écrivez **chaque** phrase ; étudiez **chaque** verbe.
Je déjeune **tous** les jours au restaurant.
Il y a **quelques** personnes devant le cinéma.

---

* Ici nous donnons pour référence l'ordre traditionnel des personnes.

 Strasbourg

POÈME

CHANSON D'AUTOMNE

Les sanglots longs
Des violons
  De l'automne
Blessent mon cœur
D'une langueur
  Monotone.

Tout suffocant
Et blême, quand
  Sonne l'heure,
Je me souviens
Des jours anciens
  Et je pleure ;

Et je m'en vais
Au vent mauvais
  Qui m'emporte
Deça, delà,
Pareil à la
  Feuille morte.

PAUL VERLAINE
(*Poèmes saturniens*, 1866)

Pour le vocabulaire consulter le lexique à Verlaine.

Bucrocchi
dec. 95

CINQ

1   **Allez**-vous à la campagne quand il pleut ?
Non, je ne **vais** pas à la campagne ; je reste à la maison.

2   J'aime la musique et je vais **au** concert avec mes amis.
Montréal est **au** Canada ; Chicago est **aux** États-Unis.

3   **On** a besoin d'un passeport quand **on** va au Japon.
On fait des sports d'hiver au Colorado.

4   Les vacances d'été **finissent** en septembre.
Quand on mange beaucoup, on **grossit**.

5   L'océan Atlantique est à l'est du Canada et **des** États-Unis.
Les montagnes **des** États-Unis sont très hautes.

6   Étudiez-vous **chez** vous ou à l'université ?
J'étudie **chez** moi pendant le week-end.

7   Il y a des journ**aux** français à la bibliothèque.
En Europe, il y a beaucoup de **beaux** et vieux chât**eaux**.

Château de Chambord

DÉVELOPPEMENT GRAMMATICAL

1 **Allez**-vous à la campagne quand il pleut ?
Non, je ne **vais** pas à la campagne ; je reste à la maison.

Comparez :

Allez-vous à la cafétéria à midi ?
Paul **va**-t-il à la bibliothèque
quand il prépare un examen ?
Votre sœur **va**-t-elle à
l'université ?
Allons-nous à la banque le
vendredi ?
Les gens **vont**-ils à l'hôpital
quand ils sont malades ?
Allez-vous à la maison en auto ?

Oui, je **vais** à la cafétéria à midi.
Oui, il **va** à la bibliothèque.

Non, elle ne **va** pas à
l'université.
Oui, nous **allons** à la banque le
vendredi.
Oui, ils **vont** à l'hôpital quand ils
sont malades.
Non, je ne **vais** pas à la maison
en auto. Je **vais** à la maison à
pied.

● C'est le verbe **aller.**

Je	**vais**	à la campagne le dimanche.
Vous	**allez**	à la bibliothèque l'après-midi.
Tu	**vas**	à la librairie.
Nous	**allons**	à la discothèque le samedi soir.
Il (elle)	**va**	à sa classe d'anglais.
Ils (elles)	**vont**	à la montagne.

La forme interrogative est :

Est-ce qu'il va à l'école ?
Est-ce que Monique va à la
station-service ?
Est-ce que votre père va à son
bureau en auto ?

Va-t-il à l'école ?
Monique va-t-elle à la station-
service ?
Votre père va-t-il à son bureau
en auto ?

Est-ce que les professeurs vont à l'université tous les jours ?	**Les professeurs vont-ils** à l'université tous les jours ?

NOTEZ : Un **t** est employé à la troisième personne du singulier dans l'inversion. (Cf. verbe **avoir,** page 30, et verbe **parler,** page 56.)

La forme négative est :

Je **ne** vais **pas** à la bibliothèque.	Vous **n'allez pas** à la librairie.
Nous **n'allons pas** à New York.	Ils **ne** vont **pas** à Paris.

ATTENTION : Notez les expressions très importantes :

aller **à pied** (à l'école)	aller **à (en) bicyclette** (à la campagne)
aller **en auto** (en ville)	aller **en avion** (en Europe)
aller **en train** (à New York)	aller **en bateau** (en Australie)

Notez aussi l'emploi idiomatique du verbe **aller** dans :

Comment **allez**-vous ? — Je **vais** très bien.
Comment vos parents **vont**-ils ? — Ils **vont** très bien.

---

2   J'aime la musique et je vais **au** concert avec mes amis.
Montréal est **au** Canada ; Chicago est **aux** États-Unis.

Comparez :

Je travaille **à la** banque.	Je travaille **au** restaurant.
Ils vont **à la** bibliothèque.	Ils vont **au** laboratoire.
Paul déjeune **à la** maison.	Paul déjeune **au** café.
Nous allons **à la** montagne.	Nous allons **au** théâtre.
Janet est **à la** cafétéria.	Janet est **au** concert.
Je téléphone **à la** mère de Bob.	Je téléphone **aux** parents de Bob.
Vous faites attention **à la** question.	Vous faites attention **aux** questions.
Pensez-vous **à** vos examens ?	Non, je pense **aux** vacances.
Parle-t-il français **à** chaque étudiant ?	Oui, il parle français **aux** étudiants.

● **Au** est la contraction de la préposition **à** et de l'article défini **le**.
Aux est la contraction de la préposition **à** et de l'article défini **les.**

$$(\text{à} + \text{le}) = \textbf{au} \qquad (\text{à} + \text{les}) = \textbf{aux}$$

Au et **aux** sont des *articles définis contractés*.

NOTEZ : **Au (aux)** est employé devant un nom de pays ou d'état masculin.

Exemples : **Le** Canada, **le** Mexique, **le** Brésil, **le** Pérou, **le** Portugal, **le** Maroc, **le** Danemark, **le** Viêt-nam, **les** États-Unis

(Il est, il va) **au** Canada, **au** Mexique, **au** Brésil, **au** Pérou, **au** Portugal, **au** Maroc, **au** Danemark, **au** Viêt-nam, **aux** États-Unis.[1]

à + un nom de ville[2]	**en** + un nom de pays ou d'état féminin[2]	**au (aux)** + un nom de pays ou d'état masculin[3]

---

3   **On** a besoin d'un passeport quand **on** va au Japon.
On fait des sports d'hiver au Colorado.

Comparez :

Nous ne regardons pas notre livre pendant un examen.
Les étudiants ne vont pas à l'école en été.
Beaucoup de gens dînent au restaurant le samedi soir.
Les touristes visitent la France en auto, en train et en autobus.

On ne regarde pas son livre pendant un examen.
On ne va pas à l'école en été.

On dîne au restaurant le samedi soir.

On visite la France en auto, en train et en autobus.

[1] Un nom de pays non terminé par **e** est généralement masculin.
Exceptions: **le** Mexique (au Mexique), Le Zaïre (au Zaïre).

[2] Voir leçon 2, page 35.

[3] **Une exception :** Employez **en** devant un nom de pays ou d'état masculin avec une voyelle initiale.
EXEMPLES : **en** Israël, **en** Alaska, **en** Iran, **en** Illinois, **en** Ohio. MAIS : **au** Utah.

Nous avons besoin de vacances à la fin du semestre.	**On** a besoin de vacances à la fin du semestre.
Les étudiants sont contents quand ils ont une bonne note.	**On** est content quand **on** a une bonne note.
Les gens vont à l'hôpital quand ils sont malades.	**On** va à l'hôpital quand **on** est malade.
Nous n'allons pas à la plage quand il fait mauvais.	**On** ne va pas à la plage quand il fait mauvais.

● Le pronom **on** est un *pronom indéfini*. Il indique généralement une quantité indéfinie de personnes (nous, les gens, les Français, les Américains, tout le monde). **On** est toujours le sujet d'un verbe à la troisième personne du singulier. Répétez **on** devant chaque verbe de la phrase.

> **on** + verbe à la 3ᵉ personne du singulier

ATTENTION : A-t-on des vacances à Noël ?
Va-t-on tous les jours à la plage ?
(Cf. verbes **avoir, parler, aller**, pages 30, 56 et 106.)

---

4 Les vacances d'été **finissent** en septembre.
Quand on mange beaucoup, on **grossit**.

Comparez :

Quand l'hiver **finit**-il ?	L'hiver **finit** en mars.
Finissez-vous vos devoirs en classe ?	Non, je **finis** mes devoirs avant la classe.
Qu'est-ce que vous **choisissez** au restaurant ?	Nous **choisissons** une omelette et une salade.
Les étudiants **réfléchissent** pendant un examen, n'est-ce pas ?	Oui, ils **réfléchissent**. Quand on **réfléchit**, on ne fait pas de fautes.
Ma sœur est malade ; elle ne mange pas ; elle **maigrit**.	Moi, je ne **maigris** pas, je **grossis**.
Voilà des étudiants sérieux; ils **réussissent** à leurs examens.	Quand on travaille beaucoup, on **réussit** généralement.

● Les verbes **finir, choisir, réfléchir, maigrir, grossir, réussir** sont des verbes réguliers. Ils sont conjugués comme **finir**.

Remarquez le radical 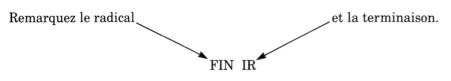 et la terminaison.

FIN IR

Remarquez aussi le suffixe **-iss** pour les trois personnes du pluriel. Les verbes conjugués comme **finir** forment le 2ᵉ groupe de verbes réguliers. (Les verbes du 1ᵉʳ groupe sont les verbes en **-er.** Voir leçon 3.)

Voilà le verbe **finir.**

Je	fin**is**	mes devoirs avant le dîner.
Vous	fin**issez**	votre travail à cinq heures.
Tu	fin**is**	une lettre.
Nous	fin**issons**	notre déjeuner.
Il (elle)	fin**it**	ses études.
Ils (elles)	fin**issent**	leur livre.

NOTEZ : Les terminaisons des verbes du 2ᵉ groupe sont :

SINGULIER
- **-is**
- **-issez, -is**
- **-it**

PLURIEL
- **-issons**
- **-issez**
- **-issent**

Les verbes du 2ᵉ groupe sont souvent formés sur un adjectif :

brun	brun**ir**
gros	gross**ir**
jeune	rajeun**ir**
maigre	maigr**ir**
vieux	vieill**ir**

5 L'océan Atlantique est à l'est du Canada et **des** États-Unis. Les montagnes **des** États-Unis sont très hautes.

Comparez :

les portes du bâtiment	les portes **des** bâtiments
les livres du professeur	les livres **des** étudiants

GRAMMAIRE

le nom de la rue	le nom **des** rues
le chien de la voisine	le chien **des** voisins
les feuilles de l'arbre	les feuilles **des** arbres
l'histoire de l'Europe	l'histoire **des** pays européens

● **Des** est la contraction de la préposition **de** et de l'article défini **les.**

$$(de + les) = des$$

Des est un *article défini contracté.*

ATTENTION : **Des,** article défini contracté, est différent de **des,** article indéfini pluriel. (Cf. leçon 3.)

Voilà la liste complète des articles contractés.

	avec **de**	avec **à**
masc. singulier	**du**	**au**
masc. & fém. pluriel	**des**	**aux**

6   Étudiez-vous **chez** vous ou à l'université ?
       J'étudie **chez** moi pendant le week-end.

Étudiez les phrases suivantes :

Le samedi soir, je ne suis pas **chez** moi. Je suis **chez** mes amis.
Restez-vous **chez** vous le dimanche, ou faites-vous une promenade ?
Les étudiants organisent un pique-nique **chez** leur professeur.

Chez (= à la maison de..., dans la maison de..., etc.) est une préposition.
Après **chez** employez un nom ou un pronom. Le nom ou le pronom après **chez** indique une personne seulement.

Exemples : **Chez** moi, **chez** vous, **chez** nous, **chez** mes parents, **chez** M. Leroy, **chez** Denise, **chez** Bob

MAIS : **A** la banque, **à** l'université, **à** la cafétéria, **dans** la classe, **dans** le jardin, etc.

7 Il y a des journ**aux** français à la bibliothèque.
En Europe, il y a beaucoup de **beaux** et vieux chât**eaux**.

Comparez :

un parc nation**al**	des parcs nation**aux**
un exercice or**al**	des exercices or**aux**
un problème soci**al**	des problèmes soci**aux**
un journ**al** intéressant	des journ**aux** intéressants
un chev**al** sauvage	des chev**aux** sauvages
un hôpit**al** moderne	des hôpit**aux** modernes

● Le **pluriel** des adjectifs et des noms en **-al** est en **-aux.**
Le **féminin** des adjectifs en **-al** est régulier :

Exemples : une version original**e**
une idée libéral**e**
les relations international**es**

L'arbre est b**eau.**	Les arbres sont b**eaux.**
Votre nouv**eau** tricot est élégant.	Vos nouv**eaux** tricots sont élégants.
Le bur**eau** de poste est ouvert.	Les bur**eaux** de poste sont ouverts.
Le chât**eau** de Versailles est célèbre.	Les chât**eaux** de la Loire sont célèbres.
Il y a un ois**eau** bleu dans le jardin.	Il y a des ois**eaux** bleus dans le jardin.
On voit un bat**eau** sur la mer.	On voit des bat**eaux** sur la mer.

● Le pluriel des adjectifs et des noms en **-eau** est en **-eaux.** La prononciation
ne change pas.

PRATIQUE ORALE

A. *Changez la phrase pour employer le pronom* **on.**

Exemple : Nous dînons à six heures à la maison d'étudiants.
On dîne à six heures à la maison d'étudiants.

GRAMMAIRE

1. Nous faisons des recherches à la bibliothèque.
2. Les étudiants ont besoin de livres et de cahiers.
3. Vous posez des questions au professeur.
4. Les gens font la cuisine tous les jours.
5. Nous ne sommes pas à l'université pendant les vacances.
6. Vous n'allez pas à la plage quand il pleut.
7. Les gens vont à Hawaï en avion.
8. Nous faisons du ski en hiver.
9. Ils vont à la piscine en été.
10. Nous avons un manteau quand il fait froid.

B. *Changez la phrase. Employez les sujets proposés.*

Exemple : Je vais au laboratoire le jeudi. (nous)
Nous allons au laboratoire le jeudi.

1. Je vais chez moi à pied. (Paul / mes amis / nous / vous / tu / Christine)
2. Ils finissent leur travail à cinq heures. (nous / vous / je / Jacques / tu)
3. Tu joues au basket-ball avec ton équipe. (vous / Roger / nous / je / Paul et Bob)
4. Vous brunissez au soleil. (je / les gens / nous / Phil / Marie et Jeanne)
5. Nous n'allons pas au Japon en bateau. (je / vous / tu / on / les gens)

C. *Donnez le pluriel de :*

1. un journal intéressant 2. un hôpital neuf 3. un général célèbre
4. un bureau moderne 5. un cheval blanc 6. un article original
7. un château magnifique 8. un problème général 9. le beau jardin
10. le nouvel ami

EXERCICES ORAUX OU ÉCRITS

1. a) *Employez la forme correcte des verbes dans les phrases.*

1. Quand nous (avoir) besoin d'argent, nous (aller) à la banque. 2. Les enfants (aller) à l'école cinq jours par semaine. 3. Comment votre père (aller)-il à son travail ? — Il (aller) à son bureau en auto. 4. Je (aller) à la cafétéria, et je (déjeuner) avec mon ami Luc. 5. Beaucoup de gens (aller) à la campagne quand il (faire) beau. 6. Les étudiants (aller) à la librairie où ils (acheter) leurs livres. 7. (Aller)-vous à la maison à bicyclette ou en autobus ? 8. Ari ne (aller) pas à la discothèque parce qu'il (étudier) pour un examen. 9. Ma sœur et moi, nous (aller) souvent en Floride parce que nos parents (habiter) à Miami. 10. Je (faire) toujours la queue quand je (aller) à la cafétéria à midi. 11. Comment votre père (aller)-il ? 12. Il (être) malade; il ne (aller) pas bien.

b) *Inventez :*

    (1) cinq phrases négatives avec **aller.**
    (2) cinq questions avec **aller.**

2. a) *Répondez aux questions selon l'exemple.*

    Exemple : Allez-vous à la librairie ? (restaurant)
            Non, je vais au restaurant.

1. Allez-vous à la plage ? (stade)   2. Paul va-t-il à sa classe d'anglais ? (concert)   3. Allons-nous à la maison ? (café)   4. Vas-tu à la bibliothèque ? (bureau de poste)   5. Les enfants vont-ils à l'école ? (cinéma)   6. Susan travaille-t-elle à la cafétéria ? (laboratoire) 7. Faites-vous attention à la conversation ? (questions et réponses) 8. Parlez-vous anglais à votre professeur ? (gens de ma famille) 9. Téléphonez-vous à Florence ? (amis de Florence)   10. Pensez-vous à votre travail ? (vacances)

b) *Complétez les phrases avec l'article contracté* **au** *ou* **aux** *ou avec* **à** + *l'article défini.*

1. Bob va souvent _____ stade ; il ne va pas souvent _____ café. 2. Les gens font des sports d'hiver _____ montagne.   3. Le dimanche, ma voiture reste _____ garage.   4. _____ fin du semestre, nous pensons _____ vacances avec plaisir.   5. Faites-vous attention _____ questions du professeur et _____ prononciation ? 6. _____ commencement du trimestre, les étudiants vont _____ librairie.   7. Allez-vous souvent _____ cinéma ou _____ théâtre ?   8. Je téléphone _____ père et _____ mère de mon ami(e). 9. Votre frère va-t-il _____ université ou _____ école secondaire ? 10. Parlez-vous _____ gens de votre rue ?

c) *Employez* **au, aux, en** *ou* **à** *pour compléter les phrases.*

1. Il y a beaucoup de circulation _____ Tokyo _____ Japon.   2. Marc fait un voyage _____ Europe ; il va _____ Paris, _____ Rome, _____ Danemark (*m.*) et _____ Suède (*f.*).   3. _____ hiver, il fait très froid _____ Alaska et _____ Sibérie.   4. _____ États-Unis on fait des sports d'hiver _____ Colorado (*m.*) et _____ Californie (*f.*)   5. Quand je fais un voyage _____ Europe, je vais _____ France et aussi _____ Italie, _____ Espagne (*f.*) et _____ Portugal (*m.*)   6. Rio de Janeiro est _____ Brésil et Buenos-Aires est _____ Argentine.   7. Paul et Robert font leurs études _____ Montréal _____ Canada.   8. Leurs parents habitent _____ États-Unis _____ Virginie.   9. Il y a beaucoup de vieux monuments _____ Mexique.   10. Pendant leurs vacances, mes amis vont _____ Londres _____ Angleterre et _____ Dublin _____ Irlande.

3. *Changez la phrase. Employez le sujet* **on.**

1. Aux États-Unis, les gens dînent à six heures du soir. 2. Les étudiants font des exercices tous les jours dans la classe de français. 3. Nous n'allons pas à la plage quand il pleut. 4. Vous faites des sports d'hiver à Heavenly Valley. 5. Les touristes ont besoin d'un passeport quand ils vont en Amérique du Sud. 6. Tout le monde est content quand il y a des vacances. 7. Nous écoutons le professeur, et nous faisons attention en classe. 8. Quand vous faites vos études, vous avez besoin d'argent. 9. Les gens n'ont pas de Mercédès quand ils ne sont pas riches. 10. Les étudiants ne regardent pas leur livre quand ils ont un examen.

4. *Répondez aux questions suivantes.*

1. A quelle heure votre dernière classe finit-elle aujourd'hui ? Et le vendredi ? 2. Brunissez-vous quand vous restez au soleil ? 3. Finissez-vous vos devoirs pendant la classe ? 4. Réfléchissez-vous pendant un examen ? 5. Fait-on des fautes quand on réfléchit ? 6. Est-ce qu'on grossit quand on ne mange pas beaucoup ? 7. Quand le semestre (le trimestre) finit-il ? 8. Êtes-vous content(e) quand vous réussissez à un examen ? 9. Est-ce que nous vieillissons tous les jours ? 10. Pour les vacances, choisissez-vous la mer, la campagne ou la montagne ?

5. *Mettez les phrases suivantes au pluriel.*

1. Le devoir de l'étudiant est sur le bureau du professeur. 2. Au printemps, les feuilles de l'arbre sont vertes. 3. Il y a beaucoup de circulation dans la grande rue de la ville. 4. La nuit, la porte du laboratoire est fermée. 5. Le professeur corrige la faute de l'étudiant. 6. La fenêtre de la salle de classe n'est pas ouverte en hiver. 7. Les parents de l'ami de Jim vont en France. 8. Le professeur indique la date de l'examen. 9. L'auto du voisin est dans son garage. 10. Les cours de l'université sont difficiles.

6. *Faites une phrase avec chaque expression. Employez des verbes différents.*

1. chez le président 2. chez vous 3. chez leurs parents 4. chez moi
5. chez mon frère (ma sœur) 6. chez mes amis

7. *Complétez les phrases. Employez le mot proposé.*

1. Mes parents ont des idées très (libéral). 2. Ma voisine a toujours des (chapeau élégant). 3. Au musée, on voit des (tableau original). 4. Dans les rues, il y a des (signal rouge et vert). 5. Les relations (international) intéressent mon père. 6. Les pays (occidental) sont généralement assez riches. 7. A la télévision, il y a des (programme spécial) pour les enfants. 8. Dans le nord de la France, on voit beaucoup de (canal). 9. Le 14 Juillet, il y a des (drapeau) sur les monuments. 10. Ce sont des (hôpital neuf).

CINQ BIS

Tu ou Vous ?

Lisez à haute voix la conversation suivante.

Dan pose une question à son professeur de français.

Dan : Mademoiselle, j'ai besoin d'un renseignement. Quand est-ce qu'on emploie « tu » en français, et quand est-ce qu'on emploie « vous » ?

Mlle Martin : D'abord, on emploie « tu » en famille,
5   puis entre camarades. C'est un signe d'intimité.

Dan : Et avec les enfants ?

Mlle Martin : Avec les jeunes enfants, on emploie « tu » et ils emploient « tu » avec tout le monde. Ils ne font pas la distinction.

10 **Dan :** Et avec les autres ?

Mlle Martin : Après l'âge de dix ans, on emploie généralement « vous ».

Dan : Et entre vous et moi ?

Mlle Martin : Naturellement, nous employons
15   « vous ».

Dan : Mais entre nous, il n'y a pas de différence d'âge.

Mlle Martin : C'est vrai. Mais nos relations ne sont pas personnelles. Elles sont professionnelles.

20 **Dan :** Alors, le tutoiement n'est pas automatique ?

Mlle Martin : C'est exact. Mais il y a une exception.

Dan : Et quelle est l'exception ?

Mlle Martin : On dit toujours « tu » à son chien !

Plaisirs des saisons

Lisez à haute voix le texte suivant.

Sara, Ben, Lisa, Cathy et Harry parlent des quatre saisons. Ils ne sont pas toujours d'accord. Sara déteste l'automne mais Ben aime l'automne. Lisa et Harry préfèrent l'hiver. Pour Cathy, le printemps, c'est la saison idéale. Pour Sara, c'est l'été. Pour chaque saison il y a des fêtes ou des sports. L'automne, c'est la saison du football; l'hiver, c'est la saison du ski et de Noël; le printemps, c'est la saison de Pâques et l'été, c'est la saison des vacances. Écoutons leur conversation.

Sara : Quel temps ! Il pleut, il y a un vent terrible, et il fait froid. Je déteste la pluie, l'humidité, les parapluies et les imperméables. Oh ! l'automne est une saison détestable !

Ben : Je ne suis pas d'accord. Moi, j'aime l'automne, le ciel gris, le brouillard, les couleurs magnifiques des arbres et des nuages. Et puis, j'aime le football, et la saison de football commence en automne.

Lisa : *(Elle est allemande.)* A mon avis, votre football américain est un sport très brutal. Il ressemble au rugby européen. Mais jouez-vous au football, Ben ?

Ben : Oh ! je joue au football en amateur et je regarde avec plaisir un bon match ! Mais je vais au stade et je joue au basket-ball avec mon équipe trois fois par semaine.

Lisa : Moi, je préfère le ski. En hiver, mes amis et moi, nous allons souvent à la montagne. Les arbres sont très beaux sous la neige. Et puis, il y a Noël. Chez mes parents, c'est une grande fête joyeuse. Le soir du 24 décembre, on va à l'église ; et le 25, tout le monde[4] trouve des cadeaux sous l'arbre de Noël.

Harry : Chez moi, on ne célèbre pas Noël ; mais le 1er janvier, on fait un grand repas traditionnel et on échange des vœux : Bonne année, bonne santé ! Bien sûr, il fait froid en hiver, on a besoin de vêtements chauds ; mais on a une vie sociale très active : on va au théâtre et au cinéma ; on va souvent au concert, au restaurant, à la discothèque. On voit des jeunes filles, on danse. C'est amusant. J'aime l'hiver.

---

[4] Après l'expression **tout le monde,** le verbe est à la 3e personne du *singulier*.

Cathy : Pour moi, la saison idéale, c'est le printemps. Le printemps, c'est la jeunesse, c'est la vie. Au printemps, les oiseaux chantent, les arbres fleurissent, les jardins sont pleins de fleurs. J'aime la fête de Pâques et la tradition des œufs de Pâques. Mais toi, Sara, quelle saison préfères-tu ?

5 **Sara :** Ma saison favorite, c'est l'été. En été, il fait chaud et sec, et puis... je ne vais pas à l'école. Pendant les vacances, nous allons à la maison de mes parents au bord d'un lac. Nous campons dans la forêt, nous nageons dans le lac, nous brunissons au soleil. C'est la belle vie ! Et toi, Ben ?

Ben : Moi, je passe l'été en ville. Je n'ai pas le choix. Je vais quelquefois à la
10 piscine de l'université ou à la plage. Mais quand les cours finissent, en juin, je commence mon travail dans un bureau parce que j'ai besoin d'argent. C'est le problème éternel des étudiants !

EN FRANCE... le climat est très varié. Il fait frais et humide

dans le nord et au bord de la mer (la Manche et l'océan Atlantique). Il ne
15 fait jamais très chaud ou très froid en Normandie ou en Bretagne, mais il pleut très souvent. Il fait beau et sec en été dans le sud et au bord de la Méditerranée. Les hivers sont froids dans l'est et naturellement, dans les montagnes. Il neige dans les Alpes et dans les Pyrénées au sud-est et au sud-ouest du pays. Les élèves vont à la montagne pendant quelques
20 semaines et là ils continuent leurs études. Ce sont les « classes de neige ». Beaucoup de Français font des sports d'hiver parce que tout le monde a quatre ou cinq semaines de vacances en été ou en hiver. Les bureaux, les magasins, les banques sont fermés pendant quelques fêtes religieuses ou civiles : le 1er novembre (la Toussaint), le 11 novembre (anniversaire
25 de la fin de la 1ère Guerre mondiale), le 1er mai (fête du Travail) et naturellement, le 14 Juillet (jour de la fête nationale).

Les mois de l'année sont : janvier, février, mars, avril, mai, juin, juillet, août, septembre, octobre, novembre, décembre.

Il y a quatre saisons : le printemps, l'été, l'automne et l'hiver.

ATTENTION : **en** hiver, **en** automne, **en** été, **au** printemps

PRATIQUE DE COMMUNICATION ORALE

A. *Demandez à une personne de la classe :*

1. quand on a besoin d'un tricot.
2. quand on a besoin d'un imperméable.
3. quand on a besoin d'un passeport.
4. quand on a besoin de vacances.
5. quand on a besoin de son livre de français.

B. *Demandez à un étudiant :*

1. s'il va à la bibliothèque.
2. s'il va au laboratoire deux fois par semaine.
3. s'il va à la cafétéria à midi.
4. s'il va quelquefois au concert.
5. s'il va quelquefois au stade.
6. s'il va quelquefois à l'église.

C. *Demandez à votre voisine :*

1. quand elle va au restaurant.
2. quand elle va à la plage.
3. quand elle va à la banque.
4. quand elle va à la campagne.
5. quand elle va à la librairie.
6. quand elle va au cinéma.

EXERCICES ORAUX OU ÉCRITS

1. a) *Questions sur la « Lecture ». Répondez à chaque question par une phrase complète.*

1. En quelle saison est Noël ? En quelle saison est Pâques ?   2. Sara aime-t-elle l'automne ? Pourquoi ?   3. Pourquoi Ben aime-t-il l'automne ?   4. Quelle est l'opinion de Lisa sur le football américain ? A son avis, à quoi ressemble-t-il ?   5. Chez Lisa, qu'est-ce que tout le monde trouve sous l'arbre de Noël ?   6. Où va-t-on le soir du 24 décembre ?   7. Quel jour fait-on un grand repas traditionnel chez Harry ?   8. Quelle saison Harry préfère-t-il ? Pourquoi ?   9. Où la famille de Sara va-t-elle pendant les vacances d'été ?   10. Pourquoi Ben passe-t-il l'été en ville ? Qu'est-ce qu'il fait quand ses cours finissent ?

b) *Questions sur « En France... ». Répondez à chaque question par une phrase complète.*

1. Où fait-il frais et humide en France ? Où pleut-il souvent ?   2. Où est la Manche ? Où sont la Normandie et la Bretagne ?   3. Où les hivers sont-ils froids ?   4. Comment est le climat en été au bord de la Méditerranée ?   5. Combien de semaines de vacances les Français ont-ils ?   6. Pourquoi les banques et les bureaux sont-ils fermés le 11 novembre ?   7. Quelle est la date de la fête du Travail ?   8. Quand est la fête nationale en France ?   9. Où neige-t-il en France ?

2. *Préparation à la composition. Exercices de vocabulaire.*

a) *Complétez les phrases avec une expression de la liste. Faites les changements nécessaires.*

en avion	une feuille	fleurir	des vêtements
des nuages	un repas	au printemps	une piscine
une montagne	des œufs	la pluie	un lac
une équipe	un imperméable	un parapluie	la mer
en bateau			

1. Je joue au basket-ball avec _____ de mon université. 2. Les Alpes sont _____ d'Europe. 3. Les _____ des arbres sont vertes _____. 4. En hiver, on a besoin de _____ chauds. 5. A Pâques, les enfants trouvent _____ dans les jardins. 6. Les Américains vont en Europe _____ ou _____. 7. Quand il pleut, les gens ont _____ ou _____. 8. Vous nagez dans _____ ou dans _____ ou dans _____. 9. Le ciel est gris : il y a _____. 10. Pour Thanksgiving, les Américains préparent _____ traditionnel. 11. J'aime le temps sec ; je déteste _____. 12. Les roses _____ en mai.

b) *Finissez les phrases avec l'expression convenable. Employez le vocabulaire de la leçon 5.*

1. A Noël, les parents donnent _____ aux enfants. 2. Janvier est le premier _____ et décembre est le dernier _____. 3. Il fait chaud _____ ; en hiver, il _____. 4. Au commencement de l'année, les gens échangent _____. 5. Quand vous mangez beaucoup, vous _____. 6. *Humide* est le contraire de _____. 7. Pour faire des sports d'hiver, nous allons à _____. 8. Il pleut ; j'ai besoin de _____. 9. Souvent les gens malades vont _____. 10. J'habite près de l'université ; je vais à la maison _____. 11. La semaine après aujourd'hui est la semaine _____. 12. Pour mon père, la psychologie est intéressante ; la psychologie _____ mon père.

c) *Préparation à la composition. Composez une phrase complète avec chaque expression.*

1. à la fin de 2. à pied 3. il pleut 4. chez 5. au printemps 6. il fait frais 7. on 8. finir 9. nager 10. être d'accord.

3. *Préparation à la composition. Répondez à chaque question par une phrase complète.*

1. Aimez-vous l'automne ? pourquoi ? 2. Quel temps fait-il dans la ville où vous habitez en hiver ? 3. Les gens ont-ils besoin de leur parapluie aujourd'hui ? pourquoi ? 4. Y a-t-il un arbre de Noël dans votre maison pour Noël ? Avez-vous des cadeaux à Noël ? 5. Comment sont les arbres

et les jardins au printemps ?   6. Pour quelles fêtes, y a-t-il un repas tra-ditionnel dans votre famille (ou aux États-Unis) ?   7. Fait-on des sports d'hiver dans votre état ?   8. Jouez-vous au basket-ball ?   9. Où passez-vous les vacances d'été ? pourquoi ?   10. Quand allez-vous au cinéma ? au concert ? à la discothèque ?   11. Combien de fois par semaine allez-vous au laboratoire de français ?   12. Quel jour y a-t-il des drapeaux sur les maisons et les monuments aux États-Unis ?

4. *Composition.*

   a) Vous discutez avec vos amis sur les plaisirs des différentes saisons. Cha-que personne a une opinion différente.
   b) Quelle saison préférez-vous ? pourquoi ?
   c) Décrivez les saisons et vos différentes activités pendant chaque saison.

PRONONCIATION

A. *Les voyelles* [i] *et* [e]. *Prononcez après votre professeur.*

   [i] Le livre gris de Gigi est ici.
       Mon ami Henri est petit.
       L'exercice difficile est fini.
       La civilisation de la Sicile

   [e] Écoutez et répétez.
       J'ai des cahiers et des papiers.
       Préférez-vous l'été ?

B. *La voyelle* [u] *(groupe* **ou***). Prononcez après votre professeur.*

   bout, fou, nous, vous, sous,
   rouge, douze, blouse, route,
   toujours, tous les jours.
   Où trouve-t-elle cette blouse rouge ?
   Il ouvre toujours le journal à la page douze.

C. *Prononcez correctement chaque phrase sans interruption entre les mots.*

   1. J'ai un jardin.   J'ai un ami.
      J'ai un manteau.   J'ai un oiseau.
      J'ai un parapluie.   J'ai un exercice.
      J'ai un camarade.   J'ai un examen.
   2. J'ai une amie.   J'ai une enveloppe.
      J'ai une histoire.   J'ai une adresse.
      J'ai une étudiante.   J'ai une ambition.
      J'ai une explication.   J'ai une occupation.

EXPRESSIONS NOUVELLES

Noms

la chaleur ≠ le froid
une équipe
une fête
une feuille
une guerre
la jeunesse
la mer
une montagne
la neige
Pâques (*f.*)
une piscine
une plage
la pluie
la Toussaint

un arbre de Noël
le brouillard
un cadeau
un chapeau
un choix
le ciel
l'est (*m.*)
un été
un hiver
un imperméable
un lac
un mois
Noël (*m.*)
le nord
un nuage
un œuf
  des œufs (ø)
l'ouest (*m.*)
un parapluie
un printemps
un renseignement
un repas

le sud
le sud-est
le sud-ouest
le tutoiement
le vent
un vêtement
un vœu

Adjectifs

mondial(e)
prochain(e)
sauvage
sec, sèche
plein(e) de
varié(e)

Verbes

brunir
chanter
choisir
échanger
finir
fleurir
grossir
maigrir
nager
neiger
plaisanter
rajeunir
réfléchir
réussir
tutoyer
vieillir

Expressions verbales

aller
  aller en auto
  aller en avion

aller en bateau
aller à (en) bicyclette
aller à pied
aller en train
faire
  il fait chaud ≠ froid
  il fait frais
  il fait sec
  faire des sports (d'hiver)
poser une question
c'est tout

Pronom

on

Adverbe

alors

Expressions adverbiales

en automne
en été
en hiver
au printemps
entre camarades
en famille

Prépositions

au bord de
à l'est de

Salutations

Bonne année !
Bonne santé !
Joyeux Noël !

Après la pluie, le beau temps.
(proverbe)

Vous savez déjà :

une activité
une distinction
une forêt
l'humidité
une interruption
l'intimité
une omelette
une relation
une rose
une saison
une salade
une touriste
une tradition
une vétérinaire

un amateur
un anniversaire
un automne
le basket(-ball)
un canal
un climat
un concert
le football
un hôpital
un match
un océan
un parc
un passeport
un plaisir

Adjectifs

automatique
brutal(e)
civil(e)
détestable
différent(e)
éternel(le)
européen(ne)
humide
idéal(e)
idiomatique
joyeux(euse)
libéral(e)
occidental(e)
personnel(le)
physique
professionnel(le)
religieux(euse)
social(e)
spécial(e)
terrible
traditionnel(le)
le rugby
un signal
un signe
le ski
un stade
un théâtre
un touriste
un vétérinaire

Verbes

camper
célébrer
danser
insister
intéresser
ressembler à
visiter

Mois de l'année

janvier
février
mars
avril
mai
juin
juillet
août
septembre
octobre
novembre
décembre

Noms géographiques

Pays : l'Afghanistan (*m.*), le Brésil, le Canada, le Danemark, l'Espagne (*f.*), les États-Unis (*m.*), la Grèce, l'Iran (*m.*), l'Irlande (*f.*), Israël (*m.*), le Japon, le Maroc, le Mexique, la Norvège, le Portugal, la Suède, le Viêt-nam, le Zaïre.

États, régions : l'Alaska (*m.*), la Bretagne, le Colorado, la Floride, l'Illinois (*m.*), la Normandie, l'Ohio (*m.*), la Sibérie, le Texas, l'Utah (*m.*)

Villes : Chicago, la Nouvelle-Orléans, Lisbonne, Montréal (pr : mɔ̃réal), New York, Paris, Tokyo, Versailles

Topographie : l'océan Atlantique, la Loire, la Manche, la Méditerranée, les Pyrénées (*f.*)

SIX

1
Bob est sportif ; je joue au tennis avec **lui.**
Kay préfère la musique classique ; je vais au concert avec **elle.**

2
Le centre Beaubourg est-il **plus** récent **que** la tour Eiffel ?
Les vins français sont-ils **meilleurs que** les vins californiens ?

3
Nous **savons** des mots français, mais nous ne **savons** pas de poèmes.
Ma sœur **sait** danser, mais elle ne **sait** pas faire la cuisine.

4
Mes parents ont des amis **qui** habitent à la campagne.
L'autobus **qui** passe au bout de ma rue va à l'aéroport.

5
Mon jeune frère **adore regarder** un film de science-fiction.
J'**espère aller** un jour en Europe.

6
Je ne **vais** pas **aller** à la piscine pendant le week-end.
Allez-vous **faire** un pique-nique dimanche prochain ?

7
Mon oncle est **dentiste** ; c'est **un dentiste consciencieux.**
Ma cousine est **chimiste** ; c'est **une chimiste compétente.**

DÉVELOPPEMENT GRAMMATICAL

1 Bob est sportif ; je joue au tennis avec **lui.**
Kay préfère la musique classique ; je vais au concert avec **elle.**

Comparez :

Jenny est assise à côté de **moi.**
Notre professeur est avec **nous**
dans la classe.
Mes parents ont une grande
maison.

Comment allez-vous chez **vous** ?
Lisa et Janet sont souvent en
retard.
Etudies-tu chez **toi** ou à la
bibliothèque ?

Je suis assis(e) à côté d'**elle.**
Nous sommes devant **lui.**

Ma sœur et moi, nous n'habitons
pas chez **eux,** mais nous passons
nos vacances avec **eux.**
Je vais chez **moi** à pied.
Vous arrivez toujours avant
elles.
J'étudie en général chez **moi.**

● Les pronoms **moi, elle, nous, lui, eux, vous, elles, toi** sont employés après
une préposition (**à côté de, avec, devant, chez, avant, derrière, après,**
etc.). Ce sont des *pronoms personnels accentués.*

Voilà la liste des pronoms personnels accentués :

Je suis	chez	**moi**	à sept heures.
Vous allez	chez	**vous**	à pied.
Tu vas	chez	**toi**	en auto.
Nous sommes	chez	**nous**	le matin.
Il reste	chez	**lui**	le dimanche.
Elle va	chez	**elle**	en autobus.
Ils sont	chez	**eux**	le soir.
Elles sont	chez	**elles**	l'après-midi.

NOTEZ : On emploie aussi les pronoms personnels accentués après **c'est :**

Exemple : Qui fait la cuisine chez vous ? — **C'est moi.**

Comparez :

Les trains français sont rapides en général.	Les trains sont **moins** rapides **que** les avions. Ils ne sont pas **aussi** rapides **que** les avions. Les avions sont **plus** rapides **que** les trains.
Le Texas est un grand état.	Le Texas est **plus** grand **que** la Californie. La Californie est **moins** grande **que** le Texas.
Au Japon, on fabrique des autos économiques.	Les autos japonaises sont **plus** petites et **plus** économiques **que** les autos américaines. Les autos américaines ne sont pas **aussi** économiques **que** les autos japonaises. Elles sont **moins** économiques **que** les autos japonaises.
Mon ami Tim a vingt et un ans et j'ai dix-neuf ans.	Tim est **plus** âgé **que** moi. Je ne suis pas **aussi** âgé(e) **que** lui. Je suis **moins** âgé(e) **que** lui.
Les devoirs de Jack sont bons. Les devoirs de Lisa sont excellents.	Les devoirs de Lisa sont **meilleurs que** les devoirs de Jack. Les devoirs de Jack sont **moins** bons **que** les devoirs de Lisa.
La classe de français de Linda est à neuf heures du matin. Ma classe est à onze heures.	Je ne suis pas dans **la même** classe **qu'**elle ; mais elle a **le même** professeur **que** moi.

● L'adjectif qualificatif a différents degrés. Voilà le *comparatif*.

comparatif de supériorité	**plus**	
comparatif d'infériorité	**moins**	+ (adjectif) + **que**
comparatif d'égalité	**aussi**	

L'adjectif est variable, naturellement.

ATTENTION : A mon avis, le thé est bon ; mais le café est **meilleur que** le thé.
La cuisine de ma mère est bonne ; elle est **meilleure que** la cuisine
de la maison d'étudiants, mais elle n'est pas **aussi** bonne **que** la cuisine de ma grand-mère.

Le comparatif de supériorité de

bon		meilleur
bonne	est	meilleure
bons		meilleurs
bonnes		meilleures

+ que

● On emploie un *pronom personnel accentué* dans *la comparaison* et après **le
(la) même (les mêmes) que...**

Exemples : Kim est furieuse ; Janice a **la même robe qu'elle.**
Ma sœur ne fait pas **les mêmes études que moi.**
Notre professeur est jeune, mais nous sommes **plus** jeunes **que lui.**

3 Nous **savons** des mots français, mais nous ne **savons** pas de poèmes.
Ma sœur **sait** danser, mais elle ne **sait** pas faire la cuisine.

Comparez :

Savez-vous le nom de vos
voisins ?

Oui, je **sais** leur nom.

Vos parents **savent**-ils votre
numéro de téléphone ?

Oui, ils **savent** mon numéro de
téléphone.

Savez-vous l'âge de vos amis ?

Oui, je **sais** leur âge.

Savez-vous la date de l'examen ?

Non, nous ne **savons** pas la date
de l'examen.

Placido Domingo **sait**-il chanter ?

Oui, il **sait** très bien chanter.

Les étudiants **savent**-ils quand
le semestre finit ?

Oui, ils **savent** quand le
semestre finit.

Le professeur **sait**-il que les
étudiants travaillent beaucoup ?

Oui, il **sait** que les étudiants sont
sérieux et qu'[1]ils travaillent
beaucoup.

[1] Répétez la conjonction **que (qu')** devant chaque verbe.

C'est le verbe irrégulier (3ᵉ groupe) **savoir.**

Je	**sais**	l'anglais.
Vous	**savez**	l'espagnol.
Tu	**sais**	l'italien.
Nous	**savons**	l'histoire de notre pays.
Il (elle, on)	**sait**	faire du ski.
Ils (elles)	**savent**	que les magasins sont fermés.

ATTENTION : N'employez pas de nom de personne après **savoir.**

Employez **savoir** ⌈ avec un nom de chose, de langue, de science.
avec un verbe à l'infinitif.
avec **que** ou un mot interrogatif : **quand, où, comment, pourquoi.**

---

4 Mes parents ont des amis **qui** habitent à la campagne.
L'autobus **qui** passe au bout de ma rue va à l'aéroport.

Étudiez les phrases suivantes:

J'écoute le professeur **qui** explique les nouveaux mots.
Il y a des Américains **qui** vont chaque été en Europe.
Ma sœur a une amie **qui** joue très bien au tennis.
Je parle souvent à mes voisins **qui** sont très gentils.
Nous faisons les exercices **qui** sont à la fin de chaque leçon.

Le professeur **qui** explique les nouveaux mots parle distinctement.
Les Américains **qui** vont en Europe ont besoin d'un passeport.
Linda **qui** joue très bien au tennis fait beaucoup de sports.
Mes voisins **qui** sont très gentils restent chez eux le dimanche.
Les exercices **qui** sont à la fin de la leçon sont quelquefois difficiles.

Les phrases précédentes ne sont pas simples. Ce sont des phrases complexes.

Qui est un *pronom relatif.* Il remplace un nom. Le nom est l'antécédent du pronom **qui.** Dans les phrases précédentes, **le professeur, des Américains, une amie, mes voisins, les exercices,** etc., sont les différents antécédents de **qui.**

Le pronom **qui** établit une relation entre l'antécédent et le groupe de mots suivant (= la proposition subordonnée). (Voir Grammaire générale, page 199.)

● **Qui** a pour antécédent un nom de personne ou de chose au singulier ou au pluriel.
  Qui est le sujet du verbe suivant.
  Qui ne change pas devant une voyelle.

ATTENTION à la construction de la phrase complexe :
  qui (+ la proposition subordonnée) est immédiatement après l'antécédent.

  Exemple : Ma tante va souvent à Paris. Elle habite à Londres.
        Ma tante **qui habite à Londres** va souvent à Paris.

---

5   Mon jeune frère **adore regarder** un film de science-fiction.
   J'espère aller un jour en Europe.

Étudiez les phrases suivantes :

  Ma famille et moi, nous **aimons** beaucoup **passer** l'été à la campagne.
  Les étudiants **préfèrent** souvent **habiter** dans un appartement.
  Mon père **déteste regarder** la télévision pendant le dîner.
  Phil **sait nager** et **jouer** au football, mais il ne **sait** pas **danser.**
  Après mes études, j'**espère faire** beaucoup de voyages.
  Je **voudrais visiter** beaucoup de pays intéressants.

● Quand on emploie deux verbes successivement en français, le *deuxième* verbe est toujours à l'infinitif.

● Après les verbes **aimer, préférer, détester, savoir, espérer, je voudrais** (et beaucoup d'autres verbes), employez immédiatement l'infinitif de l'autre verbe, sans préposition. L'adverbe est généralement entre les deux verbes.

GRAMMAIRE

6

Je ne **vais** pas **aller** à la piscine pendant le week-end.
Allez-vous **faire** un pique-nique dimanche prochain ?

Comparez :

J'achète des livres au commencement du semestre.

Je **vais acheter** des livres au commencement du semestre prochain.

Aujourd'hui, nous n'avons pas d'examen.

Lundi prochain, nous **allons avoir** un examen.

Ma sœur ne va pas à l'école en été.

Ma sœur ne **va** pas **aller** à l'école l'été prochain.

Travaillez-vous à la bibliothèque tous les jours ?

Allez-vous **travailler** à la bibliothèque demain ?

Les magasins sont-ils fermés le dimanche ?

Les magasins **vont**-ils **être** fermés dimanche prochain ?

Mes parents font un voyage à New York en avril.

Mes parents **vont faire** un voyage à Hawaï en juin prochain.

Il fait beau maintenant.

Est-ce qu'il **va faire** beau la semaine prochaine ?

---

aller (au présent) + infinitif d'un autre verbe = le *futur proche*

ATTENTION : La forme négative est : Je **ne** vais **pas** aller au cinéma. Nous n'**allons pas** voyager.

La forme interrogative est : Tim **va-t-il** téléphoner à son père ? **Allez-vous** acheter une auto ?

Notez trois emplois différents du verbe **aller** :

Expression idiomatique (cf. Initiation) :

Exemple : Comment **allez**-vous ? — Je **vais** très bien, merci.

Verbe de mouvement (cf. leçon 5) :

Exemple : Où **allez**-vous ? — Je **vais** chez le dentiste.

Verbe auxiliaire qui indique le futur :

Exemple : Qu'est-ce que nous **allons** voir au cinéma ? — Nous **allons** voir un film italien.

7 Mon oncle est **dentiste** ; c'est **un dentiste consciencieux.**
Ma cousine est **chimiste** ; c'est **une chimiste compétente.**

Comparez :

C'est Jim. Il est canadien.
Voilà Patty. Elle est jolie.
C'est mon oncle. Il est amusant.
Ce sont mes cousins. Ils sont
américains.

C'est Jim. Il est **médecin.**
Voilà Patty. Elle est **actrice.**
C'est mon oncle. Il est **ingénieur.**
Ce sont mes cousins. Ils sont
fermiers.

Jim est **médecin.**
Patty est **actrice.**

Mon oncle est **ingénieur.**

Mes cousins sont **fermiers.**

C'est **un bon médecin.**
C'est **une actrice
exceptionnelle.**
C'est **un ingénieur
expérimenté.**
Ce sont **des fermiers du
Midwest.**

● En français les noms de professions après le verbe **être** sont considérés comme des adjectifs. Il n'y a pas d'article devant ces noms.

Exemples : Il **est acteur** (professeur, architecte, ingénieur, fermier, vétérinaire, chimiste, mécanicien, pharmacien, secrétaire, infirmier, coiffeur, plombier).
Elle **est actrice** (professeur, étudiante, architecte, ingénieur, fermière, vétérinaire, chimiste, pharmacienne, secrétaire, infirmière, coiffeuse).

Employez **il (elle) est / ils (elles) sont** devant un nom de profession seul.

● Il y a *un article* quand *le nom de la profession est modifié* par un adjectif ou par une expression. Dans ce cas, employez **c'est** ou **ce sont** à la place de **il (elle) est / ils (elles) sont.**

PRATIQUE ORALE

A. *Répondez aux questions par des phrases complètes.*

1. Allez-vous faire du ski en hiver ?
2. Allez-vous déjeuner à la cafétéria demain ?
3. Allez-vous voyager pendant les vacances ?
4. Allez-vous faire des sports pendant le week-end ?

5. Allez-vous inviter vos amis chez vous samedi prochain ?
6. A quelle heure allez-vous quitter votre maison demain ?
7. A quelle heure allez-vous arriver à l'université demain ?
8. Les étudiants vont-ils organiser un pique-nique à la fin du semestre ?
9. Vos parents vont-ils voyager en Europe en été ?
10. Vos amis vont-ils aller au cinéma avec vous samedi soir ?

B. *Remplacez le nom après la préposition par un pronom accentué selon l'exemple.*

Exemple : Je suis assis(e) à côté de Paul.
   Je suis assis(e) à côté de lui.

1. Je bavarde avec le professeur.   2. Nous allons chez Mme Leroy.
3. Paul voyage avec ses parents.   4. Jeanne habite près de Rose et d'Alice.
5. Nous avons besoin de nos amis.   6. Ma nièce fait la cuisine avec sa
mère.   7. Ils sont assis devant le professeur.   8. Vous arrivez toujours
après Janine.   9. Il ne va pas au cinéma sans son ami Bob.

C. *Changez la phrase. Employez les différents sujets.*

1. Est-ce que je sais l'âge de ma grand-mère ? (vous / tu / nous / Jacques / mes amis)
2. Monique espère camper avec ses amis. (je / vous / nous / Jacques et Paul)
3. Je suis plus âgé(e) que mon frère. (tu / Marc / vous / Janine et Michèle)
4. J'admire les mêmes artistes que lui. (nous / Marie et Jacques / vous / tu)
5. Il fait un travail qui a l'air difficile. (nous / tu / vous / ma mère / mes amis)

EXERCICES ORAUX OU ÉCRITS

1. a) *Remplacez les mots en italique par un pronom personnel accentué.*

1. Je choisis un disque pour *Susan*.   2. Alice ne danse jamais avec
Henri.   3. Vous arrivez toujours avant *le professeur*.   4. Au cinéma,
je suis assis(e) à côté de *Janine*.   5. Ils font du ski avec *leurs amis*.
6. Le dimanche, dînez-vous chez *le président* ?   7. Habitez-vous près
de *M. et de Mme Brown* ?   8. Je ne vais jamais au cinéma sans *mon
ami(e)*.   9. Ma mère fait une promenade dans la forêt avec *mon père*.
10. Êtes-vous chez *vos parents* le samedi soir ?

b) *Répondez aux questions. Employez un pronom personnel accentué dans la réponse.*

1. Y a-t-il des montagnes près de chez vous ?   2. En général, faites-
vous vos devoirs avec vos amis ?   3. Allez-vous au théâtre avec vos
parents ?   4. Le professeur reste-t-il dans la classe après vous (*pl*). ?
5. Votre père arrive-t-il à la maison avant votre mère ?   6. Ta sœur
fait-elle du ski avec toi ?   7. Restez-vous chez vos parents pendant les
vacances ?   8. Les étudiants bavardent-ils avec le président de l'uni-

versité ?   9. Vas-tu au restaurant sans ton ami(e) ?   10. Sommes-nous assis devant le professeur ?

2. a) *Établissez des comparaisons avec les éléments suivants.*

1. ma chambre / votre appartement (petit)   2. les vieilles maisons / les maisons modernes (confortable)   3. les voyages en auto / les voyages en avion (dangereux)   4. le journal de mon université / les journaux de New York (intéressant et important)   5. pour la santé, les fruits / les bonbons (bon)   6. les parents / les enfants / toujours (âgé)   7. ma classe de français / mes autres classes (difficile)   8. les montagnes d'Europe / les montagnes d'Amérique (haut)   9. une jolie robe / un blue-jean (élégant)   10. ma grand-mère / ma mère (vieux)

b) *Répondez aux questions et employez un pronom accentué dans la réponse.*

1. Avez-vous le même livre de français que les autres étudiants ?   2. Achetez-vous les mêmes vêtements que votre ami(e) ?   3. Avez-vous le même âge que votre professeur ?   4. Écoutez-vous les mêmes disques que vos parents ?   5. Êtes-vous plus grand(e) que votre mère ?   6. Votre amie est-elle plus gentille que son frère ?   7. Votre ami(e) est-il(elle) plus âgé(e) que vous ?   8. Êtes-vous aussi patient(e) que moi ?

3. *Employez la forme correcte du verbe proposé. Faites les changements nécessaires.*

1. Vos parents (savoir)-ils parler espagnol ?   2. Quand on (réfléchir), on (savoir) répondre aux questions.   3. (Savoir)-vous quand les vacances (finir ?)   4. Je ne (savoir) pas pourquoi je (tomber) toujours quand je (faire) du ski.   5. Nous (étudier) des verbes ; nous (savoir) quelques verbes irréguliers.   6. Bob ne (aller) pas à la discothèque parce qu'il ne (savoir) pas danser.   7. (Savoir)-tu que les magasins (fermer) à six heures ?   8. Quelques étudiants ne (faire) pas de progrès parce qu'ils ne (savoir) pas corriger leurs fautes.   8. Je (aller) au bureau de mon père parce que je (savoir) qu'il (travailler) le samedi.   9. Les enfants (savoir)-ils parler à deux ans ?   10. Tim (savoir)-il pourquoi son amie Gina ne (être) pas en classe aujourd'hui ?

4. a) *Composez une seule phrase avec chaque groupe. Employez* **qui.** *Attention à la construction de la phrase.*

Exemple : Nous allons au cinéma. Il est au coin du boulevard.
         Nous allons au cinéma qui est au coin du boulevard.

1. Nous écoutons les étudiants. Ils parlent français.   2. Je pose une question au professeur. Il explique la leçon.   3. Nous regardons les photos. Elles sont dans notre livre.   4. Y a-t-il des autobus ? Ils vont à l'université ?   5. A la bibliothèque, je fais des recherches. Elles sont nécessaires pour mon cours d'histoire.   6. Les gens voyagent aux États-Unis. Ils n'ont pas besoin de passeport.   7. Allen ne fait pas de progrès. Il est souvent absent.   8. Janet a une mauvaise prononciation. Elle ne va pas au laboratoire.   9. Ma mère travaille quelquefois le soir. Elle est médecin.   10. J'ai une vieille Ford. Elle a besoin de réparations.

b) *Composez six phrases complètes avec* **qui** *pronom relatif.*

5. *Transformez les phrases suivantes. Employez le verbe proposé.*

Exemple : Je regarde un bon film. (aimer)
J'aime regarder un bon film.

1. Je finis mes devoirs avant le dîner. (aimer)   2. Nous faisons la queue à la cafétéria. (détester)   3. Mon père ne travaille pas dans le jardin. (aimer)   4. Il fait la cuisine. (préférer)   5. Le professeur intéresse les étudiants. (savoir)   6. J'achète une nouvelle voiture. (je voudrais)   7. Mes parents habitent en ville. (détester) Ils font des promenades dans la forêt. (aimer)   8. Allez-vous à la plage quand il pleut ? (aimer)   9. On a une bonne note et on réussit quand on travaille bien. (espérer)   10. Jouez-vous au basket-ball ? (savoir)

6. a) *Mettez les phrases au futur. Employez* **aller.**

1. Les cours finissent, et nous sommes en vacances.   2. Je réfléchis, et je trouve une bonne réponse.   3. Vous dînez chez vous, et vous regardez la télévision.   4. Quand vos amis vont en Europe, visitent-ils beaucoup de villes ?   5. Jack et moi nous faisons un voyage au Mexique ; nous parlons espagnol.   6. Les magasins ferment le 14 juillet.   7. Tim va-t-il à Hawaï en bateau ?   8. Je ne travaille pas au bureau ; je travaille chez moi samedi matin.   9. Vous répétez la phrase, et vous savez les mots.   10. Quand mon père a des vacances, il joue souvent au tennis.

b) *Finissez les phrases suivantes.*

1. Demain matin, je vais...   2. Le week-end prochain, mes amis et moi nous allons...   3. Dimanche prochain, allez-vous... ?   4. La semaine prochaine, ma mère va...   5. L'année prochaine, je ne vais pas...   6. Le semestre prochain, le professeur va-t-il... ?

7. a) *Composez des phrases avec les éléments proposés. Employez le verbe* **être.**

Exemple : Jack Lemmon / acteur / bon
Jack Lemmon est acteur. C'est un bon acteur.

1. Mme Richard / professeur / compétent   2. Glenda Jackson / actrice / célèbre   3. ma mère / psychologue / expérimenté   4. Ted Kennedy / sénateur / démocrate   5. Paul et Tim / étudiant / intelligent   6. Kay et Cynthia / journaliste / sérieux

b) *Complétez les phrases suivantes. Employez* **il (elle) est, ils (elles) sont** *ou* **c'est un (une), ce sont des.**

1. _____ dentiste ; _____ bon dentiste.   2. _____ musicienne ; _____ musicienne exceptionnelle.   3. _____ artistes ; _____ artistes très généreux.   4. _____ étudiantes _____ étudiantes sérieuses.   5. _____ secrétaire ; _____ secrétaire compétente.

SEPT

POINTS DE REPÈRE

1
On **prend** l'avion pour aller en Europe.
On **apprend** des langues étrangères à l'université.

2
Il y a **beaucoup de** restaurants en ville.
Prenez-vous **une tasse de** café ou **un verre de** lait le matin ?

3
J'aime **le** poulet et **les** pommes de terre.
Je mange souvent **du** poulet et **des** pommes de terre.

4
Prenez-vous **du** sucre dans votre café ?
Moi, je ne prends **pas de** sucre dans mon café.

5
Il y a des arbres dans mon jardin. **Ces** arbres fleurissent au printemps.
Nous prenons l'avion de la compagnie TWA. **Cet** avion va
directement à Paris.

6
Le T.G.V. est le train **le plus** rapide **du** monde.
Rhode Island est **le plus** petit état **des** États-Unis.

7
Regardez-vous la télévision **avant** où après le dîner ?
Prenez-vous votre petit déjeuner **avant de** quitter votre maison ?

Château de Fontainebleau

DÉVELOPPEMENT GRAMMATICAL

1   On **prend** l'avion pour aller en Europe[1].
On **apprend** des langues étrangères à l'université.

Comparez :

Prenez-vous l'autobus pour aller chez vous ?

Non, je ne **prends** pas l'autobus ; je prends ma voiture.

On **prend** l'autoroute du sud pour aller à Marseille, n'est-ce pas ?

Oui, mais on **prend** aussi la route Nationale 7.

Je **prends** mon parapluie[2] quand il pleut. Et vous ?

Moi aussi ; mais je **prends** quelquefois mon imperméable.

Les gens préfèrent **prendre** l'avion pour faire un long voyage.

En Europe, beaucoup de gens **prennent** le train.

Je **prends** un verre de jus d'orange le matin.

Nous **prenons** une tasse de café ou de thé après le dîner.

Comment **apprenez**-vous le français ?

Nous **apprenons** le français par la méthode directe.

Apprenez-vous une autre langue ?

Oui, j'**apprends** l'allemand.

Comprenez-vous un texte littéraire en français ?

Je **comprends** quelques mots, mais je ne **comprends** pas les phrases compliquées.

Les étudiants **comprennent**-ils les questions du professeur ?

Oui, ils **comprennent** les questions quand ils font attention.

---

[1] Remarquez cette construction : Je prends mon auto **pour aller** à l'université.
Il prend son livre **pour aller** à sa classe de français.

[2] ATTENTION : N'employez pas **prendre** + un nom de personne. Employez **aller** avec. EXEMPLE : Je **vais** au cinéma avec mon jeune frère. Ou employez **emmener**. EXEMPLE : J'**emmène** mon jeune frère au cinéma.

● Ces verbes sont les verbes *irréguliers* **prendre, apprendre** et **comprendre**.
Voici la conjugaison du verbe **prendre**.

Je	**prends**	un verre d'eau pendant le dîner.
Vous	**prenez**	un verre de lait.
Tu	**prends**	une tasse de thé.
Nous	**prenons**	un morceau de gâteau.
Il (elle, on)	**prend**	un verre de jus d'orange.
Ils (elles)	**prennent**	une tasse de chocolat.

On conjugue les verbes **apprendre** et **comprendre** comme **prendre**.

J'	ap**prends**	le russe.	Je	com**prends**	vos questions.
Vous	ap**prenez**	l'italien.	Vous	com**prenez**	vos parents.
Tu	ap**prends**	l'hébreu.	Tu	com**prends**	ton professeur.
Nous	ap**prenons**	l'espagnol.	Nous	com**prenons**	le film.
Il (elle, on)	ap**prend**	l'anglais.	Il (elle, on)	com**prend**	tous les mots.
Ils (elles)	ap**prennent**	le chinois.	Ils (elles)	com**prennent**	les phrases.

ATTENTION : La troisième personne du singulier à la forme interrogative est :

Est-ce qu'il prend l'autobus ?	= **Prend-il** l'autobus ?
Est-ce qu'elle apprend le russe ?	= **Apprend-elle** le russe ?
Est-ce qu'il comprend l'arabe ?	= **Comprend-il** l'arabe ?

(Liaison avec **d** prononcé comme **t.**)

Il y a **beaucoup de** restaurants en ville.
Prenez-vous **une tasse de** café ou **un verre de** lait le matin ?

Étudiez les phrases suivantes :

Il n'y a pas **beaucoup de** fleurs dans le jardin en hiver.
Il y a **beaucoup de** gens qui n'ont pas de travail.
En général, les étudiants ont **peu d'**argent[3].
Il y a **peu de** voitures sur le boulevard à minuit.

Mon frère a **un peu d'**argent à la banque[4].
Mais il n'a pas **assez d'**argent pour acheter une Porsche.
Il y a certainement **trop de** pays pauvres dans le monde.

Les Américains font-ils **plus de** sports que les Français ?
Y a-t-il **moins de** pollution à la campagne qu'en ville ?
Avez-vous **autant de** travail que moi ?

Une dizaine d'étudiants sont assis sous les arbres.
Une vingtaine de personnes font la queue devant le cinéma.
Prenez-vous **un bol de** soupe ?
Moi, je préfère **un morceau de** gâteau.
Il y a **une bouteille de** champagne dans le réfrigérateur.
J'aime avoir **un bouquet de** fleurs chez moi.
Il y a **une pile de** livres à côté de mon bureau.

Notez aussi :

une dizaine de livres, **une trentaine de** dollars, **une centaine de** personnes, **une douzaine d'**œufs, **un tas de** feuilles mortes.

● Employez **de (d')** après une expression de quantité.

> expression de quantité + **de** + nom singulier / pluriel

---

[3] **Peu de** (+ nom *singulier* ou *pluriel*) est le contraire de **beaucoup de.**
[4] **Un peu de** (+ nom *singulier*) = **une petite quantité de**

3   J'aime **le** poulet et **les** pommes de terre.
Je mange souvent **du** poulet et **des** pommes de terre.

Comparez :

Le gâteau au chocolat qui est sur **la** table est délicieux.	J'adore **le**[5] gâteau au chocolat.
Maintenant, **l'**eau de beaucoup de rivières est polluée.	**L'**eau est nécessaire à la vie.
A la cafétéria, **la** viande n'est pas toujours bonne.	**La** viande est chère.
Les chats de nos voisins sont toujours dans notre jardin.	Mon père déteste **les**[5] chats.

● En français, il y a généralement un *article* devant le nom commun. Comme en anglais, employez un *article défini* quand le nom est déterminé, c'est-à-dire quand il est employé dans un sens spécifique.

Employez aussi un *article défini* quand le nom est employé dans un sens général[5].
En anglais, il n'y a pas d'article dans ce cas.

Comparez :

J'aime **le** chocolat. *(sens général)*	Je mange **du** chocolat avec plaisir. *(sens partitif)*
L'argent est nécessaire. *(sens général)*	Vous avez **de l'**argent dans votre poche. *(sens partitif)*
La salade verte est bonne pour la santé. *(sens général)*	Nous préparons **de la** salade verte pour le dîner. *(sens partitif)*

[5] Après des verbes comme **aimer, détester, préférer, adorer, étudier,** etc., qui impliquent une idée générale, employez l'*article défini.*
   Exemples : Jack déteste **les** chats. Il aime beaucoup **les** chiens.
   Elle étudie **l'**histoire et **la** philosophie.
   Ma mère n'aime pas **le** jazz ; elle préfère **la** musique classique.

● Les articles **du, de la, de l'** sont des articles **partitifs**.
L'article partitif indique une quantité indéfinie d'une chose.

Voilà d'autres exemples :

Sur la table du petit déjeuner, il y a **du** café, **du** thé, **du** sucre et **de la** crème, **du** lait, **du** pain et **du** beurre, **du** jus d'orange, **de la** confiture et **de l'**eau.

J'ai **de l'**argent et **du** travail. Paul a **de l'**énergie et **du** courage. Nous avons **de la** patience. Ils ont **de la** mémoire.

Employez :

du	+	un nom masculin
de la	+	un nom féminin
de l'	+	un nom qui commence par une voyelle

Comparez :

Les étudiants aiment **les** vacances. (*sens général*)
Nous avons **des** vacances en décembre. (= quelques jours de vacances)

Ma mère adore **les** fleurs. (sens général)
Il y a toujours **des** fleurs dans sa chambre. (= quelques fleurs)

Les oranges sont pleines de vitamines. (*sens général*)
J'achète souvent **des** oranges au marché. (= quelques oranges)

Les artistes ne pensent pas à l'argent. (*sens général*)
Il y a **des** artistes qui ne sont jamais célèbres. (= quelques artistes)

● L'article **des** indique un nombre indéfini de personnes ou de choses. **Des** a souvent le sens de **quelques**.

---

4   Prenez-vous **du** sucre dans votre café ?
      Moi, je **ne** prends **pas de** sucre dans mon café.

Comparez :

Je prends **de la** crème dans mon café.
Peter mange **de la** salade.
Joe prend **de la** viande.

Vous **ne** prenez **pas de** crème.

Kim **ne** mange **pas de** salade.
Rosa **ne** prend **pas de** viande.

GRAMMAIRE

Ses parents ont **de l'argent.**
Sa mère a **de l'ambition.**
Nous prenons **de l'eau minérale.**

Kay **n'a pas d'argent.**
Al **n'a pas d'ambition.**
Vous **ne** prenez **pas d'eau minérale.**

Il y a **du** fromage sur la table.

Il **n'y** a **pas de** fromage sur l'assiette.

Je mange **du** pain.
Avez-vous **du** courage ?

Sue **ne** mange **pas de** pain.
Roy **n'a pas de** courage.

J'ai **une** bicyclette.
Nous prenons **un** taxi.
Ma mère fait **un** gâteau.

Rose **n'a pas de** bicyclette.
Ils **ne** prennent **pas de** taxi.
Je **ne** fais **pas de** gâteau.

J'achète **des** fruits.
Mon père a **des** vacances.
Phil sait **des** poèmes.

Vous **n'achetez pas de** fruits.
Ma mère **n'a pas de** vacances.
Tom **ne** sait **pas de** poèmes.

● A la forme négative, employez **de** (**d'** devant une voyelle) à la place de **du, de la, de l', un, une, des** pour indiquer la négation d'une quantité.

Affirmatif   Négatif

du de la de l'	un une des	(+ nom singulier / pluriel)	⟶ **ne... pas de (d')** + nom

NOTEZ : J'ai besoin **d'argent.** Il a besoin **de** courage et **de** patience.
Quand on fait un gâteau, on a besoin **de** beurre et **de** sucre.

Après **avoir besoin de,** n'employez pas d'article quand le sens est partitif[6].

NOTEZ : Il y a beaucoup d'expressions idiomatiques avec **faire** (+ l'article partitif).

Exemples : faire **du** ski, faire **du** camping, faire **de la** natation, faire **du** football (**du** basket-ball, **du** tennis, **du** jogging), faire **du** bruit, faire **de l'**auto-stop, etc.

L'article **défini** ne change pas après un verbe négatif.

Exemples : Beaucoup d'Américains n'aiment pas **les** escargots.
Jeanne n'étudie pas **la** biologie.
Je ne sais pas **l'**histoire de l'Europe.

[6] Avec le verbe **être** employez l'article indéfini ou partitif à la forme négative.
Exemples : C'est **une** pomme, ce **n'**est **pas une** orange.
Ce sont **des** oiseaux, ce **ne** sont **pas des** bateaux.
(Voir leçon 4, page 77.)

5 Il y a des arbres dans mon jardin. **Ces** arbres fleurissent au printemps. Nous prenons l'avion de la compagnie TWA. **Cet** avion va directement à Paris.

Comparez :

Nous avons un livre.

Je vais au cinéma Royal avec mes amis.
Mon frère a un ordinateur.

John Travolta est acteur.
Le professeur donne une explication.
La Normandie est une province.

Je pense aux prochaines vacances.
Il y a beaucoup de vieilles églises en France.

Il y a beaucoup de photos dans **ce** livre.
Ce cinéma présente des films étrangers.
Il travaille beaucoup avec **cet** ordinateur.
Cet acteur a beaucoup de succès.
Les étudiants comprennent **cette** explication.
Cette province est dans le nord-ouest de la France.
Je vais passer **ces** vacances à New York.
Les touristes visitent **ces** églises.

● **Ce, cet** (devant une voyelle ou **h** muet)
  Cette
  Ces

  sont des *adjectifs démonstratifs.*

ce + nom masculin singulier	**cet** + nom masculin singulier (avec une voyelle ou <u>h</u> muet)	**cette** + nom féminin singulier	**ces** + nom pluriel masculin ou féminin

Notez les expressions de temps : **ce matin, ce soir, cet après-midi, cette semaine, cette année, en ce moment.**

GRAMMAIRE

Le T.G.V.[7] est le train **le plus** rapide **du** monde.
Rhode Island est **le plus** petit état **des** États-Unis.

Comparez :

La tour Eiffel est un monument célèbre qui date de 1889.	La tour Eiffel est le monument **le plus** célèbre **de** Paris ; mais ce n'est pas **le plus** beau monument **de** Paris.
La maison de mes voisins n'est pas grande.	La maison de mes voisins est **la moins** grande maison **de** la rue, mais c'est la maison **la plus** moderne.
Le restaurant « Les Quatre Vents » est très bon.	C'est probablement **le meilleur** restaurant de la ville, mais ce n'est certainement pas **le moins** cher.
Les films des Marx Brothers sont très amusants.	Ce sont les films **les plus** amusants **du** monde.

Le superlatif de supériorité et d'infériorité est indiqué par :

> le plus, la plus, les plus
> le moins, la moins, les moins $\Big]$ + adjectifs

L'adjectif est normalement avant ou après le nom comme dans la forme simple. (Voir leçon 4.)

Exemples : Ce sont les gens **les plus riches de** la ville.
Ils habitent **la plus belle** maison.
Voilà **le plus grand** hôtel **de** Paris. C'est aussi l'hôtel **le plus cher de** Paris.

● L'adjectif est variable. Le complément du superlatif est introduit par **de**.

---

[7] Abréviation pour *train à grande vitesse*.

Regardez-vous la télévision **avant** ou après le dîner ?
Prenez-vous votre petit déjeuner **avant de** quitter votre maison ?

Comparez :

J'arrive dans la salle de classe **avant** le professeur.	Le professeur donne les devoirs aux étudiants **avant de** commencer la classe.
On étudie beaucoup **avant** les examens.	Je dîne **avant de** regarder la télévision.
J'achète des vêtements chauds **avant** l'hiver.	J'achète des vêtements chauds **avant d'**aller à la montagne pour faire du ski.
Nous sommes fatigués **avant** les vacances.	Nous passons des examens **avant d'**être en vacances.
Vous êtes à l'université **avant** moi.	Vous étudiez le français **avant de** faire un voyage en France.

● **Avant** et **avant de** sont des prépositions.

Employez :	**avant** + nom ou pronom accentué
	avant de + verbe à l'infinitif

PRATIQUE ORALE

A. *Finissez les phrases selon l'exemple.*

Exemple : Marie aime le chocolat et...
Marie aime le chocolat, et elle mange du chocolat.

1. J'aime le poulet, et...
2. Tu aimes les gâteaux, et...
3. Vous aimez la confiture, et...
4. Paul aime le beurre, et...
5. Alice aime la salade verte, et...
6. Nous aimons les pommes de terre, et...
7. Ils aiment le pain français, et...
8. Elles aiment le bœuf, et...

B. *Répondez aux questions selon l'exemple.*

Exemple : Mangez-vous beaucoup de pain ?
Oui, je mange du pain.

1. Mangez-vous beaucoup de viande ?
2. Mangez-vous beaucoup de salade ?
3. Mangent-ils beaucoup de fromage ?
4. Prennent-ils beaucoup de sucre ?
5. Boit-on beaucoup de vin ?
6. Boit-on beaucoup d'eau.
7. Y a-t-il beaucoup de neige ?
8. Ont-ils beaucoup d'argent ?

C. *Transformez les phrases selon l'exemple.*

Exemple : Je vois les bâtiments du campus.
Je vois ces bâtiments.

1. Vous voyez les arbres du jardin. 2. On admire le musée du Louvre. 3. Nous prenons l'avion d'Air-France. 4. Paul regarde le match de tennis. 5. Vous savez l'histoire des États-Unis ? 6. On comprend les questions du professeur. 7. Je préfère l'appartement de Jeannette. 8. Nous écoutons les disques de David Bowie. 9. Marc achète la vieille voiture de Bob. 10. Vous passez l'examen de psychologie.

D. *Changez la phrase. Employez les différents sujets.*

1. Pierre est l'étudiant le plus sérieux de la classe. (vous / je / nous / tu / Janine) 2. Jacques réfléchit et il prend une décision. (je / vous / nous / Paul et Denise) 3. Je ne fais pas d'auto-stop pour rentrer chez moi. (mes parents / vous / Marc / Hélène / nous)

EXERCICES ORAUX OU ÉCRITS

1. a) *Employez la forme correcte du verbe proposé.*

1. (prendre)-vous votre voiture pour aller à votre travail ? 2. Ma petite nièce (apprendre) l'histoire des États-Unis à l'école. 3. Les enfants (comprendre)-ils toujours leurs parents ? 4. Je (prendre) mes livres pour aller à l'université. 5. Quand mes parents (aller) au Canada, ils (prendre) l'avion direct pour Toronto. 6. Nous (prendre) des notes quand le professeur (expliquer) les nouveaux mots. 7. Quand il (faire) mauvais, on (prendre) son parapluie. 8. Je (réfléchir) quand je (prendre) une décision importante. 9. Les petits enfants (apprendre) à parler très jeunes. 10. Vous (poser) une question quand vous ne (comprendre) pas. 11. On ne (apprendre) pas la philosophie quand on (être) à l'école élémentaire. 12. Tout le monde (comprendre) ce problème.

b) *Composez des phrases complètes à la forme affirmative, négative ou interrogative. Employez des sujets différents.*

1. Quatre phrases avec **prendre.**

2. Trois phrases avec **apprendre.**
3. Trois phrases avec **comprendre.**

2. *Employez l'expression de quantité proposée dans chaque phrase. Faites les changements nécessaires.*

1. Je mange _____ pain (un morceau) au dîner ; mon frère mange _____ pain (beaucoup). 2. Vous fumez _____ cigarettes (trop) ; vous fumez _____ cigarettes (un paquet) par jour. 3. Il y a _____ étudiants (une trentaine) au laboratoire maintenant. 4. J'achète _____ bananes (un kilo) parce que je mange _____ bananes (beaucoup). 5. Y a-t-il _____ livres (une pile) sur votre bureau ? 6. Paul n'a pas _____ argent (assez) pour faire un voyage en Europe ; mais il a _____ argent (un peu) pour ses vacances. 7. Les gens qui ont _____ argent (peu) ne vont pas à Las Vegas. 8. Le professeur donne-t-il _____ devoirs (peu ou beaucoup) aux étudiants ? 9. Pour mon petit déjeuner, je prends _____ thé (une tasse) avec _____ crème (un peu) et _____ sucre (un morceau). 10. Ma sœur préfère _____ lait (un verre). 11. Les étudiants français ont-ils _____ travail (autant ou plus) que les étudiants américains ? 12. Vous prenez _____ café (beaucoup) ; mais vous prenez _____ café (moins) que moi.

3. **a)** *Complétez les phrases par des articles partitifs ou définis.*

1. Mon père et ma mère écoutent souvent _____ musique ; ils adorent _____ musique classique, mais ils n'apprécient pas _____ musique moderne. 2. Je déteste _____ pluie et _____ vent ; j'aime rester chez moi quand il y a _____ pluie et _____ vent. 3. _____ brouillard est dangereux pour la circulation ; les autos ne vont pas vite quand il y a _____ brouillard. 4. Nous mangeons _____ salade et _____ viande au dîner. 5. Ma mère prépare souvent _____ poulet parce que _____ poulet est bon pour la santé. 6. _____ neige est belle sur les arbres. En hiver, il y a _____ neige dans la montagne. 7. Je vais acheter _____ beurre et _____ fromage pour faire des sandwichs ; mes amis aiment _____ pain français ; je vais aussi acheter _____ pain français. 8. Pour faire ce dessert, on prend _____ sucre, _____ lait et _____ chocolat.

b) *Complétez les phrases par des articles définis ou indéfinis.*

1. Il y a _____ étudiants qui ne font pas attention. 2. _____ étudiants qui travaillent réussissent. 3. Aimez-vous _____ musique et _____ sports ? Faites-vous _____ sports en été ? 4. Mes amis admirent _____ bâtiments modernes ; mais il y a _____ bâtiments modernes qui sont horribles. 5. Ma mère cultive _____ roses parce qu'elle adore _____ roses. 6. Il y a _____ chien dans notre jardin ; c'est _____ chien de nos voisins. 7. Nous avons _____ chats chez nous parce que nous aimons _____ chats. 8. Votre sœur a-t-elle _____ enfants ? _____ enfants de votre frère vont-ils à l'école ? 9. Phil a _____ auto et _____ bicyclette.

c) *Complétez les phrases par des articles partitifs ou par* **de.**

1. Mon père prend _____ crème et _____ sucre dans son café.
2. Comme dessert, il préfère manger _____ glace et un morceau _____ gâteau. 3. Avez-vous _____ mémoire et _____ imagination ? 4. Il y a _____ viande et _____ lait dans le réfrigérateur ; il y a aussi une bouteille _____ vin blanc. 5. Quand il pleut, il y a _____ eau par terre dans les rues. 6. Quand il fait chaud, je prends _____ thé glacé ou un verre _____ eau. 7. Nous achetons souvent _____ poulet, mais nous n'achetons pas beaucoup _____ bœuf. 8. Mangez-vous assez _____ légumes et _____ fruits ? 9. Paul a _____ courage, mais il a aussi trop _____ ambition. 10. J'aime faire _____ ski quand il y a beaucoup _____ neige.

4. a) *Employez l'article correct (défini, indéfini, partitif) ou* **de.**

1. Anne déteste _____ camping ; elle ne fait jamais _____ camping. 2. Mes grands-parents n'aiment pas _____ voyages ; ils ne font pas souvent _____ voyages. 3. Mon petit frère Jacques aime _____ confiture et _____ beurre ; il mange _____ confiture et _____ beurre sur son pain au petit déjeuner. 4. Il y a _____ sucre sur la table ; vour prenez _____ sucre dans votre café, n'est-ce pas ? — Non, je ne prends pas _____ sucre. 5. Quand on fait _____ études de science, on étudie _____ physique, _____ chimie et _____ mathématiques. 6. Bob adore _____ tennis. Il fait _____ tennis trois fois par semaine. Moi, je n'aime pas _____ tennis ; alors, je ne fais pas _____ tennis. 7. Vous aimez _____ théâtre ; étudiez-vous _____ pièces de théâtre dans votre classe d'anglais ? 8. _____ gâteau au chocolat est très bon ; chaque personne prend _____ gâteau deux fois.

b) *Employez l'article correct (défini, indéfini ou partitif).*

1. Il y a _____ poulet pour le dîner. 2. J'ai _____ argent dans ma poche. 3. Mon père aime _____ carottes ; ma mère prépare toujours _____ carottes. 4. _____ thé est bon ; nous prenons _____ thé le matin. 5. Quand j'ai faim, je mange _____ viande ; je prends _____ fromage à la fin du dîner. 6. Vous avez _____ imagination ; moi, j'ai _____ patience. 7. Vous prenez _____ eau minérale ? — Non, je n'aime pas _____ eau minérale. 8. Nous mangeons _____ salade russe parce que nous aimons _____ salade russe. 9. A la cafétéria, les légumes sont bons ; je prends toujours _____ légumes pour le déjeuner. 10. Ma sœur aime _____ glace ; elle mange souvent _____ glace comme dessert.

c) *Mettez les phrases de l'exercice* **4.b)** *à la forme négative.*

5. a) *Mettez les phrases au pluriel.*

1. Cet appartement est-il confortable ? 2. J'apprécie ce tableau original. 3. Le professeur explique ce nouveau mot. 4. Il y a ce

programme spécial pour les étudiants.   5. Cet avion va à Londres.
6. Je donne cette adresse à mon ami.   7. Ce vieux château est très
beau.   8. Cet animal est dangereux.   9. J'aime ce vieil arbre.
10. Cet hôpital est neuf.

b) *Remplacez l'article défini par un adjectif démonstratif dans les phrases suivantes.*

1. Les gâteaux français sont délicieux.   2. L'enfant est insupportable.   3. Le programme intéresse mon frère.   4. L'adresse est compliquée.   5. Je ne sais pas le numéro de téléphone.   6. Nous aimons les vieux films.   7. A l'université les cours sont excellents.   8. L'hôtel est au bord de la mer.   9. L'hiver, il pleut beaucoup.   10. La phrase est-elle complète ?

6. a) *Répondez aux questions suivantes, et employez un superlatif dans la réponse.*

1. A votre avis, quel est le jour le moins agréable de la semaine ?
2. Quelle est la plus grande ville de votre état ?   3. Quelle est la nation la plus peuplée du monde ?   4. Quel est le bâtiment le plus laid du campus ?   5. Pour vous, quels sont les cours les moins intéressants ? et les plus importants ?   6. Quelle est la plus longue rue de votre ville ?   7. Quel est le meilleur restaurant de votre quartier ? et le moins cher ?   8. Quelles sont les plus hautes montagnes du monde ?
9. Quel est le moins grand état des États-Unis ? et le plus grand ?
10. Quelle est la plus longue rivière des États-Unis ?

b) *A votre avis quelle est la voiture :*

1. la plus économique ?	5. la meilleure ?
2. la moins confortable ?	6. la plus jolie ?
3. la plus pratique ?	7. la moins jolie ?
4. la moins chère ?	8. la plus rapide ?

7. a) *Transformez les phrases suivantes.* *Employez* **avant de.**

Exemple :   Je regarde le journal, et je quitte la maison.
              Je regarde le journal avant de quitter la maison.

1. Je prends mes livres, et je quitte la classe.   2. Nous étudions notre leçon, et nous faisons les exercices.   3. Vous achetez de la viande, et vous préparez le dîner.   4. Ma sœur joue au tennis, et elle va au cinéma.   5. Les étudiants réfléchissent, et ils donnent une réponse correcte.   6. Je prends mon petit déjeuner, et je vais à l'université.
7. Vous faites la queue à la cafétéria, et vous déjeunez.   8. Bob téléphone à ses amis, et il va chez eux.   9. Nous travaillons beaucoup, et nous savons les nouveaux mots.   10. On passe les examens, et on est en vacances.

b) *Inventez quatre phrases originales avec* **avant** *et quatre phrases avec* **avant de.**

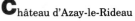

Château d'Azay-le-Rideau

SEPT BIS

Allons faire du ski !

Lisez à haute voix la conversation suivante.

Erik : Alors, Phil, on va faire du ski ce week-end ?

Phil : Oh, non ! Pas moi ! J'ai trop de travail.

Erik : Mais il fait un temps idéal pour le ski ! Il fait froid, il y a du soleil, il y a de la neige à la montagne.

5 **Phil :** Je n'aime pas le ski. Puis, je skie très mal. Toi, tu es bon skieur !

Erik : Je ne suis pas meilleur skieur que toi ! Tu as besoin de pratique, c'est tout !

Phil : Allons au cinéma ! C'est plus intéressant ! On

10 donne beaucoup de très bons films en ce moment.

Erik : J'ai besoin d'activité physique. Toi aussi. Tu grossis !

Phil : Je grossis, moi ! T'es fou ! C'est toi qui grossis !

Erik : Je plaisante. Allons faire du ski.

15 **Phil :** Bon. Si tu insistes.

Erik : On invite Phyllis et Jenny ?

Phil : Bien sûr. Mais as-tu des chaînes ? Les routes de montagne sont dangereuses en cette saison.

Erik : Non, je n'ai pas de chaînes. Mais ce n'est pas

20 un problème. On trouve des chaînes dans toutes les stations-service.

Phil : D'accord. Allons faire du ski. Et prenons de l'essence avant de partir.

Dîner d'anniversaire

Lisez à haute voix le texte suivant.

Ce soir, c'est l'anniversaire de Kim. Elle a dix-neuf ans. Ses amis, Janet, Jack, Karen et Steve, organisent une surprise-partie pour elle. En ce moment, ils sont chez Janet où ils font une liste des achats qu'ils vont faire. C'est Janet qui va acheter les provisions.
5 Les autres vont apporter différentes choses pour contribuer au succès de la soirée. Ses amis organisent une soirée pour elle.

Janet : Alors, vous êtes d'accord pour ce soir ? Je vais acheter des radis, des olives et du fromage pour les hors-d'œuvre et je vais préparer du poulet, des pommes de terre et des haricots verts. Mais je n'ai pas de gâteau pour le dessert !
10 **Jack :** Oh ! Encore du poulet ! Toujours du poulet ! Je n'aime pas le poulet.
Karen : Mon cher ami, nous avons peu d'argent et le poulet est la viande la moins chère. Et puis, Janet sait faire un excellent poulet à la crème.
Jack : Bien, bien ! D'accord pour le poulet !... Mais je vais apporter un bon gâteau et des boissons : de la bière, des boîtes de jus de fruits et du champagne !
15 **Karen :** Alors, apporte aussi des sacs de glace ! Janet, as-tu des assiettes et des verres ?
Janet : Oui, j'ai assez d'assiettes et de verres ; mais j'ai besoin de quelques tasses.
Steve : Avons-nous du vin ? Moi, j'aime le vin.
20 **Janet :** Nous avons quelques bouteilles de vin blanc. C'est suffisant. Le vin blanc est parfait avec le poulet. J'ai du jus d'orange dans le réfrigérateur. A ce soir !

Avant de rentrer chez elle, Janet va au supermarché et elle achète les provisions. A la maison, elle range ses affaires parce que son appartement est
25 en désordre : il y a des piles de cahiers et de livres par terre et des tas de vêtements sur les chaises ! Puis, elle prépare la table avant de faire la cuisine : sur la nappe blanche, il y a une assiette, un verre et une serviette pour chaque personne ; à droite et à gauche de l'assiette, il y a un couteau, une cuillère et une fourchette. Il y a aussi du beurre et des petits pains[8]. Tous ses amis

---

[8] **Des petits pains, des petits pois, des jeunes filles, des jeunes gens, des grandes personnes :** ce sont des mots composés. (Employez **des** et non **de**.)

arrivent et tout le monde aide Janet. Quelques minutes avant huit heures, Kim entre dans l'appartement de Janet et elle est très surprise quand tout le monde chante : « Bon anniversaire ! » Chaque personne a un cadeau pour Kim qui remercie très sincèrement ses amis. Mais on a faim et soif et le dîner
5 commence. Le repas est animé. Les jeunes gens[9] parlent et plaisantent. Au dessert, Kim souffle les dix-neuf petites bougies avant de couper le gâteau. On prend du café avec un morceau de gâteau. Il y a du sucre et de la crème sur la table.

Après le dîner, quelques autres invités arrivent. On danse, on bavarde ;
10 Steve joue de la guitare et on chante ; on fait certainement beaucoup de bruit jusqu'à minuit ; mais les voisins sont indulgents. Steve, Karen, Jack et Kim restent avec Janet ; ils rangent l'appartement, et ils font la vaisselle. Avant de quitter ses amis, Kim dit : « Merci mille fois ; c'est le meilleur et le plus joyeux anniversaire de ma vie ! »

15 # EN FRANCE... on fait trois repas par jour. Au petit déjeuner, les Français mangent des croissants ou du pain avec du beurre et de la confiture. On boit du café (au[10] lait), du thé ou du chocolat. Les enfants prennent du lait très souvent chaud. A midi, les gens déjeunent chez eux, dans un café, dans un restaurant libre-service ou à la cafétéria de la
20 compagnie où ils travaillent. On dîne à sept ou huit heures du soir et on mange de la viande ou du poisson avec des légumes et / ou de la salade. Pour le dessert, il y a souvent un fruit. Les gâteaux sont réservés pour les occasions spéciales ou pour le dimanche. Les Français ne mangent jamais de salade verte au commencement du repas et ils mangent le fromage
25 avant le dessert. En France, il y a toujours du pain sur la table, mais souvent il n'y a pas de beurre. Et il n'y a jamais d'assiette pour le pain.

PRATIQUE DE COMMUNICATION ORALE

A. *Demandez à votre voisin(e) :*

1. s'il (si elle) prend l'autobus pour aller chez lui (elle).
2. s'il (si elle) prend un verre de jus d'orange le matin.
3. s'il (si elle) prend un parapluie quand il pleut.
4. s'il (si elle) prend du sucre dans son café.
5. s'il (si elle) prend quelquefois le train.
6. s'il (si elle) comprend les questions du professeur.
7. s'il (si elle) comprend la politique des États-Unis.
8. s'il (si elle) apprend une autre langue à l'université.

---

[9] Expression employée pour les deux sexes.
[10] Notez la préposition **à** : une glace **à** la vanille, une glace **au** café, un gâteau **au** chocolat, une tasse de café **au** lait, une tarte **aux** pommes.

B. *Demandez à une personne de la classe :*

1. quel est, à son avis, le meilleur jour de la semaine.
2. quel est le meilleur acteur de cinéma.
3. quelle est la meilleure actrice de cinéma.
4. quel est son cours le plus intéressant.
5. quelle est sa classe la moins intéressante.
6. quel est, à son avis, le plus beau bâtiment du campus.

C. *Demandez à un(e) étudiant(e) :*

1. s'il y a du vent aujourd'hui.
2. s'il (si elle) mange de la viande au petit déjeuner.
3. s'il (si elle) fait des sports.
4. s'il (si elle) prend du café après le dîner.
5. s'il (si elle) a de l'argent dans sa poche (son sac).
6. s'il (si elle) mange quelquefois du fromage.
7. s'il (si elle) aime les légumes.
8. s'il (si elle) déteste les gâteaux.

EXERCICES ORAUX OU ÉCRITS

1. a) *Questions sur la « Lecture ». Répondez à chaque question par une phrase complète.*

1. Pour qui et pourquoi Janet et ses amis organisent-ils une soirée ? 2. Pourquoi Janet va-t-elle acheter du poulet ? 3. Quels légumes va-t-elle préparer ? 4. Qu'est-ce que Jack va apporter ? 5. Où Janet achète-t-elle les provisions ? 6. Qu'est-ce que Janet fait quand elle rentre chez elle ? 7. Qu'est-ce qu'il y a par terre et sur les chaises ? 8. Sur la table, où sont le couteau, la cuillère et la fourchette ? 9. Qu'est-ce qu'on mange au commencement du repas ? 10. Qu'est-ce que les jeunes gens font pendant le repas ? 11. Quel âge a Kim ? 12. Qu'est-ce que les amis font avant de quitter l'appartement de Janet ?

b) *Questions sur « En France... ». Répondez aux questions par des phrases complètes.*

1. Combien de repas fait-on par jour en France ? 2. Qu'est-ce que les Français mangent au petit déjeuner ? 3. Qu'est-ce qu'on boit au petit déjeuner ? 4. A quelle heure les Français dînent-ils ? 5. Qu'est-ce qu'ils mangent au dîner ? 6. Qu'est-ce qu'ils prennent souvent pour le dessert ? 7. Quand mange-t-on des gâteaux ? 8. Quand les Français mangent-ils le fromage ? 9. Qu'est-ce qu'il y a toujours sur la table pour le repas ? 10. Y a-t-il une assiette spéciale pour le pain ?

2. *Préparation à la composition. Exercices de vocabulaire.*

   a) *Remplacez les mots en italique par une expression qui a le même sens. Employez le vocabulaire de la leçon 7. Faites les changements nécessaires pour avoir des phrases correctes.*

   1. Mon père *n'a pas beaucoup de* vacances.   2. Je *fais du* tennis chaque samedi.   3. Avant de quitter la maison, je prends mes *livres, mes clés, ma veste, mon parapluie, etc.*   4. Nous mangeons *du bœuf, du poulet, etc.* avec des *haricots verts, des carottes, etc.*   5. Il y a *approximativement dix* étudiants dehors.   6. Nous *campons* près d'une rivière.

   b) *Complétez les phrases. Employez le vocabulaire de la leçon 7.*

   1. Le café, l'eau, le coca-cola sont des _____ .   2. A gauche de votre assiette, il y a une _____ .   3. A midi, nous déjeunons parce que nous _____ .   4. Avec un couteau, on _____ la viande.   5. On mange de la soupe avec _____ .   6. On boit du thé dans _____ .   7. Quand il fait très chaud, les gens _____ .   8. Je ne range pas mes affaires : ma chambre est _____ .

   c) *Employez les expressions de la liste pour compléter les phrases.*

faire la vaisselle	aider	trop de
une pièce de théâtre	libre-service	le sucre
assez de	passer un examen	les hors-d'œuvre

   1. Ma mère a beaucoup de travail ; nous _____ ma mère dans la maison.   2. Les étudiants pensent qu'ils ont _____ devoirs et qu'ils n'ont pas _____ vacances.   3. On choisit son déjeuner au restaurant _____ .   4. Après le dîner, ma sœur et moi, nous _____ .   5. Je suis toujours nerveux (nerveuse) quand je _____ .   6. Quand on va au théâtre, on voit _____ .   7. Mon père prend un morceau _____ dans son café.   8. On mange _____ au commencement du repas.

   d) *Composez une phrase complète avec chaque expression.*

   (1) 1. un verre de   2. peu de   3. assez de   4. une tasse de   5. plus de... que...   6. trop de   7. un peu de   8. une bouteille de

   (2) 1. avoir faim   2. jusqu'à   3. jouer de   4. faire du tennis   5. remercier   6. apprendre   7. surpris(e)   8. avoir soif

3. *Préparation à la composition. Répondez à chaque question par une phrase complète.*

   1. Où déjeunez-vous pendant la semaine ? Avec qui ? A quelle heure ?   2. Où dînez-vous en général ? et le samedi soir ?   3. Qu'est-ce que vous aimez manger quand vous avez très faim ?   4. Qu'est-ce que vous prenez au petit déjeuner ?   5. Mangez-vous de la viande tous les jours ? et de la salade ?   6. Prenez-vous une tasse de café après le dîner ? Prenez-vous du

sucre et de la crème ?　　7. A votre avis, quel est le meilleur dessert ?
8. Qu'est-ce que vous préférez, le café, le thé ou le lait ?　　9. Quand vous allez au restaurant, choisissez-vous un restaurant américain, français, chinois ou italien ? pourquoi ?　　10. Préférez-vous dîner chez vous, chez vos parents ou au restaurant ? pourquoi ?

4. *Composition.*

　　a) Vos amis et vous, vous allez organiser un pique-nique à la fin du semestre. Vous discutez à propos de ce pique-nique. (Qu'est-ce qu'on va acheter ? Qui va aller au supermarché ? Qui va préparer le pique-nique et faire la cuisine ? De quoi avez-vous besoin ? etc.)

　　b) Faites la description d'un repas de fête chez vous ou dans votre famille. (Qui prépare le repas ? Qu'est-ce qu'on mange ? Qui est présent ? etc.)

　　c) Un repas au restaurant ou chez des amis.

PRONONCIATION

A. *La voyelle* [o]. *Prononcez après votre professeur.*

L'**eau,** ch**au**d, b**eau,** m**o**t, n**o**s, v**o**s,
ch**au**de, f**au**te, j**au**ne, p**au**vre, ch**o**se, r**o**se,
l'**eau** ch**au**de,
v**o**s f**au**tes, v**o**s gr**o**sses f**au**tes,
des r**o**ses j**au**nes,
dix kilos de b**eau**x abricots.

B. *La voyelle* [ɔ̃]. *Prononcez après votre professeur.*

N**on,** m**on,** s**on,** t**on,** f**on**t, v**on**t,
b**on,** l**on**g, ils s**on**t, ils **on**t,
acti**on,** boiss**on,** professi**on,** b**on**b**on,** c**on**struction, f**on**cti**on,**
onze, **on**cle, bl**on**de, r**on**de, t**on**be, m**on**de.
Les **on**ze garçons s**on**t bl**on**ds.
Ils **on**t une l**on**gue c**on**positi**on.**
L'**on**cle d'Alph**on**se va à L**on**dres en avi**on.**

C. *Prononcez correctement chaque groupe sans interruption entre les mots.*

On va‿au marché.　　　　　On va‿au concert.
On va‿au café.　　　　　　On va‿au bureau.
On va‿au théâtre.　　　　　On va‿au château.

Votré‿oncle, vos‿oncles.　　　Votré‿ami, vos‿amis.
Votré‿action, vos‿actions.　　Votré‿auto, vos‿autos.
Votré‿examen, vos‿examens.　Votré‿étudiant, vos‿étudiants.

EXPRESSIONS NOUVELLES

Noms

les affaires (*f. pl.*)
une assiette
une autoroute
une boisson
une boîte
une bougie
une bouteille (de)
la confiture
la crème
une cuillère
une dizaine (de)
une douzaine (de)
l'eau minérale (*f.*)
une fourchette
la glace
une langue
une nappe
une occasion
une pièce de théâtre
une pomme
une pomme de terre
une route
une serviette (de table)
une suite
une tarte
une tasse (de)
une trentaine (de)
la viande
la vitesse

le beurre
le bœuf
un bol (de)
un couteau
un croissant
un escargot
un feu
le fromage
des haricots verts (*m. pl.*)
des hors-d'œuvre (*m. pl.*)
les jeunes gens
    (*m. & f. pl.*)
un jus (de fruits)

le lait
un légume
un libre-service
le monde
un morceau (de)
un ordinateur
le pain
un paquet (de)
un parapluie
un petit déjeuner
un petit pain
des petits pois (*m. pl.*)
un poisson
un poulet
un radis
un sens
le sucre
un tas de
un verre (de)
le vin

Adjectifs

cher, chère
étranger(ère)
fou, folle
peuplé(e)
suffisant(e)

Verbes

aider
apporter
apprendre
boire
    on boit
comprendre
couper
emmener
prendre
ranger
remercier
rentrer
souffler
suffire

Expressions verbales

faire du camping
faire du football
faire du jogging
faire de la natation
faire du ski
faire du tennis

faire de l'auto-stop (*m.*)
faire du bruit
faire la vaisselle

avoir faim
avoir soif
jouer **à** un sport
jouer **d'**un
    instrument de musique

passer un examen

Expressions de quantité

assez (de)
autant (de)
le (la) moins
moins (de)
peu (de)
un peu (de)
le (la) plus
plus de
trop de

Autres expressions

avant de
bon anniversaire !
en désordre
jusqu'à
en ce moment
en cette saison

si !

> **Argot classique**
> t'es = tu es

Vous savez déjà :

Noms

l'ambition
une carotte
une chaîne
une décision
une guitare
la mémoire
une occasion
une olive
la philosophie
une pile (de)
la pollution
une rivière
la soupe
la vanille
les vitamines
l'arabe
un bouquet (de)

le champagne
le chocolat
un croissant
le désordre
un dîner
l'hébreu
le jazz
un kilo(gramme)
le partitif
un réfrigérateur
un sandwich
un skieur
le succès
le superlatif
un supermarché

Adjectifs

dangereux(euse)
délicieux(euse)

déterminé(e)
idéal(e)
pollué(e)
réservé(e)
surpris(e)

Verbes

commander
dater
dîner
entrer
skier

Adverbes

directement
normalement
sincèrement

Le temps, c'est de l'argent.
(proverbe)

HUIT

1
Je ne **connais** pas tous les gens de ma rue ; mais je **connais** mes voisins.
Je **vois** ma mère qui travaille dans le jardin.

2
Quel jour les magasins sont-ils fermés ?
En **quelle** saison sommes-nous maintenant ?

3
Les Américains **sont obligés de** payer des impôts chaque année.
Nous n'**avons** pas **le temps de** regarder la télévision le matin.

4
La bibliothèque est ouverte **tous** les jours.
Elle est ouverte **toute** la journée.

5
Je **mets** mes clés dans mon sac avant de quitter la maison.
Dites-vous bonjour au professeur avant la classe ?
Je **lis** la lettre de mon amie Michèle.

6
Réfléchissez avant de prendre cette décision.
Ne **soyez** pas impatient(e).

DÉVELOPPEMENT GRAMMATICAL

1 Je ne **connais** pas tous les gens de ma rue, mais je **connais** mes voisins.
Je **vois** ma mère qui travaille dans le jardin.

Comparez :

Je **sais** l'âge de mes meilleurs amis.
Nous **savons** le nom des gens de notre famille.
Savez-vous l'adresse de vos cousins ?
Non, je ne **sais** pas leur adresse.

Les étudiants **savent**-ils le numéro de téléphone de leurs professeurs ?
Non, ils ne **savent** pas leur numéro de téléphone.
Janet **sait** la date de naissance de Kim.
Je voudrais **savoir** des chansons françaises.

Je **connais** très bien mes meilleurs amis.
Nous **connaissons** les gens de notre famille.
Connaissez-vous tous vos cousins ?
Non, je ne **connais** pas tous mes cousins.
Les étudiants **connaissent**-ils leurs professeurs ?

Oui, ils **connaissent** leurs professeurs.
Janet **connaît** Kim.

Je voudrais **connaître** des jeunes gens français.

● Le verbe **connaître** est un verbe irrégulier.

Je	**connais**	votre famille.
Vous	**connaissez**	sa sœur.
Tu	**connais**	son frère.
Nous	**connaissons**	vos cousins.
Il (elle, on)	**connaît**	votre beau-frère.
Ils (elles)	**connaissent**	les grandes villes d'Europe.

ATTENTION : **Savoir** : Ce verbe indique une connaissance par l'intelligence, par la mémoire ou une aptitude. (Voir leçon 6.) On n'emploie pas de nom de personne après **savoir.**

Connaître : On emploie **connaître** le plus souvent pour les personnes, les pays, les villes qui nous sont familiers. Après ce verbe, il n'y a pas d'infinitif ni de proposition subordonnée.

Comparez :

Qu'est-ce qu'on **voit** quand on va dans un musée d'art ?	On **voit** des tableaux et des sculptures.
Qu'est-ce que vous **voyez** quand vous êtes en avion ?	Je **vois** la terre, la mer ou des nuages.
Voyons-nous toujours nos erreurs ?	Non, nous ne **voyons** pas toujours nos erreurs.
Les Français **voient**-ils beaucoup de films américains ?	Oui, ils **voient** beaucoup de films américains.
Bob **voit**-il souvent sa famille ?	Non, il ne **voit** pas souvent sa famille qui habite à Hong-kong.
Voyez-vous des films russes ?	Non, nous ne **voyons** pas de films russes.

● C'est le verbe **voir.** C'est un verbe irrégulier.

Je	**vois**	le ciel par la fenêtre.
Vous	**voyez**	un bon film au cinéma.
Tu	**vois**	une pièce de théâtre amusante.
Nous	**voyons**	un match de football.
Il (elle, on)	**voit**	ses amis tous les jours.
Ils (elles)	**voient**	un programme de télévision.

ATTENTION : Après **voir** et **connaître** négatifs, employez **pas de** à la place d'un article indéfini ou partitif.

Exemples : Je connais **des** artistes.
Je **ne** connais **pas d'**artistes.
Nous connaissons **un** médecin.
Nous **ne** connaissons **pas de** médecin.
Je vois **du** beurre sur la table.
Je **ne** vois **pas de** beurre sur la table.

Comparez :

Quel film allez-vous voir ?	Je vais voir **le dernier** film de Barbra Streisand.
Quelle langue étudiez-vous ?	Nous étudions **le français**.
Quels étudiants connaissez-vous ?	Je connais **Paul** et **Jack**.
Quelles langues parle-t-on chez vous ?	On parle **anglais** et **italien** chez moi.
En **quelle** saison pleut-il beaucoup ?	Il pleut beaucoup en **automne**.
Dans **quel** bâtiment est votre classe de sociologie ?	Elle est dans le bâtiment **des sciences sociales**.
A **quels** étudiants parlez-vous ?	Je parle à **Jeff** et à **Phil**.
A **quelles** questions savez-vous répondre ?	Nous savons répondre à la question **2** et à la question **5**.

● Les adjectifs interrogatifs

> **quel, quelle** (singulier)
> **quels, quelles** (pluriel)

sont employés pour les questions devant un nom de personne ou de chose.
Ils sont variables. Quand il y a une préposition, cette préposition précède
quel.

> Exemples : **A** quelle personne de votre famille ressemblez-vous ?
> **De** quels livres avez-vous besoin ?
> **Dans** quel magasin travaillez-vous ?

Faites attention aux autres formes interrogatives:

1. **Quand** avez-vous un examen ?
   J'ai un examen **la semaine prochaine.**

   Quand indique le *temps*.

2. **Pourquoi** restez-vous à la bibliothèque jusqu'à dix heures ?
   Je reste à la bibliothèque **parce que je fais des recherches.**

   Pourquoi indique la *raison*.

3. **Comment** rentrez-vous chez vous ?
Je rentre chez mois **en autobus.**

Comment indique la *manière*.

4. **Combien de** frères et **de** sœurs avez-vous ?
J'ai **deux** frères et **une** sœur.

Combien de indique un *nombre* ou une *quantité*.

5. **Où** allez-vous le samedi soir ?
Nous allons **au cinéma** ou **à la discothèque.**

Où indique le *lieu*.

6. **Qui** est à côté de vous ?
    Janet est à côté de moi.
Qui connaissez-vous ?
    Je connais **mes voisins.**

Qui indique une *personne* (sujet ou objet).

7. **Qu'est-ce que** vous faites le dimanche ?
Je fais **une promenade,** ou **je vais à la plage.**

Qu'est-ce que indique une *chose* (objet direct) ou une *action*. Il n'y a *pas d'inversion du sujet* quand on emploie **qu'est-ce que.**

---

3 Les Américains **sont obligés de** payer des impôts chaque année.
Nous n'**avons** pas **le temps de** regarder la télévision le matin.

Étudiez les phrases suivantes :

Nous **sommes obligés de** parler français en classe.
Êtes-vous **obligé(e) de** faire la cuisine chez vous ?

Je **suis content(e) de** voir mes amis pendant le week-end[1].
Les étudiants **sont contents d'**avoir des vacances.

Je **suis fatigué(e) de** faire la vaisselle[1].
Jim **est fatigué de** sortir tous les soirs.

[1] Il est possible d'employer un nom ou un pronom après **être content(e) de, être fatigué(e) de, avoir besoin de, avoir envie de, avoir peur de** (+ nom de chose).
    Exemples : Je suis content de **ma voiture.**
    Elle a envie d'**une nouvelle robe.**
    Je suis fatigué(e) de mon travail. Cet enfant a besoin de **sa mère.**

Je n'**ai** pas **le temps de** prendre un café avec vous.
Le dimanche, on **a le temps de** faire une promenade.

Mes parents **ont l'intention d'**aller en France cet été.
Moi, j'**ai l'intention de** voyager au Mexique.

Chaque personne **a le droit d'**avoir une opinion.
A-t-**on le droit de** fumer dans un cinéma ?

Les gens **ont besoin d'**aller à la banque parce qu'ils **ont besoin d'**argent.
J'**ai besoin de** faire des exercices au laboratoire.

Avez-vous **envie d'**acheter des vêtements neufs ?
Nous **avons envie d'**aller à la plage quand il fait beau.

J'**ai peur de** faire des fautes.
Janet n'**a** pas **peur de** poser une question au professeur.

● Employez

| être obligé(e) de
être content(e) de
être fatigué(e) de | avoir le temps de
avoir l'intention de
avoir le droit de
avoir besoin de
avoir envie de
avoir peur de | + l'infinitif |

De est une préposition. En français, après une préposition, le verbe est à **l'infinitif.**

---

4 La bibliothèque est ouverte **tous** les jours.
Elle est ouverte **toute** la journée.

Étudiez les phrases suivantes :

Nous faisons **tous** les exercices de notre livre.
Tous les étudiants écoutent les explications du professeur.
J'invite tous mes amis à un grand pique-nique.

Toutes les maisons de ma rue ont un étage.
Il y a des écoles dans **toutes** les villes.
Je sais l'adresse de **toutes** mes amies.

● **Tous** (masculin), **toutes** (féminin) sont des *adjectifs indéfinis*. Ils indiquent la totalité. Ils sont employés pour les personnes et pour les choses au pluriel.

Après **tous, toutes,** employez un *article défini,* un *adjectif possessif* ou *démonstratif.*

NOTEZ : **tous les matins** = le matin = chaque matin
tous les jeudis = le jeudi = chaque jeudi

Étudiez les phrases suivantes :

Je travaille dans un magasin **tout** le samedi.
Tout l'examen est difficile.
Finissez-vous **tout** votre travail le soir ?

Nous sommes très occupés **toute** la semaine.
Toute ma famille habite aux États-Unis.
Toute la classe comprend les questions du professeur.

● **Tout** (masculin), **toute** (féminin) sont aussi des *adjectifs indéfinis.* Ils sont employés au singulier avec un *article défini,* un *adjectif possessif* ou *démonstratif.* Ils ont le sens de **entier, entière (complet, complète).**

ATTENTION : Il y a une différence de forme et de sens entre :

tout le livre = le livre **complet**	**tous** les livres = **chaque** livre
toute la rue = la rue **complète**	**toutes** les rues = **chaque** rue
tout le mois = le mois **complet**	**tous** les mois = **chaque** mois
toute la semaine = la semaine **complète**	et **toutes** les semaines = **chaque** semaine
toute la journée[2] = la journée **complète**	**tous** les jours[2] = **chaque** jour

tout **toute**	+	article défini adjectif possessif adjectif démonstratif	+ nom singulier = *la chose complète*
tous **toutes**	+	*article défini* *adjectif possessif* *adjectif démonstratif*	+ nom pluriel = *la totalité*

---

[2] Notez la différence entre :

tous les jours		**toute la** journée
tous les matins	et	**toute la** matinée
tous les soirs		**toute la** soirée
tous les ans		**toute** l'année

Une **journée (matinée, soirée, année)** indique une **durée.**

5 Je **mets** mes clés dans mon sac avant de quitter la maison.
Dites-vous bonjour au professeur avant la classe ?
Je **lis** la lettre de mon amie Michèle.

Comparez :

Où **mettez**-vous votre carte d'étudiant ?

Je **mets** ma carte d'étudiant dans mon portefeuille.

Où **met**-on le lait et la viande ?

On **met** le lait et la viande dans le réfrigérateur.

Les gens **mettent**-ils leur argent à la banque ?

Oui, ils **mettent** leur argent à la banque.

Mettons-nous un manteau quand il fait froid ?

Oui, nous **mettons** un manteau, et quelquefois nous **mettons** aussi un tricot.

Les hommes **mettent** une cravate pour dîner dans un restaurant chic, n'est-ce pas ?

Naturellement, ils **mettent** une cravate, et ils **mettent** aussi une veste.

Remettez-vous vos devoirs en retard ?

Non, je ne **remets** jamais mes devoirs en retard.

En France, qu'est-ce qu'on **dit** le matin ?

Le matin ou l'après-midi, on **dit** *Bonjour !*

Qu'est-ce que vous **dites** le 25 décembre à vos amis ?

Je **dis** *Joyeux Noël !* à mes amis.

Qu'est-ce que nous **disons** aux gens qui vont voyager ?

Nous **disons** *Bon voyage !*

Qu'est-ce que les gens **disent** le 1er janvier ?

Ils **disent** *Bonne année !* à tout le monde.

Qu'est-ce que vous **dites** quand vous faites une erreur ?

Je **dis** *Zut !* quand je fais une erreur.

Lit-on beaucoup de livres quand on est étudiant ?

Oui, on **lit** beaucoup de livres. Tous les étudiants **lisent** beaucoup.

Qu'est-ce que vous **lisez** quand vous êtes en vacances ?

Je **lis** des romans policiers.

Lisez-vous le journal tous les jours ?

Nous n'avons pas le temps de **lire** le journal tous les jours.

Vous **relisez** le texte de la lecture plusieurs fois ?

Oui, je **relis** ce texte plusieurs fois.

HUIT BIS

Projet de soirée

Lisez à haute voix la conversation suivante.

Jessica et Debbie sont dans leur chambre dans la maison d'étudiants de leur université. Il est huit heures du soir.

Debbie : Quels sont tes projets pour ce soir ?
Jessica : Je n'ai pas de projets, mais j'ai très envie d'aller danser.
Debbie : Moi aussi. Téléphonons à Wayne et à
5 Renato. Ils connaissent une nouvelle discothèque qui s'appelle « La Guillotine ». Tu connais ?
Jessica : Non. Mais je ne sais pas si j'ai envie d'aller danser dans un truc qui s'appelle « La Guillotine ».
Debbie : N'aie pas peur. On dit que c'est formidable.
10 **Jessica :** Alors, téléphonons vite aux garçons.
Debbie : (*qui compose le numéro*) : Qu'est-ce que tu vas mettre ? Ta robe bleue ?
Jessica : Hélas, oui ! Toutes mes autres robes sont chez le teinturier.
15 **Debbie :** Moi, je vais mettre un pantalon... Allô, Wayne ? C'est Debbie... Oui, Jessica est là aussi... Justement, nous n'avons pas de projets pour ce soir, et nous avons très envie d'aller danser dans ce truc qui s'appelle « La Guillotine »... C'est possible ?... Oh
20 chic ! Vous êtes libres tous les deux ! C'est merveilleux !... A quelle heure ?... C'est entendu. Bravo !... Nous allons danser toute la nuit !

Vive la liberté !

Lisez à haute voix le texte suivant.

Jim et Carol sont devant la station d'autobus. Jim a envie de bavarder mais Carol est pressée. Elle n'a pas le temps de bavarder. Ce matin elle a rendez-vous pour aller visiter un appartement dans un quartier agréable non loin de l'université. Elle va peut-être le louer. Elle
5 a envie de protéger son indépendance et sa liberté.

Jim : Oh, Carol ! Qu'est-ce que vous faites à la station d'autobus ? J'ai envie de bavarder. Allons prendre un café ensemble.
Carol : Non, merci, Jim. Je n'ai pas le temps de prendre un café. Je suis pressée. J'ai un rendez-vous avec la propriétaire d'une maison dans la rue West-
10 bourne. Je cherche un appartement. Je suis fatiguée de la maison d'étudiants. Il y a trop de bruit ; je suis obligée d'étudier tout le temps à la bibliothèque. J'ai envie de travailler dans une maison tranquille avec tous mes livres et toutes mes notes de classe. Et puis, on n'est pas libre. Il y a toutes sortes de règles. Vous connaissez cela. C'est insupportable ! Ah !... Voilà mon autobus qui arrive !
15 **Jim :** Je comprends. Au revoir, Carol, et bonne chance !

Carol dit au revoir à Jim et elle monte dans l'autobus. Elle cherche une place libre. Tous les gens lisent ou bavardent. Tout le monde a l'air fatigué après la journée de travail. Dans la rue Westbourne, Carol trouve facilement la maison où il y a un appartement à louer. C'est une maison de trois étages,
20 avec un jardin. Une dame âgée ramasse les feuilles mortes sur la pelouse.

Carol : Bonjour, madame. Je m'appelle Carol Burton. Je cherche un appartement meublé.
Mme Bennett : Soyez la bienvenue, mademoiselle. Vous voyez : toute ma maison est transformée en appartements. Je suis seule ; mon mari est mort et tous
25 mes enfants sont mariés. J'habite au rez-de-chaussée et l'appartement libre est au premier étage. Montons.

Mme Bennett et Carol montent l'escalier, et elles entrent dans une grande pièce. C'est une salle de séjour-salle à manger et c'est aussi une chambre à coucher : le divan est en même temps un lit. Il y a deux fenêtres avec des rideaux

bleus comme le tapis et les coussins du divan. On voit une bibliothèque et un bureau dans un coin et entre les fenêtres, une table basse, une lampe et un petit fauteuil. Les meubles en bois sont de style moderne. Voilà un grand placard pour les vêtements et une commode à quatre tiroirs. Sur les murs, il y a
5 des reproductions de tableaux anciens. « La salle de bain est juste à côté », dit Mme Bennett. « Il n'y a pas de baignoire, mais il y a une douche, un lavabo et une toilette, naturellement. » La cuisine est au bout d'un petit couloir. Elle est complète avec un réfrigérateur, une cuisinière à gaz, un évier à eau chaude et froide, un buffet où il y a de la vaisselle, une table et deux chaises.

10 **Carol :** J'aime cet appartement. Quel est le prix du loyer ?
Mme Bennett : C'est trois cents dollars par mois. Je paie l'électricité et le gaz, mais vous êtes obligée de payer le téléphone. Tous les locataires travaillent toute la journée, et la maison est très calme.
Carol : Très bien, madame. Voilà un chèque. Je vais apporter toutes mes affaires
15 dans quelques jours à la fin de la semaine.
Mme Bennett : C'est parfait, mademoiselle. Je sais que vous allez être contente de votre appartement.

EN FRANCE... les étudiants des universités habitent dans
leur famille ou dans une résidence universitaire. Quelques étudiants qui
20 aiment leur indépendance louent une chambre dans une maison particulière. Les appartements des étudiants sont en général très simples et certainement moins confortables qu'aux États-Unis. Les loyers sont chers à Paris et dans les grandes villes.

Les Français adorent être propriétaires de leur maison et de leur
25 appartement. Beaucoup de gens possèdent une « résidence secondaire » à la campagne ou à la montagne ou à la mer. Les personnes les moins favorisées de la société sont obligées d'habiter dans un de ces bâtiments très laids qui ont des dizaines d'appartements. Ce sont des H.L.M. (= habitations à loyer modéré). Ils ne sont pas au centre, mais à la péri-
30 phérie des villes importantes.

PRATIQUE DE COMMUNICATION ORALE

A. *Demandez à votre voisin(e) :*

1. s'il (si elle) connaît tous les professeurs de l'université.
2. s'il (si elle) connaît le président de l'université.
3. s'il (si elle) connaît tous les gens de sa rue.
4. s'il (si elle) connaît la famille du professeur.
5. s'il (si elle) voit ses parents tous les jours.
6. s'il (si elle) voit quelquefois ses grands-parents.
7. s'il (si elle) voit son (sa) meilleur(e) ami(e) tous les jours.
8. s'il (si elle) voit un bon film.

B. *Demandez à un(e) étudiant(e) ou au professeur :*

1. quand il (elle) lit le journal.
2. quand on dit *Bonne année !*
3. quand il (elle) lit un roman.
4. quand on dit *Bonne journée !*
5. quand il (elle) lit son livre de français.
6. quand les gens disent *Zut !*

C. *Demandez à une personne de la classe :*

1. où il (elle) met sa carte d'étudiant(e).
2. où il (elle) met ses affaires dans la classe.
3. où il (elle) met son auto la nuit.
4. où il (elle) met ses clés.
5. quel jour il (elle) préfère et pourquoi.
5. quelle classe il (elle) aime particulièrement.
7. dans quel bâtiment il (elle) est à midi.
8. à quelle heure il (elle) quitte sa maison le matin.

EXERCICES ORAUX OU ÉCRITS

1. a) *Questions sur la « Lecture ». Répondez à chaque question par une phrase complète.*

1. Pourquoi Carol cherche-t-elle un appartement ? Avec qui a-t-elle un rendez-vous ?   2. Pourquoi Carol est-elle fatiguée de la maison d'étudiants ?   3. Comment est la maison de Mme Bennett ?   4. Pourquoi Mme Bennett loue-t-elle des appartements ?   5. A quel étage est l'appartement libre ? A quel étage Mme Bennett habite-t-elle ? 6. L'appartement à louer est-il meublé ? A votre avis, est-il confortable ?   7. Qu'est-ce qu'il y a dans la cuisine ?   8. Où met-on les vêtements dans une chambre à coucher ?   9. Quel est le prix du loyer de cet appartement ? Qu'est-ce que la propriétaire paie ?   10. Pourquoi la maison est-elle calme ? Quand Carol va-t-elle apporter ses affaires ?

b) *Questions sur « En France... ». Répondez à chaque question par une phrase complète.*

1. Où les étudiants habitent-ils en France ?   2. Où quelques étudiants louent-ils une chambre ?   3. Les appartements des étudiants sont-ils plus confortables qu'aux États-Unis ?   4. Où les loyers sont-ils chers ? 5. Habite-t-on toute l'année dans une « résidence secondaire » ?   6. Où beaucoup de Français ont-ils une résidence secondaire ?   7. Qu'est-ce qu'une H.L.M. ?   8. Qui habite dans ces bâtiments ?   9. Où sont ces bâtiments ?   10. En général, sont-ils beaux ?

2. *Préparation à la composition. Exercices de vocabulaire.*

a) *Répondez à chaque question. Employez le vocabulaire de la leçon 8.*

1. Où met-on son manteau ?   2. Où met-on ses livres et ses cahiers ?
3. Où met-on la vaisselle ?   4. Où met-on ses tricots ?   5. Où y a-t-il un évier ?   6. Où y a-t-il un lavabo ?   7. Où y a-t-il une cuisinière à gaz (ou électrique) ?   8. Où y a-t-il une pelouse ?   9. Où y a-t-il une douche et une baignoire ?

b) *Complétez les phrases. Employez un mot de la liste. Faites les changements nécessaires pour avoir des phrases correctes.*

le loyer	monter	la salle à manger
un rideau	la cuisine	un tapis
louer	les meubles	un étage
un chèque	la cuisine	au rez-de-chaussée
un fauteuil	un divan	

1. Vous n'êtes pas le (la) propriétaire de votre appartement ; vous _____ votre appartement.   2. Chaque mois, vous payez _____ .
3. Donnez-vous de l'argent ou _____ à votre propriétaire ?   4. Vous _____ l'escalier parce que votre appartement est au deuxième _____ .   5. Chez vos parents, la famille dîne dans _____ .
6. Votre mère prépare les repas dans _____ .   7. Dans la salle de séjour, il y a des _____ et un _____ .   8. On voit des _____ aux fenêtres et _____ par terre.   9. Aimez-vous _____ modernes ?   10. Votre chambre est-elle _____ ?

c) *Composez une phrase complète avec chaque expression.*

1. chercher   2. payer   3. ensemble   4. être content(e) de   5. avoir l'intention de   6. ramasser   7. avoir le temps de   8. être pressé(e)   9. toute la journée   10. en bois   11. être obligé(e) de   12. tout le temps

3. *Préparation à la composition. Répondez à chaque question par une phrase complète.*

1. Qu'est-ce que vous voyez par la fenêtre de votre chambre ? A quel étage est votre chambre ?   2. Combien de pièces y a-t-il dans la maison (l'appartement) de vos parents ? Indiquez ces pièces.   3. Avez-vous un garage ? Où est-il ? Qu'est-ce qu'on met dans un garage ?   4. Comment est la salle de séjour chez-vous ? Quels meubles y a-t-il ?   5. Qu'est-ce qu'on voit dans la cuisine ? De quelle couleur sont les murs ?   6. Les meubles anciens sont-ils plus jolis que les meubles modernes, à votre avis ?   7. Votre chambre est-elle en désordre ? Qu'est-ce que vous êtes obligé(e) de faire quand votre chambre est en désordre ?   8. Où mettez-vous vos affaires (livres, vêtements) ?   9. Qu'est-ce qu'il y a sur les murs de votre appartement ou de votre chambre ?

4. *Composition*

a) Préférez-vous habiter dans une maison d'étudiants, dans un appartement ou chez vos parents ? Imaginez une discussion entre trois étudiants. Chaque personne donne son opinion et indique les raisons de son choix.

b) Quelle pièce de votre maison préférez-vous ? pourquoi ? Décrivez cette pièce.

c) Votre maison idéale. Où et comment est-elle ? pourquoi ?

d) Décrivez, à l'extérieur et à l'intérieur, votre maison ou une maison qui est particulièrement jolie et agréable, à votre avis.

PRONONCIATION

A. *La voyelle* [ɔ]. *Prononcez après votre professeur.*

Homme, personne, bonne, d'accord, j'apporte, carotte,
chocolat, psychologie.
Paul est d'accord.
Votre note est bonne.
J'apporte votre jolie robe.
Robert téléphone à Victor.
L'horloge de l'école sonne.

B. *Les voyelles* [ɔ] *et* [ɛ]. *Prononcez après votre professeur.*

Esther donne un verre de bière à Robert.
Juliette apporte une pomme verte à Paul.
Hector déteste la jolie robe d'Estelle.
En automne, la forêt est dorée.

C. *Prononcez correctement les groupes.*

1. J'aime fumer.   Jé n'aime pas fumer.
   J'aime marcher.   Jé n'aime pas marcher.
   J'aime bavarder.   Jé n'aime pas bavarder.
   J'aime travailler.   Jé n'aime pas travailler.
   J'aime téléphoner.   Jé n'aime pas téléphoner.

2. C'est une note.   C'est une porte.
   C'est une pomme.   C'est une robe.
   C'est une école.   C'est une horloge.

GRAMMAIRE GÉNÉRALE II

Adjectifs et pronoms

Ma maison est confortable.
Quelle classe avez-vous à midi ?
Ce journal est intéressant.

Ma, quelle, ce sont des adjectifs. L'adjectif accompagne et détermine le nom.

Voilà ma maison; **elle** est confortable.
Je téléphone à ma sœur **qui** est à New York.

Elle, qui sont des pronoms. Le pronom représente une personne ou une chose.

1. **Qui** voyez-vous ? Je vois **mon ami Marc.**
   Que voyez-vous ? Je vois **des autos.**
2. Pierre travaille beaucoup. **Il** a de bonnes notes. Je vais au cinéma avec **lui.**
3. Je vais chez mes amis **qui** habitent en Floride.

Dans les phrases 1, 2, 3, il y a différentes sortes de pronoms. Un pronom est un mot qui est employé généralement à la place d'un nom de personne ou de chose, ou qui représente une personne ou une chose.

1. **Qui** et **que** sont des pronoms *interrogatifs*. On les emploie pour poser une question (voir leçon 8, page 177). Par leur forme, les pronoms interrogatifs font une distinction entre les personnes et les choses.
2. **Il** et **lui** sont des pronoms *personnels*. Ils remplacent **Pierre.** Il y a plusieurs séries de pronoms personnels. Ces pronoms représentent des personnes ou des choses. Il y a des pronoms *sujets :* **je, tu, il, elle, nous, vous, ils, elles.** Il y a aussi des pronoms personnels *objets,* des pronoms personnels *accentués* (voir leçon 6, page 126).
3. **Qui** est un pronom *relatif.* Il établit une relation entre son antécédent **amis** et la proposition suivante. Il y a d'autres pronoms relatifs ; par exemple **que** (voir leçon 9, page 130). **Qui** est sujet du verbe suivant. Il représente une personne ou une chose.

Il y a encore d'autres pronoms : les pronoms *possessifs,* les pronoms *démonstratifs,* les pronoms *indéfinis* comme **on** (voir leçon 5, page 109).

Les propositions

Je suis content(e)   parce qu'il fait beau.
(a)   **(b)**
Les gens restent à la maison   quand il pleut.
(a)   **(b)**

Les phrases précédentes ne sont pas des phrases simples, ce sont des phrases *complexes*. Il y a deux verbes dans chaque phrase : chaque phrase a deux propositions : **(a)** et **(b).**

La proposition (a) est complète ; c'est une proposition *principale*. La proposition **(b)** n'est pas complète ; elle dépend de la proposition principale ; c'est une proposition *subordonnée*.

Les expressions **parce que** et **quand** sont des *conjonctions*. On emploie une conjonction pour joindre la proposition principale et la proposition subordonnée.

La conjonction *que*

> J'espère **que** vos parents vont bien.
> Je pense **que** vous êtes d'accord avec moi.
> Je suppose **que** mes amis sont à Paris.
> Barbara dit **que** le professeur est malade et **qu'**il est à l'hôpital.

Le mot **que** (**qu'**) est une conjonction qui joint une proposition principale à une proposition subordonnée. En français, il est absolument nécessaire d'employer la conjonction **que.** On n'emploie pas toujours cette conjonction en anglais.

LES VERBES FRANÇAIS

1. Les verbes du premier groupe sont les verbes en **-er** comme **parler.** Ils sont réguliers (excepté **aller**). Le radical[1] ne change pas.

   ATTENTION : Il y a quelques modifications dans le radical de certains verbes du 1er groupe :

   acheter :   J'ach**è**te des livres à la librairie.
                 e devant une syllabe avec un **e** muet → **è.**

   exagérer :   Paul dit qu'il a une Cadillac : il exag**è**re. C'est une Ford.
                 é devant une syllabe avec un **e** muet → **è.**

   employer :   On emplo**ie** cette expression en français.
   envoyer :   A Noël, j'envo**ie** des cartes à mes amis.
   essuyer :   J'essu**ie** les meubles de ma chambre.
                 y devant une syllable avec un **e** muet → **i.**

---

[1] Le radical $\left[\begin{array}{c} \text{PARL-ER} \\ \text{FIN -IR} \end{array}\right]$ la terminaison.

2. Les verbes du deuxième groupe sont les verbes en **-ir** comme **finir.** Ces verbes sont réguliers aussi. On emploie le suffixe **-iss** aux trois personnes du pluriel du présent de l'indicatif.

3. Les verbes des troisième et quatrième groupes sont des verbes plus ou moins irréguliers.
   Le radical de ces verbes change souvent.
   L'infinitif des verbes du troisième groupe est terminé par :

-IR	**-RE**	**-OIR**
(dorm**ir**)	(fai**re**, li**re**, vend**re**)	(v**oir**)

   Les formes de ces verbes sont quelquefois très irrégulières. Il faut apprendre par cœur les formes des verbes irréguliers usuels.

TERMINAISONS DU PRÉSENT DES VERBES[2]

1er *groupe*		2e *groupe*		3e et 4e *groupes*	
Je	parl**e**	Je	fini**s**	Je	voi**s**
Tu	parl**es**	Tu	fini**s**	Tu	voi**s**
Il	parl**e**	Il	fini**t**	Il	voi**t**
Nous	parl**ons**	Nous	finiss**ons**	Nous	voy**ons**
Vous	parl**ez**	Vous	finiss**ez**	Vous	voy**ez**
Ils	parl**ent**	Ils	finiss**ent**	Ils	voi**ent**

-e
-es
-e

-ons
-ez
-ent

-s
-s
-t

---

[2] NOTEZ : les verbes en *-dre* ont *d* à la 3e personne du singulier : répon*dre*, il répon*d.* Notez aussi : vous *faites,* vous *dites* et ils *font,* ils *vont.*

POÈME

PREMIER JOUR

Des draps blancs dans une armoire
Des draps rouges dans un lit
Un enfant dans sa mère
Sa mère dans les douleurs
Le père dans le couloir
Le couloir dans la maison
La maison dans la ville
La ville dans la nuit
La mort dans un cri
Et l'enfant dans la vie.

JACQUES PRÉVERT
(*Paroles*, 1947)

Pour le vocabulaire consulter le lexique à Prévert.

TROISIÈME

ÉCHELON

NEUF

1 Quand je ne trouve pas **mon livre,** je **le** cherche.
Mes affaires sont en désordre ; je **les** range.

2 On **peut** faire beaucoup de sports à l'université.
Carol ne **veut** pas habiter dans une maison d'étudiants.

3 J'ai des oncles et des tantes **que** je ne vois pas souvent.
Les journaux **que** vous lisez sont-ils intéressants ?

4 Nous **répondons** aux lettres de nos amis.
Qu'est-ce qu'on **vend** dans une boulangerie ?

5 Quand **finirez**-vous vos études ?
Je les **finirai** l'année prochaine ; puis je **voyagerai.**

6 Où **irez**-vous ? **Ferez**-vous le tour du monde ?
Je ne **ferai** pas le tour du monde ; j'**irai** en Europe.

7 Quand j'**irai** en France, je **parlerai** français.
Si je **vais** en France, je **parlerai** français.

Versailles, 1661–1686.

DÉVELOPPEMENT GRAMMATICAL

1 Quand je ne trouve pas **mon livre**, je **le** cherche.
Mes affaires sont en désordre ; je **les** range.

Comparez :

Voyez-vous **votre professeur** tous les jours ?
Oui, nous **le** voyons tous les jours.

Savez-vous **le nom de cet étudiant ?**
Non, je ne **le** sais pas.

Apprenez-vous **le français ?**
Oui, nous **l'**apprenons.

Où est **votre manteau ?**
Le voici.

Voyez-vous **votre mère** pendant le week-end ?
Oui, je **la** vois pendant le week-end.

Comprenez-vous **ma question ?**
Naturellement, je **la** comprends.

Avez-vous **la clé de votre appartement ?**
Non, je ne **l'**ai pas.

Où est **votre amie Janice ?**
La voici.

Connaissez-vous **vos voisins ?**
Oui, je **les** connais très bien.

Pourquoi fermez-vous **les fenêtres ?**
Je **les** ferme parce qu'il fait froid.

Où sont **vos livres et vos cahiers ?**
Les voici.

Est-ce que le professeur **vous** écoute ?
Oui, il **nous** écoute.

Me cherchez-vous ? (Est-ce que vous **me** cherchez ?)
Oui, je **vous** cherche.

Est-ce que tes amis **t'**invitent au restaurant pour ton anniversaire ?
Oui, ils **m'**invitent au restaurant pour mon anniversaire.

● **Le, la, l', les** sont des pronoms personnels. Ils remplacent **votre professeur, le nom de cet étudiant, le français, votre manteau, votre mère, ma question, la clé de votre appartement, votre amie Janice, vos voisins, les fenêtres, vos livres et vos cahiers.**

Le, la, l', les représentent des personnes ou des choses.

GRAMMAIRE

Vous, nous, me (m'), te (t') sont aussi des pronoms personnels.

Tous ces pronoms sont des *pronoms personnels objets directs* des verbes.
Ces pronoms sont le plus souvent placés immédiatement avant le verbe.

Voici la liste complète des pronoms personnels objets directs.

Le professeur **me**	regarde, et il **m'**	écoute.
Le professeur **vous**	regarde, et il **vous**	écoute.
Le professeur **te**	regarde, et il **t'**	écoute.
Le professeur **nous**	regarde, et il **nous**	écoute.
Le professeur **le**	regarde, et il **l'**	écoute. (*Paul*)
Le professeur **la**	regarde, et il **l'**	écoute. (*Hélène*)
Le professeur **les**	regarde, et il **les**	écoute. (*les étudiant[e]s*)

ATTENTION : A la forme négative : Je ne **le** vois pas. Il ne **m'**écoute pas.
A la forme interrogative : **Le** voyez-vous ? **M'**écoutez-vous ?

2 On **peut** faire beaucoup de sports à l'université.
Carol ne **veut** pas habiter dans une maison d'étudiants.

Comparez :

Pouvez-vous parler français en classe ?

Oui, nous **pouvons** parler français en classe.

Pouvez-vous rentrer chez vous à pied ?

Non, je ne **peux** pas rentrer chez moi à pied.

Les étudiants **peuvent**-ils poser des questions au professeur ?

Oui, ils **peuvent** poser des questions au professeur.

Peut-on lire son livre pendant un examen ?

Non, on ne **peut** pas lire son livre pendant un examen.

Voulez-vous prendre une tasse de café avec moi ?

Oui, je **veux** bien.

Vos parents **veulent**-ils aller en Europe en bateau ?

Non, ils ne **veulent** pas aller en Europe en bateau. Ils **veulent** prendre l'avion.

Nous **voulons** être heureux dans la vie, n'est-ce pas ?

Bien sûr, tout le monde **veut** être heureux.

● Ce sont les verbes **pouvoir** et **vouloir**. Ces verbes sont des auxiliaires. On emploie **pouvoir** et **vouloir** devant un infinitif[1].

● Voici les verbes **pouvoir** et **vouloir** au présent de l'indicatif.

Je	**peux**	acheter un journal.
Vous	**pouvez**	louer une voiture.
Tu	**peux**	téléphoner à Jim.
Nous	**pouvons**	monter au deuxième étage.
Il (elle, on)	**peut**	chercher un appartement.
Ils (elles)	**peuvent**	faire de l'auto-stop.

NOTEZ : **Pouvoir** a plusieurs sens : *être capable de..., avoir la permission de..., il est possible de...*

Je	**veux**	voir un bon film.
Vous	**voulez**	aller au concert.
Tu	**veux**	relire ce roman.
Nous	**voulons**	écouter de la musique.
Il (elle, on)	**veut**	jouer au tennis.
Ils (elles)	**veulent**	faire du camping.

NOTEZ : **Je veux** est une expression très énergique.
Je voudrais est la forme de politesse. **Je voudrais** exprime aussi un désir.

Exemple : **Je voudrais** faire le tour du monde, mais **je ne veux pas** visiter la planète Mars.

---

[1] Il est possible d'employer *vouloir* + un nom. EXEMPLE : Je **veux** une tasse de thé.

GRAMMAIRE

Pour accepter (une invitation, une proposition, etc.), employez **je veux bien.**

Exemple : Voulez-vous jouer au tennis avec moi ?
Je veux bien.

3 J'ai des oncles et des tantes **que** je ne vois pas souvent.
Les journaux **que** vous lisez sont-ils intéressants ?

Comparez :

J'ai des voisins **qui** font beaucoup de bruit.
J'ai des voisins **que** je ne connais pas beaucoup.

Avez-vous un(e) ami(e) **qui** habite dans votre quartier ?
Avez-vous un(e) ami(e) **que** vous voyez souvent ?

Nous lisons des poèmes **qui** sont très beaux.
Nous lisons des poèmes **que** le professeur explique.

L'autobus **qui** passe au bout de la rue va directement à l'université.
L'autobus **que** je prends va directement à l'université.

Michèle a des parents **qui** sont très gentils et **qu'**elle aime beaucoup.

● **Qui** et **que** (**qu'** devant une voyelle) sont des *pronoms relatifs.*
Qui est le sujet du verbe suivant. (Cf. leçon 6.)
Que est le *complément d'objet direct* du verbe suivant.

● **Que** (**qu'**) représente des personnes et des choses au singulier ou au pluriel.
Que établit une relation entre son antécédent (**des voisins, un[e] ami[e], des poèmes, l'autobus, des parents**) et le groupe de mots suivants (= la proposition subordonnée). (Voir Grammaire générale, page 199.)

NOTEZ : **Que** et la *proposition subordonnée* sont toujours *immédiatement après* l'antécédent.

Exemples : Le professeur explique **les mots.** Nous ne **les** savons pas.
Le professeur explique les mots **que nous ne savons pas.**
Le programme de télévision est intéressant. Je **le** regarde le lundi.
Le programme de télévision **que je regarde le lundi** est intéressant.

ATTENTION : **Qui** et **que,** pronoms relatifs, sont différents de **qui** et **que,** pronoms interrogatifs.

---

4 Nous **répondons** aux lettres de nos amis.
Qu'est-ce qu'on **vend** dans une boulangerie ?

Comparez :

Répondez-vous en français à votre professeur ?

Oui, je **réponds** en français quand il pose une question en français.

Qui **attendez**-vous ?

J'attends mes amis qui sont en retard.

Est-ce qu'on **entend** beaucoup de bruit à la campagne ?

Non, on n'**entend** pas beaucoup de bruit à la campagne ; on **entend** les oiseaux et le vent dans les arbres.

Vend-on des sandwichs dans une librairie ?

Non, on **vend** des livres et des journaux dans une librairie.

Si vous habitez au 6e étage de votre maison d'étudiants, montez-vous et **descendez**-vous à pied ?

Non, je monte et je **descends** par l'ascenseur.

Le professeur corrige les devoirs, et il **rend** les devoirs aux étudiants, n'est-ce pas ?

Oui, il les corrige et il les **rend** aux étudiants.

Quand ils vont à Las Vegas, les gens **perdent**-ils de l'argent ?

Quelques personnes gagnent de l'argent, mais beaucoup de gens **perdent** leur argent.

● Les verbes : **attendre**
entendre
vendre
descendre
rendre
perdre

sont conjugués comme **répondre** (à).

7   **Quand** j'**irai** en France, je **parlerai** français.
       Si je **vais** en France, je **parlerai** français.

Comparez :

Quand	j'**irai**	à New York, je **verrai** l'Empire State Building.
Si	je **vais**	à New York, je **verrai** l'Empire State Building.

Quand	Jack **aura**	de l'argent, il **achètera** un bateau.
Si	Jack **a**	de l'argent, il **achètera** un bateau.

Quand	vos parents m'**inviteront**,	j'**irai** chez eux avec plaisir.
Si	vos parents m'**invitent**,	j'**irai** chez eux avec plaisir.

Quand	vous **aurez** le temps, vous **rangerez** votre chambre.
Si	vous **avez** le temps, vous **rangerez** votre chambre.

● Employez le *futur* après **quand**, si le sens de la phrase indique le futur.

   Exemples :   Quand je **serai** plus âgé, je **travaillerai** dans un bureau.
                 Quand j'**aurai** mon diplôme, j'**irai** en Europe.
                 Nous **dînerons** quand mon père **rentrera**.

● Employez le présent après **si** quand l'autre verbe est au futur.

   Exemples :   J'**irai** chez vous demain soir **si** j'**ai** le temps.
                 Si nous **avons** assez d'argent, mes amis et moi, nous **ferons** un voyage.
                 Si notre examen **est** très difficile, beaucoup d'étudiants **auront** une mauvaise note.

NOTEZ : Dans ces exemples, le mot **si** indique une condition.
               (**si** + **il** ou **ils** → **s'**. Mais **si** + **elle, elles, on,** etc. → **si.**)

PRATIQUE ORALE

A. *Transformez la phrase. Employez un pronom objet direct à la place du nom.*

   Exemple :   Alice prend l'autobus.
              Alice le prend.

1. Mon père lit son journal.   2. Je vois ma mère dans la cuisine.   3. Nous

choisissons nos cours.   4. Vous savez mon numéro de téléphone.   5. Je ne comprends pas les journaux français.   6. Tu prends ton parapluie. 7. Marie cherche ses clés.   8. Paul aime son appartement.   9. Je mets ma serviette par terre.   10. Elle ne relit pas sa lettre.   11. Vous ne rangez pas vos affaires.   12. Tu ne fais pas la vaisselle.

B. *Mettez la phrase au futur selon l'exemple.*

Exemple :   J'écoute la conversation.
            J'écouterai la conversation.

1. Ils comprennent le film.   2. On regarde la télévision.   3. Je déjeune au restaurant.   4. Nous allons en France.   5. Elle sait répondre. 6. Vous faites des recherches.   7. Je finis mes études.   8. Marc accompagne ses parents.   9. Tu vois ton grand-père.   10. Je ne suis pas malade.   11. Nous avons des vacances.   12. Vous n'avez pas le temps.

C. a) *Changez la phrase pour employer* **pouvoir,** *selon l'exemple.*

Exemple :   Nous allons au cinéma.
            Nous pouvons aller au cinéma.

1. Nous faisons du camping.   2. Paul et André louent un garage. 3. Je dîne chez mes parents.   4. Vous faites de l'auto-stop.   5. Elle rentre chez elle.   6. Tu gares la voiture devant la maison.   7. Luc achète une moto.   8. Je paie avec une carte de crédit.

b) *Posez une question avec* **voulez-vous** *selon l'exemple.*

Exemple :   J'écoute de la musique.
            Voulez-vous écouter de la musique ?

1. Je vais au musée.   2. Je joue au tennis.   3. Je lis ce roman. 4. Je vois un vieux film américain.   5. Je paie comptant.   6. J'essaie cette veste.   7. J'attends les amis de Marc.   8. Je fais des économies.   9. J'accompagne Suzanne.   10. J'achète des fruits.   11. Je prends du dessert.

EXERCICES ORAUX OU ÉCRITS

1. a) *Remplacez les mots en italique par un pronom personnel objet direct.*

1. Nous étudions *le vocabulaire* et nous employons *ce vocabulaire* dans nos compositions.   2. Je prends *mes livres* et je mets *mes livres* dans ma serviette.   3. Les enfants aiment *la télévision* et ils regardent *la télévision* tous les jours.   4. Joe remet *son devoir* au professeur et le

professeur corrige *le devoir de Joe.*   5. Les étudiants comprennent bien *le texte de la lecture* parce qu'ils lisent *ce texte* et ils relisent *ce texte.* 6. Vous trouvez *Linda et Jessy* sympathiques. Voyez-vous souvent *Linda et Jessy ?*   7. Je ne mets pas *ma voiture* dans la rue ; je mets *ma voiture* dans mon garage.   8. Mon père lit *le journal* et il donne *le journal* à mon grand-père.   9. Quand nous voyons *Bob,* nous invitons *Bob* chez nous.   10. Vous prenez *toutes vos affaires* ; vous n'oubliez pas *vos affaires* dans la classe.

b) *Répondez à chaque question, et employez un pronom objet direct dans votre réponse.*

1. Fait-on la queue à la cafétéria à midi ?   2. Vos amis vous comprennent-ils ?   3. Comprenez-vous vos parents ?   4. Avez-vous votre veste aujourd'hui ? Quand prenez-vous votre veste ?   5. Me comprenez-vous quand je parle vite ?   6. Quand étudiez-vous vos leçons ? Où étudiez-vous vos leçons ?   7. Vos professeurs vous invitent-ils chez eux ?   8. Est-ce que la politique vous intéresse ?   9. A la maison, où mettez-vous vos vêtements ?   10. Qui fait la vaisselle chez vous ? Fait-on la vaisselle dans une maison d'étudiants ?   11. Vos parents oublient-ils votre anniversaire ?   12. Vos amis vous écoutent-ils quand vous parlez de vos problèmes ?

c) *Remplacez les mots en italique par un pronom personnel objet direct.*

1. Apportez-vous *votre déjeuner* à l'université ?   2. Lisez-vous *le journal* pendant la classe ?   3. Je ne prends pas *mon auto* pour aller à mon travail.   4. Jim n'aime pas *sa classe de chimie,* mais il écoute attentivement *les explications.*   5. Quand prenez-vous *votre parapluie ?* Avez-vous *votre parapluie* aujourd'hui ?   6. Nous n'oublions pas *nos clés* quand nous quittons *notre appartement.*   7. Où rangez-vous *vos vêtements ?*   8. Cherchez-vous *votre livre* quand vous n'avez pas *votre livre ?*   9. On ne regarde pas *la télévision* quand on prépare *ses examens.*   10. Vos amis apprennent-ils *le français ?*

2. a) *Transformez les phrases. Employez* **pouvoir** *ou* **vouloir.**

1. Je finis ce travail avant le dîner. (vouloir)   2. Nous travaillons et nous réussissons. (pouvoir)   3. Jack va à la montagne et il fait du ski. (vouloir)   4. Relisez-vous cette phrase ? (pouvoir)   5. Vous voyez ce nouveau film avec vos amis ? (vouloir)   6. Nous mettons nos livres dans la voiture de Jim. (pouvoir)   7. Les étudiants ne comprennent pas cette longue phrase. (pouvoir)   8. Carol ne reste pas dans la maison d'étudiants. (vouloir)   9. Vos parents achètent-ils une maison ? (vouloir)   10. Linda ne trouve pas d'appartement près du campus. (pouvoir).   11. Je ne rentre pas chez moi à pied. (vouloir)   12. On ne joue pas au tennis sous la pluie. (pouvoir)

b) *Composez les phrases suivantes à la forme interrogative, ou négative ou affirmative. Employez le vocabulaire de la leçon 8 : (la maison).*

1. Cinq phrases avec **pouvoir** + infinitif.
2. Cinq phrases avec **vouloir** + infinitif.

3. a) *Composez une seule phrase avec chaque groupe. Employez* **qui** *ou* **que (qu').**

1. L'avion quitte New York à onze heures. Je vais prendre cet avion. 2. Il y a des appartements. Le propriétaire loue ces appartements à des étudiants. 3. Nous avons des amis. Ils nous invitent souvent chez eux à la montagne. 4. Emy est dans un cours de géographie. Elle trouve ce cours très intéressant. 5. L'autobus 8 est souvent en retard. Il va à l'université. 6. Nous achetons les livres. Nous allons employer ces livres pendant le semestre. 7. Les étudiants ont-ils peur des professeurs ? Ils ne connaissent pas ces professeurs. 8. Bob prononce très bien le français. Il fait beaucoup d'exercices oraux.

b) *Complétez les phrases avec* **qui** *ou* **que (qu').**

1. Nous comprenons les mots _____ le professeur explique. 2. Je ramasse mes papiers et mes livres _____ sont par terre. 3. C'est un roman _____ j'aime beaucoup. 4. Vous prenez un avion _____ va directement à Londres ? 5. Susan va voir ses cousins _____ elle ne connaît pas. 6. On célèbre l'anniversaire de Kim _____ a dix-neuf ans. 7. Le loyer _____ vous payez est raisonnable. 8. J'ai une chambre _____ je trouve très agréable. 9. Le jardin _____ est devant la maison est plein de fleurs. 10. Vos amis _____ habitent en Angleterre sont-ils anglais ?

c) *Composez une seule phrase avec chaque groupe. Employez* **qui** *ou* **que (qu'),** *et faites les changements nécessaires.*

1. Nous étudions le vocabulaire. Vous l'expliquez. 2. Je comprends les phrases. Je les répète. 3. L'appartement est au premier étage. Carol le loue. 4. C'est une jeune fille italienne. Je la vois souvent à la librairie. 5. Jim a des amis. Ils l'invitent chez eux. 6. L'autobus va en ville. Je le prends tous les matins. 7. Ma mère fait un gâteau. Mon petit frère l'aime beaucoup. 8. Nous lisons des journaux. Ils nous intéressent.

4. a) *Employez la forme correcte des verbes.*

1. (répondre)-vous à une lettre importante ? 2. Nos amis (arriver) de Rome. Nous les (attendre). 3. Ma mère (perdre) toujours son sac et ses lunettes. 4. Je (vouloir) (vendre) ma voiture, et je (vouloir) (acheter) une voiture neuve. 5. Quand le professeur (rendre)-il les devoirs aux étudiants ? 6. Il les (rendre) au commencement de la classe. 7. Pendant un examen, on ne (entendre) pas de bruit. 8. Je

ne (pouvoir) pas (répondre) à votre question.   9. Je (attendre) mon père qui (finir) son travail.   10. On (descendre) de la tour Eiffel en ascenseur.   11. Il y a des étudiants qui (vendre) leurs livres à la fin du semestre.   12. Je (savoir) que le professeur (répondre) à nos questions.

b) *Composez deux phrases avec chaque verbe :* **attendre, répondre (à), connaître, perdre, vendre, savoir.**

5. *Mettez les phrases suivantes au futur.*

1. Quand nous ne comprenons pas, nous demandons une explication. 2. Vous étudiez la leçon, puis vous répondez aux questions.   3. Je dis bonjour au professeur quand j'entre dans la classe.   4. Quand les étudiants arrivent avant le professeur, ils bavardent avec leurs amis.   5. Quand les touristes américains arrivent à Paris, ils cherchent l'American Express. 6. Vous n'oubliez pas votre clé quand vous quittez votre appartement. 7. Je loue cette maison ; je paie le téléphone.   8. Vous préparez le dîner et vos amis vous aident.   9. Est-ce que vous m'attendez devant le cinéma ?   10. Jack vend sa moto et il achète une petite auto.

6. *Mettez les phrases suivantes au futur.*

1. Quand il y a des questions difficiles, je réfléchis et je fais attention avant de répondre.   2. Quand nous faisons du ski, nous avons besoin de vêtements chauds.   3. Pouvez-vous aller chez vous à pied quand il fait beau ? 4. La circulation n'est pas rapide quand il y a du brouillard.   5. Répondez-vous au téléphone quand votre ami(e) est absent(e) ?   6. Quand il pleut, je prends mon parapluie.   7. Ma grand-mère ne veut pas voyager en avion quand elle est seule.   8. Les étudiants vont-ils à la plage quand ils sont en vacances ?   9. Parlez-vous français quand vous allez au Québec ? 10. Nous savons répondre quand on pose des questions en français.

7. a) *Transformez les phrases de l'exercice 6. Remplacez* **quand** *par* **si,** *et faites les changements nécessaires.*

b) *Mettez les verbes au futur ou au présent selon le sens de la phrase.*

1. Kim (travailler) beaucoup à la fin du semestre ; elle (être) contente si elle (avoir) une bonne note.   2. Mes parents (aller) au Japon l'été prochain s'ils (avoir) assez d'argent et quand ils (avoir) des vacances. 3. Quand nous (faire) ce voyage, nous (visiter) beaucoup de villes importantes si nous (avoir) le temps.   4. Janet (vouloir)-elle vendre sa voiture ? Quand elle (vendre) son auto, je la (acheter) si le prix (être) raisonnable.   5. S'il (pleuvoir), nous (rester) à la maison ; nous (faire) une promenade quand il (faire) beau.   6. (Annoncer)-vous cette bonne nouvelle à vos amis quand vous les (voir) ?   7. Je ne (aller) pas au cinéma la semaine prochaine si on (présenter) des films sans intérêt. 8. Ce soir, quand mon père (rentrer) de son travail, il (lire) le journal s'il ne (être) pas trop fatigué.

NEUF BIS

Dans une agence de voyages

Lisez à haute voix la conversation suivante.

Jessica : Bonjour, monsieur. Je viens de la part° de
Monsieur O'Brien que vous connaissez.
L'agent : Ah !... c'est un vieil ami ! Que désirez-vous,
Mademoiselle ?
5 **Jessica :** Je voudrais un billet aller et retour pour
Paris. Classe touriste, bien entendu !
L'agent : Quand voulez-vous partir ?
Jessica : Vers le quinze juin. Je voudrais revenir
vers le quinze septembre.
10 **L'agent :** C'est la pleine saison. Presque tout est pris.
Vous serez obligée de payer plein tarif.
Jessica : Hélas, je n'ai pas le choix !
L'agent (*Il parle au téléphone, puis à Jessica*) : Il n'y
a pas de places pour le quinze juin. Mais il y a une
15 place pour le vingt avec retour pour le douze
septembre.
Jessica : C'est une chance° ; je la prends, monsieur.
L'agent : Parfait ! (*Au téléphone.*) Je la prends,
madame. Merci bien. (*A Jessica.*) Aurez-vous besoin
20 d'une chambre ?
Jessica : Non, merci. A Paris j'aurai des amis qui
m'attendront.
L'agent : Alors, c'est parfait ! Voilà quelques
prospectus sur Paris et voilà vos billets. J'espère que
25 vous ferez un très bon voyage. Merci beaucoup,
mademoiselle.
Jessica : Au revoir, monsieur. Et à bientôt !

° = *Consulter le lexique.*

Magasins et boutiques

Lisez à haute voix le texte suivant.

Roger et Anne sont un jeune couple parisien. Ils n'ont pas d'enfants. Tous deux travaillent, mais ils ont leurs week-ends libres. Roger est comptable° dans une grande compagnie d'assurances ; Anne est institutrice° dans une école privée. Ils habitent dans un appartement modeste mais confortable du quatorzième arron-
5 dissement. C'est vendredi et ils sont en train de faire leurs projets de week-end.

Roger : Qu'est-ce qu'on fera dimanche prochain ?
Anne : Si tu veux, on peut inviter Luc et Denise. Denise rentrera de Bretagne
10 samedi. S'il fait beau, on pourra faire une promenade. S'il pleut, nous jouerons au bridge, ou nous irons au cinéma.
Roger : C'est une bonne idée. Et qu'est-ce que nous aurons pour le déjeuner ?
Anne : J'ai un poulet au congélateur°. Je ferai des frites° — tu les aimes beau-coup. Comme dessert, une mousse au chocolat. Luc l'adore.
15 **Roger :** Oui, et tu la fais très bien. J'inviterai Luc demain quand je le verrai.
Anne : N'oublie pas que le frigidaire est presque° vide°. Samedi matin, nous ferons le marché. L'après-midi, je ferai des courses ; il y a un livre de pédagogie qui m'intéresse et que je veux lire. J'irai aussi aux Galeries Lafayette. Si je peux trouver une blouse assez bon marché°, je l'achèterai. Je ne veux pas beau-
20 coup dépenser°. Je fais des économies pour les vacances. Et toi ?
Roger : Moi, je voudrais acheter une paire de chaussures°. Les chaussures que je porte sont trop vieilles. Il y a une publicité dans le journal ; les chaussures seront meilleur marché° si on les achète pendant le week-end. Je t'accompa-gnerai aux Galeries. Nous prendrons le métro° ; on ne peut pas stationner près
25 des grand magasins !

Le samedi matin, Roger et Anne prennent leur petite Renault qu'ils garent° où ils peuvent près du supermarché. Ils ne veulent pas porter les sacs de provisions jusqu'à° leur appartement : c'est fatigant° ! Ils entrent dans le magasin qui est plein de clients. Ils choisissent un rôti de bœuf et un morceau
30 de veau qu'ils mettent dans leur chariot°. Ils prennent des fruits : un kilo de poires et des pommes. Les fraises° et les tomates sont trop chères : ce n'est pas

la saison. Ils ont aussi besoin de légumes : des épinards°, des haricots verts et des petits pois congelés. Ils achètent aussi une demi-livre de beurre, du sel°, du riz° et un litre de lait. Puis, ils vont à la caisse° où ils sont obligés de faire la queue pour payer leurs provisions°. L'après-midi, ils vont aux Galeries Lafa-
5 yette. Avant d'entrer, ils regardent les vitrines°. Anne va au rayon° des blouses. Elle trouve une blouse bleue à sa taille°, et elle l'essaie°. Elle aime beaucoup cette blouse ; elle la trouve élégante. Alors, elle regarde le prix ; la blouse est un peu chère. Quelle tentation ! « Je la prends ! » dit-elle à la vendeuse ; et elle pense : « Je n'achèterai pas mon livre aujourd'hui. Roger ne pourra pas dire
10 que je dépense trop d'argent ! » Pendant ce temps, Roger essaie plusieurs paires de chaussures que le vendeur apporte. Il choisit une paire de chaussures noires. Le vendeur les met dans un sac, et les donne à Roger qui les paie à la caisse. Puis, Roger descend au rez-de-chaussée° où Anne l'attend. Avant de rentrer chez eux, Anne et Roger vont à la boulangerie° ; ils achètent une « baguette° »
15 pour leur dîner. Comme tous les Français, ils aiment manger du pain frais tous les jours.

EN FRANCE... il y a traditionnellement beaucoup de petits magasins et de boutiques. Beaucoup de Français continuent à acheter
20 leurs provisions dans ces boutiques comme la boulangerie°, la pâtisserie°, l'épicerie° ; il y a aussi des marchés en plein air° dans toutes les villes. Cependant, on voit de plus en plus°, des magasins « à grande surface » ou des centres commerciaux qui groupent des dizaines de magasins diffé-rents. Les clients paient (au) comptant° ou par chèque. On emploie de plus
25 en plus les cartes de crédit (Carte Bleue, Visa, American Express) pour les achats° importants. En France, on ne peut pas rendre une marchan-dise ; on peut seulement échanger un objet contre un autre. Comme aux États-Unis, il y a des ventes publicitaires° ou ventes-réclame°. Les maga-sins sont toujours fermés le dimanche, et ils sont rarement ouverts après sept heures du soir.

PRATIQUE DE COMMUNICATION ORALE

A. *Demandez à une personne de la classe (employez un pronom objet direct dans la réponse) :*

1. s'il (si elle) trouve sa chambre confortable.
2. s'il (si elle) aime les chats.
3. s'il (si elle) perd souvent ses affaires.
4. s'il (si elle) prend l'autobus pour aller chez lui (elle).
5. s'il (si elle) gare sa voiture sur le campus.
6. s'il (si elle) met son imperméable quand il fait beau.
7. s'il (si elle) prend son petit déjeuner à l'université.
8. s'il (si elle) achète ses livres à la boulangerie.

B. *Demandez à votre voisin(e) :*

1. s'il (elle) veut faire le tour du monde avec vous.
2. s'il (elle) veut aller sur la lune.
3. s'il (elle) veut visiter la planète Mars.
4. s'il (elle) peut garer sa voiture devant sa maison.
5. s'il (elle) peut comprendre ses amis.
6. s'il (elle) peut faire des économies.

C. *Demandez à un(e) étudiant(e) de la classe :*

1. quand il (elle) ira chez ses parents.
2. quand il (elle) verra ses amis.
3. quand il (elle) finira ses études.
4. quand il (elle) fera des courses.
5. où il (elle) ira pendant les vacances.
6. où il (elle) dînera samedi prochain.
7. où il (elle) sera l'année prochaine.
8. où il (elle) habitera le semestre prochain.

EXERCICES ORAUX OU ÉCRITS

1. a) *Questions sur la « Lecture ». Répondez à chaque question par une phrase complète.*

1. Où Anne et Roger habitent-ils ? 2. Quelle est la profession de Roger ? et d'Anne ? 3. Qui veulent-ils inviter dimanche prochain ? 4. Qu'est-ce qu'ils feront s'il pleut ? 5. Qu'est-ce qu'Anne préparera pour le déjeuner ? 6. Quand Anne et Roger feront-ils le marché ? Où iront-ils ? 7. Qu'est-ce qu'Anne veut faire samedi après-midi ? 8. Pourquoi Roger veut-il acheter une paire de chaussures ? 9. Quels légumes et quels fruits achètent-ils ? 10. La blouse qu'Anne choisit est-elle chère ou bon marché ? 11. Pourquoi Anne l'achète-t-elle ? 12. Qu'est-ce qu'ils achètent à la boulangerie ?

b) *Questions sur « En France... ». Répondez à chaque question par une phrase complète.*

1. Où les Français achètent-ils leurs provisions en général ? 2. Qu'est-ce qu'on achète à la boulangerie ? et à la pâtisserie ? 3. Quelles sortes de marchés y a-t-il dans toutes les villes ? 4. Qu'est-ce qu'on voit de plus en plus ? 5. Comment les clients paient-ils ? 6. Quelles cartes de crédit emploie-t-on ? 7. En France, peut-on rendre une marchandise en général ? 8. Les magasins sont-ils ouverts le dimanche ?

DIX

1
Quand je vois mon voisin dans la rue, je **lui** dis bonjour.
Quand je **lui** dis bonjour, il **me** répond.

2
Allez-vous souvent **à la banque ?**
J'**y** vais quand j'ai besoin d'argent.

3
Mon grand-père joue **encore** au golf ; il **ne** joue **plus** au tennis.
Avez-vous **déjà** votre diplôme ? — Non, nous **ne** l'avons **pas encore.**

4
Combien de fois par semaine **venez**-vous à l'université ?
Je **viens** à l'université cinq fois par semaine.

5
Faut-il parler français dans la classe de français ?
Il faut avoir un passeport quand on va en Europe.

6
Beaucoup de gens **sortent** le samedi soir.
On peut **dormir** tard le dimanche matin.

7
Il est impossible **de** garer la voiture devant le magasin.
Vous n'**oubliez** pas **de** fermer la porte avant de quitter la maison.

Place des Vosges

DÉVELOPPEMENT GRAMMATICAL

1 Quand je vois mon voisin dans la rue, je **lui** dis bonjour.
Quand je **lui** dis bonjour, il **me** répond.

Comparez :

Parlez-vous français[1] **à votre professeur ?**
Parlez-vous français **à la vendeuse** dans un magasin ?

Quelle langue parlez-vous **à vos parents ?**

Répondez-vous quand vos amis **vous** posent une question ?
Le professeur **vous** dit-il bonjour quand il arrive en classe ?
Quand **me** téléphoneras-tu ?

Qu'est-ce que vous dites **à votre ami(e)** quand il (elle) **vous** fait un cadeau ?
Quand les étudiants donnent-ils leur devoir **au professeur ?**

Oui, je **lui** parle français dans la classe de français.
Non, nous ne **lui** parlons pas français ; nous **lui** parlons anglais.
Je **leur** parle anglais et je **leur** réponds en anglais. Ils **me** parlent anglais aussi.
Bien sûr, je **lui** réponds quand ils **me** posent une question.
Oui, il **nous** dit bonjour et nous **lui** disons bonjour aussi.
Je **te** téléphonerai ce soir ou demain.
Je **lui** dis merci quand il (elle) **me** fait un cadeau.

Ils **lui** donnent leur devoir à la fin de la classe.

● Dans les phrases précédentes, **une question, bonjour, un cadeau, leur devoir** sont des compléments d'objet direct.

● Les autres compléments **à votre professeur, à la vendeuse, à vos parents, à votre ami(e), lui, leur, me, vous, nous, te,** sont des compléments d'objet indirects. (Voir Grammaire générale, pages 310–311.)

[1] NOTEZ : **Parler français (anglais, italien, espagnol,** etc.) → sans article.
Comprendre (étudier, savoir) *le* **français,** *l'***anglais,** *l'***italien,** *l'***espagnol,** etc.) → avec l'article.

Lui, leur, me, vous, nous, te, sont des pronoms personnels objets indirects.

Voilà la liste complète des pronoms personnels compléments d'objet indirects.

Jean	**me**	téléphone tous les soirs.	
Jean	**vous**	téléphone tous les soirs.	
Jean	**te**	téléphone tous les soirs.	
Jean	**lui**	téléphone tous les soirs.	*(à Georges)*
Jean	**lui**	téléphone tous les soirs.	*(à Marianne)*
Jean	**nous**	téléphone tous les soirs.	
Jean	**leur**	téléphone tous les soirs.	*(à Georges et à Marianne)*

NOTEZ : Ces pronoms remplacent seulement des *noms de personnes*. Avec ces pronoms, n'employez pas la préposition **à.**

Voici quelques verbes qui sont employés avec **à** + un nom de personne :

apporter
demander
dire
donner
écrire
envoyer ⎫ (une chose)
expliquer ⎬ à une personne
montrer ⎭
prêter
rendre
répondre
vendre

téléphoner à
parler à ⎫ une personne
ressembler à ⎭

NOTEZ : **Me** ⎫ + voyelle ↗ **m'** (**m** apostrophe).
Te ⎭ ↘ **t'** (**t** apostrophe).

Exemples : Le professeur **m'**explique un mot difficile.
Tes parents **t'**envoient-ils de l'argent ?

2

Allez-vous souvent **à la banque ?**
J'y vais quand j'ai besoin d'argent.

Comparez :

A. Quand les étudiants vont-ils **à la piscine ?**

Ils **y** vont quand ils ont envie de nager.

Allez-vous quelquefois **à la bibliothèque ?**

Oui, j'**y** vais quand j'ai besoin d'un livre spécial.

Vos parents vont-ils **au cinéma ?**

Ils n'**y** vont pas souvent ; ils **y** vont quand on présente un bon film.

Serez-vous **à la cafétéria** à midi ?

Non, aujourd'hui je n'**y** serai pas à midi. J'**y** déjeunerai à une heure.

Combien de temps resterez-vous **à Londres ?**

Nous n'**y** resterons pas longtemps ; nous **y** passerons quelques jours.

Paul travaille-t-il **dans sa chambre ?**

Oui, il **y** travaille tous les soirs.

B. Les étudiants pensent-ils **aux examens ?**

Oui, beaucoup d'étudiants **y** pensent.

Vos amis répondent-ils **à vos questions ?**

Oui, ils **y** répondent.

Janet répond-elle **aux lettres sans importance ?**

Non, elle n'**y** répond pas.

Pensez-vous **à l'anniversaire de vos parents ?**

Oui, j'**y** pense et je leur fais un cadeau.

Susan fait-elle attention **à ses livres ?**

Oui, elle **y** fait attention.

Jouez-vous **au tennis ?**

Je n'**y** joue pas souvent ; j'**y** joue quand je suis en vacances.

● Le mot **y** remplace un nom précédé d'une préposition qui indique la position (**à, chez, dans, sur, sous,** etc.). (Voir phrases **A**.)[2]

● Le pronom **y** remplace un *nom de chose.* Il remplace un nom complément précédé de la préposition **à** (objet indirect). (Voir phrases **B**.)

[2] Avec le verbe **aller** au futur, n'employez pas le pronom adverbial **y**.
    Exemple : Irez-vous **en France ?** — Oui, **j'irai** l'été prochain. J'**y** resterai pendant un mois.

ATTENTION : **Quand le complément du verbe penser est une personne, employez la préposition à + un *pronom accentué*.**

Exemples : Pensez-vous **à vos parents** ? — Oui, je pense **à eux**.
Vos amis pensent-ils **à vous** ? — Oui, ils pensent **à moi**.
Denise pense-t-elle **à Marc** ? — Non, elle ne pense pas **à lui**.

LES PRONOMS PERSONNELS

Sujet personne ou chose	*Objet direct* personne ou chose	*Objet indirect* personne/chose		*Accentué*
je (j')	**me (m')**	**me (m')**		**moi**
tu **vous**	**te (t')** **vous**	**te (t')** **vous**		**toi** **vous**
il **elle**	**le (l')** **la (l')**	**lui** **lui**	**y**	**lui** **elle**
nous **vous**	**nous** **vous**	**nous** **vous**		**nous** **vous**
ils **elles**	**les** **les**	**leur** **leur**	**y**	**eux** **elles**

3 Mon grand-père joue **encore** au golf ; il **ne** joue **plus** au tennis.
Avez-vous **déjà** votre diplôme ? — Non, nous **ne** l'avons **pas encore**.

Comparez :

Y a-t-il **encore** du lait dans le réfrigérateur ?

Non, il **n'y** a **plus** de lait dans le réfrigérateur.

Votre sœur est-elle **encore** à Paris ?

Non, elle **n'est plus** à Paris ; elle n'y est plus. Maintenant elle est à Londres.

Vos amis habitent-ils **encore** à San Francisco ?

Non, ils **n'y** habitent **plus**. Maintenant ils habitent à Boston.

Étudiez-vous **encore** l'italien ?

Non, je **n'étudie plus** l'italien. Je **ne** l'étudie **plus**. Je n'ai **plus** le temps.

Janet voit-elle **encore** Henry ?
Lui parle-t-elle **encore ?**

Non, elle **ne** le voit **plus,** et elle **ne** lui parle **plus.**

Le semestre est-il **déjà** fini ?

Non, le semestre **n'**est **pas encore** fini.

Vos amis habitent-ils **déjà** dans leur nouvelle maison ?

Non, ils **n'**habitent **pas encore** dans leur nouvelle maison ; ils **n'**y habitent **pas encore.**

Gagnez-vous **déjà** de l'argent ?

Non, je **ne** gagne **pas encore** d'argent.

Sommes-nous **déjà** en vacances ?

Non, nous **ne** sommes **pas encore** en vacances.

Avez-vous **déjà** votre nouvelle voiture ?

Non, je **n'**ai **pas encore** ma nouvelle voiture ; je **ne** l'ai **pas encore.**

● Faites attention à ces formes négatives spéciales :

Positif		**Négatif**
encore	$\longrightarrow$	ne... plus
déjà	$\longrightarrow$	ne... pas encore

NOTEZ : Quand on emploie la forme négative **ne... plus,** on emploie **ne,** on n'emploie pas **pas.**

ATTENTION à l'article partitif et à l'article indéfini :

Exemples : Il y a encore **du** pain, mais il **n'**y a **plus de** lait.
J'ai encore **des** amis à New York ; mon frère **n'**a **plus d'**amis à New York.

(Voir **ne... jamais,** leçon 4.)

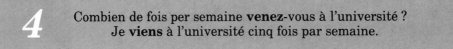

4 Combien de fois per semaine **venez**-vous à l'université ?
Je **viens** à l'université cinq fois par semaine.

Comparez :

A quelle heure **venez**-vous à l'université ?

Je **viens** à l'université à huit heures.

GRAMMAIRE

Comment les étudiants **viennent**-ils ?

Peter **vient**-il en auto avec vous ?

Revenez-vous à la bibliothèque pendant le week-end ?

Quand **revenez**-vous à l'université pour une nouvelle année scolaire ?

Votre frère **reviendra**-t-il des îles Hawaï en avion ?

Qu'est-ce que vous voulez **devenir** dans la vie ?

Quand **obtiendrez**-vous votre diplôme ?

Obtenez-vous souvent une bonne note ?

Ils **viennent** en auto ou à pied ou en autobus.

Non, il **vient** à bicyclette parce qu'il n'habite pas loin.

Oui, je **reviens** à la bibliothèque quand je prépare un examen.

Nous **revenons** en septembre.

Non, il ne **reviendra** pas en avion ; il a l'intention de **revenir** en bateau.

Je veux **devenir** avocat(e).

Nous l'**obtiendrons** dans deux ans.

Oui, j'**obtiens** souvent une bonne note.

● **Venir** est un verbe irrégulier. Voilà le verbe **venir** au présent de l'indicatif.

Je	**viens**	à l'université à neuf heures.
Vous	**venez**	en auto.
Tu	**viens**	en autobus.
Nous	**venons**	ici tous les jours.
Il (elle, on)	**vient**	à pied.
Ils (elles)	**viennent**	de Paris.

● Les verbes **revenir** et **devenir** sont conjugués comme **venir**, et aussi **tenir**, **obtenir**.

Exemples : Quand nous allons en ville, nous quittons la maison à deux heures et nous **revenons** à six heures.
Cette jeune fille **devient** très jolie. Paul veut **devenir** journaliste.
Je **tiens** mon livre à la main.
On **obtient** son diplôme après quatre ans d'études à l'université.

Le futur de ces verbes est :

venir	je **viendr**ai	il **viendra**	ils **viendr**ont
revenir	je **reviendr**ai	il **reviendra**	ils **reviendr**ont
devenir	je **deviendr**ai	il **deviendra**	ils **deviendr**ont
tenir	je **tiendr**ai	il **tiendra**	ils **tiendr**ont
obtenir	j'**obtiendr**ai	il **obtiendra**	ils **obtiendr**ont

5

Faut-il parler français dans la classe de français ?
Il faut avoir un passeport quand on va en Europe.

Étudiez les phrases suivantes :

> **Il faut** faire des sports pour être en bonne santé.
> **Il faut** payer ses impôts avant le 15 avril chaque année.
> **Il faut** acheter des provisions quand le réfrigérateur est vide.
> **Il faut** faire la vaisselle quand les assiettes sont sales.
> **Il faut** réfléchir avant de choisir sa profession.
> **Il faudra** faire la cuisine ce soir avant le dîner.
> **Il faudra** téléphoner à Denise avant d'aller chez elle.

● **Il faut** est une expression impersonnelle qui indique la nécessité ou l'obligation (= il est nécessaire de..., on est obligé de...). L'infinitif est **falloir**.
Après **il faut,** employez l'infinitif du verbe principal. Le pronom **il** est impersonnel comme dans (les expressions) **il pleut, il neige, il fait froid.**
Le futur du verbe **falloir** est **il faudra.**

Étudiez les phrases suivantes :

> Qu'est-ce qu'**il** vous **faut** pour vos classes ?
> Qu'est-ce qu'**il** nous **faut** quand il pleut ?
> **Il faut** une voiture neuve à Jack, n'est-ce pas ?
> Qu'est-ce qu'**il faut** aux gens pour voyager ?

> **Il** me (nous) **faut** des livres et des cahiers.
> **Il** nous **faut** un parapluie.

> Oui, **il** lui **faut** une voiture neuve ; sa voiture est très vieille.
> **Il** leur **faut** de l'argent et des vacances.

● | **il faut** (+ un nom) = avoir besoin de (+ un nom)

On emploie cette expression avec un pronom objet indirect : **Il me (nous, vous, lui, leur) faut** de l'argent pour acheter des provisions. Le pronom objet indirect indique la personne qui a besoin de cette chose.

b) *Répondez à chaque question. Employez un pronom objet indirect dans la réponse.*

1. Pose-t-on des questions *au professeur* quand on ne comprend pas les explications ?   2. Prêterez-vous dix dollars *à Janet ?*   3. Téléphonez-vous *à vos parents* quand vous avez un problème ?   4. Quelle langue parlez-vous *à vos amis ?*   5. Ressemblez-vous *à votre mère ?*   6. Le professeur *vous* explique-t-il le vocabulaire ?   7. *Me* prêterez-vous votre livre ?   8. Quand rendrez-vous ce devoir *à votre professeur ?*   9. Vos amis *vous* téléphoneront-ils ce soir ?   10. Parlerez-vous *à Jim et à Bob* après la classe ?   11. Le Père Noël *vous* apporte-t-il des cadeaux ?   12. *Me* donnerez-vous l'adresse de cet hôtel ?

c) *Remplacez les mots en italique par un pronom objet direct ou objet indirect.*

1. Savez-vous *la date de la Fête nationale française ?*   2. Mon meilleur ami ressemble *à ses parents.*   3. Mon frère n'aime pas *la musique classique.*   4. Connaissez-vous *vos voisins ?* Parlez-vous *à vos voisins ?*   5. Vous faites un cadeau *à votre ami(e)* pour son anniversaire, n'est-ce pas ?   6. Quand voyez-vous *votre professeur ?*   7. J'achèterai *mes livres* au commencement du semestre.   8. Nous parlerons *à Denise* après la classe.   9. La banque ne prêtera pas 1 000 dollars *à Jim et à Janet.*   10. Vos parents vendront-ils *leur maison ?*

2. a) *Remplacez les mots en italique par* **y** *ou par un pronom objet indirect.*

1. Nous pensons *à nos prochaines vacances.*   2. Mon frère joue très bien *au tennis.*   3. Je téléphone *à mon frère* et je demande *à mon frère* des nouvelles de ma famille.   4. Les étudiants font attention *aux questions* et ils répondent *aux questions.*   5. Vous allez *à la cafétéria ?* Déjeunerez-vous *à la cafétéria* aujourd'hui ?   6. Je ne serai pas *chez moi* demain soir, mais je serai *chez moi* samedi.   7. Jack ne prêtera pas son auto *à Bob et à Jim.*   8. Si vous allez *à la bibliothèque,* resterez-vous longtemps *à la bibliothèque ?*   9. Vos parents ont une maison *au bord de la mer.* Habitent-ils *dans cette maison* en été ?   10. Quand vous serez *en Europe,* écrirez-vous des lettres *à vos amis ?*

b) *Répondez aux questions. Remplacez les mots en italique par* **y,** *un pronom objet indirect ou un pronom objet direct dans la réponse.*

1. Pensez-vous *à l'anniversaire de votre mère ?* Faites-vous un cadeau *à votre mère ?*   2. Prenez-vous *votre sac (votre serviette) ?* Qu'est-ce que vous mettez *dans votre sac (serviette) ?*   3. Aimez-vous *le basket-ball ?* Jouez-vous *au basket-ball ?*   4. Serez-vous *à l'université* pendant l'été ?   5. Demandez-vous *au professeur* de répéter la question quand vous ne comprenez pas *la question ?*   6. Comment allez-vous *chez vous ?*   7. Votre ami(e) *vous* téléphone-t-il(elle) tous les jours ?   8. Rendez-vous *à vos amis* les livres qu'ils *vous* prêtent ?   9. Quand le professeur pose une question *aux étudiants,* répondent-ils *à la question ?*   10. Le président pense-t-il *aux problèmes économiques des États-*

Unis ? A votre avis, trouvera-t-il *la solution idéale ?*   11. Quand vous serez *à Paris,* verrez-vous *le musée du Louvre ?*   12. Le professeur *vous* donnera-t-il une note à la fin du semestre ?

3. *Mettez les phrases à la forme négative. Employez* **ne... pas encore, ne... plus** *ou* **ne... jamais.**

1. Il pleut encore.   2. Ma petite nièce va déjà à l'école.   3. Nous étudions encore la leçon 8.   4. Les étudiants pensent déjà aux vacances. 5. Je reviens quelquefois de l'université à pied.   6. Nous allons souvent à la piscine quand il fait beau.   7. Mon frère parle déjà très bien espagnol.   8. Vous prenez toujours votre parapluie quand il pleut.   9. Le professeur est encore dans la classe ; nous lui poserons encore une question.   10. Vos parents ont déjà leur nouvelle voiture.   11. M. et Mme Turner habitent encore ici ; nous les verrons encore.   12. Vous prenez quelquefois un taxi pour venir à l'université.

4. *Répondez aux questions suivantes par des phrases complètes.*

1. A quelle heure venez-vous à l'université le lundi ?   2. Comment venez-vous à l'université ?   3. Venez-vous à l'université seul(e) ?   4. Comment les étudiants viennent-ils à l'université ?   5. Y a-t-il des étudiants qui viennent sur le campus le dimanche ? pourquoi ?   6. A quelle heure reviendrez-vous chez vous demain ?   7. Avec qui revenez-vous chez vous après vos classes ?   8. Comment votre père revient-il à la maison ? 9. Revenez-vous à l'université pendant l'été ?   10. A votre avis, la classe de français devient-elle facile ?   11. Êtes-vous content(e) quand vous obtenez une bonne note ?   12. Quand obtiendrez-vous votre diplôme de l'université ?

5. **a)** *Répondez aux questions par une phrase complète.*

A votre avis, qu'est-ce qu'il faut faire :

1. quand on veut organiser un pique-nique ?
2. quand on n'a pas assez d'argent ?
3. quand on n'est pas en bonne santé ?
4. quand on est pessimiste ?
5. quand on a une mauvaise prononciation ?
6. quand on n'obtient pas de bonnes notes ?
7. quand on ne comprend pas le sens d'une phrase ?
8. quand on n'est pas d'accord avec ses parents ?

b) *Répondez aux questions par une phrase complète, selon l'exemple.*

Exemple :   Qu'est-ce qu'il vous faut quand il fait froid ?
            Il me (nous) faut un tricot quand il fait froid.

1. Qu'est-ce qu'il faut à Susan pour faire des frites ?
2. Qu'est-ce qu'il faut aux étudiants pour leurs classes ?
3. Qu'est-ce qu'il vous faut pour passer un bon week-end ?
4. Qu'est-ce qu'il faut aux gens pour faire du ski ?

5. Qu'est-ce qu'il me faut pour faire une mousse au chocolat ?
6. Qu'est-ce qu'il faut à votre père pour aller à son travail ?
7. Qu'est-ce qu'il nous faut quand il pleut ?
8. Qu'est-ce qu'il faut aux étudiants pour entrer à l'université ?

6. *Employez la forme correcte du verbe.*

1. Quand je (partir) de chez moi, je (prendre) mon déjeuner et je le (mettre) dans un sac.   2. Les étudiants ne (sortir) pas quand ils (avoir) des examens.   3. (dormir)-vous quelquefois dans une classe ennuyeuse ?   4. Oui, je (dormir) quand je (avoir) sommeil.   5. Quand vos parents (partir)-ils pour l'Europe ?   6. Quand je (être) trop fatigué(e), je ne (sortir) pas, je (rester) chez moi.   7. On ne (dormir) pas quand on (voir) un film passionnant.   8. A quelle heure (partir)-vous pour l'université ?   9. Mon père et moi, nous (partir) ensemble à huit heures, mais je (revenir) à quatre heures et il (revenir) à six heures.   10. Pendant le week-end, ma sœur (vendre) des vêtements dans un petit magasin et elle (répondre) au téléphone.   11. Quand on (aller) à Las Vegas, on (perdre) souvent de l'argent.   12. Je (rendre) toujours les livres que mes amis me (prêter).

7. a) *Inventez des phrases complètes avec les éléments suivants.*

1. aller à la plage quand il fait beau (agréable)   2. travailler au soleil dans le jardin (fatigant)   3. connaître les coutumes des autres pays (intéressant)   4. étudier des langues étrangères à l'université (possible)   5. lire attentivement les questions d'un examen (nécessaire)   6. regarder la télévision et étudier en même temps (impossible)   7. gagner de l'argent quand on fait ses études (difficile)   8. passer une bonne soirée avec des amis (amusant)   9. faire des économies quand on est étudiant (facile + *négatif*)   10. avoir un diplôme universitaire (utile)

b) *Indiquez dans une phrase complète deux choses :*

1. que vous avez l'intention de faire la semaine prochaine.
2. que vous avez envie de faire l'été prochain.
3. que vous oubliez souvent de faire.
4. que vous essayez de faire toutes les semaines.
5. que vous décidez de faire au commencement du trimestre.
6. que vous êtes content(e) de faire pendant les vacances.
7. que vous êtes fatigué(e) de faire pendant le trimestre.
8. que vous avez peur de faire dans vos classes.

DIX BIS

A trente mille pieds d'altitude

Lisez à haute voix la conversation suivante.

Jessica est assise à côté d'une passagère âgée, Mme Morin, qui est française.

Jessica : Enfin, c'est fini !

Mme Morin : Les décollages° vous font peur, mademoiselle ?

Jessica : Oh oui. Les décollages et les atterrissages°.
5 C'est stupide, mais ils me font toujours peur.

Mme Morin : Vous avez peut-être raison. On dit que ce sont les deux moments où il y a le plus d'accidents.

Jessica : Vous, vous n'avez pas peur des avions ?

Mme Morin : Je n'ai plus peur des avions. Plus
10 maintenant. Vous savez, il faut dominer sa peur.

Jessica : Vous êtes française, n'est-ce pas ?

Mme Morin : Oui, je suis française. Je m'appelle Mme Morin.

Jessica : Je m'appelle Jessica Cairns. Est-ce que
15 vous venez souvent aux États-Unis ?

Mme Morin : J'essaie d'y aller le plus souvent possible. J'ai un fils qui y habite. Il est marié avec une Américaine. Ils ont deux charmants enfants. Mais vous, qu'est-ce que vous avez l'intention de faire
20 en France ?

Jessica : J'y vais pour étudier l'architecture.

Mme Morin : Voilà l'hôtesse avec son chariot. Voulez-vous prendre quelque chose ?

Jessica : Peut-être un verre de vin blanc.
25 **Mme Morin** *(à l'hôtesse)* : Un verre de vin blanc, s'il vous plaît. Et pour moi un scotch à l'eau.

Jessica : Vous êtes très américanisée.

Mme Morin : L'Amérique a ses bons côtés°.

Une journée à la campagne

Lisez à haute voix le texte suivant.

Les vacances de Pâques arrivent. Alors Mado et Marc font des projets de voyage. Où aller ? Que faire ? Voilà la question. Mais Marc a une petite voiture. Et voilà la réponse. La campagne n'est pas loin. On y passera une journée. On fera un pique-nique. On prendra un bain de soleil. On écoutera de la musique. Et on rentrera à Paris à
5 la fin de la journée.

Mado : Qu'est-ce que tu as l'intention de faire pendant les vacances de Pâques ?
Marc : Je ne sais pas encore. Mais j'ai envie et besoin d'aller dans la nature. Après cet hiver si froid, je suis fatigué de la ville. Il faut changer d'atmosphère
10 de temps en temps.
Mado : J'ai une idée ! Passons une journée à la campagne. Allons à Fontainebleau : la forêt est superbe au printemps. Si nous partons assez tôt°, nous pourrons faire un pique-nique.
Marc : Je vais téléphoner à Valérie, à Fred et à Danielle. Je leur dirai d'inviter
15 Lise et Jacques. Je suis sûr qu'ils voudront venir avec nous... et ils viendront avec leur voiture.

Le samedi suivant, tout le monde est à l'heure au rendez-vous devant la maison de Mado, excepté Valérie.

Marc : Valérie n'est pas encore ici ? Il est déjà dix heures ; on ne peut plus
20 attendre.
Lise : Valérie ne viendra pas avec nous. Elle ne veut pas sortir ; elle a mal° à la gorge et à la tête et elle a un peu de fièvre°. Elle a la grippe° ou un gros rhume°.
Fred : Pauvre Valérie ! Alors, en route ! Il faut partir.
25 **Danielle :** N'oublions pas d'emporter° les provisions pour le pique-nique.
Jacques : Attendez ! Mon coffre° est ouvert ; j'y mettrai les sacs de provisions et les boissons et nous pourrons démarrer°.
Marc : Je pars le premier. Il me faut de l'essence°. Mon réservoir est presque vide. Il y a une pompe à essence au coin de la rue. J'y vais.

30 Marc dit au pompiste de faire le plein° d'essence ; il lui demande aussi de vérifier les pneus° et l'huile°. Marc a une petite Renault neuve et il y fait très

attention. Jacques est au volant° de sa voiture. C'est un bon conducteur° qui conduit° avec prudence. Il prend l'autoroute du Sud. Il est facile de circuler sur l'autoroute ; les autos et les camions° roulent assez vite ; on respecte la limite de vitesse (110 kilomètres à l'heure) ; mais il y a toujours un fou qui veut aller
5 plus vite que tout le monde ! Dans la forêt, la route devient étroite° ; il faut ralentir° et freiner° souvent à cause des piétons°.

Les jeunes gens choisissent un endroit tranquille ; ils y laissent leurs autos, et ils partent dans la forêt. Fred et Danielle essaient d'escalader° un rocher° ; les autres décident d'explorer les environs. Vers° une heure de l'après-
10 midi, ils reviennent. Le bon air leur donne faim, et ils déjeunent à l'ombre° des arbres. Mado qui veut brunir reste au soleil°. Après le déjeuner, ils font la sieste et dorment un peu excepté Fred qui joue de la guitare. Puis, tout le monde joue à la balle.

Mais la nuit vient et il fait plus frais. Il faut rentrer. Sur l'autoroute, on
15 allume° les phares°. La file° des voitures avance lentement°. Paris est encore loin ; nos amis y reviennent fatigués et ravis° de leur journée en plein air.

EN FRANCE... les gens voyagent en train, en auto et plus

rarement, en avion. Les trains de la S.N.C.F. (Société Nationale des Chemins de Fer Français) circulent entre les villes. Beaucoup sont excellents
20 et rapides — le T.G.V. est le train le plus rapide du monde —, et le prix des billets est raisonnable.

L'auto est un moyen° de transport qu'on emploie de plus en plus. Il y a plus de 20 millions d'autos en France (374 pour 1 000 habitants). L'auto est aussi le signe de la réussite° sociale et de l'individualisme qui carac-
25 térise les Français. Elle leur donne une certaine indépendance.

Les routes (autoroutes, routes nationales et secondaires) sont nombreuses et généralement bonnes. Les autos ne sont pas bon marché et l'essence est très chère en Europe. Alors, les petites voitures françaises et étrangères ont beaucoup de succès parce qu'elles consomment° peu d'es-
30 sence. Il faut dire aussi que les distances sont moins grandes qu'aux États-Unis. Les autos françaises les plus connues° sont les Renault, les Peugeot et les Citroën.

Pour conduire° une auto, il faut avoir un permis° de conduire qu'on obtient quand on réussit à un examen théorique et pratique.

PRATIQUE DE COMMUNICATION ORALE

A. *Demandez à votre voisin(e) (il y a un pronom objet indirect dans la réponse) :*

1. s'il (si elle) pose des questions au professeur.
2. s'il (si elle) lui donne son devoir à l'heure.

3. s'il (si elle) prête ses livres à ses amis.
4. s'il (si elle) ressemble à ses parents.
5. s'il (si elle) leur parle français.
6. s'il (si elle) leur demande de l'argent.
7. s'il (si elle) téléphone à son ami(e) tous les jours.
8. s'il (si elle) lui fait des cadeaux.

B. *Demandez à votre professeur :*

1. quand il (elle) va à la bibliothèque (à la piscine, au cinéma, au restaurant).
2. quand il (elle) reste chez lui (elle).
3. quand il (elle) déjeune à la cafétéria.
4. quand il (elle) sera à la maison aujourd'hui.
5. quand il (elle) joue au tennis (au golf, au basket-ball, etc.)

C. *Demandez à une personne de la classe :*

1. s'il est possible de garer sa voiture sur le campus.
2. s'il est difficile de travailler quand on fait ses études.
3. s'il est amusant d'aller au laboratoire.
4. s'il est nécessaire de venir en classe tous les jours.
5. s'il est agréable de faire une promenade sous la pluie.

EXERCICES ORAUX OU ÉCRITS

1. a) *Questions sur la « Lecture ». Répondez à chaque question par une phrase complète.*

1. Qu'est-ce que Marc a envie de faire pendant les vacances ? pourquoi ?   2. Où Mado, Marc et leurs amis iront-ils ? Qu'est-ce qu'ils feront s'ils partent assez tôt ?   3. Pourquoi Valérie n'est-elle pas au rendez-vous avec ses amis ?   4. Où Jacques met-il les provisions pour le pique-nique ?   5. Marc fait-il attention à sa voiture ? pourquoi ? 6. Quelles sortes de voitures circulent sur l'autoroute ?   7. Quelle est la limite de vitesse ?   8. Qu'est-ce qu'il faut faire dans la forêt ? pourquoi ?   9. Qu'est-ce que Fred et Danielle essaient de faire ? et les autres ?   10. A quelle heure et où déjeunent-ils ?   11. Qu'est-ce que Fred fait pendant la sieste ?   12. Quand allume-t-on les phares ?

b) *Questions sur « En France... ». Répondez à chaque question par une phrase complète.*

1. Comment les gens voyagent-ils en France ?   2. Qu'est-ce que le T.G.V. ?   3. Combien d'autos y a-t-il en France ?   4. De quoi l'auto est-elle le signe ?   5. L'essence est-elle bon marché en Europe ? 6. Pourquoi les petites voitures ont-elles beaucoup de succès en France ?

7. Qu'est-ce qu'il faut avoir pour conduire une voiture ?   8. Quelles sont les autos les plus connues en France ?

2. *Préparation à la composition. Exercices de vocabulaire.*

   a) *Complétez les phrases. Employez les expressions de la leçon 10.*

   1. Quand on veut brunir, il faut rester _____ .   2. En ville, il y a des rues ; entre les villes, il y a _____ et _____ .   3. Les gens qui vont à pied sont _____ .   4. Je prends de l'aspirine quand je _____ la tête.   5. Une grande voiture pour les marchandises est _____ .   6. Quand on dort après le déjeuner, on _____ .   7. Je mets _____ dans le réservoir de ma voiture.   8. Il faut _____ quand la circulation est intense.   9. Les autos ne passent pas quand _____ est rouge.   10. Je ne veux pas brunir ; alors je reste _____ .

   b) *Complétez par une expression de la liste. Faites les changements nécessaires pour avoir des phrases correctes.*

consommer	avoir sommeil	à cause de
tôt	dormir	un moyen de transport
le coffre	étroit(e)	conduire
	de temps en temps	faire le plein

   1. A minuit, je vais au lit parce que je _____ .   2. Nous ne _____ pas bien quand nous avons des problèmes.   3. Les petites autos européennes _____ moins d'essence que les grandes autos.   4. Le train est _____ qu'on emploie beaucoup en Europe.   5. Nos amis arrivent en retard _____ un petit accident.   6. Nous partirons à 5 heures du matin ; c'est très _____ .   7. Les vieilles rues des villes européennes ne sont pas larges ; elles sont _____ .   8. Je mets beaucoup de choses dans _____ de ma voiture.   9. Mes parents ne vont pas tous les soirs au cinéma ; ils y vont _____ .   10. Vous pouvez _____ une auto si vous avez un permis de conduire.   11. Le réservoir de l'auto est vide ; il faut _____ .

   c) *Composez une phrase complète avec chaque expression.*

   1. avoir mal à   2. ralentir   3. jouer à   4. à l'ombre (de)   5. avoir sommeil   6. prêter   7. jouer de   8. emporter   9. à cause de   10. de bonne heure

3. *Préparation à la composition. Répondez à chaque question par une phrase complète.*

   1. Qu'est-ce qu'il y a aux environs de votre ville ?   2. Préférez-vous faire une promenade à la campagne à pied, en auto ou à bicyclette ? pourquoi ?   3. En auto, qu'est-ce qu'il faut faire quand on arrive près d'un feu rouge ?   4. Où met-on ses affaires dans une auto ?   5. Qu'est-ce qu'il faut faire

avant de partir pour un long voyage en auto ? (*indiquez deux choses.*)
6. Quelle est la limite de vitesse dans votre état ? en ville ? et sur l'autoroute ?   7. Quelles sortes de voitures voit-on sur une autoroute ?
8. Quand une personne est « au volant », qu'est-ce que cette personne fait ?
9. Jouez-vous d'un instrument de musique ? Si oui, de quel instrument ?
10. Faites-vous la sieste ? Si oui, quand la faites-vous ?   11. En quelle
saison a-t-on un rhume ou la grippe ? Qu'est-ce qu'il faut faire quand on a
un rhume ou la grippe ?   12. Quand a-t-on mal à la tête ? Qu'est-ce que
vous faites quand vous avez mal à la tête ?

4. *Composition.*

   a)   Vos amis et vous avez l'intention de faire un pique-nique à la campagne.
Imaginez votre conversation pour préparer ce pique-nique.

   b)   Vous passerez une journée à la campagne ou à la montagne pendant vos
prochaines vacances. Racontez cette journée (vos activités, les amis qui
vous accompagneront, la nature, etc.).

   c)   Qu'est-ce que vous avez l'intention de faire pendant l'été ? Où irez-vous ?
avec qui ? comment ? pourquoi ?

   d)   Vous êtes malade, et vous ne pouvez pas aller à l'université. Écrivez une
lettre à un de vos professeurs pour expliquer votre situation.

PRONONCIATION

A. *La voyelle* [i]. *Prononcez après votre professeur.*

Ici, midi, chimie, timide, tapis,
difficile, Mississipi.

Lili finit sa chimie à midi et demi.
Félix quitte le Chili samedi.
Virginie habite ici.
Christine est difficile.

Il finit.	Ils finissent.
Il vieillit.	Ils vieillissent.
Il brunit.	Ils brunissent.
Il réfléchit.	Ils réfléchissent.

B. *La voyelle* [y]. *Prononcez après votre professeur.*

Du, jus, tu, une, lune,
mule, Jules, mur, sur,
russe, la rue, brune, prune,
sud, étude, flûte.

La mule de Jules est dans la rue.
Ursule a du jus de prune.

C. *Prononcez après votre professeur. Faites attention au mouvement des lèvres.*

[i] [y]   **Figure, minute, ridicule, issue.**

[y] [i]   **Utile, humide, stupide, musique,
unique, subtil, surpris.**

Julie étudie la **musique.**
Lucie fume dans son lit.
C'est **inutile** et **stupide.**

EXPRESSIONS NOUVELLES

Noms

une autoroute
une coutume°
l'essence° (*f.*)°
la fièvre°
une file de°
la gorge°
la grippe°
l'huile (*f.*)°
une île°
une pompe à essence°
une réussite°
une route

un atterrissage°
un camion°
un coffre°
un conducteur°
un décollage°
un endroit°
un feu rouge°
le grand air°
un moyen de transport°
un permis de conduire°
un phare°
un piéton°
un pneu°
un pompiste
un rhume°
un rocher°
le sommeil°
un volant°

Adjectifs

connu°
désert(e)
étroit(e)°
gros(se)
ravi°

Verbes

allumer°
conduire°
consommer°
démarrer°
devenir
dormir
emporter°
escalader°
éteindre°
falloir
freiner°
gagner
laisser
obtenir
partir
prêter
ralentir°
revenir
rouler°
sortir
tenir
venir

Expressions verbales

avoir mal (à la tête, à la
   gorge)
avoir ses bons côtés°
avoir sommeil°
faire le plein°
faire la sieste°
jouer d'un instrument
   de musique
réussir à un examen°

Adverbes

encore
lentement°
tard°
tôt°

Expressions adverbiales

au soleil°
de bonne heure°
de temps en temps
ne... pas encore
ne... plus

Prépositions

à l'ombre de
vers°

Vous savez déjà :

Noms

l'architecture (*f.*)
une **balle**
une **camarade**
une distance
une **guitare**
une **hôtesse de l'air**
une **limite** (de vitesse)
une **nécessité**
une **obligation**
la **prudence**
la sieste

un **accident**
un **camarade**

un diplôme
les environs (*m.*)
   (aux environs de)
l'individualisme
un instrument (de
   musique)
un(e) passager(ère)
un réservoir
un scotch (à l'eau)
un steward
un succès

Adjectifs

américanisé(e)

pessimiste
sûr(e)
théorique

Verbes

avancer
caractériser
circuler
dominer
explorer
respecter
vérifier

Adverbe

rarement

Qui va lentement va sûrement.
(proverbe)

EXERCICES DE RÉVISION DE GRAMMAIRE

1. *Répondez aux questions suivantes. Employez un pronom (objet direct, indirect ou* **y***) à la place des mots en italique.*

a) 1. Quand regardez-vous *la télévision* ?   2. Où votre père gare-t-il *sa voiture* ?   3. L'histoire *vous* intéresse-t-elle ?   4. *Vous* faut-il de l'argent pour vos études ?   5. Attendez-vous *votre ami(e)* quand il (elle) est en retard ?   6. Allons-nous *à la plage* quand il pleut ? 7. Voyez-vous *vos parents* tous les jours ?   Téléphonez-vous *à votre grand-mère* ?   8. Viendrez-vous *à l'université* pendant les vacances ? 9. Prêterez-vous vos notes de classe *à vos voisins* ?   10. Quand *me* rendrez-vous mon livre ?   11. Le professeur *vous* expliquera-t-il la prochaine leçon ?   12. Téléphonerez-vous *à vos amis* à minuit ?

b) 1. Emportez-vous *vos affaires* quand vous quittez *la classe* ? 2. Reviendrez-vous *à l'université* l'année prochaine ?   3. Prêtez-vous quelquefois de l'argent *à vos amis* à la fin du mois ?   4. Aidez-vous *votre mère* quand elle fait *la cuisine* ?   5. Répond-on correctement *aux questions* quand on ne comprend pas *ces questions* ?   6. Votre ami(e) *vous* accompagnera-t-il(elle) quand vous irez en Europe ?   7. Pourquoi Marc vendra-t-il *sa Toyota* ?   8. A quelle heure finirez-vous *votre travail* ?   9. Pourquoi les jeunes gens vont-ils *à la discothèque* ? 10. Où laissez-vous *votre voiture* (moto, bicyclette) la nuit ? 11. Quand va-t-on *à la banque* ?   12. Pourquoi les étudiants téléphonent-ils *à leur professeur* ?

2. a) *Composez une seule phrase avec chaque groupe. Employez* **qui** *ou* **que (qu').** *Faites les changements nécessaires.*

1. La cliente achète une robe. Elle l'aime beaucoup.   2. Nous corrigeons les phrases. Elles ne sont pas correctes.   3. Janet répond au professeur. Il lui pose une question.   4. Nous lisons des livres. Ils nous intéressent.   5. Je paie mes provisions. Le garçon les met dans des sacs.   6. Mon ami téléphone à sa mère. Il ne la voit pas souvent. 7. Tim va souvent à la montagne. Il aime faire des sports d'hiver. 8. Nous comprenons le vocabulaire. Le professeur l'explique.   9. La blouse est très chic. Anne l'achète pour sa sœur.   10. Ma voiture ne marche pas très bien. Elle est vieille.

b) *Composez vos propres phrases et employez les éléments suivants.*

1. _____ les étudiants qui _____   2. _____ le professeur que _____   3. _____ mes amis qui _____   4. mes parents que _____   5. _____ les livres qui _____ 6. les exercices que _____   7. le programme de télévision qui _____   8. _____ la voiture que _____

3. a) *Faites une phrase complète avec chaque verbe :* **venir, obtenir, devenir, ralentir, dormir, partir, sortir, brunir, pouvoir, vouloir.** *Employez le vocabulaire des leçons 9 et 10.*

b) *Répondez aux questions suivantes.*

A votre avis, qu'est-ce qu'il faut faire ou avoir ou être :

1. pour obtenir son diplôme de l'université ?
2. pour arriver à l'heure ?
3. pour savoir répondre aux questions d'un examen ?
4. pour conduire une auto ?
5. pour passer un bon week-end ?
6. pour être indépendant ?
7. pour devenir un homme (une femme) célèbre ?
8. pour avoir des amis ?
9. pour devenir président des États-Unis ?
10. pour être heureux dans la vie ?

4. *Transformez les phrases. Employez le verbe proposé. (Il y a quelquefois une préposition après ce verbe.)*

Exemple : Vous écoutez la radio. (pouvoir)
Vous pouvez écouter la radio.

1. Vous ne lisez pas le journal en auto. (pouvoir)   2. Allen ne fait pas la vaisselle. (vouloir)   3. Apprend-on le vocabulaire ? (détester)   4. Faites-vous la cuisine ? (savoir)   5. Je prends mes clés. (oublier)   6. Nous parlons à nos amis. (essayer).   7. Finissez-vous cette composition ? (avoir le

temps)   8. Je travaille pendant le week-end à la bibliothèque. (pouvoir)
9. Joe achète cette voiture de sport. (avoir envie)   10. Nous faisons des
exercices oraux. (avoir besoin)   11. Le professeur répond à nos questions.
(savoir)   12. Allez-vous en Europe cet été ? (être content([e]))

5. a) *Mettez les phrases suivantes au futur. Employez le présent quand c'est
nécessaire.*

1. Quand nous (aller) à Fontainebleau, nous (visiter) le château.   2. S'il
y a (avoir) trop de touristes à Londres, mes parents n'y (rester) pas ; ils
(chercher) un hôtel aux environs.   3. Quand la route (devenir) étroite,
il (falloir) ralentir.   4. Vos parents (être)-ils heureux quand vous
(obtenir) votre diplôme ?   5. Nous (faire) une promenade ; si nous
(trouver) un endroit tranquille, nous (pouvoir) faire un pique-nique.
6. Quand Bob (gagner) de l'argent, il le (dépenser) très vite.   7. Si
Kim nous (téléphoner), nous ne lui (répondre) pas parce que nous ne
(être) pas chez nous.   8. (Voir)-vous vos amis quand vous (aller) à San
Francisco ? (Avoir)-vous le temps d'aller chez eux si vous (être) très
occupé(e) ?   9. Votre père vous (prêter)-il sa voiture quand il (savoir)
que votre voiture ne marche pas ?   10. Les étudiants (comprendre)-ils
cette phrase s'ils ne (savoir) pas le vocabulaire ?

b) *Mettez les phrases de l'exercice* **4.** *au futur.*

6. *Répondez négativement à chaque question. Employez un pronom pour remplacer les mots en italique.*

Exemple :   Lisez-vous encore *ce journal* ?
          Non, je ne le lis plus.

1. Mary est-elle encore *au Mexique ?*   2. Étudions-nous déjà *la leçon 15 ?*
3. Allez-vous quelquefois *au concert ?*   4. Voyez-vous encore *vos amis de
l'école secondaire ?*   5. Le professeur *vous* téléphone-t-il quelquefois ?
6. Connaissez-vous déjà *vos professeurs du semestre prochain ?*   7. Votre
mère va-t-elle souvent *à New York ?*   8. Votre père joue-t-il encore *au
football ?*   9. Oubliez-vous quelquefois *vos clés ?*   10. Venez-vous toujours *à l'université* à pied ?   11. Savez-vous déjà *votre note* dans la classe
de français ?   12. Paul pense-t-il encore *à son accident d'auto ?*   13. Parlez-
vous souvent français *à vos amis ?*   14. Le professeur explique-t-il déjà *la
dernière leçon ?*   15. Étudiez-vous encore *le russe ?*

7. *Indiquez deux choses (activités) :*

1. que vous avez peur de faire.
2. que vous avez envie de faire l'année prochaine.
3. qu'il faut faire quand on est étudiant.
4. que vous n'avez pas l'intention de faire cette année.
5. que vous pouvez faire quand vous êtes en vacances.
6. que vous savez très bien faire.
7. que vous voulez faire pendant le week-end.
8. que vous oubliez souvent de faire.   **V**aux-le-Vicomte, 1657–1661.

● Le radical de l'imparfait est le radical de la première personne du pluriel du présent de l'indicatif.
Notez une exception : **être** (j'**étais**, nous **étions**, ils **étaient**).

● L'*imparfait* est le temps de la description dans le passé et le temps de l'habitude dans le passé.
Il indique aussi une action continue dans le passé qui est interrompue par une autre action.

> Je **lisais** un livre quand vous avez téléphoné.
> Nous **marchions** sur le campus quand la pluie a commencé.

3 Vendredi dernier, je **suis parti(e)** en retard de chez moi.
Naturellement, je **suis arrivé(e)** en retard à mon travail.

Comparez :

Mon ami vient souvent chez moi ; il reste assez longtemps parce qu'il a toujours beaucoup de choses à me dire.
Les étudiants arrivent à neuf heures du matin parce qu'ils ont une classe.

Nous allons au laboratoire deux fois par semaine.

A quelle heure rentrez-vous chez vous ?
Je rentre chez moi vers quatre heures.

Hier, mon ami **est venu** chez moi ; il **est resté** assez longtemps parce qu'il avait beaucoup de choses à me dire.
Ce matin, les étudiants **sont arrivés** à dix heures parce qu'ils n'avaient pas de classe à neuf heures.
La semaine dernière, nous **sommes allés** trois fois au laboratoire parce que nous avions un examen oral.
Hier, à quelle heure **êtes-vous rentré(e)** chez vous ?
Hier, je **suis rentré(e)** plus tard parce que je **suis allé(e)** au cinéma.

● Quelques verbes forment le passé composé avec **être** qui est aussi un *auxiliaire*.

> passé composé = **être** (au présent) + participe passé du verbe

Les principaux verbes qui forment leur *passé composé* avec **être** sont :

aller	je suis allé(e)
venir (devenir, revenir)	je suis venu(e) (devenu[e], revenu[e])
arriver	je suis arrivé(e)
partir (repartir)	je suis parti(e) (reparti[e])
entrer	je suis entré(e)
sortir	je suis sorti(e)
monter (remonter)	je suis monté(e) (remonté[e])
descendre (redescendre)	je suis descendu(e) (redescendu[e])
retourner	je suis retourné(e)
rentrer	je suis rentré(e)
tomber	je suis tombé(e)
rester	je suis resté(e)
naître	je suis né(e)
mourir	il est mort, elle est morte

● Voilà le *passé composé* des verbes **partir** et **revenir.**

Je	**suis**	**parti(e)**	en mai, et je	**suis**	**revenu(e)**	en juin.
Vous	**êtes**	**parti(e)(s)**	en mai, et vous	**êtes**	**revenu(e)(s)**	en juin.
Tu	**es**	**parti(e)**	en mai, et tu	**es**	**revenu(e)**	en juin.
Nous	**sommes**	**parti(e)s**	en mai, et nous	**sommes**	**revenu(e)(s)**	en juin.
Il	**est**	**parti**	en mai, et il	**est**	**revenu**	en juin.
Elle	**est**	**partie**	en mai, et elle	**est**	**revenue**	en juin.
On	**est**	**parti**	en mai, et on	**est**	**revenu**	en juin.
Ils	**sont**	**partis**	en mai, et ils	**sont**	**revenus**	en juin
Elles	**sont**	**parties**	en mai, et elles	**sont**	**revenues**	en juin.

NOTEZ : Le *participe passé* des verbes conjugués avec l'auxiliaire **être** est variable.
Il s'accorde avec le sujet du verbe.
L'auxiliaire est affirmatif, négatif ou interrogatif.

Exemples : Nos amis **sont restés** huit mois en Europe.
Sont-ils revenus en bateau ?
Quand **sont-ils partis** ?

Le professeur **n'est pas arrivé.**
Hier, il **n'est pas venu** à l'université.

Le *pronom complément* est placé avant l'auxiliaire.

Exemples : Nous n'**y** sommes pas allés.
Combien de temps **y** est-elle restée ?
Ils **y** sont retournés dimanche dernier.

---

4 Hier, le réfrigérateur **était** vide et nous n'**avions** pas envie de faire la cuisine. Alors, nous **sommes sortis** et nous **avons dîné** au restaurant.

Étudiez le texte suivant :

Samedi dernier, il **faisait** très beau et j'**avais** envie d'aller à la plage. Alors, j'**ai téléphoné** à Lisa et je lui **ai demandé** de m'accompagner. Elle **a accepté** immédiatement. Nous **sommes parti(e)s** en auto et je n'**ai** pas **oublié** d'emporter des sandwichs et des boissons. Quand nous **sommes arrivé(e)s** à la plage, il y **avait** déjà beaucoup de monde. Quelques personnes **nageaient ;** d'autres **jouaient** sur le sable ou **prenaient** un bain de soleil. Nous **avons cherché** un endroit tranquille et nous **sommes resté(e)s** au soleil ; puis, nous **avons fait** une promenade au bord de l'eau qui **était** très froide. Nous **avons décidé** de déjeuner parce que nous **avions** faim. Après notre déjeuner, Lisa **a dormi** et moi, j'**ai lu** mes journaux. A quatre heures de l'après-midi, nous **sommes parti(e)s** et nous **sommes rentré(e)s** chez nous. Nous **étions** très content(e)s de cette journée en plein air.

● On trouve souvent dans une phrase au passé, le *passé composé* et l'*imparfait*. Ce sont deux temps du passé, mais en français, il y a une distinction entre ces deux temps.

● L'imparfait exprime un état ou une action, *sans limites précises de temps*.

● Le passé composé exprime un état ou une action marqués par des *limites de temps précises* ou qui existent à un *moment précis*.
Il indique aussi une succession *d'actions précises* dans le passé.

Nos amis **viennent de** passer un mois en Bretagne.
Nous **venons de** rentrer d'une longue promenade.

Comparez :

Mes parents **sont revenus** du
Canada **il y a*** deux jours.
Janet **a téléphoné il y a**
quelques minutes.
Nous **avons parlé** à Jack **il y a**
un quart d'heure.
J'ai fini ce travail **il y a** une
heure.
Vous **êtes arrivé(e) il y a** un
moment, n'est-ce pas ?
Bob **est parti il y a** cinq
minutes.

Mes parents **viennent de**
revenir du Canada.
Janet **vient de** téléphoner.

Nous **venons de** parler à Jack.

Je **viens de** finir ce travail.

Vous **venez d'**arriver, n'est-ce
pas ?
Bob **vient de** partir.

● **Venir de** + l'infinitif du verbe principal indique un passé très proche du
présent. On l'appelle le *passé récent*. Dans ce cas, **venir de** est un auxiliaire
et non pas un verbe de mouvement.

● Il y a aussi un auxiliaire pour le futur : c'est le verbe **aller**. (Cf. leçon 6, page
131.) **Aller** + l'infinitif du verbe principal indique le *futur proche*. (Cf. leçon
9, page 214.)

Exemples : Je **viens** de téléphoner à mes parents.
Je **vais téléphoner** à mes parents.

Mon père **vient d'acheter** une nouvelle voiture.
Mon père **va acheter** une nouvelle voiture.

Les étudiants **viennent de passer** un examen.
Les étudiants **vont passer** un examen.

ATTENTION : Au passé, l'auxiliaire **venir de** est toujours **à l'imparfait** en
référence à un autre verbe au passé composé.

Exemples : Quand j'**ai quitté** la maison ce matin, **je venais de** prendre mon
petit déjeuner.
Nous **venions de** rentrer quand vous **avez téléphoné.**
Paul **venait de** finir ses études à l'université quand il **est parti**
pour l'Amérique du Sud.

* **Il y a** + *expression de temps* indique un moment précis du passé. (Voir page 491.)

GRAMMAIRE

PRATIQUE ORALE

A. *Mettez chaque phrase au passé composé.*

Exemple : Je choisis des fruits.
J'ai choisi des fruits.

1. Vous dînez chez vous.   2. Luc emporte son parapluie.   3. Nous nageons à la piscine.   4. Marie prête son auto.   5. Vous ralentissez.   6. Paul et Denise finissent leur travail.   7. Je choisis des fleurs.   8. Nous lui téléphonons.   9. Vous leur parlez français.   10. Tu y déjeunes ?
11. Vous les écoutez ?   12. Nous le regardons.

B. *Faites une phrase au passé composé selon l'exemple.*

Exemple : Je fais des courses.
Moi, j'ai fait des courses hier.

1. Je prends l'autobus.   2. Je joue au tennis.   3. Je vois un bon film.
4. Je lui réponds.   5. Je lis le journal.   6. J'apprends ce poème.
7. Je dors toute la nuit.   8. Je mets mon tricot.   9. Je vous rends votre livre.   10. Je fais le marché.   11. J'attends le professeur.

C. *Répondez aux questions, et employez le passé composé dans la réponse.*

Exemple : Quand êtes-vous allé(e) au cinéma ?
Je suis allé(e) au cinéma hier soir.

1. Quand êtes-vous allé(e) à la bibliothèque ?   2. A quelle heure êtes-vous arrivé(e) ce matin ?   3. A quelle heure êtes-vous parti(e) de chez vous ?   4. Êtes-vous allé(e) en Europe l'été dernier ?   5. Quand êtes-vous devenu(e) étudiant(e) à l'université ?   6. A quelle heure êtes-vous entré(e) dans la classe ?

D. *Mettez les phrases à l'imparfait selon l'exemple.*

Exemple : Je déjeune tous les jours avec Paul.
Je déjeunais tous les jours avec Paul.

1. Je joue tous les jours au tennis.   2. Marc fait souvent du ski nautique.   3. Nous allons à la discothèque le samedi.   4. Vous rentrez quelquefois à minuit.   5. Marie gare toujours sa voiture dans la rue.
6. Elle prend l'autobus tous les jours.   7. Nous savons son numéro de téléphone.   8. Il est très bronzé.   9. J'ai des amis à Paris.   10. Nous pouvons partir ensemble.   11. Vous voulez prendre l'avion.

E. *Changez la phrase. Employez les différents sujets.*

1. J'ai fini ma lettre, et je suis allé(e) au bureau de poste. (vous / Luc / tu / nous / Henri et Paul)

2. Nous n'avons pas dîné tôt parce que nous étions occupés. (je / vous / mes parents / tu / Valérie)
3. Tu n'es pas venu(e) à la soirée parce que tu avais la grippe. (je / nous / Lise / Roger et Marc / vous)

EXERCICES ORAUX OU ÉCRITS

1. a) *Mettez les phrases au présent, puis au passé composé.*

(1) 1. Quand je (quitter) ma maison, je (emporter) mes affaires.   2. Mes voisins (dépenser) beaucoup d'argent pour faire une piscine.   3. Ce film ne me (intéresser) pas.   4. Nous (finir) nos devoirs avant de venir en classe.   5. Le conducteur (ralentir) quand il (voir) le camion.   6. Vous (voyager) en Europe ? (Visiter)-vous Paris et Londres ?   7. Les étudiants (apprendre) le vocabulaire. (Comprendre)-ils tous les mots ?   8. Vous ne (écouter) pas la question du professeur ; vous ne lui (répondre) pas correctement.   9. Je (prendre) mon petit déjeuner et je (lire) mon journal.   10. Nous (réfléchir) avant de prendre une décision.   11. Pourquoi Bob (vendre)-il sa voiture ?   12. A Las Vegas, mes amis (jouer) et ils (perdre) leur argent.

(2) 1. Jeff me (téléphoner) et il me (parler) de ses projets.   2. Nos amis nous (accompagner) à l'aéroport et nous leur (dire) au revoir.   3. Tim (vouloir) acheter un journal ; nous le (attendre).   4. (Dormir)-vous bien avant les examens ?   5. Je ne (pouvoir) pas aller au cinéma avec eux; je (être obligé[e]) de finir ce travail.   6. Nous (acheter) un disque et nous le (écouter).   7. Je ne vous (téléphoner) pas parce que je ne (avoir) pas le temps.   8. Quand on me (demander) mon avis, je le (donner).   9. (Voir)-vous Phil ? Lui (parler)-vous ?   10. Nous lui (parler) quand nous le (voir).   11. Quand je vous (prêter) un livre, vous ne me (rendre) pas ce livre.   12. Les étudiants qui (travailler) sérieusement (obtenir) de bonnes notes.

b) *Mettez les phrases au passé composé.*

1. Ils (dire) bonjour à leur voisin quand ils le (voir) dans la rue.   2. Bob (choisir) un pantalon ; il le (essayer) et il le (payer) à la caisse.   3. Nous (trouver) un petit restaurant et nous y (dîner).   4. Il y (avoir) un accident et mes parents ne (pouvoir) pas partir.   5. (Faire)-vous du ski l'hiver dernier ? Vos amis vous (accompagner) à la montagne ?   6. Vous ne (savoir) pas répondre parce que vous ne (comprendre) pas la question.   8. (Jouer)-vous au tennis samedi dernier ? — Non, nous ne (avoir) pas le temps d'y jouer.   9. Je (laisser) ma voiture dans la rue ; je ne (vouloir) pas la garer devant votre garage.

GRAMMAIRE

2. *Mettez les verbes à l'imparfait.*

1. Ce matin, Jeff est malade ; quand le professeur lui pose une question, il ne peut pas lui répondre.   2. Il y a beaucoup de vent ; les nuages passent vite dans le ciel.   3. Valérie ne veut pas sortir parce qu'elle a mal à la gorge.   4. Les étudiants attendent le professeur qui est en retard.   5. Nous savons le numéro de téléphone de nos voisins ; mais ils ne sont jamais chez eux quand nous leur téléphonons.   6. Après cet examen, je suis fatigué(e), et j'ai sommeil.   7. Ma classe d'anglais devient de plus en plus intéressante.   8. Avez-vous envie d'acheter ce livre ? Est-il trop cher ?   9. A quatre-vingts ans, mon grand-père travaille encore dans son jardin, et il joue au golf.   10. Quels sont vos projets ? Voulez-vous faire le tour du monde ?

3. a) *Mettez les phrases au présent, puis au passé composé.*

1. A quelle heure (partir)-vous de chez vous ?   2. Comment vos amis (venir)-ils ? — Ils (venir) en auto.   3. Joe (aller) à la piscine ; mais je n'y (aller) pas.   4. Votre mère (revenir) de Montréal en avion ou en auto ?   5. Nous (arriver) au supermarché avant vous.   6. Linda (venir) avec nous à la bibliothèque ; mais elle ne (rentrer) pas avec nous ; elle y (rester) pour travailler.   7. Nous (aller) au marché ; nous y (entrer) pour acheter des fruits ; nous (sortir) avec trois grands sacs de provisions.   8. Ma sœur (tomber) plusieurs fois quand elle (faire) du ski. 9. Quand je (aller) dans ce magasin, je (monter) et je (descendre) en ascenseur.   10. Nous (partir) en juin et nous (revenir) en septembre.

b) *Mettez les phrases au passé composé.*

1. Jenny arrive chez elle à quatre heures et elle commence à travailler.   2. Nous disons bonjour au professeur quand nous entrons dans la classe.   3. Mes parents prennent l'avion de Londres quand ils partent pour l'Europe.   4. Les étudiants vont au laboratoire et ils y font des exercices oraux.   5. Vous arrivez de bonne heure au cinéma et vous attendez vos amis.   6. J'invite Paul et Anne à dîner ; ils viennent chez moi à six heures et nous bavardons beaucoup.   7. Où vas-tu ? Pourquoi pars-tu si vite ?   8. Nous passons la soirée à la discothèque et nous rentrons très tard.   9. Ils entrent à la librairie où ils achètent des livres et des journaux.   10. Vous ralentissez quand la route devient étroite.

4. *Mettez les phrases au passé. Employez le passé composé ou l'imparfait. Faites attention au sens de la phrase.*

a) 1. Samedi dernier, ma mère et moi, nous (aller) au marché. Quand nous y (arriver), il y (avoir) beaucoup de monde et nous ne (trouver) pas de parking. Alors, nous (revenir) une heure plus tard.   2. Hier soir, mes parents ne (sortir) pas parce qu'ils (être) fatigués. Ils (regarder) la télévision ; ils (voir) un film célèbre de Hitchcock.   3. Ce matin, je (prendre) mon parapluie parce qu'il (pleuvoir) quand je (quitter) la maison. Mais cet après-midi, il ne (pleuvoir) plus quand je (rentrer) chez moi.   4. Sue (essayer) d'escalader un rocher ; elle (tomber), et elle (être) obligée d'aller à l'hôpital.　　5. Il y (avoir) un accident sur l'autoroute ; la circulation (devenir) très difficile. On ne (pouvoir) pas aller vite.　　6. Hier Paul et Jack (rester) à la bibliothèque ; ils y (travailler) pendant trois heures parce qu'ils (vouloir) préparer un examen important.　　7. Vendredi dernier, je ne (venir) pas en classe parce que je (être) malade ; je (avoir) mal à la tête.　　8. Pourquoi Jack et Bob (partir)-ils si vite ? (Avoir)-ils une autre classe ?

b) Samedi soir, Susan (aller) chez ses amis Bob et Mary parce qu'elle (vouloir) étudier pour son examen d'histoire et il lui (falloir) un livre spécial. Elle (prendre) sa voiture, mais elle (voir) que le réservoir (être) presque vide. Alors, elle (être) obligée d'aller à la station-service. Il (faire) mauvais, il (pleuvoir) et les voitures (avancer) très lentement. Susan (arriver) assez tard chez ses amis. Quand elle (entrer) chez eux, elle leur (dire) bonsoir. Ils (prendre) une tasse de café, et ils (commencer) à bavarder. La conversation (être) si intéressante que les amis (oublier) l'heure et Susan (rentrer) chez elle à minuit. Finalement, Susan ne (étudier) pas parce qu'elle (avoir) sommeil. Elle (aller) au lit et elle (dormir) toute la nuit. Et dimanche,... elle (travailler) toute la journée; elle ne (sortir) pas.

c) Quand je (être) enfant, je (avoir) un chien noir que je (aimer) beaucoup. Il (s'appeler) Sam. Un jour, il (sortir) de la maison et, quand je (revenir) de l'école, je ne (trouver) pas Sam. Je le (appeler), je (aller) chez nos voisins pour essayer de le retrouver. Ma mère (téléphoner) à la police ; mais nous ne (réussir) pas à savoir où (être) mon chien. Je (être) très triste et, le soir, je (refuser) de dîner. Enfin, vers dix heures du soir, mon père (entendre) du bruit à la porte. Nous y (aller) et nous (voir) Sam qui (être assis) devant la porte. Nous (être) heureux de revoir notre chien.

5. a) *Transformez les phrases suivantes. Employez l'auxiliaire* **venir de** *pour indiquer le passé récent.*

　　Exemple :　Mes parents ont vendu leur maison.
　　　　　　Mes parents viennent de vendre leur maison.

1. Nous avons fait des courses.　　2. Ma sœur a obtenu son diplôme. 3. Janet et Daniel sont partis pour l'Espagne.　　4. J'ai prêté cinquante dollars à Jack.　　5. Vous avez allumé les phares de la voiture.　　6. Les étudiants ont fini leur examen.　　7. As-tu joué au tennis ?　　8. Le professeur est sorti de la classe.　　9. Nous sommes allés à la boulangerie et nous avons acheté du pain.　　10. J'ai perdu mon portefeuille. 11. Anna a payé ses livres à la caisse.　　12. Ils ont vu un bon film et ils ont dîné au restaurant.

b) *Répondez aux questions, et employez* **venir de** *à l'imparfait. Faites des phrases complètes.*

　　Exemple :　Qu'est-ce que vous veniez de faire quand vous êtes sortie de chez vous ?
　　　　　　Quand je suis sortie de chez moi, je **venais de** finir mes devoirs.

Qu'est-ce que vous veniez de faire :

1. quand vous êtes arrivé(e) dans la classe de français ce matin ?
2. quand vous avez dîné hier soir ?
3. quand vous avez commencé vos devoirs hier ?
4. quand vous êtes allé(e) au lit hier ?
5. quand le professeur est entré dans la classe ?
6. quand vous êtes sorti(e) de chez vous ce matin ?

Blaise Pascal, 1623–1662.

ONZE BIS

L'atterrissage

Lisez à haute voix la conversation suivante.

Dans l'avion Jessica et Mme Morin entendent la voix de l'hôtesse de l'air qui annonce leur arrivée imminente.

L'hôtesse de l'air : Mesdames et messieurs, nous allons arriver dans quelques instants à Roissy-Charles de Gaulle.* Nous vous demandons d'attacher votre ceinture, d'éteindre° vos cigarettes et de
5 redresser le dossier° de votre fauteuil.
Mme Morin : Voilà, nous commençons à descendre. Le voyage a été parfait, n'est-ce pas ? Presque pas de turbulence. Les repas étaient excellents. Nous avons beaucoup parlé et un peu dormi. Maintenant, Paris va
10 vous ouvrir les bras.
Jessica : Ça y est ! Nous atterrissons. J'ai la frousse. C'est bête°, mais j'ai la frousse !
Mme Morin : Voyons, Jessica, c'est fini ; c'est fini. Nous avons atterri. Nous sommes arrivés à Paris.
15 **Jessica** Ouf ! C'est vrai ? C'est fini ? Oui, l'avion a stoppé. Mais où est Paris ? Je ne le vois pas !
Mme Morin : Vous avez raison. On ne voit pas encore Paris. L'aéroport est assez loin de la ville.
Jessica : Combien de temps faut-il pour y aller ?
20 **Mme Morin :** Environ quarante-cinq minutes.
Jessica : Y a-t-il un service d'autobus ?
Mme Morin : Naturellement. Mais vous allez venir avec nous. Mon mari sera là avec la voiture.
Jessica : Oh, c'est très gentil !
25 **L'hôtesse de l'air :** Mesdames et messieurs, nous venons d'atterrir à Roissy-Charles de Gaulle. Il est cinq heures vingt-cinq du soir, heure locale. Air France vous remercie et vous souhaite° une très bonne soirée et un heureux séjour° en France.

* Voir photo à gauche.

Lettre de Bretagne

Lisez à haute voix le texte suivant.

Mardi, 20 juillet

Mon cher Peter,

Merci de ta lettre qui vient d'arriver dans le petit port de Bretagne où je passe mes vacances. J'y réponds tout de suite. Tu me demandes pourquoi j'ai choisi de passer mes vacances en
5 Bretagne. Je n'ai pas choisi : les parents de mes amis Eric et Martine ont loué une villa sur la côte bretonne et ils m'ont invité à les accompagner. Ils sont venus de Paris en auto au début de juillet. Moi, j'ai pris le train Paris-Quimper à la gare° Montparnasse. Le train était bondé° ; mais ma place était réservée et je n'ai pas eu de difficultés avec mes bagages. Mes amis
10 m'attendaient à Quimper ; nous sommes allés directement à la villa qui est près d'un village. Quand je suis arrivé, il pleuvait et il y avait beaucoup de vent. Il a plu pendant deux jours. Sur la mer, on voyait de grandes vagues°. Pendant cette tempête, les bateaux de pêche° et les voiliers° n'ont pas pu sortir du port. Nous étions à la maison ; nous lisions et nous jouions aux cartes. Je
15 pensais que mes vacances commençaient très mal. Heureusement, il fait beau maintenant ; je suis bien bronzé° et les jours passent vite.

Je ne connaissais pas cette région avant de venir ici. La côte° est très belle avec ses rochers et ses petits ports pittoresques. Elle est très différente de la Côte d'Azur où j'ai passé mes vacances l'année dernière. La Côte d'Azur est
20 magnifique ; la mer et le ciel sont d'un bleu intense, mais... il y a trop de touristes en été. Les routes sont encombrées°, les plages sont noires de monde. C'est insupportable ! Ici, le soleil est moins chaud que dans le midi de la France, et la mer est quelquefois très froide. Mais un jour, je suis resté sur le sable pendant trois heures, et j'ai attrapé un coup° de soleil. Nous nageons beaucoup,
25 nous faisons du ski° nautique et de la planche° à voile ; nous pêchons° dans les rochers ; nous jouons au volley-ball sur la plage, et nous visitons les environs. Samedi dernier, nous avons fait une longue excursion à bicyclette. Nous avons visité une vieille église gothique° et deux petites chapelles dans la campagne. Quand nous sommes revenus, nous avons vu les pêcheurs° qui rentraient avec
30 leurs bateaux pleins de poissons. Mes amis et moi, nous avons projeté de faire du camping sur une petite île qui n'est pas loin d'ici. Nous irons en bateau à voile° avec un jeune couple que la famille d'Eric connaît bien. Nous serons bien équipés parce que nous resterons trois jours sur l'île. Il nous faudra des tentes et des sacs° de couchage, des lampes, un réchaud° à gaz et... des provisions :
35 l'île est déserte ! Je te parlerai de cette expérience mémorable dans ma prochaine lettre.

Bravo pour ton français. Tu as corrigé toutes les fautes que tu faisais habituellement. Essaie de m'écrire pour me parler de tes projets. Je t'envoie° mes amitiés.

Marc

EN FRANCE... on parle encore des anciennes provinces fran-
çaises. Les gens viennent de Provence, de Normandie, d'Alsace ou de Bourgogne. Tout le monde sait que Paris est peuplé de « provinciaux » qui sont
devenus des Parisiens après une génération. Chaque province a ses caractéristiques historiques, géographiques, économiques, humaines et même
linguistiques et gastronomiques. Par exemple, la Bretagne, qui est bordée
par la Manche et l'océan Atlantique, est une presqu'île° à l'ouest de la
France. Elle est devenue une partie de la France à la fin du 15ᵉ siècle.
C'est une région de vieille civilisation. On y trouve des monuments qui
datent des Celtes, des églises et des monastères du Moyen° Âge. C'est une
province qui a une très forte tradition religieuse. C'est aussi le pays des
vieilles légendes, de l'enchanteur° Merlin et de la fée° Morgane. Les Bretons ont la réputation d'être obstinés et superstitieux. Ils sont toujours
fiers° de leur particularisme, et ils veulent garder vivante° leur langue,
le breton, qui est d'origine celtique comme le gallois° en Grande-Bretagne.
On mange bien en Bretagne ; les « fruits de mer » (poissons, crevettes,
crabes) sont délicieux et on y produit beaucoup de légumes et de fruits
comme les artichauts, les choux-fleurs et les fraises.

PRATIQUE DE COMMUNICATION ORALE

A. *Demandez à votre voisin(e) (employez* **est-ce que** *ou l'inversion) :*

1. s'il (si elle) a passé de bonnes vacances l'été dernier.
2. s'il (si elle) est allé(e) à la plage ou à la campagne.
3. s'il (si elle) a travaillé pendant les dernières vacances.
4. s'il (si elle) a vu un film le week-end dernier.
5. s'il (si elle) a acheté des livres au début du semestre.
6. s'il (si elle) a obtenu une bonne note dans sa dernière classe de français.

B. *Demandez à votre professeur :*

1. à quelle heure il a quitté sa maison ce matin.
2. comment il est venu à l'université.
3. à quelle heure il est parti hier.
4. où il est allé pendant les dernières vacances.
5. quand il a corrigé vos devoirs.
6. où il est né.

C. *Demandez à un(e) étudiant(e) (employez **qu'est-ce que**) :*

1. ce qu'il (elle) a mangé ce matin.
2. ce qu'il (elle) a lu hier soir.
3. ce qu'il (elle) a fait samedi dernier.
4. ce qu'il (elle) a acheté la semaine dernière.
5. ce qu'il (elle) a vu quand il (elle) est arrivé(e) en classe.
6. ce qu'il (elle) a appris dans cette classe de français.

EXERCICES ORAUX OU ÉCRITS

1. a) *Questions sur la « Lecture ». Répondez à chaque question par une phrase complète.*

1. Où Marc passe-t-il ses vacances ? Avec qui est-il ?   2. Comment les parents d'Eric sont-ils venus de Paris ? et Marc ?   3. Quel temps faisait-il quand Marc est arrivé en Bretagne ?   4. Pourquoi les bateaux ne sont-ils pas sortis du port pendant deux jours ?   5. Où Marc a-t-il passé ses vacances l'année dernière ? Où est cette région, en France ?   6. Qu'est-ce que les jeunes gens font pendant la journée ?   7. Qu'est-ce qu'ils ont fait samedi dernier ? Qu'est-ce qu'ils ont vu quand ils sont revenus ?   8. Qu'est-ce que Marc et ses amis ont projeté de faire ?   9. Comment et avec qui iront-ils à l'île ?   10. Dormiront-ils à l'hôtel ? Pourquoi seront-ils obligés d'emporter des provisions ?

b) *Questions sur « En France... » Répondez à chaque question par une phrase complète.*

1. Où est la Bretagne ? Qu'est-ce que c'est ?   2. Par quelles mers la Bretagne est-elle bordée ?   3. Quand la Bretagne est-elle devenue une partie de la France ?   4. Quelle sorte de monuments y voit-on ?   5. Quelle réputation les Bretons ont-ils ?   6. De quoi sont-ils fiers ?   7. Quels fruits et quels légumes produit-on en Bretagne ?   8. Nommez deux autres provinces françaises, et situez ces provinces.

2. *Préparation à la composition. Exercices de vocabulaire.*

a) *Répondez à chaque question. Employez le vocabulaire de la leçon 11.*

1. Dans quoi dort-on quand on fait du camping ?   2. Où les trains arrivent-ils ?   3. Quel est un autre mot pour *le bord de la mer* ?   4. Où fait-on du ski nautique ?   5. Dans quoi mettez-vous vos affaires quand vous voyagez ?   6. Quel est le contraire de *demain* ?   7. Sur quoi êtes-vous assis(e) quand vous êtes par terre à la plage ?   8. Qu'est-ce qu'on dit quand une salle est complètement pleine de gens ?

b) Employez les expressions de la liste pour compléter les phrases. Faites les changements nécessaires pour avoir des phrases correctes.

un séjour	garder	une région
projeter	le Moyen Âge	une vague
parler de	bronzé(e)	encombré(e)
pêcher	des voiles	un voilier

1. La Bretagne est _____ humide.   2. _____ est venu avant la Renaissance.   3. Pendant une tempête, il y a _____ sur la mer. 4. Les Bretons veulent _____ leur langue.   5. Nous irons au théâtre pendant notre _____ à New York.   6. Nous _____ de visiter la statue de la Liberté.   7. Ma sœur aime rester au soleil ; elle est très _____ .   8. Hier, en classe, nous _____ la Bretagne.

c) *Composez une phrase complète avec chaque expression.*

1. habituellement   2. parler de   3. bondé(e)   4. pêcher   5. être fier (fière) de   6. tout de suite   7. projeter   8. venir de   9. hier

3. *Préparation à la composition. Répondez à chaque question par une phrase complète.*

1. De quoi a-t-on besoin pour faire du camping ?   2. Êtes-vous bronzé(e) à la fin de l'été ? pourquoi ?   3. Qu'est-ce que vous projetez de faire pendant vos vacances prochaines ?   4. En quelle saison les routes sont-elles encombrées ? pourquoi ?   5. Qu'est-ce qu'on peut pêcher dans les rochers près d'une côte ?   6. Qu'est-ce qu'un voilier ? Où peut-on voir des voiliers ?   7. Savez-vous faire du ski nautique ? et de la planche à voile ? 8. Jouez-vous quelquefois au volleyball ? Quand ?

4. *Préparation à la composition. Racontez au passé :*

1. votre week-end. Commencez : « Le week-end dernier... » Employez le passé composé et l'imparfait.
2. une petite aventure agréable ou désagréable de votre vie. Employez le passé composé et l'imparfait.
3. une journée de votre vie d'étudiant(e). Par exemple : « La semaine dernière... » Employez le passé composé et l'imparfait.

5. *Composition.*

a) Lettre à un(e) ami(e) pour lui parler de vos dernières vacances. Où étiez-vous ? avec qui ? Comment y êtes-vous allé(e) ? pourquoi ? Qu'est-ce que vous avez fait et vu ?

b) Vous avez fait du camping. Racontez cette expérience. Qu'est-ce que vous avez fait avant de partir ? Avec qui étiez-vous ? Qu'est-ce qui vous intéresse dans le camping ? Qu'est-ce que vous avez fait et vu ?

c) Une journée à la plage ou à la campagne avec des amis. Parlez du temps qu'il faisait, des gens, de vos activités.

PRONONCIATION

A. *Prononcez chaque groupe.*

1. J'ai eu faim.   Il a eu faim.
   J'ai eu soif.   Il a eu soif.
   J'ai eu chaud.   Il a eu chaud.
   J'ai eu froid.   Il a eu froid.
   J'ai eu peur.   Il a eu peur.

2. J'ai pu.   Ils ont pu.
   J'ai bu.   Ils ont bu.
   J'ai vu.   Ils ont vu.
   J'ai su.   Ils ont su.
   J'ai lu.   Ils ont lu.

B. *La voyelle* [e]. Répétez après votre professeur.

et, mes, tes, ses, les, des,   D**é**sir**é** est d**é**sol**é**.
été, id**ée**, j'**ai**, g**ai**,   Le b**é**b**é** est n**é** l'**été** dernier.
étudi**ez**, d**é**sol**é**, r**é**fl**é**chiss**ez**.   **É**tudi**ez** et r**é**fl**é**chiss**ez**.

C. *La voyelle* [ɛ̃]. Prononcez après votre professeur.

B**ain**, f**aim**, m**ain**, p**ain**, v**in**,   Le mat**in**, le jard**in** est pl**ein**
pl**ein**, s**im**ple, jard**in**, méde**cin**,   d'**in**sectes.
mat**in**.   Son cous**in** est méde**cin** aux
C'est bi**en** s**im**ple.   **In**des.
                          J'aime le p**ain** et le v**in**.

EXPRESSIONS NOUVELLES

Noms

une ceinture
une côte°
une crevette°
une fée°
une gare°
la pêche°
une plage
une planche° à voile
une presqu'île°
une vague°
une voile°

un bateau à voile(s)
un bateau de pêche
un chou-fleur°
un coup° de soleil
un début
un dossier°
un enchanteur°
les fruits de mer°
le gallois°

le Moyen Âge°
un pêcheur°
un réchaud° à gaz
le sable°
un sac de couchage°
un séjour°
le ski nautique°
un tarif° réduit
un voilier°

Adjectifs

bête°
bondé(e)°
bordé(e)°
bronzé(e)°
continu(e)
fier, fière°
vivant(e)°

Verbes

attraper°
écrire
éteindre°
garder°
marcher°
mourir°
naître°
parler de
pêcher°
produire

redresser°
rentrer°
souhaiter°
venir de

Expressions verbales

envoyer ses amitiés à
faire de la planche à voile
faire de la voile°

Adverbes

ce matin
ce soir
environ
heureusement
hier°
hier matin
hier soir
mal
tout de suite°
à terre

Expressions adverbiales

l'année dernière
heure locale
il y a° (trois mois)
la semaine dernière

Noms géographiques

l'Alsace (f.)
la Côte d'Azur
la Grande-Bretagne
la Manche
le Midi
l'océan Atlantique
Quimper

> **Argot classique**
> la frousse = la peur

Si jeunesse savait, si vieillesse pouvait...
(proverbe)

Vous savez déjà :

Noms

une Bretonne
une **ca**ractéristi**que**
une chape**lle**
la civili**sa**tion
une coïncidence
une excursion
une ex**pé**rience
une gé**né**ration
une habi**tude**
une h**ô**tesse (de l'air)
une légende
une ré**gi**on
une réputation
une tempête
une tente
une terra**sse**
la turbulence
une villa

les bagage**s** (m.)
un Breton
le breton
un monastère
le particularisme
un port
un provincial
un service d'**auto**bus
un village
le volley-ball

Verbes

atta**ch**er
inter**ro**m**pre**
mar**quer**
proje**ter**

Adjectifs

cel**tique**
encombré(e)°
équipé(e)
gastronomi**que**
géographi**que**
historique
humai**n(e)**
imminent(e)
linguisti**que**
mémorable
mental(e)
obstiné(e)
pi**tto**resque
précis(e)
superstiti**eux**(euse)
usuel(le)

J. Racine.

DOUZE

1 Avez-vous **de l'argent ?**
Oui, j'**en** ai **un peu** ; mais à la fin du mois, je n'**en** aurai plus.

2 Avez-vous pris **votre voiture** ce matin ?
Oui, je **l'**ai prise pour venir à l'université.

3 Aimez-vous aller **à la plage ?**
Nous aimons **y** aller quand nous avons le temps d'**y** aller.

4 J'ai dit bonjour à mes amis qui **étaient arrivés** avant moi.
Je savais le nom de mes voisins, mais je ne leur **avais** jamais **parlé.**

5 Nous **continuerons à** suivre des cours de français.
J'ai invité mes amis **à** venir chez moi.

6 Qu'est-ce que Molière **a écrit ?** — Il **a écrit** des comédies.
Suivez-vous les conseils de vos parents ? — Je ne les **suis** pas toujours.

Jean Racine, 1639–1699.

DÉVELOPPEMENT GRAMMATICAL

1 Avez-vous **de l'argent ?**
Oui, j'**en** ai **un peu** ; mais à la fin du mois, je n'**en** aurai plus.

Comparez :

Y a-t-il **des étudiants** à la bibliothèque ?	Oui, il y **en** a.
Y a-t-il **des voitures** sur l'autoroute ?	Oui, il y **en** a.
Y a-t-il **des parcs** dans la ville ?	Oui, il y **en** a.
Y a-t-il **des classes** le dimanche ?	Non, il n'y **en** a pas.
Avez-vous **des disques** de musique classique ?	Oui, nous **en** avons.
Achetez-vous **des fruits** au supermarché ?	Oui, j'**en** achète. J'**en** ai acheté hier.
Mangez-vous **de la viande ?**	Oui, j'**en** mange, mais ma sœur n'**en** mange pas.
Votre père a-t-il **de la patience ?**	Oui, il **en** a.
Prenez-vous **du café ?**	Oui, j'**en** prends le matin ; j'**en** ai pris ce matin.
Mettez-vous **du sucre** dans votre café ?	Non, je n'**en** mets pas.
Quand prend-on **de l'aspirine ?**	On **en** prend quand on a mal à la tête.
Y a-t-il **de l'essence** dans le réservoir de la voiture ?	Non, il n'y **en** a pas.
Votre frère a-t-il **un bateau ? En** a-t-il **un ?**	Oui, il **en** a **un.**
Avez-vous **un chien ?**	Non, nous n'**en** avons pas.
Faites-vous quelquefois **une promenade à pied ?**	Oui, nous **en** faisons **une** quand il fait beau.
Avez-vous **une voiture ? En** avez-vous **une ?**	Non, je n'**en** ai pas, mais ma mère **en** a **une.**
Votre mère a-t-elle **beaucoup de travail ?**	Oui, elle **en** a **beaucoup** ; à mon avis, elle **en** a **trop.**

Dépense-t-on **beaucoup d'argent** quand on voyage ?	Oui, on **en** dépense **beaucoup.** Moi, j'**en** dépense toujours **beaucoup.**
Avez-vous **beaucoup d'amis** à l'université.	Non, je n'**en** ai pas **beaucoup ;** j'**en** ai **quatre** ou **cinq.**
Faites-vous **assez de sports ?**	Nous n'**en** faisons pas **assez** parce que nous n'avons pas le temps.
Combien de livres achetez-vous au début du semestre ?	J'**en** achète **une douzaine.**
Combien de cigarettes Paul fume-t-il ?	Il **en** fume **un paquet** par jour ; il **en** fume **trop.**
Combien de frères avez-vous ?	J'**en** ai **deux.**
Les étudiants ont-ils **assez d'argent ?**	Non, en général, ils n'**en** ont pas **assez.**

● Le pronom **en** remplace un nom de personne ou de chose précédé de **des, du, de l', de la, un, une** ou d'une expression de quantité.

NOTEZ : Quand **en** remplace un nom accompagné d'un nombre ou d'une expression de quantité, on emploie ce nombre ou cette expression après le verbe et **en** avant le verbe.

Avez-vous **des** chats ?	— Oui, j'**en** ai. — Non, je n'**en** ai pas.
Avez-vous **un** chien ?	— Oui, j'**en** ai **un.** — **Non, je n'en** ai pas.[1]
Mangez-vous **beaucoup de** fruits ?	— Oui, j'**en** mange **beaucoup.** — Non, je n'**en** mange pas **beaucoup.**
Combien d'étudiants y a-t-il à l'université.	— Il y **en** a **vingt mille (20 000).**
Combien de cigarettes fumez-vous ?	— J'**en** fume **cinq** ou **six** par jour.
Combien d'exercices faites-vous ?	— Nous **en faisons deux** ou **trois.**

Comparez :

Avez vous besoin **de votre livre** tous les jours ?	Oui, nous **en** avons besoin tous les jours.
Votre père a-t-il besoin **de son auto** tous les jours ?	Non, il n'**en** a pas besoin tous les jours.

[1] A la forme négative on ne répète pas le mot **un** en général.

Votre professeur parle-t-il **de la géographie de la France ?**	Oui, il **en** parle quelquefois.
A-t-il parlé **de la littérature française ?**	Non, il n'**en** a pas parlé.
Les gens ont-ils peur **de la guerre ?**	Oui, ils **en** ont peur ; nous **en** avons peur.
Votre sœur est-elle contente **de sa nouvelle voiture ?**	Oui, elle **en** est très contente.
Avez-vous joué **du piano** hier soir ?	Non, je n'**en** ai pas joué ; j'**en** joue rarement quand je ne suis pas chez moi.
Nous sommes très heureux **de votre succès ;** et vos parents aussi, n'est-ce pas ?	Oui, ils **en** sont très heureux aussi.

● Dans les exemples précédents, le pronom **en** remplace le complément du verbe introduit par **de.** Dans ce cas, **en** représente toujours un nom de chose. On l'emploie avec des verbes comme :

parler **de,** jouer **de,** avoir besoin **de,** avoir envie **de,** avoir peur **de,** être sûr **de,** être content **de,** être heureux **de,** être désolé **de,** être fier **de.**

NOTEZ : Le pronom **en** contient la préposition **de.**

2   Avez-vous pris **votre voiture** ce matin ?
Oui, je l'ai **prise** pour venir à l'université.

Comparez :

Avez-vous pris **vos clés** avant de sortir de chez vous ?	Bien sûr, je **les** ai **prises.**
Où avez-vous mis **votre serviette ?**	Je l'ai **mise** dans le coffre de la voiture.
Où sont **les provisions** que nous avons **achetées ?**	Nous **les** avons **mises** dans le réfrigérateur.

Avez-vous compris **les expressions que** le professeur a expliqu**ées** ?	Oui, je **les** ai **comprises.** Tous les étudiants **les** ont **comprises.**
Avez-vous vu **les films** qu'on présente en ville ?	Oui, je **les** ai **vus,** mais je ne **les** ai pas **aimés.**
Avez-vous lu **toutes ces revues** ?	Oui, je **les** ai **lues** pendant mes vacances.
Qu'est-ce que vos amis regardent ?	Ils regardent **les photos qu'**ils ont **prises** quand ils étaient en France.
Vous m'apportez des livres ?	Oui, je vous rends **les livres que** vous m'avez **prêtés.**

● Le *participe passé* des verbes conjugués avec **avoir** est invariable quand l'objet direct est après le verbe.

● Le *participe passé* des verbes conjugués avec **avoir** s'accorde avec l'**objet direct** placé **avant** le verbe.
Le complément d'objet direct est placé avant le verbe dans trois cas :

1. quand l'objet direct est un *pronom personnel* (**me, te, le, la, nous, vous, les**).

 Exemples : J'ai acheté **les journaux,** et je **les** ai lus.
 Le professeur **nous** a vus, et il nous a dit bonjour.

2. quand l'objet direct est le *pronom relatif* **que.**

 Exemples : Je vous apporte **les journaux que** j'ai lus.
 Le professeur corrige **les fautes que** les étudiants ont fait**es.**

3. dans une phrase interrogative.

 Exemples : **Quels journaux** avez-vous lus ?
 Quelles leçons avez-vous appris**es ?**

ATTENTION : Si le pronom placé avant le verbe n'est pas un complément d'objet direct, il n'y a pas d'accord : le participe passé conjugué avec **avoir** reste invariable.

 Exemples : Leurs parents leur ont donn**é** la permission de partir.
 Ses amis lui ont di**t** bon voyage.
 Jacques nous a parl**é** de ses occupations.

● Le *participe passé* des verbes conjugués avec **être** s'accorde avec le sujet du verbe. (Cf. leçon 11.)

 Exemples : **Lisa et Bob** sont partis pour la Bretagne.
 Ils y sont allés en auto.

3 Aimez-vous aller **à la plage ?**
Nous aimons **y** aller quand nous avons le temps d'**y** aller.

Comparez :

Savez-vous faire **la cuisine ?**

Non, je ne sais pas **la** faire, et je déteste **la** faire.

Aimez-vous lire **le journal ?**

Oui, j'aime **le** lire le matin.

Pouvez-vous écouter **les nouvelles** à la radio ?

Oui, je peux **les** écouter quand je suis en auto.

Avez-vous téléphoné **à Jim et à Lisa ?**

Je voulais **leur** téléphoner hier, mais je n'ai pas eu le temps de **leur** téléphoner.

Les étudiants ont-ils peur de poser des questions **au professeur ?**

Non, ils n'ont pas peur de **lui** poser des questions.

Vos amis ont l'intention de **vous** accompagner à l'aéroport, n'est-ce pas ?

Oui, ils veulent **m'**accompagner.

Espérez-vous aller **en France,** un jour ?

Naturellement, j'espère **y** aller.

Voulez-vous **y** rester longtemps ?

J'ai envie d'**y** rester plusieurs semaines.

Savez-vous jouer **au golf ?**

Non, je ne sais pas **y** jouer ; mais mon père sait très bien **y** jouer.

Faut-il faire **des sports** pour être en bonne santé ?

Oui, il faut **en** faire.

Avez-vous le temps d'**en** faire ?

J'ai le temps d'**en** faire pendant le week-end.

Allez-vous prendre **du café** après le dîner ?

Non, nous n'allons pas **en** prendre.

● Le *pronom objet* (direct ou indirect) et les *pronoms* **y** et **en** *précèdent l'infinitif* qu'ils complètent.

ATTENTION : Si le verbe (ou l'expression verbale) est suivi d'une préposition (**à** ou **de**), il n'y a **pas de contraction** de la préposition et des pronoms **le** ou **les.**

Exemple : Je voudrais lire ce roman de Balzac, mais je n'ai pas le temps **de le** lire maintenant.

(Voir leçon 10, page 234 et Appendices, pages XV–XVII.)

GRAMMAIRE

Il y a une préposition après certaines expressions verbales devant l'infinitif ; après d'autres verbes il n'y a pas de préposition devant l'infinitif.

Exemples : Je suis content **d'**étudier le français. Je suis content **de** l'étudier.
J'aime étudier le français. J'aime l'étudier.

PLACE DU PRONOM

1. Je lis **ce livre.**
   J'ai l'intention de lire **ce livre.**
   Je veux lire **ce livre.**
   J'ai lu **ce livre.**

   Je (ne) **le** lis (pas).
   J'ai (je n'ai pas) l'intention de **le** lire.
   Je (ne) veux (pas) **le** lire.
   Je (ne) **l'**ai (pas) lu.

2. Je mange **des fruits.**
   J'ai l'intention de manger **des fruits.**
   Je veux manger **des fruits.**

   J'**en** (je n'en) mange (pas).
   J'ai (je n'ai pas) l'intention d'**en** manger.
   Je (ne) veux (pas) **en** manger.

3. Je vais **au marché.**
   J'ai l'intention d'aller **au marché.**
   Je veux aller **au marché.**

   J'**y** (je n'y) vais (pas).
   J'ai (je n'ai pas) l'intention d'**y** aller.
   Je (ne) veux (pas) **y** aller.

4
J'ai dit bonjour à mes amis qui **étaient arrivés** avant moi.
Je savais le nom de mes voisins ; mais je ne leur **avais** jamais **parlé.**

Étudiez les phrases suivantes :

Hier, je vous ai rendu le livre que vous m'**aviez prêté** la semaine dernière.
L'été dernier, Paul et Jack ont voyagé au Canada. L'année précédente, ils
   avaient voyagé au Mexique.
Pendant les dernières vacances, ma sœur est allée à Hawaï. Elle nous a
   donné les cadeaux qu'elle **avait achetés** pour nous pendant son voyage.
   Elle n'y **était** jamais **allée** avant.
Samedi matin, j'ai dormi longtemps parce que j'**avais** beaucoup **travaillé**
   pendant la semaine ; j'étais fatigué(e) parce que j'**avais préparé** trois
   examens.
Quand nous sommes arrivés dans la classe, le professeur parlait du voyage
   qu'il **avait fait** en Amérique du Sud. Il décrivait les monuments qu'il
   avait vus et il montrait aux étudiants les photos qu'il **avait prises.**

● Les verbes en caractères gras sont au *plus-que-parfait*. Le plus-que-parfait est un temps composé.

> plus-que-parfait = auxiliaire **avoir** ou **être** à l'imparfait + participe passé du verbe

● Le plus-que-parfait indique une action « plus passée » que le passé ordinaire, c'est-à-dire, il indique une action antérieure à une autre action passée.

● Le plus-que-parfait est un temps relatif qui indique une action passée relativement à une autre action passée (exprimée au passé composé ou à l'imparfait).

NOTEZ : Le participe passé est variable comme pour le passé composé.

Voilà la conjugaison de **faire** et de **aller** au *plus-que-parfait*.

J'	**avais**	**fait** un voyage.	J'	**étais**	**allé(e)**	au Mexique.
Vous	**aviez**	**fait** un voyage.	Vous	**étiez**	**allé(s), allée(s)**	au Mexique.
Tu	**avais**	**fait** un voyage.	Tu	**étais**	**allé(e)**	au Mexique.
Nous	**avions**	**fait** un voyage.	Nous	**étions**	**allés(es)**	au Mexique.
Il	**avait**	**fait** un voyage.	Il	**était**	**allé**	au Mexique.
Elle	**avait**	**fait** un voyage.	Elle	**était**	**allée**	au Mexique.
On	**avait**	**fait** un voyage.	On	**était**	**allé**	au Mexique.
Ils	**avaient**	**fait** un voyage.	Ils	**étaient**	**allés**	au Mexique.
Elles	**avaient**	**fait** un voyage.	Elles	**étaient**	**allées**	au Mexique.

5
Nous **continuerons** à suivre des cours de français.
J'ai invité mes amis **à** venir chez moi.

Étudiez les phrases suivantes :

J'ai aidé ma mère **à** faire la vaisselle.

Les enfants apprennent **à** lire à cinq ou six ans.
J'ai **à** finir ce travail avant la fin de la semaine.
Nous ne commençons pas **à** lire le journal pendant le dîner.
Paul va continuer **à** faire des économies pour son voyage.
Ils n'hésitent pas **à** poser des questions.
Les parents d'Eric ont invité Marc **à** passer ses vacances en Bretagne.
Nous n'avons pas pensé **à** emporter notre parapluie.
Ma sœur n'a pas renoncé **à** obtenir son diplôme.
Cathy est prête **à** partir pour Paris.

● Certains verbes et adjectifs sont suivis de la préposition **à** devant l'infinitif.

aider (une personne)	hésiter	
apprendre	inviter (une personne)	
avoir	penser	**à** + infinitif
commencer	renoncer	
continuer	être prêt(e)[3]	

6 Qu'est-ce que Molière **a écrit ?** — Il **a écrit** des comédies.
Suivez-vous les conseils de vos parents ? — Je ne les **suis** pas toujours.

Comparez :

Qu'est-ce que vous **écrivez ?**
J'**écris** une lettre à un(e) ami(e).

Qu'est-ce qu'un(e) journaliste **écrit ?**
Il (elle) **écrit** des articles pour un journal.

Les étudiants **écrivent** des exercices, n'est-ce pas ?
Oui, ils en **écrivent** tous les jours.

Écrirez-vous à vos parents quand vous serez en France ?
Naturellement, je leur **écrirai** quand j'y serai.

Quand vous faites la queue, vous **suivez** les gens qui sont devant vous ?
Bien sûr, je les **suis.**

Quand on fait des études de médecine, on **suit** beaucoup de cours de sciences ?
Oui, on en **suit** beaucoup.

Avez-vous suivi notre conversation ?
Non, je ne l'**ai** pas bien **suivie.** Je n'ai pas compris tous les mots.

[3] Voir la liste de ces verbes, Appendices, pages 672–673.

● Ce sont les verbes **écrire** et **suivre.** Ce sont des verbes irréguliers. Voici le présent de l'indicatif de ces verbes.

J'	**écris**	une histoire.
Vous	**écrivez**	une lettre.
Tu	**écris**	un article.
Nous	**écrivons**	à nos parents.
Il (elle, on)	**écrit**	à sa mère.
Ils (elles)	**écrivent**	des poèmes.

L'imparfait : j'écriv**ais,** nous écriv**ions,** ils écriv**aient**
Le participe passé : **écrit**
Le futur : j'écrir**ai,** nous écrir**ons,** vous écrir**ez**

Je	**suis**	un cours de littérature.
Vous	**suivez**	une classe de danse.
Tu	**suis**	une classe de musique.
Nous	**suivons**	une classe de philosophie.
Il (elle, on)	**suit**	un cours d'anglais.
Ils (elles)	**suivent**	les conseils de leurs amis.

L'imparfait : je suiv**ais,** nous suiv**ions,** ils suiv**aient**
Le participe passé : **suivi**
Le futur : je suivr**ai,** il suivr**a,** ils suivr**ont**

ATTENTION : **Suivre** a différents sens :
        suivre un cours (une classe) = assister à, être présent à.

        suivre une personne = marcher derrière cette personne;
        comprendre cette personne quand elle parle.

PRATIQUE ORALE

A. *Répondez affirmativement ou négativement à chaque question selon les exemples.*

Exemples : Avez-vous des skis ?
   Oui, j'en ai. OU **Non, je n'en ai pas.**
   Avez-vous une auto ?
   Oui, j'en ai une. OU **Non, je n'en ai pas.**

1. Avez-vous un bateau ?   2. Votre mère a-t-elle une voiture ?   3. Faites-vous du ski ?   4. Votre ami(e) fait-il(elle) de la voile ?   5. Jouez-vous de la guitare ?   6. Gagnez-vous de l'argent ?   7. Faites-vous des courses le samedi ?   8. Vos parents font-ils du camping ?   9. Parlez-vous de vos problèmes ?   10. Êtes-vous content(e) de vos classes ?   11. Avez-vous des frères (des sœurs) ?   12. Fumez-vous des cigarettes ?

B. *Transformez chaque phrase. Employez un pronom devant l'infinitif selon l'exemple.*

Exemple : J'aime aller au théâtre.
   J'aime y aller.

1. Nous aimons aller à la plage.   2. Denise sait faire les gâteaux.
3. Je préfère manger les gâteaux.   4. Elle veut téléphoner à Jeanne.
5. Nous ne pouvons pas voir Marc.   6. Il faut écrire à Marc.   7. Ils oublient d'emporter leurs clés.   8. Nous avons essayé de fermer la fenêtre.   9. Je peux parler à mes professeurs.   10. Ils ont projeté d'aller en Bretagne.   11. Mon frère veut faire de la planche à voile.

C. *Changez la phrase pour employer le verbe proposé selon le modèle.*

Exemple : On lit à six ans. (apprendre)
   On apprend à lire à six ans.

1. On marche à un an. (commencer)   2. Nous fermons la porte. (penser)   3. Mon frère achète une Porsche. (renoncer)   4. Alice part pour Paris. (être prête)   5. Les étudiants parleront français. (continuer)
6. Nous préparons nos bagages. (avoir)   7. Mes parents ont voyagé en avion. (hésiter)   8. J'ai fait des courses. (avoir)

D. *Changez la phrase. Employez les différents sujets.*

1. J'ai lu le roman que vous m'aviez prêté. (Luc / nous / Paul et Marc / Denise)
2. Nous regardions les photos que nous avions prises. (je / tu / Pierre / vous / mes amis)
3. Jacques a suivi les gens qui étaient devant lui. (vous / nous / je / tu / Paul et Bob / Janine)

EXERCICES ORAUX OU ÉCRITS

1. a) *Employez* **en** *pour remplacer les mots en italique, et faites une phrase complète.*

1. On vend *des journaux* à la librairie.   2. Bob gagne *de l'argent*, mais il dépense beaucoup *d'argent* aussi.   3. Avez-vous *des devoirs* à faire pour demain ?   4. Cette voiture consomme peu *d'essence*.   5. Mes petits frères prennent *du gâteau* ; ils prennent deux morceaux *de gâteau* pour leur dessert.   6. Nous aurons *un examen* jeudi prochain. Apprendrez-vous beaucoup *d'expressions* ?   7. J'ai acheté trois *livres* pour cette classe. Avez-vous acheté trois *livres* aussi ?   8. Le professeur n'a pas posé *de questions* aux étudiants.   9. Il y a eu *un accident* sur l'autoroute.   10. Ma mère ne joue plus *de piano* maintenant ; mais elle jouait *du piano* avant.   11. Quand on attrape *un rhume*, on prend beaucoup *de jus d'orange*.   12. Je n'ai pas trouvé *d'appartement*, mais Marc a trouvé *un appartement*.

b) *Faites une phrase complète, et employez* **en** *ou le pronom correct à la place des mots en italique.*

1. Avez-vous *de la patience* ? Moi, je n'ai pas *de patience*.   2. Ma famille a loué *une villa* au bord du lac ; nous trouvons *cette villa* charmante.   3. Je choisis *des journaux* pour un ami malade ; il lit beaucoup *de journaux*.   4. As-tu *des classes* aujourd'hui ? Es-tu content(e) *de tes classes* ?   5. Quand je vois *mon professeur* sur le campus, je dis bonjour *à mon professeur*.   6. Avez-vous acheté *des fruits* quand vous êtes allé(e) *au marché* ?   7. Quand vous avez besoin *d'argent*, demandez-vous *de l'argent* à votre père ?   8. Vendrez-vous *vos livres* à la fin du semestre, ou aurez-vous encore besoin *de vos livres* ?   9. Nous avons cherché *une place* dans le parking, mais nous n'avons pas trouvé *de place*.   10. Quand on achète une paire *de chaussures*, on essaie toujours *ces chaussures*.

c) *Répondez aux questions. Employez* **en** *ou un autre pronom dans votre réponse.*

Exemple :   Lisez-vous le journal le matin ?
          Non, je ne le lis pas le matin.

1. Avez-vous un imperméable ? Quand met-on son imperméable ?
2. Combien d'étudiants y a-t-il dans votre classe de français ? Connaissez-vous ces étudiants ?   3. Voyez-vous vos amis pendant les vacances ? Téléphonez-vous à vos amis ?   4. Quand vous gagnez de l'argent, faites-vous des économies ?   5. Le professeur a-t-il parlé de la Bretagne ? Êtes-vous allé(e) en Bretagne ?   6. Emporterez-vous des provisions quand vous ferez un pique-nique ? Où mettrez-vous vos provisions ?   7. Quand votre professeur rend-il les devoirs ? Générale-

ment, y a-t-il beaucoup de fautes dans vos devoirs ?   8. Quand votre ami(e) a oublié son livre, prêtez-vous votre livre à votre ami(e) ? 9. Quand avez-vous obtenu votre diplôme de l'école secondaire ? Êtes-vous fier (fière) de ce diplôme ?   10. Avez-vous votre permis de conduire ? Quand avez-vous besoin de votre permis de conduire ?

2. *Mettez les phrases au passé composé. Faites attention à l'accord du participe passé.*

1. Lisa part pour l'Angleterre ; nous l'accompagnons à l'aéroport et nous lui disons au revoir.   2. Je lui prête ma clé ; il la met dans sa poche et il la perd.   3. Le professeur explique la leçon ; nous l'apprenons et nous la comprenons.   4. Lisez-vous tous les journaux que vous achetez ?   5. Ils vont en Europe ; ils voient des villes ; il les visitent et ils les trouvent intéressantes.   6. Ben prend sa voiture et il la gare où il peut.   7. Mes amis descendent de l'avion ; je les vois et je les reconnais tout de suite.   8. Le professeur corrige les fautes que nous faisons.   9. Quand je leur prête des livres, ils ne les rendent jamais.   10. Janet et Rosa nous voient ; elles nous disent bonjour et elles nous demandent des nouvelles de Bob.

3. *Répondez aux questions suivantes. Employez un seul pronom (objet direct ou indirect) ou* **y** *ou* **en** *dans la réponse.*

Exemple :   Aimez-vous faire la vaisselle ?
           Non, je n'aime pas la faire.

1. Oubliez-vous d'emporter vos affaires quand vous quittez la classe ? 2. Savez-vous répondre correctement aux questions ?   3. Aimez-vous parler de vos problèmes ?   4. Aurez-vous le temps de téléphoner à vos parents ?   5. Est-il amusant d'aller à la discothèque ?   6. Pouvez-vous prêter de l'argent à Henry ?   7. Voulez-vous vendre votre voiture ? 8. Serez-vous obligé(e) de finir ce travail ce soir ?   9. Préférez-vous étudier à la bibliothèque ?   10. Essayez-vous d'aider votre mère à la maison ?   11. Vos amis ont-ils l'intention de vous accompagner ? 12. Pourrez-vous me prêter votre livre ?

4. a) *Mettez les phrases au plus-que-parfait.*

1. Quand nous entrons chez eux, nous disons bonjour à nos amis. 2. Je leur téléphone, mais je ne les trouve pas à la maison.   3. Ils vont à la station-service et ils font le plein d'essence.   4. Vous étudiez sérieusement et vous savez répondre aux questions.   5. Nous emportons nos sacs de couchage et nous dormons en plein air.   6. Quand Jack part, ses parents lui donnent un chèque.   7. Ma sœur tombe plusieurs fois quand elle fait du ski.   8. Je projette de faire ce voyage, mais mes amis ne peuvent pas m'accompagner.   9. Vous restez au soleil et vous attrapez un coup de soleil.   10. Quand Jack voit Lisa, il l'invite à prendre une tasse de café.

b) *Employez le temps du passé approprié (passé composé, imparfait ou plus-que-parfait).*

1. Vendredi dernier, nous (finir) d'étudier la leçon 11. Nous (commencer) à l'étudier au commencement de la semaine. Le premier jour, le professeur nous (expliquer) les nouvelles expressions et nous les (comprendre).   2. Pendant notre visite au Louvre, nous (voir et admirer) beaucoup de tableaux célèbres. Nous (voir) des reproductions de ces tableaux aux États-Unis.   3. Samedi soir, quand ils (arriver) au restaurant, ils (être obligé de) faire la queue parce qu'il y (avoir) beaucoup de monde et ils (oublier) de réserver une table.   4. Mon frère et ma belle-sœur (rentrer) de Norvège lundi dernier. Ils nous (parler) de leur voyage ; ils nous (montrer) les photos qu'ils (prendre) et les souvenirs qu'ils (acheter). Ils (trouver) la Norvège intéressante, mais ils (être) contents de rentrer chez eux.   5. Quand nous (être) enfants, nous (aller) tous les jours à l'école en autobus. Mon frère et moi, nous (revenir) à trois heures de l'après-midi, et nous (manger) du gâteau que ma mère (préparer) pour nous. Avant le dîner nous (faire) les devoirs que le professeur (indiquer).

5. *Indiquez deux choses que :*

1. vous continuerez à faire pendant les vacances.
2. vous avez appris à faire quand vous étiez enfant.
3. vous allez commencer à faire prochainement.
4. vous avez à faire toutes les semaines.
5. vous êtes prêt(e) à faire maintenant.
6. vous ne renoncerez jamais à faire.
7. vous hésitez à faire en général.
8. vous aidez vos amis à faire.

6. *Répondez aux questions suivantes. Employez des pronoms si possible.*

1. Répondez-vous aux amis qui vous écrivent ?   2. Qu'est-ce que vous écrivez dans votre classe de français ?   3. Faut-il écrire des phrases quand on est au laboratoire ?   4. Avez-vous écrit à vos parents quand vous étiez loin d'eux ?   5. Écrirez-vous des cartes de Noël en décembre prochain ?   6. Quels cours avez-vous suivis le trimestre dernier ?   7. Suivez-vous tous les cours qui vous intéressent ?   8. Les gens suivent-ils les traditions de leur pays ?   9. Pouvez-vous suivre le dialogue d'un film français ?   10. Combien de cours suivrez-vous le trimestre prochain ?

Place Vendôme

iéria
1825

ÉCHELON

TREIZE

1 Mes parents me voient le dimanche ; je les vois le dimanche aussi.
Mes parents et moi, **nous nous voyons** le dimanche.

2 Quand je suis fatigué(e), **je me repose.**
Quand **on se couche** tôt, **on se réveille** tôt.

3 Je connais **tous** mes voisins, et **tous** me connaissent.
Dans un magasin chic, **tout** est cher.

4 **Quelqu'un** a-t-il téléphoné ?—Non, **personne n**'a téléphoné.
Avez-vous besoin de **quelque chose** ?—Non, je **n**'ai besoin de **rien**.

5 Quand **nous nous sommes vus, nous nous sommes reconnus.**
Nous nous sommes parl**é** ; puis, nous nous sommes di**t** au revoir.

6 Qu'est-ce que les enfants **boivent ?** — Ils **boivent** du lait et de l'eau.
Je **crois** que l'étude d'une langue étrangère est très utile.

7 On passe six ou sept **ans** à l'école élémentaire.
On apprend beaucoup de choses pendant toutes ces **années**.

Place de la Concorde

DÉVELOPPEMENT GRAMMATICAL

1 Mes parents me voient le dimanche ; je les vois le dimanche aussi.
Mes parents et moi, **nous nous voyons** le dimanche.

Comparez :

Le matin, je vous dis bonjour et
vous me dites bonjour aussi.
Je te connais et tu me connais.

Le matin, vous et moi, **nous
nous disons** bonjour.
Toi et moi, **nous nous
connaissons.**

Jack vous voit à la cafétéria et
vous voyez Jack à la cafétéria.
Ben te parle français et tu parles
français à Ben.

Jack et vous, **vous vous voyez** à
la cafétéria.
Ben et toi, **vous vous parlez**
français.

Jim téléphone souvent à Janet et
Janet téléphone souvent à Jim.

Janet et Jim **se téléphonent**
souvent.

Roméo aimait Juliette et Juliette
aimait Roméo ; mais les
Montaigu détestaient les Capulet
et les Capulet détestaient les
Montaigu.

Roméo et Juliette **s'aimaient,**
mais les Montaigu et les Capulet
se détestaient.

● Dans la colonne de droite, les verbes **dire, connaître, voir, parler, téléphoner, aimer, détester** sont employés avec un pronom de la même personne que le sujet. Ces pronoms **nous, vous, se (s')** sont des *pronoms personnels réfléchis.* Les verbes **se dire, se connaître, se voir, se parler, se
téléphoner, s'aimer, se détester** sont des *verbes pronominaux.*

● Dans ces mêmes exemples, les verbes pronominaux indiquent une *action
réciproque :* deux personnes font la même action. Ces personnes se disent
bonjour, elles se connaissent, elles se voient mutuellement, etc. Ces verbes
sont des verbes *pronominaux réciproques.*

Les verbes pronominaux réciproques sont employés au pluriel seulement.

Voici encore des exemples de verbes pronominaux réciproques.

Paul et Annie **s'aiment**.	(s'aimer)
Ils **se** font des cadeaux.	(se faire)
Ils **s'écrivent** quand ils ne peuvent pas **se** voir ou **se** téléphoner.	(s'écrire) (se voir, se téléphoner)
Ils **se** regardent et ils **s'embrassent**.	(se regarder, s'embrasser)
Jacques et Hélène **se** détestent.	(se détester)
Ils ne **se** parlent pas ; ils ne **se** regardent pas !	(se parler) (se regarder)

2   Quand je suis fatigué(e), **je me repose.**
Quand **on se couche** tôt, **on se réveille** tôt.

Comparez :

Je lave ma voiture quand elle est sale.

Je me lave tous les jours.

On lave ses vêtements chaque semaine.

On se lave les mains avant les repas.

Y a-t-il des professeurs ennuyeux qui endorment leurs étudiants ?

Les étudiants **s'endorment**-ils dans une classe ennuyeuse ?

Nous posons des questions au professeur quand nous ne comprenons pas.

Nous nous posons beaucoup de questions au sujet de notre vie.

Vous levez la main pour répondre à une question.

Vous vous levez pour sortir de la salle de classe.

Je terminerai ce travail demain matin.

Le semestre **se terminera** dans quelques semaines.

A quelle heure **vous levez-vous ?**

Je ne me lève pas tôt. **Je me lève** à sept heures du matin.

Vous lèverez-vous plus tard samedi matin ?

Oui, **je me lèverai** plus tard. **Je me lèverai** à neuf heures. J'aime **me lever** tard pendant le week-end.

Quand vous sortez avec vos amis, **vous amusez-vous ?**

Oui, **je m'amuse** beaucoup ; **nous nous amusons** beaucoup quand nous sommes ensemble.

● Les verbes **se laver, s'endormir, se poser (des questions), se lever, se terminer, s'amuser** sont aussi des verbes pronominaux. Ici l'action est faite par le sujet sur lui-même. On appelle ces verbes des verbes *pronominaux réfléchis*.

Voici la conjugaison des verbes **se lever** et **s'habiller**.

Je	**me**	lève	Je	**m'**	habille.
Tu	**te**	lèves.	Tu	**t'**	habilles.
Il (elle, on)	**se**	lève.	Il (elle, on)	**s'**	habille.
Nous	**nous**	levons.	Nous	**nous**	habillons.
Vous	**vous**	levez.	Vous	**vous**	habillez.
Ils (elles)	**se**	lèvent.	Ils (elles)	**s'**	habillent.

NOTEZ : Ici nous avons employé la forme traditionnelle de la conjugaison. C'est cette forme qui sera employée dans les leçons suivantes.

Forme négative :

Je **ne** me lève **pas** tard.
Nous **ne** nous levons **pas** à minuit.
Ils **ne** se lèvent **pas** tôt.
Mes parents **ne** se couchent **pas** à huit heures.

Forme interrogative :

Est-ce que vous **vous** levez tôt ? = **Vous** levez-vous tôt ?
Est-ce qu'il **se** couche tard ? = **Se** couche-t-il tard ?
A quelle heure ces enfants **se** coucheront-ils ?

Étudiez le passage suivant :

Le matin, je **me réveille** vers six heures et demie. Je ne **me lève** pas immédiatement parce que j'ai encore sommeil. Je **me lève** quelques minutes plus tard car je sais qu'il faut **se lever** pour aller à l'université. Je vais dans la salle de bain pour **me laver**. Je **me brosse** les cheveux et les dents et je **me rase**. (Il faut **se raser** tous les jours.) Puis, je **me peigne**, je **me coiffe**, et je **m'habille**. Ma sœur ne **se rase** pas, mais elle **se maquille**. Après avoir pris mon petit déjeuner, je sors de la maison et je vais jusqu'à la station de métro sans **m'arrêter**. Dans la classe, je **m'assieds**[1] à ma place et j'attends le professeur. Le soir, je **me déshabille** avant de **me coucher** ; je **m'endors**[2] immédiatement parce que je suis très fatigué.

[1] **s'asseoir** : je m'assieds, il s'assied, nous nous asseyons, ils s'asseyent; FUTUR : je m'assiérai.
[2] **s'endormir** (conjugué comme **dormir**) ≠ **se réveiller**

GRAMMAIRE

Notez aussi les exemples suivants :

> Je **me regarde** dans le miroir, et je **me rase.** (se regarder, se raser)
> Quand nous sommes à la plage, nous **nous baignons.** (se baigner)
> Je **me demande** toujours pourquoi je fais des fautes stupides. (se demander)
> Je **me dis** et je **me répète** qu'il faut faire attention. (se dire, se répéter)
> Pendant tout le semestre, on **se prépare** à l'examen final. (se préparer)
> Quand nous arrivons en retard à un rendez-vous, nous **nous excusons.** (s'excuser)
> En jouant au basket-ball, je **me suis fait mal** à la jambe.[3] (se faire mal à)
> Henri **se croit** très intelligent. (se croire)
> Les enfants **s'habituent** vite à une nouvelle vie. (s'habituer à)
> On **s'adresse** à une agence de voyages pour obtenir des billets. (s'adresser à)

● Dans les exemples précédents, il y a beaucoup de verbes pronominaux réfléchis très souvent employés en français.

Les pronoms personnels réféchis sont:

me (m')	**nous**
vous, te (t')	**vous**
se (s')	**se (s')**

On emploie **se (s')** pour le singulier ou pour le pluriel à la troisième personne.

NOTEZ :

1. Les *pronoms personnels réfléchis* sont toujours placés avant le verbe, excepté à l'impératif affirmatif.

   Exemples : **Vous** levez-vous tard généralement ?
   Je ne **me** lève pas tard les jours de semaine ; mais le dimanche, je ne **me** lève jamais avant huit heures du matin.
   A quelle heure votre petit frère **se** couche-t-il ?
   Il ne **se** couche jamais très tard.
   Nous **nous** asseyons en classe.

2. Le *pronom réfléchi* d'un verbe pronominal à l'infinitif est de la même personne que le sujet.

   Exemples : **Je** n'aime pas **me lever** tôt le dimanche.
   Nous avons le temps de **nous arrêter.**
   Elle ne veut pas **se coucher** de bonne heure.
   Il faut **se reposer** quand **on** est fatigué.
   Vous vous lavez les dents avant de **vous coucher.**

[3] Voir Le Corps Humain, Appendices, pages 654–655.

3   Je connais **tous** mes voisins, et **tous** me connaissent.
Dans un magasin chic, **tout** est cher.

Comparez :

Tous mes amis sont étudiants.

On achète des provisions dans **tous** les supermarchés.

Toutes mes amies habitent dans mon quartier.

Toutes les ressources de la terre sont importantes.

Tous font leurs études à l'université.
Tous n'étudient pas le français. (Ils n'étudient pas **tous** le français.)
Tous ne sont pas ouverts le dimanche. (Ils ne sont pas **tous** ouverts le dimanche.)

Toutes font des sports. (Elles font **toutes** des sports.) Je les vois **toutes** à l'université.
Toutes sont limitées. (Elles sont **toutes** limitées.)

● **Tous, toutes** (+ article ou adjectif possessif ou adjectif démonstratif) sont des *adjectifs indéfinis*. (Voir leçon 8, pages 178−179.)
   Tous, toutes qui accompagnent un verbe sont des *pronoms indéfinis*.

NOTEZ : On prononce l'**s** final de **tous** quand **tous** est un pronom.
   Tous, toutes sont sujets ou objets. Ils peuvent être employés devant le verbe comme sujets, ou ils peuvent renforcer le pronom, comme sujets ou objets.

   Exemples : **Tous** sont venus. (= Ils sont **tous** venus.) Je les connais **tous**.

Les pronoms **tous, toutes** sont employés en référence à des personnes ou à des choses déjà mentionnées.

Étudiez les phrases suivantes :

Dans un magasin de luxe, **tout** est cher, mais **tout** n'est pas beau.
Tout est bon quand on a faim.
Dans cet examen, **tout** est difficile.
Le professeur a expliqué la leçon ; j'ai **tout** compris. **Tout** était intéressant.
J'avais très faim. J'ai **tout** mangé.
Elle a appris cette leçon ; mais à l'examen, elle a **tout** oublié.
Il n'est pas possible de **tout** savoir.

● Le mot **tout** est un *pronom indéfini neutre* ; il est invariable. Il a le sens de **chaque chose.** Il est sujet ou objet du verbe.
Comme objet, **tout** est entre l'auxiliaire et le participe passé ou avant un infinitif.

NOTEZ : L'expression indéfinie pour les personnes est **tout le monde.**
Employez un verbe à la troisième personne du singulier après **tout le monde.**

Exemple : Tout le monde **est** fatigué après une journée de travail.

Le pronom **tout** est employé généralement sans référence.

4 Quelqu'un a-t-il téléphoné ? — Non, **personne n'**a téléphoné.
Avez-vous besoin de **quelque chose ?** — Non, je **n'**ai besoin de **rien.**

Comparez :

A. Y a-t-il **quelqu'un** dans la bibliothèque ?
Y a-t-il **quelqu'un** à côté de vous ?
Voyez-vous **quelqu'un** dans le jardin ?
Avez-vous parlé à **quelqu'un ?**

Avez-vous trouvé **quelqu'un de** libre ?

Est-ce que **tout le monde** vous a écrit ?
Quelqu'un a-t-il invité Paul ?

Oui, il y a **quelqu'un.**
Non, il **n'**y a **personne.**
Il y a **quelqu'un** à ma droite ; il **n'**y a **personne** à ma gauche.
Oui, je vois **quelqu'un.**
Non, je **ne** vois **personne.**
Non, nous **n'**avons parlé à **personne.**
Non, nous **n'**avons trouvé **personne de** libre. Nous **n'**avons vu **personne.**

Non, **personne ne** m'a écrit.

Non, **personne n'**a invité Paul.
Personne ne l'a invité.

B. Y a-t-il **quelque chose** sur mon bureau ?
Ferez-vous **quelque chose de** spécial dimanche prochain ?

Oui, il y a **quelque chose** sur votre bureau.
Oui, nous ferons **quelque chose de** spécial ; nous irons au musée.
Non, nous **ne** ferons **rien de** spécial.

Avez-vous appris **quelque chose de** nouveau ?

J'ai acheté **quelque chose d'**original au Mexique. Et vous ?

Non, je **n'ai rien** appris **de** nouveau.

Moi, je **n'ai rien** acheté.

Tout m'intéresse dans la vie. Dans cette classe, **rien n'**était nouveau pour moi. J'ai **tout** compris.

Rien n'intéresse mon frère. Pour moi, **tout** était nouveau ; je **n'ai rien** compris.

● **Quelqu'un, tout le monde, ne... personne, personne ne...**
Quelque chose, tout, ne... rien, rien ne... ⎤ sont des *pronoms indéfinis neutres.*

	Positif	Négatif
Personne(s)	**quelqu'un** ⎤ **tout le monde**	**ne... personne, personne ne...**
Chose(s)	**quelque chose** ⎤ **tout**	**ne... rien, rien ne...**

ATTENTION : Après les pronoms neutres, l'*adjectif* est masculin singulier. Il est invariable.

J'ai vu quelque chose **d'amusant.**
Il n'a rien acheté **de cher.**
Nous avons entendu quelqu'un **de** très **intelligent.**
Il n'a vu personne **d'intéressant.**

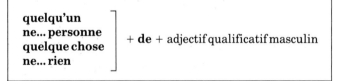

quelqu'un
ne... personne ⎤
quelque chose + **de** + adjectif qualificatif masculin
ne... rien

MAIS : Une personne intelligent**e**, une chose amusant**e.**
(**Une personne, une chose** sont des noms.)

Remarquez la place de **rien** et de **personne** :
(**ne**)**... rien** entre l'auxiliaire et le participe passé,
(**ne**)**... personne** après le participe passé.

Exemples : Je n'ai rien vu.
Je n'ai vu personne.

Étudiez les phrases suivantes :

Bob et Lisa **se sont installés** dans leur nouvel appartement.
Je **me suis couché(e)** tôt, et je **me suis endormi(e)** immédiatement.
Marianne ne **s'est** pas **habituée** à sa vie en Alaska.
Vous êtes-vous bien **amusé(e)(s)** pendant votre voyage ?
Nous **nous sommes assis(es)** sous un arbre pour déjeuner.
Ma grand-mère **s'est promenée,** puis elle **s'est reposée.**
Janet **s'est lavé** les cheveux et elle **s'est maquillée** avant la soirée.
Kim et Dany **se sont téléphoné** et elles **se sont donné** rendez-vous.

● Les *verbes pronominaux* sont toujours conjugués avec **être** aux temps composés. Il n'y a pas d'exception à cette règle. Le pronom réfléchi précède toujours l'auxiliaire **être.**

Étudiez les phrases suivantes :

Kim s'est **lavé** les mains avant de faire la cuisine.
Linda s'est **réveillée** et elle s'est **demandé** où elle était.
Les jeunes gens se sont **parlé** un moment, puis ils se sont **quittés.**
Nous nous sommes **dit** bonjour quand nous nous sommes **rencontrés.**
Vous vous êtes **vus** et vous vous êtes **téléphoné** plusieurs fois ?
Mes parents et moi, nous nous sommes **fait** des cadeaux à Noël.
La petite fille **s'est brossé** les dents avant de se coucher.

● Le *participe passé* du verbe pronominal s'accorde avec le *pronom réfléchi* en général. Il y a *deux exceptions :*

1. quand le verbe simple est normalement construit avec un objet indirect (parler **à,** téléphoner **à,** dire **à,** etc.) ;
2. quand il y a un objet direct après le verbe pronominal (se laver **les mains,** se brosser **les cheveux,** se faire **des cadeaux,** etc.).

Dans ces deux cas, le participe passé est invariable : le pronom réfléchi ne représente pas l'objet direct.

6   Qu'est-ce que les enfants **boivent ?** — Ils **boivent** du lait et de l'eau.
Je **crois** que l'étude d'une langue étrangère est très utile.

Comparez :

Qu'est-ce que vous **buvez** le matin ?

Je **bois** du thé ou du café noir.

Qu'est-ce qu'on **boit** pour célébrer un anniversaire ?

On **boit** du champagne.

Avez-vous bu quelque chose de chaud avant de partir ?

Non, je n'**ai** rien **bu** de chaud ; j'**ai bu** du jus d'orange.

Vous allez conduire ; alors, il ne faut pas **boire** d'alcool.

Naturellement, je ne **boirai** pas de vin ; je n'en **bois** jamais avant de conduire.

Croyez-vous cet homme ?

Non, je ne le **crois** pas ; il raconte des histoires.

Me **croyez**-vous quand je dis que cette phrase est correcte ?

Bien sûr, nous vous **croyons.**

Croyez-vous aux soucoupes volantes ?

Non, je n'y **crois** pas, mais quelques personnes y **croient.**

Je ne **crois** plus au père Noël, mais ma petite sœur y **croit.**

Tous les enfants **croient** au père Noël.

Avez-vous cru aux promesses de ce politicien ?

Beaucoup de gens y **ont cru ;** nous n'y **avons** pas **cru.**

●   Ce sont les verbes **boire** et **croire.** Ils sont irréguliers.

Je	**bois**	du café.
Tu	**bois**	du thé.
Il (elle, on)	**boit**	de l'eau.
Nous	**buvons**	du vin.
Vous	**buvez**	du jus d'orange.
Ils (elles)	**boivent**	de la bière.

L'imparfait : je buv**ais**, nous buv**ions**, ils buv**aient**
Le participe passé : **bu**

Je	**crois**	votre père.
Tu	**crois**	les nouvelles extraordinaires.
Il (elle, on)	**croit**	ses amis.
Nous	**croyons**	notre médecin.
Vous	**croyez**	des histoires ridicules.
Ils (elles)	**croient**	que vous êtes malade.

L'imparfait : je croy**ais**, nous croy**ions**, ils croy**aient**
Le participe passé : cr**u**

NOTEZ : **Je crois que** a souvent le sens de **je pense que.**
Croire une personne = croire les choses qu'elle dit.
Croire à = croire à l'existence de...
On dit : croire **en** Dieu.

---

7 On passe six ou sept **ans** à l'école élémentaire.
On apprend beaucoup de choses pendant toutes ces **années.**

Comparez :

On étudie quatre **ans** à l'université avant d'obtenir son diplôme.

On obtient son diplôme à la fin de la quatrième **année** d'études.

Nous avons passé dix **jours** à la montagne.

Pendant **la journée,** nous faisions du ski.

Les cinémas sont ouverts tous les **jours.** Ils sont ouverts **le soir.**

Ils ne sont pas ouverts toute **la journée.** Ils sont ouverts pendant **la soirée.**

Tous les **matins,** mon père part à huit heures.

Ils passe **la matinée** et l'après-midi à son bureau.

NOTEZ : un **an**   un **jour**   un **matin**   un **soir**
une **année**   une **journée**   une **matinée**   une **soirée**

● **An, jour, matin** et **soir** expriment une division de temps, une unité de temps. Employez **an** avec un nombre.
Année, journée, matinée et **soirée** expriment en général une durée.

On dit : **l'année dernière, l'année prochaine, quelques années, plusieurs années, toute l'année, toute la journée, toute la matinée, toute la soirée;**

MAIS : **deux ans, cinq ans, cent ans** (= un siècle), **tous les ans, tous les jours, tous les matins, tous les soirs.**

PRATIQUE ORALE

A. *Dites la phrase avec un sujet différent.*

1. Je me coucherai tôt. (vous / tu / les enfants / on)
2. Nous nous sommes assis à notre place. (vous / les étudiants / le professeur / tu)
3. Vous vous lèverez tard pendant vos vacances. (je / nous / Michèle / tu)
4. Vous allez vous amuser. (nous / les amis de Jacques / je / nous)
5. Il ne veut pas s'arrêter de travailler. (les ouvriers / vous / mon père / tu)
6. Je peux m'adresser à une agence. (vous / nous / on / les gens)

B. *Dites la phrase au passé composé.*

1. Je me repose pendant le week-end. 2. Nous nous téléphonons, Marian et moi. 3. Vous vous couchez tard. 4. Je me réveille de bonne heure. 5. Charles ne se rase pas. 6. Nous nous habituons à notre nouvelle vie. 7. Est-ce que tu t'endors tout de suite ? 8. Vous posez-vous des questions ?

C. *Dites la phrase négative.*

1. Je comprends tout. 2. Nous demandons quelque chose. 3. Vous achetez quelque chose. 4. On entend tout. 5. J'ai tout appris. 6. Il a tout mangé. 7. Nous avons tout lu. 8. J'ai besoin de quelque chose. 9. On a parlé de tout. 10. Il a pensé à tout. 11. Tout est bon marché.

D. *Dites la phrase négative.*

1. Vous attendez quelqu'un. 2. Nous cherchons quelqu'un. 3. Tu vois quelqu'un. 4. J'ai parlé à quelqu'un. 5. Elle a répondu à tout le monde. 6. Ils ont téléphoné à quelqu'un. 7. Quelqu'un est venu. 8. Tout le monde a quitté la salle. 9. Quelqu'un a dormi. 10. Tout le monde s'est levé tôt.

TREIZE BIS

Première soirée à Paris

Lisez à haute voix la conversation suivante.

Jessica, Wayne, Françoise et Renato sont assis à une table à la Coupole. Tous boivent du thé ou du café sauf Jessica qui ne prend rien.

Jessica : Alors, c'est ça, votre célèbre Coupole ?
Françoise : Oui, c'est la brasserie° des intellectuels.
On vient ici pour se rencontrer, pour se voir,
quelquefois pour se reposer°. On vient ici aussi pour
5 se montrer et se parler.
Wayne : Les Français aiment beaucoup parler, n'est-
ce pas, Françoise ?
Françoise : Beaucoup. C'est une distraction°
nationale.
10 **Renato :** Et les Québécois ?
Françoise : Oh, nous aimons parler autant que les
autres. Mais je crois que nous écoutons mieux !
Wayne : Et tes célébrités, Françoise, où sont-elles ?
Renato : Elles se sont bien cachées° !
15 **Françoise :** Je ne sais pas. Je crois que c'est un
mauvais jour pour les célébrités. Je ne reconnais
personne.
Wayne : Depuis quand cette brasserie existe-t-elle ?
Françoise : Depuis des années. Depuis au moins
20 cinquante ans. Tout ce quartier était très célèbre
pendant les années vingt. Mais après tout, je ne sais
rien de son histoire.
Jessica: Moi, je peux vous dire que la Coupole a
ouvert ses portes en 1927.
25 **Renato:** Mais, c'est extraordinaire. Comment sais-tu
cela ?
Jessica: Cela n'a rien d'extraordinaire. J'ai lu le
Michelin° dans l'avion. C'est tout.

Préparatifs de voyage

Lisez à haute voix le texte suivant.

Aujourd'hui tout le monde voyage. Tout le monde se téléphone, s'informe, apprend à se connaître et à connaître les autres par la télévision, par le cinéma. On s'envoie par télégramme de l'argent qu'on reçoit en quelques heures. On se lève à Los Angeles ou à
5   San Francisco à six ou sept heures du matin pour aller travailler à huit ou neuf heures ; à Paris il est déjà cinq ou six heures du soir ; bientôt les gens iront dîner. A Los Angeles ou à San Francisco, on se couche vers dix ou onze heures du soir ; à Paris il est déjà sept ou huit heures du matin ; déjà les Parisiens se lèvent, se lavent, prennent leur petit déjeuner et vont à leur
10   travail. Pour le voyageur moderne, ces différences d'heure, quand on se déplace° rapidement, peuvent causer un malaise° de décalage°.

Avant le 20ᵉ siècle les voyages étaient quelque chose d'exceptionnel. La plupart° des gens, quand ils n'étaient pas riches, passaient leur vie entière dans le village de leur naissance sans voir le reste du monde. Pour entre-
15   prendre° un grand voyage, il fallait avoir de l'argent et beaucoup de courage. Les dangers de la route étaient innombrables : danger de la maladie (des hommes et des chevaux), danger des accidents, danger omniprésent d'être volé° ; si on voyageait par mer, il y avait toujours le danger du naufrage°. Le plus souvent on voyageait à cheval ou en carrosse°. Naturellement, les pauvres° voyageaient
20   à pied. Sur la route on pouvait passer des journées entières sans rencontrer personne. On attendait une lettre pendant des semaines ou des mois. Un voyage pouvait durer plusieurs années.

Ces conditions sont restées inchangées jusqu'au 19ᵉ siècle quand le chemin de fer a changé complètement les conditions de voyage. Avec le chemin de fer,
25   le tourisme a commencé à devenir accessible. On se déplaçait plus facilement et plus rapidement. Mais il y avait encore la question d'argent. Jusqu'à la Seconde Guerre mondiale peu de gens pouvaient voyager comme ils voulaient dans le monde.

Aujourd'hui tout a changé ; nous vivons à une époque où les voyages sont
30   possibles pour tous, au moins dans les pays développés et libres ; il ne faut pas oublier que l'oppression politique peut transformer tout un pays en ghetto pour ses propres habitants. Dans d'autres cas, la faim et la misère rendent l'idée même de tourisme impossible.

Comment se préparer aujourd'hui pour un grand voyage ? Un voyage en France, par exemple.

La première chose à faire, c'est de demander son passeport. Il faut remplir un formulaire° et l'envoyer au bureau des passeports avec un extrait° de nais-
5 sance et deux photos. Ensuite, il faut aller dans une agence de voyages pour acheter un billet et réserver une place dans un avion ou sur un bateau si on a le temps de voyager par mer. Quelquefois, on a besoin d'un visa qu'il faut demander au consulat du pays qu'on veut visiter.

Le prix du billet dépend de la longueur du séjour à l'étranger et de la
10 classe qu'on choisit. On peut voyager en première, classe de luxe, ou, comme la plupart des gens, en classe touriste. Le moyen de transport le plus écono-mique est le « charter », solution utile à une époque où tout est cher.

Quand on a acheté son billet, il faut penser au problème des bagages. En général, on essaie de réduire les bagages au minimum ; mais il faudra une
15 bonne valise, sur roulettes si possible, pour faciliter les changements de trains et d'avions. Il faudra aussi une trousse° de toilette avec une brosse à dents, une brosse à cheveux, un peigne°, un tube de pâte dentifrice, du savon°, un rasoir°, du shampooing, un déodorant, du rouge à lèvres et des produits de beauté pour les femmes qui les emploient.

20 Pour les vêtements, les femmes auront besoin de quelques robes, de blue-jeans, comme les garçons, et peut-être d'un deux-pièces° pantalon. Il faut aussi des chaussures confortables et un imperméable. Oui, un imperméable et un parapluie. Il pleut beaucoup et souvent en Europe.

Les garçons auront besoin d'un costume de ville, car on ne peut pas aller
25 partout en blue-jeans à Paris. Le jeune ou la jeune touriste américain(e) sera surpris(e) de découvrir que les Français sont beaucoup plus traditionnels dans leur façon de s'habiller que les Américains. Le reste est une affaire person-nelle : chemises, pulls à col roulé, sous-vêtements, slips° pour les garçons, com-binaisons° pour les filles, avec ou sans soutien-gorge°, selons les goûts°. Natu-
30 rellement, on aura besoin aussi de bas° et de chaussettes°.

Bien entendu, l'appareil° photographique est indispensable. Un premier voyage à l'étranger est le commencement d'un stock futur de souvenirs°. Il est infiniment précieux de garder le souvenir des gens que nous avons connus au cours d'un voyage et avec qui nous nous sommes promenés et amusés.

35 # EN FRANCE... avant la Deuxième Guerre mondiale, peu de Français voyageaient. Les gens riches allaient sur la Côte (d'Azur) ou à l'étranger. Certaines familles bourgeoises possédaient une maison à la campagne ou une villa au bord de la mer, à proximité de leur résidence. Il y avait des « colonies de vacances » à la campagne pour les enfants des
40 familles d'ouvriers. Cependant, la majorité des gens ne voyageaient pas souvent.

Maintenant, cinquante-six pour cent des Français quittent leur ville ou leur village chaque année ; de ce nombre, cinq pour cent en hiver et soixante-neuf pour cent en été. Les « congés° payés » (quatre ou cinq semaines par an), l'amélioration des moyens de transports et du niveau de vie ont favorisé l'extension du tourisme. On va à la mer le plus souvent, ou à la montagne. En juillet et en août, les hôtels sont souvent « complets° », et on ne peut pas trouver de chambres libres dans les régions touristiques qui attirent° les Français et les touristes étrangers (anglais, allemands, scandinaves et américains). En été, les Français font aussi du camping en famille sur les terrains° de camping de France, d'Italie, d'Espagne. Les étudiants vont souvent dans les « Auberges° de Jeunesse » qui sont beaucoup moins chères que les hôtels. Quelques personnes préfèrent participer à des « voyages organisés » en groupes à l'étranger° (en Europe, en Afrique, en Asie ou aux États-Unis). On utilise l'avion pour les grandes distances, l'autocar°, l'auto, le train pour les distances plus courtes. Enfin, des clubs comme le club Méditerranée et d'autres organisent dans le monde entier des « villages de vacances » qui attirent beaucoup de gens jeunes et moins jeunes.

PRATIQUE DE COMMUNICATION ORALE

A. *Demandez à une personne de votre classe :*

1. à quelle heure il (elle) se lève tous les jours (le dimanche).
2. à quelle heure il (elle) se couche tous les jours (le samedi soir).
3. quand il (elle) se repose.
4. quand il (elle) se lave les cheveux.
5. où il (elle) se promène quand il fait beau.
6. où il (elle) s'assied au cinéma.

B. *Demandez à votre voisin(e) :*

1. s'il (si elle) se lève tard pendant les vacances.
2. s'il (si elle) s'habitue bien à la vie de l'université.
3. s'il (si elle) se pose beaucoup de questions au sujet de ses études.
4. s'il (si elle) aime se lever tôt.
5. s'il (si elle) préfère se coucher tard ou tôt.
6. si son ami(e) et elle (lui) se font des cadeaux.
7. si son ami(e) et elle (lui) se téléphonent tous les jours.
8. si son ami(e) et elle (lui) se voient souvent.

C. *Demandez à un(e) étudiant(e) :*

1. s'il (si elle) bavarde avec tout le monde au supermarché.
2. s'il (si elle) a parlé à quelqu'un d'inconnu ce matin.
3. s'il y a quelqu'un d'absent dans la classe.
4. s'il (si elle) a rencontré quelqu'un de célèbre.
5. s'il (si elle) a appris quelque chose d'extraordinaire aujourd'hui.
6. s'il (si elle) apprend quelque chose de nouveau tous les jours.

D. *Demandez à votre professeur :*

1. combien d'années il (elle) est allé(e) à l'école secondaire.
2. à quelle heure il (elle) s'est couché(e) hier soir.
3. à quelle heure il (elle) s'est levé(e) ce matin.
4. quand il (elle) s'est installé(e) dans sa maison (son appartement).
5. s'il (elle) s'est bien habitué(e) à sa vie de professeur.

EXERCICES ORAUX OU ÉCRITS

1. a) *Questions sur la « Lecture ». Répondez à chaque question par une phrase complète.*

1. Avant le 20ᵉ siècle, où la plupart des gens passaient-ils leur vie entière ? 2. Quels étaient les dangers des voyages ? Comment voyageait-on le plus souvent ? 3. Qu'est-ce qui a changé les conditions de voyage au 19ᵉ siècle ? Pourquoi les gens ne pouvaient-ils pas voyager comme ils voulaient au 19ᵉ siècle ? 4. Quelle est la première chose à faire quand on veut voyager à l'étranger ? 5. Où demande-t-on un visa ? 6. De quoi dépend le prix d'un billet d'avion (ou de train) ? Quel est le moyen de transport le plus économique ? 7. Dans quoi met-on ses affaires quand on voyage ? 8. Qu'est-ce qu'on met dans une trousse de toilette ? 9. Pourquoi faut-il des chaussures confortables quand on voyage ? et pourquoi faut-il avoir un imperméable quand on va en Europe ? 10. Quel objet est indispensable quand on fait un grand voyage ? pourquoi ?

b) *Questions sur « En France... » Répondez à chaque question par une phrase complète.*

1. En quelle(s) saison(s) beaucoup de Français quittent-ils leur ville ou leur village ? 2. Pourquoi les gens choisissent-ils ces saisons en particulier, à votre avis ? 3. Qu'est-ce qui a favorisé l'extension du tourisme en France ? 4. En quels mois est-il difficile de trouver une chambre d'hôtel en France dans certaines régions ? 5. De quels pays les touristes étrangers viennent-ils ? 6. Pourquoi les étudiants vont-ils souvent dans les « Auberges de Jeunesse » ? 7. Où y a-t-il des « voyages organisés » en groupes ? 8. Qu'est-ce que le club Méditerranée ?

2. *Préparation à la composition. Exercices de vocabulaire.*

a) *Complétez les phrases. Employez le vocabulaire de la leçon 13.*

1. On va _____ quand on voyage dans un autre pays.
2. Pour prendre des photos, il vous faut un _____ .
3. On se lave les dents avec _____ et _____ .
4. Vous pouvez acheter un billet d'avion dans une _____ .
5. Les hommes _____ avec un rasoir.
6. Avant d'entreprendre un long voyage, il faut faire _____ .
7. Pour voyager, on met ses vêtements dans _____ .
8. Je me coiffe avec _____ et _____ .

b) *Donnez l'expression qui correspond à la définition proposée.*

1. Mettre ses vêtements le matin, c'est _____ .
2. Aller au lit le soir, c'est _____ .
3. Fermer les yeux et commencer à dormir, c'est _____ .
4. Quitter son lit le matin, c'est _____ .
5. Une chose absolument nécessaire est _____ .
6. Quand toutes les chambres d'un hôtel sont occupées, l'hôtel est _____ .
7. Une personne qui a très peu d'argent est _____ .
8. Le contraire de *s'endormir* est _____ .
9. Une grande voiture qui transporte des touristes pour une excursion est _____ .
10. Un petit sac pour les objets de toilette est _____ .

c) *Composez une phrase complète avec chaque expression.*

1. la plupart des   2. entreprendre   3. se déplacer   4. à l'étranger   5. dépendre de   6. s'amuser   7. au sujet de   8. tout (*pronom*)   9. se connaître   10. croire

3. *Préparation à la composition. Répondez à chaque question par une phrase complète.*

1. Avez-vous déjà fait un voyage à l'étranger ?   2. Si oui, quand, comment et où êtes-vous allé(e) ? Si non, quel(s) pays avez-vous envie de visiter ?   3. Avez-vous déjà voyagé en bateau ?   4. Avez-vous un passeport ? Si oui, comment avez-vous obtenu votre passeport ? Si non, qu'est-ce qu'il faut faire pour obtenir son passeport ?   5. De quoi avez-vous besoin pour vous laver ? pour vous laver les dents ? pour vous brosser les cheveux ?   6. Dans quoi emporte-t-on tous ces objets ?   7. Qu'est-ce que vous mettez dans votre valise quand vous allez faire un grand voyage ?   8. Avez-vous un imperméable ? Quand l'employez-vous ? pourquoi ?   9. Où achète-t-on un billet d'avion ? Où va-t-on pour prendre un avion ?   10. Aimez-vous accompagner un(e) ami(e) à l'aéroport ? pourquoi ?

4. *Composition.*

a) Les moyens de transports. Vous préférez l'avion. Un(e) de vos ami(e)s préfère l'auto ou le train. Imaginez une discussion entre vous. Chaque personne donne son opinion et les raisons de son choix.

b) Vous avez déjà fait un grand voyage. Comment avez-vous préparé ce voyage. Qu'est-ce que vous avez fait, pensé et imaginé avant de partir ?

c) Vous parlez à vos parents ou à un(e) ami(e) d'un projet de voyage. Vous dites où vous irez et comment, quand vous partirez, quels préparatifs vous ferez, etc.

PRONONCIATION

A. *La semi-voyelle* [ɥ]. *Prononcez après votre professeur.*

Huit, nuit, pluie, fruit, bruit, cuisine, je suis,
nuage, situé, Suède, juin, Suisse, juillet.

Suivez les avis de vos amis de Suisse.
Il a plu toutes les nuits en juin et en juillet.
J'ai lu un livre ennuyeux sur la Suède.
Je suis surpris du bruit de la pluie.
La nuit suivante, Lucie a mis les fruits dans la cuisine.

B. *La voyelle* [ɛ̃]. *Prononcez après votre professeur.*

Faim, main, pain, lin, vin,
américain, mexicain, jardin, matin,
impossible, incroyable, inconnu, incertain.

[jɛ̃]   Bien, chien, rien, viens, tiens,
canadien, brésilien, norvégien.

Vingt-cinq marins américains.
Antonin a invité l'inspecteur.

Il vient le matin, c'est certain.
Le quinze juin à cinq heures du matin.

C. *Faites la différence entre les sons suivants.*

[ɛ̃]	[ɛn]	[ɛ̃]	[ɛn]
Il est canadien.	Elle est canadienne.	Il vient.	Ils viennent.
Il est norvégien.	Elle est norvégienne.	Il revient.	Ils reviennent.
Il est mexicain.	Elle est mexicaine.	Il devient.	Ils deviennent.
Il est américain.	Elle est américaine.	Il obtient.	Ils obtiennent.

EXPRESSIONS NOUVELLES

Noms

une auberge°
  (de jeunesse)
une brasserie°
une brosse à cheveux
une brosse à dents
des chaussettes (f.)°
une combinaison°
une distraction°
une façon
la faim
une lèvre
une longueur
une pâte dentifrice
la plupart° de
une trousse° de toilette

un appareil°
  photographique
  un appareil-photo
un autocar°
un bas°
un carrosse°
un cheval
un congé° payé
un costume de ville
un décalage°
un deux-pièces° pantalon
Dieu (m.)
un extrait° de naissance
un formulaire°
un goût°
le luxe
un malaise°
le Michelin°
un naufrage°
un niveau de vie
un peigne°

des préparatifs° (m.)
un pull (à col roulé)
un rasoir°
un rouge° à lèvres
un savon°
un slip°
un sous-vêtement
un soutien-gorge°
un souvenir°
un terrain° (de camping)

Adjectifs

complet(ète)°
court(e)
pauvre°
utile

Verbes

s'adresser à
s'amuser
s'arrêter
s'asseoir
attirer°
se cacher°
se coiffer
se coucher
découvrir
se demander
se déplacer°
se déshabiller
deviner°
s'embrasser
s'endormir
entreprendre°
s'habiller
s'habituer° à
se laver

se lever
se maquiller
se peigner
se promener
se raser
recevoir
réduire°
remplir°
rendre° (+ adj.)
se reposer°
se réveiller
se terminer
voler°

Expressions verbales

se brosser les cheveux
se faire mal à
que faire ?

Adverbes

en carrosse
à cheval
par conséquent
ensuite°
à l'étranger°
pour la première fois
par mer
partout°
si possible
en première°
sur roulettes

Prépositions

de la part de°
à proximité de
au sujet de

Qui ne risque rien n'a rien.
(proverbe)

Vous savez déjà :

Noms

une agence (de voyage)
une célébrité
la classe touriste
une colonie (de vacances)
une extension
une intellectuelle
la majorité
une oppression
une touriste
une valise

un charter
un club
un consulat
un déodorant
un ghetto
un intellectuel
un passeport

un produit (de beauté)
un prospectus
le reste
un shampooing
un stock
un télégramme
le tourisme
un touriste
un tube
un visa

Adjectifs

accessible
certain(e)
futur(e)
impossible
inchangé(e)

indispensable
innombrable
omniprésent(e)
précieux(euse)
scandinave
touristique

Verbes

dépendre de
faciliter
favoriser
s'informer
participer

Adverbes

complètement
infiniment

Voltaire (la main levée) avec l'Abbé Maury, le Père Adam, Condorcet, Diderot, La Harpe et d'Alembert au Café Procope, café célèbre fondé en 1689.

● Notez la position des adverbes comme **jamais, déjà, bien, mal, beaucoup, (pas) encore, peu, trop, souvent, mieux, assez, plus, toujours, quelquefois,** etc.

Ces adverbes sont placés après le verbe en général. Quand on les emploie avec un temps composé, ils sont placés entre *l'auxiliaire et le participe passé.*

5 Quand on **reçoit** une lettre importante, on y répond tout de suite. Du sommet de la montagne, on **aperçoit** la mer.

Comparez :

Recevez-vous le journal tous les jours ?

Votre père **reçoit-il** des revues françaises ?

Quand vous **recevrez** vos amis, organiserez-vous un pique-nique ?

Avez-vous **reçu** des cadeaux pour Noël ?

Qu'est-ce qu'on **aperçoit** quand on survole Paris en avion ?

Qui **avez**-vous **aperçu** à l'aéroport de San Francisco ?

Oui, je le **reçois** tous les matins.

Non, il n'en **reçoit** pas, mais il **reçoit** des revues américaines.

Oui, quand nous les **recevrons,** nous organiserons un grand pique-nique.

Nous en **avons reçu** beaucoup.

On **aperçoit** la tour Eiffel et d'autres monuments.

Nous **avons aperçu** nos amis qui nous attendaient.

Je	**reçois**	des cadeaux.
Tu	**reçois**	des lettres.
Il (elle, on)	**reçoit**	ses amis.
Nous	**recevons**	de bonnes nouvelles.
Vous	**recevez**	des journaux.
Ils (elles)	**reçoivent**	leur famille.

● Voilà le verbe **recevoir** au présent de l'indicatif. Le verbe **recevoir** est un verbe irrégulier.

● Conjuguez de la même manière le verbe **apercevoir.**

> Exemples : D'un avion, on **aperçoit** la mer ou la terre.
> A Paris, vous **apercevrez** la Seine.

L'imparfait : je **recevais** (j'**apercevais**)
Le participe passé : **reçu** (**aperçu**)
Le futur : je **recevrai** (j'**apercevrai**)

---

6 Nous avons **d'abord** joué au volley-ball, **puis** nous avons nagé.
Ensuite, nous nous sommes reposés, **car** nous étions fatigués.

Étudiez le texte suivant:

> Vendredi dernier, j'avais des courses à faire. Je suis **d'abord** allé(e) dans un magasin, où j'ai acheté des chaussures. **Puis,** j'ai acheté un livre à la librairie. **Ensuite,** je suis entré(e) à la banque, **car** j'avais besoin d'argent. Il y avait beaucoup de monde. J'ai **donc** attendu pendant vingt minutes. Un jeune homme a essayé de passer avant moi. **Alors,** j'ai protesté, **mais** il ne voulait pas m'écouter. **Cependant,** j'avais raison. **Enfin,** le jeune homme est parti et j'ai pu avoir mon argent.

● Les mots en caractères gras dans le texte précédent sont des *conjonctions* et des *adverbes* de coordination. Ils sont employés pour indiquer le rapport logique, la relation qui existe entre les différentes parties du texte. Ce sont des *termes de transition* qui rendent le texte plus cohérent.

D'abord indique la première action d'une série, le commencement.

> Exemple : Je rentre chez moi. **D'abord,** je vais dans ma chambre. Ensuite, je me lave les mains.

Le verbe **commencer par** indique aussi la première action d'une succession d'actions.

> Exemple : **J'ai commencé par** lire le journal. Puis, j'ai préparé le dîner.

Ensuite, puis indiquent les actions qui suivent.

> Exemple : Je suis revenue(e) chez moi. **Ensuite,** j'ai travaillé. **Puis,** j'ai écouté la radio.

GRAMMAIRE

Enfin indique la dernière action d'une série d'actions. On peut aussi employer le verbe **finir par.**

> Exemples: Après être resté dix ans à l'université, il a **enfin** obtenu (il **a fini par** obtenir) son diplôme.
> Mon père s'est **enfin** arrêté (**a fini par** s'arrêter) de fumer.

NOTEZ : **Commencer à** est l'opposé de **finir de** (+ infinitif).
Commencer par est l'opposé de **finir par** (+ infinitif).

Car indique la cause, la raison. Ce mot n'est jamais au commencement de la phrase. Il a le même sens que **parce que.**

> Exemple : Nous avons pris un verre, **car** nous avions soif.

Donc indique la conséquence.

> Exemple : Hier, la voiture de Jacques ne marchait pas : il a **donc** pris l'autobus.

Remarquez la place de **donc** dans la phrase.

Par conséquent a le même sens que **donc.**

> Exemple : Hier, ma voiture ne marchait pas ; **par conséquent** j'ai pris l'autobus.

C'est pourquoi (toujours au commencement de la phrase) a aussi le sens de **donc.**

> Exemple : Je n'avais plus d'argent. **C'est pourquoi** j'ai commencé à travailler.

Alors indique une idée de temps (= à ce moment-là) et de résultat.

> Exemple : Hier soir, j'avais mal à la tête. **Alors,** je ne suis pas sorti(e).

Mais indique une objection ou une restriction de l'idée exprimée.

> Exemple : Il faisait beau, **mais** il y avait un peu de brouillard.

Pourtant, cependant ont presque le même sens que **mais.**

> Exemples : Je n'aime pas du tout cette fille. **Pourtant,** tout le monde l'adore.
> Suzanne a beaucoup travaillé pour son examen de français. **Cependant,** elle n'a pas compris une des questions et elle n'a pas eu une bonne note.

PRATIQUE ORALE

A. *Changez la phrase. Employez les sujets proposés. Faites les changements nécessaires.*

1. Je prendrai un avion qui ne fait pas escale. (nous / vous / mes amis / Bob)
2. Nous n'enregistrons pas les bagages que nous gardons. (je / les passagers / on / vous)
3. Vous ne regardez pas un film qui est sans intérêt. (tu / les gens / nous / je)
4. Je mange avec plaisir le repas qu'on me sert. (les passagers / nous / vous / mon voisin)

B. *Changez la phrase. Employez les sujets proposés. Faites les changements nécessaires.*

1. C'est un avion dont le pilote est français. (les hôtesses / la construction)
2. Avez-vous fait un voyage dont vous êtes content ? (nous / tu / elle / le professeur)
3. J'ai acheté les valises dont j'avais besoin. (mes parents / Alice / mon ami Jack / tu)

C. *Finissez les phrases selon l'exemple.*

Exemple : (vous téléphonez) Je quitte la maison au moment où...
Je quitte la maison au moment où vous téléphonez.

1. (ma voisine est arrivée) Je suis parti(e) au moment où...
2. (je lis le journal) Vous me posez une question au moment où...
3. (nous voulons travailler) Vous écoutez de la musique au moment où...
4. (je suis revenu[e] à l'université) J'ai reçu votre lettre le jour où...
5. (nous sommes restés à Londres) Il a beaucoup plu l'été où...
6. (ma sœur est allée en France) Je travaillais dans un bureau l'année où...

D. *Dites la phrase au passé composé.*

1. Henri voyage toujours seul.   2. Le Concorde n'atterrit jamais à Chicago.   3. Les passagers dorment bien.   4. On mange mal dans cet avion.   5. Je lis beaucoup pendant le vol.   6. Mon voisin fume trop.   7. Nous allons encore en Italie.   8. Vous vous amusez bien.   9. Tu bavardes beaucoup.   10. Nous prenons souvent le train.

EXERCICES ORAUX OU ÉCRITS

1. a) *Complétez les phrases par un pronom relatif (***qui*** ou ***que***).*

1. Cette année, j'ai dépensé l'argent _____ j'avais économisé pendant les vacances.   2. Nous utiliserons de plus en plus l'énergie solaire _____ ne coûte pas très cher.   3. Dans le journal, j'ai lu un article _____ m'a déprimé(e).   4. Phil écrit des poèmes _____ personne ne comprend.   5. On consomme du pétrole _____ il faut importer.   6. J'appartiens à un club de tennis _____ organise des voyages.   7. Les ouvriers _____ font la grève trouvent leur salaire insuffisant.   8. Je mettrai les livres _____ j'ai achetés dans mon sac de voyage.   9. Vous visiterez des villes _____ vous intéresseront. 10. Mon père veut vendre sa voiture _____ il a payée très cher et _____ ne marche pas très bien.   11. Mon frère raconte des histoires _____ je ne crois pas.   12. La France est un pays _____ a une vieille civilisation et _____ beaucoup de touristes visitent.

b) *Faites une seule phrase avec chaque groupe. Employez* **qui** *ou* **que.** *Faites les changements nécessaires pour la construction de la phrase.*

1. Nous prendrons l'avion de la TWA. Il va directement à Londres. 2. Les valises ne sont pas encombrantes. Je les emporterai.   3. Je paierai mon billet avec l'argent. J'économiserai cet argent.   4. Les gens emportent peu de bagages. Ils voyagent souvent.   5. La cathédrale de Paris date du Moyen Âge. Beaucoup de touristes la visitent.   6. François demande de l'argent à sa mère. Il veut rester plus longtemps à Paris.   7. Janet envoie des cartes postales à ses amis. Ils sont restés aux États-Unis.   8. Molière a écrit des comédies. On les joue encore aujourd'hui.   9. Les comédies étaient une critique de la société. Molière les a écrites au 17e siècle.   10. Les Anglais, les Français et les Espagnols ont colonisé l'Amérique. On l'appelait le Nouveau Monde.   11. Au 19e siècle, les ouvriers avaient un salaire insuffisant. Ils travaillaient quatorze heures par jour.   12. La pollution est un problème moderne. Les gouvernements ne savent pas le contrôler.

2. *Faites une seule phrase avec chaque groupe. Employez le pronom* **dont.** *Faites les changements nécessaires pour la construction correcte de la phrase.*

a) 1. J'ai acheté les livres au début du semestre. J'avais besoin de ces livres. 2. Ma sœur a fait un voyage à Hawaï. Elle est ravie de ce voyage. 3. Debussy est un musicien français. Le professeur de musique nous a parlé de ce musicien.   4. Mon ami vient d'acheter une voiture. Il n'est pas satisfait de cette voiture.   5. Les revues sont à la bibliothèque. Je vous parlerai de ces revues.   6. D'après Mathieu, le chômage est un problème. La société capitaliste est responsable de ce problème.   7. Mes voisins ont deux grands chiens. Tout le monde a peur de ces chiens.

8. Le Louvre est un musée très riche. Vous avez souvent entendu parler du Louvre.   9. Pourrez-vous acheter l'ordinateur ? Vous en avez envie.   10. Patty a toujours des vêtements chics. Elle en est très fière.

b) 1. Sur le campus, on voit de nouveaux bâtiments. L'architecture de ces bâtiments est très moderne.   2. Linda passe ses vacances au Canada. Ses grands-parents habitent à Québec.   3. Paul Cézanne est un peintre français. J'admire beaucoup ses tableaux.   4. Rosa parle très bien espagnol. Sa mère est mexicaine.   5. Nous avons loué une chambre dans un hôtel. Nous avons trouvé les prix de cet hôtel raisonnables. 6. Bob et Phil sont allés voir leur père. Sa santé n'est pas bonne. 7. Je ne peux pas vous rendre ce livre. J'ai lu seulement les premières pages de ce livre.   8. Nous avons des amis. Leurs enfants sont très intelligents.   9. Fred a acheté une voiture. Je n'aime pas la couleur de cette voiture.   10. Ce sont des gens très sympathiques. On ne sait pas leur adresse.   11. La tour Eiffel est le monument le plus visité de la capitale. Sa construction date de 1889.

3. *Faites une seule phrase avec chaque groupe. Employez le pronom adverbial* **où**. *Faites les changements nécessaires.*

1. Central Park est un jardin public. Les gens de New York se promènent souvent dans ce parc.   2. Il faisait beau le jour. Je suis venu(e) à l'université pour la première fois ce jour-là.   3. Je n'habite plus dans la ville. Je suis né(e) dans cette ville.   4. Près de chez moi, il y a un cinéma. On y présente de vieux films.   5. Vous pouvez me téléphoner le soir. Vous partirez ce soir-là.   6. Aurez-vous peur le matin ? Nous passerons l'examen ce matin-là.   7. Je préfère habiter à la campagne. La pollution y est moins importante.   8. Le français a commencé à m'intéresser pendant l'année. Je finissais mes études secondaires cette année-là.   9. Nous avons voyagé en Europe l'été dernier. Il a fait très chaud cet été-là.   10. Paul a une grande valise. Il y mettra toutes ses affaires.

4. a) *Complétez les phrases avec* **bon** *ou* **bien, mauvais** *ou* **mal, meilleur** *ou* **mieux.** *Faites l'accord des adjectifs.*

1. Quand on passe une _____ nuit, on travaille _____ ; mais quand on dort _____ , on travaille _____ aussi.   2. Je vais à la bibliothèque parce que j'y étudie _____ que chez moi ; mes devoirs sont _____ .   3. Vous n'avez pas _____ réfléchi, et vos phrases ne sont pas _____ ; elles étaient _____ la dernière fois; quand vous lirez _____ les questions, vous y répondrez _____ .   4. A la cafétéria, les repas ne sont pas _____ ; ils sont _____ chez moi.   5. Je fais assez _____ la cuisine ; mais mon père la fait _____ que moi.   6. Cet étudiant comprend _____ les questions parce qu'il ne sait pas le vocabulaire. Alors ses réponses sont toujours _____ ; il parle _____ ; sa prononciation n'est pas _____ .   7. Cet enfant lit _____ parce qu'il ne voit pas _____ .   8. Je fais des sports pour être en _____ santé. Je vais _____ quand je fais beaucoup d'exercices physiques.

b) *Placez correctement les adverbes dans les phrases. Faites les changements nécessaires.*

1. On augmente le salaire des ouvriers. (beaucoup)   2. Nous ne protégeons pas la nature. (assez)   3. Ma mère se lève de bonne heure. (toujours)   4. Alex nous dit au revoir avant de partir. (ne... jamais) 5. Je dors toute la nuit sans me réveiller. (souvent)   6. Ils reçoivent toutes vos lettres. (bien)   7. Janet ne peut pas joindre les deux bouts (ne... jamais) parce qu'elle ne veut pas économiser son argent. (ne... jamais)   8. Je suis le dialogue du film. (mieux)   9. Vous écrivez mon adresse. (mal)   10. Gagnez-vous de l'argent (quelquefois) quand vous allez à Las Vegas ?

c) *Mettez les phrases de l'exercice **4. b)** (avec les adverbes) au passé composé.*

5. *Employez le verbe au temps indiqué.*

1. Quand je (recevoir, *présent*) une lettre de mes amis, je leur (répondre, *présent*) tout de suite.   2. Quand elle (recevoir, *futur*) ce cadeau, Kay (avoir, *futur*) des nouvelles de Jack.   3. Hier, nous (recevoir, *passé composé*) des revues que mon père me (envoyer, *plus-que-parfait*).   4. Je vous (écrire, *passé composé*) des cartes postales de Paris ; les (recevoir, *passé composé*)-vous ?   5. Quand nous (être, *imparfait*) petits, nous (recevoir, *imparfait*) beaucoup de cadeaux pour Noël.   6. (Croire, *présent*)-vous que vous (recevoir, *futur*) ce chèque avant la fin de la semaine ?   7. Quand on (être, *présent*) en avion, on (apercevoir, *présent*) la terre.   8. Quand vous (arriver, *futur*) à New York en bateau, vous (apercevoir, *futur*) la statue de la Liberté.   9. Je vous (apercevoir, *passé composé*) sur le boulevard, mais vous ne me (voir, *passé composé*) pas.

6. *Employez le terme de transition logique dans chaque phrase.*

1. Mon frère n'a pas encore obtenu son diplôme ; _____ il ne peut pas trouver un travail intéressant.   2. Le camion a freiné et ralenti ; _____ il y a eu un accident.   3. Les autos roulaient lentement _____ il y avait beaucoup de brouillard.   4. Nous avons _____ garé la voiture ; _____ nous sommes entrés dans le supermarché ; _____ nous avons choisi nos provisions ; _____ nous avons fait la queue à la caisse.   5. Il faut importer du pétrole _____ l'industrie en consomme de plus en plus ; _____ les ressources sont limitées ; _____ il faudra trouver d'autres sources d'énergie.   6. La situation économique n'est pas bonne ; il y a _____ du chômage.   7. Cette femme a trois jeunes enfants ; _____ elle n'a pas beaucoup de loisirs. 8. Vous êtes resté(e) deux heures au soleil ; _____ vous n'avez pas attrapé de coup de soleil.   9. Nous ne sommes pas sortis en bateau _____ il y avait une tempête.   10. Il y a des forêts aux environs de Paris ; les Parisiens y font _____ des promenades et des pique-niques.

vodka, de Cinzano et d'autres apéritifs. Il y a aussi de la bière, du coca-cola, du ginger ale, de l'eau minérale : Perrier, Évian, Vittel. Les hôtesses distribuent les menus : il y a d'abord des crudités° comme hors-d'œuvre ; puis, comme plat principal, une côtelette° d'agneau ; ensuite, comme légumes, il y a des asperges°
5 et des pommes de terre ; il y a aussi de la salade et, comme dessert, une mousse au chocolat.

C'est maintenant le moment de faire connaissance° avec votre voisin ou voisine ou de vous lever, après le repas, pour faire une petite promenade dans la cabine. Elle est énorme ; elle contient plus de trois cents personnes. Par
10 petits groupes, les gens bavardent et rient ; on fait la queue devant les toilettes, on boit de l'eau. Certains passagers lisent ou dorment ou regardent par leur hublot°. Dans le ciel sans nuage, l'avion vole vers la France.

Heureusement, le repas a mis les passagers de bonne humeur° : on parle, on plaisante ; des amitiés se forment ; on échange des adresses, car on a l'in-
15 tention de se retrouver à Paris. Pour les passagers qui préfèrent les distractions, on montre un vieux film dont l'intérêt n'est pas très grand ; quelques personnes mettent des écouteurs° pour entendre le dialogue ; d'autres écoutent de la musique. D'autres encore préfèrent dormir, car la digestion invite au sommeil.

Deux heures avant d'arriver en France, un autre repas est servi° ; c'est
20 une collation. Les gens qui dormaient se réveillent : un repas n'est jamais sans intérêt quand on voyage. Bientôt, on apercevra les côtes de l'Angleterre et de la France. Puis, ce sera l'atterrissage à Roissy-Charles de Gaulle.

Une heure plus tard, on entend la voix de l'hôtesse de l'air qui dit : « Mesdames, messieurs, nous venons d'atterrir° à Paris. Il est cinq heures
25 vingt-cinq du soir, heure locale. La température est de vingt et un degrés centigrade. Air-France vous remercie et vous souhaite un très agréable séjour à Paris et en France. »

EN FRANCE... comme dans la plupart des pays européens,
on voyage en train plus souvent qu'aux États-Unis. D'abord, les distances
30 sont beaucoup plus courtes que sur le continent américain. Puis, les trains entre les grandes villes sont exacts, rapides et confortables. Par exemple, le T.E.E. (Trans Europe Express) met° deux heures entre Paris et Bruxelles. Ensuite, il y a, à la S.N.C.F. (Société Nationale des Chemins de Fer Français), toutes sortes de billets à prix réduits : pour les « congés payés »,
35 pour les excursions du week-end, pour les familles qui ont au moins trois enfants, pour les personnes de plus de soixante-cinq ans, pour les groupes de dix personnes, etc. Il est prudent de réserver sa place pendant les mois d'été. Pour les touristes, l'Eurailpass offre des conditions de voyages très intéressantes : c'est une carte temporaire (deux ou trois semaines, un
40 mois, trois mois) qui donne le droit de voyager en première classe dans seize pays européens. Cependant, il faut acheter cette carte avant de quitter son pays d'origine.

Les Français voyagent aussi en avion. Les hommes d'affaires° trouvent ce moyen pratique. Si on part de Paris dans la matinée, on peut aller à Nice, traiter une affaire° et revenir à Paris pour le dîner. Il y a des lignes° aériennes entre les grandes villes et Paris. Pourtant les voyages en avion coûtent cher. Relativement à la distance, un voyage Paris-Londres coûte beaucoup plus cher qu'un voyage Paris-New York. Il y a trois aéroports à Paris : le plus ancien est le Bourget, où Lindbergh a atterri en 1927 après la première traversée° de l'Atlantique. Roissy-Charles de Gaulle est l'aéroport où on arrive si on vient d'Amérique du Nord. Enfin, Orly reçoit les avions qui viennent d'Afrique ou d'Asie. N'oublions pas le Concorde, avion supersonique franco-anglais qui relie° Paris ou Londres à New York et à Washington, D.C., après un vol de trois heures.

PRATIQUE DE COMMUNICATION ORALE

A. *Demandez à un(e) ami(e) :*

1. s'il (si elle) peut acheter toutes les choses dont il (elle) a envie.
2. s'il (si elle) a tout l'argent dont il (elle) a besoin.
3. s'il (si elle) suit des cours dont il (elle) est content(e).
4. s'il (si elle) obtient des notes dont il (elle) est satisfait(e).
5. s'il (si elle) a des amis qui habitent à l'étranger.
6. s'il (si elle) voit des films qu'il (elle) n'aime pas.
7. s'il y a des choses qu'il (elle) déteste à l'université.
8. s'il y a des choses qu'il (elle) est obligé(e) de faire.

B. *Demandez à un(e) camarade de vous dire (commencez par « Dites-moi... »)*

1. l'année où il (elle) a fini ses études secondaires.
2. l'année où il (elle) est entré(e) à l'université.
3. l'année où il (elle) est né(e).
4. le soir où il (elle) reste chez lui (elle).
5. le jour où il (elle) fait des courses (il [elle] va à la banque).
6. le quartier où il (elle) habite.
7. les sports qu'il (elle) préfère.
8. les livres qu'il (elle) lit en ce moment.
9. les sujets qui l'intéressent particulièrement.
10. le cours qui est le meilleur à son avis.

EXERCICES ORAUX OU ÉCRITS

1. a) *Questions sur la « Lecture ». Répondez à chaque question par une phrase complète.*

1. Qu'est-ce qu'on commence par faire quand on va à l'aéroport pour prendre un avion ?   2. Quand faut-il arriver à l'aéroport ?   3. Pourquoi faut-il passer par un contrôle de sécurité ?   4. Quels bagages les passagers gardent-ils ?   5. Dans l'avion, qu'est-ce qu'il y a au-dessus des sièges des passagers ? Qu'est-ce qu'on y met ?   6. Qu'est-ce que les passagers sont obligés de faire quand l'avion décolle ? Qu'est-ce qu'ils ne peuvent pas faire ? (*Indiquez deux choses pour chaque question.*)   7. Qu'est-ce que les passagers font pendant le vol ?   8. Quand boit-on un apéritif ?   9. Quel est le menu du dîner ?   10. Le film qu'on projette est-il intéressant à voir ?   11. Quel est le menu de la collation ?   12. Qu'est-ce que l'hôtesse annonce à la fin du voyage ?

b) *Questions sur « En France... » Répondez à chaque question par une phrase complète.*

1. Pourquoi voyage-t-on plus souvent en train en Europe qu'aux États-Unis ?   2. En quelle saison est-il prudent de réserver sa place dans un train français ?   3. Indiquez quelles personnes peuvent avoir des billets à prix réduits en France ?   4. Qu'est-ce qu'un Eurailpass ?   5. Où y a-t-il des lignes aériennes en France ?   6. Les voyages en avion sont-ils bon marché ?   7. Pourquoi Lindbergh est-il célèbre ?   8. Qu'est-ce que le Concorde ?

2. *Préparation à la composition. Exercices de vocabulaire.*

a) *Donner l'expression qui correspond à la définition proposée.*

1. Pour un avion, venir sur la terre, c'est _____ .
2. Les boissons qu'on sert avant un repas sont _____ .
3. Les petites fenêtres d'un avion (ou d'un bateau) sont _____ .
4. Monter dans un bateau, c'est _____ .
5. L'action de descendre d'un avion, c'est _____ .
6. Pour un avion, quitter la terre, c'est _____ .
7. Une expression qui a le même sens que « soudainement » est

_____ .

8. La personne qui conduit l'avion est _____ .

b) *Complétez les phrases. Employez une expression de la liste, et faites les changements nécessaires pour avoir des phrases correctes.*

avoir hâte de la piste d'envol   sans escale
pousser   voler   un gilet de sauvetage
les sièges   souhaiter la bienvenue
le couloir   avertir

1. L'avion est allé sans s'arrêter de Chicago à Londres. C'était un vol _____ .
2. Après un long voyage en avion, on est content de _____ .
3. L'hôtesse de l'air _____ aux passagers.
4. Un signal lumineux _____ les passagers d'attacher leur ceinture.
5. Au commencement du vol, une hôtesse explique comment on emploie _____ .
6. Le steward _____ un chariot avec des bouteilles dans _____ entre _____ .
7. Les « jets » _____ plus vite que les anciens avions.
8. Avant de décoller, l'avion roule sur _____ .

c) *Complétez les phrases. Employez le vocabulaire de la leçon 14.*

1. Dans un avion, on met son manteau dans un compartiment _____ de son siège.
2. Quand on va d'Amérique en Europe, on _____ l'Atlantique.
3. On ne peut pas fumer quand l'avion _____ et quand il _____ .
4. _____-vous votre ceinture quand vous êtes en auto ?
5. A l'aéroport, on annonce l'arrivée et le départ des avions par _____ .
6. Air-France, Pan Am, TWA sont _____ .
7. Pour écouter de la musique, les passagers mettent leurs _____ .
8. Le Concorde n'est pas un avion américain, c'est un avion _____ .

d) *Composez une phrase complète avec chaque expression.*

(1) 1. faire escale 2. embarquer 3. avertir 4. souhaiter
  5. servir 6. plaisanter 7. décoller 8. atterrir
  9. remercier 10. survoler

(2) 1. au moins 2. garder 3. défense de 4. un haut-parleur
  5. au-dessus de 6. une arrivée 7. un départ 8. un séjour
  9. un atterrissage 10. les hors-d'œuvre.

3. *Préparation à la composition. Répondez à chaque question par une phrase complète.*

1. Qu'est-ce que vous faites avant de quitter votre famille ou vos amis avant un long voyage ? 2. Écoutez-vous et comprenez-vous les annonces qu'on fait au haut-parleur dans un aéroport ? 3. En avion, préférez-vous avoir un siège près du hublot ou près du couloir ? pourquoi ? 4. Choisissez-vous la section « fumeurs » ou « non-fumeurs » ? pourquoi ? 5. Qu'est-ce que

vous aimez faire quand vous voyagez en avion ? 6. Y a-t-il une ceinture de sécurité dans votre voiture ? L'attachez-vous toujours ? 7. Qu'est-ce que vous aimez boire avant un repas ? 8. A votre avis, les repas sont-ils bons dans les avions ? 9. Aimez-vous voir un film quand vous voyagez en avion ? pourquoi ? Préférez-vous écouter de la musique ? 10. Avez-vous peur de voyager en avion ? Pensez-vous aux accidents possibles avant d'embarquer ?

4. *Composition.*

    a) Vous avez déjà pris le train ou l'avion pour faire un assez long voyage. Décrivez votre départ au passé. (Parlez de vos préparatifs, de vos activités le jour du départ, de votre arrivée à la gare ou à l'aéroport, de vos impressions.)

    b) Votre premier grand voyage. Qu'est-ce que vous avez vu et fait ? Avec qui étiez-vous ? Quels bons (ou mauvais) souvenirs avez-vous gardés ?

    c) Vous arrivez à destination après un long voyage. Vous écrivez une lettre à un(e) ami(e) pour lui raconter cette expérience.

PRONONCIATION

A. *La voyelle* [ɑ̃]. *Prononcez après votre professeur.*

An, banc, dans, gant, **Jean,** lent, sans, vent, rang,
blanc, blanche ; dans, danse ;
lent, lente ; rang, range ; **an, an**ge.

Jean Leblanc chante **en dansant.**
L'enfant **entre** lentement avec sa tante.
Pendant trente ans, Fernand a vendu des gants.
Les étudiants pensent aux grandes vacances.

B. *La voyelle* [ɔ̃]. *Prononcez après votre professeur.*

On, bon, long, mon, non, ton, son,
ils font, ils vont, ils sont, ils ont,
on, onze ; long, longue ; son, sombre ;
rond, ronde ; mon, monde.

Ce sont les maisons de mon oncle Alphonse.
Onze compositions sont trop longues.
Nous avons les questions et les réponses.

C. *Les voyelles* [ã] *et* [ɔ̃]. *Prononcez après votre professeur.*

Banc, b**on** ; l**en**t, l**on**g ; **ven**t, **von**t ;
s**an**s, s**on** ; r**an**g, r**on**d.

C**en**t **an**s, c'est l**on**g !
Les g**en**s s**on**t c**on**t**en**ts le dimanche.
Ch**an**t**on**s av**an**t la c**on**férence.
On **en**t**en**d des ch**an**s**on**s **en** France.

EXPRESSIONS NOUVELLES

Noms

une annonce°
les asperges° (*f.*)
la bienvenue
une carte
    d'embarquement)
une collation
une côtelette°
    d'agneau
les crudités° (*f.*)
une escale°
une folle°
une largeur°
une ligne° aérienne
une piste° (d'envol)
une porte
    (d'embarquement)
une tour° de contrôle
une traversée°

un apéritif°
les bagages à main
un bouquiniste°
le Concorde
un couloir°
un départ°
un détournement° d'avion
un écouteur°
un gilet° de sauvetage
un guichet°
un haut-parleur°
un homme d'affaires°

un hublot°
un plat principal
un pont°
un réacteur°
un siège°
un square°
un trottoir°
un vol°

Adjectifs

chargé(e)
franco-anglais(e)

Verbes

accueillir°
atterrir°
avertir°
contenir°
coûter
décoller°
mettre° (+ *temps*)
se passer°
pousser°
relier°
remercier°
servir°
survoler°
se tutoyer
voler°

Expressions verbales

faire ses adieux°
traiter une affaire°
souhaiter la bienvenue° à
faire connaissance° avec
faire escale°
donner le feu° vert à
(se) mettre° en marche

Expressions adverbiales

tout à coup°
sans doute°
sans escale°
par petits groupes
tout à l'heure°
de bonne humeur°
au moins°
à nouveau°
à prix° réduit

Prépositions

à bord° de
au-dessus de
à destination de
le long de

Expressions idiomatiques

défense de
tous (toutes) les deux

Vous savez déjà :

Noms

l'altitude (*f.*)
l'architecture (*f.*)
une arrivée
une cabine
une démonstration
l'immigration (*f.*)
une passagère
la température
la vodka
le Cinzano [sɛ̃zano]
le coca-cola
un compartiment
un contrôle (de sécurité)

le gin
le ginger ale
l'intérêt
le jogging
un menu
un passager
un pilote
un quai

Adjectifs

fréquent(e)
imminent(e)
local(e)
lumineux(euse)

monotone
supersonique
temporaire

Verbes

annoncer
attacher
contrôler
débarquer
distribuer
embarquer
enregistrer
griller
présenter

EXERCICES DE RÉVISION DE GRAMMAIRE

1. *Révision des verbes pronominaux.*

a) *Transformez la phrase. Employez le verbe proposé.*

Attention : il y a quelquefois une préposition (voir leçons 6, 8, 10 et 12).

Exemple : Nous nous levions tôt l'année dernière. (détester)
Nous détestions nous lever tôt l'année dernière.

1. Je me réveillais tard pendant les vacances. (aimer)   2. Luc et moi, nous nous voyons souvent pendant l'été. (avoir l'intention)   3. Vous amusez-vous le soir à la campagne ? (espérer)   4. Valérie s'assiéra comme toujours à côté de Jacques. (vouloir)   5. Je me suis installé(e) près du boulevard Saint-Michel. (ne pas hésiter)   6. Mes frères se lèveront à midi. (continuer)   7. Nous nous réveillerons à six heures du matin. (essayer)   8. Vous ne vous couchez pas à sept heures du soir. (avoir envie).   9. Je ne me suis pas levé(e) tôt (vouloir), car je ne m'étais pas couché(e) de bonne heure. (pouvoir)   10. Suzanne et Robert se sont téléphoné, et ils se sont vus tous les jours. (commencer)

b) *Mettez les phrases au passé composé. Faites attention à l'accord du participe passé.*

1. Quand je leur parle de mes projets, mes parents me comprennent très bien.   2. Mes parents et moi, nous nous comprenons bien.   3. Les étudiants lèvent la main pour répondre au professeur.   4. A la fin du

film, les gens se lèvent pour sortir.   5. La voix monotone du professeur d'histoire m'endort.   6. Après un voyage fatigant, je m'endors tout de suite.   7. Quand Pierre rencontre Edith, il lui dit bonjour. 8. Quand Pierre et Edith se rencontrent, ils se disent bonjour.   9. Denise réveille son amie à sept heures du matin.   10. Denise et son amie se réveillent à sept heures du matin.   11. Les comédies de Molière nous amusent.   12. Nous nous amusons quand nous voyons les films des Marx Brothers.

2. *Révision des formes négatives.*

a) *Transformez ces phrases en phrases négatives absolues.*

1. Dans mon bureau, quelqu'un a demandé une augmentation de salaire.   2. Paul avait quelque chose d'important à me dire.   3. Tout le monde s'est levé tard ; on a beaucoup dormi.   4. Jacques avait très faim ; alors, il a tout mangé.   5. J'ai trouvé quelqu'un de compétent pour faire ce travail.   6. On a montré quelque chose d'extraordinaire à la télévision au sujet des animaux.   7. Quelqu'un a essayé d'escalader ce grand rocher.   8. Tout le monde fait de la planche à voile pendant une tempête.   9. J'ai acheté quelque chose d'original pour mon ami(e) parce que j'ai eu le temps d'aller dans plusieurs magasins. 10. L'hiver dernier, Paul est souvent allé au théâtre parce que quelqu'un lui a donné des billets.

b) *Répondez négativement à chaque question.*

1. Avez-vous parlé à quelqu'un hier ?   2. Aurez-vous encore des devoirs pendant les vacances ?   3. Etes-vous déjà allé(e) en Amérique du Sud ?   4. Avez-vous quelque chose d'important à faire demain ? 5. Prenez-vous encore des leçons de danse ?   6. Étudiez-vous déjà la littérature française ?   7. Connaissez-vous quelqu'un de très célèbre ? 8. Avez-vous quelque chose à dire à Alex ?   9. Venez-vous toujours à l'université en taxi ?   10. Avez-vous tout lu ?

3. *Révision de la place des adverbes.*

a) *Mettez les phrases suivantes au passé composé.*

1. Jacques et moi, nous nous voyons quelquefois *sur le campus*.   2. A la réunion du club, Janine parle encore *de ses projets de vacances*. 3. Mes parents font déjà *leurs bagages* pour aller en France.   4. Je téléphone souvent *à mon professeur* à minuit.   5. Philippe veut encore croire *aux promesses des politiciens*.   6. Les parents d'Elsa viennent souvent *aux États-Unis*.   7. Le gouvernement réussit rarement à contrôler *le chômage*.   8. Kim reçoit encore *des lettres* du Vietnam.   9. Le professeur s'assied toujours *sur sa chaise* pendant la classe.   10. Nous nous posons déjà *des questions* à propos de l'écologie.

b) *Transformez les phrases de l'exercice* **3. a)** *en phrases négatives : (1) au présent, (2) au passé composé.*

4. *Révision des pronoms. Changez les phrases de l'exercice* **3. a)**. *Employez un pronom à la place des mots en italique, et faites une phrase positive ou négative, au présent ou au passé.*

5. *Révision des pronoms relatifs.*

   a) *Composez une seule phrase avec chaque groupe. Employez* **qui, que (qu'), dont** *ou* **où**. *Attention à l'ordre des mots dans chaque phrase.*

   1. La voiture bleue appartient à nos voisins. Vous la voyez en face de la maison.   2. Mon père ne regarde jamais la télévision. Il aime écouter de la musique classique.   3. Fred et André visiteront la Provence. Ils verront des monuments romains en Provence.   4. Ils emporteront leur bicyclette. Ils en auront besoin pour faire des excursions.   5. Au 19ᵉ siècle, les ouvriers n'avaient jamais de vacances. Ils travaillaient quatorze heures par jour.   6. marc fait du camping avec Eric. Les parents d'Eric ont loué une villa en Bretagne.   7. Le café est souvent très mauvais. On le vend dans les machines automatiques.   8. Y a-t-il du chômage dans une société ? On ne pense pas au profit dans cette société ? 9. Les salaires restent encore insuffisants. On les a augmentés.   10. La grandmère de Pierre est morte pendant l'hiver. Il a fait très froid cet hiver-là.   11. Je connais une jeune femme. Sa famille est en Russie. Elle ne veut pas y retourner.   12. Il y a des gens imprudents. Ils achètent des choses sans réfléchir. Ils ne peuvent pas les payer.   13. Victor Hugo est un poète. Tous les Français connaissent son nom.   14. Il pleuvait le matin. Nous sommes partis ce matin-là.   15. Nous resterons deux semaines à Paris. Nous voulons visiter les musées de Paris.

   b) *Joignez la proposition 1 à chaque proposition à droite, lettres a)-g). Employez un pronom relatif (*qui, que [qu'], dont, où*).*

	a) Elle date du début du siècle.
	b) Vous la voyez au bout de la rue.
	c) Les pièces de cette maison sont très grandes.
1. Mon frère habite dans une maison.	d) Je connais le propriétaire de la maison.
	e) Elle appartenait à mes grands-parents.
	f) Je voudrais la posséder.
	g) Nous y allions quand nous étions enfants.

QUINZE

1 Mes parents me conseillent **de** finir mes études.
Eric me demande **si** j'irai en Europe cette année.

2 Mon père lit le journal **en prenant** son petit déjeuner.
Nous avons beaucoup ri **en voyant** ce film de Charlie Chaplin.

3 Après **avoir vu** ce film, mes amis et moi, nous en avons parlé.
Nous sommes rentrés tard après **être allés** prendre un verre au café.

4 Mes parents **ne** sont allés **ni** en Italie, **ni** en Espagne, **ni** en Grèce.
Ils **ne** sont allés **qu'**en France.

5 J'**ai ouvert** la fenêtre, car il faisait trop chaud.
Christophe Colomb **a découvert** le Nouveau Monde.

6 On voit **de** beaux arbres dans le parc National de Yosemite.
Ce sont aussi **de** très vieux arbres.

Jean-Jacques Rousseau, 1712–1778.

DÉVELOPPEMENT GRAMMATICAL

1   Mes parents me conseillent **de** finir mes études.
Eric me demande **si** j'irai en Europe cette année.

Comparez :

A. « Ecoutez mes questions et ne répondez pas sans réfléchir. »

Notre professeur nous dit **d'**écouter ses questions et **de ne pas** répondre sans réfléchir.

« Sors avec nous, et oublie tes études le samedi soir. »

Mes amis me conseillent **de** sortir avec eux et **d'**oublier mes études le samedi soir.

« Venez à l'heure pour le pique-nique ; pensez à apporter votre guitare. »

Janet me recommande **de** venir à l'heure pour le pique-nique et **de** penser à apporter ma guitare.

« Fais attention, et ne va pas trop vite sur l'autoroute. »

La mère de Bob lui dit **de** faire attention et **de ne pas** aller trop vite sur l'autoroute.

« Ne fume pas, et ne laisse pas tes affaires par terre.»

La camarade de chambre de Kay lui dit **de ne pas** fumer et **de ne pas** laisser ses affaires par terre.

B. « Beaucoup de Français prennent leurs vacances en juillet ou en août. »

André déclare **que** beaucoup de Français prennent leurs vacances en juillet ou en août.

« En été, beaucoup de magasins sont fermés. »

Il ajoute **qu'**en été, beaucoup de magasins sont fermés.

C. « Y a-t-il de belles plages en France ? »

Les étudiants demandent **s'**il y a de belles plages en France.

« Êtes-vous déjà allée en Europe ? »

Phil demande à Linda **si** elle est déjà allée en Europe.

« Votre sœur vous accompagnera-t-elle à Hawaï ? »

Je demande à Allen **si** sa sœur l'accompagnera à Hawaï.

« Avez-vous acheté votre billet d'avion ? »

Nous lui demandons **s'**il a acheté son billet d'avion.

Les phrases de la colonne de gauche répètent directement les paroles d'une personne. Les phrases de la colonne de droite rapportent indirectement les paroles d'une personne. A gauche, les phrases sont au *discours direct*. A droite, elles sont au *discours indirect*.

GRAMMAIRE

● Quand on rapporte les paroles d'une ou de plusieurs personnes, on emploie le discours indirect. Une phrase au discours indirect est une phrase complexe. Le verbe principal est souvent **dire** ou **demander.** D'autres verbes sont aussi employés dans le discours indirect : **répondre, répéter, téléphoner, écrire, ajouter, recommander, conseiller,** etc. Ces verbes indiquent que deux ou plusieurs personnes communiquent, échangent des paroles, rapportent un discours.

● Les phrases A rapportent des ordres affirmatifs ou négatifs.
Pour rapporter un ordre, employez **de** + *infinitif* (à la place de l'impératif). Employez **ne pas** devant l'infinitif à la forme négative.

● Les phrases B rapportent des faits.
Pour rapporter un fait, employez **que** (après le verbe principal) + *proposition*.

● Les phrases C rapportent des questions. (La réponse est **oui** ou **non**.)
Pour rapporter une question, employez **si** (**s'** devant **il, ils**). Il n'y a jamais d'inversion du sujet dans ce cas.

Discours direct	**Discours indirect**	
ordre, conseil à l'impératif	$\longrightarrow$ **dire conseiller recommander**	**de (ne pas)** + *Infinitif*
déclaration	$\longrightarrow$ **dire, déclarer répondre ajouter**	**que** + *(proposition)*
question (**est-ce-que,** inversion)	$\longrightarrow$ **demander**	**si** + *(proposition)*

ATTENTION : Quand on passe du discours direct au discours indirect, il y a souvent un changement de personne (pronom personnel, adjectif possessif, forme verbale) et un changement de construction de la phrase. Répétez **de, que, si** devant chaque nouveau verbe.

Exemple : Le professeur me dit **de** faire attention en classe, **de** poser beaucoup de questions et **de** ne pas parler anglais.
Mon amie me dit **qu'**elle est fatiguée et **qu'**elle ne veut pas sortir ce soir.
Mes parents me demandent **si** je suis content(e) de mes cours et **si** j'ai besoin de quelque chose.

Mon père lit le journal **en prenant** son petit déjeuner.
Nous avons beaucoup ri **en voyant** ce film de Charlie Chaplin.

Comparez :

Mes amis et moi, nous bavardons et nous dînons.	Mes amis et moi, nous bavardons **en dînant.**
J'écoute la radio, et je vais à l'université.	J'écoute la radio **en allant** à l'université.
On comprend mieux les problèmes de la vie quand on vieillit.	On comprend mieux les problèmes de la vie **en vieillissant.**
Jack pense à Pamela, et il lui écrit une lettre.	Jack pense à Pamela **en** lui **écrivant** une lettre.
Vous fermerez la porte quand vous sortirez.	Vous fermerez la porte **en sortant.**
Bob s'est regardé dans le miroir, et il s'est rasé.	Bob s'est regardé dans le miroir **en se rasant.**
Kim s'est fait mal au pied quand elle a fait du ski nautique.	Kim s'est fait mal au pied **en faisant** du ski nautique.
Phil et Janet se sont dit au revoir quand ils se sont quittés.	Phil et Janet se sont dit au revoir **en se quittant.**

● **Dînant, allant, vieillissant, écrivant, sortant,** etc., sont des formes verbales qu'on appelle le *participe présent.* Cette forme est invariable.

> participe présent = radical de la 1ᵉ personne du pluriel du présent + **ant**

fermer	nous **ferm**ons	**ferm**ant
finir	nous **finiss**ons	**finiss**ant
prendre	nous **pren**ons	**pren**ant
boire	nous **buv**ons	**buv**ant
lire	nous **lis**ons	**lis**ant
faire	nous **fais**ons	**fais**ant

Il y a trois exceptions :

avoir	**ayant**
être	**étant**
savoir	**sachant**

GRAMMAIRE

● Après la préposition **en,** le verbe est toujours au participe présent. Après les autres prépositions, le verbe est à l'infinitif. (Cf. leçons 10 et 12.)

En + le participe présent est le *gérondif.* Le gérondif indique que deux actions sont faites au même moment par la (les) même(s) personne(s). L'autre verbe est au présent, au passé ou au futur.

3 Après **avoir vu** ce film, mes amis et moi, nous en avons parlé. Nous sommes rentrés tard après **être allés** prendre un verre au café.

Comparez :

Je fais des courses, et je rentre chez moi.
Nous regardons la télévision, et nous nous couchons.
Patty obtiendra son diplôme en juin, et elle cherchera du travail.

Vous réfléchirez, et vous prendrez une décision.
Le professeur est entré dans la classe, et il nous a dit bonjour.
Je me suis levé(e), et j'ai préparé mon petit déjeuner.

Je rentre chez moi après **avoir fait** des courses.
Nous nous couchons après **avoir regardé** la télévision.
Après **avoir obtenu** son diplôme en juin, Patty cherchera du travail.

Après **avoir réfléchi,** vous prendrez une décision.
Le professeur nous a dit bonjour après **être entré** dans la classe.
Après **m'être levé(e),** j'ai préparé mon petit déjeuner.

● **Avoir fait, avoir regardé, avoir obtenu, avoir réfléchi, être entré, m'être levé(e)** sont des infinitifs passés.

$$\text{infinitif passé} = \left[\begin{array}{l} \textbf{avoir} \\ \textbf{être} \end{array} \right. + \text{le participe passé du verbe}$$

● Après la préposition **après,** on emploie l'infinitif passé. Il indique que deux actions successives sont faites par le même sujet. Le verbe principal est au présent, au passé ou au futur.

Les verbes qui sont conjugués avec **être** au passé composé sont aussi conjugués avec **être** à l'infinitif passé. Attention à l'accord du participe passé avec **être**.

Exemples : Après être sort**is** du cinéma, **nous** parlons du film.
Après être arriv**ées** à Paris, **elles** iront au Louvre.
Janet est rentr**ée** chez elle après s'être bien amus**ée** chez ses amis.

Attention à l'accord du participe passé avec **avoir** quand l'objet direct précède.

Exemples : J'ai donné ma composition au professeur après **l'**avoir relu**e**.
Il me prêtera ses journaux après les avoir lu**s**.

● Après une préposition, on emploie un nom, un pronom ou un verbe.

en		participe présent
après	+	infinitif passé
les autres prépositions (**à, de, sans, pour**, etc.)		infinitif (présent ou passé)

Exemples : Ma mère écoute la radio **en lisant** son journal.
Après avoir marché longtemps, nous étions fatigués.
Après m'être levé(e), j'ai pris mon café.
Paul travaille **pour gagner** de l'argent.
Janine est partie **sans dire** au revoir.
Fred commence **à parler** français.
J'ai oublié **d'écrire** à Marie.

● **Après avoir (être)** + *participe passé* est opposé à **avant de** + *infinitif.*

Après + *infinitif passé*			*antérieure*	
Avant de + *infinitif*	indique une action		*postérieure*	à l'action principale.
En + *participe présent*			*simultanée*	

Exemples : Jean regarde la télévision **après avoir dîné**. (*antériorité*)
Jean regarde la télévision **avant de dîner**. (*postériorité*)
Jean regarde la télévision **en dînant**. (*simultanéité*)

Dans chaque cas, le sujet fait les deux actions. (Voir leçon 7.)

GRAMMAIRE

4   Mes parents **ne** sont allés **ni** en Italie, **ni** en Espagne, **ni** en Grèce.
Ils **ne** sont allés **qu'**en France.

Comparez :

Connaissez-vous mon frère et ma sœur ?	Je **ne** connais **ni** votre frère **ni** votre sœur.
Irez-vous à Naples et à Venise ?	Nous **n'**irons **ni** à Naples **ni** à Venise.
Avez-vous oublié vos clés et votre portefeuille ?	Je **n'**ai oublié **ni** mes clés **ni** mon portefeuille.
Vos grands-parents font-ils des sports et des voyages ?	Ils **ne** font **ni** sports **ni** voyages.
Un bébé boit-il du café et du thé ?	Il **ne** boit **ni** café **ni** thé.
Prendrez-vous de la soupe et de la salade ?	Nous **ne** prendrons **ni** soupe **ni** salade.
Jenny a eu de la patience et du courage.	Jenny **n'**a eu **ni** patience **ni** courage.
Paul et Kim connaissaient la France.	**Ni** Paul **ni** Kim **ne** connaissaient la France.
Mes parents et mes amis ont oublié mon anniversaire.	**Ni** mes parents **ni** mes amis **n'**ont oublié mon anniversaire.
Toi et moi, nous savons la réponse.	**Ni** toi, **ni** moi, nous **ne** savons la réponse.

● **Ne... ni... ni...** est une forme négative qu'on emploie quand le verbe a deux ou plusieurs *compléments*.

● **Ni... ni... ne...** est une forme négative qu'on emploie quand le verbe a deux ou plusieurs *sujets*.

ATTENTION : Quand un *article partitif* ou *indéfini* accompagne un nom, on n'emploie pas cet article avec la négation **ne... ni... ni...** dans la phrase négative.

Exemples : Il a **de** l'ambition et **du** courage.
Il **n'a ni** ambition **ni** courage.

Étudiez les phrases suivantes :

Je ne connais ni votre frère ni votre sœur ; je **ne** connais **que** vos parents.
Nous n'irons ni à Naples ni à Venise ; nous **n'**irons **qu'**à Rome.
Un bébé ne boit ni café ni thé ; il **ne** boit **que** du lait et de l'eau.
Je n'ai oublié ni mes clés ni mon portefeuille ; je **n'**ai oublié **que** ma veste.

● **Ne... que** est un adverbe qui a le sens de « seulement ». **Que** est employé devant l'expression qu'il limite.

Exemples : Elle **ne** parle **qu'**anglais à la maison.
Elle **ne** parle anglais **qu'**à la maison.

5 **J'ai ouvert** la fenêtre, car il faisait trop chaud.
Christophe Colomb **a découvert** le Nouveau Monde.

Comparez :

Quand il fait froid, **ouvre**-t-on les fenêtres ?
Ouvrez-vous votre cahier en arrivant en classe ?

Non, on ne les **ouvre** pas ; on les ferme.
Oui, nous l'**ouvrons**. Nous ne l'**ouvrons** pas pendant un examen.

Avez-vous **ouvert** cette lettre quand vous l'avez reçue ?
Vous **offre**-t-on des cadeaux pour votre anniversaire ?

Je ne l'**ai** pas **ouverte** tout de suite.
Mes parents m'**offrent** beaucoup de cadeaux. Il m'**ont offert** ce bracelet.

Qu'est-ce que vous **offrirez** à votre ami(e) pour Noël ?
On **découvre** toujours de nouveaux remèdes contre les maladies.

Je lui **offrirai** des disques et des livres.
Pasteur **a découvert** l'existence des microbes.

Beaucoup de gens ont peur de **souffrir** quand ils vont chez le dentiste.

Pendant une guerre, il y a des gens qui **souffrent.**

● Les verbes **ouvrir, couvrir, découvrir, offrir, souffrir** sont conjugués de la même manière. Ce sont des verbes irréguliers. Ces verbes sont conjugués comme les verbes du premier groupe au présent de l'indicatif.

Voici le verbe **ouvrir** au présent.

J'	**ouvre**	le journal.
Tu	**ouvres**	la porte.
Il (elle, on)	**ouvre**	les fenêtres.
Nous	**ouvrons**	nos lettres.
Vous	**ouvrez**	votre valise.
Ils (elles)	**ouvrent**	les tiroirs.

L'imparfait : j'ouvr**ais,** nous ouvr**ions,** ils ouvr**aient**
Le participe passé : **ouvert (couvert, découvert, offert, souffert)**
Le participe présent : **ouvrant (couvrant, découvrant, offrant, souffrant)**

---

6 On voit **de** beaux arbres dans le parc National de Yosemite.
Ce sont aussi **de** très vieux arbres.

Comparez :

Nous avons passé **des** vacances très intéressantes en Bretagne.
La médecine a fait **des** progrès incroyables au 20ᵉ siècle.
J'ai travaillé avec **des** professeurs compétents.
On voyait **des** vagues énormes sur la mer, pendant la tempête.
En Bourgogne, on fait **des** vins célèbres dans le monde entier.
Je vous apporte **des** revues et **des** journaux français.

Nous avons passé **de** bonnes vacances en Bretagne.
La médecine a fait **de** grands progrès au 20ᵉ siècle.
J'ai travaillé avec **de** nouveaux professeurs.
On voyait **de** grosses vagues sur la mer, pendant la tempête.
En Bourgogne, on fait **de** très bons vins.
Demain, je vous apporterai **d'**autres journaux et **d'**autres revues.

● Employez **de (d')** à la place de **des**, article indéfini pluriel, devant un adjectif.

NOTEZ : J'aime **les** promenades, **les** longues promenades à pied dans la nature. Nous aimons **les** maisons modernes, mais nous préférons **les** vieilles maisons.

L'article **défini pluriel** ne change pas devant un adjectif.

Les feuilles **des** grands arbres sont belles en automne.

Ici, **des** est un article défini contracté (= **de + les**) et non un article indéfini. (Voir leçon 3.)

PRATIQUE ORALE

A. *Changez la phrase selon l'exemple en employant le verbe proposé.*

Exemple : On apprend à danser en dansant. (marcher)
On apprend à marcher en marchant.

1. chanter   2. lire   3. écrire   4. parler français   5. manger lentement   6. jouer au tennis   7. nager   8. faire la cuisine

B. *Changez la phrase en employant les différents sujets.*

1. Après avoir acheté mon billet, je fais mes bagages. (nous / vous / tu / les passagers)
2. Après avoir joué au tennis, nous nous reposons. (je / vous / Henri / tu)
3. Après avoir fait ce voyage, vous en parlez à vos amis. (nous / tu / Hélène / Bob et Jack)
4. Après être revenu(e) chez moi, je range mes affaires. (nous / vous / Jeanne / tu)
5. Après m'être couché(e), je m'endors tout de suite. (vous / les enfants / nous)

C. *Répondez à la question en employant le verbe proposé.*

Exemple : « Faites attention. » Qu'est-ce que vous me conseillez ?
Je vous conseille de faire attention.

1. « Arrivez à l'heure. » Qu'est-ce que vous me conseillez ?
2. « Répondez à cette lettre. » Qu'est-ce qu'on vous conseille ?

QUINZE BIS

Le théâtre du soleil

Lisez à haute voix la conversation suivante.

En prenant leur petit déjeuner à la terrasse d'un café de leur quartier, Françoise, Jessica, Wayne et Renato parlent du théâtre français.

Renato : Le théâtre français est une vraie découverte° pour moi. L'autre soir j'ai vu une représentation de *Phèdre*° à la Comédie-Française°.

Wayne : Pour moi aussi ! Après l'avoir vue, j'avais
5 l'impression d'avoir découvert le vrai théâtre français.

Françoise : Si vous aimez le théâtre, je vous conseille d'aller voir la production de *Norodom Sihanouk* d'Ariane Mnouchkine* à la Cartoucherie.

Jessica : Je ne la connais pas. Qui est-ce ?

10 **Françoise :** C'est le grand génie du théâtre français en ce moment. En suivant Antonin Artaud°, elle cherche le théâtre « total » qui doit se réaliser en se faisant « oriental ».

Wayne : Je n'ai vu qu'une seule de ses pièces : c'était
15 *1789*, sur la Révolution française.

Françoise : Je l'ai vue ici. On a l'impression d'avoir assisté personnellement à tous les événements importants de la Révolution.

Wayne : Je n'oublierai jamais la scène de la nuit du
20 quatre août où les grands dignitaires renoncent à leurs privilèges en se déshabillant.

Renato : Je savais qu'elle faisait de très belles choses. Elle a triomphé aux États-Unis en 1984 avec Shakespeare. Même les gens qui ne savaient pas un
25 mot de français avaient l'impression d'avoir tout compris.

* Voir photo à gauche.

Paris : « Ville Lumière »

Lisez à haute voix le texte suivant.

Depuis des siècles, Paris est pour le monde entier un symbole de créativité dans tous les domaines, d'intellectualité, d'invention artistique, philosophique, scientifique, littéraire ; c'est un centre de théâtre, de cinéma, de mode, de haute cuisine ; les arts y prospèrent, car ils sont encouragés à tous les niveaux de la société ;
5 on met en valeur les monuments de Paris, on les entretient° ; les noms des rues rappellent les grandes contributions des créateurs de la culture française ; ici, le passé est présent ; il agit° encore. En partant des autres grandes capitales de l'Europe, on va facilement à Paris en quelques heures. Sa renommée° uni-
10 verselle attire de nombreux touristes de tous les pays du monde. Il y a des villes plus grandes : Paris n'a que 2,29 millions d'habitants ; l'agglomération parisienne, 8 millions ; mais ni Londres, ni Rome, ni Athènes ne possèdent le charme poétique, la beauté, la puissance° d'attrait° de Paris. Son histoire a commencé trois cents ans avant Jésus-Christ ; depuis les temps les plus lointains° jusqu'à
15 nos jours, toutes les époques de notre histoire commune y sont représentées. On dit, parfois, que Paris est la capitale du monde. C'est sans doute une exagération ; cependant, il est vrai que les autres capitales ne peuvent pas rivaliser avec cette réputation, la plus extraordinaire depuis l'antiquité.

Cinq quartiers intéressent particulièrement les touristes : sur la rive gauche
20 de la Seine, le Quartier latin, Saint-Germain-des-Prés et Montparnasse, qui n'est pas loin ; sur la rive droite, les Champs-Élysées, qui vont de la place de la Concorde jusqu'à la place de l'Étoile, et Montmartre, construit sur une colline° — donc avec une magnifique vue sur Paris — et dominé par la grande église du Sacré-Cœur.

25 Le Quartier latin s'appelle *latin* parce que, autrefois, au Moyen Âge, on y parlait latin, langue internationale des intellectuels. Mais pas seulement des intellectuels : on dit que les prostituées de l'époque parlaient assez de latin pour exercer leur profession. Le boulevard Saint-Michel — « le Boul' Mich » — est la rue principale de ce quartier des écoles.

30 Ici, sur la montagne Sainte-Geneviève, l'une des sept collines de Paris, se trouve le Panthéon, autrefois église Sainte-Geneviève, où reposent, dans ce « temple de la Renommée », les grands hommes de France. Parmi les plus

célèbres, il y a Rousseau, Voltaire, Victor Hugo, Émile Zola.

Non loin se trouve un autre monument très célèbre de Paris : la Sorbonne. Fondée en 1257 par Robert de Sorbon pour servir de collège de théologie aux étudiants pauvres, elle fait partie aujourd'hui des treize universités à Paris
5 sous le nom de Paris IV.

En suivant le boulevard Saint-Germain vers l'ouest, on arrive très rapidement au quartier Saint-Germain-des-Prés rendu célèbre d'abord par les romans de Balzac et de Proust, mais à une époque plus récente, par les existentialistes d'après-guerre. Ici, dans deux cafés, le Flore et les Deux-Magots,
10 l'existentialisme est parti en 1945 pour faire la conquête du monde. Simone de Beauvoir et Jean-Paul Sartre y ont écrit une partie importante de leurs œuvres. En 1945 les gens venaient de partout pour participer aux rites d'une nouvelle génération qui, libérée des contraintes de la guerre, fêtait° sa liberté. On venait pour les cafés, les caves, les boîtes° de nuit ; surtout, pour la fameuse Rose Rouge,
15 où chantait Juliette Gréco, la « muse de l'existentialisme », et où les « rats° de cave » dansaient des *jitterbugs* et des *boogie-woogies* jusqu'à l'aube°.

Si on continue vers le sud — à pied, car les distances ne sont pas longues — on arrive à Montparnasse-Bienvenue. C'est une autre atmosphère. Ici, la vie moderne remplace le vieux Paris. D'abord, la tour Montparnasse, très haute
20 et qui ressemble à tous les gratte-ciel° du monde. C'est New York, c'est Chicago, c'est Tokyo ; c'est le style international moderne. Près de la Tour, il y a une énorme station de métro et une gare. Autour, la circulation est encore plus dense qu'à Saint-Germain-des-Prés. Des magasins, des boutiques, des bureaux° de tabac, des cafés anonymes et sans charme. Trois cafés, cependant, se distin-
25 guent du reste : la Coupole, le Dôme et la Rotonde qui, avec le restaurant la Closerie des Lilas, rappellent un peu les temps du romantisme, du symbolisme et du surréalisme d'autrefois où ce quartier méritait encore le nom que les étudiants de la Renaissance lui avaient donné.

C'est ce quartier un peu terne, pourtant, que les étudiants d'aujourd'hui
30 ont choisi pour s'y réunir et pour y danser la nuit. Quel est l'attrait° de ce quartier, qui n'est ni beau ni sympathique, mais que la jeunesse d'aujourd'hui aime et recherche ? Un mot de Hemingway, qui a connu Montparnasse à son apogée pendant les années 20 et 30, permettra peut-être de comprendre :

Physiquement, Montparnasse n'était pas beaucoup plus qu'une rue grise et triste
35 où il y avait une double rangée° de cafés, mais son esprit était plus fort que la patrie° ou la religion ; c'était le point ultime de la révolte sociale contre la guerre... On n'a jamais vu une telle assemblée de gens plus ou moins intelligents à la recherche du divertissement°. Et qui trouvaient le divertissement ! Mais ce divertissement avait un sens. C'était la révolte contre toutes les petitesses° et toutes les oppressions du monde.

Après nous être promenés à Montparnasse, revenons° sur nos pas° en prenant la rue de Rennes. A Saint-Germain-des-Prés tournons à gauche. Après avoir suivi le boulevard Saint-Germain jusqu'à la Seine et après avoir traversé

le pont de la Concorde, nous arrivons sur la grande place de la Concorde qui reste un des meilleurs exemples de l'architecture française du 18e siècle : ordonnance° géométrique, harmonie des proportions, disposition rationnelle des masses, symétrie, équilibre, accord. Allons au centre de cette place et regardons autour
5 de nous.

Aujourd'hui cette place est presque la même qu'au 18e siècle à l'exception des nombreuses voitures qui y circulent. De chaque côté de la rue Royale, il y avait les deux « hôtels° » qui y sont encore : le pavillon° de gauche qui loge aujourd'hui l'hôtel Crillon et l'Automobile Club de France ; le pavillon de droite
10 qui loge le ministère de la Marine. A la droite du ministère de la Marine se trouve l'hôtel de la Vrillière. A la gauche de l'hôtel Crillon se trouve un hôtel plus récent mais construit sur le modèle de l'hôtel de la Vrillière et qui loge l'ambassade des États-Unis. Ici, au milieu de cette place, si nous regardons autour de nous, nous percevons, dans un alignement parfait, le Louvre, l'arc
15 de triomphe du Carrousel, les Tuileries, l'obélisque de Louxor°, les Champs-Élysées et l'arc de triomphe de l'Étoile où se trouve la tombe du Soldat inconnu. Cette perspective extraordinaire et unique au monde s'appelle la voie° Triomphale. La place de la Concorde a été construite entre 1755 et 1775 en l'honneur du roi Louis XV, le Bien-Aimé. Elle s'appelait alors *place Louis XV*. En 1792
20 elle devient *place de la Révolution*. En 1793 on y installe la guillotine qui allait faire 1343 victimes, dont le roi Louis XVI et la reine Marie-Antoinette. Après la Révolution, on donne à cette place le nom de *Place de la Concorde* pour commémorer le retour de la paix en France.

Montmartre est situé au nord de Paris sur une colline qui s'appelle la
25 *butte Montmartre*. A côté du Sacré-Cœur, il y a la place du Tertre où les peintres vendent leurs œuvres. Ici, c'est l'art qui donne une signification aux monuments et aux rues. Une atmosphère de liberté règne encore dans cet endroit, autrefois le refuge des artistes, des peintres° et de tous les non-conformistes. Bonnard, Vuillard, Van Gogh, Renoir, Picasso y ont habité. Cafés, restaurants,
30 boîtes de nuit, cabarets, tout semble inviter encore au divertissement comme aux temps où de vrais moulins° à vent couvraient la colline. Le célèbre Moulin-Rouge en évoque le souvenir.

EN FRANCE... le nom de Paris vient du nom d'une tribu celte
qui s'était installée dans l'île de la Cité. Puis, la ville a pris le nom de
35 Lutèce sous les Romains. Peu à peu°, la ville s'est étendue° : d'abord sur la rive° gauche ; puis, sur la rive droite de la Seine. Au cours des siècles, les rois° de France et les gouvernements de la République ont eu l'ambition de transformer, de moderniser, d'embellir° la capitale en ouvrant de belles avenues, en bâtissant de grands monuments, en aménageant° des
40 parcs, des jardins ou de nouveaux quartiers. Des arènes° de Lutèce, qui datent des Romains, au centre Beaubourg qu'on a construit dans les années 70, chaque siècle a laissé sa marque : Notre-Dame et la Sainte-Chapelle, le Louvre, les Invalides, l'église de la Madeleine, l'Arc de Triomphe, l'Opéra, la tour Eiffel, le palais de Chaillot sont les témoins°
45 d'un passé qui reste vivant. Après 1950, on a entrepris de grands tra-

vaux pour faciliter la circulation.

Comment les Parisiens se déplacent-ils ? D'abord, en auto ; mais il y a un énorme problème de parking. Dans les rues étroites de certains quartiers, qui sont pourtant à sens° unique, il y a parfois de gros embouteillages°. Il faut dire que les Parisiens sont souvent indisciplinés et ne respectent pas les lois du stationnement. Conduire dans Paris n'est pas facile, mais les chauffeurs de taxis savent trouver leur chemin en prenant quelquefois des risques ! Puis, il y a des autobus qui vont partout dans la ville et en banlieue°; il faut parfois les attendre, surtout aux « heures° de pointe » (au moment de la sortie des employés des bureaux et des magasins). Il y a, bien sûr, le métro(politain) dont le système simple, rapide et bon marché a été copié pour les métros de Montréal, de Rio de Janeiro, de Mexico, d'Athènes. Les trains sont très fréquents ; avec un seul billet, on peut aller d'un bout de Paris à l'autre. Le R.E.R. (Réseau Express Régional) est un « supermétro » dont les lignes relient Paris et les villes de l'agglomération parisienne. Enfin, des trains partent des différentes gares et assurent le transport des gens qui travaillent à Paris et habitent en banlieue.

PRATIQUE DE COMMUNICATION ORALE

A. *Dites à un(e) étudiant(e) en employant l'impératif :*

1. d'écrire à ses parents.
2. de faire des économies.
3. de boire beaucoup de lait.
4. de réserver sa place d'avion.
5. de demander son passeport.
6. de ne pas emporter trop de bagages.
7. de ne pas aller à l'étranger.
8. de ne pas oublier son appareil-photo.

B. *Demandez à un(e) autre étudiant(e) ce que vous dites à l'étudiant(e) dans l'exercice* **A** *:*

Exemple : « Suivez un cours d'histoire. » Qu'est-ce que je dis à X... ?
Vous lui dites de suivre un cours d'histoire.

C. *Demandez à votre professeur :*

1. s'il regarde la télévision en corrigeant vos devoirs.
2. s'il lit le journal en dînant.
3. s'il dort en voyageant en avion.
4. s'il prend des photos en visitant une ville inconnue.
5. s'il a appris le français en allant souvent en France.
6. s'il a pensé à ses étudiants en composant votre dernier examen.

D. *Demandez à un(e) camarade de classe :*

1. s'il (si elle) a vu Moscou et Ankara.
2. s'il (si elle) a voyagé en hélicoptère et en sous-marin.
3. s'il (si elle) a parlé au président et au vice-président.
4. s'il (si elle) emporte des sandwichs et des boissons en avion.
5. si son père et sa mère suivent des cours à l'université.
6. si le professeur et les étudiants sont dans la classe à minuit.

EXERCICES ORAUX OU ÉCRITS

1. a) *Questions sur la « Lecture ». Répondez à chaque question par une phrase complète.*

1. Combien d'habitants y a-t-il à Paris ?   2. Qu'est-ce que les noms des rues de Paris rappellent ?   3. Pourquoi dit-on qu'à Paris le passé est présent ?   4. Quand l'histoire de Paris a-t-elle commencé ? 5. Pourquoi le Quartier latin a-t-il ce nom ? Quelle est la rue principale de ce quartier ?   6. Quand la Sorbonne a-t-elle été fondée ?   7. Qu'est-ce que Saint-Germain-des-Prés ? Quand ce quartier a-t-il été célèbre ? Indiquez deux auteurs qui y ont écrit une partie de leurs œuvres. 8. Qu'est-ce que la tour Montparnasse ? Qu'est-ce qu'il y a près de cette tour ?   9. Comment s'appelle l'avenue qui va de la place de la Concorde à la place de l'Étoile ?   10. Quelle atmosphère règne à Montmartre ? Quelle église a-t-on construite sur la colline de Montmartre ?

b) *Questions sur « En France... » Répondez à chaque question par une phrase complète.*

1. D'où vient le nom de Paris ? Comment la ville s'appelait-elle au temps des Romains ?   2. Qu'est-ce que les rois de France ont fait ?   3. Quel est le problème des gens qui ont une voiture à Paris ?   4. Quand faut-il attendre les autobus ? pourquoi ?   5. Pourquoi le métro est-il pratique ?   6. Qu'est-ce que le R.E.R. ?   7. Comment les gens qui habitent en banlieue peuvent-ils aussi rentrer chez eux ?   8. La circulation est-elle facile à Paris ? pourquoi ?

2. *Préparation à la composition. Exercices de vocabulaire.*

a) *Complétez les phrases en employant le vocabulaire de la leçon 15.*

1. Les Parisiens ne respectent pas les lois du stationnement ; ils sont _____ .   2. Le quartier des écoles à Paris s'appelle _____ .   3. Sous l'Arc de Triomphe, il y a _____ du Soldat inconnu.   4. Chaque côté de la Seine s'appelle _____ et _____ .   5. Quelqu'un qui est présent quand il y a un accident est _____ .   6. Quand on ne peut pas passer dans une rue à cause du grand nombre de voitures, il y a

_____ . 7. Maintenant on voyage en avion ; on voyageait à cheval
_____ . 8. On peut aller en métro _____ de Paris avec un seul billet.
9. Monet, Renoir, Cézanne sont _____ français du 19ᵉ siècle.

b) _Complétez les phrases en employant les expressions de la liste. Faites les changements nécessaires pour avoir des phrases correctes._

un gratte-ciel	faire partie de	embellir
à sens unique	rappeler	le passé
les heures de pointe	une colline	
relier	en banlieue	

1. Les noms des rues de Paris _____ souvent des artistes ou des hommes politiques. 2. L'église du Sacré-Cœur est bâtie sur _____ . 3. La Sorbonne _____ treize universités de Paris. 4. La tour Montparnasse est _____ . 5. Les rois de France ont voulu _____ la capitale. 6. Beaucoup de gens qui travaillent à Paris habitent _____ . 7. Les lignes du R.E.R. _____ Paris et les villes de l'agglomération parisienne. 8. Il y a beaucoup de gens dans le métro aux _____ . 9. Les rues étroites d'une ville sont souvent _____ . 10. A Paris, _____ est encore présent.

c) _Composez une phrase complète avec chaque expression._

1. rappeler   2. attirer   3. autrefois   4. faire partie de
5. partout   6. un gratte-ciel   7. un pont   8. une colline   9. un peintre   10. peu à peu

3. _Préparation à la composition. Répondez à chaque question par une phrase complète._

1. Dans quelle ville habitez-vous ? Où est-elle ? 2. Quels sont les différents quartiers de votre ville ? 3. Qu'est-ce qu'il y a aux environs de la ville ? 4. Comment les gens de la ville vont-ils à leur travail ? 5. Quelles sortes de bâtiments y a-t-il dans la ville ? 6. Quand et comment cette ville a-t-elle commencé ? 7. Y a-t-il des problèmes de parking et de stationnement dans votre ville ? 8. Dans quelles villes des États-Unis y a-t-il un métro ? Y en a-t-il un dans votre ville ? 9. Comment venez-vous à l'université ? 10. Y a-t-il une rivière, un jardin public, un musée dans votre ville ? Combien d'habitants y a-t-il ?

4. _Composition_

a) Vous écrivez une lettre à votre ami(e) français(e), et vous lui parlez de votre ville (sa situation, son histoire, son importance économique et touristique, sa population).

b) Vous avez visité une ville que vous ne connaissiez pas. Quelles étaient vos impressions ? Qu'est-ce que vous avez vu et particulièrement remarqué ?

c) Vos prochaines vacances d'été. Qu'est-ce que vous ferez ? Où irez-vous ? Avec qui serez-vous ?

PRONONCIATION

A. *La voyelle* [œ̃]. *Prononcez après votre professeur.*

Un, quelqu'**un,** Verd**un,** parf**um.**

B. *Faites la différence entre les voyelles nasales.*

[ɛ̃]	[ã]	[ɔ̃]
b**ain**	b**anc**	b**on**
v**in**	v**ent**	v**ont**
s**ain**	s**ans**	s**ont**
f**in**	**enfant**	f**ont**
l**in**	l**ent**	l**ong**

C. *Révision des voyelles nasales. Prononcez après votre professeur.*

Offrez **un bon vin** blanc.
On parle b**ien** franç**ais** à M**on**tréal.
Le p**ain** est b**on** qu**an**d **on** a f**aim.**
André et V**in**cent s**ont** m**ain**ten**ant** d**ans** le tr**ain.**
Quelqu'**un** d'**in**connu m'a dit b**on**jour **en en**trant.

EXPRESSIONS NOUVELLES

Noms

une arène°
l'aube° (f.)
la banlieue°
une boîte° de nuit
une colline°
la haute cuisine
une découverte°
les heures° de pointe (f.)
l'île de la Cité
la lumière
la mode°
une œuvre°
l'ordonnance°
la patrie°
la petitesse°
une puissance°
une rangée°
la renommée°

une représentation
    dramatique
la rive° droite
la rive gauche
la sortie°
une voie°

l'Arc de Triomphe
un attrait°
un bureau° de tabac
le divertissement°
un embouteillage°
un gratte-ciel°
un hôtel°
le métro°
un moulin° à vent
un pavillon°
un peintre°
un rat° de cave
le Réseau Express
    Régional (R.E.R.)

un roi°
le Soldat inconnu
le stationnement°
un supermétro
un témoin°

Adjectifs

fondé(e)°
lointain(e)°
montmartrois(e)

Verbes

agir°
aménager°
bâtir°
conseiller de
embellir°
entretenir°
s'étendre°
fêter°

(se) permettre
rappeler°
régner
(se) retrouver
servir° de

Expressions verbales

faire la conquête de
faire partie° de
mettre en valeur
revenir° sur ses pas°

Adverbes

autrefois°
non loin
parfois°
partout°
peu à peu°
surtout°

Expressions adverbiales

d'un bout à l'autre
jusqu'à nos jours

Prépositions

depuis
à l'exception de

Expressions idiomatiques

c'est ça !
d'après-guerre
à sens unique°
à tout à l'heure°

Vous savez déjà :

Noms

l'antiquité (*f.*)
la beauté
la bohème
une cave
une contrainte
une contribution
la créativité
la culture
une disposition
une exagération
l'harmonie (*f.*)
l'intellectualité
une invention
une marque
une muse
une non-conformiste
une production
une proportion
une prostituée
la réception (dans
    un hôtel, etc.)
la Renaissance
une république
une réputation
une révélation
une signification
la symétrie
la théologie
une tombe

un alignement
l'apogée (*m.*)
un boogie-woogie
un cabaret
le charme
un chauffeur de taxi

un collège
un créateur
un dignitaire
un domaine
l'existentialisme
les existentialistes
un hall
un jitterbug
un non-conformiste
le parking
un privilège
un refuge
un registre
un risque
un rite
le romantisme
un spectacle
le surréalisme
un symbole
le symbolisme
un temple

Adjectifs

anonyme
artistique
commun(e)
dense
dominé(e)
extraordinaire
fameux(euse)
géométrique
indiscipliné(e)
latin(e)
littéraire

monumental(e)
nocturne
philosophique
poétique
rationnel(le)
romain(e)
scientifique
situé(e)
superbe
universel(le)

Verbes

assurer
commémorer
consulter
copier
se distinguer
encourager
exercer
exister
libérer
loger
mériter
moderniser
prospérer
reposer
représenter
respecter
rivaliser avec
signer
tourner
traverser
triompher

Adverbe

personnellement

SEIZE

1   Un appareil-photo ? Je **vous en** prêterai un.
Vous **me le** rendrez quand vous n'en aurez plus besoin.

2   Ne **vous** arrêtez pas au feu vert.
Arrêtez-**vous** au feu rouge.

3   Écrivez à Denise, ou téléphonez-**lui.**
Ne **lui** téléphonez pas le matin ; téléphonez-**lui** le soir.

4   La radio de votre voiture est bien meilleure que **la mienne.**
Nous avons nos amis ; nos parents ont **les leurs.**

5   Jean **conduit** sa voiture en écoutant de la musique.
La pollution **détruit** lentement les arbres.

6   Quel **âge** aviez-vous quand vous êtes allé(e) en Europe ?
J'y suis allé(e) pour la première **fois** quand j'avais quinze ans.

Denis Diderot, 1713–1784

DEVELOPPEMENT GRAMMATICAL

> **1** Un appareil-photo ? Je **vous en** prêterai un.
>   Vous **me le** rendrez quand vous n'en aurez plus besoin.

Comparez :

Posez-vous des questions à vos amis ?	Oui, je **leur en** pose.
Votre père offre-t-il des cadeaux à votre mère ?	Oui, il **lui en** offre.
Le professeur vous donne-t-il des explications ?	Oui, il **nous en** donne. Il va **nous en** donner avant l'examen.
Pouvez-vous **me** prêter de l'argent ?	Oui, je peux **vous en** prêter.
Vos parents **vous** donnent-ils des conseils ?	Oui, ils **m'en** donnent. Ils continuent à **m'en** donner.
Vous n'oublierez pas de **m'**envoyer des nouvelles, n'est-ce pas ?	Je n'oublierai pas de **vous en** envoyer.
Michèle **vous** a-t-elle écrit une lettre ?	Oui, elle **m'en** a écrit une.
Vous a-t-on offert un travail intéressant ?	Oui, on **m'en** a offert un le mois dernier.
M'avez-vous apporté des revues ?	Non, je ne **vous en** ai pas apporté.
Se pose-t-on des questions quand on est étudiant ?	Oui, les jeunes gens **s'en** posent beaucoup.
Je **vous** prête ce livre, mais il faut **me le** rendre.	Soyez tranquille, je **vous le** rendrai.
Votre mère **vous** prête-t-elle sa voiture ?	Oui, elle **me la** prête ; mais elle ne **la** prête pas à mon jeune frère.
M'avez-vous donné votre adresse ?	Non, je ne **vous l'**ai pas donnée ; je vais **vous la** donner.
Où est mon stylo ? **Me l'**as-tu rendu ?	Tu **me l'**as prêté, et je **te l'**ai rendu.

Paul **vous** a-t-il montré ses photos de vacances ?	Non, il ne **nous les** a pas montrées. Il **nous les** montrera samedi.
Le professeur explique-t-il les mots nouveaux aux étudiants ?	Oui, il **les leur** explique.
Leur donne-t-il son numéro de téléphone ?	Non, il ne **le leur** donne pas.
Avez-vous remis cette lettre à Janine ?	Oui, je **la lui** ai remise.
Mettez-vous vos vêtements dans votre placard ?	Oui, je **les y** mets.
Laissez-vous votre voiture dans la rue ?	Oui, je **l'y** laisse. Je peux **l'y** laisser.

● L'ordre des pronoms personnels compléments est variable en français. Il varie selon que le pronom objet indirect est à la première, deuxième ou troisième personne.

Voici l'ordre des pronoms personnels avant le verbe, dans la phrase affirmative, négative ou interrogative.

Sujet	NE (N')	me (m') te (t') nous vous se	le (l') la (l') les	lui leur	y	en	verbe (ou auxiliaire)	PAS	participe passé

NOTEZ : **Me, te + en** ou **y → m', t'.**

Exemples : Je veux **t'en** donner un.
Il n'a pas le temps de **m'y** conduire.

En pratique, on trouve **y en** seulement dans : il **y en** a, il **y en** avait, il **y en** aura.

Le pronom **en** est toujours le dernier dans un groupe de pronoms.

Ne **vous** arrêtez pas au feu vert.
Arrêtez-**vous** au feu rouge.

Comparez :

Levez-**vous** plus tôt !
Asseyons-**nous** à l'ombre.
Installons-**nous** dans la maison !

Couche-**toi** de bonne heure !
Amuse-**toi** bien pendant tes
vacances !

Ne **vous** levez pas si tard !
Ne **nous** asseyons pas au soleil.
Ne **nous** installons pas dans le
jardin !
Ne **te** couche pas à minuit.
Ne **t'**amuse pas quand tu as du
travail.

● Les formes de l'impératif des verbes pronominaux sont comme les formes
du présent de l'indicatif, mais il n'y a pas de **-s** à la deuxième personne du
singulier des verbes du premier groupe ou du verbe **aller**. (Voir leçon 8.)

Employez un pronom réfléchi ⎡ après le verbe à l'impératif affirmatif.
⎣ avant le verbe à l'impératif négatif.

Voici l'impératif des verbes **se lever** et **s'asseoir**.

Lève-**toi** !	Ne **te** lève pas !	Assieds-**toi** !	Ne **t'**assieds pas !
Levons-**nous** !	Ne **nous** levons pas !	Asseyons-**nous** !	Ne **nous** asseyons pas !
Levez-**vous** !	Ne **vous** levez pas !	Asseyez-**vous** !	Ne **vous** asseyez pas !

NOTEZ : **te** (**t'**) = **toi** à l'impératif affirmatif, deuxième personne du singulier.

Écrivez à Denise, ou téléphonez-**lui.**
Ne **lui** téléphonez pas le matin ; téléphonez-**lui** le soir.

Comparez :

Écrivez cette lettre ce soir.	Écrivez-**la** ce soir.
N'écrivez-pas cette lettre maintenant.	Ne **l'**écrivez pas maintenant.
Parlons de ce problème.	Parlons-**en.**
Ne parlons pas des idées de Jacques.	N'**en** parlons pas.
Pensez à vos projets.	Pensez-**y.**
Ne pensez pas à toutes vos difficultés.	N'**y** pensez pas.

● Les pronoms objets directs et indirects sont
⎡ après le verbe à l'impératif affirmatif.
⎣ avant le verbe à l'impératif négatif.

Les pronoms ont leur forme habituelle à l'exception du pronom de la première personne du singulier, à la forme affirmative : **moi.**

Écrivez à vos amis. Écrivez-**leur.**	Ne **leur** écrivez pas.
Téléphonez-**nous.**	Ne **nous** téléphonez pas.

MAIS :

Regarde-**moi.**	Ne **me** regarde pas.
Écoutez-**moi.**	Ne **m'**écoutez pas.
Donnez-**moi** votre avis.	Ne **me** donnez pas votre avis.

NOTEZ : Les verbes du premier groupe et le verbe **aller** abandonnent le -**s** final de la deuxième personne du singulier à l'impératif, excepté devant **en** et **y.**

Téléphone-moi ce soir.	Ne me téléphone pas ce soir.
Donne-lui ton adresse.	Ne lui donne pas ton adresse.
Mange du fromage.	Manges-en.
Va à la banque.	Vas-y.

Comparez :

Prêtez votre livre à Jeannette.	Prêtez-**le-lui.** Ne **le lui** prêtez pas.
Montrez cette lettre à vos parents.	Montrez-**la-leur.** Ne **la leur** montrez pas.
Donnez-moi votre composition.	Donnez-**la-moi.** Ne **me la** donnez pas.
Rendez-nous nos journaux.	Rendez-**les-nous.** Ne **nous les** rendez pas.
Apportez-moi du café.	Apportez-**m'en.** Ne **m'en** apportez pas.
Donnez-nous de l'eau.	Donnez-**nous-en.** Ne **nous en** donnez pas.
Envoyez de l'argent à Charles et à Marianne.	Envoyez-**leur-en.** Ne **leur en** envoyez pas.

● A l'*impératif négatif,* la place et l'ordre des pronoms sont les mêmes que dans la phrase affirmative, négative ou interrogative.

● A l'*impératif affirmatif,* les deux pronoms sont après le verbe : le pronom objet direct est toujours le premier ; le pronom **en** est le dernier.

---

4   La radio de votre voiture est bien meilleure que **la mienne.**
Nous avons nos amis ; nos parents ont **les leurs.**

Comparez :

Voilà mon numéro de téléphone. Donnez-moi **le vôtre.**	Voilà **le mien.** Mado m'a donné **le sien.** Paul et André m'ont donné **le leur.**

J'ai ma voiture. Avez-vous **la vôtre ?**

Non, **la mienne** est au garage ; mais Valérie a **la sienne.**

Nos voisins sont très sympathiques ; et **les vôtres ?**

Les nôtres sont impossibles. Ils ne sont pas comme **les vôtres.**

J'ai de longues vacances en été. Mon père n'a que deux semaines de vacances.

Les miennes sont plus longues que **les siennes.**

Je vais téléphoner à mes parents. Téléphonez **aux vôtres.**

Oui, je téléphonerai **aux miens,** et Phil téléphonera **aux siens.**

Nous vous avons parlé de notre voyage à Tahiti. Parlez-nous **du vôtre.**

Nous vous parlerons **du nôtre** si Jacques et Anne nous parlent **du leur.**

● Ces pronoms sont des *pronoms possessifs*. Ils remplacent un nom précédé d'un adjectif possessif. Ils sont variables.

Voici les pronoms possessifs.

le mien	la mienne	les miens	les miennes	(je)
le tien	la tienne	les tiens	les tiennes	(tu)
le sien	la sienne	les siens	les siennes	(il, elle, on)
le nôtre	la nôtre	les nôtres	les nôtres	(nous)
le vôtre	la vôtre	les vôtres	les vôtres	(vous)
le leur	la leur	les leurs	les leurs	(ils, elles)

NOTEZ : Il y a une contraction de l'article et des prépositions **à** et **de.**

Exemples : J'ai parlé à mon père. Avez-vous parlé **au** vôtre ?
Je fais attention à mes livres comme vous faites attention **aux** vôtres.
Je n'ai pas besoin de mon cahier. Avez-vous besoin **du** vôtre ? Paul a-t-il besoin **du** sien ?
Je ne suis pas content de mes notes. Est-il content **des** siennes ?

Remarquez cette autre manière d'indiquer la possession : **être à...**

A qui est ce manteau ?   Il **est à** Marianne ; il **est à** elle.

A qui est cette valise ?   Elle **est à** Jacques ; elle **est à** lui.

A qui sont ces papiers ?   Ils **sont à** moi.

A qui sont ces bagages ?   Ils **sont à** nos amis ; ils **sont à** eux.

Ces livres **sont-ils à** Jeannette ?   Oui, ils **sont à** elle.

Ce livre **est à moi.** = C'est **mon** livre. = C'est **le mien.**
Ce manteau **est à elle.** = C'est **son** manteau. = C'est **le sien.**
Cet argent **est à eux.** = C'est **leur** argent. = C'est **le leur.**
Ces disques **sont à nous.** = Ce sont **nos** disques. = Ce sont **les nôtres.**
Ces clés **sont à vous.** = Ce sont **vos** clés. = Ce sont **les vôtres.**

5   Jacques **conduit** sa voiture en écoutant de la musique.
La pollution **détruit** lentement les arbres.

Étudiez le verbe suivant :

Je	**conduis**	avec prudence.
Tu	**conduis**	trop vite.
Il (elle, on)	**conduit**	sa voiture tous les jours.
Nous	**conduisons**	nos amis à l'aéroport.
Vous	**conduisez**	trop lentement.
Ils (elles)	**conduisent**	sans faire attention.

● C'est le verbe **conduire.** C'est un verbe irrégulier.

L'imparfait : je conduis**ais**
Le participe passé : **conduit**
Le participe présent : conduis**ant**

Construire, détruire, produire, réduire et **traduire** sont conjugués comme **conduire.**

Exemples : On **construit** une usine près de la ville.
Le gouvernement **a réduit** les impôts. C'est incroyable !
Le Japon **produit** beaucoup de petites voitures pratiques, et il les exporte.
Un tremblement de terre **a détruit** San Francisco en 1906.
On **a traduit** les romans de Hemingway en français.
Ne **conduisez** pas trop vite en ville en allant à l'université.[1]

[1] Ne dites pas : « Je conduis à l'université. » Dites : « **Je vais** à l'université **en auto.** »

GRAMMAIRE

6   Quel **âge** aviez-vous quand vous êtes allé(e) en Europe ?
J'y suis allé(e) pour la première **fois** quand j'avais quinze ans.

Sens et emplois de **âge, fois, heure, moment, temps** :

> Quel **âge** avez-vous ? — J'ai vingt ans.
> Quel **âge** a votre grand-père ? — Il a soixante-douze ans.
> On a construit beaucoup de cathédrales au **Moyen Âge.**
> A l'**âge** de pierre, les hommes vivaient dans des cavernes.

● **Âge** (*n. m.*) : 1. Le temps écoulé depuis la naissance.
                  2. Une période historique.

> J'achète des provisions deux **fois** par semaine.
> Nous nous lavons les dents deux ou trois **fois** par jour.

● **Fois** (*n. f.*) : Avec un nombre, indique la répétition, la multiplication.
On emploie aussi **fois** avec l'adjectif *dernière* et les adjectifs ordinaux : **la dernière (première, deuxième, etc.) fois.**
A la fois = en même temps.

Notez les adverbes de temps **quelquefois** et **autrefois** (= dans le passé, à une époque éloignée du présent). **Autrefois** est le contraire de *aujourd'hui, maintenant.*

> Exemple :   **Autrefois,** on voyageait à cheval parce qu'il n'y avait pas d'autos.

> Quelle **heure** est-il ? — Il est trois **heures** de l'après-midi.
>   Il est neuf **heures** du matin.
>   Il est onze **heures** du soir.
> Notre avion partira à huit **heures** du matin.

● **Heure** (*n. f.*) : Le moment du jour.

Notez les expressions :   **être (arriver, partir) à l'heure.**
                                   être (arriver, partir) en avance.
                                   être (arriver, partir) en retard.
                                   de bonne heure (= tôt).

Je vous verrai dans **un moment.**
Attendez-moi **un moment,** s'il vous plaît.

● **Moment** (*n. m.*) : Un court espace de temps.

Notez l'expression : **au moment où** (= exactement à l'heure où...).

Exemple : Vous m'avez téléphoné **au moment où** je rentrais chez moi.

Il est six heures et demie ; **il est temps** de dîner.
Je n'ai pas le temps de regarder la télévision ce soir.
Je vais au cinéma **de temps en temps** (= quelquefois).
Mon frère lit, et il écoute un disque **en même temps** (= simultané-
ment).
Ma famille a habité **longtemps** à Londres.

● **Temps** (*n. m.*) : Un mot employé dans beaucoup d'expressions.

ATTENTION : On emploie aussi le mot **temps** pour la température et le climat.

Quel temps fait-il ?²
Il fait beau (temps).
Il fait mauvais (temps).
Le temps est humide (froid, chaud).

PRATIQUE ORALE

A. *Remplacez le nom par le pronom approprié selon l'exemple.*

Exemple : Il faut réserver votre place d'avion.
Réservez-la.

1. Il faut acheter votre billet.   2. Il faut demander les heures de départ
et d'arrivée.   3. Il faut emporter des journaux.   4. Il faut présenter
votre passeport.   5. Il faut parler à vos parents.   6. Il faut attacher

² **Quel temps fait-il ?** (le climat) ≠ **Quelle heure est-il ?** (le moment de la journée).

Fig. 1.

SEIZE BIS

Le Sang d'un poète

Lisez à haute voix la conversation suivante.

Renato, qui est un fanatique du cinéma, a invité ses amis Jessica, Wayne et Françoise à venir chez lui pour regarder une projection télévisée spéciale du film de Jean Cocteau, Le Sang° d'un poète.

Jessica : Alors, quel est le film qu'on montre ce soir ?

Renato : C'est un vieux film de Jean Cocteau qui s'appelle *Le Sang d'un poète.* Il remonte° à 1932. C'est
5 un classique du cinéma moderne.

Wayne : Le titre est bizarre.

Françoise : Tu le connais bien, Renato. Dis-nous-en le sujet.

Renato : Le sang d'un poète, c'est la vie d'un poète.
10 Le poète, c'est Jean Cocteau. A la fin, il se suicide et devient immortel.

Françoise : Mais pourquoi ce mot de « sang » ? Dis-le-nous. Ne t'arrête pas !

Renato : Comme je viens de le dire, le « sang » d'un
15 poète, c'est la « vie » d'un poète. Nous avons tous notre vie. Mais le poète a la sienne qui est différente de la nôtre.

Jessica : Et en quoi consiste cette différence ?

Wayne : C'est simple. Le poète vit dans l'imaginaire,
20 et l'imaginaire conduit à la magie, à la folie° peut-être. Les surréalistes étaient fascinés par la folie.

Renato : Tu as raison. Ça explique pourquoi le poète se jette dans un miroir.*

Jessica : C'est morbide !
25 **Wayne :** Pas du tout. C'est la vie de l'imagination humaine !

* Voir photo à gauche.

L'Hexagone

Lisez à haute voix le texte suivant.

La France, autrefois un grand pays, est aujourd'hui un petit pays avec une grande histoire. Elle occupe une place prépondérante dans notre monde. Les Français appellent leur pays « l'hexagone », moitié par plaisanterie, moitié par ce plaisir d'employer des mots abstraits qui est l'une des caractéristiques de la mentalité française. Par l'idée d'hexagone, les Français réduisent à des termes géométriques l'heureuse condition naturelle de leur pays. Voici l'hexagone français :

Cette forme hexagonale est inscrite dans un cercle de 1 000 kilomètres de diamètre dont aucun point n'est à plus de 500 kilomètres de la mer. La France est donc un pays « ouvert » à l'ouest, au sud et au nord-ouest vers la mer, c'est-à-dire vers l'Amérique, le Moyen-Orient, l'Angleterre. Au nord-est, à l'est et au sud-ouest vers la terre, c'est-à-dire vers l'Europe centrale, l'Italie et l'Espagne. La France est donc à la fois un pays continental et maritime ; elle possède 2 800 kilomètres de frontières terrestres et 2 700 kilomètres de frontières maritimes. Cette situation unique, très avantageuse, a permis de parler de la France « plaque tournante »[3] de l'Europe.

A l'avantage de cette situation, il faut ajouter le fait que, pour un pays de superficie moyenne (551 695 kilomètres carrés), le territoire français est l'un des plus variés d'Europe. Il se partage entre des bas plateaux et des régions montagneuses. Deux plaines, le Bassin parisien dans le nord et le Bassin aquitain dans le sud-ouest, forment la partie basse du pays ; deux ensembles montagneux, le Massif armoricain en Bretagne et le Massif central à l'est et au sudest du pays avec les Vosges et les Ardennes dans le nord-est et le nord, les Maures et les monts de l'Esterel dans le sud-est, constituent les « vieilles » montagnes du pays ; à côté de ces « vieilles » montagnes, il y a les « jeunes »

[3] Voir p. 412.

montagnes : le Jura et les Alpes dans le sud-est entre la France, l'Italie et la Suisse, les Pyrénées dans le sud-ouest entre la France et l'Espagne.

La France est partout traversée de cours° d'eau, de rivières qui donnent une qualité lyrique et parfois dramatique au pays. Mais cinq grands fleuves
5 dominent le pays et en déterminent le caractère : d'abord, la Loire qui divise le pays en deux parties. Au Moyen Âge la France n'existait pas encore comme nous la connaissons ; il y avait deux pays, deux cultures séparés par la Loire. Il y avait même deux langues ; chacun des deux pays avait la sienne : dans le nord la langue d'oïl (« oui »); dans le Midi la langue d'oc. La Loire est longue
10 de 1 010 kilomètres. C'est le plus long fleuve de France.

La Seine, longue de 775 kilomètres, traverse Paris en lui donnant le statut de grand port fluvial. Dans le sud-ouest il y a la Garonne (525 kilomètres), grande productrice d'électricité, mais dont les crues° peuvent être violentes. Le Rhône, qui a sa source en Suisse, n'a que les deux tiers de son cours (520
15 kilomètres) en France. C'est un fleuve qui peut aussi être très violent. On y a construit des barrages° et des usines. Enfin, il y a le Rhin, fleuve franco-allemand qui, sur 195 kilomètres, forme la frontière avec l'Allemagne. C'est aussi un grand réservoir d'énergie électrique.

Toutes ces conditions réunies ensemble font que la France possède trois
20 climats fondamentaux : un climat continental (hivers froids, étés chauds, pluies violentes), un climat atlantique (hivers doux, étés frais, humides avec pluies fréquentes), un climat méditerranéen (hivers doux mais pluvieux, étés chauds et secs).

La France compte, avec Paris, neuf villes et / ou agglomérations princi-
25 pales. Nous avons déjà vu la place prépondérante de Paris. Les huit autres villes s'appellent « les huit métropoles d'équilibre », c'est-à-dire servant d'équilibre à l'importance presque excessive de Paris. Ces villes et / ou agglomérations sont Lyon, seconde ville de France avec presque 2 000 000 d'habitants en comptant Saint-Étienne et Grenoble ; Marseille avec plus de 1 000 000
30 d'habitants en comptant Aix-en-Provence ; Lille, dans le nord, avec presque 1 000 000 d'habitants en comptant Roubaix et Tourcoing. Les cinq autres villes, dans l'ordre d'importance de leur population, sont Nancy (Metz / Thionville) avec plus de 600 000 habitants, Bordeaux avec presque 600 000 habitants, Nantes (Saint-Nazaire) et Toulouse avec à peu près 500 000 habitants chacune et Stras-
35 bourg avec 350 000 approximativement.

Naturellement, il y a beaucoup d'autres villes intéressantes et impor-
tantes en France, mais trop nombreuses pour en parler ici. Et en plus de ces villes, le gouvernement en projette de nouvelles : cinq dans la région parisienne et quatre en province.

40 Voilà très brièvement la France physique, géographique et démogra-
phique. On comprend pourquoi les Français se vantent en même temps de l'unité et de la variété de leur pays. Et il faut ajouter à cette variété de qualités naturelles des qualités humaines, car chaque région a les siennes. On a appelé

la France le creuset° de l'Europe comme on a appelé l'Amérique le creuset du monde. Ici, Gaulois, Romains, Germains, Normands, Bretons, Alsaciens, Flamands, Basques, Catalans, Italiens, Espagnols et aujourd'hui, Nord-Africains et Portugais sont en train de produire de nouveaux amalgames.

5   Ne nous étonnons donc pas de ce terme *plaque tournante* appliqué à la France et dont la signification devient claire. Au sens propre du terme, une plaque tournante est une plate-forme qui permet d'orienter des machines, des locomotives, des wagons de train, etc. ; au sens figuré, on l'emploie dans le sens d'intermédiaire. La France est un intermédiaire, une médiatrice parmi les
10 nations européennes. C'est pourquoi l'historien Michelet écrivait au 19e siècle que, pour obtenir droit de cité en Europe, une idée devait passer nécessairement par la France.

EN FRANCE... Paris a toujours été et est encore le « cœur°

de la France ». C'est aussi le cœur de l'Île-de-France, province qui a occupé
15 une place de choix dans l'histoire de la nation. Pays de vallées et de belles forêts, où les Parisiens aiment se promener, province riche en rivières où la lumière et le ciel se reflètent°, l'Île-de-France avec ses paysages harmonieux a inspiré de nombreux peintres romantiques et impressionnistes qui nous en ont laissé leurs témoignages. Au cours des siècles, on y a
20 construit de grandes abbayes, des églises modestes ou somptueuses comme la cathédrale de Chartres, de magnifiques châteaux : Fontainebleau, Rambouillet, Chantilly, Saint-Germain et bien sûr, le château de Versailles du roi Louis XIV.
    Dans le domaine économique, la région parisienne est sans doute la
25 plus riche de la France par le nombre des industries et l'importance du commerce et des affaires. Dans les usines autour de Paris, on fabrique des autos, des produits pharmaceutiques et chimiques et beaucoup d'autres choses. Pendant longtemps, toute la vie économique et intellectuelle française a été concentrée dans la région parisienne. On parlait de « Paris
30 et le désert français ». Après 1960, on a entrepris une politique de décentralisation industrielle, administrative et culturelle, en déplaçant des usines en province, en créant dans plusieurs villes des « Maisons de la culture », en encourageant les échanges entre les provinces et la capitale. Quelles sont les ressources de la France ? D'abord, son agriculture. Parmi
35 les pays du Marché commun européen, la France occupe la première place pour la production des céréales (surtout le blé° et le maïs°), la production du vin (il y a des vignes° partout au sud de la Loire, mais particulièrement en Bourgogne, dans la vallée du Rhône, dans la région de Bordeaux et aussi en Champagne), du sucre (on cultive la betterave° dans les plaines
40 du nord) et de la viande de bœuf. La production des fruits et des légumes est très variée à cause du climat. Enfin, plus de trois cent cinquante variétés de fromages placent la France au premier rang pour la qualité sinon pour la quantité (après les États-Unis pour la quantité).
    L'industrie française est très diversifiée. On fabrique des métaux
45 (acier° et aluminium), des produits chimiques, alimentaires et textiles

(laine°, coton), des machines, des avions, des bateaux, des autos, etc. La France est déjà très en avance pour la production et l'emploi de l'énergie atomique et solaire. Cependant, comme beaucoup d'autres pays, elle cherche à augmenter sa production d'énergie, car ses ressources naturelles ne lui en fournissent° pas assez pour ses besoins.

PRATIQUE DE COMMUNICATION ORALE

A. *Demandez à un(e) camarade en employant* **est-ce que** *ou l'inversion (il y aura deux pronoms dans la réponse) :*

1. s'il (si elle) a donné son devoir au professeur.
2. s'il (si elle) vous prêtera ses notes de classe.
3. si le professeur vous a expliqué les mots difficiles de la leçon.
4. s'il (si elle) peut vous prêter de l'argent.
5. s'il (si elle) aime offrir des cadeaux à ses amis.
6. s'il (si elle) veut vous vendre sa voiture.

B. *Dites à un(e) étudiante de la classe (ajoutez* **s'il vous plaît,** *et employez un pronom dans la phrase) :*

1. de *vous* prêter son stylo.
2. de *vous* téléphoner ce soir.
3. de poser une question *à son voisin.*
4. de montrer sa voiture *à Denise.*
5. d'aller *à la bibliothèque* cet après-midi.
6. de faire régulièrement *des sports.*

C. *Demandez à un(e) étudiant(e) en employant* **est-ce que** *(on répondra avec* **ne... que***) :*

1. s'il (si elle) a trois cahiers de français.
2. s'il (si elle) suit six cours à l'université.
3. s'il (si elle) mange six fois par jour.
4. s'il (si elle) va cinq fois par semaine au laboratoire.
5. si on parle français et anglais dans la classe.
6. s'il (si elle) se lève à quatre heures du matin.

D. *Posez une question à un(e) ami(e) selon l'exemple :*

Exemple : J'ai perdu mon livre. Et vous ?
   Moi, je n'ai pas perdu le mien.

1. J'ai perdu mes clés. Et vous ?
2. J'ai oublié ma veste. Et vous ?
3. Paul relit ses notes. Et toi ?
4. Nous préparons notre déjeuner. Et le professeur ?

5. Je garde mes vieilles lettres. Et Alice ?
6. Il pense à ses examens. Et nous ?
7. Je fais attention à mes affaires. Et eux ?
8. Ils parlent de leurs projets. Et vous ?

EXERCICES ORAUX OU ÉCRITS

1. a) *Questions sur la « Lecture ». Répondez à chaque question par une phrase complète.*

1. Quelle est une caractéristique de la mentalité française ? 2. Pourquoi dit-on que la France est un pays « ouvert » ? 3. Avec quels pays, la France a-t-elle des frontières à l'est ? et au sud-ouest ? et au sud-est ? 4. Quelles mers sont à l'ouest et au sud de la France ? 5. Comment les Français appellent-ils leur pays ? 6. Quelles sont les « jeunes » montagnes de la France ? Où sont-elles ? 7. Quelle est la signification de l'expression *une plaque tournante* au sens figuré ? 8. Quel fleuve divise le territoire de la France en deux parties ? Quel fleuve traverse Paris ? 9. Qu'est-ce qu'on a construit sur le Rhône ? 10. Quel fleuve forme une frontière entre la France et l'Allemagne ?

b) *Questions sur « En France... » Répondez à chaque question par une phrase complète.*

1. Comment s'appelle la province dont Paris est le centre ? 2. Au cours des siècles, qu'est-ce qu'on y a construit ? 3. Quel roi a construit le château de Versailles ? 4. Qu'est-ce que les usines autour de Paris produisent ? 5. Où les Parisiens peuvent-ils se promener à l'extérieur de Paris ? 6. Quelle politique a-t-on entreprise après 1960 ? 7. Quel a été le résultat de cette politique ? 8. Quelles sont les principales productions de l'agriculture française ? 9. Pourquoi la production des fruits et des légumes est-elle variée ? 10. Qu'est-ce que les industries françaises fabriquent ? 11. Pourquoi la France cherche-t-elle à augmenter sa production d'énergie ?

2. *Préparation à la composition. Exercices de vocabulaire.*

a) *Complétez les phrases en employant le vocabulaire de la leçon 16.*

1. L'Île-de-France est une _____ dont Paris est le _____ . 2. En France, on fabrique du sucre avec des _____ . 3. Le ciel de l'Île-de-France _____ dans les cours d'eau. 4. La Seine _____ Paris en deux parties. 5. On peut employer beaucoup de mots au sens _____ et au sens _____ . 6. La Loire est le plus long _____ de la

France.   7. Le Rhin forme une _____ entre la France et l'Allemagne.
8. La France produit beaucoup de céréales et surtout du _____
et du _____ .

b) *Complétez les phrases en employant les mots de la liste et en faisant les changements nécessaires pour avoir des phrases correctes.*

être en train de	la laine	pluvieux
un barrage	le vin	le Marché commun
l'hexagone	inspirer	la vigne
créer	en acier	

1. On a construit _____ sur le Rhône pour augmenter la production d'électricité.   2. Nous _____ faire un exercice sur le vocabulaire.
3. On fabrique beaucoup de _____ en France parce qu'on cultive beaucoup de _____ .   4. Les autos, les bateaux sont _____ .   5. Les paysages de l'Île-de-France _____ les peintres impressionnistes.   6. La Normandie et la Bretagne ont un climat _____ .   7. Les pays de l'Europe occidentale ont formé _____ .   8. On fait des vêtements avec _____ et le coton.   9. On _____ en province des Maisons de la culture.   10. Les Français appellent souvent la France _____ .

c) *Composez une phrase complète avec chaque expression.*

1. un barrage   2. une frontière   3. une plaine   4. séparer
5. traverser   6. se vanter de   7. être en train de   8. diviser
9. une vallée

3. *Préparation à la composition. Répondez à chaque question par une phrase complète.*

1. Avec quels pays les États-Unis ont-ils une frontière au nord et au sud ?
2. Quels océans baignent les côtes du continent américain ?   3. Quel état américain est séparé du reste du pays ?   4. Quel est le plus grand fleuve des États-Unis ?   5. Où est la plus haute montagne de l'Amérique du Nord ?   6. Quelle chaîne de montagnes y a-t-il aux États-Unis et au Canada ?   7. Situez les plus grands ports des États-Unis.   8. Qu'est-ce que les plaines du Midwest produisent ?   9. Quelles villes sont célèbres pour l'industrie automobile et pour la construction des avions ?   10. Au point de vue touristique, quelles sont les régions importantes des États-Unis ?

4. *Composition.*

a) Vous avez visité un monument historique. Racontez cette visite.
b) Des étudiants français visitent votre université. Vous faites pour eux une petite conférence au sujet de votre état. Qu'est-ce que vous leur dites ?
c) Vous avez le projet de faire un voyage dans une région des États-Unis que vous ne connaissez pas. Parlez de votre projet à un(e) ami(e) et dites pourquoi vous avez choisi cette région (sa situation, ses ressources, son attrait touristique, ses paysages).

PRONONCIATION

A. *Étudiez le poème suivant, et faites attention aux voyelles.*

Le ciel est, par-dessus le toit,
    Si bleu, si calme !
Un arbre, par-dessus le toit,
    Berce sa palme[4].

La cloche[5] dans le ciel qu'on voit
    Doucement tinte[6].
Un oiseau sur l'arbre qu'on voit
    Chante sa plainte[7].

Mon Dieu, mon Dieu, la vie est là,
    Simple et tranquille.
Cette paisible rumeur-là[8]
    Vient de la ville.

— Qu'as-tu fait, ô toi que voilà[9]
    Pleurant sans cesse,
Dis, qu'as-tu fait, toi que voilà,
    De ta jeunesse ?

— PAUL VERLAINE

B. *Faites attention à ces sons difficiles. Prononcez après votre professeur.*

Huit, nuit, puis, lui, suis, Suisse,
pluie, cuisine, juillet,
nuage, situation,
Suède,
juin.

---

[4] remue ses branches   [5] les cloches annoncent les cérémonies à l'église   [6] sonne
[7] mélodie triste   [8] plusieurs bruits confus   [9] toi qui es là

LECTURE

EXPRESSIONS NOUVELLES

Noms

une betterave°
une boule° de neige
une crue°
une Flamande
la folie°
une Gauloise
la laine°
la langue d'oc
la langue d'oïl
une place de choix
une plaque tournante
une superficie
une vigne°

l'acier° (*m.*)
un barrage°
le blé°
un cœur°
un cours° d'eau
un creuset°
un droit de cité
un ensemble
un fait
un Flamand

un fleuve°
un Gaulois
le maïs°
le Marché commun
le nord-est
le nord-ouest
un paysage
le sang°
le sens° figuré
le sens° propre
un témoignage°
un wagon (de train)

Adjectifs

aquitain(e)°
armoricain(e)°
doux, douce
fluvial(e)°
franco-allemand(e)
inscrit(e)
lent(e)°
montagneux(euse)
moyen(ne)°
pluvieux(euse)°

Verbes

fournir°
(se) partager°
(se) refléter°
remonter° à
réunir°
tenir° à
se vanter°

Expressions idiomatiques

par an
comment cela ?
pour quoi faire ?
à la fois
au fond°
moitié... moitié
en plus° de
moi non plus
tiens !
être en train° de

Vous savez déjà :

Noms

une abbaye
l'agriculture (*f.*)
une Alsacienne
une Basque
une Catalane
une céréale
la décentralisation
une fanatique
une frontière
une Germaine
une historienne
une importance
une industrie
une intermédiaire
une Italienne

une locomotive
une machine
la magie
une médiatrice
une mentalité
une Nord-Africaine
une Normande
une plaine
une plate-forme
une Portugaise
une productrice
une qualité
une quantité
l'unité
une vallée
une variété

un Alsacien
l'aluminium
un amalgame
un avantage
un barbecue
un Basque
un bassin
un caractère
un Catalan
un cercle
le commerce
le coton
un désert
un diamètre
l'essentiel
un fanatique
un Germain

un hexagone
un historien
un intermédiaire
un Italien
un médiateur
un métal
un Nord-Africain
un Normand
un plateau
un Portugais
un producteur
un produit chimique
un produit
   pharmaceutique
un réservoir
un rythme
un territoire

Adjectifs

abstrait(e)
alimentaire
avantageux (euse)
central(e)
continental(e)
culturel(le)
diversifié(e)

dramatique
fondamental(e)
hexagonal(e)
hydro-électrique
impressionniste
lyrique
maritime
matériel(le)
médical(e)
méditerranéen(ne)
modeste
morbide
naturel(le)
nucléaire
prépondérant(e)
romantique
solaire
somptueux(euse)
terrestre
textile
unique
violent(e)

Verbes

orienter
se suicider

Adverbes

brièvement
nécessairement

Noms de montagnes

les Alpes (*f.*)
les Ardennes (*f.*)
le Jura
les Maures (*m.*)
les monts de l'Esterel
les Pyrénées (*f.*)
les Vosges (*f.*)

Noms de fleuves

la Garonne
la Loire
le Rhin
le Rhône
la Seine

Noms de régions

la Bourgogne
la Champagne
l'Île-de-France (*f.*)

Une fois n'est pas coutume.
(proverbe)

EXERCICES DE RÉVISION DE GRAMMAIRE

1. a) *Mettez au discours indirect le texte suivant.*

CAROLINE : J'ai décidé de partir pour la France. J'y passerai trois semaines.
Veux-tu m'accompagner ? Si tu fais le voyage avec moi, nous
nous amuserons beaucoup et tu ne le regretteras pas.

SUZANNE : J'ai bien envie d'accepter, mais je n'ai pas assez d'argent pour
payer mon billet d'avion et les dépenses du voyage.

CAROLINE : Tu n'auras pas à payer ta chambre d'hôtel. J'irai chez mon
oncle et il y a de la place pour toi. Fais un effort. Économise
tout l'argent que tu gagnes et je te promets que nous aurons
de belles vacances.

SUZANNE : Je ne te promets rien, mais je vais essayer. En réalité, je pense déjà à notre départ !

Qu'est-ce que Caroline déclare à Suzanne ? Qu'est-ce qu'elle ajoute ? Qu'est-ce qu'elle demande à Suzanne ? Qu'est-ce qu'elle dit à Suzanne ? Qu'est-ce que Suzanne lui répond ? etc....

b) *Indiquez deux activités que :*

1. vos parents vous conseillent de faire. 2. votre ami(e) vous recommande de faire. 3. notre dentiste nous dit de faire 4. les hôtesses de l'air disent aux passagers de faire. 5. votre professeur vous dit de ne pas faire. 6. votre mère vous recommandait de ne pas faire quand vous aviez huit ans.

2. a) *Révision de l'infinitif passé, du gérondif et de* **avant de.** *Faites une seule phrase en employant* **après avoir / être, en** *ou* **avant de** *selon le sens.*

1. Dans l'avion, j'ai lu et j'ai écouté de la musique. 2. Michèle a acheté une valise et elle est allée à l'agence de voyages. 3. Mes frères parlaient de leur départ et ils faisaient des préparatifs. 4. Nous étions un peu tristes quand nous avons quitté nos amis. 5. Mon père m'a donné un chèque et il m'a dit au revoir. 6. L'avion a roulé sur la piste et il a décollé. 7. Vous avez beaucoup réfléchi et vous avez décidé de partir pour Paris. 8. Les passagers sont arrivés à Roissy et ils ont débarqué. 9. Les hôtesses ont distribué les menus et elles ont servi le déjeuner. 10. Nous nous sommes promenés et nous nous sommes reposés dans un café. 11. Quand on visite Paris, on apprend beaucoup de choses sur l'histoire de France. 12. La ville s'appelait Lutèce ; puis, elle a pris le nom de Paris.

b) *Composez trois phrases avec* **après avoir / être,** *trois phrases avec* **avant de** *et trois phrases avec* **en** *(+ participe présent).*

3. *Révision de* **ne... ni... ni...** *et de* **ne... que.** *Composez des phrases avec* **ne... ni... ni...** *et* **ne... que.**

Exemple : André aime le cinéma et le théâtre. (les sports)
André n'aime ni le cinéma ni le théâtre ; il n'aime que les sports.

1. Jacques ouvre ses cahiers et ses livres. (les journaux) 2. J'ai travaillé samedi et dimanche. (lundi) 3. Nous avons visité La Sainte-Chapelle et Notre-Dame. (le Louvre) 4. L'avion a fait escale à Denver et à Chicago. (à Montréal) 5. Vous emporterez des provisions et une tente. (un sac de couchage) 6. Je leur ai parlé de mes problèmes et de mes études. (de mes projets) 7. On nous a servi de la viande et des légumes. (du café et des gâteaux) 8. Ils m'ont demandé mon âge et mon adresse. (mon nom)

4. a) *Révision des pronoms personnels. Remplacez les mots en italique par les pronoms appropriés. Écrivez chaque phrase.*

1. Vous demanderez *l'heure du départ* à *l'employé d'Air-France* et il vous

indiquera *cette heure*. 2. Je ne sais pas encore *le numéro du vol*, mais je vous dirai *le numéro de mon vol*. 3. Nous avons prêté *des journaux à nos voisins* et ils nous ont rendu *ces journaux*. 4. Quand vous vous posez *des questions*, pouvez-vous toujours répondre *à ces questions* ? 5. Il y avait un *compartiment* au-dessus de mon siège ; j'ai mis mon manteau *dans ce compartiment*. 6. Mon père m'a envoyé *de l'argent* pour payer mon billet, mais je veux rendre *cet argent à mon père*. 7. Nous nous sommes bien amusés *à Paris* et nous avons l'intention de retourner *à Paris*. 8. Mes bagages étaient restés *à l'aéroport* ; on m'a apporté *mes bagages* à mon hôtel deux jours après. 9. Pouvez-vous demander *cette adresse à vos amis* ? J'ai perdu *cette adresse*. 10. Paul nous a donné *des fruits de son jardin* et nous avons remercié *Paul*. 11. Vous vous êtes préparé *à ce voyage*. J'espère que vous serez content(e) *de ce voyage*. 12. Si tu veux connaître *la province française*, il faut louer une *voiture*.

b) *Changez les phrases en remplaçant les noms en italique par les pronoms appropriés.*

1. N'emportez pas *votre imperméable* ; vous n'aurez pas besoin de *votre imperméable*. 2. N'achetez pas *ces bonbons* pour ma mère ; elle n'aime pas *ces bonbons*. 3. Ne prêtez pas *vos livres à vos amis*. Ils ne vous rendent pas *vos livres*. 4. Donnez-moi *ces renseignements* ; je peux utiliser *ces renseignements*. 5. Montrez *vos films* à Jack ; il trouvera *vos films* très intéressants. 6. Présentez-moi *votre frère*, car je ne connais pas *votre frère*. 7. Ne demandez pas *d'argent à Anne* ; elle n'a jamais *d'argent*. 8. Posez *des questions à votre professeur*. Il répondra *à vos questions*.

c) *Remplacez le nom par un pronom dans chaque phrase. Écrivez la phrase affirmativement et négativement.*

1. Parlez à votre père. 2. Buvez du jus d'orange. 3. Écoutez ce programme. 4. Lisez la première page du journal. 5. Téléphonez à vos amis. 6. Invitez Jack et Paul. 7. Donnez-moi votre exercice. 8. Envoyez-moi des cartes postales. 9. Apportez-nous des gâteaux. 10. Prêtez votre livre à Hélène.

5. *Révision des verbes. Transformez les phrases en employant les sujets proposés.*

1. Tu conduis trop vite ; un jour, tu auras un accident. (vous / les Parisiens / Pierre)
2. Nous avions découvert un petit restaurant pas cher ; nous y dînions souvent. (vous / je / mes amis)
3. Je traduis cette lettre en allemand. (nous / les étudiants / tu)
4. La France produit beaucoup d'autos. (le Japon et les États-Unis)
5. Quand j'apercevrai la cathédrale, je vous avertirai. (nous / le pilote / vos amis)

ÉCHELON

DIX-SEPT

1 Je voudrais que mon ami(e) **vienne** me voir pendant les vacances.
Mais je doute qu'il (elle) **soit** libre en juillet.

2 Il faut que vous **demandiez** votre passeport immédiatement.
Il est dommage que vous ne l'**ayez** pas encore.

3 Mes parents souhaitent que ma sœur **finisse** ses études.
Il est nécessaire qu'elle **obtienne** son diplôme.
Il se peut qu'elle **veuille** commencer à travailler.

4 Il est certain que Marc **ira** en Afrique du Sud.
Il est douteux que Marc **aille** en Afrique du Sud.

5 Mes amis préféraient que nous **allions** au cinéma.
Moi, je voulais **aller** au concert de musique rock.

6 Il est dommage que je ne **puisse** pas vous voir **maintenant**.
Voulez-vous que j'**aille** vous voir **la semaine prochaine ?**

Arc de Triomphe

DÉVELOPPEMENT GRAMMATICAL

1

Je voudrais que mon ami(e) **vienne** me voir pendant les vacances.
Mais je doute qu'il (elle) **soit** libre en juillet.

Comparez :

Il fait mauvais aujourd'hui.	Je n'aime pas qu'il **fasse** mauvais ; je préfère qu'il **fasse** beau et chaud.
Vous n'avez pas eu assez de patience.	Il faut que vous **ayez** de la patience.
Tu veux suivre un cours d'astronomie.	Il est préférable que tu **suives** un cours de mathématiques.
Nous nous arrêtons devant un feu rouge.	Il est nécessaire que nous nous **arrêtions** devant un feu rouge.
Un étudiant choisira ses cours avant le commencement des classes.	Il est important qu'un étudiant **choisisse** ses cours avant le commencement des classes.
Vous ne comprenez pas mes idées.	Je suis surpris(e) que vous ne **compreniez** pas mes idées.

● Dans la première colonne, il y a des propositions indépendantes avec un verbe au présent, au passé ou au futur de l'*indicatif*. Ces phrases expriment un simple fait ou un état que tout le monde peut constater.

Dans la deuxième colonne, les verbes en caractères gras sont dans des propositions subordonnées introduites par la conjonction **que**. Ces verbes dépendent d'un verbe principal : **je n'aime pas, je préfère, il faut, il est préférable, il est nécessaire, il est important, je suis surpris(e)**. Les verbes de chaque proposition subordonnée sont au *subjonctif présent* : **fasse, ayez, suives, arrêtions, choisisse, compreniez**.

● L'*indicatif* est un mode. Le *subjonctif* est un autre mode, c'est-à-dire une manière de présenter une action ou un état. (Voir Grammaire générale, pages 540−543.)

Le *subjonctif présent* est un temps employé couramment dans la conversation et dans la correspondance[1].

Étudiez les exemples suivants :

A quelle heure faut-il que nous **arrivions** à l'aéroport ?
Faut-il que tu **finisses** d'écrire cette lettre maintenant ?

Il faut que je vous **rende** votre livre, n'est-ce pas ?
Pourquoi faut-il que vous **sortiez ?**

Il faut que nous y **arrivions** à deux heures de l'après-midi.
Oui, il faut que je **finisse** de l'écrire parce que je veux qu'elle **parte** ce soir.
Oui, il faut que vous me le **rendiez,** car j'en ai besoin.
Il faut que nous **sortions** pour faire des courses.

● Dans ces exemples, il y a des verbes du premier groupe (**arriver**), du deuxième groupe (**finir**) et du troisième groupe (**partir, rendre, sortir**).

Voici la conjugaison du *subjonctif présent* des verbes **arriver, finir, rendre.**

que j'	arrive	que je	finisse	que je	rende
que tu	arrives	que tu	finisses	que tu	rendes
qu'il (elle, on)	arrive	qu'il (elle, on)	finisse	qu'il (elle, on)	rende
que nous	arriv**ions**	que nous	finiss**ions**	que nous	rend**ions**
que vous	arriv**iez**	que vous	finiss**iez**	que vous	rend**iez**
qu'ils (elles)	arriv**ent**	qu'ils (elles)	finiss**ent**	qu'ils (elles)	rend**ent**

● Au subjonctif présent, tous les verbes (excepté **avoir** et **être**) ont les mêmes terminaisons.

SINGULIER	PLURIEL
e[2]	ions
iez, es[2]	iez
e[2]	ent[2]

[1] L'*imparfait* et le *plus-que-parfait* du subjonctif sont le plus souvent employés dans les textes littéraires.
[2] RAPPEL : Les terminaisons écrites **e, es, ent** ne se prononcent pas.

- Le radical est le radical de la *troisième personne du pluriel du présent de l'indicatif.*

choisir	ils **choisiss**ent	Il faut que je **choisiss**e.
réfléchir	ils **réfléchiss**ent	Il faut que je **réfléchiss**e.
réussir	ils **réussiss**ent	Il faut que je **réussiss**e.
lire	ils **lis**ent	Il faut que je **lis**e.
écrire	ils **écriv**ent	Il faut que j'**écriv**e.
partir	ils **part**ent	Il faut que je **part**e.
sortir	ils **sort**ent	Il faut que je **sort**e.

2 Il faut que vous **demandiez** votre passeport immédiatement.
Il est dommage que vous ne l'**ayez** pas encore.

Étudiez les exemples suivants :

Pourquoi faut-il que nous **apprenions** le subjonctif ?

Il faut que vous l'**appreniez** parce qu'on l'emploie souvent en français.

Il est nécessaire que nous **ayons** des vacances, n'est-ce pas ?

Oui, il est nécessaire que nous en **ayons** car il faut que nous nous **reposions.**

Il est rare que mes amis **soient** en retard.

Mais il est possible qu'ils **soient** en retard aujourd'hui car la circulation est difficile à cause du brouillard.

Est-il important que je **fasse** mes devoirs tous les jours ?
Faut-il aussi que j'**aille** au laboratoire régulièrement ?

Oui, il est important que vous les **fassiez** tous les jours.
Bien sûr, il est indispensable que vous y **alliez** régulièrement.

- Les terminaisons du subjonctif présent sont les mêmes pour tous les verbes excepté **avoir** et **être**.
Le radical du subjonctif présent change quelquefois.

- Les verbes qui changent de radical au présent de l'indicatif (**boire, prendre, recevoir, voir, vouloir,** etc.) changent aussi de radical au présent du subjonctif, à la première et à la deuxième personne du pluriel.

Voilà la conjugaison du *subjonctif présent* des verbes **prendre** et **voir**.

que je	**prenne**	le train	que je	**voie**	mes parents
que tu	**prennes**	l'avion	que tu	**voies**	ton oncle
qu'il (elle, on)	**prenne**	l'autobus	qu'il (elle, on)	**voie**	ses cousins
que nous	**prenions**	la voiture	que nous	**voyions**	nos amis
que vous	**preniez**	le métro	que vous	**voyiez**	votre frère
qu'ils (elles)	**prennent**	le bateau	qu'ils (elles)	**voient**	leur famille

● Voilà encore quelques verbes usuels dont le radical change au subjonctif présent comme à l'indicatif.

	INDICATIF	SUBJONCTIF
recevoir	ils **reçoiv**ent nous **recev**ons	que je **reçoiv**e, qu'ils **reçoiv**ent que nous **recev**ions
boire	ils **boiv**ent nous **buv**ons	que je **boiv**e, qu'ils **boiv**ent que nous **buv**ions
venir	ils **vienn**ent nous **ven**ons	que je **vienn**e, qu'ils **vienn**ent que nous **ven**ions
obtenir	ils **obtienn**ent nous **obten**ons	que j'**obtienn**e, qu'ils **obtienn**ent que nous **obten**ions

● Un petit nombre de verbes ont un radical spécial au subjonctif présent.

A. Ils se conjuguent sans changement de radical au subjonctif présent.

faire	que je **fass**e	que nous **fass**ions	qu'ils **fass**ent
pouvoir	que je **puiss**e	que nous **puiss**ions	qu'ils **puiss**ent
savoir	que je **sach**e	que nous **sach**ions	qu'ils **sach**ent

et

falloir	qu'il **faille**[3]
pleuvoir	qu'il **pleuve**[3]

B. Ils se conjuguent en changeant de radical au subjonctif présent.

aller	que j'**aille**	que nous **allions**	qu'ils **aillent**
vouloir	que je **veuille**	que nous **voulions**	qu'ils **veuillent**

---

[3] RAPPEL : **falloir :** il faut; **pleuvoir :** il pleut.

● Voici la conjugaison au subjonctif présent des verbes **être** et **avoir**.

que je	**sois**	à l'heure	que j'	**aie**	de la patience
que tu	**sois**	à l'heure	que tu	**aies**	de la patience
qu'il (elle, on)	**soit**	à l'heure	qu'il (elle, on)	**ait**	de la patience
que nous	**soyons**	à l'heure	que nous	**ayons**	de la patience
que vous	**soyez**	à l'heure	que vous	**ayez**	de la patience
qu'ils (elles)	**soient**	à l'heure	qu'ils (elles)	**aient**	de la patience

3

Mes parents souhaitent que ma sœur **finisse** ses études.
Il est nécessaire qu'elle **obtienne** son diplôme.
Il se peut qu'elle **veuille** commencer à travailler.

Comparez :

Mon ami ne m'**écrit** pas souvent.

Ma petite sœur ne **fait** pas son lit le matin.

Nous **savons** le vocabulaire et nous **posons** des questions.

Vous ne **lisez** pas le journal en classe.

Les étudiants **peuvent** répondre aux questions en français.

Je voudrais que mon ami m'**écrive** plus souvent.

Ma mère exige que ma petite sœur **fasse** son lit le matin.

Le professeur désire que nous **sachions** le vocabulaire et que[4] nous **posions** des questions.

Il ne permet pas que vous **lisiez** le journal en classe.

Il veut que les étudiants **puissent** répondre aux questions en français.

● On emploie le subjonctif après un verbe principal (ou une expression) qui exprime une *volonté*, c'est-à-dire après les verbes :

vouloir		**exiger**		**défendre**	
désirer	que...	**ordonner**	que...	**accepter**	que...
souhaiter		**permettre**		**attendre**	

[4] Répétez la conjonction **que** devant chaque verbe qui dépend du verbe principal.

GRAMMAIRE

Comparez :

Vous **faites** un voyage en France.

Il est indispensable que vous **fassiez** un voyage en France.

Nous **suivons** un cours de civilisation française à la Sorbonne.

Il faut que nous **suivons** un cours de civilisation française à la Sorbonne.

Michèle n'**a** pas de vacances, et elle ne **pourra** pas accompagner ses amis en Provence.

Il se peut (= il est possible) que Michèle n'**ait** pas de vacances et qu'elle ne **puisse** pas accompagner ses amis en Provence.

Je **finis** tout mon travail avant de partir en vacances.

Il est douteux que je **finisse** tout mon travail avant de partir en vacances.

● On emploie le subjonctif après un verbe principal (ou une expression) qui exprime une *nécessité*, une *possibilité*, un *doute*, c'est-à-dire après des verbes ou des expressions comme :

Il faut		Il est indispensable	
Il est nécessaire		Il n'est pas certain	
Il est possible		Il n'est pas sûr	
Il se peut		Je doute	
Il est impossible	que...	Je ne suis pas sûr(e)	que...
Il est douteux		Je ne suis pas certain(e)	
Il est rare		J'ai besoin	
Il est utile		J'ai envie	
Il est inutile		J'ai hâte	
Il est important			

Remarques sur le verbe **falloir :**

1. Ne dites pas : **Il me faut aller à la poste.**
   Dites plutôt : **Il faut que j'aille à la poste.**

2. Dites cependant avec une expression de temps :
   Il me faut dix minutes pour aller à l'université.
   Combien de temps **vous faut-il** (lui faut-il) pour faire cet exercice ?

3. Dites encore avec un nom :
   Il me faut ce livre. = J'ai besoin de ce livre.
   Il nous faut une autre voiture. = Nous avons besoin d'une autre voiture.

Comparez :

Nous **pouvons** parler français, et nous **comprenons** vos questions.

Je suis content(e) que nous **puissions** parler français et que nous **comprenions** vos questions.

Vous **invitez** vos amis pendant le week-end.

Il est préférable que vous **invitiez** vos amis pendant le week-end.

Il **pleut** maintenant.

J'ai peur qu'il **pleuve** pendant quelques jours.

Vous n'**êtes** pas de notre avis.

Nous sommes surpris que vous ne **soyez** pas de notre avis.

Charles n'**a** pas assez d'argent pour aller en Europe.

Il est dommage que Charles n'**ait** pas assez d'argent pour aller en Europe.

Nous n'**arrivons** jamais en retard pour le dîner.

Ma mère n'aime pas que nous **arrivions** en retard pour le dîner.

Tu ne **veux** pas nous accompagner en France. Nous **savons** déjà où nous irons.

Je regrette que tu ne **veuilles** pas nous accompagner en France. Il vaut mieux que nous **sachions** où nous irons.

● On emploie le subjonctif après un verbe principal (ou une expression) qui exprime un *sentiment* personnel, une *émotion* (peur, surprise, regret, goût, préférence, joie, tristesse, etc.), c'est-à-dire après des verbes ou des expressions comme :

avoir peur		**être enchanté**
être surpris		**être heureux**
être étonné		**être désolé**
s'étonner		**être furieux**
aimer		**se réjouir**
aimer mieux que...		**regretter** que...
préférer		**Il est étonnant**
détester		**Il est regrettable**
être content		**Il vaut mieux**
être mécontent		**Il est préférable**
être ravi		**Il est (c'est) dommage**

GRAMMAIRE

4 Il est certain que Marc **ira** en Afrique du Sud.
Il est douteux que Marc **aille** en Afrique du Sud.

Comparez :

Je suis sûr(e) qu'Alice **veut** passer quelques semaines à Paris.

Je ne suis pas sûr(e) qu'Alice **veuille** passer quelques semaines à Paris.

Nous croyons que Franco **reviendra** aux États-Unis avant la fin de l'été.

Nous doutons que Franco **revienne** aux États-Unis avant la fin de l'été.

Ils savent que tu **prends** beaucoup de photos au cours de tes voyages.

Ils sont ravis que tu **prennes** beaucoup de photos au cours de tes voyages.

Il est certain qu'il y **a** un problème de parking à Paris.

Il est dommage qu'il y **ait** un problème de parking à Paris.

Il est évident que le stationnement **est** difficile dans la capitale.

Il n'est pas certain que le stationnement **soit** plus facile dans quelques années.

On dit que les Parisiens **sont** assez indisciplinés.

Il est regrettable que les Parisiens **soient** assez indisciplinés.

● Dans la première colonne, les verbes des propositions subordonnées sont à l'*indicatif* parce qu'ils dépendent d'un verbe principal qui indique une *constatation*, une *certitude* (**être sûr, croire, savoir, être certain, il est évident, dire, penser, espérer, affirmer, voir, il est vrai, il est probable,** etc.).

Dans la seconde colonne, les verbes des propositions subordonnées sont au *subjonctif* parce qu'ils dépendent d'un verbe principal qui indique un *doute*, une *nécessité*, une *émotion*.

NOTEZ : N'employez pas le subjonctif après **croire, espérer** et **penser** à la forme affirmative.

Exemples : Je crois que votre père **a** raison.
Nous pensons que nos amis **viendront** ce soir.
J'espère que Paul vous **a téléphoné**.

Après **croire** et **penser,** négatifs ou interrogatifs, le subjonctif est possible pour indiquer le doute.

> Exemples : Croyez-vous vraiment qu'on **puisse** visiter quatre pays en dix jours ?
> Je ne crois pas que vous **connaissiez** cette région.
> Pensez-vous vraiment que Paul **veuille** suivre des cours à la Sorbonne ?

On emploie le subjonctif après **il est possible.**
On n'emploie pas le subjonctif après **il est probable.**

> Exemples : Il est possible que je vous voie à l'Opéra ce soir.
> Il est probable que je vous verrai à l'Opéra ce soir.
> Il est possible que nous **ayons** le temps d'aller au Louvre.
> Il est probable que nous **aurons** le temps d'aller au Louvre.

---

5 Mes amis préféraient que nous **allions** au cinéma.
Moi, je voulais **aller** au concert de musique rock.

Comparez :

A. Je suis content(e) que mon frère **ait** un bon travail.
J'aime mieux que vous **alliez** seul(e) au musée.
Ses parents veulent que Pierre **obtienne** son diplôme avant de faire ce voyage.
Nous avons peur que vous **soyez** en retard.
Vous regrettez que Paul ne **puisse** pas aller à cette soirée.
Mes parents sont ravis que je **veuille passer** mes vacances en Europe.

Je suis content(e) d'**avoir** un bon travail.
J'aime mieux **aller** seul(e) au musée.
Pierre veut **obtenir** son diplôme avant de faire ce voyage.

Nous avons peur d'**être** en retard.

Vous regrettez de ne pas **pouvoir** aller à cette soirée.
Mes parents sont ravis de **passer** leurs vacances en Europe.

B. J'espère que nous **rencontrerons** vos amis.
Les étudiants pensent que le professeur **est (sera, a été)** juste.
Je crois que vous vous **savez** reconnaître vos erreurs.
Nous sommes sûrs que vous **avez (avez eu, aviez, aurez)** raison.

J'espère **rencontrer** vos amis.

Le professeur pense **être** juste.

Je crois **savoir** reconnaître mes erreurs.
Nous sommes sûrs d'**avoir** raison.

- Dans la première colonne, chaque phrase contient deux verbes qui ont un *sujet différent*. Le deuxième verbe est au subjonctif présent dans les phrases **A** et à l'indicatif (présent, imparfait, passé composé, futur) dans les phrases **B**.

- Dans la deuxième colonne, chaque phrase contient *deux verbes* qui ont le *même sujet*. Le premier verbe est conjugué ; *le deuxième verbe est à l'infinitif.*

NOTEZ : Certain verbes (ou expressions verbales) sont suivis d'une *préposition* devant l'infinitif. (Voir leçons 8, 10, 12 et l'Appendice, pages 672−673.)

Voilà d'autres exemples :

Je voudrais que vous **fassiez** le tour du monde.	Je voudrais **faire** le tour du monde.
Il aime mieux que nous **voyagions** en bateau.	Il aime mieux **voyager** en bateau.
Ils ont envie que vous **alliez** à Tahiti.	Ils ont envie **d'aller** à Tahiti.
J'ai peur que vous ne **compreniez** pas.	J'ai peur **de** ne pas **comprendre.**
Nous sommes ravis que tu **sois** ici.	Nous sommes ravis **d'être** ici.

MAIS :

J'espère que vous **emporterez** une seule valise.	J'espère **emporter** une seule valise.
Nous pensons que vous y **resterez** une semaine.	Nous pensons y **rester** une semaine.
Elle est sûre que vous la **connaissez.**	Elle est sûre **de** vous **connaître.**

Attention aux différents sens avec des expressions impersonnelles.

Il faut que **je** reste, que **nous** rest**ions** ici, etc. (*sens particulier*)
Il faut rester ici. (*sens général*)

Il vaut mieux que **tu** restes, que **vous** rest**iez** ici, etc. (*sens particulier*)
Il vaut mieux rester ici. (*sens général*)

Il est (c'est) dommage que **vous** rest**iez**, que **nous** rest**ions** ici, etc. (*sens particulier*)
Il est (c'est) dommage[5] de rester ici. (*sens général*)

[5] On emploie souvent **c'est dommage** (**dommage** est un nom) à la place de **il est dommage.**

Il est possible que **je** reste, que **nous** rest**ions** ici, etc. (*sens particulier*)
Il est possible de rester ici. (*sens général*)

Il est inutile que **je** rev**ienne,** que nous reven**ions** ici, etc. (*sens particulier*)
Il est inutile de revenir ici. (*sens général*)

Il est indispensable que tu rev**iennes,** que vous reven**iez,** etc. (*sens particulier*)
Il est indispensable de revenir. (*sens général*)

6   Il est dommage que je ne **puisse** pas vous voir **maintenant.**
         Voulez-vous que j'**aille** vous voir **la semaine prochaine ?**

Étudiez les phrases suivantes :

Il faut que je **réponde** à cette lettre avant **la fin de la semaine.**
Je voudrais que vous me **rendiez** ces livres **demain.**
Nous sommes désolés que vous ne **puissiez** pas dîner chez nous **dimanche
     prochain.**
Mon ami est furieux que je ne **veuille** pas l'accompagner **samedi soir.**
Il est possible que nous **fassions** un pique-nique **à la fin du semestre.**

● Le subjonctif présent est souvent employé pour indiquer une *action future.*
L'idée du futur est indiquée par une expression de temps ou par le sens de
la phrase.

PRATIQUE ORALE

A. *Dites une phrase en employant le subjonctif selon l'exemple.*

Exemple :   Faut-il présenter deux photos ? (vous)
          Oui, il faut que vous présentiez deux photos.

1.   Faut-il traverser le pont de la Concorde ? (vous)
2.   Faut-il attendre l'autobus ? (nous)

3. Faut-il visiter la Sainte-Chapelle ? (tu)
4. Faut-il conduire avec prudence ? (je)
5. Faut-il produire plus d'énergie ? (nous)
6. Faut-il bâtir des usines hydro-électriques ? (la France)
7. Faut-il aider les pays pauvres ? (nous)
8. Faut-il partir très tôt ? (vous)

B. *Transformez la phrase ; employez un verbe au subjonctif après* **il se peut que.**

Exemple : Nous allons à Versailles.
Il se peut que nous allions à Versailles.

1. Je prends le métro. 2. Nous nous arrêtons dans un café. 3. Il y a un embouteillage. 4. Elle ne sait pas votre adresse. 5. On ne peut pas y aller. 6. Nous sommes en retard. 7. Il fait mauvais. 8. Mon père m'écrit. 9. Je viens vous voir. 10. Elle veut partir avant nous.

C. *Dites la proposition subordonnée au subjonctif selon l'exemple proposé.*

Exemple : Qu'est-ce que vous voulez que je fasse ? (visiter Notre-Dame)
Je voudrais que vous visitiez Notre-Dame.

1. Qu'est-ce que vous voulez que je fasse ? (admirer ce paysage)
2. Qu'est-ce que vous voulez que nous fassions ? (louer une voiture)
3. Qu'est-ce que vous voulez que Louise fasse ? (aller au château de Chantilly)
4. Qu'est-ce que vous voulez que vos amis fassent ? (comprendre la mentalité française)
5. Qu'est-ce que vous voulez que je fasse ? (choisir un bon vin)
6. Qu'est-ce que vous voulez que François fasse ? (conduire plus lentement)
7. Qu'est-ce que vous voulez que les Parisiens fassent ? (devenir plus disciplinés)
8. Qu'est-ce que vous voulez qu'on fasse ? (défendre la nature)

D. *Changez la phrase. Commencez par l'expression proposée.*

Exemple : On regrette qu'il n'y ait pas de métro dans cette ville. (il est vrai)
Il est vrai qu'il n'y a pas de métro dans cette ville.

1. Je regrette qu'on construise des gratte-ciel. (Je suis certain[e])
2. Je préfère que tu prennes un taxi. (j'espère)
3. Il vaut mieux que nous ne soyons pas en retard. (je crois)
4. Nous voulons que tu viennes avec nous. (nous savons)
5. Je suis désolé qu'on nous attende. (je suis sûr[e])
6. Vous êtes surprise que je fasse ce voyage seul(e). (vous pensez)

E. *Changez la phrase en employant* **il vaut mieux que** *et le subjonctif présent.*

Exemple : Tu écriras cette lettre demain.
Il vaut mieux que tu écrives cette lettre demain.

1. Vous prendrez un avion direct. 2. Nous partirons dimanche pro-

chain.   3. Vous avertirez vos amis de votre arrivée.   4. Valérie ne sera pas en retard demain.   5. Vous ferez connaissance avec vos voisins. 6. On ne bâtira pas d'usines en ville.   7. Nous débarquerons à Orly. 8. La France produira plus d'énergie.   9. Nous nous retrouverons au musée.   10. Vous vous promènerez sur la rive Gauche.

EXERCICES ORAUX OU ÉCRITS

1. *Transformez les phrases suivantes en employant* **il faut que** + *le subjonctif présent.*

1. Nous achetons des billets de métro.   2. Vous réservez une chambre d'hôtel.   3. Tu lis le guide de Paris.   4. Je réfléchis avant de prendre une décision.   5. Tu écris à l'agence de voyage.   6. Je sors pour faire des courses.   7. Nous réussissons à trouver un charter.   8. Vous finissez de faire vos bagages.   9. Tu rends ce livre à Jacques.   10. Nous dormons beaucoup avant de partir.   11. Vous leur dites de visiter Versailles.   12. Je vous écris pendant mon voyage.   13. Nous lui demandons son avis.   14. Vous vous asseyez près du hublot.   15. Je me réveille tôt.

2. *Composez des phrases en employant* **il faut que** + *le subjonctif présent.*

Exemple :   trouver un petit hôtel (nous)
            Il faut que nous trouvions un petit hôtel.

1. savoir l'heure de votre départ (vous)   2. les accompagner à l'aéroport (nous)   3. prendre le train de Nice (Jacques)   4. faire la queue à l'Americain Express (on)   5. obtenir un billet à prix réduit (je)   6. revenir avant le 1er septembre (nous)   7. être à huit heures à la gare Montparnasse (Hélène et Denise)   8. pouvoir dormir en avion (vous)   9. avoir cette adresse (tu)   10. louer une voiture et aller en Provence (vos amis) 11. être sérieux et économiser de l'argent (nous)   12. avoir son passeport avant le jour du départ (vous)

3. *Joignez les éléments suivants pour composer des phrases complètes. Faites les changements nécessaires.*

a) 1. Mes parents désirent / je fais mes études universitaires.   2. La compagnie permet / on met des bagages sous les sièges.   3. Le pilote exige / tous les passagers sont assis pendant l'atterrissage.   4. Mon père n'accepte pas / ma jeune sœur va au lit à minuit.   5. Le professeur ne veut pas / nous lui remettons nos devoirs en retard. 6. Le chauffeur de taxi défend / on fume dans la voiture. 7. Les passagers souhaitent / on leur sert un bon repas, et on leur montre un bon film. 8. Ils ont hâte / le voyage finit. 9. Je doute / vous pouvez voir beaucoup de choses en un jour. 10. Est-il nécessaire / tu pars très tôt et tu y vas en avion ?

b) 1. Le stationnement est difficile à Paris / il est regrettable. 2. On peut circuler facilement en métro / je suis content(e). 3. Il y a beaucoup de choses à voir / nous sommes ravis. 4. Les Parisiens sont indisciplinés / il est dommage. 5. Nous n'avons pas le temps de tout visiter / j'ai peur. 6. Vous emportez votre appareil-photo / il vaut mieux. 7. Je vais au Louvre aujourd'hui / il est préférable. 8. Il y a de nombreux châteaux autour de Paris / nous sommes surpris. 9. Je ne sais pas le nom des rues / êtes-vous étonné(e) ? 10. Les banques sont ouvertes le dimanche / il est douteux. 11. On ne peut pas changer d'argent / je suis furieux(euse). 12. On a le droit de visiter les musées sans payer / je suis heureux(euse).

4. *Mettez le verbe à la forme correcte de l'indicatif ou du subjonctif.*

a) 1. Je voudrais que nous (partir) de bonne heure et que nous (avoir) le temps de nous promener. 2. Mes parents veulent que je (savoir) prendre des décisions ; ils disent que c'(être) nécessaire dans la vie. 3. J'espère que vous (s'amuser) bien, et je souhaite que vous (faire) un excellent voyage. 4. Son père accepte que Suzanne (aller) à l'étranger ; il croit qu'elle (suivre) des cours de français et d'italien. 5. Les compagnies désirent que les passagers (être) à l'aéroport une heure avant le départ. 6. Je ne suis pas sûr qu'il (faire) beau demain ; je pense qu'il ne (pleuvoir) pas. 7. Croyez-vous qu'il (falloir) réserver une place maintenant ? Il est certain que nous (pouvoir) acheter nos billets plus tard. 8. Mes amis disent que je (être) toujours en retard ; ils ne sont pas contents que je ne (être) pas plus souvent à l'heure. 9. Il est possible que ma mère (venir) en auto ; mais il est plus probable qu'elle (venir) en avion. 10. Voulez-vous que je vous (attendre) et que nous (aller) ensuite au cinéma ?

b) 1. Nous sommes bien content(e)s que vous (pouvoir) faire ce voyage. 2. Mon frère a peur que je ne (comprendre) pas ce problème et que je n'en (voir) pas la solution. 3. J'espère que vous (être) satisfait de vos examens. 4. Je préfère que vous (venir) tout de suite chez moi et que nous (aller) ensuite au restaurant. 5. Ils veulent que nous leur (téléphoner) parce qu'ils savent que notre voiture (être) au garage. 6. Je regrette que nous ne (avoir) pas le temps de vous accompagner et que vous (être) obligé(e) de partir seul. 7. J'aime mieux que nous (faire) ces visites maintenant. 8. Êtes-vous content(e) que votre père (venir) vous voir ? 9. Je m'étonne que vos amis ne (vouloir) pas aller à la conférence. Je crois qu'elle (être) intéressante. 10. Nous pensons que les hommes (avoir) de bonnes raisons d'avoir peur de la bombe atomique.

5. a) *Joignez les éléments suivants pour composer une phrase avec le subjonctif présent ou avec l'infinitif. Attention : il y a peut-être une préposition après certains verbes.*

1. Nous sommes capables de parler français / je suis content(e).   2. Je fais plus d'exercices oraux / le professeur désire.   3. Je vais en France / moi, je voudrais.   4. Mon père ne me donne pas d'argent maintenant / mon père ne veut pas.   5. Tu n'as pas de passeport / je suis étonné(e).   6. Vous ne pouvez pas nous accompagner / nous regrettons.   7. Je vous vois / je suis ravi(e).   8. François prend cette décision / doutez-vous ?   9. Nous faisons le tour du monde / nous avons envie.   10. Vous restez trois jours à Londres / ils sont surpris.   11. Nous faisons escale à Tahiti / j'aime mieux.   12. Paul quitte la ville sans vous voir / Paul est désolé.

b) *Finissez les phrases en employant un infinitif ou un subjonctif.*

1. Il faut...   2. Il faut que...   3. Je n'aime pas...   4. Je n'aime pas que...   5. Il est possible de...   6. Il est possible que...   7. Êtes-vous sûr(e) de...   8. Êtes-vous sûr(e) que...   9. As-tu hâte de...   10. As-tu hâte que...   11. Nous avons peur de...   12. Nous avons peur que...   13. Je voudrais...   14. Je voudrais que...

6. *Faites une phrase complète en joignant les éléments suivants. Faites les changements nécessaires.*

1. Vous passerez un mois à Paris l'été prochain / il est utile.   2. Vous achèterez un billet la semaine prochaine / il faut.   3. Vous réserverez une place d'avion / il est indispensable.   4. Votre frère vous conduira à l'aéroport / il vaut mieux.   5. Ma voiture sera encore au garage demain / je regrette.   6. Tu obtiendras un bon poste après ton retour d'Europe / nous souhaitons.   7. La situation économique sera meilleure l'année prochaine / il n'est pas sûr.   8. Il y aura encore beaucoup de chômage / j'ai peur.   9. On n'aura plus besoin de pétrole à la fin du siècle / il est douteux.   10. On pourra utiliser de nouvelles sources d'énergie / il est possible.

Alfred de Musset 1810–1857

GRAMMAIRE

DIX-SEPT BIS

Autres temps, autres mœurs

Lisez à haute voix la conversation suivante.

*Devant une table de café de la place de Clichy, Wayne
et Jessica parlent avec Paule et Jean des mouvements
de libération.*

Wayne : Je m'étonne° que les mouvements de
libération en France soient les mêmes que chez nous.
Paule : Tous ces mouvements ont commencé pendant
les années 60 et ils continuent aujourd'hui.
5 **Jessica :** Croyez-vous que les mœurs soient vraiment
changées ?
Jean : La loi accorde le même salaire aux hommes
qu'aux femmes pour un travail égal, mais les femmes
continuent à gagner moins que les hommes.
10 **Wayne :** Et le racisme ? Est-ce qu'il existe ?
Paule : Il est regrettable que depuis la guerre
d'Algérie le racisme soit devenu un problème grave.
Jean : On parle de maghrébisation° des grandes
villes comme Paris, Lyon et Marseille.
15 **Paule :** Oui, mais un nouveau mouvement, S.O.S.
Racisme, est né pour combattre le racisme.
Jean : L'été dernier, il a rassemblé 300 000
personnes pour un concert rock contre le racisme.
Paule : Ça rappelait cette manifestation de mai 68
20 où les étudiants s'étaient mis à crier tous ensemble :
« Nous sommes tous des Juifs allemands ».
Wayne : Et le racisme de couleur ? Étant noir, cela
m'intéresse.
Jean : En principe, il n'y en a pas. Mais les couples
25 interraciaux sont rarissimes.
Paule : Deux poids°, deux mesures. Comme toujours !
Jessica : Que veut dire « deux poids, deux mesures » ?
Paule : C'est la discrimination que tout le monde
accepte !

Les Français et leur langue

Lisez à haute voix le texte suivant.

Les Français parlent tous une langue étrangère qu'ils appellent le français. Devant leur langue ils ont une attitude unique au monde : ils l'aiment passionnément, mais ils la considèrent en même temps comme une chose extérieure à eux-mêmes, une sorte de monstre° sacré à qui il faut qu'on obéisse° mais qu'on ne peut jamais commander. Cette attitude est faite d'un grand respect pour la grammaire, pour l'usage établi et sanctionné par la tradition. Elle est faite aussi d'une méfiance° devant toute liberté d'invention. Il n'est pas étonnant que la langue française ait la réputation d'être une langue difficile. Il faut ajouter que beaucoup de Français, qui considèrent une faute de langue comme un péché°, sont souvent trop sévères pour les étrangers qui doivent nécessairement apprendre leur langue en faisant des fautes !

Quelle est l'origine de cette attitude curieuse des Français devant leur propre langue ?

Cette attitude remonte au 17ᵉ siècle et, plus précisément, au règne de Louis XIV. Louis XIV, le « Roi-Soleil », n'était pas un personnage très sympathique, mais il était certainement un grand génie. Il est devenu roi de France à l'âge de cinq ans, en 1643. Sa mère, Anne d'Autriche, la Régente, a appelé le cardinal Mazarin pour gouverner. A la mort de Mazarin en 1661, Louis XIV, âgé de vingt-trois ans, a assumé le pouvoir° en déclarant, dit-on : « Je veux régner par la peur. » On dit aussi qu'il a prononcé cette phrase célèbre : « L'État, c'est moi. » Mais on n'est pas sûr que ce soit vrai.

En termes modernes, le règne de Louis XIV a été « totalitaire ». Le jeune roi se considérait comme roi « de droit° divin. » Ce principe lui a permis d'installer une monarchie « absolue » et d'assurer l'unité religieuse de la France en révoquant l'édit de Nantes qui, depuis la fin du 16ᵉ siècle, donnait une certaine liberté aux protestants. Par ses guerres, économiquement désastreuses pour le pays, il a conquis ses titres° de gloire qui lui ont valu le surnom° de « Roi-Soleil ». Il est vrai que son règne a été un âge d'or pour la culture française : en littérature, Racine, Molière, La Fontaine, La Bruyère, Madame de La Fayette; en peinture, Claude Lorrain, Poussin, Le Nain, La Tour; en architecture, Perrault, Mansart; et même en musique, avec Lully. Enfin, c'est sous le règne de Louis XIV que la langue française a commencé à devenir la langue de culture et de diplomatie de toute l'Europe comme Versailles deviendra le modèle des cours° princières.

La langue était déjà au 16ᵉ siècle un objet d'étude et de respect. Les œuvres en prose de Rabelais et de Montaigne, les œuvres poétiques du groupe de la Pléiade avaient montré qu'on pouvait employer la langue vulgaire, c'est-à-dire la langue vivante et parlée par tout le monde, pour s'exprimer en littérature. Au 17ᵉ siècle, les écrivains ont voulu purifier la langue et la rendre « moderne », rationnelle, simple et claire.

En 1630, un groupe d'hommes de lettres se réunissait à Paris pour discuter de questions littéraires et notamment de questions de langue. Richelieu, premier ministre du roi Louis XIII, a proposé à ce groupe de devenir une société publique. En 1634 l'Académie française est fondée ; elle a pour mission de travailler à la purification de la langue. On décide donc de publier un dictionnaire et une grammaire pour fixer les règles du français. Le nombre des membres est arrêté à 40 : ce sont les futurs « Quarante Immortels ». Et leur travail continue encore de nos jours. En 1935 l'Académie a publié la huitième édition de son *Dictionnaire ;* depuis 355 ans qu'elle existe, l'Académie n'a publié qu'une seule édition de sa *Grammaire,* en 1933 ! On a l'habitude en France de déplorer la lenteur° paresseuse° de cette institution, son traditionalisme. Pourtant, on l'aime. L'Académie ne recrute jamais ses membres : le candidat ou la candidate pose sa candidature à l'Académie. Il faut ajouter que les « immortels » n'ont jamais connu d'« immortelle » avant la réception de Marguerite Yourcenar en 1980. Auteur d'une longue série d'œuvres littéraires, dont les *Mémoires d'Hadrien* est la plus célèbre, elle a été la première femme à devenir membre de la vénérable institution où ni madame de Staël, ni George Sand, ni Colette n'avaient pu être reçues. Faut-il voir dans cet événement une victoire du féminisme ?

Ne croyez pas que cet amour de la langue soit uniquement° une chose du passé. Il y a aujourd'hui, en plus de l'Académie française, le Commissariat général à la langue française et le Haut Conseil de la francophonie, présidé par le président de la République et dirigé par un vice-président. Bien entendu, l'ennemi numéro un, c'est l'anglais qui pénètre dans le français par l'invasion du « franglais » que beaucoup de gens déplorent et que d'autres trouvent très chic.

A côté de la grande langue officielle, académique, « étrangère », qui montre le respect que les Français éprouvent devant leur propre passé culturel, il y a toute une variété de langages populaires et d'argots°, favorisés peut-être par les contraintes que la langue officielle impose. Il y a la *langue verte* d'autrefois (« fric », « flic ») ; aujourd'hui il y a le *verlan.* Le verlan est un langage de jeunes, des « moins de vingt ans ». Il consiste à inverser les syllabes de certains mots pour créer un code de reconnaissance entre les membres d'un groupe. Par exemple, de *l'envers* (« parler à l'envers »), on fait « verlan » ; *laisse tomber* devient « *laisse béton* » ; *tronche,* vieux terme d'argot pour *tête,* devient « che-

tron » ; *monnaie* devient « némo » ; *blouson* devient « zomblou », etc. Une institutrice française disait, en parlant de ses élèves, qu'en classe ils étudiaient le
français presque comme une langue étrangère !

5 Bien entendu°, le franglais s'est installé à demeure° dans la langue française. Depuis le début du siècle, certains mots anglais, surtout dans le domaine
des sports et de la technique, font partie de la langue : *goal, week-end, wagon,
watt,* les *waters* ou le *W.-C., football, rugby, polo, star.* Ce franglais est un franglais assimilé ; mais à côté de celui-ci il y en a un autre, un franglais récent,
adopté par les jeunes et par le monde commercial : *cool, super,* un *must, fast-*
10 *food, punk, shrink-to-fit jeans, drink, hamburger, fan.* Ce franglais-là fait peur
aux défenseurs de la pureté de la langue française, à tel point que le Commissariat général est autorisé à imposer des amendes° aux compagnies françaises
qui emploient des termes étrangers dans leur publicité sans en fournir une
traduction en langue française.

15 Les Américains sont moins soucieux° de la pureté de leur langage et ac-
ceptent volontiers les mots étrangers. Aux États-Unis, il faut que les femmes
aillent au *salon de coiffure* pour être bien coiffées ; on va au *restaurant* où on
mange une *omelette* ou des *crêpes,* de la *salade,* où on boit un verre de *Pinot
noir,* où on prend comme *dessert* un *sorbet* peut-être ou un *éclair* ou une *tarte.*
20 On mange aussi des *croissants,* de la *baguette* ; on éprouve la *joie de vivre* ; on
aime sa *fiancée* ou son *fiancé,* et les femmes portent de la *lingerie* qu'elles
prononcent « *lingeré* », Dieu sait pourquoi !

Il se peut que le culte français de la langue paraisse étonnant à un Américain, mais pour un Français, c'est tout naturel. Le langage est le propre de
25 l'homme, et si la langue officielle devient trop « étrangère » aux esprits, c'est
encore par le langage qu'on la contestera.

En France, pays de civilisation méditerranéenne, il faut que le Verbe° soit
roi !

EN FRANCE... Depuis le Moyen Âge et au cours des siècles,

30 les spectacles ont toujours été une des distractions favorites des Français.
Il ne faut pas oublier que Molière, avant de devenir l'auteur célèbre qui
jouait ses pièces devant Louis XIV à Versailles, a été un acteur et un
metteur° en scène qui allait de ville en ville avec sa troupe de comédiens°,
pour présenter au public provincial les œuvres dramatiques contempo-
35 raines. Et Molière n'était pas le seul !
Aujourd'hui, les Français aiment se distraire° pendant la fin de la
semaine. Ils assistent à la représentation d'une pièce de théâtre, d'un
opéra, d'un ballet, ou ils vont à un concert. Les représentations commencent vers neuf heures (on dîne tard en France). Les billets coûtent
40 relativement moins cher qu'aux États-Unis (et traditionnellement, on donne
un pourboire° à l'ouvreuse°).

A Paris, pendant « la saison » (de septembre à juin), plus de cinquante théâtres offrent à un public souvent très « critique » une grande variété de spectacles : des comédies légères comparables aux pièces qu'on joue à Broadway, des drames, des pièces « sérieuses », des classiques.
5 Quelques théâtres sont subventionnés° par l'État : par exemple, la Comédie-Française (on l'appelle aussi la Maison de Molière), où on représente des pièces d'auteurs des 17e, 18e, 19e siècles ou des pièces modernes. Dans d'autres théâtres, on joue des pièces d'auteurs du 20e siècle comme Camus, Sartre, Jean Genet ou des pièces du théâtre d'Avant-Garde, du théâtre de
10 l'Absurde. Depuis plus de trente ans, on peut voir dans un minuscule théâtre du Quartier latin, deux pièces d'Eugène Ionesco (*La Leçon* et *La Cantatrice° chauve*) qui ont toujours le même succès.

Jusqu'à la Deuxième Guerre mondiale, le théâtre était concentré à Paris. Il fallait que les auteurs, acteurs et actrices, metteurs en scène et
15 critiques soient d'abord célèbres dans la capitale. Après 1945, on a organisé une décentralisation théâtrale en créant des Centres dramatiques dans les grandes villes de province et en donnant des subventions° aux Jeunes Compagnies. Mentionnons aussi les nombreux festivals de musique, d'art dramatique et de danse qui ont lieu° en été, à Paris et en province.
20 Ces festivals attirent des milliers de spectateurs et permettent aux jeunes troupes françaises et étrangères de montrer au public les nouvelles tendances théâtrales. Les festivals les plus connus ont lieu à Avignon pour le théâtre et à Aix-en-Provence pour l'opéra et la musique.

Sous l'influence de quelques auteurs français et étrangers, théâtre
25 d'Avant-Garde, théâtre de l'Absurde, Nouveau Théâtre, s'orientent maintenant vers une conception plus collective de l'art dramatique. Le théâtre, « jeu total » qui demande la participation du public est, à la fin du 20e siècle, un art en pleine évolution.

PRATIQUE DE COMMUNICATION ORALE

A. *Demandez à un(e) camarade en employant l'inversion* (**faut-il ?**) :

1. s'il faut qu'il (elle) choisisse ses cours au début du semestre.
2. s'il faut qu'il (elle) finisse ses devoirs avant la classe.
3. s'il faut qu'il (elle) parle français dans la classe.
4. s'il faut qu'il (elle) écrive une composition par semaine.
5. s'il faut qu'il (elle) lise son livre tous les soirs.
6. s'il faut qu'il (elle) rende des livres à la bibliothèque.
7. s'il faut qu'il (elle) parte très tôt de chez lui (elle).
8. s'il faut qu'il (elle) travaille pour gagner de l'argent.

B. *Posez une question à un(e) étudiant(e) de la classe.*

Exemple : Voulez-vous que nous sortions ce soir ?
Oui, je voudrais que nous sortions ce soir.

1. Voulez-vous que nous fassions des courses ?
2. Voulez-vous que nous prenions l'autobus ?
3. Voulez-vous que je vous montre mes photos ?
4. Voulez-vous que je vous apporte une tasse de café ?
5. Voulez-vous que vos amis sachent votre adresse ?
6. Voulez-vous que je demande des billets à prix réduit ?
7. Voulez-vous que je vous conduise au musée ?
8. Voulez-vous que je vienne vous voir ?

C. *Demandez à un(e) camarade de classe :*

1. s'il (si elle) préfère aller au cinéma ou au théâtre.
2. s'il (si elle) aime mieux voir un match de tennis ou un match de boxe.
3. s'il (si elle) veut dîner au restaurant ou chez vous.
4. s'il (si elle) a envie d'aller en France.
5. s'il (si elle) a peur de voyager en avion.
6. s'il (si elle) a hâte de finir ses études.
7. s'il (si elle) déteste lire des romans policiers.
8. s'il (si elle) a besoin de se distraire chaque week-end.
9. s'il (si elle) est content(e) d'avoir de longues vacances en été.
10. s'il (si elle) est étonné(e) de pouvoir parler français.

D. *Demandez à votre voisin(e) :*

1. s'il (si elle) veut que vous déjeuniez avec lui (elle) ce midi.
2. si sa mère exige qu'il (elle) revienne avant sept heures ce soir.
3. si son professeur est surpris qu'il (elle) sorte demain soir.
4. si ses parents sont contents qu'il (elle) aille en France l'été prochain.
5. s'il (si elle) a peur que vous lui posiez des questions.
6. s'il (si elle) désire que vous lui rendiez son livre demain.

EXERCICES ORAUX OU ÉCRITS

1. a) *Questions sur la « Lecture ». Répondez à chaque question par une phrase complète.*

1. Comment les Français considèrent-ils leur langue ?   2. Quelle ré-

putation la langue française a-t-elle ? 3. A quelle époque l'attitude des Français devant leur langue remonte-t-elle ? 4. A quel âge Louis XIV est-il devenu roi ? A quel âge a-t-il assumé le pouvoir ? 5. Quelle sorte de monarchie a-t-il installée en France ? pourquoi (au nom de quel principe) ? 6. Quel nom a-t-on donné au roi de France Louis XIV ? 7. Pourquoi le règne de Louis XIV a-t-il été « un âge d'or » pour la culture française ? 8. Quelle société a-t-on fondée en 1634 ? Quelle est la mission de cette société ? 9. Pour les Français, l'amour de leur langue est-ce seulement une chose du passé ? 10. Quelles autres langues y a-t-il à côté du français « officiel » ? 11. Qu'est-ce que le « franglais » ? Dans quels domaines trouve-t-on des mots anglais en français ? 12. Indiquez trois mots (ou expressions) français(es) qu'on emploie souvent en anglais.

b) *Questions sur « En France... » Répondez à chaque question par une phrase complète.*

1. A quelle heure les représentations théâtrales commencent-elles en France ? Qu'est-ce qu'on donne à l'ouvreuse dans un théâtre ? 2. Qu'est-ce que Molière était et faisait avant de devenir un auteur célèbre ? 3. Qu'est-ce qu'un metteur en scène fait ? 4. Combien de théâtres y a-t-il à Paris ? Quel théâtre appelle-t-on la Maison de Molière ? 5. Où peut-on voir deux pièces de Ionesco depuis trente ans ? 6. Jusqu'à quelle époque le théâtre était-il concentré à Paris ? 7. Qu'est-ce qu'on a fait pour apporter au public de province des activités culturelles ? 8. Où les festivals les plus connus ont-ils lieu ? 9. Vers quoi le Nouveau Théâtre s'oriente-t-il ? 10. Qu'est-ce que les festivals permettent de faire ?

2. *Préparation à la composition. Exercices de vocabulaire.*

a) *Complétez les phrases en employant le vocabulaire de la leçon 17 et en faisant attention aux définitions.*

1. La jeune femme qui montre leur place aux spectateurs dans un théâtre est _____ .
2. _____ est une expression qui veut dire *à notre époque*.
3. Le contraire d'un ami est _____ .
4. *Il est préférable* a le même sens que _____ .
5. _____ est la petite somme d'argent qu'on donne à la serveuse du restaurant.
6. Quand vous êtes présent(e) à une représentation théâtrale, vous y _____ .
7. Quand plusieurs personnes viennent en même temps à un certain endroit pour discuter, ces personnes _____ .
8. Les sports, le théâtre, le cinéma sont _____ .
9. _____ est la personne qui dirige les acteurs d'une pièce de théâtre ou d'un film.
10. Louis XIV est _____ qui a régné le plus longtemps en France.

b) *Complétez les phrases en employant les mots de la liste et en faisant les changements nécessaires.*

avoir lieu	une amende	le pouvoir
se distraire	l'œuvre	paresseux
fonder	la langue verte	
subventionné	désastreux	

1. Généralement, les gens veulent _____ pendant le week-end.   2. Y a-t-il des théâtres _____ aux États-Unis ?   3. Des festivals artistiques _____ en province.   4. Louis XIV a assumé _____ en 1661. 5. Quand vous ne respectez pas la loi en conduisant votre voiture, vous êtes souvent obligé(e) de payer _____ .   6. On appelle souvent l'argot _____ .   7. La guerre du Viêt-nam a été _____ pour les États-Unis.   8. _____ de Marcel Proust est traduite en beaucoup de langues.   9. On _____ l'Académie française en 1634.   10. Un homme qui n'aime pas travailler est _____ .

c) *Composez une phrase complète avec chaque expression.*

1. considérer comme   2. une attitude   3. sévère   4. paresseux 5. omettre   6. gouverner   7. désastreux   8. s'exprimer   9. avoir lieu   10. déplorer   11. être autorisé à   12. un péché

3. *Préparation à la composition. Répondez à chaque question par une phrase complète.*

1. Quelle est votre langue maternelle ?   2. Parlez-vous couramment une autre langue ? De quelle langue se sert-on dans votre famille ?   3. Quelle(s) langue(s) étrangère(s) avez-vous étudiée(s) ? où ? quand ? comment ? pourquoi ?   4. L'histoire de votre langue vous intéresse-t-elle ? pourquoi ? 5. A votre avis, l'étude de l'anglais (ou de votre langue maternelle) est-elle assez développée à l'école élémentaire et secondaire ?   6. Quand avez-vous commencé à étudier le français ? où ? comment l'avez-vous étudié ? 7. Pourquoi étudiez-vous le français ?   8. Qu'est-ce que vous voudriez étudier spécialement en français ?   9. Qu'est-ce que vous pensez de l'attitude des Français au sujet de leur langue ?   10. Est-il vrai que les Américains soient moins soucieux de leur langue que les Français ? Donnez des exemples.

4. *Composition (ou sujet de discussion).*

a) Aux États-Unis, on peut apprendre une langue étrangère à l'université. A votre avis, est-il préférable d'apprendre une langue quand on est plus jeune ? Donnez vos raisons. Quelle est la meilleure manière d'apprendre une langue étrangère ?

b) Les problèmes de langue divisent souvent les nations. A votre avis, pourra-t-on un jour instituer une langue universelle ? Quels seront les avantages et les désavantages de cette institution si elle devient une réalité ?

c) L'université exige que chaque étudiant étudie une (ou plusieurs) langue(s) étrangère(s). A votre avis, cette exigence est-elle justifiée ? Quels avantages une personne peut-elle tirer de sa connaissance d'une (ou de plusieurs) langue(s) étrangère(s) ? Êtes-vous pour ou contre le *language requirement* à l'université ?

d) Vous avez assisté à la représentation d'une pièce de théâtre. Racontez votre soirée. Parlez de la pièce, du théâtre, du public, de vos impressions.

EXPRESSIONS NOUVELLES

Noms

une amende°
une cantatrice°
une comédienne°
une cour°
une ennemie
une femme de lettres
la langue verte
la lenteur°
la maghrébisation°
une méfiance°
la mort°
une ouvreuse°
une subvention°

un âge d'or
l'argot°
un code (de reconnaissance)
un comédien°
le droit° divin
un ennemi
un événement
le franglais
un homme de lettres
un metteur° en scène
un monstre° sacré
un péché°
un poids°
un pourboire°
le pouvoir°
le propre°

le public
un règne
un surnom°
un titre° de gloire
le Verbe°
le verlan

Adjectifs

paresseux(euse)°
princier(ière)
soucieux(euse)° de
subventionné(e)°
théâtral(e)
vulgaire°

Verbes

commander
(se) distraire°
éprouver°
établir
(s') étonner°
(s') exprimer
obéir°
omettre
(s') orienter
paraître°
permettre
(se) réunir
traiter° de
valoir

Expressions verbales

avoir lieu°
il vaut mieux

Adverbes

uniquement°
volontiers°

Expressions adverbiales

à demeure°
bien entendu°
de nos jours
à tel point

Prépositions

parmi

Argot classique
un flic = agent de police
le fric = l'argent

Il faut qu'une porte soit ouverte ou fermée.
(proverbe)

DIX-HUIT

1 André et Pierre **s'intéressent** beaucoup aux jeunes filles.
Ils **se souviennent** toujours de leur numéro de téléphone.

2 Vous **deviez** aller à Marseille en auto, n'est-ce-pas ?
Nous **devions** y aller en auto, mais nous **avons dû** prendre l'avion.

3 Le Rhône est un fleuve sur **lequel** on a construit des barrages.
La tour Eiffel, du haut de **laquelle** on voit Paris, date de 1889.

4 Paul et Sophie se promènent souvent à bicyclette ; ils aiment **ça.**
Ils pensent que **c'**est agréable, facile et amusant.

5 Picasso **a peint** une énorme quantité de tableaux.
Il faut **éteindre** sa cigarette avant d'entrer dans un musée.

Charles Baudelaire, 1821–1867

DÉVELOPPEMENT GRAMMATICAL

---

1 André et Pierre **s'intéressent** beaucoup aux jeunes filles.
Ils **se souviennent** toujours de leur numéro de téléphone.

Comparez :

A. Je ne garderai pas ce vieux passeport.

Je **me débarrasserai** de ce vieux passeport. (se débarrasser de)

Alice commencera à travailler après son retour de France.

Alice **se mettra à** travailler après son retour de France. (se mettre à)

Quand partez-vous quand vous allez à Hawaï ?

Je **m'en vais** généralement au début de juillet. (s'en aller)

Vous faites une erreur en disant que la circulation est facile à Paris.

Vous **vous trompez** en disant que la circulation est facile à Paris. (se tromper)

Henri emploie un ordinateur pour son travail.

Henri **se sert d'**un ordinateur pour son travail. (se servir de)

Mes amis et moi, nous avons les mêmes idées. Nous sommes d'accord en général.

Mes amis et moi, nous **nous entendons** bien. (s'entendre)

Nous n'échangeons pas de mots désagréables. Nous nous amusons ensemble.

Nous ne **nous disputons** pas, et nous ne **nous ennuyons** pas quand nous sommes ensemble. (se disputer, s'ennuyer)

Le nom de mon grand-père était Joseph.

Mon grand-père **s'appelait** Joseph.

B. Nous ferons nos courses très vite.

Nous **nous dépêcherons de** faire nos courses. (se dépêcher de)

J'ai des souvenirs de ce voyage et des gens que j'ai rencontrés.

Je **me souviens de** ce voyage et des gens que j'ai rencontrés. (se souvenir de)

Les Parisiens rient souvent des provinciaux.

Les Parisiens **se moquent** souvent **des** provinciaux. (se moquer de)

Marilyn a commis un suicide.

Marilyn **s'est suicidée.** (se suicider)

● Les verbes de la série **A** sont vraiment des *verbes pronominaux*. C'est-à-dire, quand les verbes **débarrasser, mettre, aller, tromper, servir**, etc., sont conjugués avec un pronom réfléchi, ils ont un sens spécial. Ce sont des sortes d'expressions idiomatiques.

● Les verbes de la série **B** sont aussi des expressions idiomatiques qui existent seulement à la forme pronominale.

Voilà encore quelques verbes pronominaux idiomatiques :

se fiancer (avec, à)	**s'occuper de**	**se plaindre (de, que)**
s'intéresser à	**se réjouir (de, que)**	**se passer** (*impersonnel*)
se marier (avec, à)	**s'apercevoir (de, que)**	**se faire à** (*impersonnel*)

● Voici la conjugaison du présent des verbes **s'en aller** et **se souvenir**.

Je	**m'en**	**vais.**	Je	**me**	**souviens**	de cette soirée.
Tu	**t'en**	**vas.**	Tu	**te**	**souviens**	de ce film.
Il (elle, on)	**s'en**	**va.**	Il (elle, on)	**se**	**souvient**	de ses voyages.
Nous	**nous en**	**allons.**	Nous	**nous**	**souvenons**	de notre enfance.
Vous	**vous en**	**allez.**	Vous	**vous**	**souvenez**	de cette jeune fille.
Ils (elles)	**s'en**	**vont.**	Ils (elles)	**se**	**souviennent**	de la guerre.

NOTEZ : Quand on emploie un *pronom personnel complément* avec un verbe pronominal, ce pronom est placé après le pronom réfléchi.

Nous nous intéressons à l'art moderne. Nous nous **y** intéressons.
Je m'habitue à la vie de l'université. Je m'**y** habitue.

Elle se souvient de cette aventure. Elle s'**en** souvient.
Ils s'occupent du dîner. Ils s'**en** occupent.

Étudiez les phrases suivantes :

Mes amis s'en sont allé**s** très tard.
Nous nous sommes ennuyé**s** à cette soirée.
Votre sœur s'est trompé**e** : la guerre s'est terminé**e** en 1945 en Europe et en 1946 au Japon.
Nous nous sommes souvenu(**e**)**s** de nos dernières vacances au Mexique.

Je ne me suis jamais disputé(**e**) avec mes parents.
Cette femme s'est suicidé**e.**
Les étudiants se sont servi**s** de leur livre.
Mes amis se sont plaint**s** de la mauvaise organisation du voyage.
Je ne me suis pas débarrassé(**e**) de ces vieux vêtements.
Nous nous sommes aperçu**s** que Doug était resté dans le musée.

● Le *participe passé* des verbes pronominaux à sens idiomatique s'accorde avec le sujet.

2 Vous **deviez** aller à Marseille en auto, n'est-ce-pas ?
Nous **devions** y aller en auto, mais nous **avons dû** prendre l'avion.

Étudiez les phrases suivantes :

A. Roger vient d'acheter une voiture. Il **doit** de l'argent à la banque.
Voilà le guide que vous m'avez demandé. — Combien est-ce que je vous **dois ?**
Vous ne me **devez** rien. On me l'a donné gratuitement à l'Automobile Club.

B. 1. Tous les citoyens **doivent** voter pour donner leur opinion.
On **doit** respecter les lois du pays où on habite.
Nous **avons dû** faire la queue pour obtenir des billets.
Quand j'étais plus jeune, je **devais** prendre l'autobus pour aller à l'école.
Vous **devrez** présenter deux photos pour avoir votre passeport.

2. Franco et Alice **doivent** monter à la tour Eiffel aujourd'hui.
Ils **devaient** y monter hier, mais il ne faisait pas beau.

3. Je n'ai pas trouvé Valérie à la cafétéria. Elle **a dû** oublier notre rendez-vous.
Vous avez marché de Montmartre au Quartier latin ? Vous **devez** être fatigué(e).

Toutes les formes verbales en caractères gras sont des formes du verbe **devoir.**

● Voici le verbe **devoir** à l'indicatif.

	PRÉSENT		IMPARFAIT		FUTUR
Je	**dois**	Je	**devais**	Je	**devrai**
Tu	**dois**	Tu	**devais**	Tu	**devras**
Il (elle, on)	**doit**	Il (elle, on)	**devait**	Il (elle, on)	**devra**
Nous	**devons**	Nous	**devions**	Nous	**devrons**
Vous	**devez**	Vous	**deviez**	Vous	**devrez**
Ils (elles)	**doivent**	Ils (elles)	**devaient**	Ils (elles)	**devront**

Le participe passé : **dû**
Le passé composé : j'**ai dû**
Le subjonctif présent : que je **doive**, que nous **devions**, qu'ils **doivent**

Le verbe **devoir** a différents sens et différentes valeurs.

● **A.** Le verbe **devoir** est employé seul, et il indique l'idée d'une dette. Il est employé au présent, à l'imparfait et au futur.

● **B.** Le verbe **devoir** est un auxiliaire (comme **pouvoir** et **vouloir**). On l'emploie avec un infinitif. Il indique :
1. une *obligation* ou un *devoir moral*. On l'emploie au présent, au passé composé, à l'imparfait ou au futur de l'indicatif (= je suis obligé [e] de, on a été obligé de, nous étions obligé[e]s de, vous serez obligé[e] de, etc.)
2. l'*intention* ou l'*expectative*. On l'emploie au présent et à l'imparfait de l'indicatif le plus souvent (= j'ai l'intention de, nous avions l'intention de, etc.).

    Exemples : Mes amis **doivent** venir chez moi ce soir. (= Ils ont l'intention de venir chez moi ; nous avons projeté cette visite.)
    Je **dois** recevoir un chèque bientôt. (= J'attends ce chèque, je sais qu'il va arriver.)
    Robert **devait** me téléphoner hier, mais il n'a pas eu le temps. (= Il avait l'intention de me téléphoner.)

3. un *fait* (ou un *état*) *probable*, une *supposition* de la personne qui parle. On l'emploie au présent ou au passé de l'indicatif (et aussi à l'imparfait pour une description ou un état).

    Exemples : Je n'ai pas vu Charles ; il **doit** être très occupé. (= Je suppose qu'il est très occupé.)
    Hélène ne m'a pas écrit ; elle **a dû** perdre mon adresse. (= Elle a probablement perdu mon adresse.)
    Vous n'avez pas mangé pendant trois jours ? Vous **deviez** avoir faim. (= Je suppose que vous aviez faim.)

3

Le Rhône est un fleuve sur **lequel** on a construit des barrages.
La tour Eiffel, du haut de **laquelle** on voit Paris, date de 1889.

Étudiez les phrases suivantes :

Le palais du Louvre était autrefois un château dans **lequel** les rois de
France habitaient.
Paris est une ville autour de **laquelle** il y a beaucoup de forêts.
Les Tuileries et le Luxembourg sont deux jardins publics dans **lesquels**
les enfants parisiens vont jouer.
Le Canada et la Belgique sont deux nations dans **lesquelles** le français
est une des langues officielles.

La Loire est un fleuve au bord **duquel** il y a de nombreux châteaux
historiques.
Notre-Dame de Paris a deux tours du haut **desquelles** on a une belle vue
sur Paris.

Dans quelques mois, Bob passera l'examen **auquel** il se prépare depuis
deux ans.
La physique est une science à **laquelle** on s'intéresse de plus en plus.
Il n'y a pas beaucoup d'étudiants dans les classes de russe **auxquelles**
j'assiste.

● Les mots en caractères gras sont des *pronoms relatifs composés*. (Cf. pronoms
relatifs simples, leçon 14.)

● Voici les pronoms relatifs composés. Ils se contractent avec **de** et **à**.

	SINGULIER	PLURIEL	SINGULIER avec **à**	PLURIEL avec **à**	SINGULIER avec **de**	PLURIEL avec **de**
Masculin	lequel	lesquels	auquel	auxquels	duquel	desquels
Féminin	laquelle	lesquelles	à laquelle	auxquelles	de laquelle	desquelles

● Ces pronoms sont variables ; ils s'accordent en genre et en nombre avec leur
antécédent (c'est-à-dire avec le mot qu'ils remplacent dans la proposition
subordonnée).

ATTENTION : 1. Employez toujours ces pronoms *après une préposition* pour remplacer un nom de chose[1].
2. Il est possible d'employer ces pronoms pour les personnes. Mais il est préférable d'employer **qui** après une préposition pour remplacer un nom de personne.

Exemples : Paul et Henri, **avec qui** elle a voyagé, sont ses meilleurs amis.
Paul et Henri, **avec lesquels** elle a voyagé, sont ses meilleurs amis.

4 Paul et Sophie se promènent souvent à bicyclette ; ils aiment **ça.**
Ils pensent que **c'**est agréable, facile et amusant.

Étudiez les phrases suivantes :

J'ai oublié de souhaiter l'anniversaire de Mado. **C'**est stupide de ma part. Je n'aime pas faire **ça.**

Savez-vous qu'on va construire un grand centre commercial ? — Oui, on m'a dit **ça ;** mais **ce** n'est pas absolument sûr. Et en réalité, **ça** m'est égal !

A Paris, nous visiterons des galeries de peinture. **Ca** nous intéressera, et **ce** sera amusant.

Je ne regarde jamais de match de boxe. Je n'aime pas **ça,** et **ça** ne m'amuse pas ; **c'**est brutal et peu esthétique. Mais j'aime voir un beau ballet classique ; **ça** me plaît et **c'**est merveilleux.

On nous a dit seulement **ceci :** « Soyez prêts à partir à huit heures. »

● **Ceci, cela (ça)** s'emploient pour remplacer une phrase ou une idée.
Cela indique une idée déjà mentionnée.
Ceci indique une idée qu'on va présenter.

● Avec le verbe **être,** on emploie généralement **ce** (au lieu de **cela**) + un adjectif pour remplacer toute une idée.

[1] Lorsque la préposition **de** est seule, on emploie **dont.** (Cf. leçon 14.)

Remarquez :

Il est agréable de voyager en bateau.	Beaucoup de gens voyagent en bateau car **c'est** agréable.
Il est dangereux de nager dans certaines rivières.	On ne peut pas nager dans certaines rivières ; **c'est** dangereux.
Il est fatigant de travailler au soleil.	Je n'aime pas travailler au soleil ; **c'est** fatigant.
Il est normal de faire attention à sa santé.	Vous faites attention à votre santé ; **c'est** normal.

● Employez **il est** + adjectif + **de** + infinitif pour présenter une idée. (Cf. leçon 10, pages 240–241.)
Employez **c'est** pour remplacer une idée qui a déjà été présentée.

Étudiez les phrases suivantes (révision) :

Nous sommes allés à Montparnasse. **C'est** un vieux quartier de Paris ; mais **ce** n'est pas un beau quartier. **Il** est à côté du Quartier latin.

Ce ne sont pas mes cousins ; **c'est** mon frère Michel, et **c'est** ma sœur Sylvie. **Ils** sont étudiants à Paris.

Prenez ce journal. **C'est** le mien. **Ce** n'est pas le plus récent, mais **il** est plein d'articles sur la politique et sur l'économie.

C'est la voiture de ma mère. **Ce** n'est pas une voiture américaine. **Elle** est assez vieille, mais **elle** est confortable.

● **Ce** (seul) + verbe **être** devant
$$\left[\begin{array}{l} \textit{un nom} \text{ accompagné d'un article, d'un} \\ \text{adjectif possessif ou démonstratif, ou d'un} \\ \text{adjectif qualificatif.} \\ \textit{un nom propre.} \\ \textit{un pronom.} \\ \textit{un superlatif.} \end{array}\right.$$

Faites l'accord du verbe et du sujet dans des constructions comme :

C'est **moi** qui vous **ai téléphoné.**
C'est **vous** qui **avez écrit** la meilleure composition.
C'est **nous** qui **sommes arrivé(e)s** les premiers (premières).

REMARQUEZ :

Ne confondez pas **c'est** et $\left[\begin{array}{l}\textbf{il est,}\\ \textbf{elle est ;}\end{array}\right.$ **ce sont** et $\left[\begin{array}{l}\textbf{ils sont,}\\ \textbf{elles sont.}\end{array}\right.$

Exemples : **C'est** mon père. **Il est** grand, **il est** anglais.
C'est une classe de psychologie. **Elle est** difficile.
Ce sont des étudiantes allemandes. **Elles sont** berlinoises.
Ce sont des livres de sociologie. **Ils sont** intéressants.

Notez la forme négative :

Exemples : C'est une carte de France. **Ce n'est pas** une carte d'Europe.
Ce sont des provinces isolées. **Ce ne sont pas** des provinces connues.

Résumé : *ce, ça, il (elle), ils (elles)* + **verbe**

C'EST	IL (ELLE) EST
C'est mon père.	**Il est** anglais.
C'est ma voiture.	**Elle est** vieille.
C'est l'ami de Bob.	**Il est** intelligent.
C'est une auto japonaise.	**Elle est** petite.
C'est la vôtre.	**Elle est** pratique.
C'est Jacques.	**Il est** français.
C'est la plus vieille église de Paris.	**Elle est** belle.
C'est moi.	
Ce sont mes voisins.	**Ils sont** sympathiques.
Ce sont des usines.	**Elles sont** importantes.

IL EST

Il est agréable **de** lire un bon livre.
Il est amusant **de** faire du camping.
Il est intéressant **de** voyager.
Il est possible **de** nager dans ce lac.

CE, ÇA

Lire un bon livre, **c'est** agréable. **Ça** me plaît.
Faire du camping, **c'est** amusant. Mais Jim déteste **ça.**
Voyager, **c'est** intéressant. J'aime **ça.**
Nager dans ce lac, **c'est** possible ? **Ça** m'étonne.

Picasso **a peint** une énorme quantité de tableaux.
Il faut **éteindre** sa cigarette avant d'entrer dans un musée.

Comparez :

Votre frère est peintre, n'est-ce pas ? Qu'est-ce qu'il **peint ?**

Il **peint** des portraits et des paysages.

Quand **éteint**-on l'électricité ?

On l'**éteint** en partant généralement.

Comment avez-vous visité le château ?

Nous **nous sommes joints** à un groupe de touristes, et nous les avons suivis.

Où **rejoindrez**-vous vos amis ?

Je les **rejoindrai** à Nice, et nous irons ensemble à Venise.

Combien de temps faut-il pour **atteindre** Bruxelles ?

De Paris, on **atteint** facilement Bruxelles en deux heures.

De quoi les ouvriers **se plaignent**-ils ?

Ils **se plaignent** des conditions de travail.

Qu'est-ce que vous **craignez ?**

Je **crains** que nous soyons en retard et qu'on nous attende.

● Ces verbes dont l'infinitif est terminé en **-eindre, -aindre** ou **-oindre** sont conjugués de la même manière. Ce sont les verbes : **peindre, éteindre, joindre (se joindre), rejoindre, atteindre, plaindr**e **(se plaindre), craindre.**

Voilà le présent de l'indicatif de **peindre** et **craindre.**

Je	**peins**	ma maison.	Je	**crains**	les accidents.
Tu	**peins**	ta chambre.	Tu	**crains**	les catastrophes.
Il (elle, on)	**peint**	son garage.	Il (elle, on)	**craint**	les maladies.
Nous	**peignons**	des meubles.	Nous	**craignons**	la guerre.
Vous	**peignez**	un portrait.	Vous	**craignez**	la vieillesse.
Ils (elles)	**peignent**	un paysage.	Ils (elles)	**craignent**	la mort.

L'imparfait : je **peign**ais, il **peign**ait, nous **peign**ions, ils **peign**aient
je **craign**ais, il **craign**ait, nous **craign**ions, ils **craign**aient
Le futur : je **peindr**ai, il **peindr**a, nous **peindr**ons, ils **peindr**ont
je **craindr**ai, il **craindr**a, nous **craindr**ons, ils **craindr**ont

GRAMMAIRE

Le participe présent : **peign**ant, **craign**ant
Le participe passé : **peint, craint**
Le subjonctif présent : que je **peign**e, que je **craign**e

Voilà d'autres exemples de ces verbes :

Mes voisins **peignen**t les murs de leur maison.
Éteignez-vous l'électricité en quittant la maison ? — Je l'**éteins** le matin ;
mais je ne l'**éteins** jamais le soir.
Nous allons à une exposition de peinture. Voulez-vous **vous joindre** à
nous ?
Hillary **a atteint** le sommet du mont Everest en 1953.
De quoi les enfants **se sont-ils plaints ?** — Ils se **sont plaints** de la
sévérité de leur père.
Je **plains** les gens qui n'ont pas de travail[2].

PRATIQUE ORALE

A. *Changez la phrase en employant les sujets proposés.*

1. Je me souviens des villes que j'ai vues. (vous / mes parents / nous / tu /
   Hélène)
2. T'intéresses-tu à la politique ? (vous / vos amis / Richard / votre sœur)
3. Nous nous sommes dépêchés de faire nos courses. (Denise / je / vous /
   Jack et Tim)
4. Je me suis trompée dans mon addition. (le vendeur / nous / tu / vous)
5. Vous êtes-vous servi(e) d'un Eurailpass ? (Henri / tu / vos parents)
6. Je ne me suis pas disputé(e) avec eux. (vous / Luc et Jeanne / tu / le
   chauffeur)

B. *Dites la phrase en employant le verbe* **devoir** *selon l'exemple.*

Exemple : Il faut que nous lisions ce livre.
Nous devons lire ce livre.

1. Il faut que tu achètes un billet.   2. Il faut que vous réserviez une
chambre.   3. Il faut que nous ayons notre passeport.   4. Il faut que
j'aille au consulat.   5. Il faut que vous demandiez un visa.   6. Il faut
que vos amis s'arrêtent à New York.   7. Il faut que vous attachiez votre
ceinture.   8. Il faut que j'emporte mon imperméable.

---

[2] **plaindre** (une personne) = **avoir pitié de**

C. *Dites la même phrase en employant les sujets proposés.*

1. Nous devions visiter cette abbaye, mais il était trop tard. (tu / vous / Charles et Henri)
2. On devait voir cette pièce, mais il n'y avait plus de billets. (je / nous / mes amis)
3. J'étais très en retard ; alors, j'ai dû prendre un taxi. (nous / vous / elle / mes parents)

D. *Répondez affirmativement ou négativement à la question, et ajoutez :* **ça me (lui, nous) plaît** *ou* **ça ne me (nous, lui) plaît pas.**

Exemple : Voyez-vous des films étrangers ?
Oui, j'en vois ; ça me plaît.

1. Lisez-vous beaucoup de livres ?   2. Faites-vous du camping ?   3. Vos amis et vous, jouez-vous au tennis ?   4. Votre père fume-t-il des cigarettes ?   5. Votre mère travaille-t-elle dans la maison ?   6. Déjeunez-vous à la cafétéria ?   7. Vos parents regardent-ils la télévision ? 8. Invitez-vous vos amis ?   9. Allez-vous avec votre ami(e) à la discothèque ?   10. Faites-vous de la planche à voile (du ski nautique, du tennis, des progrès en français, des voyages imaginaires) ?

EXERCICES ORAUX ET ÉCRITS

1. a) *Dites d'une autre manière, en employant un verbe pronominal et sans changer le temps du verbe.*

Exemple : L'écologie **vous intéresse**-t-elle ?
Vous intéressez-vous à l'écologie ?

1. Ma sœur et moi, nous ne sommes pas souvent d'accord ; alors, nous *échangeons des mots désagréables.*   2. Je vais *commencer à* ranger mes photos de vacances.   3. Nous allons *faire rapidement* nos bagages. 4. Je ne *pars* jamais sans avertir mes parents.   5. N'*employez* pas *de* crayon pour signer un chèque.   6. Vous *garderez des souvenirs* de ce voyage ?   7. *Le nom de* ma grand-mère *était* Mathilde.   8. Les ordinateurs *font*-ils quelquefois *des erreurs* ?   9. La musique rock *intéresse*-t-elle votre jeune frère ?   10. *Êtes*-vous *d'accord* avec vos amis ?

b) *Faites une phrase complète avec chaque verbe au temps indiqué.*

1. se mettre à (*passé composé*)   2. se débarrasser de (*futur*)   3. se tromper (*plus-que-parfait*)   4. s'entendre avec (*indicatif présent*)   5. se souvenir de (*futur*)   6. s'en aller (*subjonctif présent*)   7. se dépêcher (*imparfait*)   8. s'intéresser à (*indicatif présent*)   9. s'apercevoir que (*indicatif présent*)   10. se plaindre de (*passé composé*)

2. a) *Remplacez les formes en italique par la forme équivalente du verbe* **devoir**. *Faites les changements nécessaires.*

1. Nous *étions obligés de* changer de train pour aller à Florence.   2. *Il fallait* aussi que nous transportions nos bagages.   3. Marc n'est pas venu à notre pique-nique ; il a *probablement* oublié la date.   4. Mes frères *avaient l'intention de* faire du camping pendant le week-end ; ils *ont été obligés de* rester en ville à cause de la pluie.   5. Quand *avez-vous l'intention d'*aller à la banque ?   6. Les Américains *sont obligés de* payer leurs impôts avant le 15 avril. Quand les Français *sont-ils obligés de* payer les leurs ?   7. Notre professeur était absent vendredi dernier ; *nous supposons qu'*il *était* malade.   8. Si vous demandez de l'argent à vos amis, vous *serez obligé(e) de* le leur rendre.   9. Les étudiants *avaient à* écrire une composition ; ils *ont été obligés de* se dépêcher pour finir l'examen à l'heure.   10. Vous n'avez pas répondu à ma question ; vous pensiez *probablement* à autre chose.

b) *Complétez les phrases par la forme correcte du verbe* **devoir** *selon le sens.*

1. Je viens d'acheter une voiture ; je _____ de l'argent à la banque.
2. Où sont mes lunettes de soleil ? Je _____ les laisser à la maison ce matin.   3. Pierre et Dany _____ nous accompagner, mais ils ont changé d'avis.   4. Nous _____ recevoir ces papiers demain.   5. Je ne vous ai pas trouvé à la bibliothèque ; vous _____ partir avant mon arrivée.   6. Tu n'as pas ton portefeuille ? Tu _____ le perdre à la plage.   7. Pour obtenir son passeport, on _____ remplir un formulaire.   8. Les passagers d'un avion _____ rester assis pendant l'atterrissage.   9. Après ce long voyage, vous _____ avoir hâte de débarquer.   10. Quand tu arriveras à Paris, tu _____ acheter de l'argent français.

3. a) *Joignez les phrases par un pronom relatif composé. Attention à la construction. Faites les changements nécessaires.*

Exemple :   J'ai visité un musée. / Dans ce musée il y a beaucoup de tableaux de Picasso.
   J'ai visité un musée dans lequel il y a beaucoup de tableaux de Picasso.

1. J'ai visité la Bretagne. / Il y a beaucoup de petits ports sur les côtes de Bretagne.   2. On a construit un bâtiment. / On voit un jardin sur le toit de ce bâtiment.   3. Le cinéma présente de vieux films américains. / J'habite près de ce cinéma.   4. La Seine est un fleuve important. / On voit beaucoup de bateaux sur ce fleuve.   5. Montmartre est une colline de Paris. / On a bâti le Sacré-Coeur au sommet de cette colline.   6. La tour Montparnasse est un gratte-ciel. / Il y a une gare et une station de métro au pied de ce gratte-ciel.   7. Le ballet était un ballet classique. / J'ai assisté à la représentation de ce ballet à l'Opéra.   8. La protection de l'environnement est un problème moderne. / Trop peu de gens s'intéressent à ce problème.   9. En Afrique, il y a des pays. / Le français est la langue officielle dans ces pays.   10. J'ai passé des

vacances merveilleuses. / J'ai découvert beaucoup de choses au cours de ces vacances.

b) *Employez la forme correcte du pronom relatif composé.*

1. Le seizième siècle est une période pendant _____ les Européens ont exploré l'Amérique.   2. Nous avons visité des musées dans _____ il y a de superbes tableaux.   3. L'avion à bord _____ ils ont voyagé allait en Australie.   4. J'ai des livres _____ je fais très attention. 5. J'ai visité une usine dans _____ on fabrique des autos. 6. L'Angleterre possédait des colonies _____ elle a donné l'indépendance.   7. Le magasin dans _____ je travaille est ouvert le dimanche. 8. Luc passera un examen difficile _____ il se prépare depuis longtemps.   9. Ce sont des classes pendant _____ on ne s'ennuie pas. 10. Il a fait des voyages pendant _____ il a vu des choses extraordinaires.

4. a) *Répondez à chaque question en employant* **ce (c')** *ou* **ça.**

1. Est-il prudent d'attacher sa ceinture de sécurité en conduisant ? 2. Connaître de nouvelles cultures vous intéresse-t-il ?   3. Parler à des gens inconnus vous plaît-il ?   4. Pouvoir voter dépend-il de l'âge des gens ?   5. A votre avis, sera-t-il plus intéressant de vivre au 21e siècle ?   6. Lire des nouvelles catastrophiques vous déprime-t-il ? 7. Voir un film sans intérêt vous ennuie-t-il ?   8. Était-il difficile de faire de longs voyages avant le 20e siècle ?   9. Avoir une belle voiture est-il important pour vous ?   10. Vaut-il mieux être heureux que riche ?   11. Est-il intéressant de connaître des gens célèbres ? 12. Vous est-il égal d'avoir de mauvaises notes ?

b) *Complétez les phrases en employant* **ce (c')**, **ça** *ou* **il.**

1. Je n'aime pas voir un film qui finit mal : _____ me rend triste. 2. Votre sœur est une bonne musicienne ; _____ est évident. 3. _____ est intéressant de connaître d'autres cultures.   4. Paul a écouté mon histoire avec intérêt ; _____ l'amusait.   5. Il y a des gens qui arrivent en retard au théâtre. _____ ne me plaît pas. Je pense que _____ est impoli.   6. _____ est nécessaire d'obtenir un diplôme. Je veux obtenir le mien. Pour moi, _____ est important ; _____ me semble indispensable.   7. Peu de gens parlent plusieurs langues, car _____ est difficile ; d'ailleurs, _____ est difficile de les parler toutes parfaitement.   8. Je déteste voir des gens qui se disputent ; _____ me déplaît et _____ m'ennuie.   9. Les médecins disent que _____ n'est pas bon de fumer. Moi, je ne fume pas, car je crois que _____ est mauvais pour la santé.   10. Tim ne fait pas de sports ; _____ ne lui plaît pas.

c) *Complétez les phrases avec* **ce (c')**, **il, elle, ils** *ou* **elles.**

1. _____ est M. Leroy. _____ est secrétaire. _____ est le secrétaire du président. _____ est un homme compétent. _____ est intelligent. _____ est lui qui reçoit les visiteurs. _____ est toujours à son bureau

à l'heure.   2. _____ sont mes cousins. _____ sont étudiants.
_____ sont de très bons étudiants. _____ sont sympathiques.
_____ sont souvent avec moi pendant le week-end parce que _____
sont aussi mes meilleurs amis. _____ sont très amusants.   3. Voilà
Barbara et June. _____ sont mes amies. _____ sont professeurs.
_____ sont des professeurs sérieux. _____ sont très gentilles.

5. *Complétez les phrases par la forme correcte du verbe proposé.*

1. A la fin du 19ᵉ siècle, Gauguin (peindre) beaucoup de tableaux à Tahiti.
2. Nous (craindre) que l'examen soit difficile.   3. Quand il fait très chaud,
les gens (se plaindre) de la chaleur.   4. Le mois dernier, des ouvriers
(repeindre) la maison de mes parents.   5. (Éteindre)-vous votre cigarette
avant d'entrer dans un cinéma ?   6. Hier, Mathieu (se plaindre) de sa
nouvelle voiture.   7. L'hiver dernier, on (craindre) que les tempêtes
fassent beaucoup de victimes.   8. Vous n'êtes jamais satisfait(e) ; je
vous (plaindre).   9. Ces gens sont riches ; de quoi (se plaindre)-ils ?
10. Je vous (rejoindre) quand mon travail sera fini.   11. Ils étaient seuls ;
alors, ils (se joindre) à nous.   12. Nous étions fatigués en (atteindre) le
sommet de la montagne.

Théodore Géricault, 1791–1824. Le Radeau de la Méduse

DIX-HUIT BIS

Autres temps, autres mœurs
(*suite*)

Lisez à haute voix la conversation suivante.

En se promenant en direction du Sacré-Cœur, nos
jeunes gens poursuivent leur conversation sur les
mœurs modernes.*

Jessica : S'occupe-t-on des problèmes de la jeunesse ?
Paule : Beaucoup. On a publié une étude faite parmi
les moins de quinze ans. On a dû choisir l'âge de
quinze ans parce que c'est l'âge de la liberté sexuelle.
5 **Wayne :** Quelles sortes de questions a-t-on posées ?
Jean : On a demandé, par exemple, « Êtes-vous
adulte ? » Une majorité a répondu non.
Jessica : Savaient-ils le sens du mot *adulte* ?
Paule : Justement, oui. C'était travailler, ou avoir la
10 confiance de ses parents, ou bien ne pas devoir vivre
en famille.
Jessica : Et les relations sexuelles ?
Jean : Intéressant. Plus de cinquante pour cent des
garçons avaient eu des relations sexuelles, mais
15 seulement vingt-huit pour cent des filles.
Wayne : A-t-on posé une question sur
l'homosexualité ?
Jean : Oui. Elle était de cinq pour cent pour les
garçons et de un pour cent pour les filles. D'ailleurs,
20 il y a maintenant une presse, une littérature, des
organismes homosexuels.
Jessica : Et la contraception ? L'avortement° ?
Paule : Une surprise. Un garçon sur dix ignore si sa
partenaire prend des précautions !
25 **Jean :** A Paris, deux adolescents ont consulté un
médecin. La fille était enceinte°. Et le garçon a dit :
« Mais nous avons pris toutes les précautions. Je
prenais la pilule tous les soirs. »
Jessica : Oh, les pauvres ! Je les plains !

* Voir photo à gauche.

La francophonie[3] dans le monde

Lisez à haute voix le texte suivant.

On doit s'étonner, peut-être, que le français, cette langue composée de mauvais latin, de gaulois et de mots germaniques, devienne au 18ᵉ siècle la langue universelle de la culture européenne. Et surtout, comment se fait-il que le français se parle non seulement en
5 France mais aussi dans beaucoup d'autres pays aujourd'hui ?

La Loire, fleuve par lequel la France se trouve divisée en deux parties, le Nord et le Sud, était au Moyen Âge une ligne de démarcation qui séparait deux régions linguistiques et culturelles : la France et la Provence. Cette division venait du temps des Romains, colonisateurs de la Gaule, et des Francs, peuple
10 germanique qui avait envahi ces colonies romaines et qui a donné son nom à la France.

Au Moyen Âge la différence entre le Nord et le Sud était une différence culturelle mais aussi une différence politique. Dans le Nord il y avait les rois de France ; dans le Sud les ducs d'Aquitaine, les comtes de Toulouse et de
15 Provence. Le Midi est « français » aujourd'hui parce que le roi de France, Louis VIII, l'a conquis pendant les premières années du 13ᵉ siècle. Cela a marqué la fin de la civilisation provençale médiévale.

La France a conquis la Provence au 13ᵉ siècle, mais elle avait déjà conquis l'Angleterre au 11ᵉ. La conquête de l'Angleterre en 1066 par Guillaume le
20 Conquérant était une conquête normande ; cependant les Normands, en France depuis 150 ans, étaient devenus des « Français ». Donc, à la cour du roi d'Angleterre, dans les écoles, au tribunal, on a parlé français jusqu'au 13ᵉ siècle quand la Normandie est devenue la propriété du roi de France. Alors les Normands d'Angleterre se sont mis à apprendre l'anglais, en l'enrichissant de tout
25 un vocabulaire français. Le caractère de la langue anglaise en a été modifié : pure langue germanique, elle a été latinisée à plus de quarante pour cent.

---

[3] Terme inventé en 1880 et popularisé en 1962 par la revue *Esprit* pour caractériser toutes les nations de langue française.

La langue française s'est installée, dès° la Renaissance, dans le Nouveau Monde. En 1534, Jacques Cartier a pris possession de la baie de Gaspé au nom du roi de France. La future ville de Québec a été fondée en 1608, la ville de Montréal en 1642. En 1682, La Salle a pris possession de la vallée du Missis-
5 sippi. C'était le commencement d'un empire qui allait du Québec jusqu'à la Nouvelle-Orléans dans le sud et jusqu'à la Nouvelle-Écosse dans le nord. Cet empire n'a pas pu se réaliser. Après une guerre désastreuse pour la France, les colonies américaines sont passées à l'Angleterre. En 1803 la Louisiane a été vendue aux États-Unis par Napoléon pour la somme ridicule de 15,000,000
10 de dollars, c'est-à-dire, 4 cents l'acre.[4] C'est la fin de la première période de la colonisation française. Pourtant, deux nouveaux mondes français étaient nés : au Canada, le Québec ; dans les Grandes et Petites Antilles : Haïti, la Marti-nique et la Guadeloupe.

Pendant 379 ans, les Québécois ont gardé leur identité française et leur
15 francophonie. Cette remarquable réussite d'autodétermination a été enfin reconnue en 1978 quand le gouvernement d'Ottawa a concédé l'autonomie cul-turelle et juridique au Québec.

En Haïti, les choses se sont passées autrement°. Établis depuis le début du 17e siècle dans les Petites Antilles, les Français ont occupé Saint-Domingue
20 (Haïti) dans les Grandes Antilles en 1697. Saint-Domingue, la Martinique et la Guadeloupe sont devenus des colonies esclavagistes° prospères. Pourtant, ces colonies n'existaient que pour et par la métropole où on envoyait les produits pour lesquels il y avait en Europe une grosse demande : le sucre, le café, l'indigo. En 1795, Saint-Domingue était devenu une colonie riche qui avait une popu-
25 lation de 40 000 Blancs, 28 000 hommes libres et 500 000 esclaves noirs.

Pendant la Révolution française, l'Haïti noire s'est révoltée ; les chefs s'appelaient Toussaint-Louverture, Jean-Jacques Dessalines et Henri Chris-tophe. Ils ont créé la Révolution haïtienne que Napoléon essaiera d'écraser°. « Blanc, je suis avec les Blancs », disait-il. En 1803, il envoie en Haïti une
30 armée nombreuse mais qui trouvera la défaite devant les Haïtiens. Le 1er janvier 1804 Dessalines proclame l'indépendance de cette ancienne colonie française qui deviendra plus tard la République d'Haïti.

De tout cet empire antillais, la France n'a gardé que la Martinique, la Guadeloupe, la Guyane, les îles Saint-Pierre et Miquelon et, en Océanie, les
35 îles de la Société avec Tahiti, les îles Marquises et les îles Gambier. Cependant, au commencement du 19e siècle, un vaste empire africain allait se constituer ainsi que des colonies en Indochine[5], où la France avait des intérêts depuis le 17e siècle.

L'empire français d'Afrique avait commencé en 1830 par la conquête de

[4] En France, on mesure la terre en hectares. Un hectare = 2,471 acres. On emploie *acres* en parlant des États-Unis et de l'Angleterre.

[5] L'Indochine se trouve au sud-est de l'Asie. On l'appelle maintenant le Viêt-nam, le Cambodge, le Laos.

l'Algérie, puis par l'établissement au Maroc et en Tunisie de protectorats français. En 1852, la France a occupé le Sénégal, puis la Mauritanie, qui se trouve entre le Maroc et l'Algérie. On avait exploré la Côte-d'Ivoire dès 1838 ; la Guinée était un protectorat depuis 1840. La Haute-Volta[6] sera constituée en 1919 seulement.

Les Français ont occupé le Dahomey[7] en 1885 ; puis sont venues les conquêtes du Niger et du Soudan. Le Togo deviendra un protectorat français en 1914.

En 1895, on a organisé ces régions sous le nom d'Afrique-Occidentale française (A.-O.F.).

L'Afrique-Équatoriale française (A.-É.F.), région où depuis le 17e siècle les Français pratiquaient la traite° des Noirs, comme au Dahomey d'ailleurs, se composait du Gabon, du Moyen-Congo ou Congo Français, de l'Oubangui-Chari[8] et du Tchad, territoires conquis vers la fin du 19e siècle. Au nord-ouest, cette région touche au Cameroun. C'est ici que les Français et les Belges se sont engagés, dès 1875, dans une rivalité qui aura pour conséquence d'installer la francophonie sur un territoire immense : le Congo français et le Congo belge, aujourd'hui le Congo et le Zaïre.

Enfin, l'Afrique-Orientale française se composait de la Côte française des Somalis et, au sud, de la grande île de Madagascar avec l'île de la Réunion.

La France n'a pu conserver de ce vaste empire que le tout petit Territoire des Afars et Issas (Côte française des Somalis) et l'île de la Réunion. Que s'est-il passé ?

Dès la fin de la Seconde Guerre mondiale, la France s'était engagée dans la guerre d'Indochine, qui allait finir par la débâcle de Diên Biên Phû en mai 1954. On a comparé cette bataille à celle de Waterloo : « l'une des plus grandes défaites de l'Occident, qui annonce la fin des empires coloniaux », écrivait Jules Roy, historien de Diên Biên Phû. Pour la France, c'était le commencement de la fin de son empire. Et pour les États-Unis, le commencement d'une longue guerre inutile, la guerre du Viêt-nam, pays duquel les Américains ont dû se retirer en 1973.

A peu près trois mois séparent la guerre d'Indochine de la guerre d'Algérie. La guerre d'Indochine a fini en août 1954 ; la guerre d'Algérie a commencé le 1er novembre. La France avait perdu l'Indochine ; elle allait maintenant, par une guerre de 8 ans, perdre ses possessions en Afrique du Nord et ses autres colonies africaines.

[6] République démocratique et populaire du Burkina-Faso

[7] le Bénin

[8] République centrafricaine ou R.C.A.

Pendant la guerre d'Algérie, on parlait de « l'Algérie française », d'une Algérie aussi française que la vallée de la Loire. Pourtant, les idées avaient beaucoup changé depuis la Seconde Guerre mondiale. Le général de Gaulle lui-même, d'esprit militaire traditionnel, acceptait l'idée de l'autodétermination de l'Algérie.

5

La cause célèbre des « 121 » permet de comprendre, par le scandale qu'elle a provoqué, cette évolution des esprits. En juillet 1960, un groupe d'intellectuels français envoie à des écrivains, des artistes, des universitaires, une « déclaration sur le droit à l'insoumission° dans la guerre d'Algérie ». Cette déclaration était basée sur trois principes fondamentaux : (1) refus de prendre les armes contre les Algériens, (2) solidarité avec les Algériens, (3) refus du système colonial.

10

Ces idées devaient trouver des échos dans tous les pays du monde et surtout aux États-Unis pendant la guerre du Viêt-nam. « N'y a-t-il pas des cas où le refus de servir est un devoir sacré ; où la « trahison » signifie le respect courageux du vrai ? » demandait-on.

15

L'Algérie a obtenu son indépendance en 1962 ; une succession de traités et d'accords a garanti l'indépendance des autres colonies à peu près à la même époque.

20   En 132 ans, la France avait, par deux fois, conquis et perdu un empire.

Que reste-t-il de cette entreprise de colonisation africaine ? D'abord, un nouveau monde politique et social qui a accédé à la liberté et à l'autodétermination. Puis, une nouvelle culture, une nouvelle francophonie qui s'est ajoutée à l'ancienne et dont les voix très différentes portent la culture française à une nouvelle universalité.

25

Deux autres nations européennes sont francophones, au moins en partie : la Belgique où on parle trois langues, le français, le flamand, et le wallon, ancien dialecte français ; puis, la Suisse où on parle quatre langues : le français, l'italien, l'allemand et le romanche.

30   **EN FRANCE...** le cinéma a toujours bénéficié d'une grande faveur populaire depuis son invention par des Français, les frères Lumière, en 1895. Jusqu'à la Première Guerre mondiale (1914–18), les studios français ont dominé le marché international du cinéma. Après la guerre, c'est Hollywood qui est devenu le grand centre du cinéma. Incapable de rivaliser avec les énormes ressources financières des studios américains, le cinéma français a dû abandonner la production des films « à grand spectacle » en faveur d'œuvres plus « intimistes° ». C'est à cela que le cinéma français doit sa réputation de cinéma « intellectuel ». Pendant les

35

années 30, on a vu sur les écrans° les chefs-d'œuvre° de l'école du « réalisme poétique » : *La Grande Illusion* et *La Règle du Jeu* de Jean Renoir, *Quai des Brumes* de Marcel Carné et beaucoup d'autres. Pendant les années difficiles de la Deuxième Guerre et de l'occupation allemande, le poète
5 Jean Cocteau a réalisé de très belles adaptations d'œuvres littéraires : *La Belle et la Bête, l'Éternel Retour* et Marcel Carné a tourné *Les Enfants du Paradis* (qui est peut-être le film le plus célèbre de tous les films français). Les noms de Robert Bresson, (*Un condamné à mort s'est échappé, Pickpocket*) et de René Clément (*Jeux interdits, La Bataille du rail*) dominent
10 les années 50. Enfin, après 1958, un groupe de cinéastes° et de cinéphiles° parmi lesquels François Truffaut (*Les Quatre Cents Coups, Jules et Jim*) et Jean-Luc Godard (*A bout de souffle, Pierrot le Fou*) crée un nouveau genre de films (« La Nouvelle Vague ») tournés avec un petit budget en dehors des grandes compagnies de production.
15 Aujourd'hui le cinéma français, comme tous les autres, traverse une crise à cause de la concurrence° de la télévision et des vidéocassettes. Les films coûtent cher à réaliser, et les producteurs préfèrent investir leur argent dans des films d'une valeur commerciale sûre. Cependant, les réalisateurs de films plus personnels reçoivent souvent l'aide du gouverne-
20 ment qui leur donne une « avance° sur recettes » et des avantages fiscaux. Les étudiants et les intellectuels s'intéressent beaucoup à leurs films qu'on présente dans de petites salles « d'art et d'essai ». Enfin, la Cinémathèque française est la plus importante du monde. Elle est située à Paris, au palais de Chaillot. On y projette continuellement tous les films français
25 ou étrangers vieux ou récents, pour les gens qui s'intéressent au « septième art » et veulent avoir une culture cinématographique réelle.
Il y a des cinémas dans toutes les villes et un nombre incroyable à Paris. Les Français voient souvent des films étrangers, en version originale avec des sous-titres, ou en version° doublée. Le nombre des specta-
30 teurs de cinéma a beaucoup diminué depuis les années 50 ; on l'estime à 182 millions par an dans 4 500 salles.

PRATIQUE DE COMMUNICATION ORALE

A. *Demandez à un(e) ami(e) :*

1. quand il (elle) s'ennuie.
2. quand il (elle) se dépêche.
3. quand il (elle) se met à étudier le soir.
4. quand il (elle) se sert d'un dictionnaire.
5. quand il (elle) se débarrasse de ses vieux cahiers.
6. quand il (elle) se dispute avec ses amis (ses parents, ses frères et ses sœurs).
7. s'il (si elle) se plaint de ses cours (de ses professeurs, de son travail).
8. s'il (si elle) s'intéresse à l'écologie (à la politique, aux sciences, à la musique).
9. s'il (si elle) se trompe quelquefois.
10. s'il (si elle) s'amuse pendant le week-end.

B. *Demandez à un(e) ami(e) (qui répondra avec le verbe* **devoir***) :*

1. s'il (si elle) a l'intention de faire des courses aujourd'hui.
2. s'il (si elle) est obligé(e) de choisir ses cours très tôt.
3. s'il (si elle) est obligé(e) de gagner de l'argent.
4. si beaucoup d'étudiants seront obligés de travailler en été.
5. si le professeur a l'intention de vous donner un examen.
6. si ses parents ont l'intention de prendre des vacances.

C. *Demandez à un(e) étudiant(e) de votre classe (qui répondra avec* **ce** *ou* **ça***) :*

1. s'il (si elle) aime se promener dans la nature.
2. s'il (si elle) déteste marcher sous la pluie.
3. s'il (si elle) adore écouter de la musique rock.
4. si regarder un film stupide l'ennuie.
5. si se disputer avec ses amis lui plaît.
6. s'il est facile de conduire une auto.
7. s'il est agréable de nager quand il fait chaud.
8. s'il est possible d'aller sur la lune.

EXERCICES ORAUX OU ÉCRITS

1. *Questions sur la « Lecture ». Répondez à chaque question par une phrase complète.*

a) 1. Quel fleuve divise la France en deux parties ? Qu'est-ce que ce fleuve séparait au Moyen Âge ? 2. Quel était le premier nom de la France ? Quel peuple avait colonisé ce pays ? 3. Qui a donné le nom *France* à la France ? pourquoi ?   4. Quel pays les Normands ont-ils conquis ? quand ? Quelle a été la conséquence de cette conquête linguistiquement ?   5. Quand les Français ont-ils commencé à coloniser le Nouveau Monde ?   6. Où sont-ils allés ?   7. Où deux nouveaux mondes français sont-ils nés au 17e et au 18e siècles ?   8. Quels produits des colonies envoyait-on en Europe ?   9. Où se trouvent la Martinique et la Guadeloupe ?   10. Quels peuples ont colonisé l'Amérique du Nord ?

b) 1. Dans quel continent un autre empire français s'est-il constitué au 19e siècle ?   2. Par quoi avait-il commencé ?   3. Quelles parties du continent africain la France a-t-elle colonisées ?   4. Où se trouve l'Indochine ? Comment l'appelle-t-on maintenant ?   5. Quand la France s'est-elle engagée dans la guerre d'Indochine ? Comment cette guerre s'est-elle terminée pour la France ?   6. Pour les Américains, quand la guerre du Viêt-nam a-t-elle fini ?   7. Qui a écrit une « Déclaration sur le droit à l'insoumission » ? A qui l'a-t-on envoyée ?   8. Comment la guerre d'Algérie s'est-elle terminée ? quand ?   9. Qu'est-ce qui reste de l'entreprise de colonisation française ?

c) *Questions sur « En France... » Répondez à chaque question par une phrase complète.*

1. Qui a inventé le cinéma ? En quelle année ?   2. Pourquoi les studios français ont-ils abandonné la production des films « à grand spectacle » ?   3. Quel poète a réalisé des adaptations d'œuvres littéraires pendant la Deuxième Guerre mondiale ?   4. Quand a-t-on commencé à réaliser les films de « La Nouvelle Vague » ?   5. Pourquoi le cinéma français traverse-t-il une crise maintenant ?   6. Comment le gouvernement aide-t-il les réalisateurs de films ?   7. Où la Cinémathèque est-elle située ? Qu'est-ce qu'on y projette ?   8. Comment peut-on voir un film étranger ?   9. Préférez-vous voir un film étranger en version originale ou en version doublée ? pourquoi ?   10. Combien de spectateurs de cinéma y a-t-il en France ?

2. *Préparation à la composition. Exercices de vocabulaire.*

a) *Complétez les phrases en employant le vocabulaire de la leçon 18. Faites attention à la définition.*

1. Une quantité d'argent est _____ d'argent.   2. Une Porsche n'est pas une voiture bon marché ; c'est une voiture qui _____ .   3. Une personne qui dirige un groupe de gens est _____ .   4. Un autre mot pour *un succès* est _____ .   5. Un endroit où on garde beaucoup de films est _____ .   6. *Diviser* a le même sens que _____ .   7. Une armée qui entre brutalement dans un autre pays _____ ce pays.   8. L'anglais est à l'origine une langue _____ .   9. Les gens qui habitent un pays forment _____ de ce pays.   10. Il y a _____ entre le cinéma et la télévision.

b) *Complétez les phrases avec les expressions de la liste. Faites les changements nécessaires pour avoir des phrases correctes.*

latinisé(e)	une défaite	des rois
pratiquer	flamand	envahir
son nom	un écran	à peu près
la conquête	le Midi	des sous-titres
conquérir		

1. En Belgique, on parle français et _____ . 2. Les Normands _____ l'Angleterre au 11ᵉ siècle. 3. L'anglais a été _____ à cause de _____ normande. 4. Les Francs _____ les colonies romaines, et ils ont donné _____ à la France. 5. La bataille de Waterloo a fini par une victoire pour l'Angleterre et par _____ pour la France. 6. Le Sud de la France s'appelle aussi _____ . 7. Les Anglais, les Français et les Espagnols _____ la traite des Noirs d'Afrique au 17ᵉ siècle. 8. On voit les images d'un film sur _____ . 9. Les films étrangers sont présentés en version originale avec _____ . 10. _____ veut dire *approximativement*. 11. Il y a eu _____ en France jusqu'au 19ᵉ siècle.

c) *Composez une phrase complète avec chaque expression.*

1. un fleuve 2. conquérir 3. un esclave 4. enrichir 5. à peu près 6. un chef-d'œuvre 7. se composer de 8. s'engager (dans) 9. coloniser 10. une bataille 11. coûter cher 12. investir

3. *Préparation à la composition. Répondez à chaque question par une phrase complète.*

1. Quel fleuve divise les États-Unis en deux parties ? 2. Où ce fleuve finit-il ? 3. Ce fleuve est-il important économiquement ? Si oui, pourquoi ? 4. Dans quel état se trouve la ville où vous habitez ? Quand cette ville a-t-elle commencé ? 5. Qu'est-ce qu'il y a aux environs de cette ville ? (rivière[s], montagne[s], plaine, désert) 6. Situez cette ville dans votre état et votre état dans l'ensemble des États-Unis. 7. Votre état (et / ou votre ville) est-il important ? pourquoi ? 8. Connaissez-vous aux États-Unis des noms géographiques qui viennent du français ? Donnez des exemples. 9. Y a-t-il dans votre état (ou dans un état que vous connaissez) des souvenirs de la colonisation européenne ? Si oui, quels souvenirs ? 10. Vous intéressez-vous à l'histoire des États-Unis ? pourquoi ?

4. *Composition (ou sujet de discussion).*

a) Racontez une aventure amusante ou désagréable de votre enfance. Employez le passé (passé composé, imparfait ou plus-que-parfait).

b) Vous écrivez à votre correspondant(e) français(e), et vous lui parlez de votre état (situation géographique, histoire, ressources au point de vue culturel, artistique, touristique, etc.).

c) Comment les États-Unis se sont-ils formés et développés au cours de l'histoire ? (Employez le vocabulaire de la leçon.)

EXPRESSIONS NOUVELLES

Noms

une avance° (sur recettes)
une baie
une bataille
une cause célèbre
une cinéaste°
une cinémathèque
une cinéphile°
une comtesse
la concurrence°
une défaite°
une esclave°
l'insoumission° (f.)
une ligne (de démarcation)
la pilule
une Québécoise
une réussite
une salle (d'art et d'essai)
une somme
une trahison°
la traite° des Noirs

un avortement°
le café
un chef
un chef-d'œuvre°
un cinéaste°
un cinéphile°
un comte
un devoir
un écran°
un esclave°
un esprit°
le flamand
un hectare

le Midi
un peuple
un Québécois
un réalisateur
le réalisme (poétique)
un refus
le romanche
un sous-titre
un tribunal
le wallon

Adjectifs

enceinte°
esclavagiste°
intimiste°

Expression adjective

à grand spectacle

Verbes

accéder° à
s'en aller
s'apercevoir que (de)
conquérir
se débarrasser° de
se dépêcher
se disputer
écraser°
s'ennuyer
enrichir
s'entendre avec
envahir
se faire (*impersonnel*)

s'habituer à
se mettre à
se moquer de
s'occuper de
plaindre
se plaindre de
pratiquer
projeter
se réjouir de
se servir de
se souvenir de
se tromper

Expressions verbales

coûter cher
ça m'est égal !
prendre les armes
il reste

Adverbes

autrement°
à peu près
en version° doublée

Prépositions

en dehors de
dès°
en faveur de
au nom de

Expression conjonctive

c'est-à-dire

Chose promise, chose due.
(proverbe)

EXERCICES DE RÉVISION DE GRAMMAIRE

1. **a)** *Complétez les phrases en employant le verbe à l'indicatif ou au subjonctif.*

1. Il faut que vous (finir) ce travail.   2. Il est dommage qu'elle ne (être) pas plus attentive, car je suis sûr(e) qu'elle (pouvoir) réussir.   3. Il est nécessaire que les étudiants (faire) attention et qu'ils (pouvoir) parler souvent ; il est probable qu'ils (améliorer) leurs connaissances.   4. Il est douteux que nous (savoir) assez de vocabulaire pour lire ce livre maintenant ; dans quelques mois, je suis certain(e) que nous (être) capables de le comprendre.   5. Il est vrai que votre professeur (avoir) raison ; il est préférable que vous (apprendre) le français par le français et que vous (savoir) employer le subjonctif.   6. Il est probable que votre chien vous (comprendre), mais je doute qu'il vous (répondre) un jour.   7. J'espère que tu (venir) à notre réunion de samedi prochain ; je suis ravi(e) que tu (vouloir) nous parler de ton voyage.   8. Il est dommage qu'il y (avoir) beaucoup de pollution dans les villes modernes ; je crois qu'on ne (faire) pas assez attention à ce problème.   9. Il est évident que les Parisiens ne (être) pas disciplinés pour le stationnement ; nous sommes étonnés qu'il n'y (avoir) pas plus d'accidents de la circulation.   10. Le professeur pense que nous (faire) beaucoup de progrès ; il dit que nous (pouvoir) suivre une conversation en français.

b) *Composez un paragraphe en employant des verbes au subjonctif.*

Quand je suis à la maison, il faut que _____ et que _____ . Mes parents veulent que _____ et que _____ . Mon père n'accepte pas que _____ ; ma mère permet que _____ . Je suis content(e) que _____ ; mais je suis furieux(euse) que _____ . Je n'aime pas que _____ ; je voudrais que _____ . Je suis surpris(e) que _____ , et j'ai peur que _____ .

2. **a)** *Finissez les phrases en employant l'indicatif ou le subjonctif ou l'infinitif.*

1. Je suis surpris(e) de...   2. Nous savons que...   3. Il se peut que...   4. J'espère que...   5. Voulez-vous... ?   6. Il est important que...   7. Il vaut mieux que...   8. Nous sommes contents que...   9. Mon père préfère...   10. Nous pensons que...   11. Ils regrettent de...   12. Êtes-vous sûr que... ?

b) *Avec les éléments suivants, faites : (1) une phrase avec le subjonctif ou l'indicatif ; (2) une phrase avec l'infinitif.*

Exemple :   Ma mère ne veut pas / ma petite sœur sort le soir.
   (1) **Ma mère ne veut pas que ma petite sœur sorte le soir.**
   (2) **Ma mère ne veut pas sortir le soir.**

1. Mon ami(e) aime / nous allons au cinéma le samedi.   2. Mes parents souhaitent / je fais ce voyage.   3. Je suis content(e) / vous faites des

progrès.   4. Suzanne désire / Marc sait la vérité.   5. Il est possible / ce jeune homme réussit dans la vie.   6. Nous regrettons / tu es obligé(e) de partir.   7. Je crois / vous avez raison.   8. Il faudra / nous nous lèverons tôt.   9. Es-tu content(e) / ils sont ici ?   10. Nous espérons / nos amis iront à Paris.   11. Je suis désolé(e) / vous vous en allez.   12. Ils veulent / leur fille se marie.

3. *Révision de l'accord du participe passé. Mettez les phrases au passé composé.*

1. Nous nous promenons ; puis, nous nous asseyons dans un café et nous prenons un verre.   2. Mes amis s'installent dans leur nouvelle maison ; ils la repeignent.   3. Luc et Anne s'en vont pour deux semaines en Bretagne ; nous leur disons « bonnes vacances » avant leur départ.   4. Quand je me trompe, je m'excuse de mon erreur et je la corrige.   5. Les enfants se lavent-ils les mains avant le dîner ?   6. Quand nous nous voyons, nous nous disons bonjour.   7. Ils s'occupent de ce club et ils s'habituent à voir toutes sortes de gens.   8. Vous souvenez-vous (*f.*) de cette histoire ？   9. Quand ils se plaignent de leur vie, je leur dis de penser à la misère du monde.   10. Ma sœur se met à travailler ; elle se sert d'un ordinateur. Ça lui permet de faire son travail plus vite.   11. Vous amusez-vous (*pl.*) à la soirée ? Moi, je m'ennuie, et je décide de partir.   12. Nous nous informons de l'heure du départ. On nous annonce un retard d'une heure.

4. *Joignez les phrases par un pronom relatif composé. Faites les changements nécessaires. Attention à la construction de la phrase.*

1. Les Champs-Elysées sont une avenue magnifique. On voit l'Arc de Triomphe au bout de cette avenue.   2. Dans les vieux quartiers, il y a des rues étroites. Il est difficile de circuler dans ces rues.   3. La Cité est une île. Paris a commencé à exister sur cette île.   4. Devant le Louvre, il y a des jardins. On peut se promener dans ces jardins.   5. Le Quartier latin est sur la rive gauche de la Seine. Le boulevard Saint-Michel passe au milieu de ce quartier.   6. Nous nous sommes inscrits à des cours. Nous nous intéressons à ces cours.   7. Dans le Sud de la France, on cultive des fleurs. On fabrique des parfums avec ces fleurs.   8. Nous avons loué une maison dans un village. Il y a une vieille abbaye près de ce village.   9. C'est un tableau ancien. Mes parents y font très attention.   10. J'ai des projets. Je ne veux pas y renoncer.

5. *Complétez les phrases par* **il(s)**, **elle(s)**, **ce(c')** *ou* **ça.**

1. Denise et Marc veulent continuer leurs études ; c'est pour _____ qu'ils ne se marient pas ; _____ est difficile de continuer ses études en s'occupant d'une famille.   2. La plus petite église de Paris est sans doute la Sainte-Chapelle ; _____ est une merveilleuse chapelle du 13ᵉ siècle ; _____ est très belle.   3. Monter à pied à la tour Eiffel, _____ est fatigant ; prenez l'ascenseur, _____ vaut mieux. Du sommet, on peut voir tout Paris ; _____ est impressionnant ; _____ plaît aux touristes.   4. Le centre Pompidou ressemble à une usine. Il y a des gens qui disent que _____ est beau ; mais tout le monde n'aime pas _____ .   5. Notre-Dame date du

Moyen Âge ; _____ est une cathédrale gothique ; _____ est construite dans l'île de la Cité.   6. _____ est nécessaire de faire des sports ; _____ est bon pour la santé.   7. Nous irons au cinéma ou à la discothèque ; moi, _____ m'est égal.   8. Voilà Michel et Dominique ; _____ sont mes neveux ; _____ sont jeunes et _____ font du bruit ; _____ ne me plaît pas.   9. _____ est moi qui vous ai apporté ces journaux ; _____ sont intéressants. Lisez-les. Je suis sûre que _____ vous changera les idées.   10. _____ est amusant de jouer au tennis ; moi, j'aime _____ , mais je ne peux pas y jouer longtemps, _____ est trop fatigant.

6. *Remplacez les expressions en italique par un verbe pronominal qui a le même sens. Ne changez pas le temps du verbe. Il y a parfois une préposition.*

1. Les voitures *ont stoppé* devant le feu rouge.   2. La vendeuse *avait fait une erreur*.   3. Ne *partez* pas sans me donner votre adresse.   4. Je ne *garderai pas* ces vieux meubles.   5. Les étudiants *ont dit que* la nourriture *était mauvaise*.   6. As-tu *remarqué* que ta mère était mécontente? 7. Janet *a épousé* Bob à Las Vegas.   8. Nous n'*avons* pas *ri* de lui. 9. J'*ai oublié* son numéro de téléphone.   10. Ils *partent* en chantant. 11. Cette actrice a essayé de *commettre un suicide*.   12. Pourquoi *avez-vous utilisé* ce mauvais dictionnaire?

Théâtre de l'Opéra, Paris, 1862–1875

DIX-NEUF

1   Nous **voulions** voir toutes les choses dont vous nous **aviez parlé.**
Alors, nous **sommes restés** plus longtemps à Paris.

2   Pierre et Nicole se sont mariés **il y a** trois ans.
Ils habitent à Nice **depuis** deux ans.
Ils iront vivre à Bordeaux **dans** quelques semaines.

3   **Pendant que** vous visitiez l'abbaye, j'ai pris des photos.
Depuis que Linda est à Paris, elle ne parle que français.

4   Le Québec et le Manitoba sont deux provinces canadiennes.
Celui-ci est anglophone ; **celui-là** est francophone.

5   De tous les peintres impressionnistes, Monet est **celui que** je préfère.
J'aime beaucoup ses tableaux ; j'aime aussi **ceux de** Sisley.

Gustave Flaubert, 1821–1880

DÉVELOPPEMENT GRAMMATICAL

1 Nous **voulions** voir toutes les choses dont vous nous **aviez parlé**.
Alors, nous **sommes restés** plus longtemps à Paris.

Étudiez le texte suivant :

La Symphonie pastorale
(D'après le roman d'André Gide)

Le personnage principal de ce roman est un pasteur, c'est-à-dire un prêtre° de l'église protestante.

Le pasteur <u>vivait</u> dans un petit village de Suisse avec sa femme Amélie et ses enfants. Il <u>avait</u> une grande foi° en Dieu ; il <u>croyait</u> que Dieu <u>inspirait</u> toutes ses actions. [= DESCRIPTION] — IMPARFAIT

Quelques années avant, il <u>avait adopté</u> par générosité une jeune aveugle abandonnée qu'il <u>avait appelée</u> Gertrude. Quand elle <u>était arrivée</u> chez le pasteur, [= ACTIONS ANTÉRIEURES] — PLUS-QUE-PARFAIT

Gertrude ne <u>pouvait</u> pas parler ; elle <u>ressemblait</u> à un animal sauvage [= DESCRIPTION] — IMPARFAIT

parce que personne ne <u>s'était occupé</u> d'elle. Amélie n'<u>avait</u> pas <u>accepté</u> facilement la présence de Gertrude dans la maison. Cependant, le pasteur <u>avait entrepris</u> l'éducation de la jeune fille : il lui <u>avait appris</u> à parler, à lire et à apprécier la musique. En peu de temps, l'intelligence de Gertrude <u>s'était développée</u>, et elle <u>était devenue</u> « normale ». [= ACTIONS ANTÉRIEURES] — PLUS-QUE-PARFAIT

C'est *à ce moment-là* que les difficultés <u>ont commencé</u>. Pourquoi ? [= MOMENT PRÉCIS] — PASSÉ COMPOSÉ

Tous les jours, le pasteur <u>passait</u> de plus en plus de temps avec Gertrude ; ils <u>écoutaient</u> de la musique, ils <u>se promenaient</u> dans la campagne ; le pasteur <u>répondait</u> aux questions naïves de Gertrude ; ils <u>s'entendaient</u> très bien et ils <u>se comprenaient</u>. [= ACTIONS HABITUELLES] — IMPARFAIT

Pendant leurs conversations, le pasteur <u>peignait</u>° à Gertrude un monde idéal et harmonieux ; il ne lui <u>parlait</u> jamais de mal° ou de péché. Quand le pasteur <u>se posait</u> des questions au sujet de ses sentiments envers Gertrude, il ne <u>voulait</u> pas reconnaître qu'il <u>était</u> amoureux d'elle ; il <u>se persuadait</u> que leur amour <u>était</u> idéal et pur. Le pasteur <u>refusait</u> aussi de voir la tristesse profonde de sa femme. [= ÉTAT MENTAL et ACTIONS HABITUELLES] — IMPARFAIT

Un jour le pasteur <u>a remarqué</u> que son fils Jacques et Gertrude [= MOMENT PRÉCIS] — PASSÉ COMPOSÉ

<u>avaient</u> des rendez-vous et qu'ils <u>se voyaient</u> seuls assez souvent. [= ACTIONS HABITUELLES] — IMPARFAIT

Il s'est senti très jaloux de son fils. Après une violente discussion avec son père, Jacques a quitté la maison. La vie a continué pendant quelque temps, de plus en plus difficile pour tout le monde. Cependant *un jour*, un médecin ami du pasteur a examiné les yeux de Gertrude, et il l'a opérée. L'opération a réussi. Quand Gertrude est revenue chez le pasteur, elle a compris en le voyant qu'elle aimait Jacques. Elle a découvert aussi la tristesse d'Amélie et la tragédie que sa présence avait apportée dans la maison. Elle n'a pas pu accepter cette idée, et elle s'est suicidée en tombant « accidentell ment » dans la rivière. Quand il a appris la mort de la jeune fille, le past ur s'est senti désespéré [= ACTIONS SUCCESSIVES]

╲ PASSÉ COMPOSÉ

parce qu'il savait qu'il était responsable de cette mort [= ÉTAT MENTAL] et qu'il avait perdu l'amour de son fils, celui de sa femme et peut-être sa foi en Dieu. [= ACTION ANTÉRIEURE]

IMPARFAIT
PLUS-QUE-PARFAIT

● Pour exprimer le passé, il y a en français deux temps de base :

L'IMPARFAIT

LE PASSÉ COMPOSÉ

La différence entre ces deux temps (*TENSES*) n'est pas une différence de temps (*TIME*). C'est le plus souvent une différence d'attitude mentale. Je peux dire :

1. La semaine dernière, j'avais beaucoup de travail à faire.
2. La semaine dernière, j'ai eu beaucoup de travail à faire.

La phrase 1 est à l'imparfait. La phrase 2 est au passé composé. Pourquoi ?

On peut voir le passé de deux manières parce que, dans tout phénomène temporel, il y a deux idées : une idée de *moment* et une idée de *durée*. Dans la phrase 1, je vois le passé comme une durée dont les limites ne sont pas précises : **la semaine dernière.** Dans la phrase 2, je vois le passé comme un moment limité dans le temps : **la semaine dernière.** La longueur de la semaine n'a pas changé, mais mon attitude a changé[1].

Nous savons déjà que l'imparfait est le temps de la description et que le passé composé est le temps de l'action (leçon 11.)

A. Dans l'histoire de *La Symphonie pastorale,* les verbes à l'imparfait indiquent des activitiés (= *état mental ou action*) qui se développent et existent dans un passé sans limites de temps. Elles deviennent une sorte d'état, et

---

[1] C'est pourquoi il y a en français : **un an, un jour, un matin, un soir** et **une année, une journée, une matinée, une soirée.** (Cf. leçon 13.)
Un an, un jour indiquent une période de temps qui est considérée comme un moment. **Une année, une journée** indiquent une période de temps qui est considérée comme une durée.

l'idée de temps-moment fait place à une idée de temps-durée. On emploie donc l'imparfait pour ces actions habituelles et pour la description. Une autre conséquence de cet emploi de l'imparfait :

Hier soir, je <u>lisais</u> quand mon camarade de chambre <u>est rentré</u>.
Nous <u>dormions</u> quand le téléphone <u>a sonné</u>.
Paul <u>se promenait</u> sur les Champs-Élysées quand il <u>a rencontré</u> Dany.

L'imparfait exprime une action qui continue dans le passé et qui est interrompue par une autre action. Dans l'action continue, il y a une idée de durée qui est plus importante que l'idée de moment : on emploie l'imparfait. L'action qui interrompt exprime une idée de moment : on emploie le passé composé.

B. Revenons à notre histoire. Les verbes au passé composé indiquent des actions qui sont faites à un moment précis du passé ou des actions successives dans le passé et limitées dans le temps.

NOTEZ : Les formes du passé composé et de l'imparfait existent pour tous les verbes usuels. (Voir l'Appendice pour la conjugaison des verbes usuels.) Cependant, le sens naturel de certains verbes implique plus souvent une idée de durée / description qu'une idée de moment / action. C'est pourquoi le verbe **être,** verbe de description par excellence, est fréquemment à l'imparfait. C'est la même chose pour les verbes **avoir, falloir, vouloir, pouvoir, penser, croire, espérer, désirer, avoir envie de, avoir besoin de,** etc.
Mais ce n'est pas une règle absolue. En voilà des exemples :

Ma grand-mère <u>était</u> belle.	Ma grand-mère <u>a été</u> belle. (Elle n'est plus belle maintenant. Elle a changé.)
Paul <u>avait</u> vingt ans.	Paul <u>a eu</u> vingt ans hier. (Paul a changé : idée de moment.)
Je <u>croyais</u> que vous vouliez partir avant nous.	J'<u>ai cru</u> que vous vouliez partir avant nous. (A un certain moment, j'ai eu cette idée.)
En voyage, il <u>fallait</u> que nous transportions nos valises.	Un certain jour, il <u>a fallu</u> que nous transportions nos valises. (Idée de moment.)

Quand on change le sens naturel d'un verbe, on donne au verbe une signification spéciale.

C. Enfin, dans l'histoire de *La Symphonie pastorale,* il y a des verbes au **plus-que-parfait.** Le plus-que-parfait indique des actions qui ont été faites *avant* les actions au passé composé ou à l'imparfait, c'est-à-dire des actions (ou des états) *antérieures.* Le plus-que-parfait est un temps du passé relatif à un autre temps du passé.

2 Pierre et Nicole se sont mariés **il y a** trois ans.
Ils habitent à Nice **depuis** deux ans.
Ils iront vivre à Bordeaux **dans** quelques semaines.

Comparez :

Nicole est née **il y a** vingt-trois ans.

Nous avons commencé à étudier le français **il y a** sept mois.

Mon grand-père est venu aux États-Unis **il y a** cinquante ans.

Eric et Marc sont partis pour la Bretagne **il y a** une semaine.

On ne peut pas lire un long roman **en** deux heures.

Au commencement de ce siècle, on allait de Paris à New York **en** dix jours.

Bob traduira cette lettre **en** un quart d'heure.

Elle aura un bébé **dans** six mois.

Nous passerons notre examen **dans** cinq semaines.

Il aura soixante-huit ans **dans** quelques jours.

Ils reviendront **dans** trois semaines.

On peut laver sa voiture **en** une demi-heure.

Maintenant, on va de Paris à New York **en** trois heures.

Moi, je ferai toutes les courses **en** deux heures.

● **Il y a** + expression de temps précise indique le moment précis du *passé* où une action s'est produite. Le verbe qui précède est en général au *passé composé*.

● **Dans** + expression de temps précise indique le moment précis du *futur* où une action se produira. Le verbe est naturellement au futur.

● **En** + expression de temps indique le temps nécessaire pour faire quelque chose. Le verbe est au présent, au passé ou au futur selon le sens de la phrase.

Comparez :

Depuis combien de temps prenez-vous des leçons de danse ?
Depuis combien de temps êtes-vous membres de ce club ?

J'en prends **depuis** huit ans.

Nous en sommes membres **depuis** six mois.

Depuis quand étudiez-vous le français ?	Je l'étudie **depuis** septembre dernier.
Depuis quand Denise est-elle mariée ?	Elle est mariée **depuis** l'année dernière.

● **Depuis** indique une période de temps qui n'est pas encore terminée au moment où on parle. Avec **depuis** le verbe est au présent ou à l'imparfait, en général. **Depuis** est employé pour une période de temps ou pour une date précise.

> Exemples : Nous **habitons** cette ville **depuis** cinq ans.
> Mes parents **habitaient** au Canada **depuis** deux ans quand je suis né(e).
> Bob **est** en France **depuis** un an.
> Bob **était** en France **depuis** deux mois quand son grand-père est mort.
> **J'apprends** le français **depuis** deux ans.
> **J'apprenais** le français **depuis** six mois quand je suis allé(e) en France.

● On emploie le *présent* pour indiquer une action qui a commencé dans le passé et qui continue dans le présent. On emploie l'*imparfait* pour indiquer une action qui a commencé dans le passé et qui a continué jusqu'à un moment déterminé du passé.

Comparez :

Pendant combien de temps regardez-vous la télévision le soir ?	Quand il y a un programme intéressant, je la regarde **pendant**[2] deux heures.
Pendant combien de temps Paul sera t-il absent en été ?	Il sera absent **pendant** trois semaines.
Pendant combien de temps êtes-vous restés à Rome ?	Nous sommes restés en Italic **pendant** un mois et à Rome **pendant** dix jours.
Pendant combien de temps travailliez-vous à la librairie l'année dernière ?	J'y travaillais tous les soirs **pendant** trois heures et le samedi **pendant** six heures.

● **Pendant** indique une période de temps déterminée dans la durée. **Pendant** = pendant une période de... dans le présent, le passé ou le futur. Avec **pendant**, le verbe peut être au présent, au passé composé, à l'imparfait ou au futur.

---

[2] N'employez pas **pour** à la place de **pendant.** En français, **pour** (+ expression de temps) indique *une intention.* « Mon frère voulait aller en Inde **pour** six mois, mais en réalité il n'y est resté que **pendant** trois mois. »

3

Pendant que vous visitiez l'abbaye, j'ai pris des photos.
Depuis que Linda est à Paris, elle ne parle que français.

Étudiez les phrases suivantes:

Je prends des notes **pendant que** le professeur explique le vocabulaire.
Vous écriviez des cartes postales **pendant que** nous nous promenions.
Pendant que vous vous habillerez, je lirai le journal.

Sylvie habite dans un appartement **depuis qu'**elle est étudiante à l'université.
Je jouais au basketball **depuis que** j'étais à l'école secondaire.
Depuis qu'ils s'étaient installés à Montréal, ils faisaient du ski chaque hiver.
Depuis qu'ils se sont installés à Montréal, ils font du ski chaque hiver.

● **Pendant** ⎤ sont des prépositions. Employez un *nom* ou une *expression de*
  Depuis ⎦ *temps* après ces prépositions.

  Pendant que ⎤ sont des conjonctions de temps. Employez une *proposition*
  Depuis que ⎦ complète avec un *verbe* après ces conjonctions.

Depuis que indique une action qui commence ou qui a commencé à un certain moment.
Pendant que indique une action qui est faite en même temps qu'une autre (les sujets des deux actions sont différents) dans le passé, le présent ou le futur.

4

Le Québec et le Manitoba sont deux provinces canadiennes.
Celui-ci est anglophone ; **celui-là** est francophone.

Étudiez les phrases suivantes :

Nous avons visité le château de Fontainebleau et le château de Versailles.
Celui-ci date du 17ᵉ siècle ; **celui-là** date de la Renaissance.
Cette veste beige et cette veste rouge me plaisent. Mais je crois que **celle-là** (la beige) est plus confortable que **celle-ci** (la rouge).

Il y a des touristes étrangers dans le groupe ; **ceux-ci** sont japonais ; **ceux-là** sont iraniens.

Je vous apporte plusieurs revues françaises ; **celles-là** sont artistiques, **celles-ci** sont techniques.

● Les mots en caractères gras dans les phrases précédentes sont des *pronoms démonstratifs*. Voici la liste complète des pronoms démonstratifs.

	MASCULIN	FÉMININ	NEUTRE
Singulier	celui celui-ci celui-là	celle celle-ci celle-là	ce ceci cela (= ça)
Pluriel	ceux ceux-ci ceux-là	celles celles-ci celles-là	

Étudiez les phrases suivantes :

Voici deux tableaux de Picasso. Quel tableau préférez-vous ? **Celui-ci** ou **celui-là ?** (*La personne qui parle fait un geste pour montrer alternativement les deux tableaux.*)

Jeannette et Barbara sont mes amies. **Celle-ci** est brune (Barbara). **Celle-là** est blonde (Jeannette).

Il y a des disques sur la table. **Ceux-ci** sont à mon frère. **Ceux-là** sont à moi.

● Les *pronoms démonstratifs* remplacent un adjectif démonstratif + un nom déjà exprimé.

Exemple : Cette fenêtre-là et celle-ci sont ouvertes.

● Les *pronoms composés* (**celui-ci, celui-là, celle-ci, celle-là,** etc.) s'emploient pour les personnes et pour les choses. Ils permettent de distinguer et d'op-

poser ces personnes ou ces choses. (Souvent le geste accompagne la parole.)
Celui-ci, celle-ci, etc., indique une personne ou un objet qui est plus proche,
celui-là, celle-là, etc., indique une personne ou un objet qui est plus éloigné.

NOTEZ : **Celui-ci, celle-ci,** etc., remplace un nom déjà exprimé et permet d'éviter
une répétition.

Exemple : Le professeur a interrogé Jeannette. **Celle-ci** a très bien répondu.

5 De tous les peintres impressionnistes, Monet est **celui que** je préfère.
J'aime beaucoup ses tableaux ; j'aime aussi **ceux de** Sisley.

Comparez :

Mon frère fait beaucoup de sports.	Le tennis est **celui qui** lui plaît le plus.
En voyage, on voit beaucoup de gens.	Je parle à **ceux qui** ont l'air sympathiques.
Aimez-vous les œuvres des peintres modernes ?	Je n'aime pas **celles qui** sont trop abstraites ; j'apprécie **celles que** je peux comprendre.
Quels livres achèterez-vous ?	Nous achèterons **ceux dont** nous aurons besoin et **ceux que** nous voulons lire pour notre plaisir.
Avez-vous vu la côte d'Azur ?	Bien sûr. De toutes les régions que j'ai visitées, c'est **celle dont** je garde le meilleur souvenir.
La voiture de mon père ne marche pas.	Il se sert de **celle de** ma mère.
Je m'entends bien avec les amis de mon frère.	Je ne m'entends pas bien avec **ceux de** ma sœur.
On représente souvent les comédies de Shakespeare.	On joue aussi fréquemment **celles de** Molière.
Donnez-moi votre numéro de téléphone.	Donnez-moi aussi **celui de** Robert.

● Les pronoms démonstratifs simples : **celui, celle, ceux, celles** sont employés pour remplacer un nom de personne ou de chose déjà mentionné. On n'emploie pas ces pronoms seuls.

Ils sont suivis par ⎡ un pronom relatif (**qui, que, dont**) + une proposition.
⎣ **de** + un nom de personne (ou de chose).

celui qui... (que..., dont...)
celle qui... (que..., dont...) ⎤
ceux qui... (que..., dont...) ⎦ + une proposition
celles qui... (que..., dont...)

celui de... ⎤
celle de... ⎦ + un nom de personne (ou de chose)
ceux de...
celles de...

NOTEZ : Ces pronoms sont *toujours* employés en *référence* à une personne (ou à une chose) déjà mentionnée.

PRATIQUE ORALE

A. 1. *Mettez la phrase au passé, et employez un verbe au plus-que-parfait.*

Exemple : Je reconnais la rue où nous sommes passées.
J'ai reconnu la rue où nous étions passées.

1. Je lis le livre dont nous avons parlé.   2. Elle envoie la lettre qu'elle a écrite.   3. Il se souvient de l'histoire que j'ai racontée.   4. Nous mangeons les sandwichs que vous avez préparés.   5. Ils écoutent les disques que tu as apportés.   6. J'apprends les mots dont le professeur a expliqué le sens.   7. Elle prend les clés qui sont restées sur la porte. 8. Nous fermons la fenêtre que vous avez ouverte.   9. Je salue mes amis qui sont arrivés avant moi.   10. Ils admirent les photos que nous avons prises.

2. *Répondez à la question en employant un plus-que-parfait selon l'exemple.*

Exemple : Vous avez lu ce livre ?
J'avais déjà lu ce livre.

1. Vous avez regardé ce programme ?   2. Ils ont mangé du gâteau ? 3. Tu as parlé à Paul ?   4. Il a voyagé en Europe ?   5. Elle est allée au Canada ?   6. Vous avez pris le Concorde ?   7. Ils ont vu le Louvre ?   8. Vous êtes monté(e) à la tour Eiffel ?

3. *Employez les phrases de l'exercice* **A. 2.** *au plus-que-parfait avec un pronom, selon l'exemple.*

Exemple : J'avais déjà lu ce livre.
Je l'avais déjà lu.

B. *Changez la phrase en employant les différents sujets.*

1. Philippe et Anne se sont mariés il y a trois mois. (nous / vous / tu / je)
2. J'étudie le français depuis un an. (vous / ma sœur / nous / mes cousins)
3. Depuis que mon père fait des sports, il est en meilleure santé. (je / vous / nous)
4. Pendant que nous étions à Paris, il pleuvait souvent. (je / Paul et Alice / vous)
5. Ils se sont promenés sur les Champs-Elysées pendant trois heures. (nous / vous / Jeanne / je)
6. Pouvez-vous apprendre une langue étrangère en six mois ? (on / tu / nous / les gens)

C. *Remplacez le nom par le pronom démonstratif approprié.*

Exemple : Mon appartement et l'appartement de Roger.
Mon appartement et celui de Roger.

1. Mes parents et les parents de Philippe.   2. Vos clés et les clés de Suzanne.   3. Ta voiture et la voiture qui est devant la maison.   4. Vos bagages et les bagages des autres passagers.   5. Notre avion et l'avion que tu voulais prendre.   6. Mon prochain voyage et le voyage que j'ai fait en avril.   7. Sa décision et la décision de ses amis.   8. Votre appareil-photo et l'appareil-photo de Jacques.   9. Ma rue et la rue où ils habitent.   10. Leurs journaux et les journaux dont nous aurons besoin.

EXERCICES ORAUX OU ÉCRITS

1. a) *L'histoire de* Candide (*d'après Voltaire*). *Mettez le texte suivant au passé. Employez le passé composé et l'imparfait.*

Candide (être) un jeune homme pauvre et simple qui (habiter) chez son protecteur, le baron Thunder-Ten-Tronckh. Le baron (avoir) une fille, Cunégonde, dont Candide (être) amoureux. Un soir, Candide et Cunégonde (se parler), et ils (s'embrasser). Le père de la jeune fille les (surprendre), et il (expulser) Candide de son château. Alors, le jeune homme (commencer) à voyager. Il ne (avoir) pas l'expérience du monde, et il (croire) comme son maître, le philosophe Pangloss, que le monde (être) bien organisé et que les hommes (être) bons. Mais là où il (aller), il ne (trouver) que l'injustice, l'inégalité et la cruauté. Un jour, il (être obligé) de s'embarquer pour l'Amérique du Sud, où il (retrouver) les mêmes problèmes qu'en Europe excepté en Eldorado, dont tous les habitants (vivre) dans la prospérité et la sagesse, car ils ne (aimer) ni l'argent ni le pouvoir. Candide (passer) quelque temps en Eldorado, où on lui (offrir) d'immenses richesses en pierres précieuses. Revenu riche en Europe, il (perdre) peu à peu toute sa fortune à cause de son incurable naïveté. Après des aventures incroyables, il (retrouver) enfin Cunégonde, qu'il (épouser). Ils (s'installer) à la campagne, et ils (vivre) simplement dans une petite ferme. Candide (apprendre) qu'il (être) inutile de se poser des questions sur le monde et qu'il (falloir) seulement « cultiver son jardin ».

b) *Le début d'un conte de fées célèbre :* La Belle et la Bête[3]. *Mettez le texte au passé en employant le passé composé, l'imparfait ou le plus-que-parfait.*

Il était une fois[4] un homme riche qui (accumuler) une grande fortune. Il (faire) du commerce avec ses bateaux qui (transporter) toutes sortes de marchandises sur la mer. Cet homme (avoir) trois filles. Les deux filles aînées (aimer) les jolies robes ; elles (être) toujours très élégantes ; elles (sortir) beaucoup : mais à vingt-cinq ans, elles ne (trouver) pas encore de mari. Elles (être) égoïstes, vaniteuses et mauvaises. Elles ne (penser) qu'à leurs plaisirs. La plus jeune fille (s'appeler) Belle. Elle (être) bonne et généreuse et (aimer) tendrement son père. Un jour, le marchand (s'en aller) à la ville pour ses affaires. Avant de partir, il (demander) à ses filles quels cadeaux elles (vouloir) qu'il leur apporte. Les deux filles aînées (choisir) les cadeaux les plus chers ; Belle (prier) son père de lui apporter une rose. En arrivant à la ville, le marchand (apprendre) qu'il y (avoir) une grande tempête deux jours avant et que ses bateaux (faire) naufrage. Il (perdre) toute sa fortune ; il (être) ruiné. Tristement, il (se mettre) en route pour rentrer chez lui. Dans la nuit, il (se tromper) de direction, et il (se perdre). Après avoir marché longtemps, il (apercevoir) un grand château au milieu des arbres, et il (entrer) dans le jardin où il (s'endormir). En se réveillant, il (remarquer) que le jardin (être) plein de roses. Il (se souvenir) de la promesse qu'il (faire) à Belle, et il (cueillir) une rose. Alors, il (entendre) une voix terrible qui (dire) : « Tu (prendre) une de mes roses : tu vas mourir. » Et le pauvre homme (voir) un monstre qui (s'avancer) vers lui.

2. a) *Donnez la phrase opposée. Attention au temps du verbe.*

Exemple : Il est parti il y a une semaine.
Il **partira dans** une semaine.

1. J'ai fini mon travail il y a une demi-heure.   2. Paul et Anna partiront dans une semaine.   3. Mes amis viendront me voir dans quelques jours.   4. Mes parents sont allés au Mexique il y a un mois.   5. Nous aurons un examen dans deux semaines.   6. Ils seront obligés de vendre leur voiture dans peu de temps.   7. Rendra-t-il les devoirs dans une

---

[3] Le poète et romancier Jean Cocteau a réalisé un très beau film de ce conte de fées.   [4] C'est traditionnellement la première phrase de tous les contes de fées en français.

GRAMMAIRE

semaine ?   8. Des écrivains étrangers ont vécu à Paris il y a soixante ans.   9. Paris sera-t-il célèbre dans un siècle ?   10. Nous avons vu une comédie de Molière il y a quelques jours.

b) *Répondez aux questions suivantes en employant* **depuis** *ou* **pendant.**

1. Depuis quand les États-Unis sont-ils indépendants ?   2. Pendant combien de temps êtes-vous dans votre classe de français tous les jours ?   3. Depuis combien de temps avez-vous la permission de sortir le soir ?   4. Depuis quand étudiez-vous le français ?   5. Depuis combien de temps êtes-vous étudiant(e) dans votre université ?   6. Pendant combien de temps êtes-vous allé(e) à l'école élémentaire ?   7. Depuis combien de temps le président Kennedy est-il mort ?   8. Depuis combien de temps l'Alaska est-il un état américain ?   9. Depuis quand habitez-vous votre maison ?   10. Pendant combien de temps étudierez-vous avant d'obtenir votre diplôme de l'université ?

c) *Complétez les phrases par* **depuis** *ou* **pendant** *selon le sens.*

1. Hier soir, j'ai regardé la télévision _____ une heure.   2. Mon père reçoit ce journal _____ l'été dernier.   3. Ma sœur va à l'école élémentaire _____ trois ans.   4. Chaque soir, elle étudie _____ une heure.   5. _____ des siècles, les avions n'ont pas existé.   6. _____ quelques années, on va de Paris à New York en trois heures.   7. Nous sommes dans cette classe _____ quelques semaines.   8. J'ai appris le passé composé _____ le premier semestre de français.   9. Je parle français dans la classe de français _____ la première leçon.   10. _____ quelques années, les hommes essaient de découvrir des planètes habitées.

3. *Joignez les deux parties de la phrase en employant, selon le cas,* **pendant que** *ou* **depuis que.**

1. Il y a des hommes / il y a des guerres.   2. Nous irons au marché / vous préparerez la table.   3. Paul connaît cette jeune fille / il lui téléphone tous les soirs.   4. Son père a une Cadillac / Bob est insupportable.   5. Nous ne bavardons pas / le professeur explique le vocabulaire.   6. Je travaille pour l'examen / pourquoi m'invitez-vous à aller à la plage ?   7. Je m'intéresse aux animaux / j'ai un chien et un chat.   8. Avez-vous cette auto / vos parents habitent à la campagne ?   9. J'allais voir mes amis / ils étaient à la montagne pour l'été.   10. Paule fait des économies pour son voyage / elle gagne de l'argent.

4. *Employez un pronom démonstratif de manière à éviter les répétitions.*

1. Dînerons-nous dans ce restaurant-ci ou dans ce restaurant-là ?   2. Ces vêtements-ci sont plus pratiques que ces vêtements-là pour le ski.   3. Je n'aime pas beaucoup cette voiture-ci, mais cette voiture-là me plaît.   4. Bob a écrit à des amis pour les inviter ; ces amis n'ont pas encore répondu.   5. Voltaire et Rousseau sont des auteurs du 18e siècle ; Rousseau annonce le Romantisme.   6. Cette maison-ci est moins chère ; mais cette maison-

là est plus confortable.   7. La France a colonisé la Louisiane et des îles des Antilles ; on parle français dans ces îles.   8. Proust a écrit une grande œuvre ; au début de cette œuvre, il rappelle ses souvenirs d'enfance. 9. Au 18ᵉ siècle, les Français ont perdu leurs colonies américaines ; on considérait ces colonies comme des territoires sans importance.   10. J'ai posé cette question à Tom et à Jack ; Jack n'a pas voulu me répondre.

5. **a)** *Changez les phrases suivantes de manière à éviter les répétitions en employant un pronom démonstratif.*

1. Vos classes de ce semestre sont-elles plus intéressantes que vos classes du semestre dernier ?   2. J'ai trouvé mes bagages, mais je n'ai pas vu les bagages de mon amie.   3. Mon auto et l'auto de Bob sont au garage. 4. Donnez-moi vos devoirs et les devoirs de vos amis.   5. Mon examen est sur votre bureau ; l'examen de Robert est dans votre serviette. 6. Parmi toutes les étudiantes de la classe, quelle est l'étudiante qui parle le mieux ?   7. Voici des reproductions de tableaux modernes ; dites-moi les tableaux que vous préférez.   8. Je n'aime pas beaucoup les tableaux de Matisse, mais les tableaux de Picasso me plaisent. 9. Je vous montrerai mes livres d'histoire ; vous prendrez le livre dont vous avez besoin.   10. Nos idées sont différentes des idées de nos parents.

b) *Faites une phrase complète avec chaque expression. N'oubliez pas que ces pronoms démonstratifs ont besoin d'une référence.*

1. celui que   2. celle de   3. ceux qui   4. celles dont   5. celui de   6. ceux que

Louis Pasteur, 1822–1895

DIX-NEUF BIS

« On n'arrête pas Voltaire ! »

Lisez à haute voix la conversation suivante.

En se promenant sur les Champs-Elysées, Renato et Françoise parlent des écrivains en France.

Renato : Est-ce que vous étiez là au moment de la mort de Sartre ?

Françoise : J'ai même été parmi ceux qui ont suivi son convoi° jusqu'au cimetière du Montparnasse.

5 **Renato :** Quelle expérience cela devait être !

Françoise : Et ce n'étaient pas des funérailles officielles. Michel Foucault a dit à Simone de Beauvoir que c'était la dernière manif° de mai 68. Cinquante mille personnes !

10 **Renato :** Pourquoi les Français ont-ils ce grand culte de leurs écrivains ?

Françoise : C'est comme ça depuis le 18e siècle. En France l'écrivain est un créateur d'idées. Il apprend° à penser à ses lecteurs.

15 **Renato :** Eh bien, ce n'est pas comme ça chez nous !

Françoise : Ici, ils exercent un vrai pouvoir moral et politique. On appelle ça le partage° du pouvoir public.

Renato : Je sais que sous de Gaulle, André Malraux était devenu ministre de la Culture.

20 **Françoise :** Et Sartre et Simone de Beauvoir vendaient « la Cause du peuple » dans la rue.

Renato : Oui, c'était pour mettre le gouvernement au défi° de les arrêter.

Françoise : Oui. On avait même proposé à de Gaulle
25 de le faire. Vous savez ce qu'il a répondu ?

Renato : Non. Qu'est-ce qu'il a répondu ?

30 **Françoise :** « On n'arrête pas Voltaire ! »

André Malraux, 1901–1976.

La nouvelle culture

Lisez à haute voix le texte suivant.

Il est possible de parler, depuis la Seconde Guerre mondiale, d'une nouvelle culture en France. Chronologiquement, cette culture représente deux générations : la génération existentialiste qui va jusqu'en 1960 approximativement et la génération post-existentialiste depuis 1960.

5 Dans celle-ci, on peut encore distinguer deux tendances générales : une tendance néo-scientifique ou « structuraliste » jusqu'en 1968 ; depuis 1968, une tendance anti-structuraliste avec un retour à la philosophie.

Tout, dans la culture française récente, dérive de l'existentialisme. Ce mouvement, produit de la Seconde Guerre mondiale, a posé pour les temps
10 modernes les grandes questions métaphysiques fondamentales : Qu'est-ce que l'homme ? Qu'est-ce que la liberté humaine ? Qu'est-ce que la société, la politique, l'art ? Qu'est-ce que la science ? Qu'est-ce que la réalité humaine ?

Ces questions n'ont pas préoccupé la génération suivante. Les structuralistes ne s'intéressaient pas à l'homme mais aux moyens de connaître ses
15 œuvres. Ce mouvement, surtout universitaire et académique, se détournait°
des questions politiques et métaphysiques pour se concentrer sur des problèmes de « structures » en sciences humaines et de « forme » en matière d'art. Ils pensaient aussi, contre les existentialistes, qu'on peut et qu'on doit séparer l'art, la science et le travail intellectuel de la politique. A ce propos, les événe-
20 ments de Mai 68 sont comme un grand défi° à l'attitude néo-scientifique des structuralistes et aux institutions françaises et européennes. « Le structuralisme n'est pas descendu dans la rue ! » disaient les manifestants°.

En mai 1968, la France était au bord d'une révolution. La Sorbonne et l'université de Nanterre étaient fermées. Au Quartier latin, des milliers
25 d'étudiants manifestaient. Le mouvement gagnait° la province ; on déclarait la grève générale ; les ouvriers occupaient leurs usines ; la Bourse° brûlait ; le ministre de l'Éducation nationale a donné sa démission. A la fin du mois, le président de la République, le général Charles de Gaulle, disparaît mystérieusement ; il n'y a plus de gouvernement ; on parle de guerre civile. Des
30 graffiti, des slogans couvrent les murs de Paris. « L'imagination au pou-

voir ! » « Assez d'actes ! Des mots ! » « Fais attention à tes oreilles ! Elles ont des murs ! » « Dessous les pavés, c'est la plage ! » Et en anglais, sur un mur de Nanterre : « Make love ! Not war ! » De cette situation une nouvelle culture est née.

5   Cette nouvelle culture devait beaucoup à l'existentialisme de la génération précédente.

La contribution fondamentale de l'existentialisme peut s'exprimer par cette thèse philosophique devenue célèbre : « Chez l'homme — et chez l'homme seul — l'existence précède l'essence. » Cette thèse dit, en peu de mots, que
10 l'homme est un être privilégié : c'est l'existence et non sa nature qui lui est donnée. Il est donc libre ; et s'il est libre, il est *responsable,* et il *doit* choisir. Cette condition est absolue et s'applique à chaque être° humain. Bref, une chose *est ;* un être humain *se fait.*

Cet appel à la liberté humaine a eu beaucoup de répercussions dans le
15 monde, car les esprits semblaient être prêts à entendre et à comprendre son message. Les mouvements de libération se multipliaient. Les minorités réclamaient leurs droits. Parmi ces mouvements, celui du féminisme, né aux États-Unis et qui prend forme en France en 1969−70 sous le nom de *Mouvement de Libération de la Femme* (M.L.F.), rendra les gens conscients d'un phénomène
20 d'oppression connu de toutes les sociétés humaines et ignoré de toutes. Évidemment, il y avait eu les suffragettes du tournant° du siècle, et elles avaient gagné. Les femmes avaient obtenu le droit de vote. Mais ce qu'on oubliait de dire le plus souvent, c'est que ce droit de vote n'existait aux États-Unis que depuis 1920 et en France seulement depuis 1944. En s'étonnant beaucoup, les gens se
25 sont mis à découvrir que la question du féminisme avait été traitée exhaustivement vingt ans auparavant par un écrivain femme existentialiste.

Simone de Beauvoir posait clairement la question dans son livre *Le Deuxième Sexe,* publié en 1949. Elle écrivait :

On ne naît pas femme ; on le devient. Aucun destin biologique, psy-
30 chique, économique ne définit la figure que reçoit au sein° de la société la femelle humaine ; c'est l'ensemble de la civilisation qui élabore ce produit intermédiaire entre le mâle et le castrat, qu'on qualifie de féminin.

On ne dit pas mieux « l'existence précède l'essence ». C'est la culture et
35 non la nature qui fait des « hommes » et des « femmes ». Ce que la nature nous donne, c'est notre sexe ; la culture nous donne notre sexualité. Le message de libération est clair : ce que l'homme fait peut se défaire°. Affirmer le contraire, c'est affirmer l'*essentialisme*. Mais alors, c'est l'essence qui précède l'existence ; et tous les racismes, toutes les discriminations ethniques, politiques, reli-
40 gieuses, sexuelles deviennent possibles quand on confond° nature et culture.

On dit souvent que les années 60 ont été les années des mouvements de libération, alors que les années 70 ont représenté un « choc en retour ». C'est

peut-être vrai ; pourtant, il y a eu, dans le monde entier, des changements profonds irréversibles. Le racisme est enfin discrédité et les nations qui le pratiquent encore sont sur la défensive. Le principe de l'autodétermination des peuples est reconnu, le colonialisme complètement déconsidéré° ; puis, la jeune
5 génération a installé dans le monde cette idée nouvelle : l'écologie. C'est reconnaître que le destin humain est indissolublement lié à la planète que nous habitons. Une autre acquisition des années 60, c'est la nouvelle liberté sexuelle. Ici, le changement a été si radical qu'il est impossible de retourner en arrière°.

En France, une autre acquisition très importante des années 60 a été la
10 « Grande Réforme » de l'éducation en 1975, conséquence directe du mouvement de Mai 68. Cette réforme était basée sur quatre principes fondamentaux : (1) *l'autonomie des universités* : traditionnellement liées à l'autorité centrale de Paris, les universités devenaient libres de créer des programmes individuels et de cultiver des spécialités particulières ; (2) *la participation des étudiants* : ce
15 principe associait étudiants, professeurs, administrateurs et gouvernement dans une entreprise commune où les étudiants avaient le droit de vote et leur mot à dire sur les questions concernant leurs vies et leurs carrières ; (3) *la continuité* : c'était le principe de l'éducation « permanente », éducation « adulte », dit-on aux États-Unis ; (4) *technologie et culture générale* : pour corriger l'éli-
20 tisme traditionnel de l'université française, la Grande Réforme devait encourager les études scientifiques et techniques en associant à celles-ci les arts et les lettres.

Ce dernier principe peut paraître étrange à un Américain, car aux États-Unis on favorise depuis longtemps les études techniques et scientifiques. Mais
25 en France, pays d'une longue tradition humaniste, c'était le contraire. Les études prestigieuses étaient encore les études générales de littérature, de philosophie et des sciences pures.

La Grande Réforme a rencontré, dès 1980, la résistance des traditionalistes. Sous prétexte de sauver la qualité de l'enseignement, on a essayé de
30 défaire les structures de la nouvelle université. Depuis 1982, cependant, le gouvernement encourage la décentralisation de l'Université, sa démocratisation. C'est encore la direction de la « Grande Réforme »; mais le poids de la tradition est lourd en France et favorise l'élitisme contre l'enseignement de masse. Quantité ou qualité ? Voilà le dilemme.
35
Alors, comment résoudre° ces problèmes ? En principe, les études universitaires sont gratuites° en France et les droits° d'inscription minimes. Mais le problème n'est pas là. Le problème, c'est le manque° de débouchés° et le manque d'argent. Il y a des bourses°, mais elles sont insuffisantes et difficiles à obtenir. Inévitablement, les enfants de familles aisées° sont favorisés. Seule-
40 ment treize pour cent des étudiants viennent des classes populaires et cinquante pour cent des étudiants laissent tomber leurs études à la fin de la première année. Que devient alors le droit aux études ?

Il semble que la jeunesse française d'aujourd'hui ait rejoint, quarante ans plus tard, les positions du philosophe Merleau-Ponty qui avait dit, en 1947, en parlant de la politique :

> La politique aujourd'hui est vraiment le domaine des questions mal posées, ou posées de telle manière qu'on ne peut être avec aucune des deux forces en présence.

EN FRANCE...

EN FRANCE... le sport est devenu une distraction importante depuis le commencement du 20ᵉ siècle. Il faut cependant distinguer entre les sportifs « actifs », ceux qui pratiquent régulièrement un ou plusieurs sports, et les sportifs « passifs », ceux pour qui le sport est un spectacle. C'est d'abord le football qui attire les amateurs de spectacles sportifs. (Aux États-Unis, on appelle *soccer* ce jeu pratiqué dans la plupart des pays européens et sud-américains.) Chaque année, on organise des championnats de France pour les différentes catégories de joueurs. Le match de la Coupe de France attire à Paris des milliers de spectateurs. Ceux-ci encouragent leur équipe° favorite par leur présence et par leurs manifestations bruyantes°. En football, il y a assez peu de joueurs professionnels, mais beaucoup d'amateurs (1 400 000) qui appartiennent à des clubs. Un grand nombre de jeunes des deux sexes jouent au basket-ball ou au volley-ball. Dans le Sud-Ouest de la France surtout, on pratique aussi le jeu de rugby. Celui-ci, qui est un jeu assez brutal, ressemble au football américain.

Parmi les sports individuels, le cyclisme est celui qui passionne les Français. Le Tour de France est une course cycliste qui a lieu en juillet. On peut dire que quatre-vingt-quinze pour cent des Français s'intéressent au résultat de chaque étape° (il y en a vingt) et connaît le nom du vainqueur, français ou étranger.

Les courses de chevaux sur les hippodromes de la capitale sont des événements de la vie parisienne. Mais dans toute la France, il y a des gens qui parient° sur les chevaux présumés gagnants sans jamais assister à une seule course et qui peuvent (quelquefois) gagner de cette manière des sommes d'argent importantes. D'autres Français sont passionnés par les courses d'autos (Les Vingt-Quatre Heures du Mans) où les meilleurs coureurs° internationaux et les fabricants° de voitures s'opposent.

Le tennis est pratiqué par beaucoup de gens jeunes et moins jeunes, et la boxe intéresse un public populaire. On encourage l'athlétisme en multipliant les stades et les piscines. Enfin le ski, grâce° à l'excellent équipement des stations de sports d'hiver, compte de plus en plus d'amateurs. Beaucoup de Français prennent au moins une partie de leurs vacances en hiver pour pratiquer leur sport favori. N'oublions pas deux activités séculaires° : la pêche° et la chasse° ; celles-ci ont la préférence de milliers d'hommes français.

PRATIQUE DE COMMUNICATION ORALE

A. *Demandez à votre voisin(e) en suivant l'exemple :*

Exemple : Êtes-vous allé(e) à Paris l'été dernier ?
Non, j'y étais allé(e) avant.

1. s'il (si elle) a vu récemment le musée de la ville.
2. s'il (si elle) a lu la lecture hier soir.
3. s'il (si elle) a écrit sa composition hier.
4. s'il (si elle) a parlé au professeur ce matin.
5. s'il (si elle) a téléphoné à ses parents hier.
6. s'il (si elle) a pris son petit déjeuner à dix heures.
7. s'il (si elle) est parti(e) à trois heures hier.
8. s'il (si elle) s'est couché(e) à minuit.
9. s'il (si elle) s'est levé(e) à neuf heures ce matin.
10. s'il (si elle) s'est reposé(e) la semaine dernière.

B. *Demandez à un(e) étudiant(e) de la classe :*

1. depuis combien de temps il (elle) étudie le français.
2. depuis combien de temps il (elle) habite sur le campus.
3. depuis combien de temps il (elle) joue (au basket-ball, au tennis, au golf, etc.)
4. depuis combien de temps il (elle) déjeune à la cafétéria.
5. depuis combien de temps il (elle) vient à l'université en autobus.
6. depuis quand il (elle) suit un cours de psychologie (musique, géographie, danse, etc.)
7. depuis quand il (elle) sait conduire.

C. *Demandez à un(e) ami(e) en suivant l'exemple :*

Exemple : Est-ce que c'est le cours que vous suivez ?
Oui, c'est celui que je suis.

1. si c'est ce tableau qu'il (elle) préfère.
2. si c'est le livre dont il (elle) a besoin.
3. si c'est le cours qui l'intéresse.
4. si c'est la langue qu'il (elle) apprend.
5. si c'est la région qui lui plaît.
6. si c'est la maison qu'il (elle) aime le mieux.
7. si ce sont les auteurs qu'il (elle) a étudiés.
8. si ce sont les villes qu'il (elle) a visitées.
9. si ce sont les gens dont il (elle) se souvient.
10. si ce sont les pièces qu'il (elle) trouve intéressantes.

EXERCICES ORAUX OU ÉCRITS.

1. **a)** *Questions sur la « Lecture ». Répondez à chaque question par une phrase complète.*

1. Depuis quand peut-on parler d'une « nouvelle culture » en France ?
2. De quel mouvement philosophique la nouvelle culture dérive-t-elle ?
3. Quelles questions ce mouvement a-t-il posées ?   4. Qu'est-ce qui intéressait les structuralistes ?   5. Qu'est-ce qui a eu lieu en Mai 1968 ?   6. Quelle est la thèse fondamentale de l'existentialisme ? Quelle est la condition fondamentale de l'homme ?   7. Quand le M.L.F. a-t-il pris forme en France ?   8. Depuis quand les femmes ont-elles le droit de vote aux États-Unis ? et en France ?   9. Quel auteur a posé en 1949 les questions de l'oppression des femmes ? Dans quel livre ?   10. Dans quels domaines les idées ont-elles changé pendant les années 60 ? Ce phénomène a-t-il existé aux États-Unis ?   11. Quelle nouvelle idée la jeune génération a-t-elle installée dans le monde ?   12. Qu'est-ce que le gouvernement socialiste a encouragé en France dans le domaine des études ?

b) *Questions sur « En France » Répondez à chaque question par une phrase complète.*

1. Quel sport attire les amateurs de spectacles sportifs ?   2. Comment appelle-t-on ce jeu aux États-Unis ?   3. Qu'est-ce qu'on organise chaque année pour les joueurs de football ?   4. Comment les spectateurs encouragent-ils leur équipe favorite ?   5. Quels autres sports d'équipe pratique-t-on en France ?   6. Quel sport individuel passionne les Français ?   7. Qu'est-ce que le Tour de France ?   8. Où y a-t-il des courses de chevaux ?   9. Peut-on gagner de l'argent dans une course de chevaux ? Qu'est-ce qu'il faut faire ?   10. Pourquoi le ski compte-t-il de plus en plus d'amateurs ?

2. *Préparation à la composition. Exercices de vocabulaire.*

a) *Complétez les phrases en employant le vocabulaire de la leçon 19 et en faisant attention à la définition.*

1. Mes parents _____ ce long voyage. Je les _____ à Nice et nous sommes allés à Rome en trois _____ .   2. Quand on a des problèmes, il faut les _____ .   3. Les étudiants paient _____ .   4. Dans les Alpes françaises, on fait du ski dans les nombreuses _____ .   5. Les femmes peuvent voter ; elles _____ .   6. Une maison où les gens font beaucoup de bruit est _____ .   7. A la fin d'un match de tennis, celui qui obtient la victoire est _____ .   8. Quelquefois, les universités offrent de l'argent aux étudiants, c'est _____ .   9. Une personne qui ne peut pas voir est _____ .   10. Une _____ de basket-ball est composée de cinq joueurs.

b) *Complétez les phrases par une expression de la liste. Faites les changements nécessaires pour avoir des phrases correctes.*

se détourner de   en arrière   donner sa démission
le cyclisme   avoir (son) mot à dire   parier
une course   un débouché   confondre
                 au tournant du siècle

1. _____ est un sport auquel les Français s'intéressent.   2. Bob _____ ses études de psychologie pour s'occuper de politique.   3. En France, il y a _____ d'autos et de chevaux.   4. Quand les gens espèrent qu'un certain cheval arrivera le premier, ils _____ sur ce cheval. 5. Certaines professions offrent beaucoup de _____ .   6. Nous ne vivons plus comme les gens vivaient_____ .   7. J'ai pris cette décision ; je ne peux pas revenir _____ .   8. Dans votre famille, on vous demande votre opinion : vous _____ .   9. Le président de la compagnie _____ le mois dernier.   10. Je _____ toujours ces deux jeunes filles parce qu'elles se ressemblent.

c) *Composez une phrase complète avec chaque expression.*

1. une génération   2. un moyen   3. grâce à   4. brûler   5. un manque   6. disparaître   7. le tournant du siècle   8. confondre 9. un débouché   10. une bourse   11. bruyant(e)   12. aisé(e)

3. *Préparation à la composition. Répondez à chaque question par une phrase complète.*

1. Qu'est-ce qui préoccupe les étudiants à l'université en général ? 2. Qu'est-ce qui vous préoccupe dans votre vie ?   3. A quel âge a-t-on le droit de vote aux États-Unis ? Avez-vous le droit de vote ?   4. Êtes-vous sur la défensive quand on critique vos actions ou vos idées ? Quand êtes-vous sur la défensive ?   5. Votre famille habitait-elle aux États-Unis au tournant du siècle ? Où habitait-elle ?   6. Quelles ont été les conséquences de la nouvelle liberté sexuelle des années 60 ?   7. Ces conséquences sont-elles importantes pour vous ? pourquoi ?   8. A votre avis, le racisme a-t-il disparu de notre société ? Donnez des exemples concrets. 9. Vous intéressez-vous à l'écologie ? pourquoi ?   10. Selon vous, le système capitaliste est-il préférable à un système politique socialiste ? pourquoi ?

4. *Composition (ou sujet de discussion)*

a) A votre avis, le féminisme a-t-il réussi à établir une égalité réelle entre les femmes et les hommes ? Justifiez votre réponse par des exemples précis.

b) De tous les changements qu'on a vus depuis une trentaine d'années, dans les mœurs, les idées ou la vie sociale, quel est celui qui vous semble le plus important ? pourquoi ?

c) Pratiquez-vous un ou plusieurs sports ? Quel est votre sport favori ? Parlez de votre vie sportive ou décrivez un match auquel vous avez assisté.

EXPRESSIONS NOUVELLES

Noms

une aveugle°
une bourse°
la Bourse°
la boxe
une carrière
la chasse°
la conscience
une course°
une équipe°
une étape°
une foi°
une joueuse
une manifestante°
une manifestation°
la pêche°
la réalité humaine
une station (de sports
   d'hiver)

l'athlétisme
un amateur
un aveugle°
un castrat
un championnat
un choc en retour
un convoi°
un coureur°
le cyclisme
un débouché°
un défi°
un destin
le droit de vote
des droits° (d'inscription)
l'enseignement (de masse)
un être° humain
un fabricant°
un joueur
le mal°

un manifestant°
un manque°
un millier (de)
un moyen
un partage°
le tournant° du siècle
un vainqueur°

Adjectifs

aveugle°
aisé(e)°
aucun(ne)... ne
bruyant(e)°
cycliste
déconsidéré(e)°
gratuit(e)°
impensable
lourd(e)
minime
séculaire°

Verbes

s'appliquer à
apprendre°
confondre°
défaire°
se détourner° de
élaborer
entreprendre
éviter
gagner°
lancer
obtenir
parier°
peindre°
préoccuper
rejoindre
résoudre°
se sentir°

Expressions verbales

apprendre° quelque chose
   à quelqu'un
donner sa démission
laisser tomber
mettre au défi°
se passionner pour
porter à l'attention de
prendre forme
avoir son (un) mot à dire

Adverbes

en arrière°
indissolublement

Expression adverbiale

une fois pour toutes

Prépositions

concernant
en matière de
grâce° à
sous prétexte de
au sein° de

Conjonction

alors que

Expression conjonctive

de telle manière que

Argot classique
manif = manifestation

Votre pré est toujours moins vert que celui du voisin.

(proverbe)

VINGT

1 Je suis très occupé et je n'ai pas beaucoup d'argent.
Si j'avais des loisirs et plus d'argent, je **voyagerais** souvent.

2 Si Christophe Colomb n'avait pas découvert le Nouveau-Monde, qui
l'aurait découvert ?

3 Mon père est fatigué. Il **devrait** prendre des vacances.
Vous n'avez pas fini votre travail ? Vous **auriez dû** le finir hier.

4 Bob, André et Annie veulent déjeuner au restaurant. Moi, je **voudrais**
faire un pique-nique.
On m'a offert des livres ; j'**aurais** mieux **aimé** des disques.

5 Nous espérons que cette revue vous **intéressera.**
Nous espérions que cette revue vous **intéresserait.**

Henri Fantin-Latour, 1836–1904. Paul Verlaine et Arthur Rimbaud

DÉVELOPPEMENT GRAMMATICAL

1 Je suis très occupé et je n'ai pas beaucoup d'argent.
Si j'avais des loisirs et plus d'argent, je **voyagerais** souvent.

Comparez :

Qu'est-ce que tu **ferais** si tu ne savais pas lire ?

Si je ne savais pas lire, j'**apprendrais** tout de suite à lire, évidemment.

Qu'est-ce que votre père **ferait** s'il n'avait pas d'auto ?

Si mon père n'avait pas d'auto, il en **louerait** une ou il **prendrait** l'autobus.

Qu'est-ce que nous **ferions** si l'électricité n'existait pas ?

Si l'électricité n'existait pas, nous **aurions** des bougies et nous n'**aurions** pas toutes sortes de machines.

Alors, il **faudrait** beaucoup plus travailler, n'est-ce pas ?

Bien sûr, on **ferait** beaucoup de choses à la main et ça **prendrait** beaucoup de temps.

Qu'est-ce que vous **feriez** si on organisait des voyages sur la lune ?

Si on organisait des voyages sur la lune, je **réserverais** une place pour le prochain voyage.

Si nous étions en l'année 2200, **aurions**-nous des robots domestiques pour tous les travaux de la maison ?

Si nous étions en 2200, la vie **serait** complètement différente de celle que nous connaissons, et nous **aurions** probablement des robots domestiques.

● Les verbes en caractères gras sont au *conditionnel*. Le conditionnel est un mode, c'est-à-dire une manière d'exprimer une idée ou un fait. Le conditionnel a deux temps : un temps simple : le conditionnel présent ; et un temps composé : le conditionnel passé.

Tu **ferais**, (il) **ferait**, nous **ferions**, il **faudrait**, vous **feriez**, **aurions**-nous, j'**apprendrais**, il **louerait**, il **prendrait**, etc., sont les verbes **faire, falloir, avoir, apprendre, louer, prendre**, etc., au conditionnel présent.

Voilà le conditionnel présent des verbes **faire** et **avoir.**

Je	fer**ais**	un voyage.	J'	aur**ais**	le temps.
Tu	fer**ais**	un voyage.	Tu	aur**ais**	le temps.
Il (elle) (on)	fer**ait**	un voyage.	Il (elle) (on)	aur**ait**	le temps.
Nous	fer**ions**	un voyage.	Nous	aur**ions**	le temps.
Vous	fer**iez**	un voyage.	Vous	aur**iez**	le temps.
Ils (elles)	fer**aient**	un voyage.	Ils (elles)	aur**aient**	le temps.

● Le conditionnel présent est formé avec

le *radical* du *futur* simple + les *terminaisons* de *l'imparfait*

Ainsi :

1ᵉʳ GROUPE
parler   je parler**ais**   nous parler**ions**   ils parler**aient***
donner   je donner**ais**   nous donner**ions**   ils donner**aient**

2ᵉ GROUPE
finir   je finir**ais**   nous finir**ions**   ils finir**aient**
réussir   je réussir**ais**   nous réussir**ions**   ils réussir**aient**

3ᵉ et 4° GROUPES
vendre   je vendr**ais**   nous vendr**ions**   ils vendr**aient**
lire   je lir**ais**   nous lir**ions**   ils lir**aient**
partir   je partir**ais**   nous partir**ions**   ils partir**aient**

Verbes irréguliers au futur et au conditionnel :

aller	j'**ir**ais,	nous **ir**ions,	ils **ir**aient
envoyer	j'**enverr**ais,	nous **enverr**ions,	ils **enverr**aient
faire	je **fer**ais,	nous **fer**ions,	ils **fer**aient
pouvoir	je **pourr**ais,	nous **pourr**ions,	ils **pourr**aient
recevoir	je **recevr**ais,	nous **recevr**ions,	ils **recevr**aient
savoir	je **saur**ais,	nous **saur**ions,	ils **saur**aient
venir	je **viendr**ais,	nous **viendr**ions,	ils **viendr**aient
voir	je **verr**ais,	nous **verr**ions,	ils **verr**aient
vouloir	je **voudr**ais,	nous **voudr**ions,	ils **voudr**aient
avoir	j'**aur**ais,	nous **aur**ions,	ils **aur**aient
être	je **ser**ais,	nous **ser**ions,	ils **ser**aient

* Attention à la prononciation de certains verbes au conditionnel présent : le radical du conditionnel présent se prononce comme le radical du futur. (Voir leçon 9.)

falloir	il **faudr**ait
valoir	il **vaudr**ait (mieux)

Dans les exemples, les actions au conditionnel dépendent d'une condition qui n'est pas réalisée *dans le présent* ; elles dépendent d'un *fait supposé* (**si je ne savais pas lire, si mon père n'avait pas d'auto, si l'électricité n'existait pas, si nous étions en 2200**).

● Le conditionnel est le mode de *l'action* (ou de l'état) qui n'est pas réelle, qui est seulement *imaginée* dans le présent (ou dans le futur) ou dans le passé. La *condition présente* n'est pas exprimée au conditionnel ; elle est exprimée par un verbe à *l'imparfait*.

> **Si (S')** + verbe à l'imparfait → verbe principal au conditionnel présent

> Exemples : Si nous **étions** en vacances, nous n'**irions** pas à l'université.
> Si vous **étiez** à ma place, qu'est-ce que vous **feriez ?**
> Beaucoup de gens **voyageraient** si les voyages **coûtaient** moins cher.

NOTEZ : Il n'y a jamais de futur ou de conditionnel après **si** indiquant une condition. La proposition principale est souvent au commencement de la phrase.

2 **Si Christophe Colomb n'avait pas découvert le Nouveau-Monde, qui l'aurait découvert ?**

Comparez :

L'année dernière, nous n'avions pas assez d'argent pour aller en Italie.
Je ne savais pas que vous étiez revenu(e) de Paris.
Mado a oublié notre rendez-vous.

Il y a eu un accident grave sur l'autoroute.

Si nous avions eu plus d'argent, nous **aurions visité** Rome, Venise et Florence.
Je vous **aurais téléphoné** si j'avais su ça.
Si elle n'avait pas oublié notre rendez-vous, nous **serions allés** à cette exposition de peinture.
Si le conducteur de l'auto avait conduit moins vite, il n'y **aurait** pas **eu** d'accident.

GRAMMAIRE

Vous êtes nés aux États-Unis et l'anglais est votre langue maternelle.

Si vous étiez nés en France, vous **auriez appris** le français pendant votre enfance ; le français serait votre langue maternelle.

● Les verbes en caractères gras sont des formes du conditionnel passé des verbes **visiter, téléphoner, aller, avoir, apprendre.**

● Le conditionnel passé est formé avec :

> l'auxiliaire **avoir** ou **être** au conditionnel présent + le participe passé du verbe

Voilà le conditionnel passé des verbes **faire** et **aller :**

J'	**aurais**	fait		Je	**serais**	**allé(e)**
Tu	**aurais**	fait		Tu	**serais**	**allé(e)**
Il (elle) (on)	**aurait**	fait		Il (elle) (on)	**serait**	**allé(e)**
Nous	**aurions**	fait		Nous	**serions**	**allé(e)(s)**
Vous	**auriez**	fait		Vous	**seriez**	**allé(e)(s)**
Ils (elles)	**auraient**	fait		Ils (elles)	**seraient**	**allé(e)(s)**

Les verbes pronominaux se conjuguent avec **être.**

> Exemples : Nous **nous serions parlé** si nous nous étions vus.
> Vous **vous seriez ennuyé(e)(s)** si vous étiez venu(e)(s) avec nous.

● Le conditionnel passé indique une action qui dépend d'une *condition non réalisée dans le passé*. Cette condition est seulement imaginée.
La condition non réalisée dans le passé est exprimée au *plus-que-parfait*.

NOTEZ : Le résultat de cette condition non réalisée dans le passé est quelquefois exprimé au présent :

> Exemples : Si je n'avais pas travaillé pour gagner de l'argent l'été dernier, je ne **pourrais** pas être à l'université cette année.
> Si on avait fait des lois contre la pollution, la situation écologique **serait** meilleure.

La proposition principale est quelquefois au commencement de la phrase.

En résumé, voici comment les temps sont organisés dans les phrases de condition :

Si nous *avons* le temps, nous **irons** au théâtre ce soir. (ou **allons** au théâtre ce soir.) (Voir leçon 9.)
Si nous *avions* le temps, nous **irions** au théâtre plus souvent.
(Mais nous n'y allons pas parce que nous sommes trop occupé(e)s.)

Si nous *avions eu* le temps, nous **serions allé(e)s** au théâtre pendant le week-end.
(Mais nous n'y sommes pas allé(e)s parce que nous étions trop occupé(e)s.)

Si vous *allez* voir ce film, vous vous **amuserez** bien.
Si vous *alliez* voir ce film, vous vous **amuseriez** bien.
Si vous *étiez allé(e)* voir ce film, vous vous **seriez** bien **amusé(e)**.
Si vous *étiez allé(e)* voir ce film, vous **pourriez** en parler.

LA CONDITION	LE RÉSULTAT
si + présent	futur / impératif
si + imparfait	conditionnel présent
si + plus-que-parfait	conditionnel passé ou conditionnel présent

3   Mon père est fatigué. Il **devrait** prendre des vacances.
       Vous n'avez pas fini votre travail ? Vous **auriez dû** le finir hier.

Étudiez les phrases suivantes :

Vous avez mal aux yeux ? Vous **devriez** aller chez le médecin.
Cet étudiant arrive en retard tous les jours. Il **devrait** partir plus tôt de chez lui.
Annie fait beaucoup de fautes. Elle **devrait** travailler davantage.
Nous n'avons pas vu nos amis depuis longtemps. Nous **devrions** leur téléphoner.
Quand les étudiants ne comprennent pas une explication, ils **devraient** poser une question à leur professeur.

    GRAMMAIRE

● Le verbe **devoir** au *conditionnel présent* indique une suggestion, un conseil, quelque chose qui serait préférable.

Voilà le conditionnel présent du verbe **devoir :**

Je	**devrais**	aller chez le dentiste.
Tu	**devrais**	te reposer.
Il (elle, on)	**devrait**	faire attention à sa santé.
Nous	**devrions**	nager plus souvent.
Vous	**devriez**	vous coucher plus tôt.
Ils (elles)	**devraient**	dépenser moins d'argent.

Voici d'autres exemples :

Beaucoup de pays sont pauvres. Les pays plus riches **devraient** les aider. (= Il serait préférable / il vaudrait mieux que les pays riches les aident.)

Je perds souvent mes clés. Je **devrais** y faire attention. (= Il serait préférable / il vaudrait mieux que j'y fasse attention.)

Il fait très froid. Vous ne **devriez** pas sortir sans manteau. (= Il serait préférable / il vaudrait mieux que vous ne sortiez pas sans manteau.)

Étudiez les phrases suivantes :

Hier, j'ai fait des fautes stupides dans mon examen. **J'aurais dû** faire attention.

Il y a eu un accident parce que la voiture allait trop vite. Le conducteur **aurait dû** aller plus lentement.

Vous avez été absent(e) pendant deux jours la semaine dernière. Vous **auriez dû** étudier chez vous.

Le professeur était en retard ce matin. Les étudiants sont partis sans l'attendre. Ils **auraient dû** l'attendre et être plus patients.

Nous sommes arrivé(e)s trop tard à l'aéroport pour dire au revoir à nos amis. Nous **aurions dû** quitter la maison plus tôt.

● Le *conditionnel passé* du verbe **devoir** est : **j'aurais dû, vous auriez dû,** etc. **Devoir** au conditionnel passé indique une suggestion, un conseil, un regret.

Voici d'autres exemples :

Karen a quitté l'université sans finir ses études. Elle **n'aurait pas dû** faire ça. (= Il est regrettable qu'elle ait fait ça.)

Je ne suis pas allé(e) assez souvent au laboratoire. **J'aurais dû** y aller plus souvent. (= Il aurait mieux valu / il aurait été préférable que j'y aille plus souvent.)

Nous n'avons pas téléphoné à Janine qui est malade. Nous **aurions dû** lui téléphoner. (= Il aurait été préférable que nous lui téléphonions. Nous regrettons de ne pas lui avoir téléphoné.)

Emplois et sens du verbe **devoir** :

avoir une dette	Je **dois** cent dollars à Bob. Je **devais** cent dollars à Bob. J'**ai dû** cent dollars à Bob pendant six mois. Je **devrai** de l'argent à la banque si j'achète une maison.
obligation (être obligé de...)	On **doit** voter. Nous **devions** prendre l'autobus. Nous **avons dû** téléphoner à la police. Mon père **devra** chercher du travail.
intention (avoir l'intention de...)	Je **dois** passer mes vacances en Suisse. On **devait** m'envoyer un chèque. Je **devais** jouer au tennis avec Steve.
probabilité (il est probable que...)	Il est midi. Vous **devez** avoir faim. Vous avez eu de bonnes notes. Vous **deviez** être content. Tim n'est pas venu au rendez-vous. Il **a dû** oublier.
conseil, suggestion, **regret** (présent) (il serait préférable que...) (il vaudrait mieux que...)	Tout le monde **devrait** savoir lire. Vous ne **devriez** pas fumer. Jack **devrait** être plus prudent.
regret, suggestion (passé) (il aurait été préférable que...) (il aurait mieux valu que...) (il est regrettable que...)	Vous **auriez dû** me téléphoner hier. Al n'**aurait** pas **dû** quitter son travail. Jim et Kay n'**auraient** pas **dû** se marier.

4 Bob, André et Annie veulent déjeuner au restaurant. Moi, je **voudrais** faire un pique-nique.
On m'a offert des livres ; j'**aurais** mieux **aimé** des disques.

Étudiez les phrases suivantes :

Je **voudrais** te voir et te parler le plus tôt possible.
Pourriez-vous me téléphoner ce soir ?
Nous **aimerions mieux** prendre notre voiture pour aller chez vous.
Monique **aurait voulu** passer ses vacances en Bretagne.
Ses sœurs **auraient préféré** aller sur la Côte d'Azur.

● Ici, le conditionnel présent ou passé n'indique pas une action qui dépend d'une condition. Il indique *un désir, un souhait,* ou il est employé par *politesse* pour atténuer un ordre ou une déclaration. **Je veux, je voulais, pouvez-vous, nous aimons mieux, elles préféraient,** sont plus énergiques et donc moins polis que les mêmes formes au conditionnel.

5 Nous espérons que cette revue vous **intéressera.**
Nous espérions que cette revue vous **intéresserait.**

Comparez :

Nous savons que vous **irez** à Tahiti.	Nous savions que vous **iriez** à Tahiti.
Ses parents espèrent que Charles **deviendra** avocat.	Ses parents espéraient que Charles **deviendrait** avocat.
Vous pensez que vos amis **viendront** en auto ?	Vous pensiez que vos amis **viendraient** en auto ?
Paul dit que Luc et Anne **annonceront** bientôt leur mariage.	Paul a dit que Luc et Anne **annonceraient** bientôt leur mariage.
Nous lui demandons s'ils **feront** le tour du monde.	Nous lui avons demandé s'ils **feraient** le tour du monde.

Je me demande si nous **pourrons** finir notre livre et si nous **serons** prêts à passer l'examen à la fin du mois.

Je me demandais si nous **pourrions** finir notre livre et si nous **serions** prêts à passer l'examen à la fin du mois.

● Dans les deux séries d'exemples, les verbes en caractères gras sont dans des propositions subordonnées. Très souvent, ces *propositions subordonnées* expriment le discours indirect. (Voir leçon 15, pages 370–371.)

● Dans la première colonne, ces verbes sont au *futur*. Ils dépendent des verbes principaux : **savons, espèrent, penser, dit, demandons, me demande...** qui sont au présent de l'indicatif.

● Dans la deuxième colonne, ces verbes sont au *conditionnel présent*. Ils dépendent des verbes principaux : **savions, espéraient, pensiez, a dit, avons demandé, me demandais...** qui sont au passé de l'indicatif (imparfait ou passé composé).

● Le conditionnel est employé dans une proposition subordonnée pour exprimer le *futur* en référence à un certain moment du passé. Quand le verbe principal est au *passé*, le *futur* est remplacé par le *conditionnel*.

Voilà quelques autres exemples :

Bob **dit** qu'il **écoutera** des disques après le dîner.
Ma sœur **déclare** qu'elle ne **sera** jamais professeur.
Je ne **sais** pas si je **comprendrai** les gens quand **j'irai** en France.
Nous **sommes** sûrs que Roger **deviendra** un jour célèbre.
Je **crois** que les étudiants **trouveront** cette décision juste.

Bob **a dit** qu'il **écouterait** des disques après le dîner.
Ma sœur **a déclaré** qu'elle ne **serait** jamais professeur.
Je ne **savais** pas si je **comprendrais** les gens quand **j'irais** en France.
Nous **étions** sûrs que Roger **deviendrait** un jour célèbre.
J'ai cru que les étudiants **trouveraient** cette décision juste.

GRAMMAIRE

PRATIQUE ORALE

A. *Changez la phrase en employant les sujets proposés.*

1. Si le semestre était fini, nous serions en vacances. (vous / je / les étudiants / on)
2. Si je savais plus de français, j'achèterais cette revue. (vous / nous / ma mère)
3. Si mes cousins habitaient en ville, je les verrais plus souvent. (nous / tu / vous)
4. On ne pourrait pas lire s'il n'y avait pas de livres. (nous / les étudiants / je / vous)
5. Irais-tu à Montmartre si tu étais à Paris ? (vous / le professeur / nous / vos parents)

B. *Donnez le conditionnel passé.*

1. Je me promènerais. 2. Il se reposerait. 3. Ils viendraient. 4. Nous nous amuserions. 5. Vous vous dépêcheriez. 6. Je m'en irais. 7. Il faudrait partir. 8. Tu verrais Londres. 9. Nous pourrions travailler. 10. Vous voudriez sortir.

C. *Répondez à la question selon l'exemple.*

Exemple : Que feriez-vous si vous ne saviez pas lire ?
Si je ne savais pas lire, je ne lirais pas.

1. Que feriez-vous si vous ne saviez pas écrire ?
2. Que feriez-vous si vous ne saviez pas danser ?
3. Que feriez-vous si vous ne saviez pas nager ?
4. Que feriez-vous si vous ne saviez pas faire la cuisine ?
5. Que feriez-vous si vous ne saviez pas parler français ?
6. Que feriez-vous si vous ne saviez pas répondre aux questions ?
7. Que feriez-vous si vous ne saviez pas conduire une auto ?
8. Que feriez-vous si vous ne saviez pas jouer au bridge ?

D. *Transformez la phrase selon l'exemple en employant* **devoir** *au conditionnel.*

Exemple : Il faut partir. (nous)
Nous devrions partir.

1. Il faut téléphoner à Jeanne. (nous) 2. Il faut lire cette revue. (vous) 3. Il faut publier cet article. (elle) 4. Il faut voir cette comédie. (tu) 5. Il faut prendre des billets. (vous) 6. Il faut acheter le programme. (je) 7. Il faut entreprendre des recherches. (on) 8. Il faut réduire les taxes. (le gouvernement) 9. Il faut consulter un dictionnaire. (nous) 10. Il faut avertir la police. (vous)

E. *Dites d'une manière plus polie selon l'exemple :*

Exemple : Voulez-vous m'aider ?
Voudriez-vous m'aider ?

1. Pouvez-vous me téléphoner ?   2. Voulez-vous me prêter votre livre ?
3. Je veux m'en aller.   4. Nous aimons mieux aller au cinéma.   5. Il veut se coucher.   6. Voulez-vous nous accompagner ?   7. Je voulais y aller en auto.   8. Ils préféraient dîner chez eux.

F. *Mettez les phrases au passé et employez un conditionnel présent.*

Exemple : Je sais que nos amis viendront.
Je savais que nos amis viendraient.

1. Je crois que Jacques partira mardi.   2. Nous pensons que cet étudiant réussira.   3. Ils sont sûrs que tu seras content.   4. Vous savez que nous verrons Brigitte.   5. Tu crois qu'elle finira ses études ?   6. Je suis certain que la situation s'améliorera.   7. Nous ne savons pas si on pourra jouer la pièce.   8. Elle se demande si les journaux publieront ses articles.

EXERCICES ORAUX OU ÉCRITS

1. a) *Donnez le conditionnel présent des verbes suivants.*

1. Nous le faisons.   2. Vous pouvez y aller et vous la voyez.   3. Ils l'apprennent et ils ne sont pas contents.   4. Il nous faut une plus grande maison.   5. Tu t'ennuies et tu veux partir.   6. Je m'en souviens.   7. Ils s'en vont plus tôt.   8. Nous leur envoyons ces livres et ils les reçoivent très vite.   9. Vous savez le faire.   10. Il vaut mieux leur téléphoner.

b) *Mettez le verbe entre parenthèses au temps et au mode appropriés selon le sens de la phrase.*

1. Si vous (faire) du sport, vous (être) en meilleure santé et vous ne (avoir) pas tous ces problèmes.   2. Si Anne ne (dépenser) pas tout son argent, elle (pouvoir) voyager plus souvent.   3. Beaucoup d'étudiants (obtenir) de meilleures notes s'ils (réfléchir) avant d'écrire et s'ils (relire) leurs devoirs.   4. S'il y (avoir) moins d'autos et moins d'usines, l'air (être) moins pollué.   5. Si nous (vivre) au 19e siècle, nous ne (connaître) ni la télévision ni le cinéma.   6. Les peuples (s'entendre)-ils mieux si tout le monde (parler) la même langue ?   7. Si les chiens (pouvoir) parler, nous (dire)-ils leur opinion sur les hommes ? Et s'ils nous la (dire), (être)-nous toujours fiers de nous ?   8. Je (faire) le tour du monde et je (connaître) beaucoup de pays si je (avoir) du temps et de l'argent.   9. Si notre société (consommer) moins de pétrole et d'électricité, la crise de l'énergie (ne pas exister) et la situation économique

(être) meilleure.   10. Si on (organiser) des voyages sur la lune, (décider)-vous d'y aller ?

2. a) *Mettez au conditionnel passé les phrases de l'exercice* **1. a)**.

   b) *Complétez les phrases en employant la forme correcte du verbe.*

   1. Si je ne (se coucher) pas si tard hier soir, je (pouvoir se lever) à l'heure ce matin.   2. Si vous me (dire) l'heure de votre arrivée, je (aller) vous attendre à l'aéroport.   3. Si les Américains (ne pas se révolter) contre l'Angleterre, les États-Unis (devenir)-ils une grande nation ?   4. Les ouvriers (ne pas obtenir) cette augmentation de salaire s'ils (ne pas faire) la grève.   5. Si leurs parents (s'aimer) davantage, ces enfants (être) plus heureux.   6. Il y (avoir) un accident si vous (ne pas ralentir) derrière l'autre voiture.   7. Si Maria (connaître) mieux cet homme au moment de son mariage, elle (ne pas se marier) avec lui.   8. Je (ne pas se tromper) si je (mieux comprendre) les explications du professeur. 9. L'été dernier, nous (aller vous voir) si nous (se souvenir) de votre adresse.

   c) *Finissez les phrases suivantes.*

   1. Si j'avais eu le temps pendant le week-end dernier, _____ .   2. Mes parents auraient été très contents si _____   3. Si nous avions des vacances maintenant, _____ .   4. Si quelqu'un m'invitait à faire le tour du monde, _____ .   5. Feriez-vous des études à l'université si _____ ?   6. Nous pourrions sortir ce soir si _____ .   7. Si vous partiez pour l'étranger _____ .   8. Je serais très heureux si _____ . 9. Si vous aviez quitté l'université plus tôt, _____ .   10. Il faudrait que je gagne ma vie si _____ .

3. a) *Transformez la phrase de manière à employer le verbe* **devoir** *au conditionnel présent ou passé pour donner un conseil ou exprimer un regret.*

   Exemple : Linda ne fait pas attention à sa santé.
              Linda **devrait** faire attention à sa santé.

   1. Anne parle sans réfléchir.   2. Vous vous baignez après avoir mangé.   3. Nous ne les invitons jamais.   4. Je ne vous ai pas téléphoné.   5. Nous sommes allés chez eux.   6. On s'occupe de l'opinion des gens.   7. Ils n'ont pas fait attention à leurs affaires.   8. Nous nous couchons après minuit.   9. Vous avez oublié votre appareil-photo.

   b) *Transformez la phrase de manière à employer* **devoir** *au conditionnel présent ou passé.*

   Exemple : Il serait préférable que vous finissiez vos études.
              Vous **devriez** finir vos études.

   1. Il serait préférable que vous réserviez des places au théâtre.   2. Il faudrait que nous nous donnions rendez-vous.   3. Il serait préférable que toutes les nations vivent en paix.   4. Il est regrettable qu'on montre

des films violents à la télévision.   5. Il aurait été préférable que je n'oublie pas son anniversaire.   6. Il vaudrait mieux que vous fumiez moins de cigarettes.   7. Il aurait fallu que nous lui écrivions plus tôt. 8. Il est regrettable que ses parents ne l'encouragent pas à continuer ses études.   9. Il vaudrait mieux que tu demandes ton passeport maintenant.   10. Il faudrait qu'on protège la nature contre la pollution. 11. Il aurait été préférable que nous nous souvenions de son adresse. 12. Serait-il préférable qu'on abolisse les examens ?

4. *Dites d'une manière moins directe ou plus polie.*

1. Je veux savoir la vérité.   2. Peux-tu m'aider à peindre ma chambre ? 3. Aimez-vous mieux partir en train ?   4. Quand pouvons-nous aller chez eux ?   5. Je préfère que vous me donniez votre réponse maintenant. 6. Mes voisins veulent s'en aller à la campagne.   7. Je voulais les inviter à dîner.   8. Paul préférait devenir professeur.   9. Nous aimions mieux aller à la discothèque.   10. Tu voulais les voir avant leur départ.

5. a) *Changez les phrases suivantes en mettant le verbe principal au passé (passé composé ou imparfait).*

1. Je me demande si nous arriverons à l'heure au théâtre.   2. Il est sûr que le film aura beaucoup de succès.   3. Nous espérons que vous nous accompagnerez au concert.   4. Je ne crois pas que les spectateurs aimeront cette pièce.   5. On nous dit que le spectacle commencera à huit heures.   6. Nous sommes certains que le stade sera plein pour le match de tennis.   7. Vous pensez que l'équipe de l'université gagnera le championnat ?   8. Tu espères que cette actrice obtiendra un « Oscar ».   9. Je ne sais pas si on présentera le film en version originale.   10. Nous sommes sûrs que tu comprendras le dialogue.

b) *Répondez aux questions par des propositions subordonnées. Faites les changements nécessaires.*

Exemple :   « Irez-vous au cinéma pendant le week-end ? »
— Qu'est-ce que Jacques vous a demandé ?
— Il **m**'a demandé **si** j'ir**ais** au cinéma pendant le week-end.

1.   « Serez-vous encore occupé(e) ce soir ? Resterez-vous chez vous ? »
— Qu'est-ce que votre ami vous a demandé ?
2.   « Jeannette et moi, nous étudierons ensemble pour préparer notre examen. Nous travaillerons très tard et nous ferons du bon travail. »
— Qu'est-ce que vous lui avez répondu ?
3.   « Je passerai mes vacances au bord de la mer avec mes amis. Nous nous amuserons beaucoup et nous visiterons des endroits intéressants. »
— Qu'est-ce que Yuki a dit au professeur ?

Stéphane Mallarmé, 1842-1898.

VINGT BIS

Une invitation

Lisez à haute voix la conversation suivante.

Jessica, Françoise, Wayne et Renato passent la soirée chez les Morin.

Mme Morin : Depuis longtemps nous voulions vous inviter à venir nous rendre visite dans notre mas dans le Var. Voulez-vous nous faire ce plaisir ?

Françoise : (*réaction de surprise*) Ce serait
5 merveilleux ! Mais nous craindrions° de vous déranger°.

M. Morin : Il est temps que vous voyiez la France des Français et pas seulement celle des touristes.

Jessica : Je m'excuse mais où est le Var ?

10 **M. Morin :** Dans le Midi, au-dessus de la Riviera, à quelques kilomètres de Cannes et de Nice.

Wayne : Qu'est-ce qu'un « mas » ?

Mme Morin : C'est un vieux mot provençal qui veut dire « ferme ». Il y a un moulin* que nous avons
15 tranformé en maison pour nos amis et une villa où nous habitons.

M. Morin : On vous donnerait le moulin où vous seriez très bien. Il y a même une cuisine.

Renato : Ce serait le rêve !

20 **Mme Morin :** Bien entendu, vous déjeuneriez et dîneriez avec nous dans la villa.

M. Morin : Le soir, si vous aviez la bougeotte,° il y aurait Nice et Cannes à côté.

Mme Morin : Mais pourquoi tous ces conditionnels !
25 Alors, c'est décidé. Vous allez venir, c'est tout.

* Voir photo à gauche.

Question de lecture

Lisez à haute voix le texte suivant.

On entend très souvent dire qu'il est regrettable que les jeunes gens d'aujourd'hui lisent moins qu'autrefois à cause de la télévision. On dit aussi, parfois, qu'on peut douter qu'ils sachent lire ou même écrire. Se peut-il qu'un jour vienne où personne ne lira plus ? où on n'aura plus besoin de lire ? L'ère° de la lecture sera-t-elle alors terminée ?

Il est douteux qu'une telle catastrophe culturelle puisse arriver. Il faudra toujours que les gens sachent lire, au moins un peu. Après tout, il faudra toujours qu'on puisse déchiffrer° les affiches° publicitaires, les signalisations° routières, les prix dans les magasins, les étiquettes° sur les produits commerciaux ; à la limite, il sera toujours indispensable qu'on sache lire et écrire son nom. Pourtant, ce genre de lecture est purement utilitaire ; il n'implique pas la lecture des œuvres littéraires, la lecture comme travail de culture. En quoi consiste ce travail ?

La peinture met le monde en couleurs et en formes, la musique en sons harmonieux ; la littérature, c'est le monde mis en mots et en phrases. Pourtant, les « mots » littéraires ne sont pas les mots que nous prononçons tous les jours pour dire que nous avons faim ou soif, qu'il faut que nous prenions l'autobus le matin à huit heures ou qu'il est dommage que nous ne puissions pas aller au cinéma ce soir. Un « mot littéraire » n'est pas seulement un « mot » : c'est aussi un « symbole ». Si je dis « colombe », je pense à un oiseau et aussi à la paix° ; si je dis « drapeau », je vois le drapeau étoilé° ou tricolore et je pense « États-Unis » ou « France » ; si je dis « beauté », je pense, peut-être, à une femme très belle ou à une symphonie de Mozart ou au David de Michel-Ange. Il se peut aussi que je pense au poème *La Beauté* de Baudelaire.

Avec ces mots-symboles, les écrivains font de la littérature. En se servant du langage de tout le monde, l'écrivain le transforme : il en fait un instrument d'expression plus personnelle et aussi plus universelle. Les écrivains ont toujours été très conscients de ce caractère ambivalent du langage littéraire. Paul Valéry appelait la poésie « un langage dans un langage » ; Jean-Paul Sartre disait : « On parle dans sa propre langue ; on écrit toujours en langue étrangère ».

ÉCHELON

VINGT ET UN

1
Il est dommage que la France **ait vendu** la Louisiane en 1803.
Il est remarquable que les Américains **soient devenus** un peuple libre en 1776.

2
Je prépare le dîner maintenant **pour que** nous **puissions** bavarder plus tard.
Nous avons quitté le stade **avant que** le match **finisse**.

3
Nous ne savons pas **ce que** Bob et André voudront voir à Paris.
Ils nous diront **ce qui** les intéresse et **ce dont** ils ont envie.

4
Chaque province française a ses propres caractéristiques.
Chacune a son histoire et ses particularités.
Aucune ne ressemble aux autres.

5
Il y avait **quelques** personnes dans le métro.
Quelques-unes lisaient ; d'autres bavardaient avec leurs voisins.

Pol de Limbourg, début du 15ᵉ siècle, « Mois de mai »

DÉVELOPPEMENT GRAMMATICAL

1 Il est dommage que la France **ait vendu** la Louisiane en 1803.
Il est remarquable que les Américains **soient devenus** un peuple libre en 1776.

Comparez :

Vous avez accepté de nous accompagner à Versailles.

Je suis ravi(e) que vous **ayez accepté** de nous accompagner à Versailles.

Valérie ne nous a pas annoncé son mariage.

Nous sommes surpris que Valérie ne nous **ait** pas **annoncé** son mariage.

Tu as fait du ski en Suisse.

Tes amis sont contents que tu **aies fait** du ski en Suisse.

Mes parents ont pris des vacances et ils sont allés en Europe.
Nous sommes arrivés en avance pour la représentation.

Il est bon que mes parents **aient pris** des vacances et qu'ils **soient allés** en Europe.
Il vaut mieux que nous **soyons arrivés** en avance pour la représentation.

Janine ne s'est pas habituée à son nouveau poste.

Il est dommage que Janine ne **se soit** pas **habituée** à son nouveau poste.

Vous vous êtes ennuyé(e) pendant les vacances.

Votre mère est désolée que vous **vous soyez ennuyé(e)** pendant les vacances.

Nous avons fait connaissance et nous nous sommes parlé pendant cette soirée.

Il est bien possible que nous **ayons fait** connaissance et que nous **nous soyons parlé** pendant cette soirée.

● Les verbes soulignés sont au *subjonctif passé*. Le subjonctif passé est un temps composé qu'on emploie dans la conversation et dans la correspondance.

> subjonctif passé = subjonctif présent de **avoir** / **être** + participe passé

Les verbes qui se conjuguent avec **être** aux temps composés de l'indicatif se conjuguent aussi avec **être** au subjonctif passé.

● Voilà, par exemple, le passé du subjonctif des verbes **faire** et **aller**.

que j'	**aie fait**	un voyage	que je	**sois allé**	à Paris
que tu	**aies fait**	un voyage	que tu	**sois allé(e)**	à Paris
qu'il (elle, on)	**ait fait**	un voyage	qu'il (elle, on)	**soit allé(e)**	à Paris
que nous	**ayons fait**	un voyage	que nous	**soyons allé(e)s**	à Paris
que vous	**ayez fait**	un voyage	que vous	**soyez allé(e)s**	à Paris
qu'ils (elles)	**aient fait**	un voyage	qu'ils (elles)	**soient allé(e)s**	à Paris

NOTEZ : Les verbes pronominaux sont conjugués aussi avec **être** au passé du subjonctif.

> Exemples : Je suis content(e) que **vous vous soyez bien amusé(e)(s)**.
> Le professeur était mécontent que **nous nous soyons servi(e)s** de ce dictionnaire.
> Je regrette qu'il **ne se soit pas souvenu** de mon adresse.
> Il est possible que je **me sois trompé(e)** de date.

L'accord du participe passé est le même qu'à l'indicatif. (Cf. leçons 12, 13, 18, pp. 286–287, 325, 459–460.)

● Le *passé du subjonctif* indique qu'une action a été faite à un moment du passé, c'est-à-dire dans le passé par rapport au moment où on parle.

> Exemples : Je suis heureux (maintenant) que vous **ayez réussi** à votre examen (la semaine dernière).
> Nous sommes étonné(e)s que nos amis n'**aient** pas **téléphoné** hier soir.
> Je doute qu'elle **soit venue** pendant notre absence.

Le passé du subjonctif indique aussi qu'une action est complètement finie à un certain moment.

> Exemples : Il faut que j'**aie fini** cet article ce soir.
> Son père veut qu'elle **soit rentrée** à minuit.

● Remarquez la différence entre l'emploi de l'*indicatif passé* et du *subjonctif passé*.

Je suis certain(e) que **nous nous sommes rencontré(e)s**.	Je doute que **nous nous soyons rencontré(e)s**.
Il est probable que **je me suis trompé(e)**.	Il est possible que **je me sois trompé(e)**.
Son père croit que Suzanne **a réussi**.	Son père est content que Suzanne **ait réussi**.

(Cf. leçon 17, pp. 434–440, emploi de l'indicatif ou du subjonctif.)

Je prépare le dîner maintenant **pour que** nous **puissions** bavarder plus tard.
Nous avons quitté le stade **avant que** le match **finisse**.

Étudiez les phrases suivantes :

Je voudrais lire quelques livres sur la France **avant que** nous (ne) **partions** le mois prochain.

Je vous en prêterai **pour que** vous **puissiez** profiter complètement de votre séjour. Combien de temps resterez-vous en France ?

Nous y resterons **jusqu'à ce que** nous **soyons** fatigués de vivre à l'étranger ou **(jusqu'à ce) que** nous n'**ayons** plus d'argent. **Bien que** nous **nous intéressions** surtout à Paris, nous voyagerons aussi en province **pourvu que** nous **puissions** louer une petite voiture.

Ce sera facile. Et c'est une excellente idée ! Il est difficile de bien connaître la province française sans voiture... **à moins que** vous **ayez** des amis dans beaucoup de villes. Je vous apporterai ces livres sur la France le plus vite possible **afin que** vous **ayez** le temps de les lire avant votre départ.

● On emploie le subjonctif après certaines conjonctions de subordination.
Voici les principales conjonctions de subordination qui sont suivies du subjonctif.

Avant que et **jusqu'à ce que** indiquent une idée de *temps.*

Ma mère m'a téléphoné **avant que** vous (ne) **veniez** me voir.*
Je vous attendrai **jusqu'à ce que** vous **ayez fini** votre travail.

Pour que = **afin que** indiquent un idée de *but.*

Vos amis vous accompagneront à l'aéroport **pour que** vous ne **soyez** pas seul(e).
Je vais appeler un taxi **afin que** vous n'**arriviez** pas en retard à ce rendez-vous.

Sans que indique une idée de *restriction.*

Mon frère a pris cette décision **sans que** mes parents **sachent** pourquoi.

*ATTENTION : Dans la langue très soignée et dans la langue littéraire, on trouve **ne** devant le verbe qui suit **avant que** et **à moins que**. Ce mot **ne** n'a pas de sens négatif : avant que vous **ne** partiez; à moins que vous **ne** préfériez.

Bien que = quoique indiquent une idée de *concession* ou de *contraste*.

Paul a acheté une nouvelle voiture **bien qu'**il n'**ait** pas beaucoup d'argent.
Mon père fume **quoiqu'**il **sache** que les cigarettes sont mauvaises pour la santé.

A moins que et **pourvu que** indiquent une idée de *condition*.

Nous assisterons à ce concert **à moins que** nous ne **puissions** pas trouver de places.
Nous assisterons à ce concert **pourvu que** nous **puissions** trouver des places.

NOTEZ : Toutes les conjonctions de subordination ne sont pas suivies par le subjonctif.

Exemples : Je vous demande une explication **quand** je ne **comprends** pas.
Je vous ai téléphoné **parce que** je **voulais** vous parler.
Je lirai le journal **pendant que** vous **finirez** votre travail.

NOTEZ : Dans les cas suivants, employez une préposition + *infinitif* (à la place du subjonctif) quand les deux *verbes* ont le *même sujet*.

Exemples : Nous ferons le plein d'essence **avant de partir.**
André fera des économies **pour payer** son billet d'avion.
Je vous écrirai **afin de** vous **annoncer** mon arrivée.
Jack est parti **sans dire** au revoir à personne.

---

3   Nous ne savons pas **ce que** Bob et André voudront voir à Paris.
Ils nous diront **ce qui** les intéresse et **ce dont** ils ont envie.

Étudiez les phrases suivantes :

Elle achète **ce qui** lui plaît. C'est en général **ce qui** est le plus cher !
Je vais vous dire **ce qui** m'intéresse : l'art, la musique et les voyages.

Ma sœur ne sait pas **ce qu'**elle veut faire dans la vie ; mais elle sait très bien **ce qu'**elle ne veut pas faire : être professeur ou travailler dans un bureau.

Nous avons dit à la police **tout ce que** nous savions à propos de cet accident.

Il faut que vous nous disiez **ce dont** vous avez besoin.

Mes vacances chez mes grands-parents : c'est **ce dont** je me souviens le mieux.

● Ce + $\begin{bmatrix} \textbf{qui} \\ \textbf{que (qu')} \\ \textbf{dont} \end{bmatrix}$ (pronoms relatifs) ont le sens de $\begin{bmatrix} \text{la chose (les choses) } \textbf{qui} \\ \text{la chose (les choses) } \textbf{que} \\ \text{la chose (les choses) } \textbf{dont} \end{bmatrix}$

Ces expressions ont une valeur tout à fait indéfinie. On les emploie pour les choses seulement. **Tout** (pronom neutre) (voir leçon 13, pp. 322−323) précède souvent les expressions **ce qui, ce que** et **ce dont**.

PRONOMS DÉMONSTRATIFS

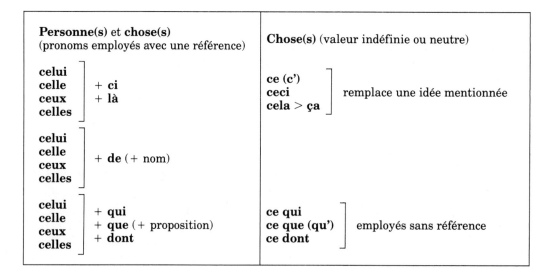

Personne(s) et chose(s) (pronoms employés avec une référence)		**Chose(s)** (valeur indéfinie ou neutre)	
celui **celle** **ceux** **celles**	+ **ci** + **là**	**ce (c')** **ceci** **cela** > **ça**	remplace une idée mentionnée
celui **celle** **ceux** **celles**	+ **de** (+ nom)		
celui **celle** **ceux** **celles**	+ **qui** + **que** (+ proposition) + **dont**	**ce qui** **ce que (qu')** **ce dont**	employés sans référence

(Voir leçon 18, pp. 463−465.)

4   **Chaque** province française a ses propres caractéristiques.
Chacune a son histoire et ses particularités.
Aucune ne ressemble aux autres.

Comparez :

Dans un avion, **chaque** passager est assis à sa place.

Chaque voyageur a des bagages.

Chaque artiste voit le monde d'une manière différente.
Chaque nation devrait être libre.
Dans ma rue, il y a un jardin devant **chaque** maison.
J'apprends beaucoup de choses dans **chaque** classe.

Chacun attache sa ceinture pendant le décollage et pendant l'atterrissage.
On enregistre les bagages de **chacun.**
Chacun a son style ; il faut apprécier les qualités de **chacun.**
Chacune devrait avoir ses propres lois.
Chacune a un garage.

Je m'intéresse à **chacune.**

● **Chaque** est un adjectif indéfini singulier. Employez un nom après **chaque.**
Chacun, chacune sont des pronoms indéfinis. Employez **chacun** et **chacune** comme sujets ou comme compléments. Ces pronoms représentent toujours le singulier.

Comparez :

Chaque être humain fait des erreurs.
A l'examen, j'ai répondu à **chaque** question.

Tous les cours de vacances étaient intéressants à Montpellier.
J'ai vu **beaucoup de** films l'année dernière.
Nous avons trouvé **toutes** nos valises en arrivant à Londres.

Aucun être humain **n'**est parfait.
Aucune question **n'**était vraiment difficile.

Aucun ne m'a semblé ennuyeux.

Aucun n'était excellent à mon avis.
Aucune n'était perdue.

Anne a voulu prendre des photos de **chaque** petite ville que nous avons traversée.

Je crois qu'**aucune ne** présentait beaucoup d'intérêt.

● **Aucun**
  Aucune ⎤ + nom singulier sont des adjectifs indéfinis qui ont un sens négatif. Employez **ne** devant le verbe de la phrase.

  Aucun
  Aucune ⎤ + **ne** + verbe sont des pronoms indéfinis qui ont un sens négatif.

Ces expressions correspondent négativement à **chaque** (+ nom), **chacun, chacune, tous, toutes,** etc.

NOTEZ : On peut aussi employer **chacun(e)** / **aucun(e)** avec un complément. Dans ce cas, on n'a pas besoin de référence.

> Exemples : J'ai parlé à **chacun de** mes invités (**chacune de** mes invitées).
> **Aucun de** mes amis (**aucune de** mes amies) **n'**a pensé à mon anniversaire.

POSITIF	NÉGATIF
chaque (+ nom singulier) **tous** / **toutes** (les, mes, ces, etc.) (+ nom pluriel)	**aucun** / **aucune** (**ne**) (+ nom singulier)
chacun / **chacune** (dans une proposition) **tous** / **toutes**	**aucun** / **aucune** (**ne**) + verbe

---

5 Il y avait **quelques** personnes dans le métro.
Quelques-unes lisaient ; d'autres bavardaient avec leurs voisins.

Comparez :

J'ai lu **quelques** romans de Balzac.

Quelques-uns m'ont beaucoup intéressé(e).

Dans cette ville, **quelques maisons** datent du 17e siècle. Nos voisins sont des gens sympathiques. Valérie voit souvent ses amies.	**Quelques-unes** sont beaucoup plus anciennes. **Quelques-uns** nous ont invités à un grand pique-nique. **Quelques-unes** habitent dans son quartier.

● **Quelques** (+ un nom pluriel) est un adjectif indéfini qui indique une petite quantité de personnes ou de choses.

● **Quelques-uns**
   Quelques-unes ⎤ sont des pronoms indéfinis qui indiquent une petite quantité de personnes ou de choses déjà mentionnées.

NOTEZ : On peut aussi employer **quelques-uns** / **quelques-unes** avec un complément. Dans ce cas, on n'a pas besoin de référence.

Exemples : J'ai prêté **quelques-uns de mes livres** sur la France à Paul.
Quelques-uns de ses amis l'ont accompagné(e) à l'aéroport.
Nous avons visité **quelques-unes des églises** de la région.
J'ai parlé à **quelques-uns** de vos amis.

PRATIQUE ORALE

A. *Changez la phrase en employant les sujets proposés.*

1. Il est dommage que je les aie invités. (nous / vous / mes parents / Robert)
2. Il vaut mieux que tu sois venu(e) en auto. (vous / nous / vos amis / je)
3. Il est possible que je me sois trompé(e) de date. (nous / tu / Janine / vous / Pierre et Jean)

B. *Répondez affirmativement en employant* **chacun de** / **chacune de**.

Exemple : Avez-vous vu tous ces monuments ?
Oui, j'ai vu **chacun de** ces monuments.

1. Avez-vous lu tous ces romans ?
2. Avez-vous corrigé toutes ces fautes ?
3. Votre père a-t-il visité toutes ces villes ?
4. Valérie a-t-elle répondu à toutes ces questions ?

5. Avez-vous écrit à tous vos amis ?
6. André a-t-il dansé avec toutes les jeunes filles ?
7. Vous êtes-vous bien amusé(e) à toutes ces soirées ?
8. Vos parents se sont-ils souvenus de tous leurs voyages ?

C. *Répondez négativement en employant* **aucun / aucune.**

Exemple : Tous les passagers fumaient ?
Aucun passager **ne** fumait.

1. Tous les étudiants ont compris la question ?
2. Tous les professeurs étaient américains ?
3. Toutes les classes étaient en anglais ?
4. Toutes les excursions étaient gratuites ?
5. Tous les journaux ont parlé de l'accident ?
6. Toutes les pièces de théâtre étaient difficiles à comprendre ?
7. Toutes les chambres d'hôtels étaient libres ?
8. Tous les passagers parlaient français ?

D. *Répondez négativement en employant* **aucun de / aucune de.**

Exemple : Connaissez-vous tous ces films ?
Non, je **ne** connais **aucun de** ces films.

1. Lirez-vous tous ces journaux ?
2. Avez-vous vu toutes ces églises ?
3. Votre frère pratique-t-il tous ces sports ?
4. Vos cousins iront-ils dans tous ces musées ?
5. Sommes-nous passés dans toutes ces rues ?
6. Avez-vous visité tous ces pays ?
7. Picasso a-t-il peint tous ces tableaux ?
8. Avez-vous assisté à tous ces spectacles ?

EXERCICES ORAUX OU ÉCRITS

1. a) *Donnez le subjonctif passé des verbes suivants. Employez* **il est possible, il se peut** *ou* **il est dommage** *(selon le sens) devant chaque phrase.*

1. François ne s'est pas souvenu de votre numéro de téléphone. 2. Vous avez oublié la clé dans votre voiture. 3. Nous sommes arrivés trop tard pour voir le musée. 4. La France a perdu ses colonies d'Amérique. 5. Je n'ai pas compris votre question. 6. Nous nous sommes vus il y a un an. 7. Mon père nous en a parlé. 8. On a mal traduit cette phrase. 9. Je ne lui ai jamais écrit. 10. Valérie a été malade pendant tout le voyage. 11. Nous y sommes allés en autobus. 12. Les parents ne se sont jamais occupés des problèmes de leurs enfants.

b) *Complétez les phrases suivantes en employant le verbe proposé au passé du subjonctif ou au passé composé de l'indicatif selon le cas.*

1. Je regrette que tu (être) trop occupé(e) et que tu ne (finir) pas ce travail.   2. Alex est sûr que ses parents lui (écrire), mais il n'est pas certain qu'ils lui (envoyer) de l'argent.   3. Je suis content(e) que vous lui (parler), mais je crois qu'elle ne (écouter) pas vos conseils.   4. Il se peut que vos amis (se tromper) d'adresse et que leur lettre ne (arriver) pas.   5. Nous sommes heureux que vous (pouvoir se distraire) et que vous (aller) souvent au théâtre.   6. Tu espères que ton amie Michèle (bien s'amuser) ; mais tu as peur qu'elle (s'ennuyer) à cette soirée. 7. Je sais que vous (visiter) le Louvre ; je doute que vous (avoir) le temps d'y aller plusieurs fois.   8. Mes parents sont surpris que mon frère (accepter) ce poste en Afrique ; ils pensent qu'il (être) obligé de l'accepter.   9. Il est dommage que tu ne (devenir) pas membre de ce club de tennis.   10. Il est évident qu'ils (se servir) d'un dictionnaire ; il est regrettable qu'ils ne (savoir) pas s'en servir.   11. Charles est désolé que ses parents (se débarrasser) de ces vieux meubles ; il dit que les vieux meubles (prendre) beaucoup de valeur.

2. *Composez des phrases complètes avec les éléments proposés en employant une des conjonctions étudiées. Faites les changements nécessaires.*

Exemple : Je vous téléphone / vous me donnez votre avis.
Je vous téléphone **pour que** vous me **donniez** votre avis.

a) 1. Je ferai les courses / vous aurez le temps de lire votre journal. 2. Nous continuerons à recevoir cette revue / notre abonnement finira. 3. Les enfants appréciaient les bandes dessinées / les grandes personnes se sont mises à les lire.   4. On a inventé la radio et la télévision / les nouvelles du monde arrivaient lentement.   5. On ne vous prêtera pas de livres dans une bibliothèque / vous présentez une carte d'identité. 6. On s'est servi de mots français en anglais / des expressions anglaises sont employées en français.   7. Nous lirons cet article du *Figaro* très attentivement / vous le comprendrez.   8. Nous ne pouvons pas étudier le vocabulaire / le professeur a expliqué le sens des mots.

b) Nous irons au stade / il ne fait pas beau.   2. Vous ferez des progrès / vous êtes patient(e) et persévérant(e).   3. Je garderai ces revues / vous en avez besoin.   4. Je n'achète pas beaucoup de livres de poche / on ne les vend pas cher.   5. Samuel Beckett écrit très bien en français / il n'est pas né en France.   6. Nous verrons ce match de tennis / il n'y a plus de places.   7. François veut rester en France / il a dépensé tout son argent.   8. Il pourra y rester / ses parents veulent bien lui envoyer un chèque.

c) *Employez le verbe au mode et au temps appropriés.*

1. Reposez-vous ici jusqu'à ce que je (revenir).   2. J'appellerai un taxi pour que vous ne (arriver) pas en retard à l'aéroport.   3. Mon frère viendra vous voir aussitôt que ses examens (être) finis.   4. Votre mère

vous (envoyer) un chèque afin que vous ne (manquer) pas d'argent.
5. Nous ne dînons jamais avant que mon père ne (revenir).   6. Vous
lui annoncerez cette nouvelle quand vous le (voir).   7. Ma sœur lisait
le journal pendant que mon frère (écouter) des disques.   8. Le professeur parle distinctement afin que tout le monde le (comprendre).   9. Voici
de l'argent pour que vous (pouvoir) prendre votre billet d'avion.
10. Attendez-moi jusqu'à ce que je (finir) mon travail.   11. Bien que
les programmes de télévision (être) souvent sans intérêt, beaucoup de
gens les regardent parce qu'ils ne (vouloir) pas faire l'effort de lire.
12. Tom ne pourra pas vendre sa vieille voiture à moins qu'il la (repeindre)
et qu'il (faire) beaucoup de réparations.

3. *Complétez les phrases par* **ce qui, ce que** *ou* **ce dont**.

1. Croyez-vous tout _____ Jacques raconte ? Je me demande _____ est
vrai et _____ il invente.   2. Le journal répète _____ les autres journaux ont dit ; en réalité personne ne sait _____ est arrivé la nuit de l'accident.   3. Nous avons eu une discussion sur les « soucoupes volantes »
(UFOs) ; c'est _____ je me souviens.   4. Beaucoup de gens sont mé-
contents de leur vie ; très souvent, ils ne savent ni _____ ils veulent ni
_____ est bon pour eux.   5. Vous a-t-on donné tout _____ vous aviez
besoin ? — Oui, j'ai eu tout _____ il me fallait.   6. Ma sœur a choisi
_____ elle avait envie; c'était aussi _____ était le plus cher.   7. Dites-
moi _____ vous préférez faire et _____ vous plaît.   8. Je mets dans le
refrigérateur _____ je ne me sers pas pour le repas.   9. Vous ne m'avez
pas dit _____ vous intéresse. N'oubliez pas de m'apporter _____ vous
m'avez promis.   10. Nous ne comprenions pas _____ nos amis voulaient dire et _____ ils parlaient.

4. **a)** *Remplacez les mots en italique par* **chaque, chacun** *ou* **chacune** *et faites
les changements nécessaires.*

1. J'avais invité mes amis ; *tous* sont venus avec un cadeau.   2. *Tous
les* étudiants vont au laboratoire et *tous* font des exercices.   3. *Tous
les* Français désirent posséder leur maison.   4. Il y a des fautes dans
toutes les phrases.   5. C'est vrai, mais *toutes* sont compliquées.
6. *Toutes les* maisons de la ville ont un jardin. *Toutes* ont une piscine.
7. On trouve des coutumes particulières dans *tous les* pays.   8. *Tous*
ont leurs propres lois.   9. Quand Paul était en France, il pensait à ses
amis ; il a envoyé des cartes postales à *tous*.

b) *Remplacez les mots* **tous** (**toutes**), **chaque**, *par* **aucun(e)**. *Faites les
changements nécessaires. Attention :* **aucun(e)** *est une forme négative.*

1. Chaque étudiant a compris l'explication.   2. Chaque banque est
ouverte le dimanche.   3. Chaque passager fume quand l'avion décolle.
4. Chaque voyageur avait dix valises.   5. Tous les membres de l'équipage étaient en retard.   6. Tous les avions sont partis à l'heure.
7. Tous les Français mangent la salade verte au début du repas.
8. Toutes les classes sont ennuyeuses.   9. Tous les monuments histo-

riques intéressent Anne.   10. Tous les amis de Barbara sont venus à l'aéroport.

5. *Complétez les phrases par* **quelques** *ou* **quelques-uns / quelques-unes.**

1. J'ai acheté _____ disques ; mais _____ ne me plaisent pas.   2. En France, on organise _____ festivals de musique chaque année.   3. A Paris, _____ théâtres restent ouverts pendant l'été ; on peut voir des pièces classiques dans _____ des théâtres de la capitale.   4. Molière a joué _____ de ses meilleures pièces à Versailles devant le roi. 5. On a créé des centres d'art dramatique dans _____ villes de province. 6. _____ auteurs français ou étrangers ont influencé les idées sur le théâtre.   7. Si vous avez besoin de _____ adresses d'hôtels, je peux vous en donner _____ .   8. Je vous apporte _____ revues françaises ; _____ sont assez intéressantes.   9. Le français est la langue officielle dans _____ pays d'Afrique ; _____ de ces pays sont d'anciennes colonies françaises.   10. _____ auteurs dramatiques d'origine étrangère écrivent leurs œuvres en français ; _____ sont devenues très connues.

Pol de Limbourg, 15ᵉ siècle, détail, « Mois de juin »

VINGT ET UN BIS

Les châteaux de la Loire

Lisez à haute voix la conversation suivante.

*Nos jeunes gens s'en vont dans le car en direction de
Lyon. Ils parlent des châteaux de la Loire qu'ils
viennent de visiter.*

Jessica : Dommage que nous n'ayons pas pu rester
plus longtemps.
Wayne : C'était très beau quoique j'aie une véritable
indigestion de châteaux.
5 **Françoise :** Je sais ce que vous voulez dire. Il y en a
tant ; et chacun a son histoire, son charme spécial.
Renato : Heureusement, j'ai mes photos. Pourvu
qu'elles soient bonnes !
Jessica : Je reviendrais volontiers une autre fois à
10 condition de pouvoir louer une voiture.
Wayne : Bien que j'aie un peu étudié l'histoire de
l'architecture, j'avoue° n'avoir jamais bien compris la
différence entre le style médiéval et le style
Renaissance.
15 **Renato :** Il faut que cela ait été une lente évolution.
Chinon et Langeais sont encore très médiévaux.
Wayne : J'ai été très impressionné par Chinon à
cause de Jeanne d'Arc et Charles VII.
Françoise : Quoiqu'ils soient tous intéressants,
20 quelques-uns de ces châteaux sont plus intéressants
que les autres. Moi, je préfère Blois et Chenonceaux.*
Renato : Ce dont je me souviendrai toujours, ce sont
ces énormes cheminées où on pouvait brûler un arbre
tout entier.
25 **Jessica :** La Renaissance est sympathique. Les gens
réinventaient leur culture.
Renato : Bien sûr ; grâce à l'influence italienne !

* Voir photo à gauche.

Le Moyen Âge

Le Moyen Âge est une longue période de temps qui va de la chute de Rome en 476 jusqu'à la prise° de Constantinople en 1453. C'est une période d'à peu près mille ans qui se situe entre l'Antiquité et la Renaissance. C'ést pendant cette période que les futures nations

5 européennes se sont forgées. Les Francs, peuple germanique, allaient maintenant jouer un grand rôle dans la réorganisation politique et sociale de l'Europe en créant le Saint Empire romain germanique qui remplacerait l'autorité disparue de l'Empire romain. Lorsque, en 843, Charles le Chauve,° petit-fils de Charlemagne, a hérité de la partie occidentale de ce nouvel empire, la

10 France, avec sa langue, faisait son apparition dans l'histoire.

Pourtant, la France d'alors était loin d'être le pays auquel nous donnons ce nom aujourd'hui. En 843, c'était un groupe de seigneuries° qui se considéraient comme égales et qui élisaient° leur roi selon la tradition germanique. Il fallait attendre encore 150 ans pour que ces Francs deviennent des « Français ».

15 En 987 Hughes Capet, qui ne parlait ni allemand ni latin mais seulement français, est élu roi de France et fonde la dynastie capétienne, qui durera jusqu'à la Révolution française.

Quoique Hughes Capet soit devenu roi de France, le domaine royal n'était qu'une petite région au sud de Paris dont la ville d'Orléans était la capitale.

20 C'était de ce petit domaine que les rois capétiens allaient faire la France. A coups° de guerres tantôt agressives tantôt défensives, parfois à coups d'intrigues et de trahisons, ils ont agrandi leurs possessions jusqu'à ce que celles-ci aient atteint,° à la fin du Moyen Âge, a peu près les dimensions de la France moderne.

25 Pour un esprit moderne cette période de l'histoire de France est confuse, difficile à comprendre. C'est que nous ne comprenons plus les pays en termes de « possessions » et de « familles ». Nous ne comprenons plus ce monde où un mariage ou un divorce pouvait changer la face de l'Europe. Un seul exemple : en 1137, Louis VII a épousé Éléonore d'Aquitaine. Ce mariage a été annulé en

30 1152 et, presque immédiatement, Éléonore a épousé Henri, duc de Normandie et comte d'Anjou, du Maine et de Touraine. Or,° en 1154 Henri est devenu roi d'Angleterre : le voilà maintenant maître d'un royaume qui va de l'Écosse jusqu'aux Pyrénées. C'était aussi le commencement de guerres, d'invasions, d'occupations de la France par l'Angleterre jusqu'à ce que, en 1429, Jeanne

d'Arc ait délivré la ville d'Orléans, assiégée par les Anglais et qu'elle ait fait couronner° le dauphin° à Reims la même année. Jeanne a été livrée° aux Anglais qui l'ont brûlée vive en 1431 sans que le roi de France, Charles VII, soit intervenu en sa faveur.

5   Ce qui pour un esprit moderne caractérise toute l'époque médiévale ce sont les cathédrales gothiques avec leurs rosaces° et leurs vitraux°. Mais il n'y a pas que les cathédrales : il y a aussi la philosophie scolastique, la théologie, la sculpture, la peinture, le plain-chant° en musique, les belles enluminures° des manuscrits. Il y a aussi, bien entendu, la littérature : les chansons de geste,
10 les romans courtois, le théâtre, la poésie satirique, la poésie lyrique avec, cette fois-ci, un nom connu aujourd'hui dans le monde entier : François Villon.

     Les chansons de geste sont de longs romans en vers qui racontent les exploits de Charlemagne et d'autres héros du Moyen Âge. On les appelle aussi des épopées. *La Chanson de Roland,* écrite entre 1100 et 1125, est le plus célèbre
15 de ces poèmes.

     Les romans courtois sont d'une autre inspiration : ils racontent des histoires psychologiques et sentimentales. D'origine méridionale° par le thème de la « courtoisie »,° ces romans lancent la grande tradition de l'amour lyrique et idéalisé. Il ne s'agira° plus ici du roi Charlemagne, mais d'un autre roi légen-
20 daire, Arthur, pris dans la mythologie de la Bretagne et, avec lui, la reine° Genièvre, le chevalier° Lancelot, le roi Marc, Tristan et Iseut. Ces romans restent remarquables par la nouvelle sensibilité qu'ils expriment : les rapports entre les sexes s'affinent°, la moralité devient plus civilisée, le fantastique se cultive pour lui-même. Mais surtout le rôle des femmes a changé. A peine°
25 mentionnées dans les chansons de geste, elles sont maintenant sur le devant de la scène et ne contribuent pas moins que les hommes à l'action du jeu.

     Le théâtre médiéval liturgique est sorti de l'Église. Se jouant maintenant sur le parvis° des cathédrales, les histoires de la Bible, les drames liturgiques de Noël et de Pâques prennent vie et forme. Bientôt un véritable théâtre naîtra,
30 un théâtre de *mystères* et de *miracles* dont le *Jeu de la Passion,* donné tous les dix ans par la ville d'Oberammergau en Allemagne, est encore aujourd'hui une survivance. Il y avait aussi un théâtre satirique dont le *Jeu d'Adam* (12ᵉ siècle) est un intéressant exemple. Écrit par un clerc anonyme, il raconte la chute° d'Adam et d'Ève, le meurtre° d'Abel par Caïn et annonce l'avènement° du Christ.
35 La scène de la tentation d'Ève par le Diable peut encore nous amuser. C'est la première pièce de théâtre écrite en langue française.

     Il y avait aussi une poésie satirique : les fabliaux. Ce sont des contes° en vers humoristiques destinés à un public bourgeois. Il s'y agit surtout de femmes infidèles, de maris trompés, de mauvais prêtres, de paysans° rusés°.

40   Le plus grand poète médiéval français est François Villon (1431–vers 1465). Tous les thèmes du Moyen Âge finissant se trouvent réunis dans ses deux œuvres : *Le Petit Testament* et *Le Grand Testament.* Cette poésie chante

la tragédie de l'existence humaine à une époque où la vie était courte et les mœurs violentes. Sans cesse° reviennent, dans des vers extraordinaires, son obsession de la mort, son angoisse devant la fuite du temps et l'impuissance humaine.

5   C'est au Moyen Âge et surtout au 13ᵉ siècle que la France connaîtra son premier âge d'or. Déjà par les croisades le français était devenu une langue internationale. Un savant italien, Brunetto Latini, professeur de Dante, a écrit son *Trésor* en français parce que, disait-il, « le parler de France est plus délectable et commun à toutes gens. » L'Université de Paris, créée vers 1250, est
10   devenue rapidement la première université d'Europe. A la fin du 13ᵉ siècle ses maîtres reçoivent du Pape Nicolas IV le privilège d'enseigner par toute la terre sans nouvel examen. Cela faisait de la faculté de théologie de la Sorbonne l'équivalent du Saint° Office. C'est aussi au 13ᵉ siècle que la France fait son acquisition territoriale la plus importante : les rois de France réduisent les
15   Cathares° en Languedoc, détruisent la civilisation provençale et gagnent un accès à la Méditeranée.

Pour illustrer cette période de la littérature française, nous avons traduit en français moderne la scène de la tentation d'Ève du *Jeu d'Adam.*

La Tentation d'Ève

20   **Le Diable :** Ève, viens là que je te parle.
Ève : A moi, Satan ? Pourquoi donc ?
Le Diable : Je cherche ton profit et ton bien.
Ève : Que Dieu t'entende !
Le Diable : N'aie pas peur. Je connais depuis longtemps les secrets du paradis.
25   Je vais t'en dire quelque chose.
Ève : Alors parle, si tu veux que je t'écoute !
Le Diable : Tu me garderas le secret ?
Ève : Je le jure[1].
Le Diable : Alors, je te fais confiance. Ta parole me suffit.
30   **Ève :** Tu peux me croire.
Le Diable : Tu as été à bonne école, toi ! J'ai vu Adam. Il est fou !
Ève : Il est un peu dur[2].
Le Diable : Il est plus dur que le fer[3] !
Ève : Oh ! Il est noble !
35   **Le Diable :** Non. C'est un vilain[4] ! S'il ne veut pas penser à lui, au moins qu'il pense à toi ! Toi, tu es une faiblette[5] et tendre chose, plus fraîche que n'est une rose. Tu es plus blanche que le cristal, que la neige qui tombe sur la glace[6].

[1] affirmer au nom de Dieu   [2] résistant, rigide comme le métal   [3] métal très dur de couleur grise   [4] homme de basse extraction; contraire de **noble**   [5] diminutif de **faible** (≠ **fort**)   [6] A 0° centigrade l'eau se transforme en **glace.**

Le créateur a fait de vous un couple mal assorti[1]. Tu es trop tendre et lui trop dur. Cependant, c'est toi la plus sage[2] car tu as mis ton cœur d'accord avec ton intelligence. C'est un plaisir de te fréquenter. Alors, je vais te parler.

Ève : Tu peux me faire confiance.

5 **Le Diable :** Ève, j'ai à t'apprendre qu'on vous a tendu un grand piège[3] dans ce jardin. Le fruit que Dieu vous a donné à manger n'est pas bon. C'est l'autre, qu'il vous a défendu, qui possède toutes les vertus : la vie, la puissance, la noblesse, le savoir du bien et du mal.

Ève : Et comme goût ?

10 **Le Diable :** Céleste ! Et voilà la chance qu'il te faudrait, belle comme tu es de corps[4] et de visage, pour que tu deviennes la reine[5] du monde, du plus haut comme du plus bas, et que tu connaisses tout ce qui existe pour en devenir la maîtresse !

Ève : Ce fruit peut faire tout ça ?

15 **Le Diable :** Oui, je le jure.

Ève : (*après avoir regardé le fruit longuement et avec convoitise*[6]) : Rien qu'à[7] le regarder, cela fait du bien.

Le Diable : Alors si tu le manges, qu'est-ce que ce sera ?

Ève : Je n'en sais rien.

20 **Le Diable :** Pourquoi ne veux-tu pas me croire ? Commence par le prendre, puis tu le donneras à Adam. Vous aurez tout de suite la couronne[8] du ciel. Vous serez pareils au Créateur, qui ne pourra plus rien vous cacher[9]. Votre cœur sera changé. Cela ne fait pas de doute ! Vous serez tous les deux aussi puissants, aussi bons que le bon Dieu lui-même ! Mais goûte de ce fruit !

25 **Ève :** Cela me fait bien envie.

Le Diable : Mange-le ! N'aie pas peur ! Te le refuser, ce serait une folie.

(Le diable s'en va vers l'Enfer. Adam s'approche, mécontent que le Diable ait parlé à Ève.)

Adam : Hé ! Femme ! Qu'est-ce qu'il faisait là, ce mauvais Satan ? Qu'est-ce 30 qu'il te voulait ?

Ève : Notre bien.

Adam : Je ne veux plus que tu le voies, tu m'entends ? Il a une pute de foi[10], celui-là ! N'a-t-il pas déjà voulu trahir son Seigneur pour se mettre à sa place ? Un lâche[11] qui a pu faire ça, je ne veux pas que tu le fréquentes !

35 *(Un serpent monte au tronc de l'arbre défendu. Ève approche de lui son oreille comme pour écouter son conseil. Puis, elle prend le fruit et l'offre à Adam.)*

Ève : Mange, Adam. Tu ne sais pas ce que c'est ? C'est un bien qu'on nous donne. Prenons-le.

40 **Adam :** Est-il bon à ce point ?

Ève : Tu verras. Il faut goûter pour savoir.

Adam : Je suis d'accord, mais je n'en ferai rien.

---

[1] qui va mal ensemble   [2] raisonnable   [3] On tend un **piège** pour capturer un animal.   [4] La tête, le tronc, les membres forment le **corps** humain.   [5] féminin de **roi**   [6] désir immodéré   [7] le simple fait de   [8] Les rois et les reines portent sur la tête une **couronne**.   [9] cacher ≠ montrer, révéler   [10] foi de prostituée, c.-à-d. mauvaise (Pour croire en Dieu il faut avoir la **foi**.)   [11] sans courage

Ève : Mange, tiens ! Ça te fera connaître le bien et le mal. J'en mangerai la première !

Adam : Et moi après.

Ève : Tu ne risques rien.

5   *(Ève mange une partie de la pomme.)*

Ève : Ça y est ! j'en ai goûté ! Dieu, quelle saveur ! Jamais je n'ai rien goûté d'une douceur[1] pareille ; tellement cette pomme a de la saveur !

Adam : Ç'a[2] un goût de quoi ?

Ève : Un goût... de rien dans ce monde. J'y vois clair maintenant comme si
10 j'étais Dieu le tout puissant ! Je sais tout, tout ce qui a été, tout ce qui doit être et c'est moi, le maître ! Vite, Adam, mange ! Prends cette pomme ! C'est notre bonheur[3] !

        (Adam prend la pomme.)

Adam : Je veux bien te croire car tu es mon épouse[4].

15 **Ève :** Mange ! N'aie pas peur !

        (Adam mange une partie de la pomme. Il sait immédiatement qu'il a commis un grand péché[5]. En se cachant du public, il enlève ses vêtements de fête et se couvre de vêtements pauvres, cousus[6] de feuilles de
20 *figuier[7]. Donnant des signes d'une grande douleur[8], il commence à se lamenter.)*

        — Anonyme, 12ᵉ siècle
        Le Jeu d'Adam

L'Ange au sourire, Reims, 13ᵉ siècle

[1] ici : qui a un goût de sucre   [2] ça a   [3] Celui qui est heureux possède le bonheur.   [4] ma femme   [5] Ce péché d'Adam s'appelle le **péché originel.**   [6] p.p. de **coudre** (Un bouton est **cousu** à un vêtement.)   [7] arbre qui donne des **figues**   [8] sensation qui fait mal

EXERCICES ORAUX OU ÉCRITS

1. *Questions sur la « Lecture ». Répondez à chaque question par une phrase complète.*

1. Qu'est-ce que le Moyen Âge ?   2. Combien de temps le Moyen Âge a-t-il duré approximativement ?   3. Indiquez trois sortes d'œuvres littéraires écrites au Moyen Âge.   4. Qu'est-ce que nous pouvons voir maintenant comme œuvres artistiques qui datent du Moyen Âge ?   5. Quelle est la différence entre les épopées et les romans courtois au Moyen Âge ? 6. Qui est le héros de *La Chanson de Roland ?*   7. Qui a créé le Saint Empire romain germanique ?   8. Qu'est-ce que les chansons de geste racontent ?   9. Qui a écrit *Le Jeu d'Adam ?*   10. Quels thèmes reviennent sans cesse dans les vers de Villon ?

2. *Préparation à la composition. Exercices de vocabulaire.*

a) *Complétez les phrases suivantes en employant les expressions proposées.*

les cathédrales	des miracles et des mystères
le héros	l'Empire romain
un poète	la Renaissance
une épopée	des vitraux
un roman courtois	la Révolution française

1. Les nations européennes se sont constituées après la chute de _____ .   2. Pour nous, _____ symbolisent le Moyen Âge. 3. _____ marque le commencement des temps modernes.   4. *La Chanson de Roland* est la plus célèbre _____ médiévale.   5. Les _____ du Moyen Âge racontent des histoires sentimentales.   6. Le roi Arthur est le _____ de beaucoup de romans courtois.   7. Les fenêtres colorées des cathédrales s'appellent _____ .   8. Au Moyen Âge, les pièces de théâtre d'inspiration religieuse s'appellent _____ et _____ .   9. François Villon est le plus grand _____ français de cette époque.   10. La dynastie capétienne a duré jusqu'à _____ .

b) *Finissez les phrases suivantes en employant le vocabulaire de la leçon 21.*

1. Le président des États-Unis est _____ par le peuple américain. 2. Un roman très court est _____ .   3. _____ est le féminin de un roi.   4. Entre l'Antiquité et la Renaissance, il y a eu _____ .   5. Un livre écrit à la main s'appelle _____ .   6. Le roi Louis XVI s'est marié avec Marie-Antoinette ; il _____ Marie-Antoinette.   7. Charlemagne est souvent _____ des chansons de geste.   8. Les Anglais _____ Jeanne d'Arc en 1431.

c) *Composez une phrase complète avec chaque expression.*

1. se situer   2. hériter   3. élire   4. intervenir   5. il s'agit de
6. bien entendu   7. détruire   8. anonyme   9. un meurtre   10. un
conte   11. les mœurs   12. sans cesse

3. *Composition ou sujet de discussion.*

a) Racontez un épisode de l'histoire des États-Unis ou de l'histoire de votre état. (Employez les temps du passé.)

b) Si vous pouviez acheter une maison, comment la choisiriez-vous ? Pourquoi ? Imaginez votre vie dans cette maison. (Employez les verbes au conditionnel.

EXPRESSIONS NOUVELLES

Noms

une cathare°
une chanson de geste
une chute°
la courtoisie°
une enluminure°
une épopée
l'impuissance (*f.*)
une paysanne°
une prise°
une reine°
une rosace°
une savante
une seigneurie°

un avènement°
un cathare°
un chevalier°
un clerc
un conte°
le dauphin°
un fabliau
un meurtre°
un parler
un parvis°
un paysan°
le plain-chant°
un roman courtois
le Saint Office°
un savant
le sol

un vers
un vitrail°
   des vitraux

Adjectifs

capétien(ne)
chauve°
confus(e)
infidèle
liturgique
méridional(e)°
rusé(e)°
scolastique

Verbes

s'affiner°
s'agir de°
agrandir
assiéger
atteindre°
avouer°
couronner°
détruire
élire°
épouser
fleurir
hériter de
intervenir
livrer°

Expressions verbales

brûler quelqu'un vif(ve)
prendre vie et forme

Adverbes

sur le devant (de la scène)
sans cesse°
à peine°

Adverbes de négation

ne... pas que
pas du tout !

Prépositions

à coups° de
en termes de

Expression conjonctive

c'est que...
or°

VINGT-DEUX

1
Nous reviendrons aux États-Unis quand nous **aurons dépensé** tout notre argent.
Aussitôt que nous **nous serons installés** à Paris, nous vous écrirons.

2
J'écoutais attentivement le guide **pendant qu'**il parlait de Marie-Antoinette.
Dès que Roger racontait ses voyages, il devenait enthousiaste.

3
Qu'est-ce qui a eu lieu en France en 1789 ?
Qu'est-ce que Corneille et Racine ont écrit ?

4
J'ai assisté à la représentation de deux pièces d'Eugène Ionesco.
Lesquelles avez-vous vues ?

DÉVELOPPEMENT GRAMMATICAL

1 Nous reviendrons aux États-Unis quand nous **aurons dépensé** tout notre argent.

Aussitôt que nous **nous serons installés** à Paris, nous vous écrirons.

Comparez :

Quand partirez-vous pour Nice ?	Nous partirons quand les vacances de mes parents **auront commencé.**
Quand pourrez-vous me prêter ce livre ?	Je pourrai vous le prêter quand j'**aurai fini** de le lire.
Quand chercheront-ils un appartement ?	Ils chercheront un appartement dès qu'ils **seront revenus** de leur voyage en Grèce.
Quand me donnerez-vous votre réponse ?	Je vous la donnerai aussitôt que je **serai allée** chez mes parents et que je leur **aurai parlé.**
Quand viendrez-vous chez nous ?	Nous viendrons chez vous aussitôt que nous **nous serons** un peu **reposés.**
A quelle heure votre père rentrera-t-il ?	Je crois qu'il rentrera vers six heures ; il **sera** certainement **rentré** à sept heures. Nous dînerons aussitôt qu'il **sera rentré.**

● Les verbes en caractères gras sont au *futur antérieur.*
Le futur antérieur indique qu'une action future est *antérieure* à une autre action future. Comme le plus-que-parfait, le futur antérieur est un temps *relatif.* Il exprime dans le futur une action future relativement à une autre action future. Le futur antérieur indique aussi qu'une action sera faite avant un certain moment du futur.

● Voilà la conjugaison de **lire** et de **revenir** au futur antérieur.

J'	**aurai lu**	cet article.	Je	**serai revenu(e)**	de Paris.
Tu	**auras lu**	le journal.	Tu	**seras revenu(e)**	de Londres.
Il (elle, on)	**aura lu**	la lettre.	Il (elle, on)	**sera revenu(e)**	d'Italie.
Nous	**aurons lu**	ce roman.	Nous	**serons revenu(e)(s)**	du Canada.
Vous	**aurez lu**	cette revue.	Vous	**serez revenu(e)(s)**	de France.
Ils (elles)	**auront lu**	le texte.	Ils (elles)	**seront revenu(e)(s)**	des Açores.

futur antérieur = futur de l'auxiliaire (**avoir** ou **être**) + participe passé du verbe

Les verbes *pronominaux* sont conjugués avec **être** au futur antérieur.
Le *participe passé* est *variable* comme pour les autres temps composés.

Exemples : Nous vous parlerons de ces films quand nous les **aurons vus.**
Je rangerai mon appartement aussitôt que mes invités **seront partis.**
Dès que Paul et Alice **seront rentrés** aux États-Unis, ils se mettront à travailler.
J'irai vous voir après que vous **vous serez installé(e)** dans votre maison.
Elle sortira dès que la pluie **se sera arrêtée** de tomber.

La conjonction de subordination est : **quand, lorsque, dès que, aussitôt que**
ou **après que.** Avec un second verbe subordonné, on emploie seulement **que**
au lieu de répéter la conjonction entière.

Exemple : **Dès que** les hôtesses auront servi le dîner et **que** les passagers auront
fini leur repas, on présentera un film.

2 J'écoutais attentivement le guide **pendant qu'**il parlait de Marie-Antoinette.
Dès que Roger racontait ses voyages, il devenait enthousiaste.

Étudiez les phrases suivantes :

Pendant qu'ils étaient à Paris, François et Jenny se promenaient au Quartier latin.
Lorsque leurs amis les invitaient, ils passaient le week-end à la campagne.
Depuis qu'il est de retour au Canada, François pense à son prochain voyage.

Chaque fois qu'il écrit à Jenny, il lui parle de leurs aventures.
Dès qu'il aura économisé assez d'argent, il retournera en France.
Aussitôt qu'il sera arrivé à Paris, il se promènera sur les Champs-Élysées.
Quand il reviendra à Montréal, il suivra des cours de droit.

Toutes les expressions soulignées sont des *conjonctions de subordination* qui expriment une *idée de temps.* Ces conjonctions sont employées avec les différents temps de *l'indicatif.*

quand = lorsque

Exemples : J'aime aller à la plage **quand** il **fait** chaud.
L'année dernière, j'allais à la plage **quand** il **faisait** chaud.
Je dormais **lorsque** le téléphone **a sonné.**
J'irai en Europe **quand** j'**aurai** assez d'argent.
A l'école primaire, **lorsque** nous **avions oublié** de faire nos devoirs, nous étions obligé(e)s de les faire après la classe.
Quand vous **aurez écrit** votre composition, je la corrigerai.

Pendant que indique que deux actions sont simultanées.

Exemples : Mon camarade de chambre **écoute** la radio **pendant que** j'**étudie.**
Pendant que le professeur **parlait,** je **prenais** des notes.
Pendant que le professeur **parlait,** quelqu'un **est entré.**
Pendant que vous **finirez** votre travail, je **regarderai** la télévision. (Cf. leçon 19, p. 493.)

Depuis que indique le commencement d'une action qui continue.

Exemples : **Depuis que** je **suis** étudiant à l'université, j'habite dans un appartement.
Il y a deux ans, nous habitions à Vancouver. **Depuis que** nous y **habitions,** nous faisions du camping chaque week-end. (Cf. leçon 19, p. 493.)

Dès que, aussitôt que, après que indiquent l'antériorité d'une action.

Exemples : **Dès que** vous **avez fini** de dîner, vous vous mettez à lire.
Aussitôt que le professeur **avait commencé** à parler, tout le monde l'écoutait.
Dès que j'**arrivais** à la maison, j'appelais mon chien.
Aussitôt que vous **aurez écrit** cette lettre, nous irons faire des courses.
Des que nous **aurons passé** les examens, je partirai pour Londres.

Dès que et **aussitôt que** indiquent que l'action principale est faite immédiatement après l'action subordonnée.

Chaque fois que indique la répétition, l'habitude.

Exemples : **Chaque fois que** nous **faisons** cette faute, le professeur la corrige.
Ma grand-mère me donnait des bonbons **chaque fois que** j'allais chez elle.
Chaque fois que vous **ferez** cette promenade, vous penserez à moi.

NOTEZ : 1. Après les expressions de temps : **quand, lorsque, dès que, aussitôt que, après que,** employez le futur (simple ou antérieur) si la phrase exprime l'idée du futur.

Exemples : **Quand** je **serai** à Paris, j'irai voir vos amis Thibert.
Dès que je **serai arrivé(e)**, je vous écrirai.
Lorsque j'**aurai** le temps, je me promènerai avenue des Champs-Élysées.
Aussitôt que j'**aurai vu** vos amis, je vous écrirai.
Après que nous **nous serons débarrassé(e)s** de notre voiture, nous en achèterons une autre.

2. Pour indiquer l'antériorité ou la postériorité d'une action relativement à une autre action, on peut employer

après avoir (être) + *participe passé* du verbe (= infinitif passé)
ou
avant de + *infinitif*

si les deux actions sont faites par le même sujet. (Cf. Leçon 15, pp. 373–374.)

Exemples : J'irai chez vous **après avoir fait** des courses.
Je ferai des courses **avant d'aller** chez vous.

---

3 Qu'est-ce qui a eu lieu en France en 1789 ?
Qu'est-ce que Corneille et Racine ont écrit ?

Comparez :

« L'état, c'est moi. » **Qui a dit**
cette phrase célèbre ?
« L'état, c'est moi. » **Qui est-ce
qui** a dit cette phrase célèbre ?

On croit que **Louis XIV** l'a dite.

Qu'est-ce qui a contribué au
changement des idées au 16ᵉ
siècle ?

**Les grands voyages
maritimes** ont contribué à ce
changement.

Qui allez-vous inviter à la soirée ? **Qui est-ce que** vous allez inviter à la soirée ?	Je vais inviter **tous les étudiants** que je connais.
Qu'avez-vous acheté ? **Qu'est-ce que** vous avez acheté ?	J'ai acheté **un disque des Rolling Stones** dont j'avais envie.
Avec **qui** ferez-vous ce voyage ?	Nous le ferons avec **François** et **Henri**.
Par **quoi** la pollution est-elle causée ?	Elle est causée par **les fumées des autos et des usines.**

● Voici les *pronoms interrogatifs* qu'on emploie quand la question porte sur le sujet, le complément d'objet direct ou le complément introduit par une préposition.

	PERSONNES	CHOSES (idée, action)
Sujet	**qui** **qui est-ce qui**	**qu'est-ce qui**
Objet direct	**qui** **qui est-ce que**	**que (qu')** **qu'est-ce que**
Après une préposition	**qui**	**quoi**

NOTEZ : Il y a une différence de construction selon qu'on emploie la forme simple (**qui, que**) ou la forme composée (**qui est-ce que, qu'est-ce que**). Avec la forme composée, il n'y a pas d'inversion du sujet.

Exemples :   **Qui** cherchez-*vous ?* = **Qui est-ce que** *vous* cherchez ?
Que voulez-*vous ?* = **Qu'est-ce que** *vous* voulez ?

Qui, pronom interrogatif sujet employé pour les personnes, est en général suivi d'un verbe à la troisième personne du singulier.

Exemples :   Qui vous **a écrit ?** — Mes amis m'ont écrit.
Qui **est arrivé** en retard ? — Jean et Paul sont arrivés en retard.

On peut toujours employer la forme **est-ce que** avec un pronom simple.

Exemple :   Avec qui avez-vous voyagé ? = Avec qui **est-ce que** vous avez voyagé ?

GRAMMAIRE

4 J'ai assisté à la représentation de deux pièces d'Eugène Ionesco. **Lesquelles** avez-vous vues ?

Comparez :

Nous avons étudié un poème de Ronsard.	**Lequel** (= quel poème) avez-vous étudié ?
Ils ont lu une comédie de Molière.	**Laquelle** (= quelle comédie) ont-ils lue ?
J'ai acheté deux romans de Balzac dans la collection de Poche.	**Lesquels** (= quels romans) avez-vous achetés ?
Nous voudrions que vous nous expliquiez quelques phrases.	**Lesquelles** (= quelles phrases) voudriez-vous que je vous explique ?
On nous a parlé des metteurs en scène de la Nouvelle Vague.	**Desquels** (= de quels metteurs en scène) vous a-t-on parlé ?
J'ai besoin d'un de vos dictionnaires.	**Duquel** (de quel dictionnaire) avez-vous besoin ?
Alice s'est abonnée à des revues françaises.	**Auxquelles** (à quelles revues) s'est-elle abonnée ?
Ce paysage ressemble à un tableau de Monet.	**Auquel** (= à quel tableau) ressemble-t-il ?

Lequel   Lesquels
Laquelle Lesquelles ⎤ sont des *pronoms interrogatifs* variables.

Ils s'emploient pour remplacer **quel** (**quelle, quels, quelles**) + un nom de personne ou un nom de chose qui a déjà été mentionné.
Ces pronoms sont parfois précédés d'une préposition ; ils se contractent avec **de** et **à**.

SINGULIER	PLURIEL	SINGULIER avec **à**	PLURIEL avec **à**	SINGULIER avec **de**	PLURIEL avec **de**
lequel laquelle	lesquels lesquelles	auquel à laquelle	auxquels auxquelles	duquel de laquelle	desquels desquelles

Ces pronoms sont aussi employés avec un complément.

Exemples : **A laquelle de ces étudiantes** avez-vous posé une question ?
Avec lequel de ces professeurs a-t-il travaillé ?
Lequel de ces châteaux avez-vous visité ?
Dans lesquelles de ces boutiques êtes-vous entré(e) ?

PRATIQUE ORALE

A. *Changez la phrase en employant les sujets proposés. Faites les changements nécessaires.*

1. Nous serons contents lorsque nous aurons fini nos examens. (tu / vous / je / les étudiants)
2. Dès que je me serai installé(e) chez moi, je travaillerai mieux. (vous / Alice / nous / tu / mes amis / Roger)
3. Tu te coucheras aussitôt que tu auras fini de dîner. (je / ma mère / les voyageurs / vous / nous)
4. Quand tu seras parti pour l'Europe, penseras-tu à tes amis ? (vous / François / nous / Jacques et André)

B. *Répondez affirmativement ou négativement à chaque question.*

1. Avez-vous envie de partir chaque fois que vous allez à l'aéroport ?
2. Avez-vous peur chaque fois que vous voyagez en avion ?
3. Regardez-vous la télévision dès que vous arrivez chez vous ?
4. Vous endormez-vous dès que vous vous couchez ?
5. Ouvrez-vous le réfrigérateur aussitôt que vous avez faim ?
6. Répondez-vous aux lettres aussitôt que vous les avez reçues ?
7. Allez-vous chez le dentiste lorsque vous avez mal aux dents ?
8. Faites-vous un pique-nique lorsqu'il pleut ?
9. Dormez-vous pendant que le professeur parle ?
10. Lisez-vous le journal pendant que vous étudiez ?

C. *Posez la question avec* **lequel / lesquels** *etc.*

Exemple : J'ai acheté plusieurs journaux.
Lesquels avez-vous achetés ?

1. J'ai visité beaucoup de châteaux.   2. Ils ont vu plusieurs provinces.
3. Nous choisirons un bon hôtel.   4. J'ai aimé une seule ville.   5. Il a

parlé à une étudiante. 6. Elle se souviendra de quelques adresses.
7. Je pensais à un tableau de Monet. 8. Il s'intéresse à toutes sortes de
sujets. 9. Nous avons besoin d'un de vos livres. 10. Il voulait parler
de quelques écrivains.

D. *Posez la question en employant un pronom interrogatif simple ou composé.*

Exemple : Ils inviteront **leurs amis** samedi soir.
Qui inviteront-ils samedi soir ?

1. Ils feront *du camping* pendant les vacances. 2. J'irai en Europe *avec
mes parents*. 3. *La Loire* divise la France en deux parties. 4. On parle
français au Québec. 5. Je veux téléphoner *à Jean*. 6. Nous pensions
à notre prochain voyage. 7. Ils verront *leurs cousins* à San Francisco.
8. J'ai mangé *du poulet et des frites*. 9. Il a parlé *au président de la
compagnie*. 10. *Mon père* ne va jamais au cinéma.

EXERCICES ORAUX OU ÉCRITS

1. a) *Changez les phrases et mettez les verbes au futur antérieur.*

1. Je lis cet article de *Paris-Match* et je le comprends. 2. Elle assiste
à toutes les représentations. 3. Le match de football se termine.
4. Ce cycliste italien gagne le Tour de France. 5. On apprend le nom
de l'équipe victorieuse par la radio. 6. Les meilleurs sportifs internationaux s'opposent dans les courses d'autos. 7. Beaucoup de Parisiens vont au stade pour assister à un match. 8. On reconnaît tous
les droits des femmes. 9. Notre culture s'enrichit. 10. En lisant
des textes littéraires, vous faites des découvertes.

b) *Complétez les phrases en employant le futur ou le futur antérieur selon le
sens de chaque phrase.*

1. Les étudiants (être) en vacances aussitôt que le trimestre (se terminer). 2. Je (partir) pour l'Australie quand on me (envoyer) mon visa.
3. Ma sœur (faire) le tour du monde dès qu'elle (économiser) assez d'argent. 4. Après que l'avion (atterrir), les passagers (débarquer). 5. Je
(préparer) le dîner aussitôt que je (rentrer) chez moi. 6. Dès que nous
(finir) de manger, je (se mettre) à travailler. 7. Quand tout le monde
(partir), nous (ranger) la maison et nous (se coucher). 8. Quand les
hommes (atteindre) Mars, (trouver)-ils des êtres humains ? 9. Aussitôt
que les lumières (s'éteindre), la représentation (commencer). 10. Je
vous (envoyer) ces revues lorsque je les (lire). 11. Après que nous
(jouer) au tennis pendant trois heures, nous (avoir) besoin de nous
reposer. 12. Dès que vous (arriver) à Paris, vous (parler) français.

c) *Composez une phrase avec les éléments proposés. Employez le futur et le futur antérieur dans chaque phrase. Employez aussi une conjonction :* **quand, lorsque, dès que** *ou* **aussitôt que.**

Exemple : finir ses études (vous) / chercher du travail (vous)
Dès que vous aurez fini vos études, vous chercherez du travail.

1. commencer (les vacances) / être difficile sur les routes (la circulation)   2. pouvoir traverser le boulevard (nous) / s'arrêter (les voitures)   3. obtenir l'égalité avec les hommes (les femmes) / être plus heureuses (elles) ?   4. s'habiller (je) / aller faire des courses (je)   5. revenir d'Europe (le président) / lui poser des questions (les journalistes)   6. prendre une décision (nous) / vous avertir (je)   7. écrire cette lettre (Jacqueline) la mettre à la poste (elle)   8. enregistrer les bagages (on) / pouvoir embarquer (les passagers)   9. voir vos amis et leur parler (nous) / vous téléphoner (nous)   10. se terminer (le Tour de France) / trouver quelque chose d'intéressant dans les journaux (les Français) ?

2. *Complétez chaque phrase en employant, selon le sens, une des conjonctions :* **pendant que, chaque fois que, depuis que, dès que** (**aussitôt que**), **après que.**

1. Il s'intéresse à la politique _____ son père est sénateur.   2. Je vous écoute _____ vous parlez.   3. Mon frère est malade _____ il voyage en bateau.   4. Je lirai le journal _____ vous finirez votre travail.   5. Mon amie va mieux _____ elle habite en Californie.   6. Je suis furieux (furieuse) contre moi _____ je fais cette faute ridicule.   7. _____ elle aura obtenu son diplôme, Lisa se mettra à travailler.   8. Nous serons en vacances _____ nous aurons passé les examens.   9. Je voyais assez rarement mes amis _____ ils travaillaient dans une autre ville.   10. Les étudiants discuteront ce roman _____ ils l'auront lu.   11. _____ qu'elle entendait cette chanson, elle pensait à sa grand-mère.   12. Je me levais tôt _____ nous habitions à la campagne ; mais _____ que nous revenions en ville, je ne pouvais pas sortir de mon lit avant huit heures.

3. *Voilà des réponses. Indiquez la question en employant un pronom interrogatif.*

a) 1. *Les Romains* ont colonisé la Gaule.   2. Les rois de France ont conquis *la Provence.*   3. Les Français ont vendu la Louisiane *aux États-Unis.*   4. Cavelier de la Salle a exploré *la vallée du Mississippi.*   5. On envoyait en Europe *du sucre et du café.*   6. La langue anglaise s'est enrichie *de tout un vocabulaire français.*   7. L'empire français d'Afrique a commencé *par la conquête de l'Algérie.*   8. *La guerre d'Indochine* s'est terminée par une défaite.   9. *Les idées* ont beaucoup changé depuis la Seconde Guerre mondiale.   10. L'Afrique Equatoriale française se composait *de plusieurs pays du centre de l'Afrique.*

b) 1. *Mon oncle* m'a invité à l'accompagner au Japon.   2. Bob s'est débarrassé *de sa vieille moto.*   3. Il faut faire attention *aux disques de Ma-*

thieu.   4. *Hélène* s'est vite habituée à sa nouvelle vie.   5. *Les promenades dans la forêt* me plaisent.   6. Ces étudiants attendent *le professeur* depuis vingt minutes.   7. Nous avons parlé *des récents accidents d'avion.*   8. Je me suis servi(e) *d'un dictionnaire* pour écrire cette lettre.   9. Mes amis doivent téléphoner *à mes parents.* 10. *Les sciences sociales* nous intéressent.   11. Ce roman se compose *de deux parties.*   12. *Michel et Janine* se sont trompés d'adresse.

c) *Composez des questions avec chaque expression interrogative. Donnez la réponse à chacune de vos questions.*

1. deux questions avec *qui*   2. deux questions avec *qu'est-ce que* 3. deux questions avec *quoi*   4. une question avec *qu'est-ce qui*   5. une question avec *qui est-ce qui*   6. une question avec *que*

4. *Remplacez les mots en italique par un pronom interrogatif.*

1. Barbara a suivi plusieurs cours. *Quels cours* a-t-elle suivis ?   2. J'ai lu une pièce de Shakespeare. *Quelle pièce* avez-vous lue ?   3. On a construit des gratte-ciel. *Quel gratte-ciel* est le plus récent ?   4. J'ai parlé à des professeurs. *A quels professeurs* avez-vous parlé ?   5. J'ai entendu parler de quelques écrivains français. *De quels écrivains* avez-vous entendu parler ?   6. Ils visiteront plusieurs châteaux. *Quels châteaux* visiteront-ils ? 7. Il a posé des questions aux étudiants. *A quels étudiants* a-t-il posé des questions ?   8. Je me souviens d'une aventure. *De quelle aventure* vous souvenez-vous ?   9. Ils se sont servis d'un dictionnaire. *De quel dictionnaire* se sont-ils servis ?   10. Elle a obtenu une assez bonne note. *Quelle note* a-t-elle obtenue ?   11. Il s'intéresse à une de ces jeunes filles. *A quelle jeune fille* s'intéresse-t-il ? Avec *quelle jeune fille* sort-il ?   12. Le professeur nous a rendu plusieurs compositions. *Quelles compositions* vous a-t-il rendues ?

VINGT-DEUX BIS

Lyon

Lisez à haute voix la conversation suivante.

Nos jeunes gens arrivent à Lyon. Janine, une amie lyonnaise de Françoise, vient à leur rencontre et les emmène dîner dans un vieux quartier de la ville.

Janine : Alors, qu'est-ce que vous avez envie de voir ? Qu'est-ce qui vous intéresse ?
Françoise : Qu'est-ce que vous proposez ?
Janine : Il y a la Croix-Rousse avec sa belle vue sur
5 le Rhône et la Saône, Fourvière avec son église, le Quartier Saint-Jean avec ses vieilles rues et ses boutiques à la mode. Que préférez-vous ?
Françoise : Commençons par la Croix-Rousse puis, revenons en bas au Quartier Saint-Jean.
10 **Wayne :** Mais qu'est-ce que la Croix-Rousse ?
Janine : C'est la colline des Canuts, les traditionnels tisseurs° de soie.° La soie et le saucisson, ce sont les gloires de Lyon.
Françoise : Lyon était aussi la capitale de la
15 Résistance. Vous comprendrez quand vous aurez vu les « traboules ».
Renato : Les « traboules » ?
Janine : Ce sont des passages qui traversent un pâté de maisons à des niveaux différents. Beaucoup de
20 résistants leur doivent la vie.
Jessica : Comment on y va, à la Croix-Rousse ?
Janine : Il y a l'autobus ou le funiculaire. Lequel préférez-vous ?
Françoise : Oh, prenons la Ficelle.° (*à ses amis*)
25 C'est comme ça qu'ils appellent leur funiculaire. C'est beaucoup plus amusant.
Wayne : Prenons la Ficelle !

La période classique
(16ᵉ, 17ᵉ, 18ᵉ siècles)

Traditionnellement, c'est l'âge de Louis XIV (1643–1715) qui est considéré comme la période classique de la culture française. En réalité, il s'agit d'une bien plus longue période, qui commence à la Renaissance et qui va jusqu'à la Révolution de 1789. La Renaissance n'est pas d'origine française, mais d'origine italienne. Dès le 14ᵉ siècle, le Dante, Pétrarque, Boccace se tournaient vers les lettres antiques dans l'espoir° de fonder une culture moderne à l'égal° de la culture gréco-romaine. De là le terme de « Renaissance » : ils faisaient « renaître » la culture antique. Ce retour était « humaniste » : la culture médiévale avait été basée sur l'autorité des lettres *sacrées* ; la nouvelle culture était basée sur l'autorité des lettres profanes et *humaines*. Cette nouvelle culture italienne a pénétré en France à la suite° de l'expédition de Charles VIII en Italie en 1495–96 et surtout après le mariage de Catherine de Médicis avec le futur roi de France Henri II en 1533.

Le Moyen Âge s'éloignait : l'Église catholique, fondement de la société médiévale, est contestée après 1517 par la réforme de Martin Luther. Les grands voyages d'exploration commencent. En 1492 Christophe Colomb découvre les îles Bahamas, Cuba et Haïti. Au Moyen Âge on avait bâti des cathédrales ; pendant la Renaissance des châteaux se construisent surtout dans la vallée de la Loire. Ces châteaux témoignent° d'une nouvelle conception de la vie : de larges fenêtres s'ouvrent, dans des murs autrefois pleins°, sur des jardins et sur de belles pièces° d'eau. Le corps humain, caché pendant le Moyen Âge, se dénude : statues et fresques à l'italienne proclament un nouvel érotisme que la littérature de l'époque reflète. Cette période va du 15ᵉ à la fin du 16ᵉ siècle.

En France, les grands écrivains de la Renaissance s'appellent François Rabelais (*Gargantua* et *Pantagruel*), Michel de Montaigne (*Les Essais*), Pierre de Ronsard, chef d'une nouvelle école littéraire, la Pléiade. La première œuvre de cette école sera *La Défense et illustration° de la langue française* (1549) dans laquelle Joachim du Bellay recommandera l'imitation des auteurs anciens et même italiens afin qu'une nouvelle littérature française puisse se fonder.

Dès les premières années du 17e siècle, la culture française change de direction et invente un nouveau classicisme spécifiquement français. C'est le philosophe Descartes qui a le mieux exprimé par son fameux *cogito*, « Je pense, donc je suis », ce nouvel esprit français. Effectivement, son *Discours de la méthode* (1637) marque le commencement de la philosophie et de la science modernes. On dit souvent, en parlant de la France : « le pays de Descartes ». Mais quand on parle de Descartes, philosophe de la raison humaine, on doit mentionner aussitôt Pascal, qui lui répond dans ses *Pensées* : « Le cœur a ses raisons que la raison ne connaît pas ».

Le théâtre est le genre dominant de cette époque ; il est représenté par trois auteurs : Pierre Corneille (1606–1684), Molière (1622–1673), et Jean Racine (1639–1699).

Corneille et Racine sont surtout des auteurs de tragédies : grâce à eux, la tragédie en cinq actes restera, aux 17e et 18e siècles, le genre littéraire français par excellence. C'est Jean Racine que l'on considère comme le représentant le plus pur de tout le classicisme français.

La société française du 17e siècle était une société de classes : la tragédie était donc « noble », la comédie « bourgeoise ». Avec Molière, le théâtre moderne est né en France. Formé par la tradition humaniste de la nature humaine universelle, Molière emploiera tout son génie à peindre les contradictions de cette nature. On voit sa méthode dans *Le Bourgeois gentilhomme :* un bourgeois n'est pas en lui-même comique ; un gentilhomme non plus ; mais un bourgeois gentilhomme devient comique par deux natures qui se contredisent° en lui.

Le 18e siècle en France est une période de critique sociale et intellectuelle, de science, de philosophie. Ses grands écrivains s'appellent Montesquieu (1689–1755), Voltaire (1694–1778), Rousseau (1712–78). La grande œuvre collective du 18e siècle, œuvre de Diderot (1713–84), de d'Alembert (1717–83) et d'autres s'appelle l'*Encyclopédie.*

L'histoire de l'*Encyclopédie* se confond° avec toute l'histoire des lettres françaises et européennes de cette époque. En 1727, on avait publié à Londres une encyclopédie qui s'appelait *Cyclopedia, or Universal Dictionary of Arts and Sciences.* Un éditeur français propose à Diderot de traduire cet ouvrage°. Diderot accepte et, en 1751, les deux premiers tomes paraissent. Il ne s'agit plus d'une simple traduction, mais d'une œuvre originale qui va bientôt faire naître beaucoup de controverses. L'ouvrage est condamné par le Vatican en 1758. Enfin, en 1765 les dix derniers tomes paraissent et, en 1772, les volumes de planches°. Mais pourquoi l'*Encyclopédie* était-elle considérée comme dangereuse pour la société et la religion ?

En réalité, l'*Encyclopédie,* matérialiste et d'esprit subversif, était un instrument de critique qui était dirigé contre l'ordre établi. Feignant° d'être naïfs, respectant les faits, cachant leurs idées les plus révolutionnaires sous des titres° inoffensifs, les Encyclopédistes défendaient la liberté et la tolérance en prêchant° une philosophie de justice universelle. A la fin du siècle, on reconnaîtra en leurs ouvrages une puissante cause de la Révolution française.

Contre les Encyclopédistes, surtout contre Voltaire, se dresse° Rousseau. Son œuvre immense exprime une conception nouvelle de la nature humaine : « Tout est bien sortant des mains de l'Auteur des choses, tout dégénère entre
5 les mains de l'homme » (*Émile*, 1762). La sensibilité de Rousseau est encore la nôtre, comme sa croyance° que l'homme est fondamentalement bon avant que la société ne l'ait rendu mauvais. Cet optimisme, qui est à la source de toutes nos idées progressistes et libérales, le 18ᵉ siècle le traduira par le mythe du *bon sauvage*.

10 Pour représenter cette période de la littérature française, nous avons choisi une scène du *Bourgeois gentilhomme* de Molière.

Monsieur Jourdain, bourgeois et *self-made man* du 17ᵉ siècle, voudrait imiter les nobles et les beaux esprits° de son temps. Il engage donc toute une équipe de professeurs qui doivent lui apprendre ce qu'il faut qu'un homme de
15 son *standing* social sache : la musique, la danse, les armes et, bien entendu, la philosophie.

Molière: Le Bourgeois Gentilhomme

Maître de Philosophie : Que voulez-vous apprendre ?
Monsieur Jourdain : Tout ce que je pourrai, car j'ai toutes les envies du monde d'être savant : et j'enrage[1] que mon père et ma mère ne m'aient pas fait
20 bien étudier dans toutes les sciences quand j'étais jeune.
Maître de Philosophie : Ce sentiment est raisonnable : *Nam sine doctrina vita est quasi mortis imago*. Vous entendez[2] cela et vous savez le latin sans doute.
Monsieur Jourdain : Oui, mais faites comme si je ne le savais pas : expliquez-
25 moi ce que cela veut dire.
Maître de Philosophie : Cela veut dire que *sans la science, la vie est presque une image de la mort.*
Monsieur Jourdain : Ce latin-là a raison.
Maître de Philosophie : N'avez-vous point quelques principes, quelques com-
30 mencements des sciences ?
Monsieur Jourdain : Oh ! oui, je sais lire et écrire.
Maître de Philosophie : Par où vous plaît-il que nous commencions ? Voulez-vous que je vous apprenne la logique ?
Monsieur Jourdain : Qu'est-ce que c'est que cette logique ?

---

[1] je suis furieux   [2] comprenez

Maître de Philosophie : C'est elle qui enseigne les trois opérations de l'esprit.

Monsieur Jourdain : Qui sont-elles, ces trois opérations de l'esprit ?

Maître de Philosophie : La première, la seconde et la troisième. La première est de bien concevoir par le moyen des universaux[1]. La seconde, de bien juger
5 par le moyen des catégories[2] ; et la troisième, de bien tirer une conséquence par le moyen des figures *Barbara, Celarent, Darii, Ferio, Baralipton,* etc.

Monsieur Jourdain : Voilà des mots qui sont trop rébarbatifs[3]. Cette logique-là ne me revient[4] point. Apprenons autre chose qui soit plus joli.

Maître de Philosophie : Voulez-vous apprendre la morale ?

10 **Monsieur Jourdain :** La morale ?

Maître de Philosophie : Oui.

Monsieur Jourdain : Qu'est-ce qu'elle dit, cette morale ?

Maître de Philosophie : Elle traite de la félicité, enseigne aux hommes à modérer leurs passions, etc.

15 **Monsieur Jourdain :** Non, laissons cela. Je suis bilieux[5] comme tous les diables ; et il n'y a morale qui tienne[6], je me[7] veux mettre en colère tout mon soûl[8], quand il m'en prend envie.

Maître de Philosophie : Est-ce la physique que vous voulez apprendre ?

Monsieur Jourdain : Qu'est-ce qu'elle chante, cette physique ?

20 **Maître de Philosophie :** La physique est celle qui explique les principes des choses naturelles et les propriétés du corps : qui discourt de la nature des éléments, des métaux, des minéraux, des pierres, des plantes et des animaux, et nous enseigne les causes de tous les météores, l'arc-en-ciel[9], les feux volants[10], les comètes, les éclairs[11], le tonnerre[12], la foudre[13], la pluie, la neige, la grêle[14],
25 les vents et les tourbillons[15].

Monsieur Jourdain : Il y a trop de tintamarre[16] là-dedans, trop de brouillamini[17].

Maître de Philosophie : Que voulez-vous donc que je vous apprenne ?

Monsieur Jourdain : Apprenez-moi l'orthographe.

30 **Maître de Philosophie :** Très volontiers.

Monsieur Jourdain : Après vous m'apprendrez l'almanach, pour savoir quand il y a de la lune et quand il n'y en a point.

Maître de Philosophie : Soit. Pour bien suivre votre pensée et traiter cette matière en philosophe, il faut commencer selon l'ordre des choses, par une
35 exacte connaissance de la nature des lettres, et de la différente manière de les prononcer toutes. Et là-dessus, j'ai à vous dire que les lettres sont divisées en voyelles, ainsi dites voyelles parce qu'elles expriment les voix ; et en consonnes,

---

[1-2] Molière se moque de la philosophie scolastique. *Universaux, catégories, figures* (de syllogismes) sont des termes de la philosophie médiévale qu'on enseignait encore dans les écoles du 17e siècle au temps de Molière. *Barbara, Celarent,* etc. sont différentes formes du syllogisme.   [3] difficiles et ennuyeux   [4] ne me plaît pas   [5] qui a beaucoup de bile, qui se met facilement en colère   [6] la morale est inefficace   [7] en français moderne : je veux *me* mettre   [8] autant que je veux   [9] arc multicolore dans le ciel après la pluie   [10] flammes produites par des gaz, que l'on voit la nuit dans des terrains humides   [11-13] phénomènes électriques accompagnant un orage : l'*éclair,* c'est la lumière dans le ciel ; le *tonnerre* c'est le bruit ; la *foudre,* c'est la décharge électrique.   [14] la *grêle :* la pluie congelée qui tombe en petits grains ronds   [15] un vent circulaire   [16] bruit   [17] confusion

ainsi appelées consonnes parce qu'elles sonnent avec les voyelles, et ne font que marquer les diverses articulations des voix. Il y a cinq voyelles ou voix : A, E, I, O, U.

Monsieur Jourdain : J'entends tout cela.

5 **Maître de Philosophie :** La voix A se forme en ouvrant fort la bouche : A.

Monsieur Jourdain : A, A. Oui.

Maître de Philosophie : La voix E se forme en rapprochant la mâchoire[1] d'en bas de celle d'en haut : A, E.

Monsieur Jourdain : A, E, A, E. Ma foi ! Ah ! Que cela est beau !

10 **Maître de Philosophie :** Et la voix I en rapprochant encore davantage les mâchoires l'une de l'autre, et écartant[2] les deux coins de la bouche vers les oreilles : A, E, I, A, E, I.

Monsieur Jourdain : A, E, I, I, I, I. Cela est vrai. Vive la science !

Maître de Philosophie : La voix O se forme en rouvrant les mâchoires, et 15 rapprochant les lèvres par les deux coins, le haut et le bas : O

Monsieur Jourdain : O, O. Il n'y a rien de plus juste. A, E, I, O, I, O. Cela est admirable ! I, O, I. O.

Maître de Philosophie : L'ouverture de la bouche fait justement comme un petit rond qui représente un O.

20 **Monsieur Jourdain :** O, O, O. Vous avez raison, O. Ah ! la belle chose que de savoir quelque chose !

Maître de Philosophie : La voix U se forme en rapprochant les dents sans les joindre entièrement, et allongeant les deux lèvres en dehors, les approchant aussi l'une de l'autre sans les joindre tout à fait : U.

25 **Monsieur Jourdain :** U, U. Il n'y a rien de plus véritable : U.

Maître de Philosophie : Vos deux lèvres s'allongent comme si vous faisiez la moue[3] : d'où vient que si vous la voulez faire à quelqu'un, et vous moquer de lui, vous ne sauriez lui dire que U.

Monsieur Jourdain : U, U. Cela est vrai. Ah ! Que n'ai-je étudié plus tôt, 30 pour savoir tout cela !

Maître de Philosophie : Demain, nous verrons les autres lettres, qui sont les consonnes.

Monsieur Jourdain : Est-ce qu'il y a des choses aussi curieuses que celles-ci ?

35 **Maître de Philosophie :** Sans doute. La consonne D, par exemple, se prononce en donnant[4] du bout de la langue au-dessus des dents d'en haut : DA.

Monsieur Jourdain : DA, DA. Oui. Ah ! Les belles choses ! Les belles choses !

Maître de Philosophie : L'F en appuyant[5] les dents d'en haut sur la lèvre de dessous : Fa.

40 **Monsieur Jourdain :** Fa, Fa. C'est la vérité. Ah ! mon père et ma mère, que je vous veux de mal !

Maître de Philosophie : Et l'r, en portant le bout de la langue jusqu'au haut du palais[6] ; de sorte qu'étant frôlée[7] par l'air qui sort avec force, elle lui cède,

---

[1] les dents sont fixées dans les *mâchoires.*   [2] en tirant   [3] expression de mécontentement, de désappointement   [4] en frappant   [5] en pressant   [6] partie supérieure interne de la bouche   [7] touchée légèrement

et revient toujours au même endroit, faisant une manière de tremblement : RRA.

Monsieur Jourdain : R, R, Ra, R, R, R, R, R, Ra. Cela est vrai. Ah ! L'habile homme que vous êtes ! Et que j'ai perdu de temps ! R, R, R, Ra.

5 **Maître de Philosophie :** Je vous expliquerai à fond[1] toutes ces curiosités.

Monsieur Jourdain : Je vous en prie. Au reste[2], il faut que je vous fasse une confidence. Je suis amoureux d'une personne de grande qualité[3], et je souhaiterais[4] que vous m'aidassiez à lui écrire quelque chose dans un petit billet[5] que je veux laisser tomber à ses pieds.

10 **Maître de Philosophie :** Fort bien.

Monsieur Jourdain : Cela sera galant, oui.

Maître de Philosophie : Sans doute. Sont-ce des vers que vous lui voulez écrire ?

Monsieur Jourdain : Non, non, point de vers.

15 **Maître de Philosophie :** Vous ne voulez que de la prose ?

Monsieur Jourdain : Non, je ne veux ni prose ni vers.

Maître de Philosophie : Il faut bien que ce soit l'un ou l'autre.

Monsieur Jourdain : Pourquoi ?

Maître de Philosophie : Par la raison, monsieur, qu'il n'y a pour s'exprimer 20 que la prose ou les vers.

Monsieur Jourdain : Il n'y a que la prose ou les vers ?

Maître de Philosophie : Non, Monsieur. Tout ce qui n'est point prose est vers et tout ce qui n'est point vers est prose.

Monsieur Jourdain : Et comme l'on parle, qu'est-ce que c'est donc que cela ?

25 **Maître de Philosophie :** De la prose.

Monsieur Jourdain : Quoi ? Quand je dis : « Nicole, apportez-moi mes pantoufles[6] et me donnez mon bonnet de nuit », c'est de la prose ?

Maître de Philosophie : Oui, Monsieur.

Monsieur Jourdain : Par ma foi ! Il y a plus de quarante ans que je dis de la 30 prose sans que j'en susse[7] rien, et je vous suis le plus obligé du monde de m'avoir appris cela. Je voudrais donc lui mettre dans un billet : *Belle Marquise, vos beaux yeux me font mourir d'amour* ; mais je voudrais que cela fût d'une manière galante, que cela fût tourné gentiment.

Maître de Philosophie : Mettre que les feux de ses yeux réduisent votre cœur 35 en cendres[8] ; que vous souffrez nuit et jour pour elle les violences d'un...

Monsieur Jourdain : Non, non, non, je ne veux point tout cela. Je ne veux que ce que je vous ai dit : *Belle Marquise, vos beaux yeux me font mourir d'amour.*

Maître de Philosophie : Il faut bien étendre[9] un peu la chose.

Monsieur Jourdain : Non, vous dis-je. Je ne veux que ces seules paroles-là 40 dans le billet, mais tournées[10] à la mode, bien arrangées comme il faut. Je vous prie de me dire un peu, pour voir, les diverses manières dont on les[11] peut mettre.

Maître de Philosophie : On les peut mettre premièrement comme vous avez dit : *Belle Marquise, vos beaux yeux me font mourir d'amour.* Ou bien : *D'amour*

---

[1] complètement [2] de plus [3] c'est-à-dire, noble [4] désirerais [5] lettre, c'est-à-dire, une lettre d'amour [6] espèce de chaussures que l'on porte à la maison [7] imparfait du subjonctif de *savoir* [8] ce qui reste d'une chose brulée [9] développer [10] exprimées
[11] en français moderne: on peut *les mettre.*

mourir me font, belle Marquise, vos beaux yeux. Ou bien : *Vos yeux beaux d'amour me font, belle Marquise, mourir.* Ou bien : *Mourir vos beaux yeux, belle Marquise, d'amour me font.* Ou bien : *Me font vos yeux beaux mourir, belle Marquise, d'amour.*

5 **Monsieur Jourdain :** Mais de toutes ces façons-là, laquelle est la meilleure ?

Maître de Philosophie : Celle que vous avez dite : *Belle Marquise, vos beaux yeux me font mourir d'amour.*

Monsieur Jourdain : Cependant je n'ai point étudié et j'ai fait cela tout du premier coup. Je vous remercie de tout mon cœur et vous prie de venir demain

10 de bonne heure.

Maître de Philosophie : Je n'y manquerai pas.

Acte II, Scènes 3 et 4

Molière (Jean-Baptiste Poquelin), 1622–1673.

EXERCICES ORAUX OU ÉCRITS

1. *Questions sur la « Lecture ». Répondez à chaque question par une phrase complète.*

1. Quelle période est considérée comme la période classique en France ? 2. Où la Renaissance a-t-elle commencé ? A quelle époque a-t-elle commencé en France ? Qu'est-ce qui la caractérise ? 3. Nommez quelques écrivains de la Renaissance française. Qu'est-ce que Joachim du Bellay recommandait au point de vue littéraire ? 4. Qu'est-ce qu'on a construit au Moyen Âge et à la Renaissance ? 5. Quel ouvrage Descartes a-t-il écrit ? Quelle phrase célèbre de Descartes connaissez-vous ? 6. Quel autre écrivain du 17e siècle s'oppose à Descartes ? pourquoi ? 7. Qu'est-ce que Corneille et Racine ont écrit ? Qu'est-ce que Molière a écrit ? Qu'est-ce qu'il a voulu peindre ? 8. Qu'est-ce qui caractérise la littérature du 18e siècle en France ? Nommez trois écrivains français du 18e siècle. 9. Avec quoi l'histoire littéraire se confond-elle au 18e siècle ? 10. Pourquoi l'*Encyclopédie* était-elle dangereuse pour la société et la religion ? Qu'est-ce que ses auteurs défendaient ? Qu'est-ce qu'ils avaient compris ?

2. *Préparation à la composition. Exercices de vocabulaire.*

a) *Complétez les phrases en employant les expressions proposées.*

une pièce d'eau	un instrument de critique
à l'égal de	dénuder
cacher	le cœur et la foi religieuse
bourgeois	peindre
humaniste	la nature humaine
la raison humaine	la Révolution française
un château	rationaliste
une comédie	publier
un tome	

1. Le 16e siècle est une époque _____ . 2. Les humanistes voulaient fonder une culture moderne _____ la culture antique. 3. Dans les jardins de l'époque de la Renaissance, on voyait _____ et des statues. 4. A cette époque, on a construit beaucoup de _____ . 5. Le Moyen Âge _____ le corps humain, la Renaissance le _____ . 6. Descartes fonde sa philosophie sur _____ ; c'est un philosophe _____ . 7. Molière a écrit des _____ dans lesquelles il fait la satire de _____ . Il _____ les gens de son siècle. 8. En opposition à Descartes, Pascal fonde sa philosophie sur _____ . 9. L'*Encyclopédie* _____ en plusieurs _____ , de 1751 à 1772. 10. L'*Encyclopédie* a contribué à la libération de la classe _____ . C'était _____ qui a certainement préparé _____ de 1789.

b) *Finissez les phrases en employant le vocabulaire de la leçon 22.*

1. Martin Luther est l'auteur d'une _____ religieuse.   2. Au 16e siècle, on a bâti des châteaux dans _____ de la Loire.   3. Descartes est _____ français du 17e siècle.   4. Les auteurs de la Renaissance recommandaient _____ des auteurs anciens.   5. Le genre dominant du 17e siècle classique en France est _____ .   6. Molière a écrit et a joué beaucoup de _____ .   7. Rousseau pensait que l'homme est fondamentalement _____ .   8. M. Jourdain voulait imiter _____ .

c) *Composez une phrase complète avec chaque expression.*

1. un espoir   2. cacher   3. grâce à   4. (un) bourgeois   5. (se) confondre   6. paraître   7. feindre   8. inoffensif   9. se contredire   10. la tolérance   11. une croyance   12. condamner

3. *Composition ou sujets de discussion.*

a) Il y a aussi des Monsieur Jourdain à notre époque. On les appelle des « nouveaux riches » ou des « parvenus ». Vous en connaissez certainement. Faites le portrait d'un de ces nouveaux riches.

b) Pendant votre enfance ou votre adolescence, vous avez éprouvé une grande émotion : peur, surprise, joie, regret, tristesse. Dans quelles circonstances ? Racontez cette aventure en décrivant vos impressions et vos sentiments.

c) Vous avez visité un lieu historique (château, cathédrale, maison d'un homme ou d'une femme célèbre). Qu'est-ce que vous avez vu ? Quelles étaient vos impressions et vos idées à ce moment-là ?

EXPRESSIONS NOUVELLES

Noms

l'antériorité (*f.*)
la Bourse
la critique
une croyance°
une ficelle°
la gloire
l'illustration (*f.*)
une pièce° d'eau
une planche°
la Pléiade
la postériorité

une représentante
la soie°
une tisseuse°
une « traboule »

un bel esprit
un canut
un chemin
un corps
l'érotisme (*m.*)
un espoir°

un funiculaire
un gentilhomme
l'ordre établi
un ouvrage°
un philosophe
un représentant
un bon sauvage
un saucisson
un tisseur°
un titre°
un traité

Adjectifs

antique
lyonnais(se)
plein(e)°
  (un mur plein)
natal(e)
progressiste

Verbes

se confondre°
se contredire°
diriger
se dresser°

feindre°
prêcher°
refléter
rendre + *adj.*
témoigner° de

Expressions verbales

se faire tard
aller à la rencontre
  de quelqu'un

Adverbes

aussitôt
de là
à l'italienne

Adverbe de négation

non plus

Prépositions

à l'égal° de
à la suite° de

Conjonctions

après que
aussitôt que
chaque fois que
depuis que
dès que
pendant que

Aussitôt dit, aussitôt fait.
(proverbe)

EXERCICES DE RÉVISION DE GRAMMAIRE

1. *Employez le subjonctif passé ou l'indicatif passé composé dans les phrases suivantes.*

1. Il vaut mieux que les nations européennes (garantir) l'indépendance de leurs colonies.   2. Il est étonnant que les femmes ne (obtenir) le droit de vote qu'en 1944.   3. Il est évident que la traite des Noirs d'Afrique (être) un crime contre les droits de l'homme.   4. Il est regrettable que les États-Unis (s'engager) dans la guerre du Viêt-Nam.   5. Il est vrai que quelques nations européennes (explorer) le Nouveau-Monde au 16ᵉ siècle.   6. Nous regrettons que de nouvelles lois ne (établir) pas encore une égalité réelle entre les sexes.   7. Il est bon que tout le monde (réfléchir) aux problèmes de l'écologie.   8. Êtes-vous surpris(e) que les Normands (conquérir) l'Angleterre au 11ᵉ siècle et que l'anglais (s'enrichir) de mots français ?   9. Il est remarquable que les Québécois (garder) leur identité française pendant plus de trois siècles et que le gouvernement canadien (reconnaître) leur autonomie culturelle.   10. Nous savons que des changements irréversibles (avoir) lieu dans le monde dans les années 60 et que les idées (se transformer).

2. *Employez le verbe au temps et au mode appropriés.*

1. Nous attendrons votre ami pourvu qu'il nous (dire) quand il (venir) nous voir. 2. Nous ferons cette promenade à pied à moins qu'il ne (pleuvoir) ou qu'il ne (faire) trop froid. 3. Le mari de Claire prépare le dîner avant qu'elle (revenir) de son travail. 4. Ils font la vaisselle après que leurs invités (partir). 5. Jeannette a toujours l'air contente bien qu'elle ne (s'entendre) pas avec ses parents. 6. Elle cherchera un appartement dès qu'elle (trouver) du travail. 7. Nous restons dans la classe jusqu'à ce que le professeur (finir) son cours. 8. Ils ont dîné avant que nous (aller) à l'aéroport. 9. Paul vient me voir pour que nous (parler) de ses projets.

3. *Composez une phrase complète (en faisant attention au mode et au temps que vous employez) avec les conjonctions ou avec les prépositions suivantes.*

1. avant que   2. avant de   3. pour que   4. pour   5. afin que
6. afin de   7. sans que   8. sans   9. pourvu que   10. bien que

4. a) *Complétez les phrases par* **il, elle, ce (c'), ça, ce qui, ce que** *ou* **ce dont.**

1. En principe, il n'y a plus de discrimination sexuelle. _____ me plaît ; je pense que _____ est normal. _____ est juste que tous les êtres humains soient égaux. 2. En France, on a voté des lois qui autorisent la contraception. _____ nous semble simple, mais _____ était une loi très difficile à établir. 3. Nos grands-parents ne pouvaient pas faire tout _____ nous pouvons. Par exemple, _____ était difficile de divorcer. Dans quelques pays, _____ était impossible. Très souvent, nous ne pensons pas à _____ ; nous pensons que _____ est incroyable. 4. Roy veut continuer ses études ; c'est pour _____ qu'il ne veut pas se marier. _____ est difficile de continuer des études en s'occupant d'une famille. 5. Les enfants veulent faire _____ leur plaît ; ils font rarement _____ leurs parents leur conseillent. _____ est naturel, mais les parents n'aiment pas _____. 6. A Paris, j'ai vu tout _____ le professeur nous avait parlé. La tour Eiffel est _____ impressionne les gens.

b) *Révision des pronoms démonstratifs. Faites une phrase complète avec chaque expression. Attention : il faut une référence pour chaque pronom excepté* **ce qui** *et* **ce que.**

1. ceux de   2. celle qui   3. celles que   4. celui de   5. ceux dont
6. ça   7. tout ce que   8. celui que   9. celle de   10. ce qui

5. a) *Composez une seule phrase au futur (employez le futur et le futur antérieur) avec les éléments proposés. Employez une conjonction de subordination :* **dès que, quand, lorsque, aussitôt que**). *Attention à l'ordre des actions.*

1. Me prêtez-vous ce livre / vous le lisez ? 2. Les autos s'arrêtent / les gens traversent la rue. 3. Tu vas mieux / tu te reposes 4. Nous repeignons cet appartement / nous nous y installons. 5. Janine arrive à la plage / elle prend un bain de soleil. 6. Nous sommes prêts à partir

/ nous mettons les bagages dans le coffre.   7. Les passagers peuvent fumer / l'avion décolle.   8. Je vais à San Francisco / ma voiture est réparée.   9. André se couche / il finit son travail.

b) *Complétez ce texte en employant* **pendant (que), depuis (que), dans, en, il y a.** *(Cf. leçons 19 et 22.)*

1. Je suis allé(e) en Europe avec mes parents _____ deux ans et _____ mon retour, je pense sans cesse à ce voyage ; j'espère bien retourner là-bas _____ peu de temps.   2. _____ le voyage en avion, je ne me suis pas ennuyé(e) car _____ les autres passagers dormaient, j'ai bavardé avec ma voisine.   3. _____ nous parlions, le temps a passé vite ; nous avons survolé l'Amérique et traversé l'Atlantique _____ onze heures.   4. _____ j'ai visité l'Europe, je rêve de renouveler cette expérience.   5. Comme je n'ai pas d'argent, je travaille _____ mes amis sont en vacances et _____ je travaille, je fais des économies.   6. _____ quelques mois, je pourrai à mon tour voyager _____ mes amis travailleront.

c) *Faites une phrase avec chaque expression. (Cf. leçons 19 et 22.)*

1. chaque fois que   2. aussitôt que   3. lorsque   4. depuis que   5. pendant que   6. après que   7. dès que   8. depuis   9. en (+ complément de temps)   10. dans (+ complément de temps)

6. a) *Cherchez la question. Les mots en italique constituent la réponse*

1. *Le Moyen Âge* se situe entre l'Antiquité et la Renaissance.   2. La « Chanson de Roland » a été écrite *par un auteur anonyme*.   3. Les chansons de geste racontent *des exploits militaires*.   4. *Le roi Arthur* est le héros de beaucoup de romans courtois.   5. *L'Église* a joué un grand rôle pendant tout le Moyen Âge.   6. La cathédrale de Chartres est célèbre *par ses vitraux*.   7. *La Guerre de Cent Ans* a eu lieu aux 14ᵉ et 15ᵉ siècles entre la France et l'Angleterre.   8. Au Moyen Âge, on jouait *des pièces de théâtre* devant les cathédrales.   9. La légende de Tristan et Yseut raconte *une histoire d'amour très célèbre*.   10. François Villon est *le plus grand poète médiéval français*.

b) *Voilà des réponses. Formulez la question en employant des pronoms interrogatifs.*

1. J'attends Pierre et Roger.   2. Ce que vous me dites m'étonne.   3. Elle s'intéresse à l'art de la Renaissance.   4. Ils se plaignent de leur travail.   5. Ce manteau est à Denise.   6. Nous écoutons de la musique classique.   7. Les rois de France étaient sacrés dans la cathédrale de Reims.   8. On m'a offert des disques.   9. Elle fait attention à sa nouvelle voiture.   10. Je lui ai parlé de mes projets.

VINGT-TROIS

1 On **espère** que toutes les nations **pourront** vivre en paix.
Après la Seconde Guerre mondiale, on **espérait** que toutes les nations **pourraient** vivre en paix.

2 Beaucoup de châteaux **ont été construits** pendant la Renaissance.
D'autres planètes **seront**-elles **explorées** par les hommes ?

3 Au Moyen Âge, les pièces de théâtre **se jouaient** devant les églises.
Le vrai champagne **se fabrique** en Champagne.

4 Le Général La Fayette **prit** part à la Guerre d'Indépendance américaine.
Alexis de Tocqueville **écrivit** un livre sur la démocratie américaine.

Marcel Proust, 1871–1922.

DÉVELOPPEMENT GRAMMATICAL

1 On **espère** que toutes les nations **pourront** vivre en paix.
Après la Seconde Guerre mondiale, on **espérait** que toutes les
nations **pourraient** vivre en paix.

Comparez :

Je **crois** que mes parents
connaissent les vôtres.
J'**espère** qu'ils **deviendront** vite
des amis.
Je **pense** qu'ils **se sont** déjà
rencontrés.

Paul **dit** qu'il n'**a pas fini** son
travail.
Il **déclare** qu'il ne **peut** pas nous
accompagner.
Il **sait** que nous **irons** à la
discothèque.

Nous **pensons** que Phil et
Denise **sont partis** pour Tahiti.

Nous **savons** qu'ils **ont**
l'intention d'y passer leurs
vacances.
Je **suis** sûr(e) qu'ils **seront** ravis
de leur voyage.

Nous **savons** qu'ils ne **voulaient**
pas y aller en bateau et qu'ils
préféraient prendre l'avion.

Je **croyais** que mes parents
connaissaient les vôtres.
J'**espérais** qu'ils **deviendraient**
vite des amis.
Je **pensais** qu'ils **s'étaient** déjà
rencontrés.

Paul **a dit** qu'il n'**avait** pas **fini**
son travail.
Il **a déclaré** qu'il ne **pouvait** pas
nous accompagner.
Il **savait** que nous **irions** à la
discothèque.

Nous **avons pensé** que Phil et
Denise **étaient partis** pour
Tahiti.
Nous **savions** qu'ils **avaient**
l'intention d'y passer leurs
vacances.
J'**étais** sûr(e) qu'ils **seraient**
ravis de leur voyage.

Nous **savions** qu'ils ne
voulaient pas y aller en bateau
et qu'ils **préféraient** prendre
l'avion.

● Dans la première colonne, les verbes subordonnés dépendent d'un *verbe
principal* au *présent* de l'indicatif. Les *verbes subordonnés* sont employés au
temps de l'indicatif exigé par le sens de la phrase (présent : **connaissent** ;
futur : **deviendront** ; passé composé : **se sont rencontrés** ; imparfait :
voulaient).

● Dans la deuxième colonne, les verbes subordonnés dépendent d'un verbe principal au *passé* (imparfait ou passé composé). Le temps des *verbes subordonnés* change en relation avec les verbes principaux *au passé*. On appelle cette transformation *la concordance des temps*. La concordance des temps avec un verbe principal au passé est importante. Il faut la respecter quand on parle et quand on écrit.

LA CONCORDANCE DES TEMPS

	Verbe principal à l'indicatif présent	Verbe principal à l'indicatif passé
verbe subordonné	indicatif présent ————————→	indicatif imparfait
	indicatif passé composé ——————→	indicatif plus-que-parfait
	indicatif futur ———————————→	conditionnel présent
	indicatif imparfait ————————→	indicatif imparfait

Voilà d'autres exemples de la concordance des temps :

Mon jeune frère **croit** que le Père Noël **existe**.

Bob me **dit** qu'il **viendra** me voir.

Mais je **sais** qu'il **a** beaucoup de travail.

Cependant, je **suis** certain(e) qu'il n'**oubliera** pas mon anniversaire.

Je **me souviens** qu'il y **a** toujours **pensé**.

Moi aussi, j'**ai cru** longtemps que le Père Noël **existait**.

Bob m'**a dit** qu'il **viendrait** me voir.

Mais je **savais** qu'il **avait** beaucoup de travail.

Cependant, j'**étais** certain(e) qu'il n'**oublierait** pas mon anniversaire.

Je **me souvenais** qu'il y **avait** toujours **pensé**.

---

2 Beaucoup de châteaux **ont été construits** pendant la Renaissance.
D'autres planètes **seront**-elles **explorées** par les hommes ?

Comparez :

L'université **organise** ce voyage en France.

Ce voyage en France **est organisé** par l'université.

Les professeurs **ont encouragé** les étudiants à y participer.

Les étudiants **ont été encouragés** par les professeurs à y participer.

Le journal du campus **avait publié** le programme du voyage.

Le programme **avait été publié** par le journal du campus.

Un jeune professeur **dirigera** le groupe d'étudiants en France.

Le groupe d'étudiants **sera dirigé** en France par un jeune professeur.

Il est regrettable que l'université **limite** le nombre des places.

Il est regrettable que le nombre des places **soit limité** par l'université.

● Les verbes de la première colonne sont à la forme *active :* le sujet de chaque verbe fait l'action exprimée par ce verbe. Le verbe peut être au présent, au passé, au futur de l'indicatif ou au présent du subjonctif.

● Les verbes de la deuxième colonne sont à la forme *passive :* le sujet de chaque verbe ne fait pas l'action exprimée par le verbe. L'action est faite par l'agent.

> verbe à la forme passive = verbe **être** + participe passé du verbe

Voici le verbe **mettre** (en scène) à la forme passive.

Cette comédie **est**	**mise** en scène par un cinéaste italien. (présent)
Cette comédie **était**	**mise** en scène par un cinéaste italien. (imparfait)
Cette comédie **sera**	**mise** en scène par un cinéaste italien. (futur)
Cette comédie **a été***	**mise** en scène par un cinéaste italien. (passé composé)
Cette comédie **avait été**	**mise** en scène par un cinéaste italien. (plus-que-parfait)
Cette comédie **aura été**	**mise** en scène par un cinéaste italien. (futur antérieur)
Il se peut que cette comédie **soit**	**mise** en scène par un cinéaste italien. (subjonctif présent)
Il se peut que cette comédie **ait été**	**mise** en scène par un cinéaste italien. (subjonctif passé)

Le temps et le mode de l'auxiliaire **être** indiquent le temps et le mode du verbe à la forme passive.

● Le participe passé du verbe à la forme passive s'accorde avec le sujet :

Exemples : La Louisiane a été vend**ue** par la France aux Américains.
Les ordinateurs seront de plus en plus employé**s** par les gens.
Beaucoup de régions d'Amérique ont été colonis**ées** par les Espagnols.

* Le participe passé **été** est toujours invariable.

Étudiez les phrases suivantes :

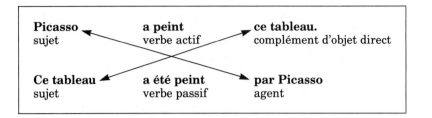

● L'objet direct du verbe à la forme active devient le sujet du verbe à la forme passive.

Par conséquent, seuls les verbes qui peuvent avoir un complément d'objet direct, c'est-à-dire les verbes transitifs directs, peuvent s'employer à la forme passive. (Cf. grammaire générale, pp. 310−311.)

Le complément d'agent est introduit le plus souvent par la préposition **par.** Lorsque le sujet du verbe actif est **on,** on ne mentionne pas l'agent du verbe passif.

Exemples : **On a signé** le traité de Versailles en 1919.
Le traité de Versailles **a été signé** en 1919.

On a construit Notre-Dame de Paris aux 12ᵉ et 13ᵉ siècles.
Notre-Dame de Paris **a été construite** aux 12ᵉ et 13ᵉ siècles.

3 Au Moyen Âge, les pièces de théâtre **se jouaient** devant les églises.
Le vrai champagne **se fabrique** en Champagne.

Comparez :

On conjugue le verbe aller avec « être ».
On fait les fromages avec du lait.

On boit le vin blanc frais.

Le verbe aller **se conjugue** (= est conjugué) avec « être ».
Les fromages **se font** (= sont faits) avec du lait.
Le vin blanc **se boit** (= est bu) frais.

On mange les hors-d'œuvre avant un repas.	Les hors-d'œuvre **se mangent** (= sont mangés) avant un repas.
On comprend difficilement certains poèmes modernes.	Certains poèmes modernes **se comprennent** (= sont compris) difficilement.
Autrefois on faisait les voyages à cheval.	Autrefois, les voyages **se faisaient** (= étaient faits) à cheval.
On a construit beaucoup d'usines autour de Paris.	Beaucoup d'usines **se sont construites** (= ont été construites) autour de Paris.

● On emploie souvent la forme pronominale à la 3ᵉ personne du singulier et du pluriel pour remplacer la construction avec **on.** Cette forme pronominale spéciale a un sens passif. Elle indique généralement une habitude, quelque chose de général.

NOTEZ : Le complément d'objet de la phrase avec **on** devient le sujet du verbe pronominal.
Ce sujet est le plus souvent un nom de chose.

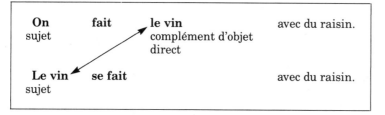

4   Le Général La Fayette **prit** part à la Guerre d'Indépendance américaine.
Alexis de Tocqueville **écrivit** un livre sur la démocratie américaine.

Étudiez le texte suivant.

Lorsque j'**arrivai** à Philadelphie, le général Washington n'y était pas ; je **fus** obligé de l'attendre une huitaine de jours... Une petite maison, ressemblant aux maisons voisines, était le palais du Président des États-Unis... Je **frappai** ; une jeune servante **ouvrit.** Je lui **demandai** si le général était chez lui ; elle me **répondit** qu'il y était. Je **répliquai** que j'avais une lettre à lui remettre. La servante me **demanda** mon nom, difficile à prononcer en anglais et qu'elle ne **put** retenir. Elle me **dit** alors doucement : « *Walk in, sir.* Entrez, monsieur », et elle m'**introduisit** dans un parloir où elle me **pria** d'attendre le général.... Au bout de quelques minutes, le général **entra**... Je lui **présentai** ma lettre en silence, il l'**ouvrit, courut** à la signature qu'il **lut** tout haut... Nous nous **assîmes.** Je lui **expliquai** tant bien que mal le motif de mon voyage. Il me **répondit** par monosyllabes anglais et français, et m'écoutait avec une sorte d'étonnement ; je m'en **aperçus** et je lui **dis** avec un peu de vivacité : « Mais il est moins difficile de découvrir le passage du nord-ouest que de créer un peuple comme vous l'avez fait : — *Well, well, young man !* Bien, bien, jeune homme », **s'écria**-t-il en me tendant la main. Il **m'invita** à dîner pour le jour suivant, et nous nous **quittâmes.**

CHATEAUBRIAND *Voyage en Amérique*

● Chateaubriand (1768−1848) raconte son entrevue avec le général Washington dans son *Voyage en Amérique*. Il raconte au passé un souvenir de sa jeunesse (cette rencontre a eu lieu en 1791) et il emploie l'imparfait et le *passé simple*. Tous les verbes en caractères gras dans le texte sont au passé simple. Le passé simple est le temps de la *narration historique*. Ce temps n'est pas employé dans la conversation. C'est un *temps littéraire*. On emploie encore le passé simple dans une œuvre littéraire. Simone de Beauvoir, par exemple, à propos d'un de ses romans, raconte comment, en 1945, l'épithète « existentialiste » s'est attachée à ses œuvres comme aux œuvres de Sartre.

Roman sur la Résistance, il **fut** aussi catalogué roman existentialiste. Ce nom désormais était automatiquement accolé aux œuvres de Sartre et aux miennes.... Nous **protestâmes** en vain. Nous **finîmes** par reprendre à notre compte l'épithète dont tout le monde usait pour nous désigner.
Ce **fut** donc une « offensive existentialiste » que, sans l'avoir concerté, nous **déclenchâmes** en ce début d'automne. Dans les semaines qui **suivirent** la publication de mon roman, les deux premiers volumes des *Chemins de la Liberté* parurent.... Sartre **donna** une conférence — « *L'existentialisme est-il un humanisme ?* » — et j'en **fis** une au Club « Maintenant » sur le roman et la métaphysique.... Je **fus** projetée dans la lumière publique... On **associa** mon nom à celui de Sartre... Au Flore, on nous regardait, on chuchotait.

SIMONE DE BEAUVOIR   *La Force des choses*

● Le passé simple, comme le passé composé, est un temps de narration qui exprime l'action pure. La seule différence entre ces deux temps est une différence de distance. La littérature implique une certaine notion de distance : le passé simple y est donc naturellement à sa place. Mais dans la conversation de tous les jours, dans la correspondance, on emploie le passé composé.

● Voici le *passé simple* des verbes **parler** et **finir**.

Je	parl**ai**	Je	fin**is**
Tu	parl**as**	Tu	fin**is**
Il (elle, on)	parl**a**	Il (elle, on)	fin**it**
Nous	parl**âmes**	Nous	fin**îmes**
Vous	parl**âtes**	Vous	fin**îtes**
Ils (elles)	parl**èrent**	Ils (elles)	fin**irent**

● Le passé simple des verbes des 1er et 2e groupes est formé en ajoutant les terminaisons en gras au radical de l'infinitif.

Ainsi, voici la 3e personne du singulier et du pluriel de quelques verbes des 1e et 2e groupes.

il dîn**a**   il réfléch**it**
ils dîn**èrent**   ils réfléch**irent**

il écout**a**   il chois**it**
ils écout**èrent**   ils chois**irent**

il voyag**ea**   il réuss**it**
ils voyag**èrent**   ils réuss**irent**

NOTEZ : Le verbe **aller** a un passé simple comme les verbes en **-er** :
j'allai, vous all**âtes**, tu all**as**, nous all**âmes**, il (elle, on) all**a**, ils (elles) all**èrent**

Les verbes en **-ger** (**nager, protéger, voyager**, etc.) prennent un **e** devant **a** :
je voyag**eai**, nous voyag**eâmes**

Les verbes en **-cer** (**commencer, lancer**) ont un **ç** devant a :
je commen**çai**, il commen**ça**

● Voici le passé simple des verbes **rendre** et **recevoir**.

Je	rend**is**		Je	reç**us**
Tu	rend**is**		Tu	reç**us**
Il (elle, on)	rend**it**		Il (elle, on)	reç**ut**
Nous	rend**îmes**		Nous	reç**ûmes**
Vous	rend**îtes**		Vous	reç**ûtes**
Ils (elles)	rend**irent**		Ils (elles)	reç**urent**

● Les verbes des 3ᵉ et 4ᵉ groupes (irréguliers) ont un passé simple en **-is** ou en **-us**.

● Voici le passé simple des verbes le plus communément employés :

INFINITIF	PASSÉ SIMPLE	INFINITIF	PASSÉ SIMPLE
attendre	j'attendis	boire	je bus
descendre	je descendis	connaître	je connus
dire	je dis	croire	je crus
entendre	j'entendis	falloir	il fallut
faire	je fis	lire	je lus
mettre	je mis	pouvoir	je pus
partir	je partis	savoir	je sus
perdre	je perdis	vivre	je vécus
prendre	je pris	vouloir	je voulus
répondre	je répondis		
sortir	je sortis	avoir	j'eus[ʒy]
vendre	je vendis	être	je fus
voir	je vis		

NOTEZ : Les formes particulières du passé simple des verbes :

venir (et de ses composés) ⎡ je vins, ils vinrent
⎣ il devint, ils devinrent

tenir (et de ses composés) ⎡ je tins, ils tinrent
⎣ il obtint, ils obtinrent

De nos jours, le passé composé remplace de plus en plus le passé simple, même dans la littérature.

PRATIQUE ORALE

A. *Donnez la phrase au passé en faisant les changements de temps nécessaires.*

Exemple : Je **crois** qu'il **est** dix heures.
Je **croyais** qu'il **était** dix heures.

1. Je crois que mes amis travaillent.   2. Nous pensons qu'ils sont à la bibliothèque.   3. Il espère que sa mère va bien.   4. Elle est sûre que je suis d'accord.   5. Phil dit qu'il ira chez vous.   6. Il ne sait pas que vous serez en France.   7. Je pense qu'il vous écrira.   8. Je me demande si vous pourrez le voir.   9. Nous sommes sûrs que vous l'avez déjà rencontré.   10. Nous ne savons pas si Robert est revenu de Paris.

B. *Changez la phrase pour employer la forme active selon le modèle.*

Exemple : La voiture **était conduite** par mon père.
Mon père conduisait la voiture.

1. Le pique-nique sera organisé par mes amis.   2. Le dessert sera préparé par Janine.   3. Les bagages ont été enregistrés par les employés.   4. Le repas a été servi par les hôtesses.   5. Le film est vu par les passagers.   6. Les sièges étaient occupés par des enfants.   7. L'atterrissage est annoncé par le pilote.   8. Une lettre a été envoyée par la compagnie.   9. Les impôts seront réduits par le gouvernement.   10. *Le deuxième Sexe* a été écrit par Simone de Beauvoir.

C. *Dites les phrases au passé composé.*

1. Il y eut une longue guerre.   2. Les Français perdirent leurs colonies.   3. Les Québécois gardèrent leur autonomie.   4. Le roi de France annexa le Midi.   5. Napoléon vendit la Louisiane.   6. Haïti se révolta.   7. Chateaubriand raconta son entrevue avec Washington.   8. Victor Hugo écrivit des poèmes.   9. Il fut très célèbre à son époque.   10. Il vécut au 19ᵉ siècle.

EXERCICES ORAUX OU ÉCRITS

1. *Transformez les phrases en mettant au passé (passé composé ou imparfait) le premier verbe. Faites les changements nécessaires dans la deuxième partie de la phrase.*

a) 1. Nous savons que la mère de Roger vit en Angleterre.   2. Nous ne savons pas si elle habite à Londres.   3. Je pense que mes amis viendront le plus tôt possible.   4. Je crois qu'ils prendront l'avion.   5. Alice répète qu'elle ne se souvient plus de cet accident.   6. Elle déclare qu'elle a tout oublié.   7. Les Américains espèrent que leur nouveau président réussira à réduire le chômage.   8. Ils croient que cet homme fera des miracles.   9. Nous sommes sûrs que François s'est bien amusé à Paris. 10. Cependant nous ne pensons pas qu'il voudra y rester.

b) J'espère que mon frère s'habituera à sa nouvelle vie.   2. Je suis certain(e) qu'il a beaucoup travaillé pour obtenir ce poste.   3. Il est évident que les conditions de travail sont difficiles.   4. Je me demande s'il pourra les accepter.   5. Nous ne sommes pas sûrs que le mécanicien saura réparer cette voiture étrangère.   6. Pierre et Laure ne disent pas à leurs parents qu'ils ont décidé de se marier.   7. Penses-tu que nous aurons le temps de faire des courses en revenant de l'université ? 8. Je crois que tu veux rentrer de bonne heure.   9. Pourquoi dites-vous que vous avez l'intention de démissionner ?   10. Vous savez très bien que vous ne démissionnerez jamais.

2. a) *Mettez les phrases à la forme passive.*

1. La France a vendu la Louisiane aux Américains en 1803.   2. Les Normands ont dominé l'Angleterre pendant trois siècles.   3. Le roi Louis XIV protégeait les écrivains et les artistes.   4. Pendant la Renaissance, on a construit beaucoup de châteaux dans la vallée de la Loire. 5. La France a créé un grand empire en Afrique Occidentale.   6. Au Moyen Âge, on représentait des pièces de théâtre religieuses devant les églises.   7. On a découvert le Nouveau-Monde à la fin du 15e siècle. 8. Quand les Espagnols ont-ils colonisé la Californie ?   9. Le Sénat vote les lois.   10. Quand établira-t-on la justice pour tous les hommes ?

b) *Mettez les phrases à la forme active.*

1. Ève a été tentée par le diable.   2. Au 16e siècle, le latin sera remplacé par le français dans les documents officiels.   3. La tour Eiffel a été construite à la fin du 19e siècle.   4. Beaucoup de comédies ont été jouées par Molière devant le roi Louis XIV.   5. Les colonies romaines avaient été envahies par les Francs.   6. L'autonomie du Québec est reconnue par le gouvernement d'Ottawa.   7. Le vocabulaire anglais a été enrichi par le français.   8. Le sucre et le café étaient envoyés de Haïti en France.   9. Par qui le Nouveau-Monde a-t-il été exploré ? 10. Leur identité française n'a pas été perdue par les habitants du Québec.

3. a) *Transformez les phrases suivantes pour employer un verbe pronominal à sens passif.*

1. Beaucoup de gratte-ciel sont construits dans les villes modernes. 2. L'expression « les mœurs » est toujours employée au pluriel.   3. De nombreuses fêtes étaient données à Versailles à la cour du roi Louis XIV.   4. L'unité de la France a été réalisée au cours des siècles. 5. Les livres sont vendus dans les librairies.   6. Une bonne composition n'est pas faite en quelques minutes.   7. Au 21e siècle, le pétrole sera-t-il encore employé comme aujourd'hui ?   8. Beaucoup de machines

électroniques sont fabriquées au Japon.   9. Cette phrase est facilement comprise.   10. Le français est parlé en Belgique et en Suisse.

b) *Transformez les phrases de l'exercice **3. a** pour employer le sujet **on** et un verbe à la forme active.*

4. a) *Mettez les phrases suivantes au passé composé.*

1. Elle obtint son diplôme en juin.   2. Ils acceptèrent notre invitation.   3. Je fis mes bagages le jour même.   4. Ils devinrent bons amis.   5. Elle lut la lettre sans dire un mot.   6. Ses amis l'emmenèrent à la campagne.   7. Nous apprîmes la nouvelle quelques mois plus tard.   8. Nous fûmes très étonnés.   9. Sa mère voulut assister au match.   10. On leur permit de quitter la classe.   11. Pourquoi vécurent-ils longtemps à Londres ?   12. Il fut absent pendant deux mois.   13. Elle sortit en riant.   14. Ils ne se parlèrent pas en français.   15. Je lui offris de l'accompagner à l'aéroport.

b) *Mettez le texte de Chateaubriand (pp. 602–603) au passé composé.*

André Gide, 1869–1951.

Albert Camus, 1913–1960.

Simone de Beauvoir, 1908–1986.

VINGT-QUATRE

1
Nous **nous demandions si** Roger et Anne **se marieraient.**
Nous ne **savions** pas **ce qu'ils avaient décidé** de faire.

2
Nos voisins **font faire** une piscine derrière leur maison.
Louis XIV **a fait construire** le château de Versailles.

3
Ma sœur fait la cuisine mieux que **moi.**
Mais **moi,** je parle mieux français qu'**elle.**

4
On va très facilement **au** Japon et **en** Inde.
Il est plus difficile de voyager **en** Chine et **au** Tibet.

DÉVELOPPEMENT GRAMMATICAL

> **1** Nous **nous demandions si** Roger et Anne **se marieraient.**
> Nous ne **savions** pas **ce qu**'ils **avaient décidé** de faire.

Étudiez les phrases suivantes :

A. 1. Ma mère me dit souvent : « Fais ton lit, range tes affaires et ne laisse pas tes chaussures dans la cuisine. »

2. Mes parents me disent : « Nous sommes contents de ta visite, mais tu as oublié de nous dire le jour de ton arrivée. » Ils ajoutent : « Nous allons t'envoyer un chèque et tu pourras prendre l'avion. »

3. Mon père me demande : « As-tu besoin de quelque chose ? Qu'est-ce que tu veux pour ton anniversaire ? »

B. 1. Ma mère me dit souvent **de faire mon** lit, **de ranger mes** affaires et **de ne pas laisser mes** chaussures dans la cuisine.

2. Mes parents me disent **qu'ils sont** contents de **ma** visite, mais **que j'ai oublié** de **leur** dire le jour de **mon** arrivée. Ils ajoutent **qu'ils vont m'**envoyer un chèque et **que je pourrai** prendre l'avion.

3. Mon père me demande **si j'ai** besoin de quelque chose et **ce que je veux** pour **mon** anniversaire.

Dans les phrases de la série A, on répète les paroles exactes de la personne qui parle : les phrases sont au *discours direct.* Notez le signe de ponctuation qui indique le discours direct : « » et qu'on appelle des *guillemets.*

Dans la phrase **1,** on répète des *ordres.*

Dans le groupe de phrases **2,** on répète des *déclarations,* des faits.

Dans le groupe de phrases **3,** on répète des *questions.* (Cf. leçon 15, page 371.)

Dans les phrases de la série B, on raconte ou on rapporte à une autre personne ce que quelqu'un dit ou demande. Les phrases qui étaient au discours direct sont maintenant au discours indirect.

Remarquez les changements :

Les phrases au discours indirect ne sont plus indépendantes ; elles dépendent maintenant d'un verbe principal et sont donc des propositions subordonnées.

Il y a des changements dans les pronoms, les possessifs et les personnes.

La ponctuation est différente.

● Pour transcricre un *ordre* au discours *indirect* au présent ou au passé, employez :

un verbe principal + **de** + un infinitif

Le verbe principal est en général :

dire	répéter	conseiller
demander	écrire	ordonner
recommander	téléphoner	etc.

A la forme négative, **ne pas** (**ne jamais, ne plus, ne pas encore**), précède l'infinitif.

● Pour transcrire une *déclaration* au discours *indirect* au présent, employez :

un verbe principal + **que** + un verbe à l'indicatif

Le verbe principal est en général :

affirmer	déclarer	répliquer
annoncer	ajouter	etc.
dire	répondre	

● Pour transcrire une *question* au discours indirect au présent, employez:

un verbe principal + un mot interrogatif + un verbe à l'indicatif

Le verbe principal est en général :

demander	se demander
vouloir savoir	etc.

ATTENTION : Le mot interrogatif est :

Si (= si oui ou non) : la question porte sur l'action ou sur l'état.
Qui : la question porte sur le sujet ou l'objet représentant des personnes.
Ce qui : la question porte sur le sujet représentant une chose ou une idée.
(Cf. leçon 21.)
Ce que : la question porte sur l'objet représentant une chose ou une idée.
(Cf. leçon 21.)
Pourquoi, comment, combien, quand, lequel, quel,... etc., sont d'autres mots interrogatifs.

Voilà d'autres exemples :

1. « N'oublie pas l'anniversaire de ton père ; téléphone-lui ou envoie-lui une carte. »

   Ma mère me dit de **ne pas oublier** l'anniversaire de mon père. Elle me recommande **de** lui **téléphoner** ou **de** lui **envoyer** une carte.

2. « J'ai beaucoup admiré le musée Picasso. J'y retournerai à mon prochain voyage à Paris. »

   Alice déclare **qu'**elle a beaucoup admiré le musée Picasso. Elle ajoute **qu'**elle y retournera à son prochain voyage à Paris.

3. « Partirez-vous bientôt pour le Canada ? Quand reviendrez-vous ? Qui gardera votre chien ? Qu'est-ce que vous verrez ? Dans quelles villes irez-vous ? »

   Ma voisine veut savoir **si** je partirai bientôt pour le Canada et **quand** je reviendrai. Elle me demande **qui** gardera mon chien, **ce que** je verrai et dans **quelles** villes j'irai.

Au *passé,* le discours indirect suit les règles de la concordance des temps. (Voir leçon 23, n° 1.)
Voilà au *passé* les groupes de phrases que nous avons étudiées :

1. Ma mère me **disait** souvent de faire mon lit, de ranger mes affaires et de ne pas laisser mes chaussures dans la cuisine.
2. Mes parents m'**ont dit** qu'ils **étaient** contents de ma visite, mais que j'**avais oublié** de leur dire le jour de mon arrivée. Ils **ont ajouté** qu'ils **allaient** m'envoyer un chèque et que je **pourrais** prendre l'avion.
3. Mon père m'**a demandé** si j'**avais** besoin de quelque chose et ce que je **voulais** pour mon anniversaire.

● Dans la transcription d'un texte au discours indirect, il y a donc :
un problème de *construction* (ordre des mots).
un problème de *coordination* ou de *subordination* (emploi d'une préposition, d'un adverbe ou d'une conjonction).
un problème d'*emploi des temps* selon que le verbe principal est au présent ou au passé.

Voici un dialogue au discours direct, puis au discours indirect au présent et au passé :

DISCOURS DIRECT :

Robert :   « Betty n'est pas venue en classe aujourd'hui. Était-elle ici hier ? Viendra-t-elle demain au concert avec nous ? Qu'est-ce qui se passe ?
Qu'est-ce qu'elle a ? Qui l'a vue ? Où est-elle ? »

GRAMMAIRE

Phil : « Je ne l'ai pas vue samedi parce qu'elle était chez ses parents. Il est possible qu'elle soit malade. Je vais passer chez elle prendre de ses nouvelles. »

Robert : « C'est inutile. Ne va pas chez elle, mais téléphone-lui. »

DISCOURS INDIRECT AU PRÉSENT :

Robert **dit à** Phil **que** Betty n'est pas venue en classe aujourd'hui. **Il lui demande si** elle était là hier et **si** elle viendra au concert avec **eux** demain. **Il veut savoir ce qui** se passe, **ce que** Betty a, **qui** l'a vue et où **elle est.**

Phil **répond qu'**il n'a pas **vu** Betty samedi parce qu'elle était chez ses parents. **Il ajoute qu'**il est possible qu'elle soit malade et **qu'il va passer** chez elle prendre de ses nouvelles.

Robert **réplique que** c'est inutile. **Il dit à** Phil **de ne pas aller** chez Betty, mais **de lui téléphoner.**

DISCOURS INDIRECT AU PASSÉ :

Robert **a dit à** Phil *que* Betty n'**était** pas **venue** en classe *ce jour-là*. Il *lui* **a demandé** *si* elle était *là la veille* et *si* elle **viendrait** au concert avec *eux le lendemain*. *Il* **voulait** savoir *ce qui* **se passait**, *ce que* Betty **avait**, *qui* l'**avait vue** et où elle **était.**

Phil **a répondu** qu'*il* n'**avait** pas **vu** Betty *le samedi* parce qu'elle était chez ses parents. *Il* **a ajouté** *qu'*il **était** possible qu'elle soit malade *et qu'il* **allait** passer chez elle prendre de ses nouvelles.

Robert **a répliqué** *que* c'**était** inutile. *Il* **a dit à** Phil *de ne pas* **aller** chez Betty, mais *de lui* **téléphoner.**

NOTEZ : Les changements dans les expressions de temps :

Aujourd'hui	*devient*	ce jour-là.
Hier	*devient*	la veille.
Demain	*devient*	le lendemain.
Maintenant	*devient*	à ce moment-là.

Notez les changements dans les pronoms interrogatifs :

« **Qu'est-ce qui** vous amuse ? »	Je me demande **ce qui** vous amuse.
« **Qu'est-ce que** vous cherchez ? »	Je voudrais savoir **ce que** vous cherchez.

2 Nos voisins **font faire** une piscine derrière leur maison.
Louis XIV **a fait construire** le château de Versailles.

Comparez :

1. Vous **attendez** depuis une demi-heure.

   Les spectateurs **entreront** dans la salle de théâtre.
   Les gens **ont** beaucoup **ri** en voyant la pièce de Molière.

   Je vous **fais attendre** depuis une demi-heure ! Excusez-moi de vous **faire attendre**.
   On **fera entrer** les spectateurs dans la salle de théâtre.
   La pièce de Molière **a** beaucoup **fait rire** les gens.

2. Le mécanicien **répare** ma voiture.
   Les étudiants **ont lu** le texte de la lecture.
   Sa sœur **portera** cette lettre à la poste.

   Je **fais réparer** ma voiture par le mécanicien.
   Le professeur a **fait lire** le texte de la lecture par les étudiants.
   Bob **fera porter** cette lettre à la poste par sa sœur.

● On trouve fréquemment en français le verbe **faire** (conjugué à tous les temps) + un autre verbe à l'infinitif. L'action indiquée par l'infinitif n'est pas faite par le sujet du verbe **faire.** Le sujet du verbe **faire** provoque cette action, il est la cause de cette action. C'est pourquoi **faire** ainsi employé est appelé *faire causatif.*

Par exemple, les sujets : **je, on, la pièce, je, le professeur, Bob,** sont la cause des actions : **attendre, entrer, rire, réparer, lire, porter.**

● Dans une phrase qui contient *faire causatif,* l'infinitif peut avoir un sens *actif* ou *passif.*

Exemples : On vous fait **attendre.** (*sens actif*)
On fera **entrer** les spectateurs. (*sens actif*)
La pièce de Molière a fait **rire** les gens. (*sens actif*)

Je fais **réparer** ma voiture. (*sens passif*)
Le professeur a fait **lire** le texte. (*sens passif*)
Bob fera **porter** cette lettre. (*sens passif*)

GRAMMAIRE

En effet : vous **attendez**, les spectateurs **entreront**, les gens **ont ri**.
Mais : ma voiture **est réparée**, le texte **a été lu**, la lettre **sera portée**.

NOTEZ : 1. **Faire** + *infinitif* forme une expression. Il n'est pas possible de séparer
les deux mots par un pronom ou par un nom.

Exemples : On fera entrer **les spectateurs**.

> On **les** fera entrer.
> On ne **les** fera pas entrer.

La pièce a fait rire **les gens**.

> La pièce **les** a fait rire.
> La pièce ne **les** a pas fait rire.

2. Le participe passé de **faire** causatif reste invariable.

3

Ma sœur fait la cuisine mieux que **moi**.
Mais **moi**, je parle français mieux qu'**elle**.

Étudiez les phrases suivantes :

Mon frère et **moi**, nous jouons ensemble au tennis. Il s'entraîne plus souvent que **moi** et naturellement je joue moins bien que **lui**. Il est meilleur
que **moi**.
Nos amis habitent au bord de la mer. Nous allons quelquefois chez **eux**.
Denise et Valérie vont au cinéma ce soir. Y allez-vous avec **elles** ? — Non,
nous, nous préférons aller à un concert. Vous venez avec **nous** ?
Qui va m'accompagner à la librairie ? **Toi** ou **lui** ? — **Moi**.

Dans les phrases précédentes, les pronoms **moi, lui, eux,...** etc., sont des
pronoms personnels accentués. (Voir leçon 6.) Voici les formes des pronoms
accentués :

moi	nous	
toi	vous	
lui / elle	eux / elles	soi

● On les emploie :
1. après une préposition : après **moi,** derrière **eux,** sans **toi,** pour **elle ;**
2. dans le deuxième terme d'une comparaison :

Exemples : Ils se sont amusés plus que **moi.**
Il est certain que vous parlez mieux que **lui.**

3. dans une phrase où on emploie le pronom sans verbe :

Exemples : Qui vient d'arriver ? — **Moi.**
J'ai lu *l'Étranger.* — **Moi** aussi.
Je n'ai pas vu la *leçon.* — **Moi** non plus.
Qui n'a pas compris ? — **Lui.**
J'ai lu *l'Étranger.* — **Moi** non.
Je n'ai pas vu la *leçon.* — **Moi** si.

Étudiez les phrases suivantes :

On aime rester chez **soi** quand il pleut.
Chacun pense d'abord à **soi.**

● Le pronom accentué **soi** se rapporte à un sujet indéfini comme **on, chacun.**

Étudiez le paragraphe suivant :

J'étais avec Robert quand l'accident est arrivé. C'est **lui** qui a essayé de réparer la voiture. **Moi,** je suis allé au village pour téléphoner à nos parents. Les fermiers, **eux,** nous ont aidés. La mère a été très aimable. C'est **elle** qui nous a offert de passer la nuit à la ferme. Mais **nous,** nous voulions rentrer.

● Dans ces derniers exemples, les pronoms personnels accentués sont employés pour *insister* sur le sujet ou sur le complément. Dans ce cas, on emploie le plus souvent un double sujet ou un double objet.

Pour insister sur une partie de la phrase, on emploie aussi les expressions : **c'est... qui** (pour insister sur le sujet), **c'est... que** (pour insister sur le complément).

Exemples : C'est **moi qui** ai téléphoné hier. C'est **à elle que** j'ai parlé.

4 On va très facilement **au** Japon et **en** Inde.
Il est plus difficile de voyager **en** Chine et **au** Tibet.

Étudiez les phrases suivantes :

Mes cousins sont allés **en** Argentine, **en** Colombie, **au** Brésil et **au** Vénézuela.
Roberto a fait ses études **au** Canada, **au** Mexique et **en** Italie.
Il passera ses vacances **en** Belgique et **au** Danemark.
Nous, nous irons **en** France, **en** Suisse, **en** Espagne et **au** Maroc.
Nous revenons **d'**Argentine et **du** Pérou.

● Employez **en** devant un nom de pays *féminin*. Les noms de pays terminés par un **e** sont des noms féminins. (Exceptions : **le** Mexique, **le** Zaïre, **le** Mozambique.)

la France   **en** France
la Pologne   **en** Pologne
l'Autriche   **en** Autriche
la Grèce   **en** Grèce
la Turquie   **en** Turquie   (Cf. leçon 2.)

● Employez **de** devant ces noms. Elle vient **de** France, **de** Pologne, etc.

● Employez **en** devant un nom de pays *masculin* commençant par une *voyelle*.

l'Iran   **en** Iran
Israël   **en** Israël
l'Uruguay   **en** Uruguay
l'Afghanistan   **en** Afghanistan

● Employez **d'** devant ces noms : Il revient **d'**Iran, **d'**Israël, etc.

● Employez **au, aux** devant un nom de pays *masculin,* commençant par une *consonne.*

le Mexique	**au** Mexique
le Liban	**au** Liban
le Pakistan	**au** Pakistan
le Venezuela	**au** Venezuela
le Maroc	**au** Maroc (Cf. leçon 5.)

On dit aussi :

les États-Unis	**aux** États-Unis
les Antilles	**aux** Antilles
les îles Hawaï	**aux** îles Hawaï (Cf. leçon 5.)

● Employez **du** ou **des** devant ces noms : Il arrive **du** Liban, **des** États-Unis, etc.

● Pour les états de la fédération américaine, on emploie les mêmes règles.

la Californie	**en** Californie
la Floride	**en** Floride
la Virginie	**en** Virginie
le Texas	**au** Texas
le Nouveau-Mexique	**au** Nouveau-Mexique

Quand un état de la fédération américaine n'a pas de genre, on dit : **dans l'état de...**

Exemples : Mes parents habitent **dans l'état de** New York.
J'ai voyagé **dans l'état de** Washington.

PRATIQUE ORALE

A. *Répondez à la question selon le modèle :*

Exemple : Qu'est-ce que Marc fait ?
Je me demande ce qu'il fait ?

1. Qu'est-ce que votre mère veut ?   2. Qu'est-ce que le professeur a dit ? 3. Qu'est-ce qui amuse Roger ?   4. Qu'est-ce qui lui fait peur ?   5. Qu'est-ce que Pierre a appris ?   6. Qu'est-ce que Denise va faire ?   7. Qu'est-ce qui fait ce bruit ?   8. Qu'est-ce qui est arrivé ?   9. Qu'est-ce que vous faites ici ?   10. Qu'est-ce que tu vas acheter ?

B. *Changez la phrase en employant le sujet proposé comme sujet principal. Faites les changements nécessaires.*

1. Je ne savais pas si mes amis viendraient. (vous / Marc / mes parents / tu / nous)
2. Je me demandais pourquoi tu ne m'avais pas téléphoné. (nous / Henri / tes amis)
3. As-tu dit à Charles que tu lui prêterais tes disques ? (vous / Alice / Marc et André / nous)
4. Je lui ai demandé quand il m'avait écrit. (nous / vous / mes cousins / Janine)

C. **1)** *Transformez les phrases pour avoir une construction avec* **faire** *+ infinitif.*

Exemple : Je dis aux gens de sortir.
Je fais sortir les gens.

1. Je dis aux étudiants de lire.   2. Nous disons à Janine de venir. 3. Il dit aux étudiants de réfléchir.   4. Vous avez dit à Marc de travailler.   5. Ils diront à Jeannette de partir.   6. Dit-on aux gens d'attendre ?

2) *Transformez les phrases pour avoir une construction avec* **faire** *+ infinitif.*

Exemple : Je demande à André de traduire la lettre.
Je fais traduire la lettre par André.

1. Je demande à Bob de téléphoner.   2. Tu as demandé à Roger de répondre.   3. Nous dirons à Janine de faire les courses.   4. Vous direz à Tim d'acheter votre billet.   5. Je demanderai à l'agence de réserver une place.   6. J'ai dit à mon ami de louer une auto.

D. *Changez les phrases en employant les sujets proposés. Faites les changements nécessaires.*

1. J'ai fait dîner les enfants. (vous / leur grand-mère / Marie et Jeanne)
2. Nous ferons réparer notre voiture. (mes amis / vous / je / tu / Paul)

3. Nos voisins ont fait peindre leur maison. (Denise / je / vous / nous / les Lejeune)

4. Faites-vous acheter vos chaussures par votre ami(e) ? (nous / tu / votre père / vos sœurs)

5. Tu n'as pas fait faire la vaisselle par tes invités ? (nous / Marie / mes parents)

EXERCICES ORAUX OU ÉCRITS

1. *Mettez les phrases suivantes au style indirect en commençant chaque phrase par :* **Je vous demande, je voudrais savoir** *ou* **je ne sais pas.**

a) 1. Qu'est-ce que vous avez fait à Paris ? 2. Êtes-vous allé(e) à Versailles ? 3. Qu'est-ce que vous avez vu à la Comédie-Française ? 4. Cette pièce vous a-t-elle intéressé(e) ? 5. Qu'est-ce qui vous a amusé(e) dans ce spectacle ? 6. Preniez-vous souvent le métro ou préfériez-vous l'autobus ? 7. Y avait-il des expositions de peinture pendant que vous étiez à Paris ? 8. Pourquoi n'êtes-vous pas allé(e) à Fontainebleau ? 9. Qu'est-ce qui vous a étonné(e) à votre arrivée en France ? 10. Quand y retournerez-vous ?

b) 1. Quand avez-vous commencé à étudier le français ? 2. Continuerez-vous vos études de français ? 3. Pourquoi voulez-vous faire le tour du monde ? 4. Qu'est-ce que vous verrez au cours de votre voyage ? 5. En avez-vous parlé à vos parents ? 6. Qu'est-ce qui vous intéresse dans les pays étrangers ? 7. Comment allez-vous payer votre billet d'avion ? 8. Avez-vous fait beaucoup d'économies ? 9. Vos parents pourront-ils vous aider ? 10. Quand avez-vous l'intention de partir ?

c) *Mettez les phrases des exercices* **1. a** *et* **b** *au style indirect* **au passé** *en commençant chaque phrase par :* **Je me suis demandé** *ou* **Je ne savais pas.**

2. a) *Transformez chaque phrase en employant* **faire** *causatif. Le sujet sera le mot proposé.*

Exemple : L'enfant a dîné à six heures. (je)
J'ai fait dîner l'enfant à six heures.

1. Le médecin est venu le soir. (on) 2. Sa vieille grand-mère a dansé. (Jacques) 3. Mes parents vont rire. (cette histoire) 5. Lisa est tombée. (Alex) 6. Nos invités attendront. (nous) 7. Les spectateurs entreront dans la salle. (on) 8. Les enfants ont joué dans le jardin. (je) 9. Tout le monde est parti. (la pluie) 10. Les passagers embarquent dans l'avion. (les hôtesses)

b) *Transformez chaque phrase en employant* **faire** *causatif. Le sujet sera l'expression proposée.*

1. On représentait des comédies à Versailles. (le roi Louis XIV)   2. Mon ami Roberto traduira la lettre. (je)   3. Son voisin a réparé le réfrigérateur. (Suzanne)   4. Fred a lu ce roman. (je)   5. Leur père paie leurs dettes. (Bob et André)   6. Mon petit frère lave sa voiture. (ma mère)   7. Un architecte fera le plan de la maison. (mes parents) 8. Le mécanicien a vérifié les pneus de la voiture. (je)   9. Anne fait-elle ses devoirs ? (son ami)   10. Sa sœur a préparé le dîner. (Robert)

3. *Employez le pronom accentué correct pour le sens de la phrase.*

1. Mes amis m'accompagneront : ils viendront avec _____ jusqu'à San Francisco.   2. Nous ne savons pas si nous serons chez _____ ce soir. 3. Votre frère ne parle pas français aussi bien que _____ .   4. Lisa n'est pas d'accord avec sa mère : elle se dispute avec _____ .   5. Je connais ces vieilles dames : allez-vous quelquefois chez _____ ?   6. Ces gens ne sont pas sympathiques : je n'irai jamais chez _____ .   7. Mozart a écrit beaucoup de symphonies, mais Haydn en a composé plus que _____ . 8. Mes parents sont assez âgés, cependant les parents de Jean sont plus âgés que _____ .   9. Dick n'aime pas son père : il ne s'entend pas avec _____ .   10. Ce sont tes voisins : ils habitent à côté de chez _____ .

4. *Complétez les phrases avec* **en, au** (**aux**) *selon le genre du pays.*

1. Ses parents ont vécu en Amérique du Sud : _____ Venezuela, _____ Chili et _____ Argentine.   2. Marc a voyagé _____ Suède, _____ Norvège et _____ Danemark. Puis il est allé _____ Autriche et _____ Allemagne.   3. Je n'aimerais pas habiter _____ Alaska ou _____ Sibérie, mais j'aimerais beaucoup vivre _____ Maroc ou _____ Tunisie.   4. On cultive des oranges _____ Californie, _____ Floride et _____ Israël.   5. On fabrique de beaux tapis _____ Iran ; on en fabrique aussi _____ Pakistan et _____ Inde.   6. Le français se parle _____ France naturellement, mais aussi _____ Suisse, _____ Belgique, _____ Luxembourg et _____ Canada.

VINGT-QUATRE BIS

Au pays de Descartes

Lisez à haute voix la conversation suivante.

Nos jeunes gens sont assis sous un figuier dans le jardin. Ils parlent de leur voyage.

M. Morin : Alors dites-nous ce que vous pensez de la France.

Jessica : C'est un très beau pays et nous avons beaucoup appris cet été.

5 **Renato :** Moi, je vais revenir l'été prochain.

Wayne : Moi aussi. Mais vous, Madame Morin, qu'est-ce que vous pensez de la France ?

Mme Morin : Oh, mon dieu ! Votre question me surprend !

10 **Françoise :** Nous aimerions beaucoup entendre ce que vous avez à dire.

Mme Morin : Eh bien, puisque vous m'y faites penser, je vais vous répondre que nous passons par une crise d'identité en France.

15 **Renato :** Tiens ! J'étais convaincu que les Français étaient les gens les plus sûrs d'eux-mêmes qui soient.

M. Morin : Ma femme voulait dire quelque chose de plus complexe ; c'est une question de culture. La France a toujours été le pays de Descartes...

20 **Mme Morin :** C'est ça. La raison humaine, l'intellect, l'art... Mais avec bientôt un Disneyland aux environs de Paris, une pyramide dans la cour du Louvre, et la mahgrébisation° de nos grandes villes, on ne sait plus quoi penser !

25 **Jessica** (*à Françoise*) **:** Chez vous, entre le Canada anglais et les États-Unis, vous devez connaître cette même crise.

Françoise : Oui, mais chez nous, cela nous renforce dans notre culture.

30 **Mme Morin :** « Je pense, donc je suis », disait Descartes. Nous avons été élevés dans cette foi laïque. Mais que faire si les gens ne pensent plus ?

Wayne : C'est dangereux parce qu'à ce moment-là, on se met° à penser pour eux.

René Descartes, 1596–1650.

Les temps modernes

Quatre grands mouvements littéraires et artistiques ont contribué à former la culture moderne non seulement en France, mais dans le monde entier : le Symbolisme en poésie ; en peinture, l'Impressionnisme ; le Surréalisme dans tous les domaines ; enfin,
5 l'Existentialisme, qui a transformé la pensée moderne.

L'art de la peinture n'avait pas été renouvelé depuis les peintres classiques de la Renaissance italienne et les grands maîtres flamands. Pour les classiques, l'art devait imiter la nature : ses représentations devaient donc être *ressemblantes*. Cette situation change dès 1875, lorsque les peintres se mettent à
10 inventer des techniques pour représenter non pas la réalité extérieure objective, mais la réalité intérieure objective. S'inspirant de leurs prédécesseurs naturalistes (Courbet, Corot, Manet), les peintres impressionnistes (Monet, Degas, Renoir) iront plus loin en peignant non pas la réalité mais l'*impression* faite par la réalité sur la conscience.

15 Le Symbolisme fut en poésie un mouvement parallèle à l'Impressionnisme. Il commence avec Charles Baudelaire dont *Les Fleurs du mal* en 1857 furent, comme *Madame Bovary* de Flaubert, l'objet d'un procès. T. S. Eliot disait de Baudelaire qu'il était le père de toute la poésie moderne, à l'étranger comme en France. Ses héritiers symbolistes étaient Verlaine, Rimbaud (*Le*
20 *Bateau ivre*) et Mallarmé (*L'Après-midi d'un faune*).

La génération symboliste et impressionniste a donné à la littérature internationale quatre grands noms : André Gide (1869–1951), Marcel Proust (1871–1922), Paul Claudel (1868–1955) et Paul Valéry (1871–1945).

Marcel Proust est certainement le plus grand romancier français du 20ᵉ
25 siècle et peut-être le plus grand romancier du monde. Son œuvre, *A la Recherche du temps perdu,* raconte l'histoire de toute une partie de la société française entre 1870 et 1920. Comme Balzac, il a créé une « comédie humaine » de ce monde aristocratique et snob, miné° par une bourgeoisie arriviste et par l'artiste lui-même, qui s'y introduit pour rendre éternelles ses grandeurs, ses misères
30 et ses sottises°.

Très différent est André Gide, qui s'impose aujourd'hui par la force de sa personnalité comme par ses livres. Pour la génération des années 20 et 30, pour la jeunesse d'Europe, d'Amérique et de Russie, aucun écrivain n'a représenté mieux que Gide la révolte et l'indépendance de l'individu contre toutes les institutions sociales opprimantes. Grand bourgeois mais contestataire°, premier écrivain homosexuel à déclarer publiquement sa sexualité, il a cherché toute sa vie l'authenticité humaine dans la longue succession de ses œuvres dont *L'immoraliste, Les Faux-Monnayeurs*° et son *Journal* présentent les étapes° essentielles.

Le Surréalisme, dont le chef fut l'écrivain André Breton, est né d'une révolte contre le Réalisme, le Matérialisme et le Rationalisme. Ce mouvement d'avant-garde, qui a laissé sa marque sur toute l'activité artistique de notre siècle, s'inspire de Freud, du Romantisme européen et même du Marxisme pour s'affirmer comme révolution universelle. S'attaquant à la tyrannie de la logique et de la raison sous toutes leurs formes, le Surréalisme exige la liberté totale des êtres, sans pourtant dire en quoi cette liberté consiste.

Opposant l'imaginaire au réel, — « ...l'imagination... fait à elle seule les choses réelles.... » écrivait Breton — les surréalistes annonçaient le règne du surréel qui s'exprime dans nos rêves, plus réels que nos perceptions réelles. L'écrivain surréaliste essaie de saisir cette surréalité par une technique spéciale qui s'appelle l'écriture automatique.

D'inspiration freudienne (libre association des idées), l'écriture automatique, que chacun de nous peut pratiquer en laissant aller sa plume° sur le papier sans y faire attention, a pour but° d'exprimer notre réalité intérieure la plus authentique. Le résultat sera un poème, mais un poème qui ne sera ni construit ni artificiel, une sorte de poésie pure qui vient de notre être le plus intime.

A côté du Surréalisme, l'Existentialisme de Jean-Paul Sartre et de Simone de Beauvoir paraît° bien austère. S'inspirant aussi de Freud et de Marx, mais surtout de la philosophie allemande, l'Existentialisme veut construire une réalité humaine plus rationnelle et plus authentique. Persuadé que notre société est basée sur la violence et sur l'exploitation des hommes, l'existentialiste est en fait l'héritier des Encyclopédistes du 18e siècle. Comme eux, il veut libérer les hommes par un acte de critique radicale. Mais c'est aussi un idéaliste, athée° le plus souvent, car il croit que la conscience humaine est le seul fondement de toute réalité humaine. Bref, le terme « existentialiste », qu'on a appliqué à l'entreprise de Sartre, désigne un programme de libération sociale, morale et concrète qui affirme l'importance des idées et de la volonté humaine dans les conditions matérielles et spirituelles de notre existence.

Nous avons choisi, pour présenter la période moderne de la culture française, deux textes de Sartre : un texte littéraire, extrait de sa pièce la plus célèbre, *Huis clos,* et un texte philosophique. Ceux-ci, dans un langage très simple, expliquent en quoi consiste l'Existentialisme.

Huis clos, représenté pour la première fois à Paris en 1944, fut écrit au début de l'automne 1943. Dans cette pièce, dont l'action se passe en enfer, trois personnes s'affrontent°. Garcin, un lâche°, exécuté pour désertion militaire ; Estelle, une infanticide et Inès, une lesbienne tuée par son amante dont elle avait brisé° la vie. Ces trois morts symbolisent la vie morte des gens réels qui refusent leur liberté pour rester librement dans l'enfer de leurs mauvais rapports. Quand enfin la porte de l'enfer s'ouvre : c'est la liberté. Mais aucun des trois personnages ne veut se risquer dehors et Garcin referme la porte ; l'enfer continue.

Cette vie impossible, à huis° clos, sous les yeux des autres, fera prononcer à Garcin, vers la fin de la pièce, la réplique° célèbre : « L'enfer, c'est les autres ».

Sartre a dit en parlant de Huis clos : « ...quel que soit le cercle d'enfer dans lequel nous vivons, je pense que nous sommes libres de le briser ». C'est ce que ce trio d'amour infernal refusera de faire.

Jean-Paul Sartre: Huis Clos

Garcin (*aux deux femmes*) : Vous me dégoûtez !
(*Il va vers la porte.*)
Estelle : Qu'est-ce que tu fais ?
Garcin : Je m'en vais.
Inès (*vite*) : Tu n'iras pas loin ; la porte est fermée.
Garcin : Il faudra bien qu'ils l'ouvrent.
(*Il appuie sur le bouton de sonnette. La sonnette ne fonctionne pas.*)
Estelle : Garcin !
Inès (*à Estelle*) : Ne t'inquiète pas : la sonnette est détraquée[1].
Garcin : Je vous dis qu'ils ouvriront. (*Il tambourine[2] contre la porte.*) Je ne peux plus vous supporter, je ne peux plus. (*Estelle court vers lui, il la repousse.*) Va-t'en ! Tu me dégoûtes encore plus qu'elle. Je ne veux pas m'enliser[3] dans tes yeux. Tu es moite[4] ! Tu es molle[5] ! Tu es une pieuvre[6], tu es un marécage[3]. (*Il frappe contre la porte.*) Allez-vous ouvrir ?
Estelle : Garcin, je t'en supplie, ne pars pas, je ne te parlerai plus, je te laisserai tout à fait tranquille, mais ne pars pas. Inès a sorti ses griffes[7], je ne veux plus rester seule avec elle.

---

[1] ne marche pas   [2] frapper à coups rapides   [3] Un **marécage** est un terrain spongieux et humide où on **s'enlise** en marchant.   [4] humide   [5] **mou, molle** : contraire de **rigide**   [6] mollusque ayant huit longs tentacules   [7] Un chat se défend avec ses **griffes**.

Garcin : Débrouille-toi. Je ne t'ai pas demandé de venir.

Estelle : Lâche ! Lâche ! Oh ! C'est bien vrai que tu es lâche.

Inès (*se rapprochant d'Estelle*). Eh bien, mon alouette[1], tu n'es pas contente ? Tu m'as craché[2] à la figure pour lui plaire et nous nous sommes brouillées[3] à
5 cause de lui. Mais il s'en va, le trouble-fête[4], il va nous laisser entre femmes.

Estelle : Tu n'y gagneras rien ; si cette porte s'ouvre, je m'enfuis[5].

Inès : Où ?

Estelle : N'importe où. Le plus loin de toi possible.

(*Garcin n'a cessé de tambouriner contre la porte.*)

10 **Garcin :** Ouvrez ! Ouvrez donc ! J'accepte tout : les brodequins[6], les tenailles[6], le plomb fondu[6], les pincettes[6], le garrot[6], tout ce qui brûle, tout ce qui déchire[7], je veux souffrir pour de bon[8]. Plutôt cent morsures[9], plutôt le fouet[10], le vitriol, que cette souffrance de tête, ce fantôme de souffrance, qui frôle[11], qui caresse et qui ne fait jamais assez mal. (*Il saisit le bouton de la porte et le secoue.*).
15 Ouvrirez-vous ? (*La porte s'ouvre brusquement et il manque de tomber.*) Hah !

Inès : Eh bien, Garcin ? Allez-vous-en.

Garcin : (*lentement*). Je me demande pourquoi cette porte s'est ouverte.

Inès : Qu'est-ce que vous attendez ? Allez, allez vite.

Garcin : Je ne m'en irai pas.

20 **Inès :** Et toi, Estelle ? (*Estelle ne bouge pas ; Inès éclate de rire.*) Alors ? Lequel ? Lequel des trois ? La voie[12] est libre : qui nous retient ? Ha ! c'est à mourir de rire. Nous sommes inséparables. (*Estelle bondit sur elle par derrière.*)

Estelle : Inséparables ? Garcin ! Aide-moi, aide-moi vite. Nous la traînerons dehors et nous fermerons la porte sur elle ; elle va voir.

25 **Inès** (*se débattant[13]*) : Estelle ! Estelle ! Je t'en supplie, garde-moi. Pas dans le couloir, ne me jette[14] pas dans le couloir !

Garcin : Lâche-la[15].

Estelle : Tu es fou, elle te hait[16].

Garcin : C'est à cause d'elle que je suis resté.

30 (*Estelle lâche Inès et regarde Garcin avec stupeur.*)

Inès : A cause de moi ? (*un temps*) Bon, eh bien, fermez la porte. Il fait dix fois plus chaud depuis qu'elle est ouverte. (*Garcin va vers la porte et la ferme.*) A cause de moi ?

Garcin : Oui. Tu sais ce que c'est qu'un lâche, toi.

35 **Inès :** Oui, je le sais....

HUIS CLOS. Scène V

---

[1] *lark*   [2] expectorer sa salive de la bouche   [3] **se brouiller :** cesser d'être amis
[4] quelqu'un qui interrompt la fête et trouble le plaisir des autres   [5] **s'enfuir :** prendre la fuite
[6] instruments de torture   [7] met en morceaux   [8] vraiment, réellement   [9] Le chien m'a mordu et j'ai reçu une **morsure.**   [10] instrument qui sert à battre   [11] touche légèrement   [12] la route   [13] faisant des efforts pour se libérer   [14] **jeter :** on **jette** une balle, un projectile ; on peut aussi **jeter** quelqu'un dehors   [15] Laisse-la.   [16] elle te déteste

L'existence précède l'essence

En termes philosophiques, tout objet a une essence et une existence. Une essence, c'est-à-dire un ensemble constant de propriétés : une existence, c'est-à-dire une certaine présence effective dans le monde. Beaucoup de personnes croient que l'essence vient d'abord et l'existence ensuite : que les petits pois, par exemple, poussent et s'arrondissent conformément à l'idée de petits pois et que les cornichons[1] sont cornichons parce qu'ils participent à l'essence de cornichon...

Le dix-huitième siècle tout entier a pensé qu'il y avait une essence commune à tous les hommes, que l'on nommait *nature humaine*. L'existentialisme tient, au contraire, que chez l'homme — et chez l'homme seul — l'existence précède l'essence.

Ceci signifie tout simplement que l'homme *est* (existe) d'abord et qu'ensuite seulement il est *ceci* ou *cela*. En un mot, l'homme doit se créer sa propre essence : c'est en se jetant dans le monde, en y souffrant, en y luttant[2] qu'il se définit peu à peu ; et la définition demeure toujours ouverte ; on ne peut point dire ce qu'est *cet* homme avant sa mort, ni l'humanité avant qu'elle ait disparu. Après cela, l'existentialisme est-il fasciste, conservateur, communiste ou démocrate ? La question est absurde : à ce degré de généralité, l'existentialisme n'est rien du tout sinon une certaine manière d'envisager les questions humaines en refusant de donner à l'homme une nature fixée pour toujours.

Il allait de pair[3], autrefois, chez Kierkegaard[4], avec la foi religieuse. Aujourd'hui, l'existentialisme français tend à s'accompagner d'une déclaration d'athéisme, mais cela n'est pas absolument nécessaire. Tout ce que je puis dire — et sans vouloir trop insister sur les ressemblances — c'est qu'il ne s'éloigne pas beaucoup de la conception de l'homme qu'on trouverait chez Marx[5]. Marx n'accepterait-il pas, en effet, cette devise[6] de l'homme qui est la nôtre : *faire et en faisant se faire et n'être rien que ce qu'il s'est fait.*

ACTION
29 XII 44

---

[1] petit concombre conservé dans du vinaigre   [2] en se battant, en combattant   [3] il s'accompagnait de   [4] Søren Kierkegaard, 1813–1855, philosophe danois considéré comme le père de l'existentialisme chrétien   [5] Karl Marx, 1818–1883, philosophe et économiste allemand, auteur du *Capital* et fondateur de l'*Internationale Ouvrière* en 1864   [6] formule exprimant une pensée.

Jean-Paul Sartre, 1905–1980.

LECTURE

APPENDICES

L&L

LES VERBES FRANÇAIS

Les verbes auxiliaires **avoir** et **être**

		INDICATIF PRÉSENT	IMPARFAIT	FUTUR	IMPÉRATIF
1. avoir	j'	ai	avais	aurai	
	tu	as	avais	auras	aie
	il	a	avait	aura	
	nous	avons	avions	aurons	ayons
	vous	avez	aviez	aurez	ayez
	ils	ont	avaient	auront	
2. être	je	suis	étais	serai	
	tu	es	étais	seras	sois
	il	est	était	sera	
	nous	sommes	étions	serons	soyons
	vous	êtes	étiez	serez	soyez
	ils	sont	étaient	seront	

Verbes du 1er groupe (en **-er**) se conjuguent comme :

3. parler	je	parle	parlais	parlerai	
	tu	parles	parlais	parleras	parle
	il	parle	parlait	parlera	
	nous	parlons	parlions	parlerons	parlons
	vous	parlez	parliez	parlerez	parlez
	ils	parlent	parlaient	parleront	

Verbe irrégulier du 1er groupe

4. aller	je	vais	allais	irai	
	tu	vas	allais	iras	va
	il	va	allait	ira	
	nous	allons	allions	irons	allons
	vous	allez	alliez	irez	allez
	ils	vont	allaient	iront	

Verbes du 2e groupe (en **-ir**, avec suffixe **-iss**) se conjuguent comme :

5. finir	je	finis	finissais	finirai	
	tu	finis	finissais	finiras	finis
	il	finit	finissait	finira	
	nous	finissons	finissions	finirons	finissons
	vous	finissez	finissiez	finirez	finissez
	ils	finissent	finissaient	finiront	

SUBJONCTIF PRÉSENT	PASSÉ SIMPLE	PARTICIPE PRÉSENT	PARTICIPE PASSÉ	
aie	eus	ayant	eu	
aies	eus			
ait	eut			
ayons	eûmes			
ayez	eûtes			
aient	eurent			
sois	fus	étant	été	
sois	fus			
soit	fut			
soyons	fûmes			
soyez	fûtes			
soient	furent			
parle	parlai	parlant	parlé	COMME *parler* :
parles	parlas			Tous les verbes du 1er groupe.[1]
parle	parla			
parlions	parlâmes			
parliez	parlâtes			
parlent	parlèrent			
aille	allai	allant	allé	
ailles	allas			
aille	alla			
allions	allâmes			
alliez	allâtes			
aillent	allèrent			
finisse	finis	finissant	fini	
finisses	finis			
finisse	finit			
finissions	finîmes			
finissiez	finîtes			
finissent	finirent			

[1]Certains verbes en **-eter** ou **-eler** modifient légèrement leur radical devant une syllabe qui contient un **e** : acheter—j'achète, nous achèterons; appeler—j'appelle, il appellera; jeter—je jette, il jettera. Les verbes en **-oyer** et **-uyer** changent **y** en **i** devant un **e** muet : employer—j'emploie, nous emploierons; appuyer—j'appuie, il appuiera.

| | | INDICATIF | | | |
		PRÉSENT	IMPARFAIT	FUTUR	IMPÉRATIF
I. Verbes en -ir					
6. courir	je	cours	courais	courrai	
	tu	cours	courais	courras	cours
	il	court	courait	courra	
	nous	courons	courions	courrons	courons
	vous	courez	couriez	courrez	courez
	ils	courent	couraient	courront	
7. cueillir	je	cueille	cueillais	cueillerai	
	tu	cueilles	cueillais	cueilleras	cueille
	il	cueille	cueillait	cueillera	
	nous	cueillons	cueillions	cueillerons	cueillons
	vous	cueillez	cueilliez	cueillerez	cueillez
	ils	cueillent	cueillaient	cueilleront	
8. dormir	je	dors	dormais	dormirai	
	tu	dors	dormais	dormiras	dors
	il	dort	dormait	dormira	
	nous	dormons	dormions	dormirons	dormons
	vous	dormez	dormiez	dormirez	dormez
	ils	dorment	dormaient	dormiront	
9. mourir	je	meurs	mourais	mourrai	
	tu	meurs	mourais	mourras	meurs
	il	meurt	mourait	mourra	
	nous	mourons	mourions	mourrons	mourons
	vous	mourez	mouriez	mourrez	mourez
	ils	meurent	mouraient	mourront	
10. offrir	j'	offre	offrais	offrirai	
	tu	offres	offrais	offriras	offre
	il	offre	offrait	offrira	
	nous	offrons	offrions	offrirons	offrons
	vous	offrez	offriez	offrirez	offrez
	ils	offrent	offraient	offriront	
11. venir	je	viens	venais	viendrai	
	tu	viens	venais	viendras	viens
	il	vient	venait	viendra	
	nous	venons	venions	viendrons	venons
	vous	venez	veniez	viendrez	venez
	ils	viennent	venaient	viendront	

SUBJONCTIF PRÉSENT	PASSÉ SIMPLE	PARTICIPE PRÉSENT	PARTICIPE PASSÉ	
coure	courus	courant	couru	COMME *courir* :
coures	courus			**parcourir**
coure	courut			
courions	courûmes			
couriez	courûtes			
courent	coururent			
cueille	cueillis	cueillant	cueilli	COMME *cueillir* :
cueilles	cueillis			**accueillir**
cueille	cueillit			**recueillir**
cueillions	cueillîmes			
cueilliez	cueillîtes			
cueillent	cueillirent			
dorme	dormis	dormant	dormi	COMME *dormir* :
dormes	dormis			**s'endormir** **sortir**
dorme	dormit			**mentir** **partir**
dormions	dormîmes			**sentir** **consentir**
dormiez	dormîtes			**servir**
dorment	dormirent			
meure	mourus	mourant	mort	
meures	mourus			
meure	mourut			
mourions	mourûmes			
mouriez	mourûtes			
meurent	moururent			
offre	offris	offrant	offert	COMME *offrir* :
offres	offris			**couvrir** **souffrir**
offre	offrit			**ouvrir** **découvrir**
offrions	offrîmes			
offriez	offrîtes			
offrent	offrirent			
vienne	vins	venant	venu	COMME *venir* :
viennes	vins			**devenir** **tenir**
vienne	vint			**revenir** **entretenir**
venions	vînmes			**advenir** **retenir**
veniez	vîntes			**intervenir** **appartenir**
viennent	vinrent			**parvenir** **contenir**
				survenir **obtenir**

		INDICATIF			
		PRÉSENT	IMPARFAIT	FUTUR	IMPÉRATIF
II. Verbes en **-oir**					
12. devoir	*je*	dois	devais	devrai	
	tu	dois	devais	devras	
	il	doit	devait	devra	
	nous	devons	devions	devrons	
	vous	devez	deviez	devrez	
	ils	doivent	devaient	devront	
13. pleuvoir	*il*	pleut	pleuvait	pleuvra	
14. pouvoir	*je*	peux	pouvais	pourrai	
	tu	peux	pouvais	pourras	
	il	peut	pouvait	pourra	
	nous	pouvons	pouvions	pourrons	
	vous	pouvez	pouviez	pourrez	
	ils	peuvent	pouvaient	pourront	
15. recevoir	*je*	reçois	recevais	recevrai	
	tu	reçois	recevais	recevras	reçois
	il	reçoit	recevait	recevra	
	nous	recevons	recevions	recevrons	recevons
	vous	recevez	receviez	recevrez	recevez
	ils	reçoivent	recevaient	recevront	
16. savoir	*je*	sais	savais	saurai	
	tu	sais	savais	sauras	sache
	il	sait	savait	saura	
	nous	savons	savions	saurons	sachons
	vous	savez	saviez	saurez	sachez
	ils	savent	savaient	sauront	
17. valoir	*je*	vaux	valais	vaudrai	
	tu	vaux	valais	vaudras	vaux
	il	vaut	valait	vaudra	
	nous	valons	valions	vaudrons	valons
	vous	valez	valiez	vaudrez	valez
	ils	valent	valaient	vaudront	
18. voir	*je*	vois	voyais	verrai	
	tu	vois	voyais	verras	vois
	il	voit	voyait	verra	
	nous	voyons	voyions	verrons	voyons
	vous	voyez	voyiez	verrez	voyez
	ils	voient	voyaient	verront	

SUBJONCTIF PRÉSENT	PASSÉ SIMPLE	PARTICIPE PRÉSENT	PARTICIPE PASSÉ	
doive	dus	devant	dû	
doives	dus			
doive	dut			
devions	dûmes			
deviez	dûtes			
doivent	durent			
pleuve	plut	pleuvant	plu	
puisse	pus	pouvant	pu	
puisses	pus			
puisse	put			
puissions	pûmes			
puissiez	pûtes			
puissent	purent			
reçoive	reçus	recevant	reçu	COMME *recevoir* :
reçoives	reçus			**apercevoir**
reçoive	reçut			**concevoir**
recevions	reçûmes			**décevoir**
receviez	reçûtes			**percevoir**
reçoivent	reçurent			
sache	sus	sachant	su	
saches	sus			
sache	sut			
sachions	sûmes			
sachiez	sûtes			
sachent	surent			
vaille	valus	valant	valu	
vailles	valus			
vaille	valut			
valions	valûmes			
valiez	valûtes			
vaillent	valurent			
voie	vis	voyant	vu	COMME *voir* :
voies	vis			**revoir**
voie	vit			**prévoir** (futur : je prévoirai)
voyions	vîmes			
voyiez	vîtes			
voient	virent			

		INDICATIF PRÉSENT	IMPARFAIT	FUTUR	IMPÉRATIF
19. vouloir	*je*	veux	voulais	voudrai	
	tu	veux	voulais	voudras	veuille
	il	veut	voulait	voudra	
	nous	voulons	voulions	voudrons	veuillons
	vous	voulez	vouliez	voudrez	veuillez
	ils	veulent	voulaient	voudront	

III. Verbes en **-dre**

20. craindre	*je*	crains	craignais	craindrai	
	tu	crains	craignais	craindras	crains
	il	craint	craignait	craindra	
	nous	craignons	craignions	craindrons	craignons
	vous	craignez	craigniez	craindrez	craignez
	ils	craignent	craignaient	craindront	
21. prendre	*je*	prends	prenais	prendrai	
	tu	prends	prenais	prendras	prends
	il	prend	prenait	prendra	
	nous	prenons	prenions	prendrons	prenons
	vous	prenez	preniez	prendrez	prenez
	ils	prennent	prenaient	prendront	
22. rendre	*je*	rends	rendais	rendrai	
	tu	rends	rendais	rendras	rends
	il	rend	rendait	rendra	
	nous	rendons	rendions	rendrons	rendons
	vous	rendez	rendiez	rendrez	rendez
	ils	rendent	rendaient	rendront	

IV. Verbes en **-uire**

23. conduire	*je*	conduis	conduisais	conduirai	
	tu	conduis	conduisais	conduiras	conduis
	il	conduit	conduisait	conduira	
	nous	conduisons	conduisions	conduirons	conduisons
	vous	conduisez	conduisiez	conduirez	conduisez
	ils	conduisent	conduisaient	conduiront	

V. Verbes en **-aître**

24. connaître	*je*	connais	connaissais	connaîtrai	
	tu	connais	connaissais	connaîtras	connais
	il	connaît	connaissait	connaîtra	
	nous	connaissons	connaissions	connaîtrons	connaissons
	vous	connaissez	connaissiez	connaîtrez	connaissez
	ils	connaissent	connaissaient	connaîtront	

SUBJONCTIF PRÉSENT	PASSÉ SIMPLE	PARTICIPE PRÉSENT	PARTICIPE PASSÉ	
veuille	voulus	voulant	voulu	
veuilles	voulus			
veuille	voulut			
voulions	voulûmes			
vouliez	voulûtes			
veuillent	voulurent			
craigne	craignis	craignant	craint	COMME *craindre* : les verbes en **-aindre, -eindre** et **-oindre : plaindre, atteindre, éteindre, feindre, peindre, joindre, rejoindre, disjoindre**
craignes	craignis			
craigne	craignit			
craignions	craignîmes			
craigniez	craignîtes			
craignent	craignirent			
prenne	pris	prenant	pris	COMME *prendre* : **apprendre comprendre reprendre surprendre**
prennes	pris			
prenne	prit			
prenions	prîmes			
preniez	prîtes			
prennent	prirent			
rende	rendis	rendant	rendu	COMME *rendre* : **attendre confondre défendre fondre descendre répondre entendre perdre vendre**
rendes	rendis			
rende	rendit			
rendions	rendîmes			
rendiez	rendîtes			
rendent	rendirent			
conduise	conduisis	conduisant	conduit	COMME *conduire* : **construire introduire déduire (re)produire instruire réduire détruire traduire**
conduises	conduisis			
conduise	conduisit			
conduisions	conduisîmes			
conduisiez	conduisîtes			
conduisent	conduisirent			
connaisse	connus	connaissant	connu	COMME *connaître* : **paraître reparaître disparaître**
connaisses	connus			
connaisse	connut			
connaissions	connûmes			
connaissiez	connûtes			
connaissent	connurent			

		INDICATIF PRÉSENT	IMPARFAIT	FUTUR	IMPÉRATIF
VI. Verbes en **-re**					
25. battre	je	bats	battais	battrai	
	tu	bats	battais	battras	bats
	il	bat	battait	battra	
	nous	battons	battions	battrons	battons
	vous	battez	battiez	battrez	battez
	ils	battent	battaient	battront	
26. boire	je	bois	buvais	boirai	
	tu	bois	buvais	boiras	bois
	il	boit	buvait	boira	
	nous	buvons	buvions	boirons	buvons
	vous	buvez	buviez	boirez	buvez
	ils	boivent	buvaient	boiront	
27. croire	je	crois	croyais	croirai	
	tu	crois	croyais	croiras	crois
	il	croit	croyait	croira	
	nous	croyons	croyions	croirons	croyons
	vous	croyez	croyiez	croirez	croyez
	ils	croient	croyaient	croiront	
28. dire	je	dis	disais	dirai	
	tu	dis	disais	diras	dis
	il	dit	disait	dira	
	nous	disons	disions	dirons	disons
	vous	dites	disiez	direz	dites
	ils	disent	disaient	diront	
29. écrire	j'	écris	écrivais	écrirai	
	tu	écris	écrivais	écriras	écris
	il	écrit	écrivait	écrira	
	nous	écrivons	écrivions	écrirons	écrivons
	vous	écrivez	écriviez	écrirez	écrivez
	ils	écrivent	écrivaient	écriront	
30. faire	je	fais	faisais	ferai	
	tu	fais	faisais	feras	fais
	il	fait	faisait	fera	
	nous	faisons	faisions	ferons	faisons
	vous	faites	faisiez	ferez	faites
	ils	font	faisaient	feront	

SUBJONCTIF PRÉSENT	PASSÉ SIMPLE	PARTICIPE PRÉSENT	PARTICIPE PASSÉ	
batte	battis	battant	battu	COMME *battre* :
battes	battis			**abattre**
batte	battit			**combattre**
battions	battîmes			**débattre**
battiez	battîtes			
battent	battirent			
boive	bus	buvant	bu	
boives	bus			
boive	but			
buvions	bûmes			
buviez	bûtes			
boivent	burent			
croie	crus	croyant	cru	
croies	crus			
croie	crut			
croyions	crûmes			
croyiez	crûtes			
croient	crurent			
dise	dis	disant	dit	COMME *dire* : **redire**
dises	dis			
dise	dit			*Mais :*
disions	dîmes			**contredire** — vous contredisez
disiez	dîtes			**interdire** — vous interdisez
disent	dirent			**prédire** — vous prédisez
écrive	écrivis	écrivant	écrit	COMME *écrire* :
écrives	écrivis			**décrire**
écrive	écrivit			**prescrire**
écrivions	écrivîmes			
écriviez	écrivîtes			
écrivent	écrivirent			
fasse	fis	faisant	fait	COMME *faire* :
fasses	fis			**refaire**
fasse	fit			**défaire**
fassions	fîmes			**satisfaire**
fassiez	fîtes			
fassent	firent			

		INDICATIF PRÉSENT	IMPARFAIT	FUTUR	IMPÉRATIF
31. lire	je	lis	lisais	lirai	
	tu	lis	lisais	liras	lis
	il	lit	lisait	lira	
	nous	lisons	lisions	lirons	lisons
	vous	lisez	lisiez	lirez	lisez
	ils	lisent	lisaient	liront	
32. mettre	je	mets	mettais	mettrai	
	tu	mets	mettais	mettras	mets
	il	met	mettait	mettra	
	nous	mettons	mettions	mettrons	mettons
	vous	mettez	mettiez	mettrez	mettez
	ils	mettent	mettaient	mettront	
33. plaire	je	plais	plaisais	plairai	
	tu	plais	plaisais	plairas	plais
	il	plaît	plaisait	plaira	
	nous	plaisons	plaisions	plairons	plaisons
	vous	plaisez	plaisiez	plairez	plaisez
	ils	plaisent	plaisaient	plairont	
34. rire	je	ris	riais	rirai	
	tu	ris	riais	riras	ris
	il	rit	riait	rira	
	nous	rions	riions	rirons	rions
	vous	riez	riiez	rirez	riez
	ils	rient	riaient	riront	
35. suffire	je	suffis	suffisais	suffirai	
	tu	suffis	suffisais	suffiras	suffis
	il	suffit	suffisait	suffira	
	nous	suffisons	suffisions	suffirons	suffisons
	vous	suffisez	suffisiez	suffirez	suffisez
	ils	suffisent	suffisaient	suffiront	
36. suivre	je	suis	suivais	suivrai	
	tu	suis	suivais	suivras	suis
	il	suit	suivait	suivra	
	nous	suivons	suivions	suivrons	suivons
	vous	suivez	suiviez	suivrez	suivez
	ils	suivent	suivaient	suivront	
37. vivre	je	vis	vivais	vivrai	
	tu	vis	vivais	vivras	vis
	il	vit	vivait	vivra	
	nous	vivons	vivions	vivrons	vivons
	vous	vivez	viviez	vivrez	vivez
	ils	vivent	vivaient	vivront	

SUBJONCTIF PRÉSENT	PASSÉ SIMPLE	PARTICIPE PRÉSENT	PARTICIPE PASSÉ	
lise	lus	lisant	lu	COMME *lire :*
lises	lus			**relire**
lise	lut			**élire**
lisions	lûmes			
lisiez	lûtes			
lisent	lurent			
mette	mis	mettant	mis	COMME *mettre :*
mettes	mis			**admettre** **permettre**
mette	mit			**commettre** **promettre**
mettions	mîmes			**démettre** **soumettre**
mettiez	mîtes			
mettent	mirent			
plaise	plus	plaisant	plu	COMME *plaire :*
plaises	plus			**déplaire**
plaise	plut			**se taire** (sans circonflexe à la
plaisions	plûmes			3ᵉ personne du singulier du
plaisiez	plûtes			présent de l'indicatif)
plaisent	plurent			
rie	ris	riant	ri	COMME *rire :*
ries	ris			**sourire**
rie	rit			
riions	rîmes			
riiez	rîtes			
rient	rirent			
suffise	suffis	suffisant	suffi	COMME *suffire :*
suffises	suffis			**réduire**
suffise	suffit			
suffisions	suffîmes			
suffisiez	suffîtes			
suffisent	suffirent			
suive	suivis	suivant	suivi	COMME *suivre :*
suives	suivis			**poursuivre**
suive	suivit			
suivions	suivîmes			
suiviez	suivîtes			
suivent	suivirent			
vive	vécus	vivant	vécu	
vives	vécus			
vive	vécut			
vivions	vécûmes			
viviez	vécûtes			
vivent	vécurent			

LISTE DES VERBES IRRÉGULIERS (3e et 4e groupes)

Le chiffre après le verbe renvoie au *tableau* des verbes français, pp. 658–669.

abattre 25, *battre*
accueillir 7, *cueillir*
admettre 32, *mettre*
aller 5
apercevoir 15, *recevoir*
apparaître 24, *connaître*
appartenir 11, *venir*
apprendre 21, *prendre*
attendre 22, *rendre*
s'asseoir (je m'assieds, nous nous asseyons, ils s'asseyent; participe passé : assis)*
avoir 1
battre 25
boire 26
commettre 32, *mettre*
comprendre 21, *prendre*
concevoir 15, *recevoir*
conduire 23
confondre 22, *rendre*
connaître 24
consentir 8, *dormir*
construire 23, *conduire*
contenir 11, *venir*
convaincre (participe passé : *convaincu*)
convenir 11, *venir*
courir 6
ouvrir 10, *offrir*
craindre 20
croire 7
cueillir 7
découvrir 10, *offrir*
décevoir 15, *recevoir*
décrire 29, *écrire*
défaire 30, *faire*
défendre 22, *rendre*
déplaire 33, *plaire*
descendre 22, *rendre*
détruire 23, *conduire*

devenir 11, *venir*
devoir 12
dire 28
disjoindre 20, *craindre*
disparaître 24, *connaître*
dormir 8
écrire 29
élire 31, *lire*
s'endormir 8, *dormir*
entendre 22, *rendre*
entretenir 11, *venir*
envoyer (futur : j'enverrai)
être 2
faire 30
falloir (il faut, il fallait, il faudra, qu'il faille, fallu)*
feindre 20, *craindre*
fondre 22, *rendre*
interdire 28, *dire*
intervenir 11, *venir*
joindre 20, *craindre*
lire 31
mentir 8, *dormir*
mettre 32
mourir 9
naître (participe passé : né(e); passé simple : je naquis)*
obtenir 11, *venir*
offrir 10
ouvrir 10, *offrir*
paraître 24, *connaître*
parcourir 6, *courir*
partir 8, *dormir*
parvenir 11, *venir*
peindre 20, *craindre*
percevoir 15, *recevoir*
perdre 22, *rendre*
permettre 32, *mettre*
plaindre 20, *craindre*
plaire 33

pleuvoir 13
poursuivre 36, *suivre*
pouvoir 14
prendre 21
prévenir 11, *venir*
prévoir 18, *voir*
promettre 32, *mettre*
recevoir 15
reconnaître 24, *connaître*
redire 28, *dire*
rejoindre 20, *craindre*
remettre 32, *mettre*
rendre 22
répondre 22, *rendre*
retenir 11, *venir*
revoir 18, *voir*
rire 34
satisfaire 30, *faire*
savoir 16
sentir 8, *dormir*
servir 8, *dormir*
sortir 8, *dormir*
souffrir 10, *offrir*
sourire 34, *rire*
soutenir 11, *venir*
se souvenir 11, *venir*
suffire 35
suivre 36
surprendre 21, *prendre*
se taire 33, *plaire*
tenir 11, *venir*
valoir 17
vendre 22, *rendre*
venir 11
vivre 37
voir 18
vouloir 19
vaincre (participe passé : vaincu)

---

*NOTE : La conjugaison du verbe **falloir** et de quelques verbes dont certaines formes sont peu employées (**s'asseoir, convaincre, naître, vaincre**) est donnée partiellement dans la liste ci-dessus et non dans le tableau des verbes.

ARTICLES

	MASCULIN	FÉMININ	PLURIEL
Définis	le (l')	la (l')	les
Définis contractés			
avec de	du		des
avec à	au		aux
Indéfinis	un	une	des
Partitifs	du (de l')	de la (de l')	des

PRONOMS PERSONNELS

		SUJETS	ACCENTUÉS	OBJETS DIRECTS	OBJETS INDIRECTS
Singulier	1.	je (j')	moi	me (m')	me (m')
	2.	tu, vous	toi, vous	te (t'), vous	te (t'), vous
	3.	il, elle	lui, elle, soi	le, la, (l'), se	lui, se
Pluriel	1.	nous	nous	nous	nous
	2.	vous	vous	vous	vous
	3.	ils, elles	eux, elles	les, se	leur, se
				en	en
					y

PRONOMS RELATIFS

SUJET	OBJET DIRECT	COMPLÉMENT AVEC DE (+ nom)	APRÈS PRÉPOSITION
qui	que (qu')	dont	lequel
			laquelle
			lesquels
			lesquelles
			duquel, *etc . . .*

NÉGATIONS SPÉCIALES

(quelqu'un, tout le monde)
    ne . . . personne *(de . . .)*
    personne *(de . . .)* ne . . .

(quelque chose, tout)
    ne . . . rien *(de . . .)*
    rien *(de . . .)* ne . . .

(chaque, chacun(e) tous, toutes)
    aucun(e) . . . ne
    ne . . . aucun(e)

(. . . et . . .)
    ne . . . ni . . . ni . . .
    ni . . . ni . . . ne . . .

(toujours, quelquefois, souvent, etc.)
    ne . . . jamais

(déjà)
    ne . . . pas encore
    ne . . . jamais

(encore)
    ne . . . plus

VERBES + INFINITIF

On emploie **de** + infinitif après les expressions verbales :

être en train de	avoir besoin de
être forcé (obligé) de	avoir le courage de
être sûr (certain) de	avoir le désir de
Il est possible de	avoir envie de
Il est impossible de	avoir l'habitude de
Il est agréable de	avoir hâte de
Il est désagréable de	avoir horreur de
Il est nécessaire de	avoir peur de
Il est important de	avoir le droit de
Il est utile de	avoir l'impression de
Il est intéressant de	avoir l'intention de
Il est amusant de	avoir raison de
Il est préférable de	avoir tort de
	avoir le temps de

Exemples : Nous sommes obligés **de** parler français.
Je n'ai pas le temps **de** bavarder avec vous.
Vous avez horreur **d'**avoir une mauvaise note, n'est-ce pas ?

On emploie l'infinitif **sans préposition** après les verbes :

aimer (mieux)	entendre	pouvoir
aller	envoyer	préférer
avoir beau	espérer	prétendre
avouer	faillir	savoir
compter	faire	sembler
courir	falloir	valoir mieux
croire	laisser	venir
désirer	paraître	vouloir
détester	penser (avoir l'intention de)	
devoir		

Exemples : Je ne sais pas **faire** la cuisine.
Elle déteste **laver** le linge.
Nous aimons **danser;** ils préfèrent **faire** du sport.

On emploie **à** + infinitif après les verbes :

aider à	condamner à	s'exercer à	obliger à (*sens actif*)
s'amuser à	conduire à	forcer à (*sens actif*)	penser à
s'appliquer à	se consacrer à	gagner à	se plaire à
apprendre à	consister à	s'habituer à	se préparer à
aspirer à	continuer à	hésiter à	renoncer à
autoriser à	contribuer à	inciter à	réussir à
avoir à	se décider à	s'intéresser à	servir à
chercher à	encourager à	inviter à	travailler à
commencer à	exceller à	se mettre à	être prêt à

Exemples : Nous apprenons **à** parler français.
Alberto a réussi **à** obtenir son diplôme.
J'aiderai mon frère **à** laver sa voiture.
Nous les invitons **à** aller au restaurant.

On emploie **de** + infinitif après les verbes :

accepter de	offrir de
cesser de	oublier de
conseiller de	permettre de
choisir de	se plaindre de
se contenter de	prier de
craindre de	promettre de
décider de	proposer de
demander de	recommander de
se dépêcher de	refuser de
dire de	regretter de
écrire de	remercier de
essayer de	se souvenir de
éviter de	tâcher de
finir de	tenter de
négliger de	venir de

Exemples : Elle a oublié **de** faire sa composition.
Nous avons refusé **d'**aller à cette soirée.
Le professeur a permis à Marc **de** refaire son devoir.
On m'a recommandé **de** prendre de l'aspirine.

LEXIQUE

Le lexique est établi pour les leçons de lecture et pour les « Situations » du 3ᵉ au 6ᵉ échelon (leçons 9 à 24). Il contient les mots et les expressions dont le sens n'est indiqué ni par le texte ni par le contexte. Chaque expression est signalée par le symbole° dans les textes et dans la liste des expressions nouvelles. Les chiffres 9, 10, 11...etc indiquent la leçon où le mot apparaît pour la première fois.

A

(s') **abonner à** (20) Quand vous désirez recevoir un journal à la maison, *vous vous abonnez à* ce journal pour six mois, un an.

accéder à (18) arriver à, souvent avec quelque difficulté. Les pays d'Afrique *ont accédé à* l'indépendance pendant les années 50 et 60.

accompagner (9) aller avec une personne à un certain endroit. Mon frère m'*accompagne* souvent au cinéma.

accueillir *(accueilli)* (14) recevoir un visiteur avec des mots aimables. Mes cousins *accueillent* leurs amis avec gentillesse.

un **achat** (9) l'action d'acheter une chose et la chose qu'on achète.

l' **acier** (m.) (16) le métal le plus employé pour fabriquer toutes sortes de choses: trains, bateaux, autos ; mais aussi couteaux, fourchettes, ciseaux...

adieux : *faire ses adieux* (14) dire au revoir à sa famille et à ses amis quand on les quitte pour longtemps ou pour faire un long voyage.

affaires : *un homme d'affaires* (14) une personne qui vend et achète des marchandises ou qui travaille dans les finances. On dit aussi *un businessman.*

traiter une affaire (14) établir les conditions pour vendre et/ou acheter quelque chose.

une **affiche** (20) On utilise des affiches dans les rues ou sur les routes pour attirer l'attention des gens et recommander un hôtel, une marque de whisky ou de savon. C'est un moyen qu'on utilise pour la publicité.

(s') **affiner** (21) devenir plus *fin*, plus raffiné, plus civilisé.

(s') **affronter** (24) entrer en conflit, s'opposer.

agir, *(agi)* (15) faire une (des) action(s). Dans la vie, il ne faut pas seulement parler ; il faut aussi *agir.*

(s') **agir :** *il s'agit de* (21) il est question de (dans un livre, un article de journal, une conversation). *Il s'agit de* (+ infinitif) = il faut (+ infinitif).

un **air :** *le grand air* (10) l'air vif dans un endroit ouvert où il y a un peu de vent, comme à la campagne ou au bord de la mer.

en plein air (9) dehors, à l'extérieur d'un bâtiment. On fait de préférence un pique-nique *en plein air.*

aisé(e) (19) On est *aisé* quand on a assez d'argent pour vivre sans problèmes financiers, sans être très riche.

d'ailleurs (20) adverbe qui indique qu'on ajoute un fait général au fait exprimé précédemment ou qui indique une explication supplémentaire. Le jour de Noël, nous sommes restés chez nous ; *d'ailleurs* nous ne sortons jamais ce jour-là.

allumer (10). On allume le gaz, une cigarette, l'électricité.

alors que (16) pendant que, avec une idée d'opposition. Mon frère dépense sans compter *alors que* son salaire est très modeste.

un(e) **amant**(e) (24) la personne avec qui on a des relations sexuelles ou sentimentales

améliorer (12) rendre meilleur, rendre plus intéressant.

aménager (15) établir et arranger

un endroit pour pouvoir l'employer ou y vivre. On aménage un parc, une maison, un bureau.

une **amende** (17) la somme que vous êtes obligé de payer au gouvernement si vous ne respectez pas la loi.

une **annonce** (14) On fait une *annonce* quand on indique à haute voix dans un aéroport le départ ou l'arrivée d'un avion ou quand on appelle un passager par le haut-parleur.

s'apercevoir *(aperçu)* (18) prendre conscience d'un fait. C'est un phénomène mental.

un **apéritif** (14) On boit *un apéritif* avant le repas ; c'est une boisson alcoolisée très souvent.

un **appareil-photo**(graphique) (13) une petite machine qui permet de photographier. Les Japonais fabriquent des *appareils-photos* excellents.

appartenir à *(appartenu)* (12) être un membre de..., être une partie de...

apprendre quelque chose à quelqu'un (19) enseigner à une personne comment faire quelque chose ou enseigner quelque chose à cette personne. Ma mère *a appris à* lire à mon jeune frère.

une **arène** (15) une sorte de théâtre circulaire en plein air où on organisait toutes sortes de spectacles dans l'Antiquité.

aquitain(e) (16) adjectif qui correspond à la province de l'Aquitaine située dans le sud-ouest de la France.

un **argot** (17) une langue spéciale parlée par un groupe de gens et qui existe à côté de la langue pratiquée par la majorité de la population. Par extension, la langue très familière.

armoricain(e) (16) adjectif qui correspond au nom de la région l'Armorique, c'est-à-dire la Bretagne.

en arrière : *retourner en arrière* (19) sens figuré : revenir à une position adoptée précédemment.

Artaud (Antonin) un théoricien de l'art dramatique (1896–1948) aux idées révolutionnaires pour son époque.

les **asperges** (f.) (14) un légume vert et blanc, long et mince.

assister à (12) être présent à. *J'ai assisté au* mariage de ma soeur.

un(e) **athée** (24) quelqu'un qui ne croit pas en Dieu.

atteindre *(atteint)* (21) arriver à..., toucher

attendre *(attendu)* (9) rester pendant un certain temps à un endroit quand on espère qu'une personne (une chose) va arriver. *J'attends* l'autobus tous les matins.

atterrir *(atterri)* (14) pour un avion, arriver sur la *terre*.

un **atterrissage** (10) l'action de venir sur la *terre* pour un avion.

attirer (13) exercer une attraction sur une personne.

un **attrait** (15) un charme, une qualité agréable et qui *attire*.

attraper (11) prendre, en général par surprise.

une **aube** (15) le commencement du jour; par extension, le début d'une époque.

une **auberge de (la) Jeunesse** (13) une sorte d'hôtel très modeste où les jeunes voyageurs peuvent dormir. Il y a des Auberges de Jeunesse dans tous les pays occidentaux.

un **autocar** (13) une grande voiture qui transporte des touristes.

autrefois (15) dans un passé lointain ; le contraire de *maintenant*.

autrement (18) 1. d'une autre manière 2. dans le cas contraire

une **avance sur recettes** (18) une somme d'argent donnée à un cinéaste avant la réalisation d'un film.

un **avènement** (21) une arrivée, un commencement.

l' **avenir** (m.) (12) le futur.

avertir *(averti)* (14) annoncer quelque chose à quelqu'un, informer quelqu'un de quelque chose en avance.

un(e) **aveugle** (19) quand on est *aveugle*, on ne peut pas voir.

un **avortement** (18) l'action d'arrêter le développement du foetus et de provoquer son expulsion.

avouer (21) confesser en général. Un criminel *avoue* sa faute.

B

une **baguette** (9) un pain français long et mince.

une **bande dessinée** (20) une petite histoire racontée par une succession d'images.

une **banlieue** (15) les petites agglomérations qui existent à la limite d'une ville plus importante.

un **barrage** (16) un haut mur destiné à retenir l'eau d'une rivière pour produire de l'électricité.

des **bas** (m.) (13) Les femmes portent des bas sur leurs jambes ; les bas sont en nylon, en laine, en coton.

bâtir *(bâti)* (15) faire un bâtiment (maison, école, théâtre).

du Bellay (Joachim) (1522–1560) un des poètes du groupe de la Pléiade.

troupe légère : le poète parle aux vents.

d'aile passagère : les vents sont comme les oiseaux ; ils ont des ailes pour voler et ils passent sans rester au même endroit.

sifflant murmure : le bruit d'un faible sifflement (un serpent *siffle*.)

l'ombrageuse verdure : les feuilles vertes qui donnent de l'ombre.

ébranler : agiter.

écloses: un peu ouvertes.

ces oeillets : des fleurs parfumées ; les *lis* sont aussi des fleurs.

haleine : l'air qui sort de la bouche quand on respire. Les vents sont personnifiés par le poète.

éventer : rafraîchir par le vent.

ahanner : faire un travail dur qui demande un effort physique.

vanner : agiter les grains du blé (une céréale avec laquelle on fait le pain) pour le purifier.

bête (11) stupide.

une **betterave** (16) un légume rouge sombre qui a un goût assez sucré ; avec des betteraves blanches on fait du sucre.

bientôt : après un moment. *à bientôt* (9) : on dit cette expression quand on quitte une personne et quand on espère revoir cette personne dans un court espace de temps.

la **bienvenue :** *souhaiter la bienvenue* (14) recevoir quelqu'un en lui disant quelques mots aimables.

le **blé** (16) : une céréale. On fait du pain et des gâteaux avec la farine de *blé*.

une **boîte de nuit** (15) une sorte de café où on peut voir aussi un spectacle ou entendre des chanteurs.

bondé(e) (11) une salle (une voiture) est bondée quand elle est absolument pleine de gens.

bord : *à bord de* (14) expression qui signifie qu'on va ou qu'on est dans un bateau ou dans un avion.

bordé(e) (11) L'Océan Atlantique *borde* la côte est des Etats-Unis. Cette côte est *bordée* par la mer.

la **bougeotte** (20) avoir la bougeotte, avoir besoin de mouvement, d'activité.

une **boulangerie** (9) un magasin ou on achète du pain, en France.

une **boule de neige** (16) une sorte de balle faite avec de la neige qu'on presse entre les mains.

bouquiner (14) chercher, examiner de vieux livres chez un bouquiniste.

un **bouquiniste** (14): un vendeur de « *bouquins* », c'est-à-dire de vieux livres comme on en voit sur les bords de la Seine à Paris.

un(e) **bourgeois(e)** (12) une personne qui est membre de la classe sociale moyenne. Ce mot implique parfois des idées conservatrices et conformistes.

une **bourse** (19) une somme d'argent qu'une école donne à un étudiant pour lui permettre de payer ses études.

la **Bourse** (19) un bâtiment public

de Paris où on fait des opérations financières officielles comme le Stock Exchange de New York.

une **brasserie** (13) une sorte de café-restaurant où on boit tradition-nellement de la bière

briser (24) détruire, casser, anéantir.

bronzé(e) (11) l'action du soleil bronze la peau.

Brumaire (23) le nom d'un des mois du calendrier établi par la Révo-lution de 1789. Il correspond au mois de novembre.

un **bureau de tabac** (15) le magasin où on achète du tabac, des ciga-rettes.On y achète aussi des timbres-poste. (En France, la vente du tabac est un monopole de l'état).

un **but** (24) l'endroit où vous voulez arriver; le point que vous voulez atteindre. Le but d'un étudiant est d'obtenir son diplôme et d'acquérir des connaissances.

C

(se) **cacher** (13) disparaître dans un endroit secret ; dissimuler quelque chose, ne pas le révéler ou le montrer.

une **caisse** (9) l'endroit (et la machine) où on paie dans un magasin.

la **Camargue** (21) la région qui forme le delta du Rhône.

un **camion** (10) une grande voiture qui transporte des marchandises.

une **cantatrice** (17) une chanteuse d'opéra.

un **carrosse** (13) une voiture fermée à quatre roues et à chevaux que les rois, les aristocrates employaient pour voyager.

un(e) **cathare** (21) membre d'une secte religieuse considérée comme héré-tique. Les Cathares vivaient dans le sud-ouest de la France. On les a persécutés.

cesse : *sans cesse* (21) con-tinuellement.

une **ceinture** (11) On porte une cein-ture autour de la taille (le milieu du corps). Il y a aussi des *ceintures de sécurité* dans les autos et dans les avions. Il faut attacher cette ceinture.

un **centre commercial** (9) un groupe de magasins différents qui forment un bloc.

cependant (9) mais, pourtant (adverbe qui indique une opposition).

une **chance** (9) une occasion favorable.

Césaire (Aimé) né en 1913, poète martiniquais et homme politique. Depuis 1956, chef du parti pro-gressiste. *Ferrements*, 1960.

Le Tiers Monde : troisième groupe de nations qui n'appartient ni au monde occidental ni au monde communiste ou socialiste.

île : la Martinique.

troublé : inquiet.

péril : péril politique.

l'histoire . . . etc : Le Tiers Monde se réveille, devient conscient de son destin.

pousser : grandir, se développer.

bannières : drapeaux, signes de nouvelles nationalités.

gorge du vent ancien : Les ban-nières secouées par le vent sont comme des gorges, des voix qui proclament la liberté.

point maladroits: pas gauches, capables.

un **chariot** (9) une petite voiture à quatre roues qu'on utilise dans les supermarchés pour les provisions.

la **chasse** (19) un « sport » qui con-siste à tuer des animaux sauvages.

des **chaussettes** (13) Aux pieds, les hommes portent des *chaussettes,* en nylon, en coton.

chauve (21) sans cheveux.

des **chaussures** (9) on met des *chaus-sures* avant de sortir de la maison. A la plage, on marche sans chaussures.

un **chef-d'oeuvre** (18) un travail parfait.

un **chemin de fer** (10) les rails et les trains qui roulent sur ces rails.

cher (chère) (9) une chose est *chère* quand son prix est haut. Une Porsche est *chère*.

un **chevalier** (21) le premier titre dans l'aristocratie.

le **chômage** (12) la situation où les gens ne peuvent pas trouver de travail ; l'absence de travail pour une quantité de personnes.

un **chou-fleur** (11) un légume rond avec un centre blanc qui forme une sorte de fleur.

une **chute** (21) l'action de tomber; au sens figuré : une dégradation.

un(e) **cinéaste** (18) un homme qui réalise des films. Hitchcock était un *cinéaste* très célèbre.

un(e) **cinéphile** (18) une personne qui « adore » le cinéma.

le **cœur** (16) au sens propre, l'organe central qui règle la circulation du sang. C'est traditionnellement le siège des émotions. Au sens figuré, c'est le centre et la partie essentielle de quelque chose.

un **coffre** (10) Dans une auto, c'est l'espace (généralement derrière) pour mettre les bagages.

un **clerc** (22) un religieux, un membre de l'église au Moyen Âge.

une **colline** (15) une petite montagne.

une **combinaison** (13) le sous-vêtement que les femmes portent sous une robe.

la **Comédie-Française** (15) un théâtre d'État très célèbre créé au 17e siècle et qui présente principalement des pièces classiques.

un(e) **comédien**(ne) (17) un acteur, une actrice de théâtre.

complet (ète) (17) Quand il n'y a plus de chambre libres dans un hôtel, il est *complet*.

un(e) **comptable** (9) la personne qui travaille dans un magasin (une compagnie) pour établir le budget.

comptant : *payer (au) comptant* (9) payer avec de l'argent ou avec un chèque sans utiliser une carte de crédit.

un(e) **concierge** (12) la personne qui garde une maison, un hôtel.

un(e) **concitoyen**(ne) (20) une personne qui vit dans le même pays.

la **concurrence** (18) la compétition (principalement commerciale).

un **conducteur** (10) la personne qui conduit (dirige) une auto.

conduire (*conduit*) (10) diriger une auto.

confiance : *faire confiance à* (21) Si on juge qu'une personne est honnête et sûre, on lui *fait confiance*.

confondre (*confondu*) (19) (22) faire une confusion ; ne pas savoir (ou voir) la différence entre deux personnes ou deux choses.

un **congélateur** (9) la partie la plus froide d'un réfrigérateur. (30° F. au maximum)

un **congé payé** (13) le temps des vacances où les employés reçoivent leur salaire. En France, 4 ou 5 semaines par an.

connaissance : *faire connaissance avec* (14) commencer à connaître.

connu(e) (10) participe passé du verbe *connaître* : célèbre

consommer (10) 1. utiliser 2. boire

un **conte** (21) une fiction, un roman court.

contenir (*contenu*) (14) Une bouteille *contient* de l'eau, du vin, un liquide.

un(e) **contestataire** (24) la personne qui *conteste*, qui n'est pas d'accord avec une loi, une tradition, un ordre et qui refuse cette loi ou cette tradition.

contredire (22) dire le contraire.

un **convoi** (19) une procession.

un **corps** (22) Nous avons un esprit (une intelligence) et *un corps* (les muscles, les organes).

une **côte** (11) la partie de la terre qui touche à la mer.

une **côtelette** (14) un morceau de viande qui vient du côté de l'animal (veau, mouton, agneau, porc).

côté : *avoir ses bons côtés* (10) posséder certaines (bonnes) qualités.

un **couloir** (14) un corridor, un passage.

coup : *tout à coup* (14) soudainement. *à coups de* (21) en employant d'une manière répétée.

un *coup de soleil* (11) la brûlure causée par l'action du soleil.

une **coupure** (23) la partie d'un texte ou d'un film qu'on élimine.

une **cour** (17) la maison d'un monarque avec les gens qui vivent près de lui.

un **coureur** (19) la personne sportive qui participe à une course (automobile.)

couronner (21) mettre une couronne sur la tête d'une personne, pour indiquer que cette personne devient roi (ou reine) ou empereur.

le **courrier** (12) les lettres et les paquets, qu'on reçoit par la poste.

cours : *au cours de* (13) pendant la durée de ; *un cours d'eau* (16) une rivière grande ou petite.

une **course** (19) une compétition sportive (à pied, en auto, en bateau, à cheval) Le premier arrivé gagne la *course.*

des **courses :** *faire des courses* (9) aller dans différents magasins pour (acheter) des choses différentes.

la **courtoisie** (21) terme employé pour indiquer la poésie des Troubadours qui exalte l'amour.

une **coutume** (10) une tradition.

craindre (20) *(craint)* avoir peur.

un **creuset** (16) le récipient où on mélange différents métaux pour faire un métal nouveau. Au sens figuré, l'endroit où des gens d'origine différente se rencontrent.

une **croyance** (22) le fait de croire ; croyance en Dieu.

les **crudités** (14) des hors d'œuvre composés de légumes crus (non cuits) comme des radis, du céleri, des carottes.

une **crue** (16) quand une rivière grossit à cause des pluies abondantes, c'est une *crue;* elle provoque souvent une inondation.

D

le **dauphin** (21) le fils aîné du roi de France qui devait succéder à son père.

débarquer (14) descendre, sortir d'un bateau ou d'un avion.

se **débarrasser de** (18) ne pas garder, éliminer, faire disparaître. *Je me débarrasse* de mes vieux vêtements.

un **débouché** (19) les possibilités de travail dans une carrière.

un(e) **débutant**(e) (20) la personne qui commence à étudier quelque chose.

le **décalage** (13) la différence d'heure qui existe entre le pays d'où on vient et le pays où on va.

déchiffrer (20) trouver le sens secret d'un texte écrit selon un code.

un **décollage** (10) pour un avion, l'action de quitter la terre.

décoller (14) quitter la terre, pour un avion.

déconsidéré(e) (19) discrédité(e).

une **découverte** (15) l'action de découvrir ou de trouver une chose inconnue. La chose qu'on découvre.

défaire *(défait)* (19) le contraire de *faire :* détruire ce qui existe.

une **défaite** (18) le contraire d'une *victoire* militaire.

une **défense** (14) une prohibition. Défense de...

un **défi** (19) une provocation afin d'accomplir quelque chose de difficile ; on dit aussi un *challenge.*

mettre au défi : provoquer quelqu'un pour que cette personne fasse une action difficile.

démarrer (10) commencer à avancer pour une auto.

demeure : *à demeure* (17) pour toujours.

un **départ** (14) le moment ou l'action de quitter un endroit (verbe : *partir*).

une **dépense** (12) si vous achetez des choses inutiles, vous faites des *dépenses* exagérées. L'argent qu'on donne pour payer quelque chose.

dépenser (9) donner de l'argent pour payer quelque chose. Le contraire est *économiser.*

le **dépit :** *en dépit de* (20) en opposition avec, malgré.

(se) **déplacer** (13) voyager, aller d'un endroit à un autre. A Paris, *on se déplace* souvent en métro ou en autobus.

déprimer (12) causer une dépression mentale, une impression de découragement.

déranger (20) interrompre quelqu'un dans ses occupations ou son travail.

dès (18) immédiatement après une certaine date ou un certain événement.

désert(e) (10) sans population

dessus : *au-dessus de* (14) sur, mais à une petite distance.

une détente (20) quand on est *tendu* (quand on a beaucoup de tension) on a besoin d'une *détente*.

un **détournement** d'avion (14) action de forcer un avion à changer de destination.

se **détourner de** (19) abandonner, ne plus s'intéresser à...

détruit(e) (12) participe passé-adjectif du verbe *détruire :* annihiler. Le contraire est *construit*(e)

un **deux-pièces pantalon** (13) un vêtement féminin composé d'une veste et d'un pantalon.

deviner (13) trouver quelque chose, par exemple le sens d'un mot, par un effort d'imagination.

le **diable** (21) Satan.

Diop (David) 1927–1960. Poète français de père sénégalais et de mère camerounaise, né en France, mais élevé jusqu'à 8 ans au Sénégal et au Cameroun. *Coups de pilon,* 1956.

fauve : grand félin féroce : le lion, le tigre.

mangue : fruit tropical.

piment : plante qui donne des fruits rouges ou verts ; le piment rouge brûle la bouche. Ici, le piment est employé dans le sens de quelque chose qui donne du goût, un condiment.

chaleureux : chaud.

la planche : cf. planche anatomique.

tendu : participe passé de *tendre,* forme verbale de *tension.*

haleter : respirer rapidement et difficilement après un effort physique.

bondissant : courant et sautant.

griot : poète, musicien et sorcier africain.

tornade : vent violent et destructeur.

chair : le corps est composé du squelette et de la *chair* = des muscles.

éclairs : effets électriques en zig-zag qui traversent le ciel pendant un orage.

souffle : l'air de la respiration.

dire : *il va sans dire* (20) il n'est pas nécessaire de dire que ... , naturellement.

une **distraction** (13) une occupation qui amuse et qu'on aime.

(se) **distraire** (17) s'amuser, faire quelque chose qu'on aime.

un **divertissement** (15) un amusement, une distraction.

un **dossier** (11) Une chaise est composée d'un siège horizontal et d'un dossier vertical. Votre dos est contre le *dossier* quand vous êtes assis(e).

un **doute :** *sans doute* (14) probablement, presque certainement.

se **dresser** (contre) (22) s'opposer violemment à...

un **droit** (12) la liberté d'action garantie par la société.

le **droit divin** (17) une prérogative donnée par Dieu

des **droits d'inscription** (19) Les étudiants paient des *droits d'inscription* quand ils s'inscrivent dans des cours à l'université.

E

un **échange** (16) action réciproque de donner et de recevoir.

éclater (23) commencer avec bruit et violence ; exploser. Une guerre *éclate.* Une bombe *éclate.*

des **économies :** *faire des économies* (9) ne pas dépenser son argent ; garder une partie de son argent.

économiser (12) garder (tout ou) une partie de son argent

un **écouteur** (14) Quand vous allez au laboratoire, vous mettez des *écouteurs* sur vos oreilles pour *écouter* les exercices

un **écran** (18) la surface blanche où on voit les images d'un film.

écraser (18) détruire, submerger par une force militaire.

(s') **écrouler** (23) tomber sur soi-même au sens propre ou figuré. Pendant un tremblement de terre, les maisons *s'écroulent*.

égal : ça m'est égal (18) C'est sans importance pour moi.

à l'égal de (22) égal à.

élever (24) *élever des enfants :* donner aux enfants toutes les choses dont ils ont besoin, matériellement et moralement.

élire *(élu)* (21) choisir par une *élection*. En France, les députés sont *élus*. Le peuple français *élit* le Président de la République.

embellir *(embelli)* (15) rendre plus beau *(belle)*

un **embouteillage** (15) une grande quantité de voitures en désordre qui bloquent une rue ou une route.

emporter (10) quitter un endroit avec une chose. On *emporte* ses affaires quand on quitte la classe.

emprunter (20) le contraire de *prêter*. Quand vous achetez une auto, vous êtes obligé(e) d'*emprunter* de l'argent à la banque. La banque vous prête de l'argent.

enceinte (18) On dit qu'une femme est enceinte quand elle attend un bébé.

un **enchanteur** (11) un magicien, un sorcier.

encombré(e) (11) plein de choses ou couvert de choses. Mon bureau est toujours *encombré*.

un **endroit** (10) un lieu, une place déterminée.

un **enfer** (21) le contraire du *paradis*.

une **enluminure** (21) l'illustration en couleurs d'un manuscrit du Moyen Age.

l' **ennui** (m.) (23) Quand on est inoccupé et qu'on ne sait pas quoi faire, on a un sentiment d'*ennui* (verbe : *s'ennuyer* ≠ s'amuser).

ensuite (13) après

entendu : *bien entendu* (17) naturellement

entreprendre (3) *(entrepris)* (13) commencer à réaliser un projet important.

entretenir (15) *(entretenu)* (15) garder en bon état, en parfaite condition.

épater (23) étonner, stupéfier. *(familier)*

une **épicerie** (9) Dans une épicerie, on peut acheter des « épices » (sel, poivre, café, thé) et aussi des légumes secs ou en boites, de l'huile, du vinaigre, du vin etc....

les **épinards** (m.) (9) un légume vert. Popeye aime beaucoup les *épinards*.

éprouver (17) on *éprouve* une émotion, un sentiment ou une douleur physique ; sentir dans son affectivité ou dans son corps.

un **équipage** (12) le groupe de gens qui travaillent sur un bateau ou dans un avion.

une **équipe** (19) Les gens qui jouent ensemble forment une *équipe* : une équipe de football, de basket-ball.

une **ère** (20) une époque, une période.

escalader (10) monter en utilisant ses pieds et ses mains.

une **escale :** un arrêt pendant un voyage en bateau ou en avion.

faire escale (14) s'arrêter dans un port ou une ville pour un bateau ou un avion.

sans escale (14) sans arrêt.

esclavagiste (18) partisan de l'esclavage, en faveur de l'esclavage.

un(e) **esclave** (18) un homme ou une femme qui était la propriété d'une autre personne.

un **espoir** (22) le fait d'espérer, la chose qu'on espère.

un **esprit** (18) une intelligence. Nous avons un corps et un *esprit*. *Un bel esprit* (22), vieux terme pour un homme cultivé.

essayer (9) 1. tenter, faire une tentative. 2. mettre un vêtement pour voir s'il est à votre mesure.

l' **essence** (f.) (10) En réalité, c'est *l'essence de pétrole* qu'on met dans le réservoir de l'auto.

une **étape** (19) (24) une partie d'un voyage. Sens figuré : chaque degré pour arriver à un certain but.

état : *en bon (mauvais) état* (12) en bonne (mauvaise) condition. Une voiture *en mauvais état* a besoin de réparations.

éteindre (11) On *éteint* les lampes avant de sortir de la maison. Quand on fume, on *éteint* sa cigarette avant de mettre le bout dans le cendrier. (≠ *allumer*. Quand on veut fumer, on *allume* une cigarette).

s'   **étendre** (15) *(étendu)* se développer et occuper une superficie.

une **étiquette** (20) un petit morceau de papier qui indique le prix d'une marchandise.

étoilé(e) (20) orné d'étoiles. On voit la lune et les *étoiles* dans le ciel, la nuit. Il y a 50 *étoiles* sur le drapeau américain.

s'   **étonner** (17) être surpris(e).

étranger : d'un autre pays; *à l'étranger* (13) dans un pays différent de votre pays.

un   **être humain** (19) une personne.

étroit(e) (10) le contraire de *large* : En Europe, les vieilles rues des villes sont *étroites*. Une autoroute n'est pas *étroite;* elle est assez *large* pour trois ou quatre voitures.

exiger (17) vouloir avec force; vouloir absolument.

un   **extrait de naissance** (13) un document officiel qui indique votre nom, votre date de naissance, le nom de vos parents, la ville où vous êtes né(e).

F

un   **fabricant** (19) la personne qui fait industriellement toutes sortes d'objets : des autos, des machines etc....

fatigant(e) (9) une activité est *fatigante* quand elle cause la *fatigue*. Jouer au tennis pendant trois heures est *fatigant*.

un   **faux-monnayeur** (24) la personne qui fait illégalement de la *fausse monnaie*, de l'argent.

une **fée** (11) les *fées* sont des femmes imaginaires qui ont un pouvoir magique. Ce sont des magiciennes.

feindre (22) donner le faux pour le vrai.

fêter (15) célébrer

un   **feu :** *donner le feu vert à* (14) dans les rues, les *feux* rouges et verts règlent la circulation des voitures. Quand le feu est vert, les voitures peuvent passer. Au sens figuré : donner la permission.

un   **feu rouge** (10) un signal lumineux qui stoppe les voitures dans les rues.

une **ficelle** (22) une corde très fine. On attache un paquet avec une *ficelle*. Les Lyonnais appellent leur funiculaire « la ficelle » parce que son câble ressemble à une ficelle.

fier (fière) (11) on est *fier* quand on a le sentiment d'une supériorité ou quand on est content d'un succès.

la   **fièvre** (10) Vous avez de *la fièvre* quand votre température est supérieure à 37° C (98.6° F).

un   **figuier** (24) un arbre qui produit des *figues*.

le   **fil :** *suivre le fil* (20) comprendre la succession des événements ou des idées dans une histoire ou dans une conversation.

une **file de** (10) une ligne de gens ou de voitures, les unes derrière les autres. Il y a des *files* de voitures le dimanche soir sur les autoroutes.

un   **flamant** (23) un grand oiseau dont les plumes sont rouge-orange.

un   **fleuve** (16) une rivière qui va jusqu'à la mer.

fluvial(e) (16) adjectif qui correspond au nom *fleuve*.

la   **foi** (19) la croyance religieuse en Dieu

une **fois :** *une fois pour toutes :* (19) définitivement ; une fois et non une seconde fois.

la   **folie** (16) l'état de quelqu'un qui n'a plus sa raison, c'est-à-dire qui est *fou (folle)*.

une **folle** (un fou) (14) quelqu'un qui a perdu la raison.

fond : *au fond* (16) en réalité.

fondé (15) basé sur

un   **formulaire** (13) quand on entre à l'université, on écrit un *formulaire* avec son nom, son adresse, sa date de naissance etc.

fournir (16) *(fourni)* donner, procurer

une **fraise** (9) un petit fruit rouge qui a une très bonne odeur. C'est le premier fruit qu'on voit au printemps.
freiner (10) diminuer la rapidité de la voiture quand on presse le *frein*.

des **frites** (9) des pommes de terre *frites*. C'est le légume qui accompagne la viande le plus souvent.

la **fumée** (12) Quand on fume une cigarette, la *fumée* monte dans l'air. Quand on brûle quelque chose, il y a de la *fumée*.

G

gagner (19) 1. se développer, atteindre 2. être victorieux, obtenir une victoire. 3. *gagner de l'argent* : obtenir de l'argent par son travail ou quand on joue au casino ; (le contraire est *perdre*)

le **gallois** (11) la langue d'origine celtique qu'on parle au pays de *Galles*, région à l'ouest de la Grande-Bretagne.

une **gare** (11) un bâtiment où les trains stoppent.
garer (9) trouver un endroit libre où on peut laisser son auto.

la **Gaule** (17) le premier nom de la France avant l'invasion des Francs.

un **gilet de sauvetage** (14) une sorte de veste qu'on porte en cas d'accident en mer et qui permet de flotter.

un(e) **gitan**(e) (23) Les *Gitans* sont un peuple nomade. On croit qu'ils viennent de l'Europe centrale.

la **gorge** (10) la partie postérieure de la bouche, à l'intérieur. Quand on a mal à la gorge, on mange avec difficulté.

un **goût** (13) 1. la qualité spéciale d'une chose qu'on mange : les desserts ont un *goût* de sucre. 2. une préférence pour une forme, une couleur, une musique.
grâce à (18) à cause de (dans un sens favorable).

un **gratte-ciel** (15) un bâtiment très haut qui semble toucher le ciel. Il y a des *gratte-ciel* à New York et dans toutes les villes modernes.
gratuit(e) (19) une chose qu'on obtient sans payer est *gratuite*.

gratuitement (20) sans payer

une **grève** (12) un arrêt du travail décidé par les travailleurs. *Faire la grève* (12) refuser de travailler pour des raisons sociales ou politiques.

la **grippe** (10) l'influenza ; une maladie commune en hiver et causée par un virus.

un **guichet** (14) Dans une banque, dans un bureau de poste, il y a des *guichets* où les clients parlent à un employé qui est derrière un comptoir.

H

s' **habituer à** (13) prendre l'habitude de faire quelque chose ou de voir quelque chose.

un **haut-parleur** (14) une machine qui amplifie la voix ou les sons.
hebdomadaire (20) un journal publié chaque semaine est un journal *hebdomadaire*.

une **hégémonie** (23) la domination, la supériorité d'une nation sur les autres.
heure : *de bonne heure* (10) tôt, le contraire de *tard*. On dîne *de bonne heure* aux États-Unis. Au Mexique, on dîne tard. *Tout à l'heure* (14) dans un petit moment. *A tout à l'heure* (15) On emploie cette expression quand on quitte une personne qu'on espère voir dans un temps court. *Heures de pointe* (15) Heures où il y a le plus d'activité dans les rues.
hier (11) le jour avant aujourd'hui.

un **hôtel** *(particulier)* (15) en ville, une grande résidence luxueuse.

un **hublot** (14) les fenêtres d'un avion ou d'un bateau.

Hugo (Victor) (1802–1885) *Les Contemplations* (1856). Poème écrit en 1847 à la mémoire de sa fille Léopoldine, morte accidentellement.
l'aube : le commencement du jour.
blanchir : devenir blanc ; ici, c'est la lumière du matin.
campagne : le paysage rural.

je ne puis : je ne peux pas, il n'est pas possible.

demeurer : rester.

le dos courbé : penché en avant.

les mains croisées : les mains derrière le dos et jointes.

l'or : métal précieux de couleur jaune. Le ciel est de cette couleur quand le soleil descend à l'horizon.

les voiles : les bateaux à *voiles* utilisent le vent et n'ont pas de moteur.

Harfleur : petite ville près du Havre.

le houx : plante à baies rouges, employée comme décoration à Noël.

la bruyère : plante à petites fleurs violettes qui pousse dans les endroits peu fertiles (heather).

l' **huile** (10) un liquide lubrifiant qu'on utilise dans une machine. Dans une auto, on a besoin d'essence (de pétrole) d'eau et d'*huile*.

huis : à *huis clos* (24) *Huis* est un vieux mot pour *une porte.* Un jugement *à huis clos* est rendu avec les portes fermées, c'est-à-dire sans public.

humeur : *de bonne humeur* (14) dans une disposition joyeuse.

I

une **île** (10) une terre entourée par la mer. Les *îles* Hawaï, les *îles* Philippines.

l' **illustration** (22) le fait de rendre illustre.

il y a (+ une expression de temps) (11) ce temps avant le moment présent.

incroyable (12) une chose extraordinaire (littéralement quelque chose qu'on ne peut pas *croire.*

une **insoumission** (18) le fait de ne pas accepter l'autorité, de se révolter contre l'autorité.

une **institutrice** (9) le professeur qui enseigne dans une école élémentaire. (masc. un *instituteur*).

interdire *(interdit)* (21) ne pas permettre, défendre, prohiber.

intimiste (18) un film *intimiste* présente une histoire qui concerne la vie et les sentiments secrets d'une personne.

J

joindre (joint) *joindre les deux bouts* (12) avoir assez d'argent pour finir le mois et commencer le mois suivant. Employé souvent négativement.

un **jour** (23) une apparence, une image.

de nos jours (17) à notre époque, dans le temps présent.

jusqu'à (9) *jusqu'à* une certaine limite ; indique une limite dans le temps ou dans l'espace. Je reste à l'université *jusqu'à* 15 heures.

L

lâche (24) sans courage physique ou moral.

la **laine** (16) un mouton a de *la laine* sur le corps. On fait des vêtements chauds avec *la laine.*

Laleau (Léon) né en 1892. *Musique nègre,* 1936.

obsédant : qui obsède, qui devient une obsession, qu'on ne peut pas oublier.

mordant : mon chien aboie (fait du bruit) mais il ne *mord* pas.

crampon : morceau de métal recourbé qu'on utilise pour saisir quelque chose.

d'emprunt : pas naturel, artificiel.

apprivoiser : rendre docile ; on *apprivoise* un animal sauvage.

une **largeur** (14) Il y a trois dimensions: la longueur, la hauteur et *la largeur.*

lent(e) (16) le contraire de *rapide.*

lentement (10) le contraire de *rapidement* ou de *vite.*

la **lenteur** (17) le fait d'être *lent*(e) ou de faire quelque chose *lentement.*

lieu : *avoir lieu* (17) se passer, arriver, pour un événement. La découverte de l'Amérique *a eu lieu* en 1492.

une **ligne aérienne** (14) la jonction par avion entre deux villes ou deux pays.

une **livre** (9) un demi-kilo(gramme) ou 500 grammes. Aux Etats-Unis, *une livre* égale 452 grammes.

livrer (21) 1. donner par trahison. 2. apporter une marchandise chez un client (*livrer* des fleurs).

se **livrer à** (23) passer son temps à..., se donner à..., pratiquer.

une **loi** (12) une règle donnée par un gouvernement.

lointain(e) (15) loin dans le temps ou dans l'espace.

les **loisirs** (m.) (12) le temps où on est libre dans un jour (une semaine) de travail.

long : *le long de* (14) On marche *le long d'*une rivière quand on marche sur le côté de la rivière, en suivant le bord.

Louxor (15) ville d'Égypte sur le Nil et site d'un temple célèbre. L'un de ses deux obélisques a été transporté à Paris en 1831.

M

un **magasin** : *un grand magasin* (9) un magasin important où on vend des marchandises différentes dans des rayons différents. Un rayon est une section spécialisée du magasin. Le rayon des vêtements, le rayon des meubles etc.

la **maghrébisation** (17) (24) Le Maghreb est une région de l'Afrique du Nord qui comprend l'Algérie, la Tunisie et le Maroc. Beaucoup d'immigrants en France viennent de cette région et par leur présence, ils transforment certaines villes comme Marseille, en y apportant leur culture, leur religion, qui sont différentes de la culture occidentale traditionnelle.

le **maïs** (16) une céréale très abondante aux Etats-Unis dans les états du sud, et au Mexique.

le **mal** (11) (19) ce qui est moralement mauvais (le contraire du *bien*). Le

mal du siècle (23) la mélancolie éprouvée par les jeunes gens de l'époque romantique au 19e siècle en France.

mal : *avoir mal à* (10) sentir une douleur physique à une certaine partie du corps. Quand vous *avez mal aux dents*, vous allez chez le dentiste.

une **maladie** (12) Quand vous n'êtes pas en bonne santé, vous êtes *malade*, vous avez une *maladie*. Le diabète est une *maladie*.

un **malaise** (13) une mauvaise disposition physique.

malheureusement (12) d'une manière infortunée.

une **manif** (19) une manifestation, une démonstration.

un(e) **manifestant**(e) (19) la personne qui « manifeste », qui montre ouvertement sa désapprobation par ses discours ou son attitude, généralement dans un groupe.

un **manque** (19) une absence de (au sens figuré) ; *manquer de :* ne pas avoir.

marché : *bon marché* (9) On n'a pas besoin de beaucoup d'argent pour acheter une chose qui est *bon marché* (invariable). Le contraire est : *cher* (chère).

meilleur marché (9) moins cher que... Une Chevrolet est moins chère (= *meilleur marché*) qu'une Mercedes. *Faire son marché* (9) acheter toutes les choses nécessaires pour les repas.

marcher (11) 1. avancer, pour une personne. 2. *fonctionner*, pour une machine.

la **méfiance** (17) Quand on suppose que quelqu'un est mauvais, on se *méfie* de lui, on éprouve de la *méfiance*. On n'a pas *confiance* en lui.

méridional(e) (21) originaire du *Midi* ou dans le Midi, c'est à dire la région du sud de la France et principalement le sud-est.

le **métro** (9) un train électrique et généralement souterrain qui permet d'aller d'un bout à l'autre d'une grande ville comme New York, Paris, Londres etc.

un **metteur en scène** (17) la personne qui dirige les acteurs quand on prépare un film ou la représentation d'une pièce de théâtre.

(se) **mettre à** (24) commencer à

(se) **mettre en marche** (14) commencer à avancer, commencer à fonctionner. **Mettre du temps** (14) passer, prendre du temps.

un **meurtre** (21) l'action de tuer une personne.

le **Michelin** (13) un guide de voyage très célèbre en France. C'est une sorte de « bible » pour les voyageurs en auto.

mieux (12) adverbe qui est le comparatif de supériorité de l'adverbe *bien*. Ne confondez pas avec *meilleur*(e) qui est le comparatif de l'adjectif *bon(ne)*.

miner (24) détruire graduellement et lentement.

les **mœurs** (f. pl) les manières de vivre et de penser d'une certaine société ou d'une société à une certaine époque.

la **mode** (15) en général, une manière de s'habiller ou de parler, ou de penser adoptée à un certain moment, donc temporairement.

moins : *au moins* (12) au minimum

monde : *beaucoup de monde* (11) beaucoup de gens ensemble à un certain endroit.

un **monstre sacré** (17) une personne supérieure aux gens ordinaires par son talent, son prestige ; en général, un acteur ou un chanteur.

mourir *mort* (11) cesser de vivre. Le contraire est *naître* (né).

la **mort** (17) l'action de *mourir ;* le moment où une personne meurt.

un **moulin** (à vent) une machine qui transforme les grains en poudre (un *moulin* à café). Le bâtiment qui contient ce mécanisme actionné par le vent. En Hollande, il y a de vieux *moulins à vent*.

moyen(ne) (16) entre le maximum et le minimum.

le **Moyen Âge** (11) la période historique entre l'Antiquité et la Renaissance.

un **moyen :** la méthode ou l'objet qu'on emploie pour faire quelque chose. Un *moyen de transport* (10) : un véhicule qu'on emploie pour voyager (le train, l'auto, l'autobus, l'avion, le bateau).

N

naître *(né)* (11) commencer à vivre ou à exister.

un **naufrage** (13) perte d'un bateau par un accident de navigation.

un **niveau de vie** (13) le degré de fortune d'une personne ou d'un groupe de personnes. Dans les pays occidentaux, le *niveau de vie* est plus haut que dans les pays du Tiers (= troisième) Monde.

les **nouvelles** (20) dans les journaux, à la radio et à la télévision, les faits d'intérêt national ou international qui sont *nouveaux* chaque jour.

nouveau : *à nouveau* (13) une deuxième fois.

O

obéir *(obéi)* (17) exécuter un ordre, se conformer à une règle.

une **œuvre** (15) un travail ou le résultat d'un travail. On parle d'une *œuvre* littéraire, artistique, scientifique.

ombre : *à l'ombre de* (11) le contraire est *au soleil*. Vous êtes *à l'ombre* (d'un arbre, d'une maison) quand vous êtes protégé de la chaleur du soleil, par cet arbre ou par cette maison.

or (21) conjonction qui indique une transition entre deux idées. Ex : Je voulais aller chez mes amis. *Or* j'avais un devoir important à finir. Je ne suis donc pas allé chez eux.

une **ordonnance** (15) l'ordre, la régularité dans une construction ou dans un ensemble de bâtiments.

d'Orléans (Charles) (1391–1465) *laisser :* abandonner, quitter.

la *froidure* : le froid (mot poétique).

vêtu (se vêtir) : mettre un vêtement.

luisant : brillant, lumineux.

une bête : un animal.

ni : ne...ni...ni...forme négative de et.

qu'en : forme ancienne de *qui en*.

le jargon : le langage.

un ruisseau : une très petite rivière.

porter : on porte un vêtement ; vous *portez* une chemise (une blouse) et un pantalon (une jupe).

une goutte : une très petite quantité d'un liquide (eau, lait, vin, etc.).

argent : l'argent est un métal précieux et gris. Au soleil, les gouttes d'eau brillent comme ce métal.

orfèvrerie : l'orfèvrerie est l'art qui consiste à faire des bijoux, des ornements avec des métaux précieux.

chacun : chaque personne.

s'habille : s'habiller = se vêtir, c'est-à-dire : mettre des vêtements sur son corps. Au printemps, les gens (comme la nature) ont des vêtements neufs.

un **ouvrage** (22) un livre, un poème, un roman sont des ouvrages.

une **ouvreuse** (17) la jeune femme qui montre leur place aux spectateurs dans un cinéma ou dans un théâtre.

un(e) **ouvrier** (*ouvrière*) (12) les gens qui travaillent dans une usine ou qui font un travail manuel.

P

la **paix** (20) le contraire de la *guerre*.

parler de (11) dire quelque chose à propos d'une personne ou d'une chose.

paraître (*paru*) (17) (24) sembler, avoir l'air (20), être publié.

paresseux (*paresseuse*) (17) quelqu'un qui est *paresseux* n'aime pas travailler ou faire des efforts.

parfois (15) quelquefois.

parier (19) mettre une somme d'argent sur un cheval présumé gagnant dans une course de chevaux.

part : *de la part de* (9) au nom de. *Prendre part à* (23) participer à. *Un partage* (19), une division.

se **partager** (16) Les gens *se partagent* quelque chose quand ils divisent cette chose entre eux.

partie : *faire partie de* (15) être un membre de.

partout (13) dans tous les endroits.

un **parvis** (21) la place qui est devant la porte principale d'une église ou d'une cathédrale.

pas (15) quand on marche on fait des *pas*.

une **pâtisserie** (9) un magasin où on fait et où on vend des gâteaux.

se **passer** (14) arriver, avoir lieu (pour un événement, pour un fait).

une **patrie** (15) le pays où vous êtes né et où vous vivez.

pauvre (13) le contraire de *riche*.

un **pavillon** (15) un bâtiment d'un certain style architectural.

un **paysage** (16) ce que vous voyez quand vous êtes à la campagne ou au bord de la mer ou dans une ville.

un(e) **paysan**(ne) (21) la personne qui habite à la campagne et qui travaille dehors dans les champs.

un **péché** (17) une faute morale contre des principes religieux.

la **pêche** (19) le sport qui consiste à prendre des poissons dans la mer, dans une rivière ou dans un lac.

pêcher (11) attraper, prendre des poissons.

un **pêcheur** (11) l'homme qui prend des poissons par profession ou occasionellement par plaisir.

un **peigne** (13) Vous mettez vos cheveux en ordre avec un *peigne* et une brosse à cheveux.

peine : *à peine* (21) presque pas, juste. Il a *à peine* vingt ans = il vient d'avoir vingt ans.

peindre (19) (*peint*) dans une œuvre littéraire : raconter, décrire. C'est un sens figuré.

peint (20) participe passé de *peindre* (22) : raconter, décrire dans un roman.

un **peintre** (15) un homme ou une femme qui peint.

un **permis de conduire** (10) une carte qui certifie que vous savez diriger une auto. On passe un examen théorique et pratique pour avoir cette carte.

un **personnage** (20) Dans un roman, dans une pièce de théâtre, dans un film, il y a des *personnages:* le père, la fille, le voisin etc....

un **pétrolier** (12) un bateau spécialement construit pour transporter du *pétrole.*

la **petitesse** (15) le fait d'être *petit,* physiquement ou moralement.

peu à peu (15) graduellement.

peu : *à peu près* (21) environ, approximativement.

peur : *faire peur* (10) provoquer la peur chez une personne. Un grand chien *fait* souvent *peur* aux gens.

un **phare** (10) la lampe extérieure d'une voiture.

Phèdre (15) un personnage mythique et l'héroïne de la tragédie de Racine : *Phèdre.*

un(e) **photographe** (23) la personne qui prend des photographies par profession.

pauvre (13) le contraire de *riche.*

une **pièce d'eau** (22) un grand bassin dans un parc ou un jardin.

un **pied** (14) une ancienne mesure qui est l'équivalent de 30 centimètres. On utilise couramment cette mesure aux Etats-Unis. Il y a 3 *pieds* dans un "yard".

un **piéton** (10) les gens qui marchent dans les rues ou sur les routes sont des *piétons.*

une **piste d'envol** (14) dans un aéroport la longue route de ciment d'où les avions partent.

le **plain-chant** (21) la musique chorale religieuse du Moyen Âge. On dit aussi le chant grégorien, nom qui vient de Saint Grégoire.

plaindre (18) avoir pitié de.

une **planche à voile** (11) une *planche* est un morceau de bois (ou de plastique) long et étroit. Un morceau de tissu permet à la planche d'avancer avec le vent sur l'eau : c'est *une planche à voile* (Ce n'est pas un bateau). (22) feuille d'un livre ornée d'une ou de plusieurs gravures.

plein : *faire le plein* (10) remplir le réservoir d'une voiture ; mettre de l'essence dans le réservoir jusqu'au haut. *Un mur plein* (22) sans ouvertures, sans fenêtres.

une **plume** (24) Autrefois, on écrivait avec une *plume* d'oiseau. Maintenant, un object avec lequel on écrit ; un stylo est *une plume.*

la **plupart de** (13) la grande majorité de.

plus : *en plus de* (16) en supplément de. *De plus en plus* (9) indique une qualité qui grandit ou augmente. Les phrases sont *de plus en plus* complexes.

pluvieux(euse) (16) adjectif qui correspond au nom la *pluie :* un climat *pluvieux,* une région *pluvieuse* (qui reçoit beaucoup de pluie).

un **pneu** (10) abbréviation de « pneumatique » : l'enveloppe d'une roue d'auto.

un **poids** (17) au sens propre : la quantité de kilos d'un objet (ou d'une personne) ; au sens figuré : une importance, une influence considérable.

un **pont** (14) Pour aller d'un côté à l'autre d'une rivière, on utilise un *pont.* A Paris, il y a beaucoup de *ponts* sur la Seine.

un **pourboire** (17) l'argent qu'on donne à un garçon dans un café ou à la serveuse dans un restaurant.

pousser (14) imprimer un mouvement en avant. (≠ tirer) Vous *poussez* la porte pour entrer dans la maison.

le **pouvoir** (17) la capacité de faire quelque chose quand on est dans une position d'autorité (employé souvent dans un sens politique).

un **pré** (20) une prairie avec de l'herbe pour les chevaux et les vaches.

prêcher (22) recommander, faire un discours d'inspiration religieuse ou morale.

première : *en première* (13) en première classe ; la classe la plus chère dans un avion ou dans un train ou dans un bateau.

des **préparatifs** (13) tout ce qu'on fait pour *préparer* un voyage, une fête ; (expression au pluriel).

presque (9) pas complètement ; *une presqu'île* (11) une péninsule.

prêt(e) *à* (12) préparé pour.

prêter (10) donner pour un moment. Je vous *prête* mon livre pour aujourd'hui.

un **prêtre** (20) un religieux dans l'église catholique.

Prévert (Jacques) 1900–1977. Paroles, 1947.

des draps : quand vous êtes dans votre lit, vous êtes entre les *draps* du lit.

les douleurs : quand un bébé vient au monde, sa mère souffre au moment de sa naissance. Elle éprouve des douleurs physiques.

une **prise** (21) l'action de *prendre,* principalement pour une armée.

prix : *à prix réduit* (14) pour une plus petite quantité d'argent ; moins cher que le prix ordinaire.

un **procès** (23) une action judiciaire où on juge quelqu'un.

un **produit chimique** (12) une substance chimique ; ici une substance chimique qui est dangereuse pour la santé.

le **propre** (17) la qualité particulière à une personne. *Rire* est *le propre* de l'homme.

des **provisions** (9) les choses qu'on achète pour les repas.

proximité: *à proximité de* (13) près de, à peu de distance de.

la **puissance** (15) 1. la force, la possibilité d'avoir une action importante sur les autres ; 2. une nation.

Q

quasi (23) presque

quelque part (23) à un endroit indéterminé.

quotidien(ne) (20) un journal *quotidien* est publié chaque jour.

R

raison : *avoir raison* (12) avoir une opinion juste et faire une action juste. Le contraire est *avoir tort.*

ralentir (10) aller plus lentement.

une **rangée** (15) une ligne de, une succession de ; *une rangée de* maisons, *une rangée d'*arbres.

rappeler (15) remettre dans la mémoire ; évoquer le souvenir.

un **rasoir** (13) les hommes coupent leur barbe tous les jours : ils se *rasent* avec un *rasoir* ordinaire ou électrique.

un **rat de cave** (15) une personne qui fréquente les cabarets de Saint-Germain-des-Prés à Paris.

ravi(e) (10) très content(e).

un **rayon** (9) une section d'un grand magasin ou d'un supermarché où on vend une seule sorte de marchandise : *le rayon* des chaussures, *le rayon* de la viande.

un **réchaud à gaz** (11) Quand on fait du camping, on prépare du café, de la viande sur un *réchaud* où on brûle du *gaz* butane.

se **réclamer de** (23) être un successeur de.

redresser (11) mettre dans une position verticale.

réduire (3) *(réduit)* (13) diminuer

se **refléter** (16) renvoyer l'image comme un miroir.

régner (15) 1. être le souverain. 2. exister.

une **reine** (21) féminin de: un *roi.*

relier (14) joindre.

remercier (14) dire merci. Je vous *remercie de* votre lettre.

remonter à (16) avoir son origine de.

remplir (13) rendre complètement plein. On *remplit* un verre d'eau.

rendre *(rendu)* + *adjectif* (13) mettre dans un certain état. Cette nouvelle me *rend* malade.

la **renommée** (15) la gloire, le prestige.

rentrer (11) revenir à la maison à la fin de la journée.

une réplique (24) une réponse rapide et quelquefois impatiente; ce qu'un acteur dit après un autre acteur.

se reposer (13) Quand on est fatigué, on a besoin de *se reposer*, de ne rien faire.

résoudre *(résolu)* (19) trouver la solution d'un problème ; décider de.

une retraite (12) Les gens âgés prennent leur *retraite*, c'est-à-dire : ils ne travaillent plus.

une réunion (12) une assemblée de personnes.

se réunir (16) s'assembler dans un lieu pour discuter d'une question ou pour célébrer quelque chose.

une réussite (10) un succès.

un rêve (20) les images qui viennent à l'esprit quand on dort. Une chose très belle et idéale qui n'existe pas dans la réalité.

revenir sur ses pas (15) revenir en arrière. Cf. *pas.*

une revue (9) On dit aussi un magazine. Paris-Match est une *revue* illustrée.

un rez-de-chaussée (9) le premier étage d'une maison en France. Il y a ensuite le premier étage, le deuxième etc.

un rhume (10) Quand il fait froid, on a souvent un *rhume* : c'est une maladie très commune du nez et de la gorge.

Rimbaud (Arthur) (1854–1891). *Poésies.* 1870.

un val : une très petite vallée.

un trou de verdure : La petite vallée est pleine de plantes et d'arbres.

accrochant : on accroche un vêtement à un clou, à un crochet. L'eau brille au soleil et ressemble à des morceaux d'étoffe, à des *haillons d'argent.*

follement : d'une manière désordonnée.

luit (verbe : luire): brille.

mousse (verbe : mousser) La petite vallée est submergée par les rayons du soleil, par la lumière.

nu(e) : sans vêtement ; ici, sans chapeau.

la nuque : la partie arrière de la tête près du cou.

le cresson : une plante vert sombre qui pousse dans les endroits humides. Dans la lumière intense du soleil, cette plante semble bleue.

étendu : couché.

la nue : mot poétique pour les nuages.

pleut : les rayons du soleil ressemblent à une pluie de lumière.

les glaïeuls : des fleurs jaunes qui poussent près des rivières.

il fait un somme : Un somme est un espace de temps pendant lequel on dort (cf. avoir sommeil).

berce-le : (verbe : bercer) On berce un bébé pour qu'il dorme, en chantant une chanson qui est une *berceuse.*

frissonner : trembler légèrement.

sa narine : Les ouvertures du nez sont les *narines.*

dans le soleil : On dit *au* soleil. Ici le poète veut indiquer que le soldat est complètement baigné par la lumière du soleil.

sa poitrine : la partie supérieure du torse.

un trou : un espace vide.

une rive (15) La terre de chaque côté d'une rivière est une *rive*. Il y a la *rive droite* et la *rive gauche* selon la direction de l'eau.

le riz (9) une céréale qui accompagne les aliments, en Orient principalement.

un rocher (10) une grande masse de pierre qui est comme une petite montagne ; il y a des *rochers* sur les côtes. La grande chaîne de montagnes en Amérique du Nord s'appelle les Montagnes *Rocheuses.*

un roi (15) le monarque qui règne sur une monarchie. (féminin : une *reine*)

roman(e) (11) Une langue *romane* est dérivée du latin (le français, l'italien, l'espagnol). L'art *roman* est un style d'architecture des 11ᵉ et 12ᵉ siècles, caractérisé par des arcs en demi-cercle.

une **rosace** (21) une grande fenêtre ronde ornée de vitraux qu'on voit dans les cathédrales gothiques. Les *rosaces* de Notre-Dame de Paris sont célèbres.

un **rouge à lèvres** (13) Les femmes mettent une crème rouge ou rose sur leur bouche, sur leurs lèvres.

rouler (10) avancer sur les *roues*, pour une auto ; (une auto a quatre *roues*).

un **royaume** (16) le territoire administré et gouverné par un *roi*.

rusé(e) (21) une personne *rusée* emploie son intelligence pour tromper.

S

un **sac de couchage** (11) Quand on fait du camping, on dort dans un *sac de couchage* pour avoir chaud.

le **sable** (11) Quand vous êtes assis sur la plage, vous êtes assis sur le *sable*.

le **Saint Office** (21) le bureau qui contrôle la pureté de la foi catholique dans l'administration de l'église catholique romaine.

le **salut** (20) l'action de sauver ; la félicité éternelle.

le **sang** (16) le liquide rouge qui circule dans les artères et les veines.

sauf (23) excepté.

un **savon** (13) « Palmolive » est une marque de *savon*.

une **scène** : *mettre en scène* (20) diriger le travail des acteurs quand on prépare la représentation d'une pièce de théâtre ou quand on tourne un film.

séculaire (19) qui existe depuis des siècles.

une **seigneurie** (21) le territoire qu'un seigneur administre ou possède.

au sein de (19) dans, à l'intérieur de (sens figuré).

un **séjour** (11) un certain temps qu'on passe à un endroit. J'ai fait *un séjour* de trois mois en Italie.

le **sel** (9) le chlorure de sodium; il y a du *sel* sur la table pour les repas.

sembler : avoir l'air. *Il me semble* (12) ; J'ai l'impression que...

Senghor (Léopold Sédar) né en 1906. Poète sénégalais et premier président de la République du Sénégal. *Chants d'ombre*, 1945.

bandait : couvrait.

col : dépression entre deux montagnes par laquelle on peut passer.

calciné : brûlé.

me foudroie : me frappe.

l'éclair d'un aigle : l'*éclair* est symbole de rapidité : une *visite-éclair* ; ici c'est la rapidité de l'aigle qui tombe sur sa proie.

Aigle : grand oiseau de proie, symbole militaire de Rome, de Napoléon et des États-Unis.

jaloux : de la beauté de cette femme, naturellement.

que je réduise : subjonctif de *réduire*, forme verbale de *réduction*.

cendres : une chose brûlée laisse des *cendres*.

racines : parties d'une plante qui sont dans la terre.

le **sens figuré** (16) le **sens propre** (16). Souvent, un mot a ces deux sens: un sens concret, naturel et primitif (propre) et un sens abstrait (figuré). Par exemple : saisir un livre (= prendre brusquement, sens propre) et saisir une idée (= comprendre, sens figuré.)

sens : *à sens unique* (15) Les voitures vont dans une seule direction dans une rue *à sens unique*.

sentir *(senti)* (19) percevoir 1. physiquement, une douleur 2. moralement, une émotion ; *se sentir* (19) avoir la conscience de

servir (3) *(servi)* (14) apporter quelque chose à boire ou à manger. On *a servi* du thé.

servir de (15) être employé comme ou à la place de.

un **siège** (14) dans un avion, une auto, au cinéma, on est assis sur *un siège*.

une **signalisation** (20) les indications pour la circulation qu'on voit sur les routes.

le **ski nautique** (11) le ski sur l'eau.

un **slip** (13) un vêtement très court pour nager, pour un homme ; c'est aussi un sous-vêtement.

la **soie** (22) cf *tisseur*. Le satin est une forme de *soie*.

le **sol** (21) la terre. On marche sur *le sol*.

soleil : *au soleil* (10) exposé à la chaleur et à la lumière du soleil.

un coup de soleil (11) une brûlure du corps provoquée par une exposition trop longue au soleil.

le **sommeil** (10) le fait de dormir ; *avoir sommeil :* (10) avoir envie de dormir.

la **sortie** (15) le moment du jour où les employés quittent leur travail, en général vers six heures du soir.

une **sottise** (24) une action stupide.

soucieux(euse) de (17) qui s'occupe avec soin de.

souhaiter (11) désirer quelque chose pour quelqu'un. Je vous *souhaite* un excellent voyage.

un **soutien-gorge** (13) un vêtement de femme qu'on porte sur les seins (voir planche anatomique).

un **souvenir** (13) une image, une impression, une émotion qui reste dans la mémoire.

un **square** (14) un petit jardin public en ville.

le **stationnement** (15) le fait de laisser une voiture dans la rue pendant un certain temps.

une **subvention** (17) une somme d'argent donnée par un gouvernment à une école, un théâtre, un musée.

subventionné(e) (17) qui reçoit une subvention du gouvernement.

suite : *tout de suite* (11) immédiatement ; *à la suite de* = après.

un **surnom** (17) un nom donné par amitié ou ironie à une personne. (Ce n'est pas le *nom de famille* ou le *prénom.*)

survoler (14) passer au-dessus de, pour un avion.

surtout (15) principalement

un **syndicat** (12) une association de personnes pour protéger les intérêts de leur profession

T

une **taille** (9) la mesure d'un vêtement.

tard (10) après l'heure fixée par les traditions, les habitudes. Le contraire est *tôt*. On dîne *tard* au Mexique (en comparaison avec les Etats-Unis).

un **tarif réduit** (11) un prix inférieur au prix ordinaire.

un **taureau** (23) le mâle de la vache

un **témoignage** (16) une preuve, une marque extérieure.

témoigner de (22) montrer, faire paraître

un **témoin** (15) une personne qui est présente quand un événement arrive et qui peut dire ce qu'elle a vu. Au sens figuré, quelque chose qui existe et qui constitue une preuve matérielle.

tenir à *(tenu)* (16) insister pour, vouloir absolument.

tenir compte de : prendre en considération.

un **terrain de camping** (13) un grand espace où les gens peuvent faire du camping avec des tentes, des caravanes.

Tintin (et son chien Milou) (20) : personnages célèbres d'une bande dessinée d'Hervé. C'est aussi le titre d'une série de livres (22).

un **tisseur**, une *tisseuse* (22) personne qui *tisse*. Les tissus de soie et de laine sont produits par le *tissage*.

titre : *un titre de gloire* (17) une action qui rend glorieux ou célèbre.

tôt (10) avant l'heure fixée par la tradition ou les habitudes : Je quitte la maison *tôt* (= *de bonne heure*).

une **tour de contrôle** (14) un bâtiment très haut d'un aéroport d'où on contrôle la circulation des avions, leurs atterrissages et leurs décollages.

le **tournant du siècle** (19) les années à la fin du 19e siècle et au commencement du 20e siècle.

une **trahison** (18) l'action de *trahir*, d'abandonner une personne en ne respectant pas les promesses qu'on a faites ; *trahir son pays* : passer à l'ennemi.

train : *être en train de* (16) expression qui indique qu'une action progresse à un certain moment du temps.

traîner dans la boue (23) sens figuré : insulter.

la **traite** (des Noirs) (18) le commerce des esclaves qu'on importait d'Afrique en Amérique.

traiter de (17) avoir un certain sujet, pour un livre, un article. Ce livre *traite de* la politique de Louis XIV.

une **traversée** (14) un voyage qui consiste à aller d'un continent à l'autre ; un assez long voyage, en avion (ou en bateau).

un **trottoir** (14) dans une ville, il y a des *trottoirs* de chaque côté des rues, où les piétons peuvent marcher.

un **trouble** (23) une agitation provoquée par une émotion.

une **trousse de toilette** (13) un petit sac qu'on emporte en voyage et qui contient tous les objets nécessaires pour la toilette : brosse à dents, savon, rasoir, produits de maquillage, etc.

trouver (+ adjectif) (9) avoir une opinion. Je *trouve* ce roman ennuyeux. **Se tuer** (16) se suicider.

U

uniquement (17) seulement, exclusivement.

une **usine** (12) un bâtiment ou un groupe de bâtiments où on fait (transforme) industriellement des objets. *Une usine* de moteurs d'avion.

V

une **vague** (11) Quand il y a du vent, la surface de la mer n'est pas horizontale ; il y a des *vagues* plus ou moins hautes.

vaincre (*vaincu*) (23) dominer, surmonter, faire disparaître.

un **vainqueur** (19) la personne qui a *vaincu*, qui a obtenu une victoire, un succès.

se **vanter** (16) être fier de...et exprimer cette fierté.

un **vendeur** (une *vendeuse*) (9) l'employé(e) qui vend des marchandises dans un magasin.

une **vente publicitaire** (9) le fait de vendre des objets moins cher pour attirer les clients. C'est une forme de publicité.

une **vente-réclame** (9) une vente publicitaire.

le **Verbe** (17) ici : le langage. Dans la *Bible* on lit : « Au commencement était le Verbe » (Évangile selon Saint Jean).

Verlaine (Paul) 1844–1896. *Poèmes Saturniens*, 1866.

sanglots : on *sanglote* quand on pleure très fort et avec bruit. Le bruit du vent en automme ressemble à la musique triste des violons.

blessent : causent une douleur.

mon cœur : le siège des émotions.

suffocant : on *suffoque* quand on ne peut pas respirer (cf : respiration).

blême : pâle.

sonne : le téléphone fait du bruit ; il *sonne*.

je me souviens : j'ai des souvenirs, des images dans ma mémoire.

je pleure : un bébé qui a faim *pleure*.

je m'en vais : je pars, je quitte l'endroit où je suis ; (*partir* est le contraire d'*arriver*).

m'emporte : le vent pousse le poète ; (*emporter* ≠ *apporter*).

pareil à : similaire à, comme

une feuille :les arbres ont des feuilles vertes.

morte : une personne *morte* n'est pas vivante. En automne, les feuilles sont par terre ; elles sont *mortes*.

un **verre** : *prendre un verre* (12) boire quelque chose avec des amis, en général.
vers (10) indique le temps approximatif ou la direction.
version : *en version doublée* (18) ; un film est *en version doublée* quand le dialogue est dans une autre langue ; (le contraire : *en version originale*)

le **Vert-Galant** (14) surnom donné au roi Henry IV (1542−1610) connu pour ses prouesses amoureuses.
vide (9) qui ne contient rien (≠ *plein*(e)

une **vigne** (16) la plante qui donne le raisin avec lequel on fait du vin.

Vigneault, (Gilles) né en 1928. Poète et chanteur canadien.
douce : ici : calme, agréable.
claquer : bruit fait par un drapeau dans le vent ; le drapeau *claque* au vent.
large : la haute mer, loin de la terre.
gronder : faire un bruit menaçant et terrible et qui dure.
chute (d'eau) : les *chutes* du Niagara qui font un grand bruit : qui *grondent*.
baril (à poudre) : récipient en bois où on met la poudre (à feu). Dans un *baril*, on met souvent du vin.
grain : un vent fort accompagné de pluie.
cogner : battre, frapper.
falaise : un « mur » de rochers qui borde une côte : cf. les *falaises* de Douvres. La mer bat contre les *falaises*.

glace : l'eau à 32 degrés F.
glace en débâcle : La glace des rivières se fractionne au printemps.

un **vitrail** (pl : des vitraux) (21) les vitres de couleur qu'on voit aux fenêtres des églises.
une **vitrine** (9) la fenêtre d'un magasin où on expose des marchandises.
vivant(e) (20) une langue est *vivante* quand elle est employée pour parler et pour écrire. (≠ une *langue morte*, comme le latin).
vivre *(vécu)* (12) exister.

une **voie** (15) une route. Au sens figuré : une direction.
voile : *faire de la voile* (11) un sport qui consiste à naviguer avec un bateau à voiles (un voilier).
une **voile** (11) un grand morceau d'étoffe qui permet à un bateau d'avancer avec le vent.
un **voilier** (11) un bateau à voiles.
un **vol** 1. le temps où l'avion est dans l'air : *le vol* New-York−Paris dure 6 heures. 2. l'action qui consiste à prendre quelque chose qui n'est pas votre propriété.
un **volant** (10) la roue qui permet de diriger une auto. Le conducteur est assis devant *le volant*.
voler (14) 1. avancer dans l'air : les avions, les oiseaux *volent*. 2. prendre une chose qui n'est pas votre propriété (13).
volontiers (17) avec plaisir.
voudrions (9) conditionnel du verbe *vouloir*, qui indique un désir exprimé avec politesse.
vouloir dire (12) signifier.
une **vue** (15) la partie d'un pays qu'on peut *voir* d'une montagne, où d'un endroit élevé. On a une belle *vue* de Paris quand on est au sommet de la Tour Eiffel.

POIDS ET MESURES

Mesures de poids

1 ounce = 28 grammes
¼ lb. = 113 grammes
½ lb. = 227 grammes
1 lb. = 454 grammes

¼ livre = 125 grammes
½ livre = 250 grammes

$\left[\begin{array}{l}\text{1 livre} \\ \text{½ kilo}\end{array}\right]$ = 500 grammes

1 kilo(gramme) = 1.000 grammes

Mesures de distance et de longueur

1 foot (1 pied) = 30,48 centimètres
1 inch (1 pouce) = 2,54 centimètres
1 yard = 91,4 centimètres
1 mile = 1609 mètres
       1,609 kilomètre

1 centimètre = 10 millimètres
1 mètre = 100 centimètres
1 kilomètre = 1.000 mètres

Mesures de liquide

1 fl. oz. = 0,0296 litre
½ quart = 0,47 litre
1 quart = 0,95 litre   (approximativement : un litre)
1 gallon = 3,79 litres   (approximativement : 4 litres)

1 litre = $\left[\begin{array}{l}\text{10 décilitres} \\ \text{100 centilitres}\end{array}\right]$

Températures

FAHRENHEIT		CENTIGRADE (CELSIUS)
212	*l'eau bout*	100
100	*vague de chaleur*	41
98.6	*corps humain*	37
65	*maison confortable*	15,6
32	*l'eau gèle*	0
0		− 15

INDEX
GRAMMATICAL

par
JEAN ADLOFF

A

à Cf. Prépositions, Infinitif
accents 4, 92
accord du participe passé Cf.
	Participe passé
actif (forme active) 598, 599, 600,
	601, 602, 628, 629
adjectifs **98**, 157, 199, 324
	masculin/féminin 28, 29, 45,
		78, 79, 132
	irréguliers 28, 78, 79, 112, 132
	possessifs **33, 34, 54**, 98, 400
	pluriel 53, 54, 79, 112
	place des 78, 79
	comparatif 127, 128
	démonstratifs 98, 156
	interrogatifs 98, 176, 199, 625,
		626, 627
	indéfinis **tout, toute, tous,
		toutes** 98, 178, 179, 322,
		323, 324
		chaque, chacun, chacun
			555, 556
		quelques 556, 557
	emploi de "**de**" au lieu de
		"**des**" devant un adjectif
		377, 378
	construction "**il est + adj. +
		de** + verbe à l'inf.**" 240,
		241, 464
	il est/elle est vs **c'est/ce sont**
		34, 35, 464, 465
	suivis de la préposition "**à**" 291
	avec pronoms neutres 322, 323,
		324, 555
	noms de professions, de
		nationalités, d'affiliation
		religieuse et politique
		après le verbe **être 34, 35,
		132, 465**
adverbes 80, 347, 348, 349, 350,
	625
	place des adverbes 130, 349
	où 10, 11, 129, 347
	ne... que 376
	**d'abord, ensuite, puis, par
		conséquent, c'est
		pourquoi, alors,
		pourquoi, enfin** 350, 351
afin de Cf. Prépositions
afin que Cf. Conjonctions de
	subordination
âge Cf. Expressions de temps 30
aller Cf. Verbes irréguliers
à moins que Cf. Conjonctions de
	subordination
an, année 327, 489

antécédent 130, 199, 211, 344, 346,
	347
apercevoir Cf. Verbes irréguliers
apprendre Cf. Verbes irréguliers
après avoir/après être Cf.
	Infinitif passé
après que Cf. Conjonctions de
	subordination
argot classique 95, 171, 196, 281,
	455, 511, 537
articles
	définis 9, 53, 77, 155, 378
		avec noms de professions,
			de nationalités 34, 35,
			132, 465
		avec les jours de la
			semaine 64
		avec noms de pays/villes/
			états 35, 108
		employés dans des phrases
			à sens général 153, 154
		articles définis contractés
			du 28, 153, 154, 399,
				631, 632
			des 110, 111, 378,
				399, 631, 632
			au 107, 108, 110, 119,
				167, 399, 631, 632
			aux 107, 108, 110,
				399, 632
	indéfinis 8, 52, 77, 155, 285
		négation 77, 155, 285
	partitifs **153, 154, 155**, 236,
		375, 376
assez de Cf. Quantité (Expressions
	de), Adverbes
attendre Cf. Verbes irréguliers
au/aux Cf. Articles contractés
aucun(e) Cf. Adjectifs indéfinis,
	Pronoms indéfinis
aujourd'hui Cf. Temps
	(expressions de)
**auquel/auxquels/à laquelle/
	auxquelles/** Cf. Pronoms
	relatifs composés, Pronoms
	interrogatifs variables
aussi que Cf. Comparatif
aussitôt que Cf. Conjonctions de
	subordination
autant de Cf. Quantité
	(expressions de)
auxiliaires Cf. Temps composés,
	Verbes **être, avoir, aller,
	venir, devoir, faire, falloir,
	pouvoir, savoir, vouloir**
avant/avant de Cr. Prépositions
avant que Cf. Conjonctions de
	subordination
avoir Cf. Verbes irréguliers

B

battre Cf. Verbes irréguliers
beaucoup de Cf. Adverbes,
	Quantité (expressions de)
besoin de Cf. Verbes irréguliers
	(expressions avec **avoir**)
bien Cf. Adverbes
bien que Cf. Conjonctions de
	subordination
boire Cf. Verbes irréguliers

C

ce/cet/cette/ces Cf. Adjectifs
	démonstratifs
cédille 57, 93, 604
**celui-ci/celui-là/celle-ci/celle-là/
	ceux-ci/celles-là, celui/celle/
	ceux/celles/ce/ceci/cela/ça/
	ceci/cela/ce qui/ce que/ce
	dont** Cf. Pronoms
	démonstratifs
c'est/ce sont vs. **il est/elle est/ils
	sont/elles sont** 34, 35, 464,
	465
chacun(e) Cf. Adjectifs indéfinis,
	Pronoms indéfinis
	(négation de) Cf. Négations
chaque fois que Cf. Conjonctions
	de subordination
chaque (négation **de**) Cf.
	Négations
chez Cf. Prépositions
comment Cf. Mots interrogatifs,
	Interrogation
comparatif 127, 128, 630
comprendre Cf. Verbes irréguliers
concordance des temps 598, 599,
	624, 625, 626, 627
condition (si) 217 Cf. Conditionnel,
	Futur
conditionnel 514... 522, 543, 598,
	599
	présent
		formation 515
		verbes irréguliers 515
		avec **si + verbe à
			l'imparfait** 516, 518
		avec **si + verbe au plus-
			que-parfait** 517, 518
		avec **si + verbe au
			présent** 217, 518
		temps de la politesse, des
			souhaits 521
		verbe **devoir** au
			conditionnel 518, 519,
			520

passé 517, 519, 520, 521
conduire Cf. Verbes irréguliers
conjonctions
    car, donc, mais, cependant,
      etc. 350, 351
    si (condition) 217, 517, 518
    que 129, **200**, 370, 371, 434,
      435, 436, 573, 624, 625,
      626, 627
    pendant que, depuis que
      422, 493, 573, 574
conjonctions de subordination
    avant que, jusqu'à ce que,
      pour que, afin que, à
      moins que, pourvu que,
      sans que, bien que,
      quoique 552, 553
    parce que, quand, pendant
      que 200, 553, 573
    quand, lorsque, dès que,
      aussitôt que, après que,
      depuis que, chaque fois
      que 217, 553, 573, 574,
      575, 626
connaître Cf. Verbes irréguliers
construire Cf. Verbes irréguliers
continents (noms de) Cf. Noms
contractions Cf. Articles contractés
courir Cf. Verbes irréguliers
couvrir Cf. Verbes irréguliers
craindre Cf. Verbes irréguliers
croire Cf. Verbes irréguliers
cueillir Cf. Verbes irréguliers

D

dans Cf. Prépositions, Temps
    (expressions de)
date (la) 4, 138
de Cf. Prépositions, Infinitif
déclaration (Cf. Discours indirect)
découvrir Cf. Verbes irréguliers
déjà (négation de) Cf. Négations
demain Cf. Verbes irréguliers
déplaire Cf. Verbes irréguliers
depuis, depuis que Cf. Temps
    (expressions de), Conjonctions
    de subordination, Prépositions
des Cf. Articles indéfinis, Articles
    contractés
descendre Cf. Verbes irréguliers
détruire Cf. Verbes irréguliers
devenir Cf. Verbes irréguliers
devoir Cf. Verbes irréguliers,
    Conditionnel
dire Cf. Verbes irréguliers
discours indirect 370, 371, 624,
    625, 626

discours indirect au passé 522,
    624, 625, 626, 627
dont Cf. Pronoms relatifs
dormir Cf. Verbes irréguliers
du Cf. Articles contractés
duquel/desquels/desquelles/de
    laquelle Cf. Pronoms relatifs
    composés, Pronoms
    interrogatifs variables

E

écrire Cf. Verbes irréguliers
elle (s) Cf. Pronoms accentués,
    Pronoms personnels sujets
en Cf. Prépositions, Pronoms
    personnels objets indirects,
    Temps (expressions de)
encore Cf. Adverbes (négation
    de...) Cf. Négations
entendre Cf. Verbes irréguliers
envoyer Cf. Verbes irréguliers
est-ce que? Cf. Interrogation
... **et**... (négation de) Cf. Négations
états (noms d') Cf. Noms,
    Prépositions (devant noms d')
être Cf. Verbes irréguliers
eux Cf. Pronoms personnels
    accentués
expressions avec le verbe **avoir** Cf.
    Verbes irréguliers, verbe **avoir**
expressions impersonnelles Cf.
    Impersonnelles (expressions)
expressions de quantité Cf.
    Quantité (expressions de)
expressions de temps Cf. Temps
    (expressions de)

F

faire Cf. Verbes irréguliers
faire causatif 628, 629
falloir Cf. Verbes irréguliers
finir Cf. Verbes en IR
fois Cf. **Temps** (expressions de)
forme active/passive Cf. Active
    (forme), Passive (forme)
futur **213, 214, 215,** 216, 217, 237,
    421, **422,** 491, 522, 575, 598,
    599, 648, 649
    avec **quand** 217, 422, 575
    avec le verbe **aller** et le
      pronom "**y**" 234
    futur proche **131,** 213, 214,
      216, 268
    futur proche dans le passé 648,
      649

futur antérieur 422, **572, 573,**
    574, 575, 648, 649
    employé après si + présent
      217, 518

G–H

géographie Cf. Noms
    géographiques
gérondif 372, 373, 374
heure (l') 70, 71 Cf. Temps
    (expressions de)
hier Cf. Temps (expressions de)

I

il(s) Cf. Pronoms sujets
il est/elle est/ils sont/elles sont
    vs. **c'est/ce sont** 34, 35, 464,
    465
il faut Cf. Impersonnelles
    (expressions)
il y a Cf. Temps (expressions de)
    57, 395
    négation de 76, 77
imparfait 260, 261, 263, **264, 265,**
    267, 422, 423, 488, 489, 490,
    598, 599, 648
    avec le futur proche et le passé
      récent au passé 648, 649
impératif 182, 370, 371, 518, 543
    des verbes pronominaux 321,
      396
    avec pronoms personnels
      compléments 394, 395,
      396, 397, 398
    transposition des ordres au
      discours indirect Cf.
      Discours indirect
impersonnelles (expressions)
    pour l'heure 70, 71
    pour la pluie et le temps 88,
      402
    il faut 238 **il me (nous, vous,**
      lui, leur) faut + nom 238,
      435
    expressions avec **il est** +
      adjectif 240, 241, 435, 436,
      464
indicatif (mode) Cf. Présent, Passé
    composé, Imparfait, Futur,
    Plus-que-Parfait, Futur
    antérieur 541, 542
infinitif 55, 178
    construction verbe conjugué +
      verbe à l'infinitif 130, 241,
      268, 439

infinitif *(suite)*
 construction "**Il est** + adj. +
  de + infinitif" 240, 241
 place des pronoms
  compléments d'un infinitif
  288, 289, 394, 395
 infinitif après verbes de
  mouvement 240
 verbes suivis d'une préposition
  + infinitif 288, 289, 439,
  553
 pour exprimer des ordres au
  discours indirect 370, 371,
  624, 625, 626, 627
 verbes pronominaux à
  l'infinitif 321
 avec **faire causatif** 628, 629
 infinitif passé 373, 374, 375,
  575
interrogation Cf. Adjectifs
 interrogatifs, Pronoms
 interrogatifs 8, 12, 56, 575,
 576, 577
 avec **est-ce que** 12
 avec l'inversion sujet-verbe 30,
  31, 32, 56, 76, 109, 263, 320
 avec **il y a** 57
 transcription d'une question
  au discours indirect Cf.
  Discours indirect
 qu'est-ce qu'il y a 58
 comment 129, 177, 625
 qui 8, 177, 576, 625, 626, 627
 pourquoi 129, 176, 625
 quand 129, 176, 625
 combien de 177, 285, 625
 où 10, 11, 129, 177
 qu'est-ce que/qui 8, 177, 575,
  576, 626, 627
intransitifs (verbes) Cf. Verbes 310,
 601

J–L

jamais Cf. Adverbes, Négations
je Cf. Pronoms sujets
jour/journée 327, 489
 ce jour-là Cf. Temps
  (expressions de)
jours de la semaine 64
jusqu'à ce que Cf. Conjonctions
 de subordination
le, la, l' Cf. Articles définis,
 Pronoms personnels objets
 directs
lendemain (le) Cf. Temps
 (expressions de)
**lequel, laquelle, lesquels,
 lesquelles** Cf. Pronoms

Relatifs composés, Pronoms
 interrogatifs variables
leur Cf. Pronoms personnels objets
 indirects
leur(s) Cf. Adjectifs possessifs
leur (le, la), leurs (les) Cf.
 Pronoms possessifs
lire Cf. Verbes irréguliers
lorsque Cf. Conjonctions de
 subordination
lui Cf. Pronoms accentués,
 Pronoms personnels objets
 indirects

M

ma Cf. Adjectifs possessifs
maintenant Cf. Temps
 (expressions de)
mal Cf. Adverbes
matin/matinée 327, 489
mauvais Cf. Adjectifs
me Cf. Pronoms personnels objets
 directs et indirects
meilleur Cf. Comparatif
mes Cf. Adjectifs possessifs
mettre Cf. Verbes irréguliers
**mien (le)/miens (les)/mienne (la)/
 miennes (les)** Cf. Pronoms
 possessifs
mieux Cf. Adverbes
modes Cf. Indicatif, Subjonctif,
 Impératif, Conditionnel 430,
 541, 542, 543
moi Cf. Pronoms accentués,
 Impératif
mois de l'année 119
moins de Cf. Quantité
 (expressions de)
moins que Cf. Comparatif
moins (le, la, les) Cf. Superlatif
moment/à ce moment-là Cf.
 Temps (expressions de)
mon Cf. Adjectifs possessifs
mots interrogatifs Cf.
 Interrogation
mourir Cf. Verbes irréguliers
mouvement (verbes de) Cf. Verbes
 de mouvement

N

nationalités Cf. Noms, Adjectifs
"ne" littéraire 552
négations
 ne... pas 74, 625
 du verbe **être** 74, 75, 155, 465
 d'il y a 76, 77

partitifs **154, 155,** 375, 376
 de l'auxiliaire au passé
  composé 263, 289, 325
 des articles indéfinis 77, 155,
  285
 ne... jamais (nég. de **toujours,
  quelquefois, souvent,
  déjà**) 80, 625
 ne... plus (nég. de **encore**)
  235, 236, 625
 ne... pas encore (négation de
  déjà) 235, 236, 625
 ne... personne (négation de
  **quelqu'un, tout le
  monde**) 323, 324
 ne... rien (négation de
  quelque chose, tout) 323,
  324
 ni... ni... ne/ne... ni... ni (nég.
  de... et...) 375, 376
 ne... que 376
 aucun(e) (nég. de **chaque,
  chacun(e), tous, toutes**)
  555, 556
 impératif négatif 182, 370, 371
ni... ni... ne/ne... ni... ni Cf.
 Négations
nombres 4, 20, 42, 43, 139
noms 9
 terminaisons 9, 112
 pluriel 52, 112
 noms de pays **35,** 47, 63, 124,
  631, **632**
 noms de villes **35,** 47, 63, 107,
  108, 124
 noms d'états 35, 63, 107, **108,**
  124, **632**
 noms de continents 35, 47
 noms géographiques 35, 47,
  107, 108, 124, 144, 281,
  418, 631, 632
 noms de professions (+
  nationalités, partis
  politiques, affiliations
  religieuses) 34, 35, 132,
  465
nous (Cf. Pronoms personnels
 sujets, objets directs et
 indirects, pronoms personnels
 accentués
nos Cf. Adjectifs possessifs
notre Cf. Adjectifs possessifs
nôtre (le, la) nôtres (les) Cf.
 Pronoms possessifs

O

objets directs Cf. Pronoms
 personnels objets directs

objets indirects Cf. Pronoms personnels objets indirects
obtenir Cf. Verbes irréguliers
offrir Cf. Verbes irréguliers
on Cf. Pronoms indéfinis
ordre Cf. Impératif, Discours indirect (transcription d'un ordre au discours indirect)
où Cf. Adverbes, Interrogation
ouvrir Cf. Verbes irréguliers

P

parce que Cf. Conjonctions de subordination
participe passé
  verbes en ER, verbes en IR, verbes irréguliers 262
  accord du part. passé avec l'auxiliaire **avoir** 286, 287, 289, 290, 373, 374, 464, 517
  accord du part. passé avec **être** 266, 267, 287, 289, 290, 373, 374, 464, 517, 551, 599, 600
  accord du part. passé des verbes pronominaux 325, 550, 551
  accord du part. passé des verbes pronominaux à sens idiomatique 459, 460
  à la forme passive 599... 602
  avec **faire causatif** 628, 629
participe présent 372, 373, 374, 377
partir Cf. Verbes irréguliers
passé composé 260, 261, 262, 348, 598, 599, 648
  avec l'auxiliaire **avoir** 261, 262, 263
  à la forme négative 260, 263
  place des pronoms avec les verbes au passé composé 261, 263
  avec l'auxiliaire **être** 265, 266
  emploi du passé composé et de l'imparfait 263, **267, 422, 423, 488, 489, 490**
  verbes pronominaux conjugués au passé composé 325, 459, 460, 551
passé récent 268, 648, 649
passé simple 602, 603, 604, 605, 648
passive (forme) 599, 600, 601, 602, 628, 629
  forme pronominale à sens passif 601, 602

pays (noms de) Cf. Noms, Prépositions (devant noms de)
peindre Cf. Verbes irréguliers
pendant (que) Cf. Temps (expressions de), Conjonctions de subordination
penser Cf. Verbes en ER
perdre Cf. Verbes irréguliers
personne Cf. Négations
peu Cf. Adverbes, Quantité (expressions de)
peu de Cf. Quantité (expressions de)
plaire Cf. Verbes irréguliers
pluriel Cf. Noms, Adjectifs, Verbes, Pronoms
plus de Cf. Quantité (expressions de)
plus que Cf. Comparatif
plus (le, la, les) Cf. Superlatif
plus-que-parfait **289, 290,** 423, **488, 489, 490,** 517, 598, 599, 648, 649
politiques (affiliations) Cf. Adjectifs, Noms
possession
  adjectifs possessifs **33, 34, 54,** 98, 400
  pronoms possessifs 199, 398, 399, 400
  dans les phrases avec le pronom "dont" 346, 463, 495, 496, 554
  "être à" 399, 400
pour Cf. Prépositions
pour que Cf. Conjonctions de subordination
pourquoi Cf. Interrogation
pourvu que Cf. Conjonctions de subordination
pouvoir Cf. Verbes irréguliers
prendre Cf. Verbes irréguliers
prépositions 9, 10, 11, 152, 577, 578
de
  avec des expressions de quantité **152**
  avec des expressions verbales ou adjectivales 58, 81, 157, 177, 178, 240, **241,** 284, 286, 288, 323, 324, **346,** 374, 439, 458, 459
  avec le discours indirect (ordre) 370, 371, 624, 625, 626, 627
  avec le passé récent 268, 648, 649
  avec les pronoms neutres 323, 324, 554

avec les pronoms interrogatifs et les pronoms relatifs composés 462, 463, 577, 578
à
  après certains verbes ou expressions 107, 111, 167, 240, 310, 311, 327, 374, 458, 459
  après des adjectifs ou des verbes + un inf. 289, 290, **291,** 351
  avec des noms de villes 35, 108
  avec des noms de pays ou d'états masculins (article contracté) 108, 631, 632
  avec les pronoms interrogatifs et les pronoms relatifs composés 462, 463, 577, 578
en
  avec le gérondif 372, 373
  avec certaines expressions 107, 240, 327, 459
  avec les noms de saisons 119
  avec des noms de pays et d'états féminins 35, 108, **631, 632**
chez 111
dans 111, 578, 632
avant/avant de 158, 374, 553, 575
sans 374, 553
pour 374, **492,** 553
afin de 553
pendant/depuis 491, 492, 493
par 351
après avoir/après être Cf. Infinitif passé
produire Cf. Verbes irréguliers
professions Cf. Adjectifs, Noms
pronoms
  pronoms démonstratifs 199
  simples et composés 493, 494, 495
  celui/celle/ceux/celles + **qui, que, dont** 495, 496
  ce + verbe **être** 463, 464, 494
  ceci/cela 463, 494
  ce qui/ce que/ce dont 553, 554, 625, 626, 627

pronoms indéfinis
  on 108, 109, 199, 600, 601, 630
  chacun(e)/aucun(e) + ne 555, 556, 630
  quelques-uns (unes) 556, 557
  pronoms indéfinis neutres
    tout 322, 323, 324, 554
    quelqu'un/ne... **personne, quelque chose/ ne... rien** 323, 324
pronoms interrogatifs Cf. Interrogation 12, 199, 287, 575, 576, 626, 627
pronoms interrogatifs variables **(lequel...)** 577, 578, 625
pronoms personnels accentués **126,** 127, 128, 199, 235, 464, 629, 630
pronoms personnels objets directs 199, **208, 209,** 232, 235, 263, 287, 288, **310,** 311, 325, 345, 394, 395, 396, 397, 398, 600
pronoms personnels objets indirects 199, **232, 233,** 235, 238, 263, 288, **310,** 311, 325, 394, 395, 396, 397, 398
  y 234, 235, 267, 288, 395, 397, 398, 459
  en 284, 285, 286, 288, 395, 397, 459
pronoms personnels réfléchis 318, 319, **320, 321,** 325, 396
pronoms possessifs 199, 398, 399, 400
pronoms relatifs
  qui 129, 130, 199, 211, **344, 345,** 463, 554
  celui qui/celle qui 495, 496 ce qui 553, 554, 625, 626, 627
  que 211, 344, 345, 554
  celui que/celle que 495, 496 ce que 553, 554, 625, 626, 627
  dont 345, 346, 463 celui dont/celle dont 495, 496 ce dont 554
  pronoms relatifs composés 462, 463
pronoms sujets 11, 235, 310

place des pronoms 209, 285, **289, 394, 395**
  quand ils complètent un verbe à l'infinitif 288, 289
  avec les temps composés 263, 267, 286, 287
  ordre des pronoms personnels compléments 394, 395, 396
  avec les verbes pronominaux 321, 325, 459
propositions 130, 200, 211, 344, 522
prononciation 5, 29, 45, 52, 56, 67, 151, 213, 214, 515
  o-oi-en-on 23
  Notes générales, accents, cédille 92, 93
  i-é, ou 122
  a-ai-è 142
  o-eau-au-on 170
  é-ez-er/è-ê-ai/ô-au-o-eau/ON 194, 195
  an-eu-eur 228
  i-u 252, 253
  in-ain-/u/é-ai 280
  ou-am-aim-oi-oin/an-am-en- em 304–305
  ui-in-ain-ien-ienne 339
  en-an-on 363, 364
  un-in-an-on 390
  ui-ua-ue 416
proverbes 123, 142, 172, 196, 254, 281, 307, 340, 418, 455, 482, 511, 536, 537, 593, 622, 645

Q

quand Cf. Futur (avec quand), Interrogation, Conjonctions de subordination
quantité (expressions de)
  beaucoup 58, 152, 284, 285
  autant de, assez de, moins de, trop de, plus de, peu de, combien de, une bouteille de, un verre de, une tasse de, un tas de, une pile de, un morceau de, une douzaine de, un bouquet de, etc. 152, 284, 285
  combien de 177, 285

pronom "en" remplaçant une expressions de quantité 284, 285
que Cf. Pronoms relatifs, Pronoms interrogatifs, Discours indirect, Conjonctions
quel(s), quelle(s), Cf. Interrogation, Adjectifs interrogatifs
quelquefois (négation de) Cf. Négations
quelque chose Cf. Pronoms indéfinis (négation de) Cf. Négations
quelques Cf. Adjectifs indéfinis
quelques-un (unes) Cf. Pronoms indéfinis
quelqu'un Cf. Pronoms indéfinis (négation de) Cf. Négations
qui Cf. Pronoms relatifs, Pronoms interrogatifs
quitter Cf. Verbes en ER
quoi Cf. Pronoms interrogatifs
quoique Cf. Conjonctions de subordination

R

recevoir Cf. Verbes irréguliers
réduire Cf. Verbes irréguliers
rien Cf. Négations
religions (affiliations religieuses) Cf. Adjectifs, Noms
rendre Cf. Verbes irréguliers
répondre Cf. Verbes irréguliers
revenir Cf. Verbes irréguliers
rire Cf. Verbes irréguliers

S

sa Cf. Adjectifs possessifs
saisons 119
sans/sans que Cf. Prépositions, Conjonctions de subordination
savoir Cf. Verbes irréguliers
ses Cf. Adjectifs possessifs
si Cf. Conjonctions, Conditionnel, Discours indirect
sien (le(s)/sien(s) (la)/sienne (les)/ siennes Cf. Pronoms possessifs
soi Cf. Pronoms personnels accentués
soir/soirée 327, 489
son Cf. Adjectifs possessifs
sortir Cf. Verbes irréguliers
souffrir Cf. Verbes irréguliers
sourire Cf. Verbes irréguliers

souvent (négation de) Cf.
Négations
subjonctif **541, 542, 543**
présent 430... 440
terminaisons 431
formation 431, 432
verbes avec un radical
spécial 432, 433
avec verbes **croire,
penser** et **espérer**
437, 438
avec verbes ou expressions
de **volonté** 434
avec verbes ou expressions
de **sentiment** ou
d'**émotion** 436
avec verbes ou expressions
de **nécessité**, de
possibilité, de **doute**
435
passé 550, 551
suffire Cf. Verbes irréguliers
suivre Cf. Verbes irréguliers
superlatif 157

T

ta Cf. Adjectifs possessifs
taire (se) Cf. Verbes irréguliers
te Cf. Pronoms objets indirects et
objets directs
temps
concordance des temps 598,
599, 624, 625, 626, 627
aperçu général 421, 422, 423
temps simples Cf. Présent,
Futur, Imparfait,
Impératif, Subjonctif
présent, Conditionnel
présent, Passé simple
temps composés Cf. Passé
composé, Plus-que-parfait,
Futur antérieur,
Subjonctif passé,
Conditionnel passé Cf.
aussi Participe passé,
Auxiliaires, Adverbes
(avec les temps composés)
expressions de temps
l'heure 70, 71
**matin/soir/après-midi/
semaine/année/
moment** 156, 179,
327, 328, 489
**âge/fois/heure/moment/
temps** 401, 402
**dans/il y a/en/depuis/
pendant (que)**,

depuis (que) 213,
268, 422, 423, 491,
492, 493, 574, 575
**avant que/jusqu'à ce
que** 552, 553 au
moment où 347
**quand, dès que, aussitôt
que, après que,
depuis que, chaque
fois que** 217, 553,
573, 574, 575
**aujourd'hui/ce jour-là/
hier/la veille,
demain/le
lendemain,
maintenant/à ce
moment-là** 627
tenir Cf. Verbes irréguliers
tes Cf. Adjectifs possessifs
**le tien/les tiens/la tienne/les
tiennes** Cf. Pronoms possessifs
toi Cf. Pronoms accentués
ton Cf. Adjectifs possessifs
toujours (négation de) Cf.
Négations
tout/toute/toutes/tous Cf.
Adjectifs indéfinis, Pronoms
indéfinis
tout (négation de) Cf. Négations
tout le monde (négation de) Cf.
Négations
traduire Cf. Verbes irréguliers
transitifs (verbes) Cf. Verbes 310,
600
transition (termes de) 350, 351
trop de Cf. Quantité (expressions
de)
tu Cf. Pronoms sujets, Tutoiement
tutoiement 11, 117

U

un Cf. Articles indéfinis
une Cf. Articles indéfinis

V

valoir Cf. Verbes irréguliers
veille (la) Cf. Temps (expressions
de)
vendre Cf. Verbes irréguliers
venir Cf. Verbes irréguliers
verbes
verbes en **-ER** 55, 130, 200,
234, 604
impératif 182

participe passé 262
penser 235, 437, 438
quitter 240
emmener/amener 150
verbes en **-GER** 57, 604
verbes en **-YER** 57
verbes en **-CER** 57, 604
verbes en **-IR** 109, 110, 201,
604
participe passé 262
verbes à l'infinitif Cf. Infinitif
verbes de mouvement/d'action
266, 267
verbes pronominaux
réciproques 318, 319
réfléchis 319, 320, 321
à sens idiomatique 458,
459, 460
forme pronominale à sens
passif 601, 602
conjugués aux temps
composés 325, 459,
460, 551
verbes employés avec la
préposition **à**, **291**, 374,
351, 459, XVI
verbes employés avec la
préposition **de**, 177, 178,
241, 286, 346, 458, 459,
XVII
verbes intransitifs/transitifs,
310, 601
verbes irréguliers
participe passé des, 262
être 11, 264, 265, 434, 605
négation, 74, 75, 155,
266
expressions avec le
verbe **être**, 177,
178, 401, 436
formes II, III
futur, 216
impératif, 182
conditionnel, 515
noms de professions
après le verbe
être 34, 35, 132,
465
verbe **être** employé
comme auxiliaire
Cf. Temps
composés
verbe **être** employé
pour la forme
passive Cf.
Passive (forme)
être à 399, 400
infinitif passé 373,
374

verbes irréguliers *(suite)*
  il est/elle est vs.
    c'est/ce sont 34,
      35, 464, 465
avoir 30, 77, 372, 434, 605
  expressions avec le
    verbe **avoir** 80,
      81, 155, 177, 178,
      435, 436
  formes II, III
  futur 216
  impératif 182
  conditionnel 515
  verbe **avoir** employé
    comme auxiliaire
    Cf. Temps
    composés
  infinitif passé 373, 374
  avoir à 291
aller 106, 150, 400, 433,
  604
  formes II, III
  futur 216, 234
  impératif 183, 397
  conditionnel 515
  employé avec un verbe
    à l'infinitif 240
  employé comme verbe
    de mouvement
    106, 131, 266
  comme expression
    idiomatique 4,
    107, 131
  employé comme
    auxiliaire (fut.
    proche) **131**, 213,
    214, 216, 268,
    648, 649
  expressions avec le
    verbe **aller** 107
faire 75, 76, 433, 605
  formes X, XI
  futur, 216
  conditionnel, 515
  expressions
    idiomatiques, 75,
    88, 155

faire causatif, 628,
  629
battre, formes X, XI
boire 326, 433, 605 ;
  formes X, XI
conduire 400 ; formes
  VIII, IX
connaître 174, 175, 605 ;
  formes VIII, IX
courir, formes IV, V
craindre 466–467 ;
  formes VIII, IX
croire 326, 327, 605 ;
  formes X, XI
cueillir formes IV, V
devoir 460, 461, 518, 519,
  520 ; formes VI, VII
dire 180, 181, 605 ; formes
  X, XI
dormir 239, 320 ; formes
  IV, V
écrire 291, 292 ; formes
  X, XI
envoyer 216, 515 ; formes
  II, III
falloir 238, 433, 435, 516,
  605 ; formes XIV
lire 180, 181, 215, 515,
  573, 605 ; formes XII,
  XIII
mettre 180, 181, 215,
  605 ; formes XII, XIII
mourir, formes IV, V
offrir 376, 377 ; formes
  IV, V
partir 239, 240, 401, 515,
  605 ; formes IV, V
plaire, formes XII, XIII
pleuvoir 88, 216, 433 ;
  formes VI, VII
pouvoir 209, 210, 216,
  433, 515, 605 ; formes
  VI, VII
prendre 150, 151, 182,
  215, 605 ; formes VIII,
  IX
recevoir 349, 350, 433,

515, 605 ; formes VI,
  VII
rendre, répondre, 212,
  213, 215, 515, 605 ;
  formes VIII, IX
rire, formes XII, XIII
savoir 128, 129, 174, 175,
  182, 216, 433, 515,
  605 ; formes VI, VII
sortir 239, 240, 605 ;
  formes IV, V
suffire formes XII, XIII
suivre 291, 292 ; formes
  XII, XIII
tenir, obtenir, 433, 605 ;
  formes IV, V
valoir 436, 516 ; formes
  VI, VII
venir 237, 268, 433, 515,
  573, 605 ; formes
  IV, V
vivre 605 ; formes XII,
  XIII
voir 175, 216, 515, 605 ;
  formes VI, VII
vouloir 209, 210, 216,
  515 ; formes VIII, IX
villes (noms de) Cf. noms
vivre Cf. verbes irréguliers
vos Cf. adjectifs possessifs
votre Cf. adjectifs possessifs
vôtre (le, la), **vôtres** (les), cf.
  pronoms possessifs
vouloir Cf. verbes irréguliers
vous Cf. pronoms personnels
  sujets, objets directs et
  indirects, pronoms
  accentués
vouvoiement, 11, 117

Y

y Cf. Pronoms objets indirects

CARTE DES PAYS DE LANGUE FRANÇAISE

150° 120° 90° 60° 30° 0°

Cercle polaire

CANADA

NORV

QUÉBEC

S. PIERRE-ET-MIQUELON

LES PROVINCES
MARITIMES

ÉTATS-UNIS

ÎLES AÇORES

PORTUGAL ESPAGNE

MAROC

60°

DAN

EIRE GRANDE
BRETAGNE

FRAN

ÎLES HAWAI

MEXIQUE

Tropique du Cancer

ÎLES CANARIES

RIO DE ORO

ALGÉR

30°

CUBA

RÉP. DOMINICAINE

S. MARTIN
DOMINIQUE S. BARTHELEMY
HONDURAS ANGL. HAÏTI S. LUCIE GUADELOUPE
GUATEMALA MARTINIQUE
HONDURAS GRENADE
SALVADOR NICARAGUA S. VINCENT
COSTA RICA
PANAMA

ÎLE CLIPPERTON

ÎLES DU CAP VERT

MAURITANIE MALI

SÉNÉGAL HAUTE
VOLTA
GAMBIE GUINÉE TOGO
SIERRA LEONE GHANA
LIBERIA CÔTE GUINÉ
D'IVOIRE

VÉNÉZUÉLA

COLOMBIE GUYANE
EX-BRIT. GUYANE
SURINAM

Équateur

0°

ÉQUATEUR

ÎLES MARQUISES

LES SAMOA ÎLES DE LA SOCIÉTÉ ÎLES TOUAMOUTOU
TAHITI
ÎLES TOUBOUAI ÎLES GAMBIER

PÉROU BRÉSIL

BOLIVIE

PARAGUAY

Tropique du Capricorne

CHILI

30°

URUGUAY

ARGENTINE

LEGENDE

■ Pays ou régions où le français est langue officielle et maternelle

■ Pays ou régions où le français est langue officielle

— Îles où le français est langue officielle et maternelle

--- Îles où le français est langue officielle ou maternelle

▨ Pays où le français est langue d'enseignement

▨ Pays où l'influence culturelle française reste importante

▨ Pays de langue romane

● Minorités francophones

120° 90° 60° 30° 0°